CHANGCHUN YEARBOOK

长春市地方志编纂委员会 编

吉林文史出版社

图书在版编目（CIP）数据

长春年鉴. 2021 / 长春市地方志编纂委员会编. --
长春：吉林文史出版社，2021.10
ISBN 978-7-5472-8168-0

Ⅰ. ①长… Ⅱ. ①长… Ⅲ. ①长春-2021-年鉴
Ⅳ. ①Z523.41

中国版本图书馆CIP数据核字(2021)第204612号

长春年鉴（2021）

CHANGCHUN NIANJIAN

编　　者：长春市地方志编纂委员会
责任编辑：王丽娟　　　封面设计：祁贵鹏
出　　版：吉林文史出版社（长春市福祉大路5788号）
印　　刷：吉林省海德堡印务有限公司
开　　本：889mm×1194mm　1/16
印　　张：27.25　　字数：850千字
标准书号：ISBN 978-7-5472-8168-0
版　　次：2021年10月第1版　　　印　次：2021年11月第1次印刷
审 图 号：吉S（2021）038号　吉S（2021）039号　　定　价：298.00元

长春年鉴编纂委员会

《长春年鉴》编纂人员

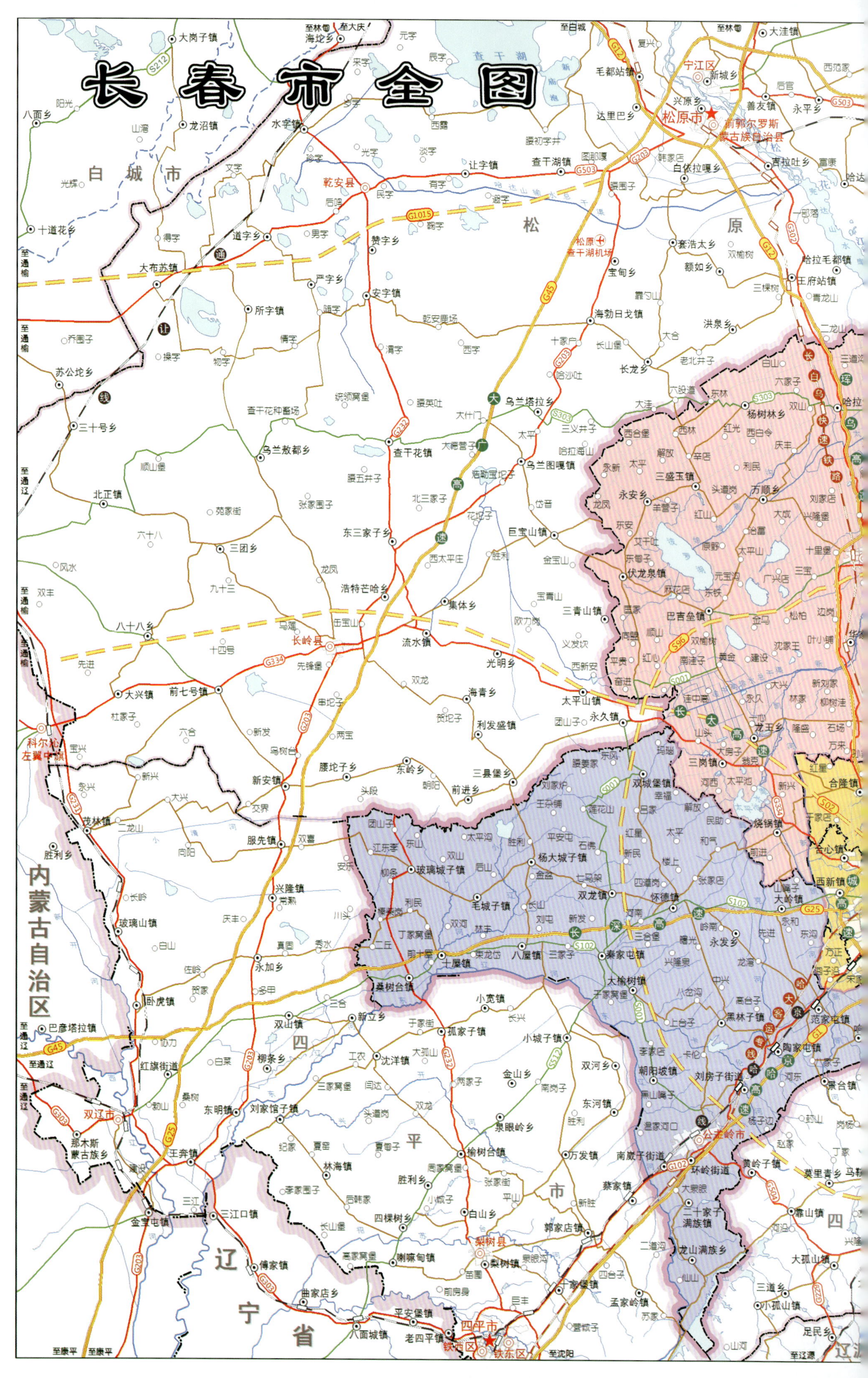

长春市全图
白城市
松原
松原市
宁江区
前郭尔罗斯蒙古族自治县
乾安县
长岭县
内蒙古自治区
科尔沁左翼中旗
双辽市
四平市
梨树县
公主岭市
铁西区
铁东区
辽宁省
查干湖
松原查干湖机场
大布苏镇
所字镇
安字镇
水字镇
让字镇
查干湖镇
查干花镇
乌兰塔拉乡
乌兰图嘎镇
海勃日戈镇
长龙乡
洪泉乡
三十号乡
北正镇
三团乡
八十八乡
大兴镇
前七号镇
太平川镇
流水镇
光明乡
集体乡
巨宝山镇
三青山镇
利发盛镇
永久镇
新安镇
腰坨子乡
东岭乡
三县堡乡
前进乡
茂林镇
胜利乡
服先镇
兴隆镇
玻璃山镇
卧虎镇
巴彦塔拉镇
红旗街道
东明镇
刘家馆子镇
王奔镇
三江口镇
金宝屯镇
傅家镇
曲家店乡
平安堡镇
八面城镇
老四平镇
那木斯蒙古族乡
双山镇
新立乡
孤家子镇
小城子镇
沈洋镇
柳条乡
金山乡
双河乡
东河镇
泉眼岭乡
榆树台镇
万发镇
四棵树乡
喇嘛甸镇
白山乡
郭家店镇
梨树镇
叶赫满族镇
石岭子镇
桑树台镇
十屋镇
八屋镇
秦家屯镇
大榆树镇
毛城子镇
玻璃城子镇
杨大城子镇
双龙镇
怀德镇
朝阳坡镇
刘房子街道
南崴子街道
环岭街道
二十家子满族镇
龙山满族乡
范家屯镇
陶家屯镇
黑林子镇
大岭镇
永发乡
双城堡镇
三岗镇
伏龙泉镇
巴吉垒镇
三盛玉镇
永安乡
万顺乡
杨树林乡
合隆镇
烧锅镇

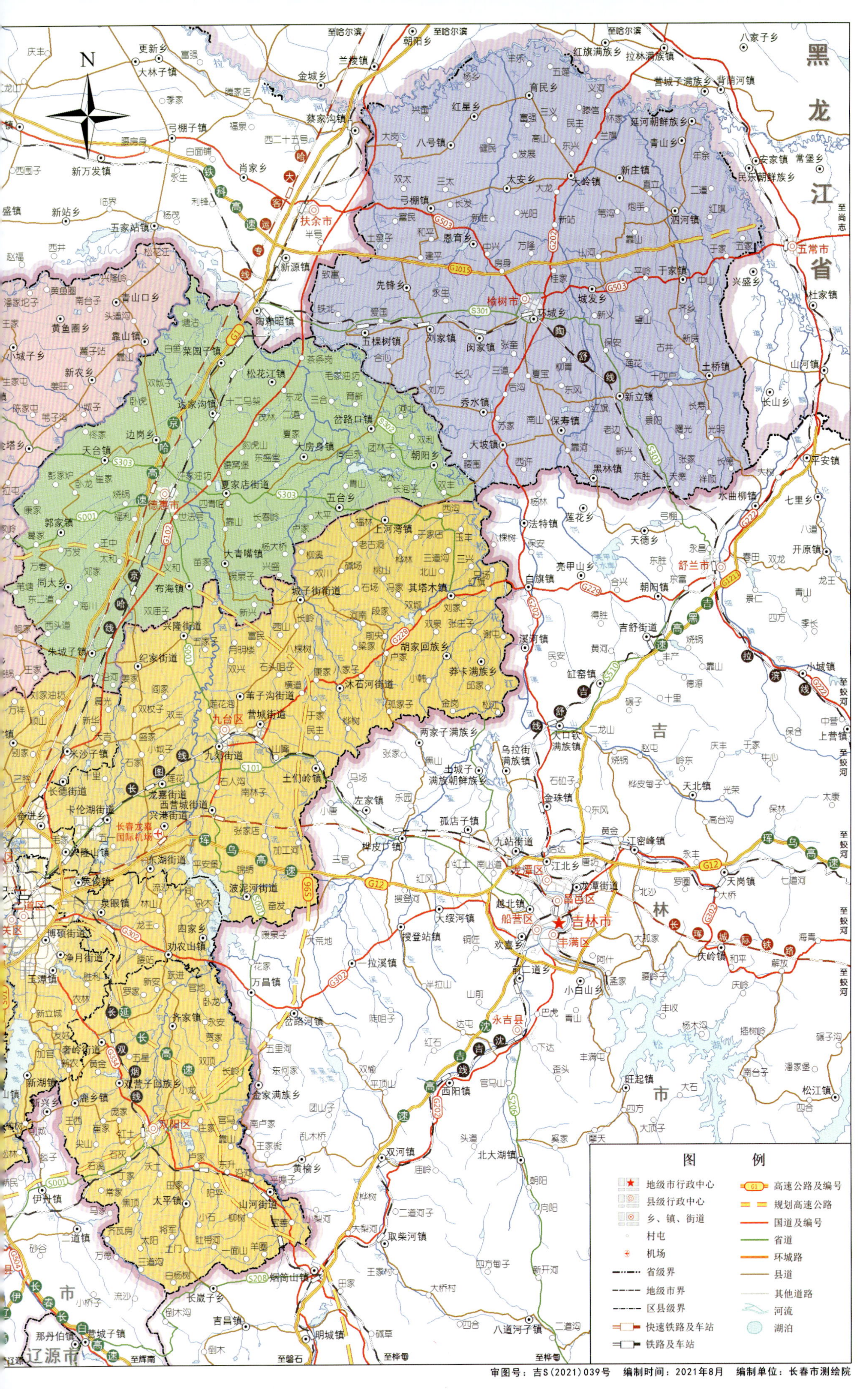

审图号：吉S(2021)039号　编制时间：2021年8月　编制单位：长春市测绘院

长春街路图
八家子村
至农安
至农安
至农安
长白乌快速铁路
G25
珲乌高速
G302
兰家大街
东道村
韦家窝铺村
至长岭
农安县
于家店村
万龙银河城
吉林城市职业技术学院
马家村
宽城区
兰家镇
长春电子科技学院
吉林建筑科技学院
北凯旋路
装备大路
绕城高速
新农家村
蔡家村
哈达
中国中车长春轨道客车公司
欣园街道
G334
合心镇
龙东线
北环城路
雁鸣湖
关东文化园
四环路
市农科院
亚泰北大街
宽城区
人民大街
凯旋路
长新街
永跃村
绿园区
红民村
王家村
青年路
花莲路
台北大街
裴家村
林园
长春公园
长春站
长春绿园西新工业集中区
西新镇
郑长线
迎宾路
西环城路
青州路
春城大街
安达街
亚泰大街
长春大街
南道村
S102
皓月集团
皓月大路
城西镇
景阳大路
吉悦广场
至双辽
G25
长深高速
开源村
长春西站
西四环路
站前街
绿园区
南阳路
解放大路
吉大一院
新民大街
朝阳区
至通辽
三合村
西湖公园
同心街道
民丰大街
飞跃路
卫星路
万达广场
动植物公园
东北师范大学
南关
中铁城
富凯达北街
一汽解放
南湖公园
南湖大路
延安大街
吉林大学
黄龙村
恒大花溪谷
一汽轴齿中心
一汽大众
创业大街
东风大街
欧亚卖场
恒大文化旅游城
汽开区管委会
一汽集团
东风大街
顺迪路
朝阳区
长春大学
大公交集团
一汽高专
汽车公园
锦程大街
新红旗大街
融创上城
吉林大学前卫校区
长春明珠
雕塑公园
公主岭市
一汽轿车
通源医院
富锋村
西湖大路
长沈路
蔚山路
百木园
长春市
华润凯旋门
超达大路
前进大街
盛世大路
南溪湿地
田油坊村
汽车大路
一汽丰越
汽车经济技术开发区
卓越大街
超凡大街
修正药业
幸福乡
南关
锦湖轮胎
国信中央新城
方正村
省第二医院
龙湖天宸原著
育民路
八一水库
G229
长乐公路
香山村
泡子沿村
富锋清华园
高新技术产业开发区
S01
长春长白高速
朝阳经济开发区
天茂庄园
富强城市公园
G102
京哈铁路
京哈高速铁路
盛家村
至公主岭
十家子村
范家村
永春镇
至公主岭
范家屯镇
四合村
至伊通
至长白山

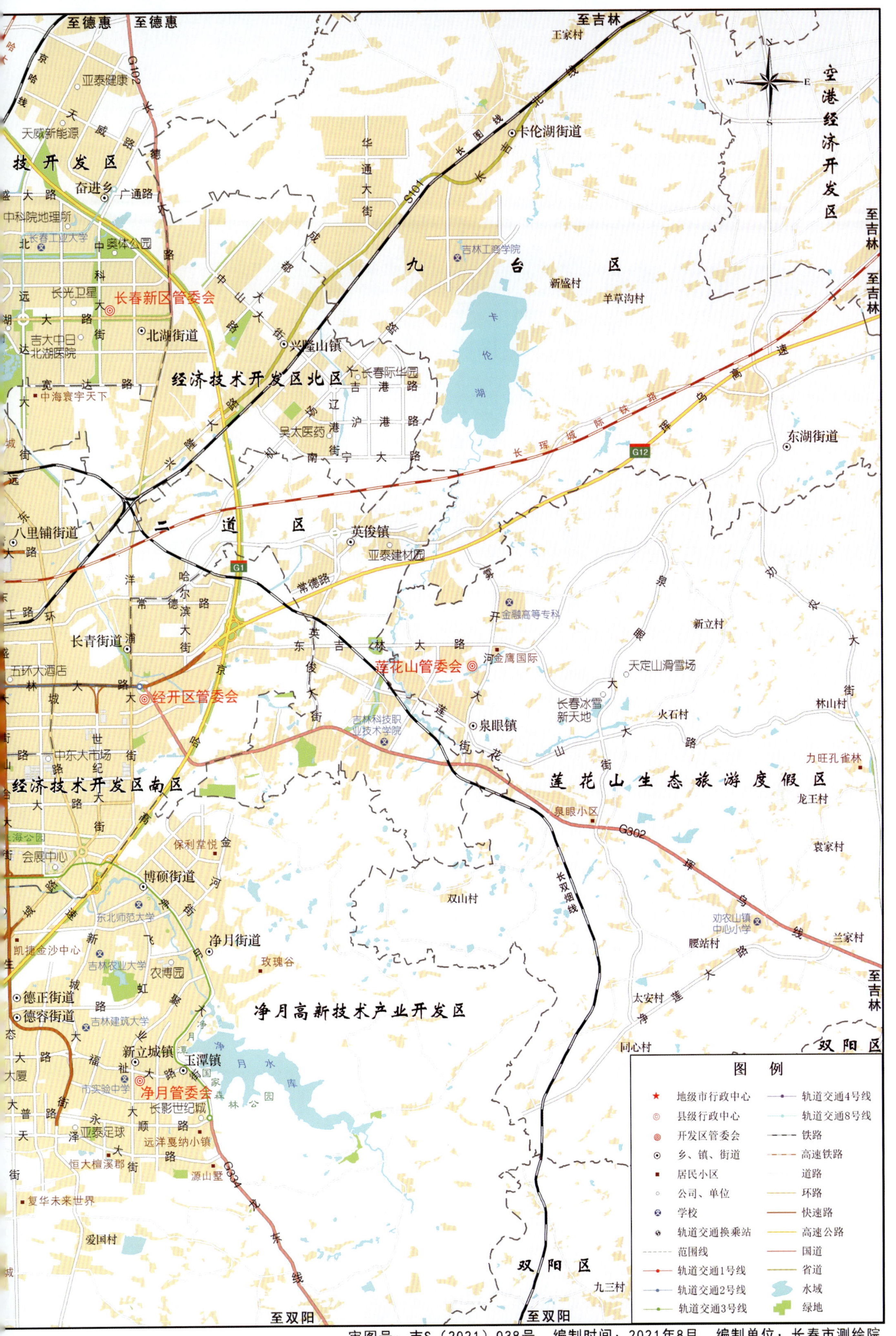

审图号：吉S（2021）038号　编制时间：2021年8月　编制单位：长春市测绘院

- 城市名片
- 数字长春
- 春城映像
- 经济亮点
- 装备制造
- 科技创新
- 文旅活动
- 生态建设
- 疫情防控

城市名片

CHENGSHIMINGPIAN

国家历史文化名城
全国文明城市
国家森林城市
国家卫生城市
全国十大美好生活城市
中国最具幸福感城市
中国国际形象最佳城市
全国双拥模范城市
中国宜居宜业城市
中国引才引智十强城市
中国优质粳米之都
中国制造业名城
中国最具竞争力会展城市
国家文化和旅游消费示范城市
全国最佳避暑旅游城市
中国十佳冰雪旅游城市
中国最佳养老宜居城市
全国法制宣传教育先进城市
全国和谐社区建设示范城市

数字长春

SHUZICHAGNCHUN

行政区划	4个县（市）、7个城区
面积	24734平方千米
户籍人口	853.4万人
地区生产总值	6638.03亿元
第一产业增加值	533.82亿元
第二产业增加值	2758.12亿元
第三产业增加值	3346.09亿元
人均地区生产总值	77634元
一般预算全口径财政收入	1129.5亿元
地方财政收入	440.4亿元
居民消费价格指数	101.9%
城镇常住居民人均可支配收入	40001元
农村常住居民人均可支配收入	16636元
社会消费品零售总额增速	-6.5%
进出口总额	1027.6亿元
旅游总收入	1381.52亿元
举办规模以上会展活动	66项
展会交易额	180亿元
金融机构本外币存款余额	14230.6亿元
金融机构本外币贷款余额	14535.4亿元
普通高校	41所
普通高校在校生	48.3万人
学前教育机构	1216个
文化（文物）事业机构	280家
公共图书馆	13家
公共图书馆藏书量	631万册
卫生医疗机构	7966个
万元地区生产总值能耗	下降1.52%
万元规模以上工业增加值综合能源消耗	下降9.3%
环境空气质量监测优良天数	305天
城市饮用水源水质达标率	100%
城镇企业职工基本养老保险参保人数	235.2万人
城镇失业保险参保人数	106.4万人
基本医疗保险参保人数	834.95万人
工伤保险参保人数	157.1万人
生育保险参保人数	123.2万人
开发就业岗位	18.4万个
城镇登记失业率	3.33%
养老服务机构	466家
养老服务机构床位数	46190张

注：数据来源于《2020年长春市国民经济和社会发展统计公报》

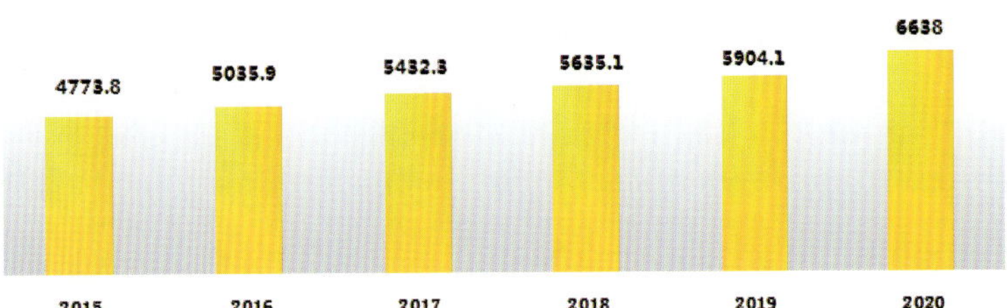
地区生产总值（亿元、现价）
4773.8
5035.9
5432.3
5635.1
5904.1
6638
2015
2016
2017
2018
2019
2020

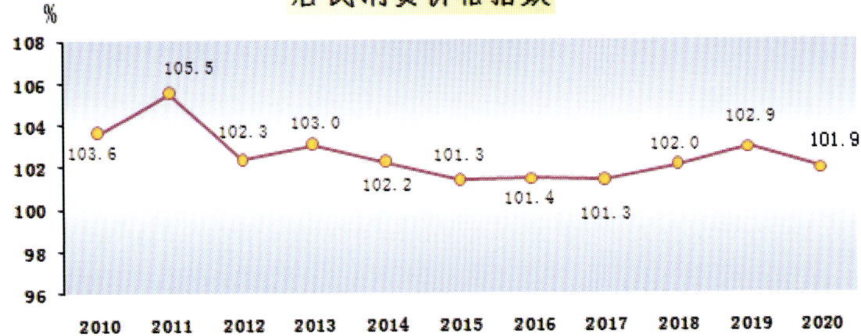
居民消费价格指数
%
108
106
104
102
100
98
96
103.6
105.5
102.3
103.0
102.2
101.3
101.4
101.3
102.0
102.9
101.9
2010
2011
2012
2013
2014
2015
2016
2017
2018
2019
2020

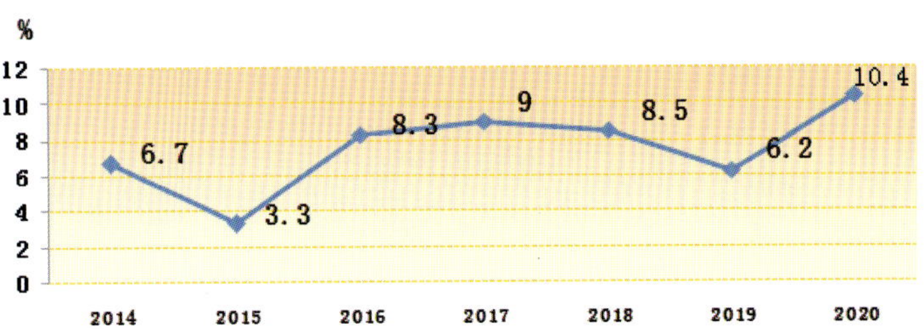
规模以上工业增加值增速
%
12
10
8
6
4
2
0
6.7
3.3
8.3
9
8.5
6.2
10.4
2014
2015
2016
2017
2018
2019
2020

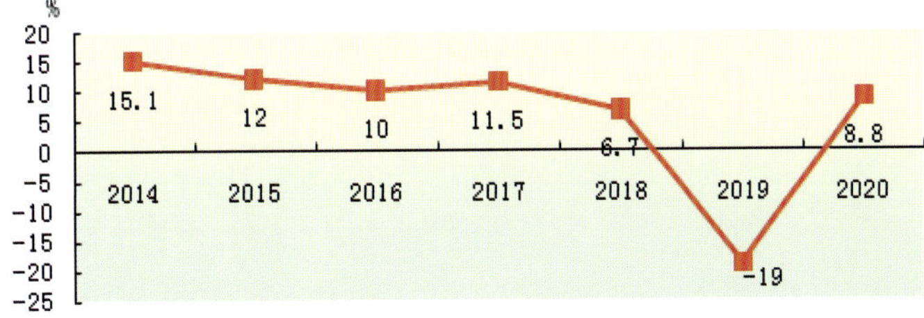
固定资产投资增速
%
20
15
10
5
0
-5
-10
-15
-20
-25
15.1
12
10
11.5
6.7
-19
8.8
2014
2015
2016
2017
2018
2019
2020

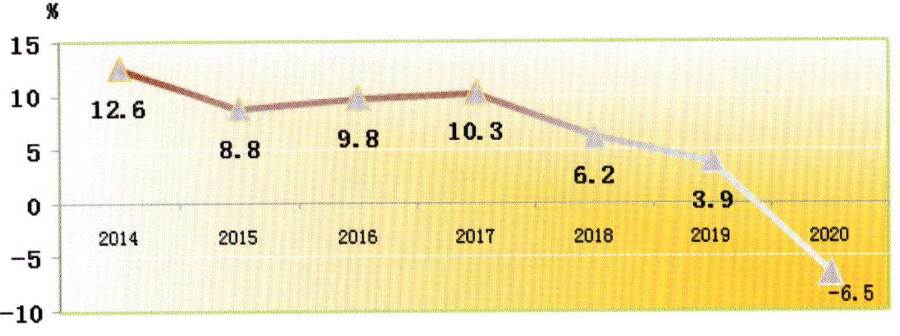
社会消费品零售总额增速
%
15
10
5
0
-5
-10
12.6
8.8
9.8
10.3
6.2
3.9
-6.5
2014
2015
2016
2017
2018
2019
2020

▲ 银装素裹——聚业大街一角（高福兴 提供）

▲ 人民广场（长春年鉴编辑部 征集）

▲ 人民大街街景 （贾春文 摄）

▲ 长春莲花山世茂滑雪场 （长春年鉴编辑部 征集）

▲ 长春奥林匹克公园 （贾春文 摄）

▲ 长春市文化广场（王　进 提供）

春城 映像

CHUNCHENGYINGXIANG

本版图片由市建委、长春日报社等单位提供

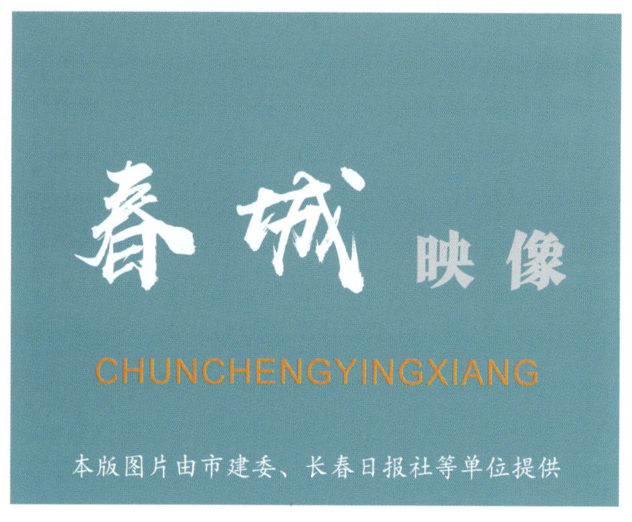

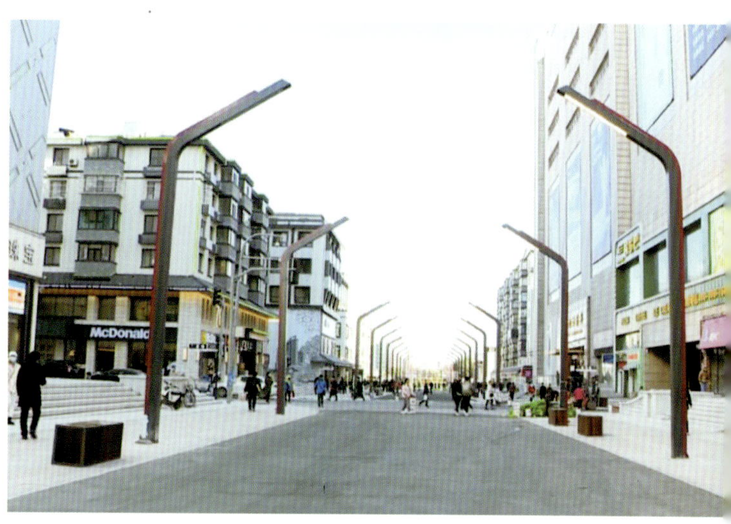

▲ 10月17日，红旗街步行街改造完

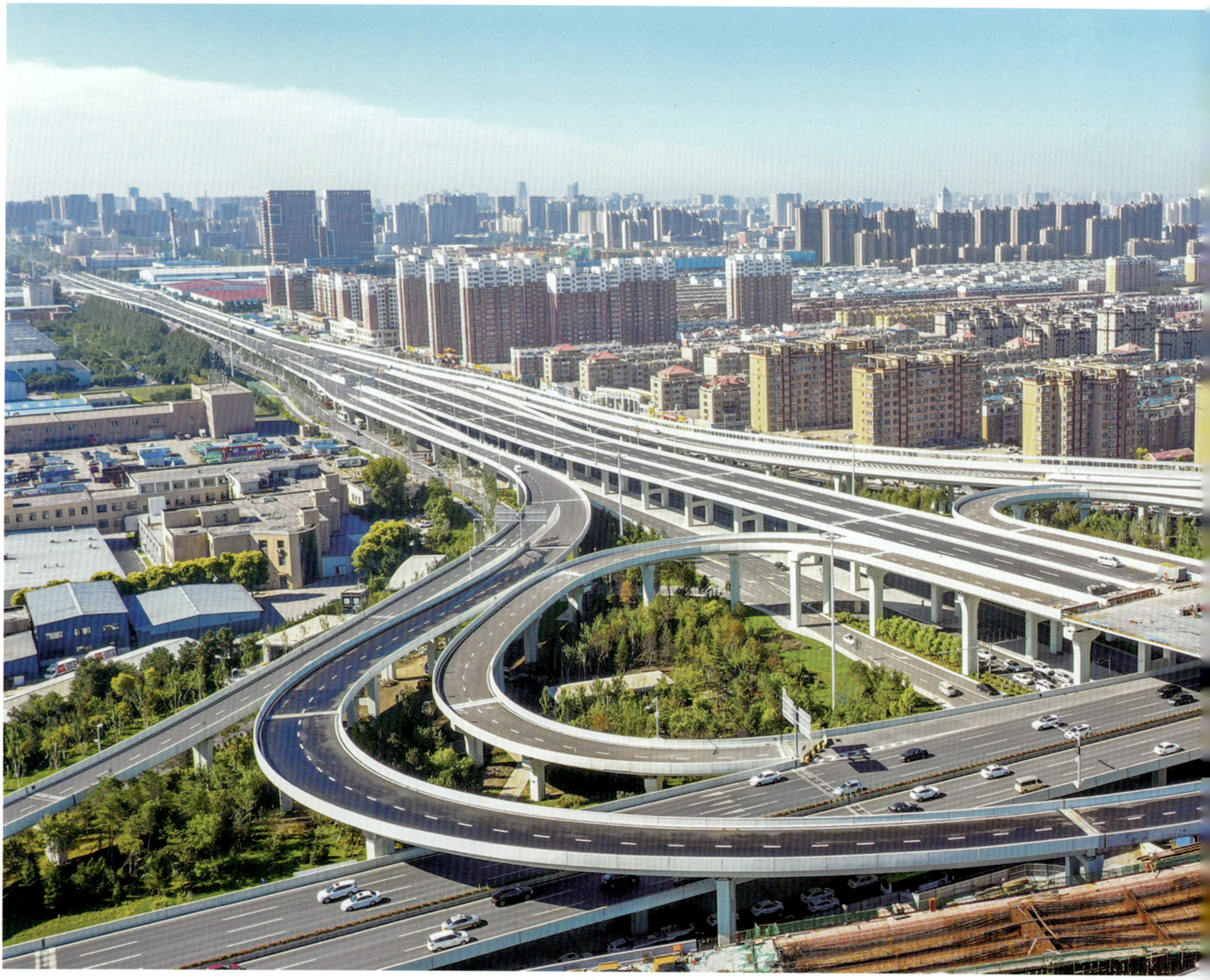

▲ 8月21日，吉林大路与世纪大街互通立交桥C线匝道桥通车 （张扬 提供）

▲ 净月高新区现代与艺术交融的城市建设面貌（张晓黎 提供）

▲ 净月高新区城市建设（张晓黎 提供）

▲ 9月15日，长春市举行长春·阿里首届新经济直播节开幕式（侯云龙 提供）

▲ 1月3日，2020净月论坛活动——生物医药与大健康产业发展论坛举行（张晓黎 提供）

▲ 6月30日，长春国际汽车城旭阳中法智能产业园项目启动仪式（当代长春编辑部 提供）

▲ 10月11日，长春吉浙数字经济发展峰会签约仪式在长春净月高新区举行

▲ 12月29日，长春市召开2020年再生资源行业企业家峰会（江冠男 杨贺 提供）

▲ 6月29日，中韩（长春）国际合作示范区揭牌仪式在长春举行

▲ 9月6日，长春国际影都项目集中签约仪式在净月高新区举行

经济亮点

JINGJILIANGDIAN

本版图片由市会展办等单位提供

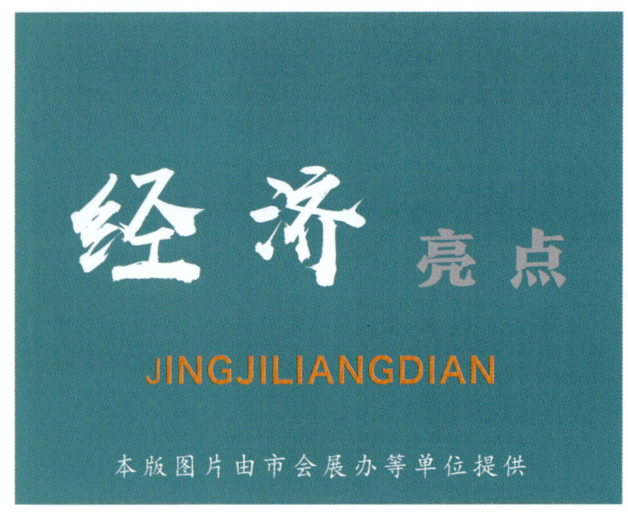

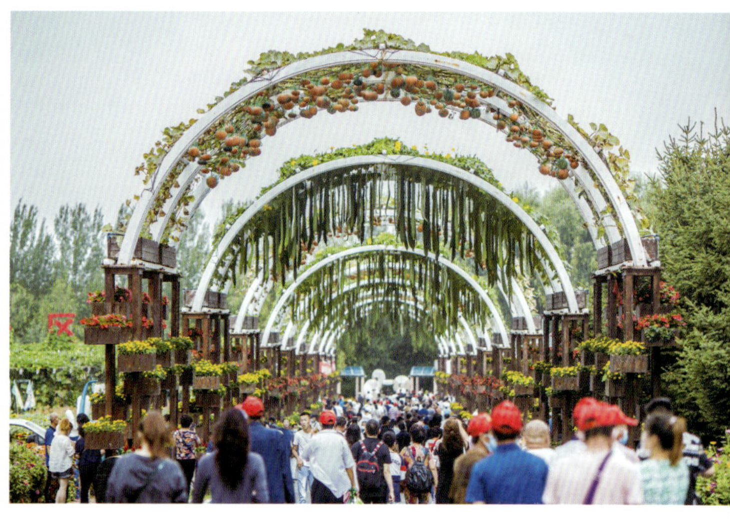

▲ 8月18日，第十九届中国长春国际农业·食品博览（交易）会展会现场

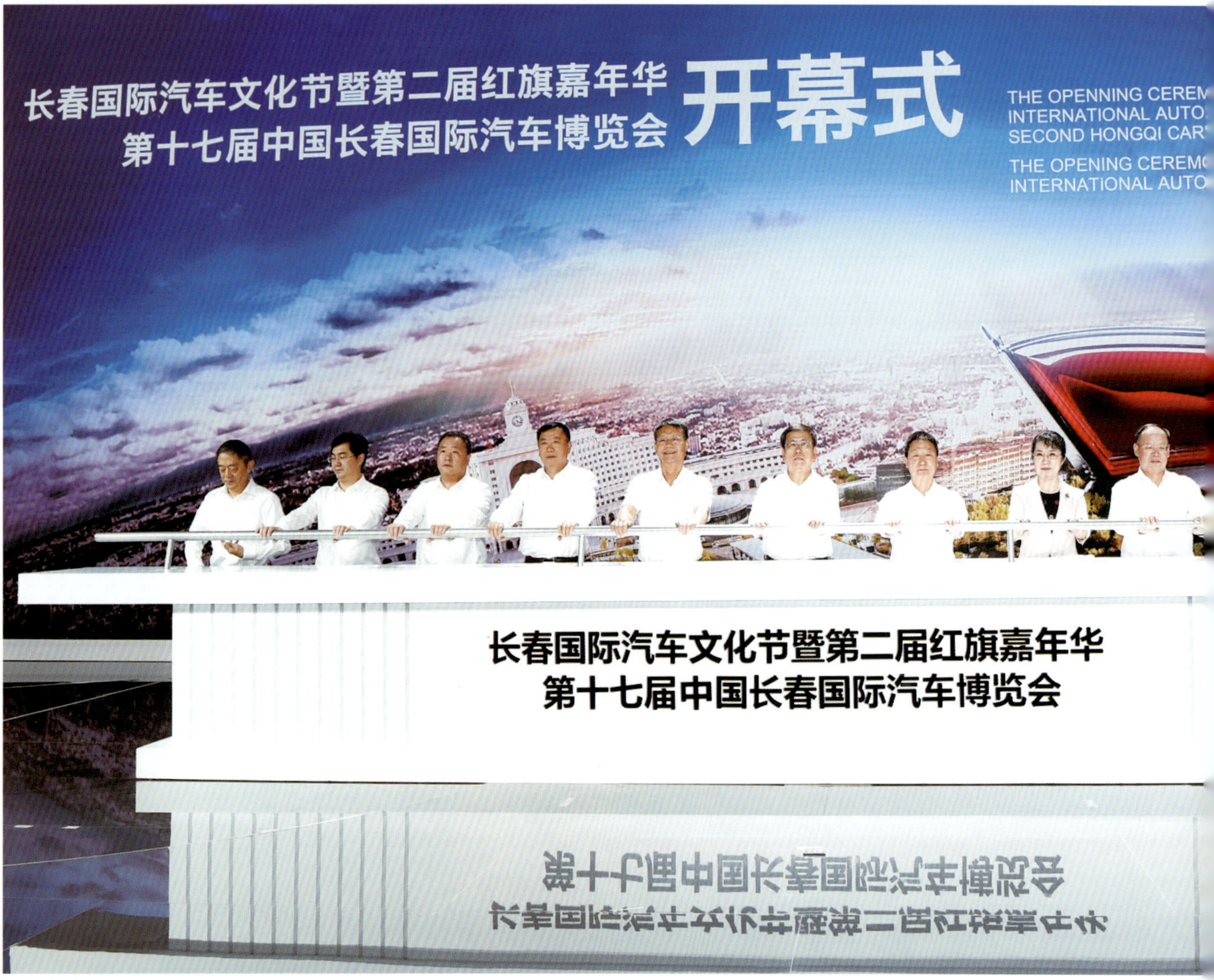

▲ 7月10日，长春国际汽车文化节暨第二届红旗嘉年华、第十七届中国长春国际汽车博览会开幕式在长春国际会展中心举办 （李 天 提供）

▲ 8月14日，第十九届中国长春国际农业·食品博览（交易）会开幕式在农博园举办（当代长春编辑部 提供）

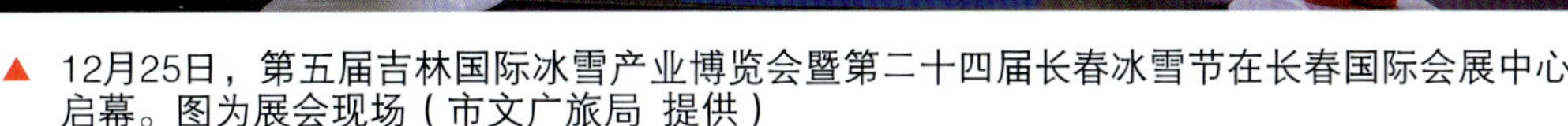
▲ 12月25日，第五届吉林国际冰雪产业博览会暨第二十四届长春冰雪节在长春国际会展中心启幕。图为展会现场（市文广旅局 提供）

▲ 10月16日，2020长春（国际）无人机产业博览会在长春农博园开幕，176家无人机企业参展 （赵　滨 提供）

▲ 7月28日，长春国际汽车城战略发布会暨红旗创新大厦启用仪式在汽开区举行（汽开区新闻中心 提供）

▲ 红旗工厂焊装车间布置15条智能生产线，有260台机器人，焊接自动化率100%，涂胶自动化率97%（张扬 提供）

▲ 3月30日，一汽-大众第2000万辆下线汽车——新迈腾GTE（一汽—大众 提供）

▲ 一汽解放总装车间 （长春日报编辑部 提供）

▲ 12月12日，金华—义乌—东阳市域轨道交通工程电动客车项目首列车下线（中车长客股份公司 提供）

▲ 6月30日，哈尔滨市轨道交通工程2号线一期首列车在中车长客下线（孙建一 提供）

▲ 9月3日，澳大利亚悉尼双客二单项目首列车正式运营（中车长客股份公司 提供）

▲ 12月15日，清远磁浮旅游专线工程首列车在中车长客股份公司下线（中车长客股份公司 提供）

▲ 9月14日，长春首台盾构机下线仪式 （孙骄杨 提供）

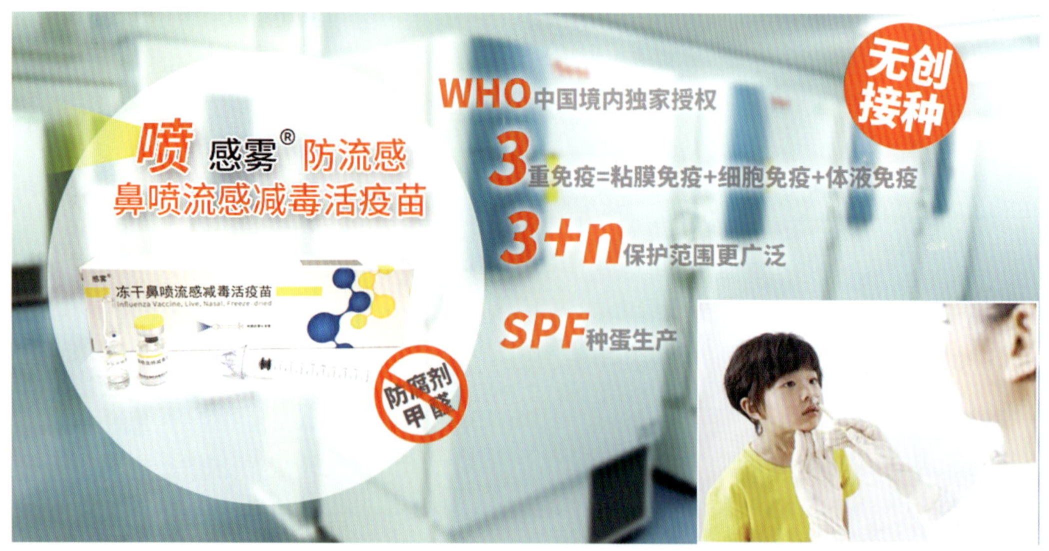

▲ 2月25日，由长春百克生物科技股份公司生产的冻干鼻喷流感减毒活疫苗经国家药品监督管理局批准上市，标志着中国流感疫苗正式迈入鼻喷时代

▲ 7月26日，长春光电和智能制造产业园

▲ 10月16日，第二届中国（长春）通用航空发展大会暨无人机产业发展高峰论坛开幕（赵 滨 提供）

▲ 9月15日9时23分，在黄海海域用长征十一号海射运载火箭，采取“一箭九星方式，成功发射“吉林一号”高分03卫星 （才 扬 提供）

▲ 6月19日，长春消夏艺术节“最美长春人”主题花车，展现长春宽容大气、自强不息的城市精神 （市文广旅局 提供）

▲ 8月30日，第十五届中国长春电影节“致敬摇篮”系列群众文化活动——“电影主题广场音乐会”在文化广场举行（市群众艺术馆 提供）

▲ 4月10日，“最美人间四月天”——长春市春季系列文旅活动在长春世界雕塑园春天广场启动（市群众艺术馆 提供）

▲ 6月19日，长春消夏艺术节开幕式现场蝙蝠侠主题老爷车（长春日报编辑部 提供）

▲ 6月19日，2020长春第四届消夏灯会在长影世纪城启幕（市文广旅局 提供）

▲ 6月30日，2020长春市民读书节开幕式在长春市图书馆举行

▲ 6月19日，2020长春消夏艺术节开幕式在长春世界雕塑园举行

▲ 9月28日，长春文庙举办纪念孔子诞辰2571周年典礼（市文广旅局 提供）

文旅活动

WENLVHUODONG

本版图片由市文广旅局等单位提供

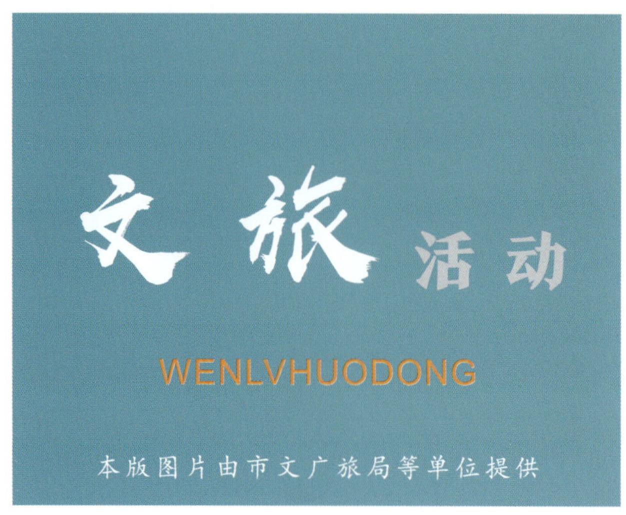

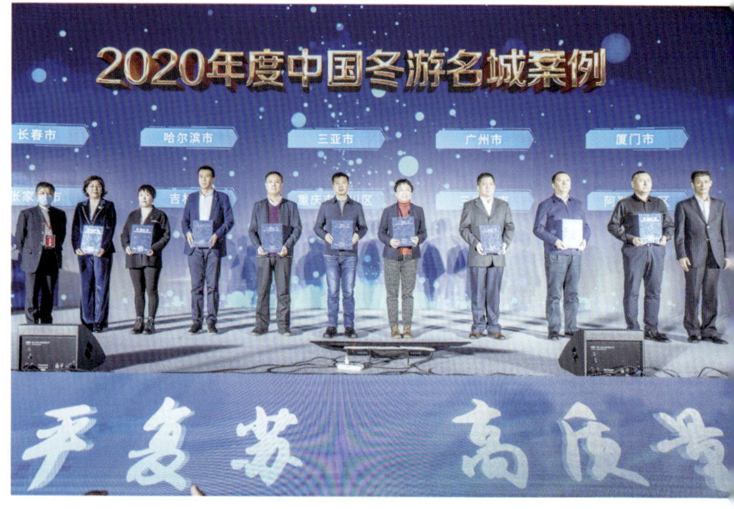

▲ 12月27日，长春市获评“2020年度中国冬游名城”（市文广旅局 提供）

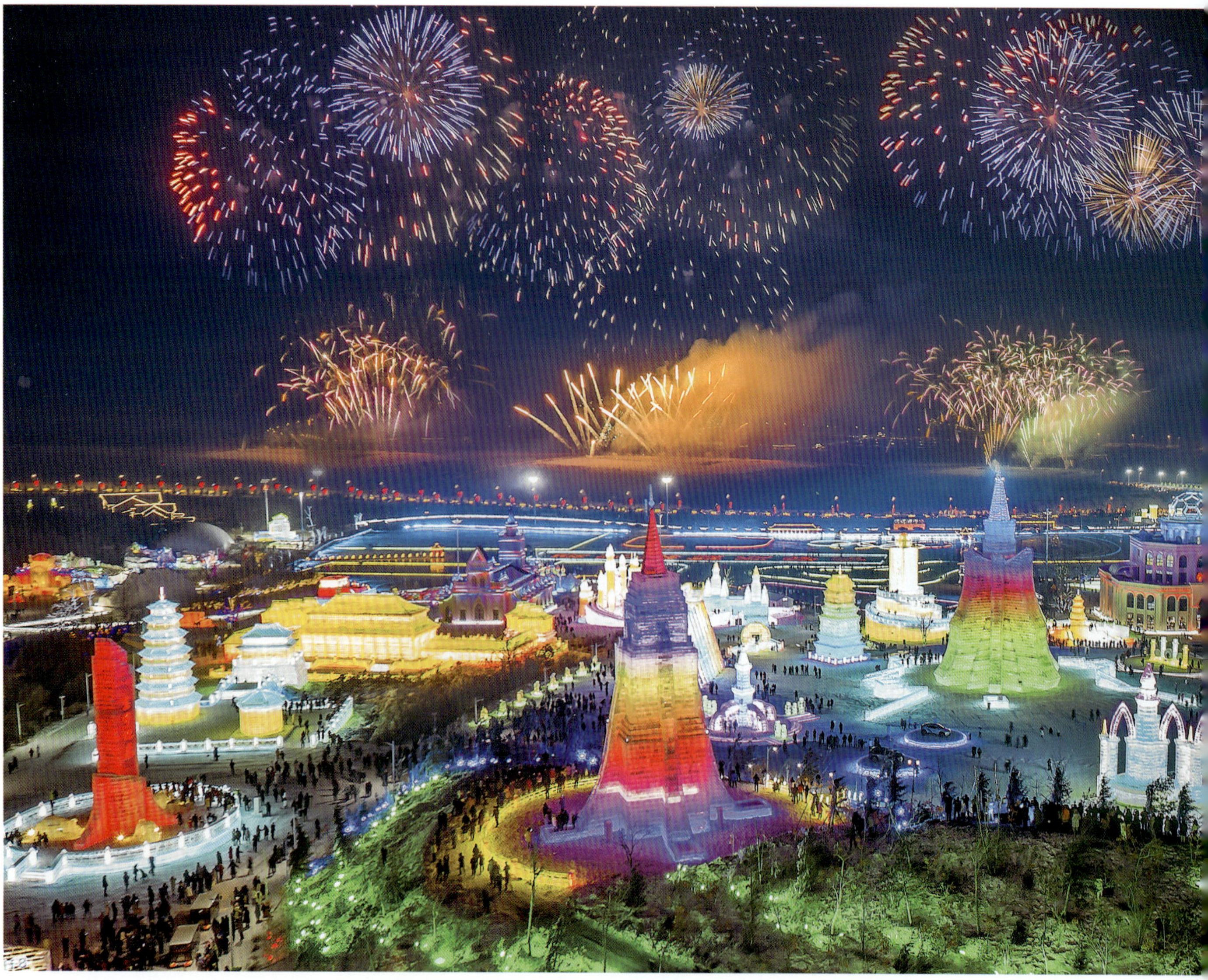

▲ 12月12日，长春冰雪“精品游”旅游环线启动暨长春冰雪新天地开园活动在莲花山度假区举行（市文广旅局 提供）

▲ 1月4日，2020中国长春净月潭瓦萨国际滑雪节开幕式在净月潭国家风景名胜区举行（孙建一 提供）

▲ 12月29日，第十九届中国长春净月潭瓦萨国际滑雪节（当代长春编辑部 提供）

▲ 长春冰雪大世界420米冰滑梯（张　扬 提供）

▲ 5月28日，东南污水处理厂二沉池技术改造完成

▲ 8月15日，双阳区太平镇小石水库

▲ 1月21日，天定山滑雪场（张　扬 摄）

▲ 生态景观——如画净月

▲ 2月16日，生态景观——净月高新区冬景

生态 建设

SHENGTAIJIANSHE

本版图片由长春日报社等单位提供

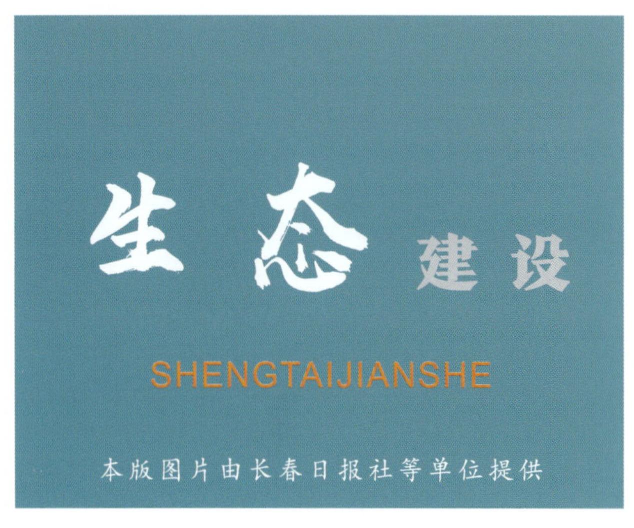

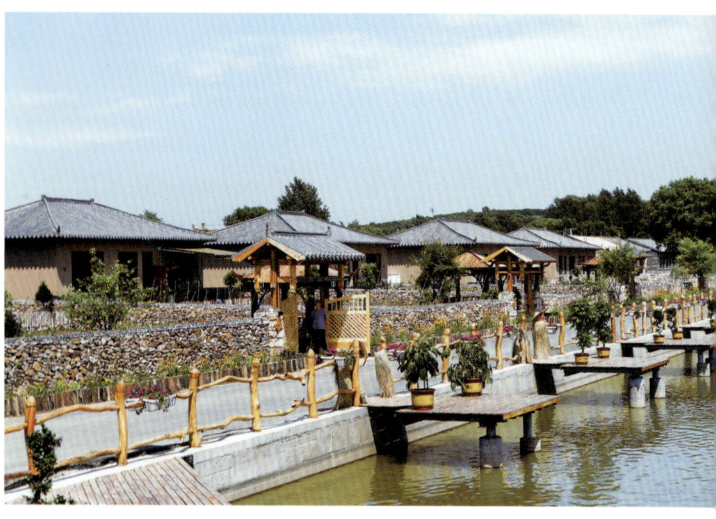

▲ 天定山旅游度假小镇特色民宿（孙建一 提供）

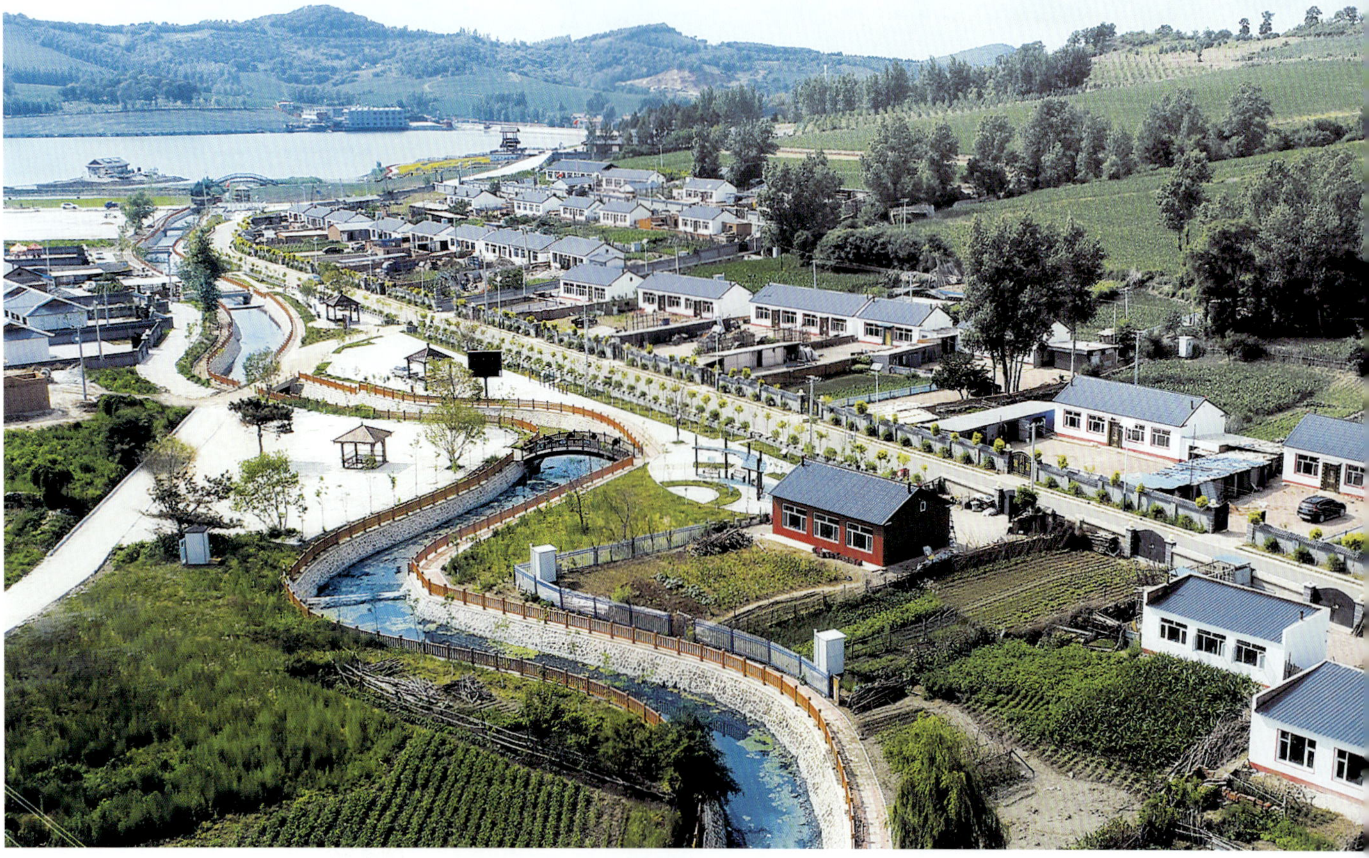

▲ 双阳区太平镇小石村（石天蛟 提供）

▲ 九台区龙嘉街道红光村现代农业示范基地 （赵大林 提供）

▲ 西新镇裴家村被评为“长春市美丽乡村示范村” （孙建一 提供）

▲ 2月4日，中共长春市委研究部署疫情防控工作

▲ 2月1日，榆树出城口，防疫部门对过往车辆逐一测温登记

▲ 2月18日，长春市对公共场所进行消杀处理

▲ 2月21日，实验室操作人员和外界沟通

▲ 3月22日，长春市735块大屏幕26个楼体同时点亮，欢迎吉林省支援湖北医疗队首批返吉队员（白　石 摄）

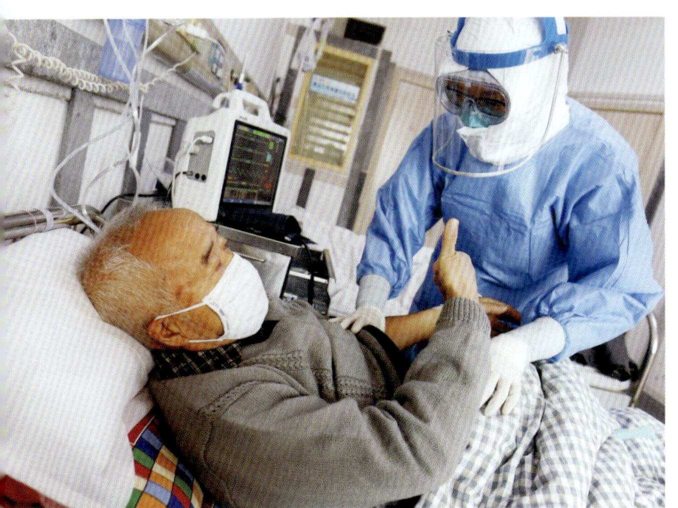

▲ 2月9日，长春市传染病医院医护人员悉心照护患者

▲ 2月11日，长春市新冠肺炎患者治愈出院

▲ 4月11日，长春市驰援湖北医疗队凯旋欢迎仪式（董剑光 摄）

编辑说明

一、《长春年鉴》创刊于1988年，由长春市人民政府主办、长春市地方志编纂委员会承编，是系统记述长春市政治、经济、文化、社会、生态等方面情况的综合性资料年刊；是为各级领导和部门全面掌握市情、实施科学决策，各行各业及有关单位查询资料、获取信息，国内外各界人士认识长春、了解长春提供服务的大型工具书。此为第33卷。

二、《长春年鉴（2021）》以马克思列宁主义、毛泽东思想、邓小平理论、“三个代表”重要思想、科学发展观、习近平新时代中国特色社会主义思想为指导，坚持辩证唯物主义和历史唯物主义的立场、观点和方法，着重突出城市特色和年度特点，全面、客观、连续记述长春市经济建设和社会发展的历史进程，以及取得的主要成就及新变化、新特征和新经验。

三、《长春年鉴（2021）》采用分类编辑法，主体内容分类目、分目和条目3个层次。设专文、大事记、长春概貌、中国共产党长春市委员会、长春市人民代表大会、长春市人民政府、中国人民政治协商会议长春市委员会、中共长春市纪律检查委员会长春市监察委员会、民主党派·工商联、群众团体、法治、军事、经济管理、农业、工业、建筑业·房地产业、商贸服务业、冰雪产业、旅游业、金融业、经贸合作、开发区、信息产业、交通、城乡建设、生态建设、应急管理、教育、科学技术、文化、卫生健康、体育、社会生活、县（市）区概览、附录等35个类目，212个分目，1396个条目。全文使用图表60个，照片197幅。

四、《长春年鉴（2021）》在保持原有框架相对稳定的前提下，为充分体现长春市主要成就、重点工作、亮点内容及新发展与新变化，对部分内容进行了调整和充实。卷首彩页新设“城市名片、数字长春、春城映像、经济亮点、装备制造、科技创新、文旅活动、生态建设、疫情防控”9个专题，共36版彩页69幅图片。“专文”选取《2020年长春市新冠疫情防控综述》《2020年长春市脱贫攻坚工作综述》《2020年长春市“万人助万企”工作综述》《长春市剥离国有企业办社会职能和解决历史遗留问题工作全面完成》等4篇文章。增设“冰雪产业”“旅游业”“应急管理”类目，将原“卫生·体育”类目分设为“卫生健康”“体育”两个类目，在“法治”类目下增设“仲裁”分目。

五、《长春年鉴（2021）》所载稿件内容由长春市各县（市）区、开发区，市直各部门，中央、省驻长有关单位及驻长部队撰（供）稿，并经单位领导审核；主要统计数据由长春市统计局审核认定。

六、《长春年鉴（2021）》配双重检索系统，书前设全书中、英文目录，书后附主题索引。

目　录

专　文

大　事　记

长春概貌

中国共产党长春市委员会

长春市人民政府

中国人民政治协商会议长春市委员会

中共长春市纪律检查委员会
长春市监察委员会

农　业

·综　述·

·林　业·

·畜　牧·

·水　利·

·园艺特产业·

·农业机械化·

·农业科技·

·农产品质量安全监管·

建筑业·房地产业

·建筑业·

·房地产业·

商贸服务业

·商贸流通·

·会展经济·

·供销合作·

·粮食流通·

·烟草业·

冰雪产业

·综　述·

·冰雪服务设施·

城乡建设

生态建设

县（市）区概览

附　录

主题索引

CHANGCHUN ALMANAC TABLE OF CONTENTS

FEATURES

CHRONICLE FOR IMPORTANT EVENTS

A GENERAL SURVEY OF CHANGCHUN

CHANGCHUN MUNICIPAL COMMITTEE OF THE CPC.

THE STANDING COMMITTEE OF THE PEOPLE'S CONGRESS OF CHANGCHUN MUNICIPALITY

THE PEOPLE'S GOVERNMENT OF CHANGCHUN MUNICIPALITY

CHANGCHUN COMMITTEE OF THE CHINESE PEOPLE'S POLITICAL CONSULTATIVE CONFERENCE

DISCIPLINE SUPERVISION AND ADMINISTRATIVE SUPERVISION

DEMOCRATIC PARTIES AND INDUSTRY AND COMMERCIAL FEDERATION

MASS ORGANIZATION

POLITICS AND LAW

LOCAL ARMED FORCES

COMPREHENSIVE ECONOMIC ADMINISTRATION

AGRICULTURE

INDUSTRY

CONSTRUCTION INDUSTRY AND REAL ESTATE INDUSTRY

TRADE SERVICES

ICE AND SNOW INDUSTRY

TOURISM

BANKING

ECONOMIC AND TRADE COOPERATION

DEVELOPMENT ZONES

INFORMATION INDUSTRY

TRAFFIC

URBAN AND RURAL CONSTRUCTION

ECOLOGICAL CONSTRUCTION

EMERGENCY MANAGEMENT

EDUCATION

SCIENCE AND TECHNOLOGY

CULTURE

HYGIENE & HEALTH

SPORTS

SOCIAL LIFE

A GENERAL SITUATION OF DISTRICS AND COUNTIES

APPENDIX

SUBJECT INDEX

专　文

ZHUANWEN

2020年长春市新冠疫情防控综述

新冠肺炎疫情发生以来，长春市卫健系统闻令而动，广大医务工作者白衣执甲、负重前行，用超常规举措、超负荷努力，快速行动，全面保障，狠抓落实，完善体系，取得阶段性胜利。截至2020年12月31日，连续319天无本地新增病例。全市卡口智能识别系统、电子围栏等在省内第一时间推广，“扫码乘公交”等做法获国务院指导组点赞，创新建立“三长”（网格长、楼栋长、单元长）联动机制，“入门登记卡”等亮点举措被新闻联播推广介绍，1家单位被授予全国抗击新冠肺炎疫情先进集体称号，2人获全国抗击新冠肺炎疫情先进个人称号。

一、坚持“快”字优先，主动赢得防控先机

提前采购试剂，率先设置留验站、恢复期病房，增设物防工作组，以“急速应战、迅速参战、快速决战”的“长春速度”为疫情防控赢得宝贵时间。

第一时间成立机构，谋划部署工作。成立双组长领导

3月2日，绿园区梧桐社区，南关区长通街道龙兴社区　　（市卫健委　提供）

小组，设立13个工作组、3个工作专班、8个督导组，开启24小时指挥部集中调度模式。“防、控、治、管”各条战线、所有领域快速出击、全面作战，形成党政齐抓共管、部门协调联动、社区紧密配合的防控局面。

第一时间布防布控，全力阻断传播。迅速开展重点部位防控，推动封闭式管理、无间隙检查，分兵把守“入城口”、看好“家门口”。城市各卡点全面筛查测温700余万人，发现发热病人906人，为“早发现、早报告、早隔离、早诊断、早治疗”提供坚实保障。

第一时间复工复学，加快秩序恢复。疫情趋于平稳后，快速成立35个企业指导组，制定下发复工复产防控文件47份，印制防控指南10万册，流程图22套，向集中留观人员、一线防疫人员和复工企业职工等重点人群发放中药汤剂10万袋，代茶饮90万袋，双黄连口服液13.3万盒，手把手指导、全覆盖督导，派出4万余人次，现场指导17709家单位，保障“汽博会”“电影节”大型活动43个。开展线上防控培训，利用“互联网+医疗”恢复正常医疗服务，逐步推进复学复课，加快推进生产生活秩序全面恢复。长春市是全国复工复产最快的城市之一。

二、坚持多方保障，切实满足防控需要

市级领导亲到一线、包保督导，各地、各部门服从大局、纷纷请战，全市人民共同参与、众心抗疫，展示“长春力量”。

全力做好设施储备。提前储备3批定点医院、21家发热门诊，机场常备转诊120车辆5台、转运保障车辆18台。因时因势动态调整隔离场所，最多时设置留验站19个、指定隔离宾馆95家。

全力做好人员储备。组成40余名专家救治团队，成立市级医疗专家组、疫情防控专家组、对口支持专家组，多领域防控。成立流调队伍86支578人，专业消杀小组77个434人，采样小组76支712人，各街道（乡镇）成立疫情防控工作组278个2350人，社区（村屯）成立疫情防控小分队4126个17166人，机场日常储备400余人，为高效落实疫情防控工作提供人力资源保障。

全力做好物资储备。建立医疗物资保供机制，制定储备方案和保供预案，建立全市应急储备库，全面做好疫情防控保障工作，抓好生产线、生活线、生态线，各医疗卫生机构的防控物资储备量基本满足30天满负荷运转需要。

三、坚持扎实落实，织牢织密防控网络

领导小组召开26次工作会议，深入研究，周密部署，各地、各部门全力响应、落实到位，体现“长春作为”。

流调排查抓“快”重准确，信息凿得实。建立“一个平台四张网”（全市疫情防控信息调度指挥大数据平台、外防输入信息网、兜底摸排信息网、涉疫重点人员信息网、市民群众投诉举报信息网），利用“大数据+网格化”快速确定轨迹，形成完整链条，精准锁定目标。全市调查处置49例病例、4名无症状感染者，均未漏掉任何一条可疑线索。

隔离检测抓“严”重安全，人员管得实。全链条闭环管理，“点对点”对接，“线对线”推送，“面对面”转运，落到人，管到家。派驻前方工作组，实现域外转运和属地管控有机衔接，对来（返）长人员严格执行防疫要求，强化转运人员、隔离场所安全防护，落实24小时值班值守制度，对隔离人员实行健康监测，提供“人性化”服务。2020年2月25日至12月29日，保障国际航班71班，安全转运入境旅客17160人。

医疗救治抓“早”重结合，治疗效果实。紧跟国家最新版诊疗方案，坚持中西医结合治疗、“一人一策”“双

4月11日，长春市支援湖北医疗队凯旋欢迎仪式 （市卫健委　提供）

法双测”，创新出院患者继续进行中医治疗的宽进严出模式，严格落实出院患者14天隔离康复和28天随访要求。组织省、市级医疗救治专家组会诊156次，参与专家600余人次。50天内实现45例本土病例在院清零、零死亡、医务人员零感染的“三零”目标。长春市治愈率始终高于全国平均水平，没有向社会释放一例假阴性患者。

监测预警抓“广”重灵敏，点位设得实。完善多点触发预警机制，从10个渠道开展监测，抓好发热患者源头管控，坚持人物同防，做好重点人群和相关行业从业人员主动筛查，强化社会面防控，形成分布广、点位密、层次多的立体哨点网络。发热门诊就诊7.4万人次。自2020年2月5日至12月31日，监测药店购买“一退两抗”药品（退热、抗病毒、抗菌素类药品）的人员27.5万人次。截至12月底，全市愿检尽检261360人次，检测近149万人次。

四、坚持长远规划，建立健全防控体系

始终坚持大卫生理念，补短板、强弱项，推进体系建设，将疫情防控融入社会治理各个环节，用“长春智慧”做好常态化防控。

完善领导指挥体系。坚持领导体制、战时机制、指挥体系不变，实行定期碰头、集中会商制度，逐步完善对上对下、平行协调机制、信息沟通共享机制、吉祥码推广应用机制、联防联控机制、紧急动员机制，适时快速调整防控策略，分区分级管理，固化对隔离场所等重点场所的督导检查，全过程、全领域、全时段统筹推进疫情防控工作。

完善专业诊疗体系。加强发热门诊配置，全市25家医院设发热门诊，配备留观床位268张、医护人员1155人，建立医疗梯队87个。设立定点医院10家，备用医院8家，视医疗救治需要分批启动备用医院。定点医院和后备医院总床位不少于2500张，每个定点医院至少配备3支救治梯队，医护人员10785人。加强院感防控，实施医疗救治检查调度，工作梯队随时保持应战状态，遇有紧急情况随时启动。

完善公共卫生体系。投入资金11.9亿元，高标准、高质量推进“一院两中心”（长春市传染病医院、市疾控中心、急救中心）、4个城市检测基地、全市发热门诊规范化建设等，改造11个县区级疾控中心。投入3.5亿元用于基层医疗卫生机构改扩建和购置医疗设备。加强实验室检测能力建设，截至2020年年末，长春市具备独立开展新冠病毒核酸检测能力的医疗机构34家，日最大检测能力1.3万份，第三方检测机构12家，日最大量检测能力6.3万份，单日最大检测能力7.6万份。全市经培训取得PCR上岗证人员410人，第5批上岗培训在进行中，培训后上岗人员750人。

完善应急响应体系。建设统一领导、资源融合、分级负责、属地管理的应急响应体系，制发各类应急方案手册，明确常态化防控要求，动态设置隔离场所27个（其中留验站14家，隔离宾馆13家），可用房间2063间。开展技术培训246期11548人次，实战演练16次1206人次，确保依法、科学、规范开展应急处置工作。

2020年，管理密切接触者3262人、密接的密接3617人、重点地区来（返）长人员369546人、入境人员21595人，107人支援武汉，万名医务工作者、2万余个基层党组织、8万多名志愿者、13万余名党员干部、16万余名“三长”（网格长、楼栋长、单元长）连续奋战在一线，760万长春人民用实际行动诠释了“长春精神”。精准的疫情防控，为长春市经济社会发展提供了有力保障：前三季度GDP实现增长3.1%，在东北四市保持首位，规模以上工业增加值增长10.2%、固定资产投资增长9.1%，在15个副省级城市中分列第2位和第3位。

（姜德强）

2020年长春市脱贫攻坚工作综述

2020年，面对脱贫抗疫救灾的复杂局面和艰巨任务，长春市认真贯彻习近平总书记关于扶贫工作的重要论述和指示批示精神，严格落实党中央国务院和省委省政府关于脱贫攻坚的决策部署，坚持把打赢打好脱贫攻坚战作为重大政治任务和第一民生工程，加大人力、物力、财力投入，实施了全面督战、重点督战、尽锐出战等一系列举措，全市154个贫困村全部出列，30327户62810名贫困人口全部脱贫，脱贫攻坚战取得全面胜利。

市委、市政府坚持用习近平新时代中国特色社会主义思想统领脱贫攻坚工作，第一时间传达学习习近平总书记关于

扶贫工作的最新讲话和指示批示精神，做到学习跟进、认识跟进、行动跟进。制定出台贯彻落实习近平总书记重要讲话精神奋力夺取脱贫攻坚战全面胜利的31项推进措施，明确任务书、时间表、路线图。召开市委常委会4次、市政府常务会3次、脱贫攻坚领导小组会5次、专项推进会等会议28次，高位统筹谋划收官之年各项工作。采取挂牌督战与全面督战相结合的方式，在全市形成“脱贫组顶层发动，市领导示范带动，驻点督战组、专项推进组两翼推动，市县乡村多级联动”的督战格局，有效推进了各项脱贫任务的全面落实。

为统筹推进疫情防控、抗灾减灾和脱贫攻坚工作，印发《关于进一步做好贫困人口疫情防控和脱贫攻坚工作的通知》等文件，建立起日报告、不见面服务等5项保障机制，出台分级实施包保帮扶、强化部门联动等10项促进就业措施，按需落实保障资金；突出域外输出、域内安置、培育主体“三个重点”，实现域外就业1344人，域内就业7230人，确保贫困劳动力不因疫情而影响收入；实施政策措施、调查摸底、因灾因户施策、跟踪监测帮扶等抗灾减灾“四项举措”，明确“保增产、保增收、保贫困户不受影响”的“三保”总要求，组织乡村干部、驻村第一书记、驻村工作队员、帮扶责任人等人员进村入户开展排查，针对贫困户受灾的不同情况稳妥开展抗灾减灾工作，努力把灾害损失降到最低，确保了全市贫困户、边缘户不受灾情影响。

坚持把实现贫困人口“两不愁三保障”目标作为打赢脱贫攻坚战的核心任务，下拨5000万元财政扶贫资金，新建扶贫产业项目63个，贫困村、贫困人口产业覆盖率100%。成立消费扶贫专班，开展专题业务培训；组织申报一批品牌效应强、抗风险能力强、贫困户参与度高、带贫效果好的扶贫龙头企业，挖掘一批特色扶贫产品；创新实行“农超对接”“展会促销”等消费扶贫模式，解决农产品“销售难”问题。完成877个村农村集中供水工程建设，巩固提升2.1万名贫困人口饮水安全保障能力。新确认的823户贫困户危房改造全部竣工，所有贫困户实现住房安全有保障。落实教育资助政策，资助建档立卡贫困家庭学生14243人次，落实资金838万元。贫困人口医保参保率100%，1890家村卫生室完成标准化建设并开通医保报销系统。农村低保标准提高到每人每年 4080元以上，27609名贫困人口纳入低保和特困人员救助供养范围。为146个贫困村的1312名建档立卡贫困老人开展“两访、三查、四助”邻里互助养老服务；落实残疾人两项补贴制度，实现“应补尽补、应享尽享”;适时发放价格临时补贴，保障特殊贫困人口基本生活。

为调动各方力量参与社会扶贫，市扶贫办成立“长春市扶贫开发联合会”，发展会员企业51户，开展“易起过年”助贫行动、“心系贫困户·携手抗疫情”防疫物资捐赠公益活动、“爱心蔬菜”配送服务等活动，并组织会员企业参加全省消费扶贫月活动。市民政局发布倡议书，为贫困人口疫情防控募捐资金和物资折合2418.5万元；组织长春亚泰集团、吉林阳光建设集团、长春市厚普困境儿童关爱中心等单位分别与贫困村对接，支援贫困村建设。吉榆商会、乐清商会等12家社团建立“筑爱慈善基金”，惠及贫困群体近万人。市商务局实施“民企帮扶脱贫攻坚光彩行动”，组织企业与五县（市）区签订对口帮扶框架协议、电子商务合作协议。为加大省内扶贫协作力度，市委书记王凯、市长张志军带队到白城市对接扶贫协作；援助白城市5000万元资金，用于项目建设。两市互派干部27名；长春市向白城市购买挂钩指标196.03公顷，调剂补充耕地指标110公顷；为白城市提供企业用工岗位4010个，帮助转移就业99人。各城区、开发区也积极协调资金，主动谋划项目，为对口单位提供各种形式的帮扶。

为防止返贫和产生新的贫困，长春市严格落实“四个不摘”要求，确保投入力度、扶持力度、工作力度、监管力度“四个不减”。出台《长春市关于巩固脱贫成效保障稳定脱贫的实施方案》，明确提升稳定增收能力、加强边缘贫困对象帮扶等6个方面26项措施。制定《关于建立健全脱贫攻坚返贫监测预警和动态帮扶机制的实施方案》，建立监测对象台账，实行“红黄蓝”三色预警，采取预防性、个性化帮扶措施。针对剩余贫困人口，全市31位市级领导、53名市直部门主要负责人包保重点未脱贫户，实现每名未脱贫户有1名乡科级以上领导干部“一对一”结对帮扶；因户因人实施政策兜底等“输血式”和着眼长远发展产业等“造血式”相结合的“一人一策”精准帮扶措施；在吉林省给予未脱贫人口人均5000元脱贫资金的基础上，长春市也按人均5000元进行匹配，确保726户1667名剩余贫困人口如期达到脱贫标准。针对脱贫监测户，实施产业就业帮扶、强化综合保障、加强特殊情况处置等精准帮扶措施，全市841户1850名脱贫不稳定人口、874户1811名边缘易致贫人口全部消除返贫致贫风险。

（李　强）

2020年长春市“万人助万企”工作综述

2020年是“万人助万企”深化拓展年。年初以来，在去年全面启动、积极组织、建立机制、迅速对接、有序推进的基础上，全市“万人助万企”工作机制持续完善、对接服务全面覆盖、问题解决高效推进、助企效果不断凸显、企业满意度不断提升，受到广大企业和社会各界的充分认可和普遍好评。“万人助万企”已成为长春市优化营商环境的品牌和名片。2020年8月30日,长春市委书记王凯接受中央电视台等中央主要媒体专访时，充分肯定长春市深入推进“万人助万企”务实举措发挥的重要作用。8月26日，长春市市长张志军在市总调度室《关于全市“万人助万企”工作情况的汇报》上专门作出批示：“很好！发扬成绩，精准施策，不断提升服务水平，取得更多成效”。

一、创新机制

完善闭环整合工作推进机制，实现“条块”协同。总调度室牢固树立全市“一盘棋”理念，坚持统筹协调、综合调度、整体推进，强化分类指导、分层落实、督查督办，横向与8个市级功能组联动，纵向与15个分调度室对接，垂向与82个市直助企单位若干助企工作队协同。针对服务企业涉及面广、系统性强的特点，推动各条线协同作战，变原来的地区、部门内部解决为总调度室统筹推进、各级助企机构协同落实的工作局面。

完善问题分层分类化解机制，实现“点面”结合。总调度室不断完善助企干部、企业数据、企业问题“三库”体系，对各领域各方面问题进行周调度、月分析、季总结，持续跟踪掌握情况，及时研究解决难点问题。对疑难个性问题因企施策、专题解决，对疑难共性问题统筹研究、成批化解；对突发重大问题，开辟“绿色通道”，建立高效联动的紧急重大特殊问题处理机制。

完善督导考核检查联动机制，实现“督考查”一体。重点围绕机制建立、机制运行和工作成效等方面，采取点面结合、由点及面的方式，通过实地调研、召开座谈会、走访企业和调度情况等形式，开展全方位、深层次、全覆盖的督导考核、调研座谈60余次，持续宣传指导工作、挖掘典型经验、督导推动落实。将“万人助万企”纳入全市年度绩效考评工作，有力强化和突出了助企工作。

完善政企通平台响应机制，实现“线上线下”同步。“长春政企通”平台自上线运营以来，收录万余户包保企业信息，800余条工作动态，120余项国家和省市各类惠企政策，100余条助企视频，实现企业问题处理流程标准化、规范化、结构化。平台同步开发的手机App企业诉求办理平台，能够随时随地分办、处理问题，提升问题解决时效。全市助企行动步入线上与线下相结合的工作模式，推动全市助企工作提效率、上水平，助推形成工作长效机制。

二、主要做法

市级领导率先垂范务实服务。面对疫情冲击等复杂严峻形势，市级领导在疫情最严峻时期深入企业生产一线，协调各种资源，解决各种问题，务实高效服务企业疫情防控、复工复产、恢复产能、安全生产，有效推动企业扩大生产、畅通销路、技改扩能、政策落地，同时也积极带动配套企业稳定发展。

创新开展助企专项服务行动。按照市委部署和要求，发挥快速、分散、具体、直接的优势，2020年以来，总调度室牵头、全市上下集中开展“万人助万企”集中服务专项行动、纾困企业专项行动、亲商助企专项服务行动等助企活动。万名助企干部送政策、传信息，企业复工前做到及时将开复工通知要求传达到位、对企业开复工准备防疫指导到位、对企业开复工可能遇到的困难问题了解解决到位等“三个到位”，企业复工或即将复工时做到了解企业复工复产情况、了解企业所在县区政府和有关部门指导把关情况、了解企业疫情防控情况等“三个了解”。后疫情时期，持续开展主题宣讲专家献策促转型、产融对接专项扶持助增效、专业服务涉法咨询稳发展、搭建平台用足政策引人才等专项活动。各级助企单位和服务功能组深入了解、积极协调，实地解决企业发展的各种难题、特别是一些共性的瓶颈问题，得到企业高度评价和社会各界普遍认可。贯彻落实“服务企业周”活动期间，企业集中反映的1011件问题当场协调解决215件；落实“吉林省企业家日”活动期间，企业集中反映的157件问题及时反馈、协调解决128件。

协同推进助企“三条战线”。市直部门职能作用不断凸显，各功能组努力发挥“工具箱”作用，各分调度室创新服务做法，化危为机、排忧解困，助力企业复工复产。在疫情最严峻时期，市工信系统充分动员各方力量深入挖掘防疫物资生产资源和潜能，积极解决企业物资生产、原料供应等复杂问题，使全市口罩生产企业由2户增至30户，日产量由10万只增至1214万只，提升120倍。选派精干力量到重点企业驻厂服务，协调解决防疫物资生产难题，有效增加全市防疫物资生产能力。法律功能组市委政法委牵头协调市区两级法院、社保局，仅3天时间就解决了困扰大成集团的涉及近600万元涉法涉诉难题。汽开区举办就业公众平台“抗疫情、稳就业、促发展”线上招聘会；朝阳区针对大型商贸企业、辖区楼宇企业、沿街企业商户开复工实施“三包保三助力”；德惠市成立联合督导指导组对防控工作实施严督实导，保障企业安全有序复工。

抓好共性疑难问题解决。针对融资、人才、政策、基础设施、民生保障、公共服务以及历史遗留等共性问题，协调职能部门，推动成批化解。利用全市“金融服务月”活动契机，通过“万人助万企”工作机制，为企业提供融资咨询、融资对接和融资辅导等，发挥金融对经济的支持作用。针对全市226家企业提出的385条公交出行需求，通过“长春政企通”平台进行分类分批、逐一逐户答复反馈，解决落实。针对64户企业反映的融资共性需求，由市融资功能组牵头、市金控集团落实，一对一帮助企业主动对接银行、担保等融资机构，量身定做方案，推荐金融产品。

抓好惠企政策宣传落实。按照市委市政府关于“六保”“六稳”的工作部署，组织广大助企干部利用集中走访企业的契机，第一时间将《我市落实疫情防控期间相关政策工作实施一览表》送到包保企业手中。后续在“长春政企通平台”持续上线国家和省市层面出台的主要惠企政策，发动市区两级助企单位第一时间向企业推送，提供畅通高效精准实时的政策服务。为使企业更好地通晓政策、理解政策、掌握政策、运用政策，特别是指导企业用好用足疫情期间出台的各类惠企政策，在政策落实中受益，切实推动企业平稳健康发展，总调度室牵头举办全市“万人助万企”优化营商环境政策解读研修班。230余户包保企业参加现场培训，330余户企业通过网络直播同步参与。邀请市社保局、市人社局、市建委等市直部门负责人，以及吉林省著名律师和市融资担保集团的相关负责人，围绕企业关心及其所需的多项惠企政策进行专业解读，受到参会企业一致好评。

务实推进助企调整扩面。在前期有序调整全市1400余户包保服务企业基础上，突出抓好四条线的扩面工作。一是对拟培育升规入统的“四上”企业及其它中小企业进行持续动态调整；二是筛选一批银行、担保等对经济发展支撑作用大的金融机构纳入服务范围；三是将公主岭市纳入全市“万人助万企”工作体系；四是贯彻落实全市基层党组织为“保企业”献策用力工作推进会会议精神，重点对中小微企业、个体工商户提出的需市级层面解决的共性问题，做好研判、分发、流转、办理和反馈。

统筹开展问卷抽样调查。为了不断优化助企工作机制，提高助企工作质量和效率，总调度室牵头，各市直助企单位、各分调度室配合，面向全市1000户包保企业、400名助企干部，采用标准题和开放题相结合方式，开展问卷抽样调查，全面评估“万人助万企”助企工作成效。基于不同层面抽样问卷数据，统计分析满意度较高的6个方面和需要改进提高的6个方面，详细剖析调查对象对助企工作的措施评价和诉求，提出完善“四项机制”强化落实和开展“五项对接”稳企赋能等8项建议措施。

有序开展督导宣传。坚持督查工作不松懈，通过随机抽查方式，总调度室组织开展电话回访企业2000余户，做到市区两级全覆盖，进一步督促检验落实助企工作效率和执行力。市总调度室会同市委督查室对各市级功能组、部分县（市）区开发区分调度室进行专项督导调研，重点是尚未解决问题的推进措施，以及助企政策落实情况、自身运行和破解困难中存在的问题，征求推进助企工作的意见建议。同时，建立完善市级功能组层面问题周调度机制，强化各功能组问题解决推进力度，重点研究解决未办结疑难问题。持续紧跟疫情防控阻击战步伐，为复工复产鼓舞士气，编发“万人助万企”工作简报战役专刊、微信公众号，持续收集、密集发布指导帮助企业疫情防控和开工复产信息，挖掘选树宣传战疫助企先锋单位和企业。2020年以来，各类新闻媒体刊发消息1.63余万条，工作简报编发13期、微信公众号推送信息146条，开展“万人助万企”及时奖励工作，支持企业、服务企业、发展企业的舆论氛围日益浓厚。

三、主要成就

企业问题破解持续深入。在周调度、日督促、24小时指导的机制下，在流程优化、整合高效、对接精准的模式里，2020年，全市接收企业问题2735件，已协调解决问题2733件，占比99.9%。其中，市区两级工作队解决988件，市功能组解决641件，县（市）区开发区功能组解决1104件。在已解决问题中，集中体现在融资、项目审批、基础设施、党建人才、法律事务、营商环境、公共服务等七个方面，其中根据问题的属性，具有普遍性、代表性的共性问题1180件，个体差异化较大的个性问题1553件。此外，个性问题中还包括以上7个方面无法涵盖的其他一些具体的个体问题。2019年结转的812件问题实现全部办结。助企工作启动以来，截至2020年底，全市接收企业问题10722件，协调解决10689件，解决率99.7%以上，实现“双过万”。

个性问题解决加快推进。全市接收企业反映的个性问题1555件，已协调解决1553件、占99.9%。其中，融资类273件，全部办结；项目审批类157件，全部办结；基础设施类370件，全部办结；党建人才类75件，全部办结；法律事务类80件，全部办结；营商环境类133件，全部办结；公共服务类

57件，全部办结；其创类410件，协调解决408件、占99.5%。

共性问题解决不断突破。2020年，针对全市集中梳理的融资、人才等7大类21项共性问题，市级功能组制定落实政策措施18项，提出政策措施并逐步推进中3项。具体如下：一是融资类问题。市财政局发挥市金控集团行业地位优势，积极协调金融机构帮助部分重点企业落实“过桥”贷款资金。市担保公司累计为60户规上工业企业、产业链龙头和配套企业提供14.2亿元融资担保。市综合金融服务平台梳理出20家金融机构25款金融服务产品，累计为1400余户入驻企业解决融资21.29亿元。举办7场政银企对接会，累计帮助300余家中小微企业达成意向性贷款金额7亿余元。二是人才类问题。市委组织部启动“优秀民营企业人才素质提升工程”，市县两级落实人才政策投入突破10亿。市人社局牵头启动为期半年的“才聚长春”高校毕业生云聘行动，以“政校企”联合的服务模式，搭建线上政策宣传和招聘平台，同时以长春人才市场现场招聘及创业活动为“线下”服务补充。三是政策类问题。为切实解决当前实体经济发展中存在的突出矛盾和问题，市政府制定下发支持实体经济发展、促进医药产业发展等若干政策措施，同时依托“四大板块”布局，紧锣密鼓研究出台汽车、肉牛、电子信息、数字产业等相关产业政策。疫情爆发以来，全市集中出台应对疫情支持中小企业共渡难关政策措施22条、支持服务业平稳健康发展意见22条、城市管理领域实施助力经济发展措施8条、进一步帮扶服务业小微企业和个体工商户缓解房屋租金压力措施16条等一系列政策措施，明确责任、强化落实。四是基础设施类问题。针对226户企业反映的385条公共交通需求，市总调度室牵头发起、各级助企工作队全面调度，基础设施功能组总体牵头、市交通运输局研究落实，在深入研究部分公交线路覆盖盲点区域分布及具体情况的基础上，对企业的诉求提出了分类分批推进的解决办法。针对疫情带来的不利影响，市建委出台政策可延期企业一季度的水费并免除滞纳金、违约金，企业新开工建设项目在办理用水手续时可缓缴配套费6个月。五是审批规划类问题。疫情期间，市市场监管局出台应对疫情支持复工复产的27条具体措施，有效助力各类市场主体复工复产。市建委打造项目开工绿色通道，支持工程项目提前进场开工建设，强化提前施工项目事中、事后监管。出台实行招投标全程线上办理、施工图审查网上办理、延缓履约保证金缴纳等支持建筑企业开复工政策措施15条。六是法律类问题。市委政法委充分发挥法律服务和保障的职能作用，精准对接市领导包保的100户重点企业，分解任务、快速会商、跟踪督办。市司法局为长春新区有法律服务需求的民营企业开展为期两个月的免费法治体检。市人社局在全国率先推出针对事中监管环节的“首违警示制”和“承诺备案制”，打造“亲商安商”的执法监督环境。七是营商环境类问题。对市级行政审批和公共服务事项取消198项、下放164项、承接36项、合并169项，实现非行政许可“零审批”。保留行政审批中介服务137项、取消50项。深入开展“减证便民”行动，取消各类证明事项177项，试行证明证照证件“免提交”。推进“证照分离”，106项涉企行政审批事项按照四种方式进行分类改革，实现“照后减证”。推行经营许可跨部门、跨层级“N证联办”，20个行业类型实现“一窗申请、一表申报、一次提交、一口出证”。全市企业开办领域全流程“一件事”一小时办结。全面减免税收、取消或停征行政事业性收费。

工业经济企稳回升。通过开展“万人助万企”，全市工业经济延续持续向好。2020年，全市规上工业完成产值8499.3亿元，比2019年增长9.9%，高于全省3.6个百分点。增加值增长10.4%，高于全省3.5个百分点，在东北四市中排名第一，在15个副省级城市中排名第二。其中，一汽集团保持强劲发展态势，全年在长口径产销整车265.4万辆和264.9万辆，比2019年增长3.6%和4.5%，分别高于全国5.6和6.4个百分点。完成产值4622亿元，比2019年增长13.1%，拉动全市工业增速6.9个百分点。

（长春市万人助万企总调度室）

长春市剥离国有企业办社会职能和解决历史遗留问题工作综述

加快剥离国有企业办社会职能和解决历史遗留问题是党中央国务院作出的决策部署，是深化国有企业改革的重要举措，要求2020年底前完成各项改革任务。按照省委、省政府统一部署，在市委、市政府领导下，市国资委发挥牵头作用，会同市委组织部、市财政局、市人社局、市社保局、市建委、市房地局等部门通力合作、攻坚克难。改革取得决定性成果，充分发挥长春市在全省的示范带动作用，为吉林全面振兴、全方位振兴作出突出贡献。

一、突出问题导向，攻坚克难，全面完成厂办大集体改革

长春市厂办大集体改革历时10年之久，但受制于改革成本缺口大，市本级（含省属）近1.8万名职工养老保险未得到根本解决。企业停产多年，职工生活困难、接续养老保险诉求强烈，信访不断，问题复杂，矛盾突出。2019年全省全面铺开厂办大集体改革以来，面对改革时间跨度长、个案疑难问题多，政策衔接难、组织操作难等复杂情况，长春市始终做到“四个坚持”，确保改革取得突破。

坚持高度的政治站位，坚决落实中央决策部署。2020年底前，完成厂办大集体改革是党中央国务院作出的重要决策部署，2月28日，克服疫情影响召开动员会打响了全市厂办大集体改革攻坚战。市委、市政府主要领导高位统筹，多次组织调度解决重点难点问题，各部门以高度的政治、思想和行动自觉抓落实、促进度。

坚持以人民为中心的发展思想，重点解决民生保障问题。聚焦主要矛盾及问题，克服政策适用及组织操作难题，对职工垫付的养老保险费予以全额返还。坚持落实政策不落一人，如对死亡人员、趸交养老保险费超龄退休人员等特殊群体通过继承公证等方式进行垫付返还，较好地解决了职工的养老保障问题。

坚持担当负责，各项工作得以提速突破。对政策落实中的疑难个案及“卡脖子”问题，坚持尊重历史、实事求是，准确把握政策实质，通过专题会议研究及时破解40多个棘手问题，如省乡镇企业供销公司金属制品厂停产后无人留守，主办国有企业解散，缺失改革操作主体，一时难以推进，经多方协调最终以联席会议方式指导职工代表自行组织完成了改革，职工非常满意送来了锦旗。采取专班推进、集中办公方式，对标对表，加班加点，敲钟问响。经过近一年时间的合力攻坚，提前高质量完成改革任务。

坚持周密规范操作，保持社会和谐稳定。重要改革政策及措施做到了于法有据，重视运用法治思维和法治方式引领和推动改革。实时跟踪社会稳定风险，准确宣讲政策，及时回应职工诉求关切。广大职工思想统一，积极参与，平稳有序完成改革任务。

2020年，市本级（含省属）厂办大集体181户，全部完成了企业范围界定、资产审计、改制方案审批、职代会审议、职工身份认定、经济补偿金发放、养老保险垫付返还等一系列改革工作。完成发放职工解除劳动关系经济补偿金13821人15821万元，完成养老保险垫付返还9372人10160万元，解决老工伤问题111人纳入统筹和补偿500余万元。对部分失联人员“关门留缝”，已预留经济补偿和养老保险垫付返还资金。

到2020年年底，长春市厂办大集体改革全面完成，成效显著。党中央国务院的决策部署得到了全面落实，在量大、面广、问题多的情况下，长春市在全省范围内率先完成改革任务，起到示范引领作用。达到了职工满意、社会稳定的效果，消除了厂办大集体职工这一困难群体的后顾之忧，使其在一定程度上能够分享改革和发展的成果。优化长春市经济社会发展环境。解决厂办大集体改革“老大难”，消除了数以万计职工的信访隐患，2020年厂办大集体信访接待15批20人次（主要为咨询改革政策），与前两年相比年均信访接待量下降89%。国有企业卸下沉重包袱，为聚焦主业发展创造了有利条件。

二、注重以人为本，平稳有序，全面完成国有企业退休人员社会化管理

国有企业退休人员管理、运营费用负担沉重，一定程度上制约着企业的改革发展。2019年6月以来，立足长春市国有企业退休人员占比高、分布集中、对企业归属感强等实际情况，市国资委、市委组织部等部门主动到街道、社区和企业调研，宣讲政策，摸清情况，指导企业做好思想动员和移交工作。针对社会化管理移交事项复杂、情况各异等情况，确立“先移交后完善”的工作思路，制定移交清单、移交协议范本，召开街道社区座谈会，确保移交后管理服务水平不降低。组织国有企业与各县（市）、区集中签订移交协议，规范有序推进。对一汽集团、中车长客等重点企业进行现场办公，结合退休人员居住地集中的特点，采取整体移交，“块移动”，平稳推进提前完成工作，一汽集团向市国资委赠送感谢牌。针对企业个别退休人员留恋企业不情愿移交的情况，坚持有“温度”的平稳过渡，指导企业继续关心关爱走访慰问退休人员，引导退休人员树立为企业发展发挥余热的思想。2020年，全市234249名国有企业退休人员管理服务、231776册人事档案、35073名党员组织关系、40处退休人员活动场所移交工作全面完成。

三、聚焦市场导向，优化配置，全面完成“三供一业”分离移交

研究率先出台国有企业职工家属区“三供一业”分离移交工作方案。市国资委会同市公用局、市房地局，定期调度，现场指导，移交工作按期开展。创新工作思路，破解重点难点问题，如通过建立资金中转方较好地解决资金拨付问题，通过搭建国有平台的方式，解决接收政策难点问题，以长客为代表的央企向市国资委送来感谢牌匾。坚持将“三供一业”分离移交与深化新一轮国企改革、改善民生问题统筹推进，将国有企业办社会职能移交到地方市场化、专业化公司，优化国有资源配置，促进央地企业聚焦主业共赢发展。移交后，为一汽、长客等驻长央企减轻负担约14亿元。市属企业接收资产发展壮大，仅长热集团新增供热面积2010万平方米，新增资产7亿元，为春城热力港股成功上市奠定重要基础。长春市创造了国有企业“三供一业”分离移交工作样板，一些经验做法由省企改办在吉林省推广，沈阳、兰州、包头等多个城市前来学习交流。2020年，涉及39户国有企业、41万户居民、92个“三供一业”项目分离移交全面完成。

（孟繁雁）

大 事 记

DASHIJI

1月

4日 2020中国长春净月潭瓦萨国际滑雪节开幕式在净月潭国家风景名胜区举行。来自30个国家和地区的1500余名专业运动员和越野滑雪爱好者参赛。

同日 2020长春净月潭瓦萨国际滑雪节“瓦萨之夜”暨项目签约活动，在净月潭益田喜来登酒店举行。签约项目23个，金额816.6亿元。

5日 在“2020中国冰雪旅游发展论坛”上，长春市再次获评“2020年冰雪旅游十强市”。

6日 2020年全国首届滑雪定向挑战赛在长春市净月潭国家名胜区举行。

6—9日 政协长春市第十三届委员会第四次会议在省宾馆举行。市委书记王凯发表讲话，市政协主席綦远方作工作报告。来自全市各界政协委员聚焦改革发展振兴大局建言献策。

7—9日 长春市第十五届人民代表大会第四次会议在省宾馆礼堂召开。长春市市长刘忻作政府工作报告。会议表决通过关于长春市人民政府工作报告的决议、关于长春市2019年国民经济和社会发展计划执行情况与2020年国民经济和社会发展计划的决议、关于长春市2019年预算执行情况和2020年预算的决议、关于长春市人民代表大会常务委员会工作报告的决议、关于长春市中级人民法院工作报告的决议、关于长春市人民检察院工作报告的决议。来自全市各条战线的462名人大代表参会。

8日 农业农村部公布100个全国农村创新创业典型县，九台区成为长春市唯一入选的县（市）区。

同日 中国一汽红旗品牌盛典暨H9全球首秀在人民大会堂举行。

10日 国家科学技术奖励大会在北京举行。长春市多个项目获奖。吉林大学参与的《渤海湾盆地深层大型整装凝析气田勘探理论技术与重大发现》获2019年度国家科学技术进步奖一等奖。

10—31日 第十一届吉林（长春）冬季农业博览会在长春农博园举办。

12日 2020长春国际冰雪马拉松在净月雪世界开赛。

13日 长春市政府第43次常务会议召开。会议讨论并原则通过《2020年市政府重点工作目标责任制》《长春市生态环境机构监测监察执法垂直管理制度改革实施方案》。

同日 中国长春第二届零部件新技术科技展在中国一汽NBD总部开展。长春市市长刘忻、副市长王海英、一汽集团总经理奚国华共同为展会启幕。

15日 中国在太原卫星发射中心用长征二号丁运载火箭成功将“红旗一号—H9号”卫星发射升空，该卫星为全球幅宽最大的亚米级光学遥感卫星，由长光卫星技术有限公司自主研发。

16日 2019年度中国科学院杰出科技成就奖和中科院青年科学家奖颁奖仪式在北京举行。长春光机所张学军、赵文兴、高劲松等为主要成员的“高结构刚度复杂曲面碳化硅光学反射镜先进制造技术研究集体”获中科院杰出科技成就奖，薛栋林获中科院青年科学家奖。

17—18日 2020年中国冰雪短道汽车拉力锦标赛在长春市南湖公园举办。

19日 长春市政府第44次常务会议召开，讨论并原则通过《2020年建设幸福长春行动计划》《经济运行高质量发展指标体系责任分工方案》。

23日 长春市出现首例新型冠状病毒肺炎确诊病例，市政府立即召开专题会议，明确以防控输入性病例为重点，按照国家和省政府的防控策略和部署落实各项防控措施。

同日 生态环境部通报2019年全国地表水状况及城市排名，30个城市国家地表水考核断面水环境质量变化情况相对较好。长春市变化幅度为36.7%，居第五位。

26日 长春市委常委扩大会议召开，长春市成立疫情联防联控8个专项工作组，形成高位统筹、有效衔接、全力推进的联防联控工作格局。

30日 长春市委常委扩大会议暨

市新型冠状病毒感染的肺炎疫情防控工作领导小组第6次会议召开，对全市疫情防控工作进行再督促、再部署、再落实。从零时起，长春县际和县内客运班线全部停运，全市3座客运站全部关闭。长春站管内114趟列车临时停运。

同日 长春市首例新型冠状病毒肺炎患者出院。

2月

2日 长春市委书记王凯到长春市部分医疗物资生产企业调研，现场办公解决问题，要求企业强化生产组织调度，严把质量关口，为打赢疫情防控阻击战提供有力支撑。

同日 吉林省从21家三级医院重症医学科、呼吸科等相关专业选派18名医生、100名护士，组成118名医务人员的危急重症患者救治医疗队，从长春出发，到湖北省开展医疗援助工作。

6日 市轨道交通集团决定，暂停长春市轨道交通1号、2号线运营服务，暂时关闭全部车站。

同日 长春市新型冠状病毒肺炎疫情防控工作领导小组办公室依据相关法律法规，发布进一步加强疫情管控的公告。

7日 吉林大学第一医院、第二医院、中日联谊医院派出3支医疗队，392名医护人员支援武汉，抗击疫情。

同日 长春市政府办公厅印发《长春市应对疫情支持中小企业共渡难关的政策措施》，措施4个方面共计22条，支持中小企业共渡难关。

9日 长春市开始全面实施公共交通实名登记制度。

10日 长春市委书记王凯主持召开市新冠肺炎疫情防控及企业复工复产工作视频会议。

同日 一汽解放汽车有限公司长春工厂正式恢复生产。中车长春轨道客车股份有限公司迎来首个复工日。

11日 长春市传染病医院又有5名新冠肺炎患者治愈出院。自1月30日长春市首例确诊病例治愈出院以来，有11名患者在该院治愈出院。

12日 吉林省政府正式批复《长春国际汽车城规划（2020—2035）》。

15日 省委书记巴音朝鲁到长春市九台区，为吉林省传染病医院揭牌。省传染病医院被称为吉林版“火神山”，医院仅用10多天时间就火速完成改建任务，拥有175张标准床位，多批专业医疗队入院待岗。

同日 由161人组成的吉林省第9批支援湖北医疗队启程。省委书记巴音朝鲁为医疗队壮行并授旗。省委副书记、省长景俊海主持壮行仪式。

18日 一汽轿车红旗、奔腾、马自达三大品牌生产线陆续恢复生产。

19日 长春市轨道交通1号线、2号线恢复全线运营服务。

20日 长春市委办公厅、市政府办公厅印发《关于我市机关企事业单位和群众加快恢复正常生产生活的通知》。要求全市上下认真落实分区分级精准防控要求，统筹兼顾疫情防控和经济社会发展，加快恢复正常的生产生活秩序。

24日 从2月10日复工以来，一汽解放生产整车11886台，计划完成率100%，最高日产1249台，与2019年基本持平。

26日 吉林省新冠肺炎疫情防控应急响应级别由省级一级响应调整为省级二级响应。

27日 长春市召开新冠肺炎疫情防控及复工复产新闻发布会。全市落实5000万元以上项目超过1000个，年度计划投资超过1700亿元。

3月

2日 大口径空间光学载荷综合环模试验平台、长春轨道交通6号线等项目复工。

5日 长春新区在视频会议室内举行项目签约仪式，以视频连线的方式，在15分钟内完成7个重大项目、总计135亿元的签约。

6日 长春市委书记王凯、市长刘忻会见到长考察的山东玲珑轮胎股份有限公司董事长王锋一行，就深化合作、助推重点配套项目进行深入交流。

8日 中共长春市委办公厅、长春市人民政府办公厅联合发布《关于加快推动服务业有关行业复工复产的通知》。

9日 长春市45名新冠肺炎确诊患者全部治愈。长春市新冠肺炎患者清零。

12日 由阿里云创新中心长春基地与摩拉西斯（吉林）生物科技有限公司共同建设的百万级口罩产能基地在净月高新区落成。

同日 九台区九翔亿只肉鸡全产业链农产品加工园区项目签约仪式在区委举行，该项目计划总投资33.8亿元，是2020年全国禽企4个亿只肉鸡项目中投资最大的项目。

16日 德惠市惠发街道毛家村富启手工编织专业合作社被长春市人社局、扶贫办授予“就业扶贫星火站”称号并挂牌，是长春市首家“就业扶贫星火站”。

18—25日 长春市在全市范围内集中开展“环境清洁周”活动。

19日 吉林省政府新闻办召开长春高质量发展“四大板块”新闻发布会。长春市通过参加发布会的27家中省直媒体向海内外战略投资者发布：将实施以先进制造业、战略性新兴产业和现代服务业为主导产业的长春国际汽车城、长春国家区域创新中心、长春国际影都、中韩（长春）国际合作示范区（筹）“四大板块”建设，未来5年，“四大板块”力争总产值突破2.2万亿元。

24日 中国—东北亚博览会获UFI（国际展览联盟）国际项目认证，成为UFI会员，填补吉林省UFI国际认证项目空白。

25日 长春轨道交通7号线一期工程赛德广场站开工。

26日 市委书记王凯主持召开市委常委扩大会议暨市脱贫攻坚领导小组2020年第4次会议，传达《中央第八巡视组关于对吉林省开展脱贫攻坚专项巡视“回头看”的反馈意见》《吉林省2019年扶贫成效交叉考核报告》《吉林省2019年脱贫攻坚成效第三方评估报告》，审议相关工作方案，全面推进反馈问题整改，确保如期高质量完成任务。

27日 总投资26.9亿元的中国一汽研发总院新能源智能网联创新试验基地项目启动仪式在长春举行。

30日 一汽—大众第2000万辆汽车——新迈腾GTE在一汽—大众长春基地总装车间下线。

同日 长春市创建就业扶贫星火站15家，贫困劳动力转移就业3478人。

31日 长春市再次提高城区城乡低保标准、低收入家庭认定标准和特困人员基本生活标准。调整后，城区城市居民最低生活保障标准由每人每月620元提高到710元，城区农村居民最低生活保障标准由每人每月410元提高到500元。

4月

1日 一汽解放汽车有限公司3月份终端交付中重卡突破4.4万辆，是2019年月均销量的1.9倍，再创解放品牌历史月度销量新高。

3日 《长春市城市管理条例》《长春市饮用水水源保护条例》《长春市文明行为促进条例》公布，自2020年5月1日起施行。

4日 在全国性哀悼活动中，长春市委市政府南门广场降下半旗，哀悼抗击新冠肺炎疫情斗争牺牲烈士和逝世同胞，市领导王凯、钱万成、綦远方出席。

6日 吉林省第6批支援湖北医护人员137人返回家乡。该医疗队一直奋战在武汉同济医院中法新城院区，收治危重症新冠肺炎病人75例，治愈出院病人67例，无病例转出，患者医疗过程零复发、零投诉。

7日 长春市12万余名高三学生告别“超长寒假”，正式开学。

12日 长春市2020年“三早”项目集中开工活动在全市多个项目建设点同时启动。401个重点项目集中发力，助力长春市经济社会发展。

同日 长春南部都市经济开发区首家三甲医院国文（长春）医院项目正式开工。

同日 长春国际影都影视基地项目在净月高新区开工建设。

13日 长春市汽车零部件制造业商会成立。市委书记王凯和一汽集团副总经理邱现东共同为商会揭牌。

14日 浪潮长春生产基地正式投产。长春市委书记王凯、山东济南浪潮集团董事长孙丕恕分别在长春市委、济南浪潮总部通过网络视频连线，见证基地第一台PC终端下线。

同日 吉林玲珑1420万条轮胎智能工厂项目在长春汽开区正式签约。山东玲珑轮胎股份有限公司将投资48.93亿元，联手腾讯、华制智能在长春投资建设全球轮胎行业首个数字化、智能化的工业互联网平台。15日，该项目正式启动。

同日 中国科学院东北地理与农业生态研究所王宗明、姜明团队与合作者共同应用相关遥感数据，完成2015年高精度中国国家尺度湿地分布信息提取。

15日 2020年吉林省“三早”项目暨中国一汽红旗新能源汽车工厂项目开工仪式在长春举行。

16日 根据内蒙古满洲里口岸防境外输入疫情防控工作需要，吉大一院连夜组建医疗队，到满洲里执行医疗救治任务。

17日 2020年农安县重点项目集中开工、新安合作区揭牌暨恒大文旅项目奠基仪式在农安经济开发区举行。

20日 长春市召开第52次常务会议，讨论并原则通过《长春市消费券发放总体方案》《2020年天津市与长春市对口合作工作要点》《2020年长春市与杭州市对口合作工作要点》《长春市关于促进服务贸易创新发展的实施意见》《关于支持长春电网发展建设的实施意见》《长春市2020年国有建设土地供应计划》。

同日 长春市政府召开新闻发布会，开展系列让消费者受益的活动。发放1000万元特惠型消费券、2000万元普惠型消费券、5500万元购惠型消费券。

同日 长春市220所初级中学的5.6万余名初三学生重返校园。

同日 长春农博园与吉林农业大学合作建设的净月基地获批国家现代农业科技示范展示基地。

21日 国务院批复《中韩（长春）国际合作示范区总体方案》。

24日 吉林省教育考试学院调整吉林省2020年部分教育考试时间，中考定于7月27日至30日进行。

28日 长春市人大常委会举行第二十七次会议。审议并表决通过《长春市第十五届人民代表大会常务委员会代表资格审查委员会关于个别代表的代表资格的报告》，表决通过《长春市第十五届人民代表大会常务委员会关于接受刘忻辞去长春市市长职务的决定》。

同日 长春市委书记王凯会见到长考察洽谈合作项目的深圳市深商控股集团股份有限公司董事长张思民一行。会见后举行签约活动，由深圳市深商控股集团、长发集团、汽开区、中国建设银行吉林省分行四方共同发起的红旗产业发展基金合作框架协议签约。

5月

1—5日 五一期间，长春市接待游客136.77万人次，实现旅游总收入9.71亿元。

6日 总投资15亿元的汽开区腾飞大路综合管廊及市政基础设施项目达到通车条件，宽30米、双向8车道的“长春市公主岭市”大通道全线贯通。

7日 长光卫星技术有限公司与内蒙古自治区人民政府签订战略合作框架协议，旨在通过卫星遥感加强自治区生态治理能力与治理体系建设，加快构建卫星遥感大数据产业生态，推动内蒙古自治区实现高质量发展。

8日 长春市委书记王凯在长春会见华为公司副总裁杨瑞凯一行，双方共同见证长春数字经济产学研创新联盟成立。

同日 长春市总工会授予长春市传染病医院等20个单位长春市五一劳动奖状；授予一汽解放汽车有限公司聂新宇等100名职工长春市五一劳动奖章；授予华润吉林医药有限公司物流中心等20个集体长春市工人先锋号称号。

10日 长春国际汽车城首个大型生态公园——长春西湖公园项目开工。公园陆地面积197.8公顷，水域面积135.8公顷。

13日 长春市人大常委会举行第二十八次会议。会议表决通过《关于提请审议张志军任职的议案》，决定任命张志军为长春市副市长。经全体会议表决，决定张志军为长春市代理市长。

17—26日 由长春光机所研究员梁静秋、助理研究员曹乃亮带领的第三代杂交水稻繁殖系种子荧光检测分选仪研制团队研发成功的种子分选仪，在国家杂交水稻工程技术研究中心完成约600千克水稻种子分选，确保第三代杂交水稻种子的分选与种植。

18日 长春市企业开办智能审批系统正式上线运行，以系统智能审批代替传统的人工审批，实现企业开办登记全程零见面、零跑动、零干预。

同日 长春国家区域创新中心（经开片区）招商推介会暨项目签约仪式在兴隆综保区召开。经开区、二道区和莲花山生态旅游度假区组团招商，线上、线下同步推介，签约项目51个，投资额372亿元。

20日 长春新区举行建设国家区域创新中心项目集中“云签约”活动，50个重点项目以视频连线形式签约，签约金额654亿元。

22日 长春市委书记王凯、代市长张志军到吉林大学调研，张志军与吉林大学校长张希分别代表市政府和吉林大学签署战略合作框架协议。

25日 一汽解放J7智能工厂开工建设。

25—29日 中韩（长春·蔚山）汽车产业项目对接会举行。该活动由市政府与韩国蔚山广域市政府共同举办，通过网上视频方式，开展企业对接和招商推介。

27日 澳大利亚悉尼双层客车二期项目首列车在中车长春轨道客车股份有限公司下线。

28日 抚长高速公路人民大街出口改移工程开工。该工程起点位于自然村北侧，终点位于南四环路南侧。路线全长12.6千米。

29日 中共长春市委办公厅、长春市人民政府办公厅联合印发《长春市促进应届高校毕业生来（留）长创业就业若干措施》，12条措施助力我市实现10万名高校毕业生来（留）长创业就业目标。

30日 一汽解放汽车有限公司与北京市政路桥集团举行新能源纯电动重卡批量交付暨战略合作签约仪式，一批一汽解放纯电动J6P8×4重卡交付使用。

6月

1日 长春市医保5大类85项高频服务事项，由“多窗口分散受理”变为“一窗通办”，实现“一次办好”。

1—5日 长春市开展“万人助万企”纾困企业专项行动，经集中走访对接企业，梳理接收问题242件，协调解决108件。

3日 长春市“双派双促”计划派驻乡镇挂职干部对接会召开。选派173名年轻干部下乡挂职任职。

5日 长春市政府第54次常务会议召开，听取并原则通过《关于全市脱贫攻坚重点工作情况汇报》《关于近期疫情防控工作情况的汇报》《关于长春市衔接落实国务院政府工作报告的主要举措和责任清单》及《长春市促进应届高校毕业生来（留）长创业就业若干措施》《长春市援企稳岗若干措施》有关情况汇报，《关于第十七届长春汽博会筹备工作情况的汇报》《长春市深入贯彻〈交通强国建设纲要〉建设高质量交通强市的实施意见》《长春市关于加强文物保护利用改革的实施方案》《长春市陆生野生动物保护条例》《长春市畜禽养殖污染防治条例》。

6—9日 吉林省委常委、市委书记王凯率市党政代表团到北京开展系列考察对接活动，深入中粮、大唐、中铁、万达、国药、国家铁路集团总公司等大企业及中科院高能物理研究所等科研机构，开展“大招商”“大对接”。

9日 长光卫星与华为签署协议，共同就ICT基础设施、云计算等前沿技术，以及卫星遥感数据及产品、数据综合服务平台等领域进行合作。

10日 长春市通过开展“万人助万企”服务行动，工业经济持续快速回升，全市接收企业问题10024件，解决9751件，占97.3%。

15日 长春市人大常委会举行第二十九次会议。会议表决通过《长春市陆生野生动物保护条例》；表决通过有关人事任职事项，决定任命宋葛龙为长春市副市长（挂职）。

16日 和润汽车工业园项目开工。

19日 长春市委、市政府召开变更县级公主岭市代管关系工作会议。会议宣读《国务院关于同意吉林省变更县级公主岭市代管关系的批复》和《吉林省人民政府关于变更县级公主岭市代管关系的通知》。调整行政区划后，长春市辖7区1县，代管3个县级市。

同日 2020长春消夏艺术节在长春世界雕塑园开幕。消夏艺术节历时100天，推出6类消夏产品、系列消夏活动138项。

22日 中科院长春光机所旗下长春光华微电子设备工程中心有限公司研制成功国内首台商用12英寸全自动晶圆探针台。

23日 卓谊生物医药产业园项目落位长春新区。该项目总投资15亿元，主要建设疫苗的原液车间及分包装车间、研发和质量检测大楼等。

24日 长春市第十五届人民代表大会第五次会议在省宾馆闭幕。选举张志军为长春市人民政府市长。

27日 长春国际影都展示中心正式投入使用。

28日 总投资3.6亿元的盛世汽车产业园项目开园运营，首批28家中小微企业入驻。

29日 中韩（长春）国际合作示范区揭牌仪式在长春举行。省委书记巴音朝鲁出席活动并讲话。揭牌仪式上，省委副书记、省长景俊海宣读《国务院关于中韩（长春）国际合作示范区总体方案的批复》。巴音朝鲁、景俊海为中韩（长春）国际合作示范区揭牌。

同日 中韩（长春）国际合作示范区举行首场云合作暨项目签约活动，37个重点项目集中签约，总金额620亿元。

30日 长春市上半年完成造林6269公顷，是2019年造林总量1.5倍。全市新增绿地363公顷，绿量增长、栽植数量及质量均创历史新高。

同日 哈尔滨市轨道交通工程2号线一期首列车在中车长春轨道客车股份有限公司下线。该列车由中车长客股份公司研制，应用多种新技术、新材料，性能大幅提升。

同日 长春国际汽车城旭阳中法智能产业园项目正式启动。

同日 上半年一汽集团销售整车1630923辆，比2019年增长2.3%；生产整车1622279辆，增长1.5%。

7月

1日 长春市政府召开第56次常务会议，讨论并原则通过《长春市城市交通发展白皮书》《哈长城市群一体化发展示范区长春市建设工作实施方案》《长春市装配式建筑工程建设监管实施细则》，听取并原则通过《关于我市金融风险防控化解情况的汇报》。

同日 长春市委书记王凯在长春会见华为公司高级副总裁、中国区总裁鲁勇一行，双方就进一步深化战略合作、助推有关项目落地进行交流。

2日 长春新区与中国电子信息产业发展研究院完成“线上签约”，签署共同运营管理总投资200亿元的“长春新区龙翔数字经济产业园”战略合作协议。

6日 中央广播电视总台《中国经济生活大调查》发布2019—2020年度“中国十大美好生活城市”榜单，长春入选“十大美好生活城市”。大调查结果显示，长春的社会救助满意度位列全国第一；对城市形象和水、空气质量满意度均位于36个大中城市中第二名；感到很幸福的人群占比高于全国平均水平12个百分点。

7日 长春轨道交通2号线东延工程正式开工。

同日 首批84台奥迪进口整车搭乘“长满欧”中欧班列从德国不来梅港出发，7月末运抵长春兴隆整车进口口岸，全程仅需20天。

9日 一汽红旗工厂新车间交付投产暨红旗H9量产活动，在红旗工厂新焊装车间启动。

同日 2020年第一期“电视问政”直播活动在长春广播电视台举行，该期主题聚焦优化营商环境。来自部分城区、开发区和市直有关部门的负责人接受问政。

10日 国际初中生信息学竞赛结束，东北师大附中初三学生刘朔以全球第17名的成绩获得金牌。

10—19日 第十七届中国（长春）国际汽车博览会在长春国际会展中心开幕。10天时间，线下总入场人数29.3万人次，线上展厅观众57.5万人次，销售车辆51852台，交易额103亿元。

20日 长春—通辽友好城市座谈会在长春举行。市委书记王凯、市长张志军与内蒙古自治区通辽市委书记冯玉臻、代市长郭玉峰带队的通辽市党政代表团一行进行座谈，为两市签订战略合作框架协议证签。

同日 长春市部分电影院自疫情后首日恢复开放。

22—24日 中共中央总书记、国家主席、中央军委主席习近平在吉林省委书记巴音朝鲁、省长景俊海陪同下，到四平、长春等地农村、社区、科技园区、企业，就统筹推进常态化疫情防控和经济社会发展工作、推进东北振兴、谋划“十四五”时期经济社会发展进行考察调研。习近平在考察时强调，坚持新发展理念，深入实施东北振兴战略，加快推动新时代吉林全面振兴全方位振兴。

27日 上半年一汽解放在行业内夺得批发销量、终端销售、产量、逐月批发销量、单基地批发销量、牵引车销量、载货车销量等10个第一，创5项纪录。

28日 中国一汽联合长春市政府发布长春国际汽车城建设发展战略，红旗创新大厦项目正式启用。

同日 2020第二届红旗嘉年华国际汽车城战略发布暨红旗创新大厦开放、经典车巡游发车仪式在长春举行。

29日 长春市颁布《关于促进高校毕业生就业做好岗位开发工作的通知》《长春市直人才专项事业编制管理办法（试行）》《促进应届高校毕业生来（留）长创业就业若干举措》，多措并举拓宽就业渠道，增加就业岗位，保就业，聚人才。

30日 中共长春市委十三届九次全体会议在市委党校召开。会议由市委常委会主持。市委书记王凯作工作报告。会议审议通过《中共长春市委关于认真贯彻习近平总书记考察吉林重要讲话重要指示精神加快现代化都市圈建设体现新担当实现新突破展现新作为的决定》和《关于深化产业融合推动城乡融合争当现代农业建设排头兵的意见》。

31日 市委书记王凯、市长张志军在长春会见科大讯飞股份有限公司董事长刘庆峰一行。双方围绕全面深化战略合作，加快推动长春智能化数字化建设步伐进行深入交流，助推有关合作项目。

8月

1—3日 省委常委、市委书记王凯带队到深圳深入考察对接。主动服务国家战略，融入国内大循环，加快推动新时代长春全面振兴全方位振兴。

5日 《长春市城市交通发展白皮书》发布。

同日 第十七届世界品牌大会在北京举行。会上发布2020年《中国500最具价值品牌》分析报告，中国一汽位列2020年度最具价值品牌榜第9位，一汽解放位列第59位。

5—9日 长春市市长张志军率长春市政府代表团在北京开展经贸交流活动，围绕汽车零部件、现代农业、生态环保、文化旅游、战略性新兴产业等领域以及产学研融合，到企业实地考察，与企业、科研院所开展11场专题交流对接等活动。

8日 长春市疾控中心异地新建项目正式开工。

10日 长春市委书记王凯、市长张志军在长春会见吉林市委书记王庭凯、市长贺志亮一行。双方就加快推进长吉一体化发展进行交流，共同为两市一体化发展框架协议证签。

同日 《财富》杂志官方App全球同步发布最新《财富》世界500强排行榜。中国一汽以894.17亿美元的营业收入名列榜单第89位，连续16年进入百强榜单。

12日 “全面小康·魅力之都”建设长春现代化都市圈之魅力单位选评活动颁奖仪式在市群众艺术馆举行。为长春“十大名企”“十大名校”“十大最美社区”“十大最美村庄”颁奖。

13日 长春市与四平市签订《长平一体化协同发展战略合作框架协议》。

14日 长春西解放立交桥迎来建成20年的第一次大修，采取局部全封闭方式对立交桥进行维修加固。9月29日，全线开放交通。

14—23日 第十九届中国长春国际农业·食品博览（交易）会在长春举办。省委书记巴音朝鲁出席并宣布开幕，省委副书记、省长景俊海致辞。博览会设3个板块38项活动，全面展示吉林农业农村发展成果。农博会观展96万人，线上观展点击量4310万人次。达成经贸合作项目29项，签约金额44.63亿元，现场交易额4.55亿元。

15日 富赛汽车电子研发中心富赛汽车电子工业园项目在长春国际汽车城正式启动。

16—21日 在第37届全国青少年信息学奥林匹克竞赛中，东北师大附中信奥团队获4块银牌和1块铜牌。

18日 长春国际汽车城新能源汽车产业园项目开工。

19日 长春市政府召开第58次常务会议，讨论并原则通过《长春市学前教育条例（草案）》《城镇小区配套幼儿园专项治理工作指导意见》《关于建立全市国土空间规划体系并监督实施的意见》《长春市养犬管理规定（修订草案）》《长春市推进市以下财政事权和支出责任划分改革方案》等。

同日 中央宣传部、国家卫生健康委员会联合发布2020年“最美医生”先进事迹，评选出10位2020年“最美医生”，吉林大学第一医院神经内科的主任医师饶明俐入选“最美医生”。

同日 2020首届中国·长春新环保新能源产业博览会举行。

20日 第七届中国·公主岭玉米产业博览会暨首届公主岭鲜食玉米节开幕。

20—24日 长光卫星技术有限公司12颗卫星从长春出征，到指定地点择期发射。

24日 新款CC及CC猎装版在一汽—大众长春工厂下线。

同日 长春市委书记、市委全面深化改革委员会主任王凯主持召开市委全面深化改革委员会第九次会议。会议审议《关于支持中韩（长春）国际合作示范区建设的若干意见》《长春出版社转企改制方案》《长春市推进国家城乡融合发展试验区建设实施方案》《长春市人民政府重大行政决策程序实施办法》《长春市关于加强文物保护利用改革的实施方案》。

25日 由长春光机所承担的国家自然科学基金国家重大科研仪器设备研制专项“1.5米扫描干涉场曝光系统”，经过7年攻关，完成项目验收。标志着中国具备独立制作米级单体无拼缝全息光栅的能力。

27日 长春市政府与深商控股集团举行战略合作签约活动。

同日 2020（第九届）中国汽车金心奖揭晓，一汽奔腾获智能网联创新奖。

28日 《长春市陆生野生动物保护条例》公布，自2020年10月1日起施行。

28日至9月6日 第十三届中国（长春）民间艺术博览会在长江路步行街举办。博览会历时10天，销售总额2.2亿元。

29日 “旗智春城”智能网联示范区，在长春国际汽车城核心区启动。

30日 第二届中国国际化营商环境高峰论坛暨《2020中国城市营商环境投资评估报告》发布会在北京举行。长春市农安县获评中国“最具投资营商价值县”。

31日 长春东部快速路南延工程桥梁主线通车。

9月

3日 长春新区企业吉林奥来德光电材料股份有限公司在上海证券交易所科创板正式上市，成为吉林省在科创板上市的第一家企业。

同日 2020年中国国际服务贸易交易会吉林省主题日活动——中韩（长春）国际合作示范区全球推介会在京举办。

同日 长光卫星技术有限公司与央视创造传媒有限公司在长举行“央视频号”卫星冠名合作签约仪式。“央视频号”冠名的是“吉林一号”高分03C—2卫星。

5—10日 第十五届中国长春电影节在净月潭国家森林公园开幕。电影节为期6天，主题为“新时代、新摇篮、新力量”。评出10项“金鹿奖”。由长影集团出品的电影《春潮》获最佳导演奖、评委会大奖。最佳影片奖由影片《我和我的祖国》获得。

6日 长春国际影都项目集中签约活动举行。集中签约107个项目、涉及合同总金额1484亿元。

同日 一汽解放向京东物流交付首批J7L3超级卡车，成为中国商用车行业首个智能车队。

8日 全国抗击新冠肺炎疫情表彰大会在北京举行。长春市传染病医院传染科副主任张健（女）、长春市中心医院重症医学科副主任李刚获评“全国抗击新冠肺炎疫情先进个人”，市疾病预防控制中心获评“全国抗击新冠肺炎疫情先进集体”。

13日 德惠市达家沟镇五家子村四社附近饮马河段国堤沙基地段渗漏，发生溃堤，险情波及2个行政村。长春市委书记王凯、市长张志军连夜赶赴德惠市达家沟出现溃堤险情的河段，现场指挥调度抢险救援工作。

14日 由中国铁建集团长春铁建重工有限公司制造的ZTE6480土压平衡盾构机正式下线，成为首台“长春造”盾构机。

15日 中国在黄海海域用长征十一号海射运载火箭，首次在海上采取“一箭九星”方式将9颗“吉林一号”高分03卫星成功送入预定轨道。

15—27日 长春·阿里首届新经济直播月节正式启动。在主会场+分会场搭建超百个直播间；线上线下开展近百万场直播；长春市范围内仅淘宝天猫及京东平台月零售额超过4.2亿元，线下间接拉动20亿元消费。

15—19日 第22届中国国际工业博览会在国家会展中心（上海）举行。长春希达电子自主研发的“超高清超高分辨率大尺寸LED显示器”摘得中国国际工业博览会大奖。

16日 长春融资担保集团有限公司揭牌。

同日 吉林省委副书记、省长景俊海出席神州数码控股数字产业生态伙伴大会，见证因特睿总部项目落户长春正式签约。

23日 长春市市长张志军主持召开市政府第60次常务会议，讨论并原则通过《关于深化改革全面加强食品安全工作的实施意见》《关于全面加强药品安全监管工作的实施意见》《关于改革和完善疫苗管理体制的实施意见》《全面深化服务贸易创新发展试点实施方案》《关于大力发展冰雪经济的实施意见》《深化施工图审查制度改革实施意见》，听取并原则通过《关于全市禁毒工作情况及下步工作意见建议的汇报》。

25日 长春同心农业科技园在莲花山生态旅游度假区开工建设。

26日 京哈高速公路长春至拉林河段改扩建项目建成通车。从长春到德惠车程时间缩短30分钟。

28日 中车长春轨道客车股份有限公司与中国港湾工程有限责任公司就哥伦比亚波哥大地铁一号线车辆采购正式签约，中车长客承担波哥大地铁一号线项目30列GOA4等级无人驾驶地铁车辆供货工作。

29日 由长光卫星技术有限公司自主研发的“吉林一号”高分03—1组卫星入轨通过成像测试。该组卫星成像质量达到设计预期。

29日至10月7日 第十六届中国（长春）动漫艺术博览会在长春国际会展中心举办。观展1.2万人次，交易金额350万元。

10月

6日 引松花江水入榆树工程完成建设和调试任务，成功通水。

9日 长春市交通运输局实施农村“老旧路”提质改造工程。年内，改造规模2000千米，总投资约13.6亿元。完成路面施工1796.33千米，完成排水沟施工843.81千米，完成路肩施工702.91千米。

11日 长春吉浙数字经济发展峰会暨2020数字新浙商长春行活动在净月高新区举行。

同日 2020长春市民读书节活动落幕。读书节历时104天，参与人数首次突破10万人。

12日 2020中德汽车大会开幕。大会举行长春市情推介暨一汽产品战略发布会。省委常委、市委书记王凯致辞，市委副书记、市长张志军主持。商务部、省商务厅有关领导，市领导王长久、高玉龙等参加活动。

15日 轨道交通6号线长春西站至祝家屯站盾构区间左线贯通，成为6号线首个顺利贯通的盾构区间。

同日 《长春国家区域创新中心核心区发展战略规划》正式对外公布。

同日 在2020年全国大众创业万众创新活动周正式启动后，吉林省随即启动2020年吉林省双创周暨长春市“新红旗：创新引领创业活动”。

同日 第二届全球（长春）制造业服务外包峰会开幕。会议发布《中国制造业服务外包发展报告2020》《长春国家区域创新中心核心区发展战略规划》。有关方面分别签署《关于共同推进长春市全面深化服务贸易创新发展试点的合作协议》《长春国家区域创新中心核心区高质量发展战略联盟合作协议》以及6个项目合作协议。

同日 中国质量协会在北京正式发布2020年中国汽车用户满意度测评（CACSI）结果，一汽—大众获9项冠军。

16—18日 2020年长春（国际）无人机产业博览会在长春农博园开幕。布展面积4.1万平方米，176户无人机企业参展，17万人次参观。

17日 全新改造的红旗街商业精品街（工农大路—万宝街段）开放。

20日 全国双拥模范城（县）命名暨双拥模范单位和个人表彰大会在北京举行。长春市自1992年以来连续第9次被命名为全国双拥模范城。

同日 长春市政府第61次常务会议召开，讨论并原则通过《长春市经济运行高质量发展“五化”工作方案》《关于构建现代环境治理体系的实施意见》《关于促进中医药传承创新高质量发展的实施意见》《长春市人民政府关于提请审议修改和废止部分地方性法规的议案》《长春市行政审批中介服务事项清单》《长春市国有土地上房屋征收与补偿条例》，听取并原则通过《关于全市脱贫攻坚重点任务完成情况的汇报》。

21日 时速400千米跨国互联互通高速动车组在中车长春轨道客车股份有限公司下线。

22日 在2020中国城市会展业竞争力指数发布会会展业高端论坛上，长春获评2020年“中国最具竞争力会展城市”。

26日 市委书记王凯、市长张志军到东北师范大学调研，与学校党委书记杨晓慧、校长刘益春等座谈，共同见证长春市政府与东北师大战略合作框架协议签约。

27日 长春市委书记王凯、市长张志军在长春会见天津市副市长金湘军一行，双方围绕“十四五”期间深化津长合作进行交流。会见结束后，中韩（长春）国际合作示范区与中国（天津）自由贸易试验区、公主岭市与天津市蓟州区分别签订合作框架协议。

同日 长春龙嘉国际机场总体规划（2020年版）正式获中国民用航空局批复。

28日 在基于中医药产教融合构建吉林省健康福祉产业体系战略研究项目启动会暨建设产教融合型城市签字仪式上，长春市人民政府与教育部学校规划建设发展中心就推动建设中医药产教融合试验区签署框架协议。

同日 国家发展改革委、交通运输部联合印发《关于做好2020年国家物流枢纽建设工作的通知》，有22个物流枢纽入选2020年国家物流枢纽建设名单，长春生产服务型国家物流枢纽榜上有名，成为东北地区唯一获批的生产服务型国家物流枢纽。

30日 中华人民共和国长春邮局海关正式挂牌。

11月

1日 长春市第七次全国人口普查登记工作正式启动。

3日 一汽—大众首款纯电SUV——ID.4CROZZ正式亮相预售。

4日 首个国产鼻喷流感减毒活疫苗在长春百克生物科技股份公司诞生。

5日 长春市委书记王凯会见中国工程院院士、“星光中国芯工程”总指挥、中星微电子集团创建人兼首席科学家邓中翰一行，双方就重点合作项目进行交流。

6日 长春市委书记王凯带队赴深圳华为技术有限公司考察对接，就长春市与华为共同打造东北亚数字经济样板等系列重大项目签订合作协议。

8日 在上海举行的“第二十届中国会展产业金手指奖”颁奖盛典上，长春国际会展中心获“最具竞争力金手指奖”。

同日 2019“魅力中国——外籍人才眼中最具有吸引力的中国城市”评选结果在杭州揭晓，长春市入选“最具潜力城市”。

同日 长春亚泰足球队获得2020年中国足球协会甲级联赛冠军，并进入2021年中国足球协会超级联赛。

9日 华为云联合创新中心在长春新区启动运营。华为携11户优秀IT企业与长春新区签约。

10日 《长春市城市公共交通基础设施管理办法》公布，自2021年1月1日起施行。

13日 在中科院科技促进发展局与长春新区共同主办的“中科创翼”暨2020年中科创新创业项目路演大赛决赛上，长春企业长光智欧科技有限公司“基因测序—超高通量显微物镜制造技术及产业化应用”项目获得冠军。

同日 在“2021中国车设计大奖”颁奖典礼上，红旗H9获“2021中国车设计大奖”，红旗H9、红旗E—HS9获“2021中国车十佳设计奖”，一汽红旗造型设计院前瞻研究所所长丁杨峰获“2021中国车年度设计师”称号。

15日 中韩（长春）国际合作示范区与佛山市伟智创光电科技有限公

司、深圳君豪集团共同签署总投资308亿元的国际化科教城项目。

同日 中国一汽在红旗工厂举行红旗E—HS9投产仪式暨“旗迹中国”发车仪式。

16日 长春高新区双德街道、飞跃街道、超越街道正式揭牌。

18—19日 长春市出现历史同期罕见的强冻雨、大风、降雪冰冻大风极端天气。道路、树木、电线上出现“雨凇”。长春市委、市政府高度重视，部署全市各部门全力以赴应对雨雪冰冻极端天气。

18日 受雨雪冰冻天气和冷暖气流影响，长春部分地区供电线路频繁跳闸、电压不稳，导致主城区部分区域供热供水受到影响。市政府紧急调度部署，电力部门抢修，至22时大部分线路试送电成功。

19日 第二十届长春冰雪节开幕。以“都市冰雪·幸福长春”为主题，历时100天，围绕五大板块，打造四大滑雪场、六大冰雪温泉、十大冰雪乐园展开。

26日 中车长春轨道客车股份有限公司提交的《高端轨道交通装备精益化智能制造》项目获“2020中国智能制造十大科技进展”称号。

28日 天定山滑雪场正式开放。

12月

11日 长春市轨道交通6号线首个盾构区间双线完成贯通。

12日 2020人民企业社会责任高峰论坛暨第15届人民企业社会责任奖颁奖典礼举行。一汽解放获人民企业社会责任奖。

同日 浙江金华—义乌—东阳市域轨道交通工程电动客车项目首列车在中车长春轨道客车股份有限公司下线。中车长客在国内首次创立120千米/小时三轨受流B型车辆平台，并根据该线路特点，在车体强度、转向架、气密性等方面进行大量创新。

14日 2020长台经贸合作洽谈会在长春市开幕。

15日 国内首条磁浮旅游专线——广东清远磁浮项目首列车在中车长春轨道客车股份有限公司调试车间下线。

17日 嫦娥五号返回器携带月球样品安全着陆，长春光机所研制的光电设备为返回器搜寻工作提供重要信息和数据。

18日 成都轨道交通5线齐发，由中车长春轨道客车股份有限公司研发的8号、9号线列车上线运营。

23日 长春市政府召开第65次常务会议，讨论并原则通过《政府工作报告》《长春市2020年国民经济和社会发展计划执行情况与2021年国民经济和社会发展计划（草案）的报告》《关于长春市2020年预算执行情况和2021年预算（草案）报告》《长春市国民经济和社会发展第十四个五年规划和2035年远景目标纲要草案》《长春市人民政府关于市十五届人大四次会议议案办理情况的报告》，以及《职业教育服务长春现代化都市圈建设行动计划》《长春市既有住宅加装电梯工作指导意见》。

24日 长春国际影都板块（莲花山）招商引资项目集中签约活动举行，13个项目、18家金融机构现场签约，签约335.3亿元、授信额度345亿元。

同日 吉大正元信息技术股份有限公司和研奥电气股份有限公司联袂在深交所上市，成为2020年长春市第三家上市企业。

同日 农业农村部公布全国第五批率先基本实现主要农作物生产全程机械化示范县（市）、区名单，长春市整建制率先基本实现主要农作物生产全程机械化。

25日 中国第一汽车集团有限公司的中国民族汽车品牌红旗年度产销均突破20万辆，比2019年增长100%。

26日 第五届吉林国际冰雪产业博览会、第八届中国旅游产业发展年会暨第二十四届长春冰雪节正式启动。

27日 在第六届（2020）中国制造业上市公司价值500强论坛暨5G＋工业互联网赋能中国制造高质量发展峰会上，长春汽车及零部件产业集群获得最具价值的中国制造产业集群奖项。长春市有7家公司上榜第六届中国制造业上市公司价值500强榜单。

同日 第八届中国旅游产业发展年会在长春市举行。长春市获评“2020年度中国冬游名城”，吉林庙香山冰雪体育旅游集团有限公司获评“2020年度中国旅游影响力社会责任企业”。

29日 第七届全国大众冰雪季在长春净月潭国家级风景名胜区正式启动。国家体育总局局长苟仲文，中共吉林省委书记景俊海，省委副书记、代省长韩俊及参加活动的重要嘉宾共同推杆启动。

同日 第十九届中国长春净月潭瓦萨国际滑雪节开幕。

同日 长春新区管委会与江西奥飞文体产业集团举行打造特色体育产业生态项目战略合作协议签约仪式，奥飞文体将在长春新区建设体育综合体、特色体育产业园及配套开发项目。

（常 颖）

长春概貌

CHANGCHUN GAIMAO

自然环境

【位置境域】 长春市位于北纬43°05′~45°15′、东经124°18′~127°05′，居北半球中纬度北温带，地处中华人民共和国东北地区中部、京哈与珲乌2条交通线交会处，是吉林省政治、经济、文化中心。长春市西北与松原市毗邻，西南和四平市相连，东南与吉林市相依，东北同黑龙江省哈尔滨市接壤。全市总面积24744平方千米，其中主城区位于松辽平原腹地的伊通河台地之上。全市辖朝阳、南关、宽城、绿园、二道、双阳和九台7个区，榆树市、德惠市、公主岭市和农安县4个县（市）。

【地质地貌】 长春市大部位于松辽断陷盆地东南缘，东南部与吉林东部断块山地相连接。城区下部分布白垩系泉头组红色较粗粒碎屑岩（页岩、泥岩、细砂岩和砂页岩互层），岩层均为不透水层或含水性极微层，地层厚度超过500米，岩层致密，倾角很小（5°~10°）。第四世纪沉积相当普遍，洪积层上部为黄土状物质，下部为红色黏土或砂砾层。新构造运动以来，地体微升，地表受流水切割，沟谷发育，形成微波状台地平原。二级阶地黄土状亚黏土厚15米~25米，抗压强度20吨~25吨/平方米，地壳相对稳定，建筑地基条件较好。一级阶地（二道区）亚黏土层地基抗压强度8吨~11吨/平方米，但地表下2米~4米深处有一淤泥层，不适于天然地基，下部是砂砾层，抗压强度25吨~35吨/平方米，距地表6米~11米以下是基岩，对大型、特大型建筑基础置于基岩上最为有利。

主要地貌类型为低山丘陵。分布于市区东南部，属大黑山脉的一部分，略呈东北西南走向，海拔大部分在250米~350米之间，相对高度为50米~100米；东部的大顶子山海拔407米，组成的岩石有花岗岩、安山岩等变质岩系，其中以花岗岩分布面积最广，久经侵蚀，已成浑圆状；山地丘陵面积在市区内所占面积比重甚微，山地丘陵中有森林，低丘之间有些冲积平原和盆地，为农业区；伊通河出大黑山北麓，从南向北穿过市区东部，在狭口处有修筑水库的良好条件。台地平原。城区台地面积约占总面积70%，并高出伊通河一级阶地10米~20米，地表波状起伏，土质主要由黄土状土构成，海拔在200米~230米之间，最高点海拔245米；浅谷谷坡漫长，市区有近80%的地面坡在10度以下。冲积平原。主要由伊通河冲积作用形成，在河流两岸形成比较宽阔的带状平原，面积近30%，地势低平，海拔多在200米左右；沿河两岸的低洼部分，汛期常被洪水淹没，属河漫滩部分，组成物质多为粗砂或细砂，河漫滩两侧为宽窄不等的高漫滩或一级阶地，宽度一般在4千米~5千米间；一级阶地高出河床3米左右，其组成物质上部是亚砂土、亚黏土，下部是砂砾层，冲积物厚10米左右；二级阶地面积较小，河床两侧可提供建筑用砂；平原上的河迹洼地，因多为淤泥质黏土或亚黏土，并夹灰色砂质透镜体，大多排水不畅，土体抗压性较差，但在大部分台地平原上的沟谷系统则成为城市自然排水通道。火山锥体。台地平原西接松辽分水岭，系第四纪更新世末期沿断裂带呈地垒式隆起，并有火山活动，因此在长春西南的大屯、范家屯一带，火山锥体突起在波状平原之上。多由玄武岩构成，是良好的建筑材料。

【自然资源】 长春市地处吉林省东部低山丘陵向西部台地平原的过渡地带，总体呈现“一山四岗五分川”的地貌格局，地势东高西低、南高北低，相对和缓，坡度集中在2°~15°。耕地面积18966平方千米，占全域国土总面积的四分之三以上。土地质量好，位于世界四大黑土地带，自然生产力高。长春市矿产资源种类丰富，发现矿产62种，其中查明资源储量矿产34种，开发利用矿产21种。优势矿种包括煤炭、石灰石、沸石、膨润土、油页岩、陶粒页岩、二氧化碳气等，探明的煤炭、油页岩、水泥用灰岩等储量居吉林省前列，其中二氧化碳气、珍珠岩是省内唯一，地热、油页岩资源潜在优势大。

（张亚雄）

气象 水文

【概况】 2020年（1月～12月）长春市总的气候特点是：气温略高，降水偏多，日照时数略多。全市年平均气温6.3摄氏度，比常年5.8摄氏度高0.5摄氏度；全市年平均降水量678.3毫米，比常年558毫米多120.3毫米；年平均日照时数2761.7小时，比常年2544.8小时多216.9小时。整个农作物生长季（5月～9月）气温略高、降水偏多、日照略少。

【气候特点】 气温 年平均气温主要特征2020年（1月～12月）气温略高，全市年平均气温6.3摄氏度，比常年同期高0.5摄氏度，比2019年低0.7摄氏度，居历史同期高温第十一位。（各地年平均气温实况值见表1）

2020年内极端最高气温为36.2摄氏度，6月8日出现在德惠和农安；极端最低气温为-35.1摄氏度，2月5日出现在农安。

逐月温度变化如图1，气温高的月份居多。全年只有4月和12月气温低于常年同期，其余各月高于常年同期。作物生长季5月～9月全市平均气温20.1摄氏度，比常年同期高0.6摄氏度，居历史同期高温第七位。

气温季节变化特征冬季气温略高，春季略高、夏季略高、秋季略高。

冬季（1月、2月和12月）气温略高，全市季平均气温-12.6摄氏度，比常年同期高0.4摄氏度。2020年1月气温偏高，全市月平均气温-15.2摄氏度，比常年同期高0.6摄氏度；2020年2月气温偏高，全市月平均气温-9.1摄氏度，比常年同期高1.6摄氏度；12月气温偏低，全市月平均气温-13.4摄氏度，比常年同期低1.0摄氏度；

春季（3月～5月）气温略高，全市季平均气温8摄氏度，比常年同期高0.7摄氏度。3月气温偏高，全市月平均气温0.6摄氏度，比常年同期高2.6摄氏度，居历史同期高温第六位；4月气温偏低，全市月平均气温7.3摄氏度，比常年同期低1.0摄氏度；5月气温略高，全市月平均气温15.9摄氏度，比常年同期高0.2摄氏度。

夏季（6月～8月）气温略高，全市季平均气温22.8摄氏度，比常年同期高0.8摄氏度。6月气温略高，全市月平均气温21.4摄氏度，比常年同期高0.3摄氏度；7月气温偏高，全市月平均气温24.4摄氏度，比常年同期高1.3摄氏度，居历史同期高温第五位；8月气温略高，全市月平均气温22.7摄氏度，比常年同期高0.8摄氏度。

秋季（9月～11月）气温略高，全市季平均气温7.0摄氏度，比常年同期高0.6摄氏度。9月气温略高，全市月平均气温16.1摄氏度，比常年同期高0.5摄氏度；10月气温与常年持平，全市月平均气温7.3摄氏度，与常年同期持平；11月气温偏高，全市月平均气温-2.4摄氏度，比常年同期高1.3摄氏度。

降水降水量时空分布特征2020年降水量偏多，全市年平均降水量678.3毫米，比常年多22%，比2019年少9%，居历史同期多雨雪的第十一位。（各地年降水量实况及与常年距平值见表2）

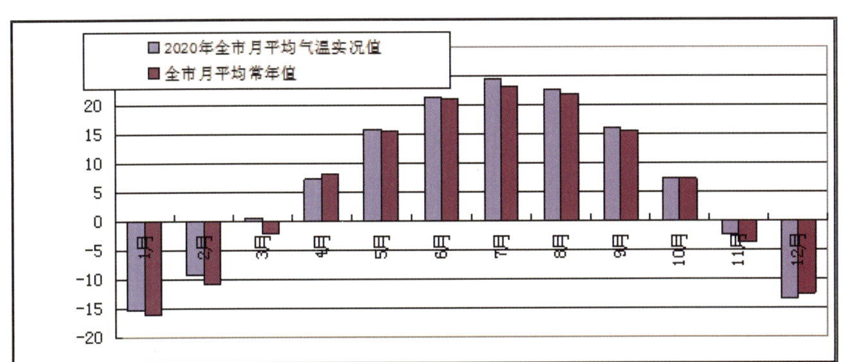

图1 2020年长春市逐月气温变化图（单位：摄氏度）

表1 2020年长春市年平均气温实况值、常年值及距平值统计表

单位：摄氏度

类别	农安	德惠	九台	榆树	长春	双阳	公主岭	平均
实况值	5.6	6	6.1	5.5	7.1	6.7	7.3	6.3
常年值	5.5	5.3	5.8	5.0	6.2	5.9	6.6	5.8
距平值	0.1	0.7	0.3	0.5	0.9	0.8	0.7	0.5

表2 2020年长春市年降水量实况值、常年值及距平值统计表

单位：毫米

类别	农安	德惠	九台	榆树	长春	双阳	公主岭	平均
实况值	555.7	654.1	546.3	680	661.8	880.9	769.1	678.3
常年值	497.9	518.3	560.8	565.6	577.1	621.0	565.2	558
距平值	57.8	135.8	-14.5	114.4	84.7	259.9	203.9	120.3

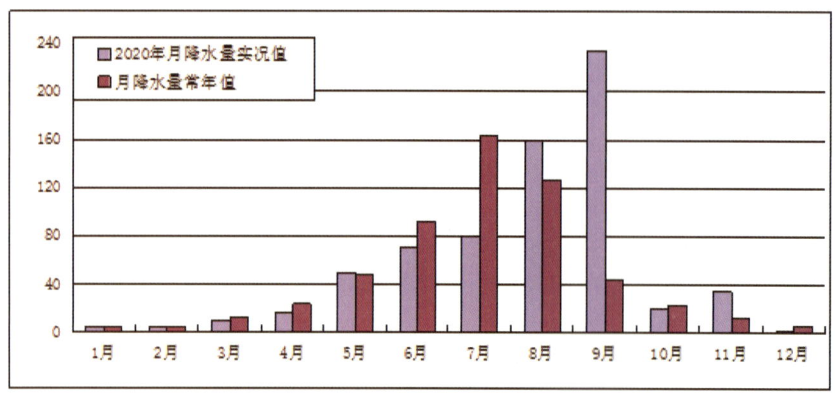

图2　2020年长春市逐月降水量变化图（单位：毫米）

逐月降水变化如图2，降水时空分布不均，全年中有4个月份（5月、8月、9月和11月）降水量多于常年，其余少于常年。作物生长季5月至9月全市平均降水量591.4毫米，比常年同期多25%。

降水季节分布特征冬季降水偏少，春季降水略少，夏季降水略少，秋季降水特多。

冬季（1月、2月和12月）降水偏少，全市平均降水量8.2毫米，比常年同期偏少43%。1月降水略少，全市平均降水量3.9毫米，比常年同期少7%；2月降水偏少，全市平均降水量4.2毫米，比常年同期少2%；12月降水明显偏少，全市平均降水量0.1毫米，比常年同期少98%，居历史同期少雨雪的第一位。

春季（3月至5月）降水略少。全市平均降水量73.8毫米，较常年同期少12%。3月降水偏少，全市平均降水量8.9毫米，比常年同期少29%；4月降水偏少，全市平均降水量15.9毫米，比常年同期少32%；5月降水略多，全市平均降水量49毫米，比常年同期多2%。

夏季（6月至8月）降水略少。全市平均降水量308.1毫米，较常年同期少19%。6月降水偏少，全市平均降水量69.9毫米，比常年同期少23%；7月降水偏少，全市平均降水量79.4毫米，比常年同期少51%，居历史同期少雨的第五位；8月降水偏多，全市平均降水量158.9毫米，比常年同期多26%。

秋季（9月至11月）降水特多。全市平均降水量288.1毫米，比常年同期多261%，居历史同期多雨的第一位。9月降水特多，全市平均降水量234.2毫米，比常年同期多427%，居历史同期多雨的第一位；10月降水略少，全市平均降水量19.5毫米，比常年同期少15%；11月降水明显偏多，全市月平均降水量34.4毫米，比常年同期多175%，居历史同期多雨雪的第三位。

日照　2020年日照时数略多，全市年平均日照时数2761.7小时，比常年同期多216.9小时，比2019年2747.4小时多14.3小时。农作物生长季（5月至9月）全市平均日照时数1163.3小时，比常年同期少15.2小时。（各地年日照时数实况值见表3）

霜　2020年全市终霜结束较晚，各地均为5月5日。与常年同期相比略晚，各地晚1天至5天。

全市初霜日略晚，农安、德惠和榆树为9月30日，其他站为10月6日。与常年同期相比，各地晚7天至15天。

全市无霜期平均152天，与常年同期相比，各地方多3天至10天。

【主要天气气候】　干旱春旱：7月8日至8月2日长春市出现明显少雨时段，全市平均降水量仅38.7毫米，比常年138.4毫米少99.7毫米，为1959年有气象数据以来少雨第一位。

暴雨　2020年全市出现17次站次暴雨，7月5日公主岭出现暴雨，降水量94.7毫米；8月24日公主岭和双阳出现暴雨，降水量56毫米和81.2毫米；9月3日长春市7站全部出现暴雨，农安降水量87.6毫米、德惠降水量66.2毫米、九台降水量77.4毫米、榆树降水量71.4毫米、长春市区降水量83毫米、双阳降水量86.3毫米、公主岭降水量71.9毫米；9月8日长春市6站全部出现暴雨，农安降水量57.6毫米、德惠降水量52毫米、榆树降水量52.1毫米、长春市区降水量68.8毫米、双阳降水量60.1毫米、公主岭降水量66.1毫米；11月19日双阳出现暴雨，降水量52.6毫米；

雨雪冰冻　2020年11月17—20日，长春市出现严重雨雪冰冻天气，强雨雪主要出现在18日至20日，为雨转冻雨转大到暴雪。19日白天到夜间各地普降大到暴雪，全市平均降雪量12.9毫米，其中双阳15.2毫米、公主岭6.6毫米、长春市区13.1毫米、九台18.2毫米、农安11.1毫米、德惠12.8毫米、榆树6.8毫米。20日08时各地积雪深度分别为：双阳7厘米、公主岭5厘米，长春11厘米，九台13厘米、农安10厘米、榆树10厘米。

台风　2020年有3次台风影响。8月27日至9月10日，长春市连续受到8号台风“巴威”、9号台风“美莎克”和10

表3　2020年长春市年日照时数实况值、常年值及距平值统计表

单位：小时

类别	农安	德惠	九台	榆树	长春	双阳	公主岭	平均
实况值	2672	2447.7	2586	2312.9	2549.5	3400	3363.6	2761.7
常年值	2666.5	2476.7	2434.6	2600	2580.3	2432.1	2623.3	2544.8
距平值	5.5	–29.0	151.4	–287.1	–30.8	967.9	740.3	216.9

号台风“海神”直接影响为历史首次。全市平均降水量258.9毫米，是常年的5.5倍，各地均突破历史记录。台风导致长春市大部分地方出现6级~9级大风，局部达到10级以上。3个台风中心贯穿长春市，其中9、10号台风均具有影响范围广、风雨强度大、持续时间长的特点，强风雨区高度重叠。强降雨导致全市多条河流和水库超警戒水位，部分农田出现内涝，大风造成作物倒伏。

冰雹 2020年冰雹49站次。其中，双阳4次、农安和长春市区各6次、九台和榆树各7次，公主岭8次、德惠11次。

寒潮 2020年全市寒潮天气过程频繁，降温幅度大。出现寒潮26站次。其中有3次区域性寒潮，分别为2月14日、4月20日和10月22日。

大风天气 2020年度全市出现大风109站次，比常年略少。其中，榆树8次、九台和长春市区各15次、农安17次、德惠、双阳和公主岭各18次、

大雾 2020年出现大雾天气43站次。其中，长春市区1次、公主岭4次、九台和德惠各5次、双阳6次、榆树8次、农安14次。

（梁衍波）

建置区划

【建置沿革】 在上古时代，长春地区就有人类活动。根据在长春地区发掘出的榆树人、左家山遗址等新、旧石器时代遗址，说明在上古时代就有先民在此从事渔猎活动。夏、商、春秋战国时期，东北原始人群形成多个族系，濊貊族系是长春地区最早出现的古族系，主要从事农业生产，畜牧业也较发达。秦汉之际，濊族人建立“濊国”，都城设在今农安附近。在汉至隋唐时期：长春地区先后受夫余国和渤海国管辖。夫余国统辖长春700年，隶属渤海国200多年。周圣历元年（698年），靺鞨首领大祚荣统一东北靺鞨各部，建立震国。唐开元元年（713年），唐玄宗册封大祚荣为“渤海郡王”，震国改称渤海国。渤海国仿唐朝的郡县制，在东北设置5京、15府、62州，长春地区属夫余府管辖，与契丹接壤，是渤海国西部边境。两宋时期，先后受辽、金两国统辖近300年，是粮食集散地和政治、军事中心。辽天显元年，夫余府改称黄龙府，黄龙府在今农安县。金时长春地区在隆州范围内，后升为隆安府。辽金时期是长春地区大建设、大发展时期，农安古城是当时东北的重镇之一。元明清（中叶）时期的600年，元朝时将辽阳中书行省开元路建于今农安县；明朝时属奴儿干都司辖境，在长春设立其塔木卫、亦东河卫、木古河卫。清代设治前，属蒙古郭尔罗斯前旗扎萨克辅国公的封地。

长春厅的设立标志着长春城市的形成。1644年，清军入关，统治中心移至关内，随即对东北实施封禁政策，修筑“柳条边墙”。但封禁政策没有挡住关内流民的融入，特别是山东、河北一带发生严重自然灾害时，便有大批农民来到东北，开垦荒地、建立家园。到1800年，柳条边外、郭尔罗斯前旗境内的伊通河、沐石河、饮马河流域有流民2330多户，开垦土地1.77万公顷。为管理这些流民与土地，清政府 “借地设治”，于1800年7月8日设立长春厅（7月8日下旨铸发长春厅关防），任命理事通判和巡检管理流民的民政和司法事务，首任理事通判是蒙古镶黄旗人六雅图、巡检是汉人潘玉振。长春厅衙署设在长春堡境内伊通河东岸，衙署所在地后被称为“新立城”。“长春厅”的成立标志着长春城市的诞生。2000年，长春市将1800年7月8日确定为长春建城纪念日。1825年，因地势低洼和交通不便等原因，“长春厅”厅址北移至宽城子（今南关区一带）。而后修筑了城墙和城门，形成占地面积约5平方千米的长春旧城，是长春市最早形成的街区，也是长春厅的政治、经济、文化和社会活动中心。长春厅从1800年至1889年，有36任通判。

长春厅升长春府。经过近90年开发建设，长春厅人口、垦区、政区面积不断扩大，1889年，长春厅升为长春府，首任知府为满洲正蓝旗人觉罗同勋。长春升府的同时，分出农安乡设农安县；至宣统年间又分出怀惠乡全部、沐德乡大部，设德惠县；长春府下分6镇14乡，城乡居民6.8万户，近60万人。旧城已具城市规模，周边村屯相望，成为吉林将军辖境内的经济、军事重镇。1889年至1913年，长春共有知府19任。

长春府改制为长春县。中华民国成立后，实行省、道、县三级行政体制。1913年初长春府改为长春县。1912年至1932年，长春县知事、县长共有8任。这段时期，城区面积和人口不断增加，工业、商业、运输业、餐饮业等得到繁荣和发展。

1931年9月19日，日本发动“九一八”事变后的第二天凌晨，日本关东军攻打长春。长春沦陷后的9月28日，东北边防军驻吉林副司令长官公署参谋长熙洽投敌，宣布吉林省“独立”。一个月后，东北大部分沦陷。1932年2月5日，日本关东军司令部由沈阳迁至长春。之后，日本关东军纠集张景惠、熙洽等人成立“东北行政委员会”，发表“《独立宣言》”，筹建伪满洲国。3月1日，宣布“伪满洲国”正式成立。9日，扶持清朝末代皇帝爱新觉罗·溥仪充任“执政”。10日，宣布定都长春。14日，将长春改名为“新京”。1934年3月1日，改行帝制，溥仪登基称帝，伪满洲国改称“满洲帝国”。从此，长春成为日本军国主义统治东北的政治、经济、文化中心，并制定了具有国际水准的城市规划，建设计划区为200平方千米。但到1945年日本投降时仅建成47.9平方千米，建成了机场、街路、公园、学校、医院、银行等一批大型基础设施和建筑。

解放战争时期。国共在长春展开激烈的接收与反接收斗争。主要经历三个历史阶段。苏军军管长春。1945年8月15日，日本无条件投降，长春光复。8月19日，苏联红军进驻长春，对长春进行军事管制8个月。“四一四”长春第一次解放。1946年4月14日，苏联红军撤军回国，国民党正式接管长春。同日，东北民主联军经过五天四夜激战，首次攻克长春，就是著名的“四一四”

战役。中共东北局进驻长春，长春市委、长春市政府成立。毛泽东主席曾电示东北局："力争我党占领长春，以长春为我们的首都"。5月，国民党调集10个师兵力进攻长春。中共东北局和长春市委市政府于5月23日午夜主动撤出长春市区，国民党再次占领长春。"久困长围"与长春解放。1948年3月25日，国民党在长春成立东北"剿总"第一兵团，委任新七军郑洞国为兵团司令兼吉林省主席，六十军军长曾泽生兼兵团副司令，固守长春。6月22日，东北人民解放军围困长春。近三个月后的10月17日，国民党六十军起义；19日，新七军投诚，长春回到人民怀抱。10月19日成为长春解放纪念日。

1948年10月21日，长春市改为长春特别市，石磊任书记、邹大鹏任市长；1949年3月11日改称长春市。1953年8月1日，长春被列为中央直辖市。1954年，吉林省政府迁至长春，长春成为吉林省省会。1979年，长春被列为全国15个经济中心城市。1989年，长春市被批准为国家计划单列市。1994年，长春被国家确定为副省级城市。长春市从解放伊始，到步入新时代，实施了十三个五年计划。2017年，长春市GDP和人均GDP分别是1978年的234倍和169倍；城镇和农村居民收入分别是1978年的114倍和93倍。1994年7月6日，民政部批复德惠县改为德惠市（县级）。1994年2月25日，经中共中央、国务院同意，长春市成为副省级市。1995年8月，撤销双阳县建置，设立双阳区。2005年，九台市卡伦湖镇、龙嘉镇、东湖镇3个镇划归二道区管辖，德惠市米沙子镇、万宝镇和农安县合隆镇3个镇划归宽城区管辖，该次调整使长春市城区面积扩大31.5%。2005年6月29日，吉林省人民政府决定将公主岭市范家屯镇的方正、泡子沿、盛家3个村（范家屯经济开发区）整建制划归长春市管辖，建立长春汽车产业开发区。2014年10月20日，国务院批复撤销九台市（县级）改为九台区。2015年12月，中共吉林省委、省政府决定赋予农安县政府地级市经济社会管理权限。2015年9月，长春市人民政府办公厅发布长府〔2015〕45号文件，将东湖镇、卡伦湖镇所辖行政区域划归回九台区管辖，并于同年12月撤镇改街道。2016年7月，吉民行批〔2016〕2号文件，将龙嘉镇撤镇建街道，由二道区变更为九台区管辖。2017年6月，国务院批复原则同意《长春市城市总体规划（2011—2020年）（2017年修订）》。

2020年6月19日，长春市委、市政府召开变更县级公主岭代管关系工作会议。会议宣读《国务院关于同意吉林省变更公主岭市代管关系的批复》和《吉林省人民政府关于变更县级公主岭市代管关系的通知》。调整行政区划后，长春市辖7区1县，代管3个县级市。

（长春年鉴编辑部）

【行政区划】 截至2020年底，长春市辖朝阳、南关、宽城、绿园、二道、双阳和九台7个区（含长春经济技术开发区、长春净月高新技术产业开发区、长春新区、长春汽车经济技术开发区、长春莲花山生态旅游度假区5个开发区）；榆树市、德惠市、公主岭市和农安县3市1县。辖107个街道，31个乡，75个镇。

（李　硕）

表4　2020年长春市区（市）县街道镇（乡）区划一览表

朝阳区（街14镇2）	湖西街道、重庆街道、红旗街道、清和街道、永昌街道、南湖街道、桂林街道、前进街道、富锋街道、永春镇、乐山镇、硅谷街道（新区高新代管）、双德街道（新区高新代管）、飞跃街道（新区高新代管）、超越街道（新区高新代管）、前程街道（汽开代管）
宽城区（街12镇5乡1）	新发街道、南广街道、东广街道、站前街道、柳影街道、群英街道、凯旋街道、团山街道、兴业街道、欣园街道、兰家镇、兴隆山镇（经开代管）、合隆镇（农安代管）、米沙子镇（德惠代管）、万宝镇（德惠代管）、奋进乡（新区代管）、北湖街道（新区北湖代管）、长德街道（新区长德代管）
南关区（街21镇3乡1）	新春街道、长通街道、南岭街道、永吉街道、曙光街道、全安街道、民康街道、自强街道、桃源街道、鸿城街道、明珠街道、富裕街道、幸福乡永兴街道（净月代管）、净月街道（净月代管）、临河街道（经开代管）、玉潭镇（净月代管）、新立城镇（净月代管）、新湖镇（净月代管）、会展街道（经开代管）、彩织街道（净月代管）、博硕街道（净月代管）、德正街道（净月代管）、福祉街道（净月代管）、德容街道（净月代管）
二道区（街9镇3乡1）	八里堡街道、远达街道、东站街道、东盛街道、吉林街道、荣光街道、东方广场街道（经开代管）、长青街道、英俊镇、泉眼镇（莲花山代管）、劝农山镇（莲花山代管）、四家乡（莲花山代管）、世纪街道（经开代管）
绿园区（街10镇3）	铁西街道、普阳街道、青年路街道、春城街道、正阳街道、林园街道、同心街道、合心镇、西新镇、城西镇、锦程街道（汽开代管）、东风街道（汽开代管）、富民街道（汽开代管）
双阳区（街4镇3乡1）	平湖街道、云山街道、奢岭街道、山河街道、太平镇、鹿乡镇、齐家镇、双营子回族乡

续表

九台区（街15镇2乡2）	九台街道、九郊街道、营城街道、西营城街道、土们岭街道、苇子沟街道、兴隆街道、波泥河街道、纪家街道、卡伦湖街道、东湖街道、龙嘉街道、沐石河街道、城子街街道、兴港街道（长春新区空港代管）、上河湾镇、其塔木镇、胡家回族乡、莽卡满族乡、
榆树市（街4镇15乡9）	正阳街道、培英街道、华昌街道、城郊街道、八号镇、大坡镇、弓棚镇、刘家镇、五棵树镇、闵家镇、黑林镇、保寿镇、秀水镇、新立镇、土桥镇、大岭镇、新庄镇、于家镇、泗河镇、育民乡、红星乡、太安乡、先锋乡、青山乡、延河朝鲜族乡、恩育乡、城发乡、环城乡
德惠市（街4镇10乡4）	胜利街道、建设街道、惠发街道、夏家店街道、郭家镇、天台镇、大房身镇、菜园子镇、松花江镇、布海镇、大青嘴镇、朱城子镇、达家沟镇、岔路口镇、朝阳乡、五台乡、同太乡、边岗乡
农安县（街4镇11乡10）	农安镇、伏龙泉镇、高家店镇、哈拉海镇、开安镇、烧锅镇、靠山镇、华家镇、巴吉垒镇、三盛玉镇、三岗镇、杨树林乡、万顺乡、龙王乡、黄鱼圈乡永安乡、前岗乡、青山口乡、新农乡、小城子乡、万金塔乡、兴农街道、宝塔街道、和谐街道、黄龙街道
公主岭市（街10镇18乡2）	河南街道、东三街道、岭西街道、南崴子街道、环岭街道、铁北街道、河北街道、领东街道、刘房子街道、苇子沟街道、二十家子满族镇、黑林子镇、桑树台镇、陶家屯镇、八屋镇、十屋镇、怀德镇、大岭镇、范家屯镇、朝阳坡镇、杨大城子镇、响水镇、双城堡镇、秦家屯镇、玻璃城子镇、大榆树镇、毛城子镇、双龙镇、龙山满族乡、永发乡

人口情况

【总人口及分布情况】 截至2020年末，长春市有3227246户，8533951人。其中，男性人口4271486人，占人口总数50.05%；女性人口4262465人，占人口总数49.95%。市区（南关区、宽城区、朝阳区、二道区、绿园区、双阳区、九台区）人口4467968人，占全市总人口数52.36%；县（市）（农安县、榆树市、德惠市、公主岭）人口4065983人，占全市总人口数47.64%。总人口数比2019年增长995982人，增长率132.1‰，增长率比2019年上升128.8‰。长春市人口占吉林省总人口数33.1%。

表5 2020年长春市人口增长及分布情况统计表

单位：人

区、县（市）别	2019年末	2020年末	增加人口	增长率‰
	总人口	总人口		
全市	7537969	8533951	995982	132.1
市辖区	4450810	4467968	17158	3.9
南关	764163	779270	15107	19.8
宽城	663020	672356	9336	14.1
朝阳	758991	769237	10246	13.5
二道	580277	576922	-3355	-5.8
绿园	651635	647205	-4430	-6.8
双阳	364782	361024	-3758	-10.3
九台	667942	661954	-5988	-9.0
农安	1058156	1050977	-7179	-6.8
榆树	1223511	1204843	-18668	-15.3
德惠	805492	796309	-9183	-11.4
公主岭	1028919	1013854	-15065	-14.6

【人口自然变动】 2020年，全市出生51279人，出生率6.38‰，比2019年下降1.22‰。市区出生32621人，出生率7.32‰，比2019年下降1.82‰。平均每天出生140人；全年死亡89696人，死亡率11.16‰，比2019年上升5.68‰。市区死亡36869人，死亡率为8.27‰，比2019年上升1.89‰。平均每天死亡245人。全市自然增长-38417人，增长率-4.78‰，比2019年下降6.93‰，市区自然增长-4248人，增长率-0.95‰，比2019年下降3.71‰。

表6　2020年长春市人口自然变动情况统计表

单位：人

区、县（市）别	出生人口		死亡人口		自然增长人口	
	人数	出生率‰	人数	死亡率‰	人数	增长率‰
全市	51279	6.38	89696	11.16	–38417	–4.78
市辖区	32621	7.32	36869	8.27	–4248	–0.95
南关	7444	9.65	5756	7.46	1688	2.19
宽城	5207	7.80	5554	8.32	–347	–0.52
朝阳	6169	8.07	5254	6.88	915	1.19
二道	4266	7.37	5332	9.22	–1066	–1.85
绿园	4698	7.23	5564	8.57	–866	–1.34
双阳	1780	7.90	3762	10.36	–1982	–2.46
九台	3057	4.60	5647	8.45	–2590	–3.85
农安	5007	4.75	7632	7.24	–2625	–2.49
榆树	4815	3.97	17127	14.11	–12312	–10.14
德惠	3710	4.63	9561	11.94	–5851	–7.31
公主岭	5126	5.02	18507	18.12	–13381	–13.1

【人口机械变动】　2020年，全市迁入人口60630人，迁入率7.10‰；迁出人口55150人，迁出率6.46‰；机械增长人口增长5480人，增长率0.64‰，比2019年下降0.54‰。其中，市区的双阳、九台，县（市）的农安县、榆树市、德惠、公主岭均出现迁出人口高于迁入人口，呈现负增长情况。

表7　2020年长春市人口机械变动情况统计表

单位：人

区、县（市）别	迁入人口		迁出人口		机械增长人口	
	人数	迁入率‰	人数	迁出率‰	人数	增长率‰
全市	60630	7.10	55150	6.46	5480	0.64
市辖区	52317	11.71	30956	6.93	21361	4.78
南关	13804	17.71	6343	8.14	7461	9.57
宽城	11077	16.47	3698	5.50	7379	10.97
朝阳	12225	15.89	7231	9.40	4994	6.49
二道	5974	10.35	3847	6.67	2127	3.68
绿园	7589	11.73	4139	6.40	3450	5.33
双阳	654	1.81	1289	3.57	–635	–1.76
九台	994	1.50	4409	6.66	–3415	–5.16
农安	1675	1.59	6195	5.89	–4520	–4.3
榆树	1186	0.98	7542	6.26	–6356	–5.28
德惠	1249	1.57	4570	5.74	–3321	–4.17
公主岭	4203	4.15	5887	5.81	–1684	–1.66

【人口结构】　2020年，在性别比例上，以女性人口为100，全市性别比例100.2，与2019年相比下降0.2%。在乡村人口与城镇人口的构成上，全市有城镇人口3990490人，占总人口46.8%，与2019年下降2.8%；有乡村人口4543461人，占总人口53.2%，与2019年比上升2.8%。县（市）城镇人口公主岭（市）略高23.8%，比2019年下降0.1%；榆树市略低17.3%，与2019年比下降0.2%。

表8 2020年长春市人口结构情况统计表

单位：人

区、县（市）别	总人口数	性别		性别比例	城镇人口与乡村人口		
		男性人口	女性人口	（女性人口为100）	城镇人口	乡村人口	城镇人口比重%
全市	8533951	4271486	4262465	100.2	3990490	4543461	46.8
市辖区	4467968	2203806	2264162	97.3	3212383	1255585	71.9
南关	779270	377626	401644	94.0	721218	58052	92.6
宽城	672356	332257	340099	97.7	453735	218621	67.5
朝阳	769237	373953	395284	94.6	723686	45551	94.1
二道	576922	283046	293876	96.3	427709	149213	74.1
绿园	647205	318085	329120	96.6	608496	38709	94.0
双阳	361024	181893	179131	101.5	93721	267303	26.0
九台	661954	336946	325008	103.7	183818	478136	27.8
农安	1050977	537452	513525	104.7	185435	865542	17.6
榆树	1204843	616094	588749	104.6	208209	996634	17.3
德惠	796309	403651	392658	102.8	143596	652713	18.0
公主岭	1013854	510483	503371	101.4	240867	772987	23.8

（张 帏）

经济社会发展

【经济建设】 2020年，全市实现地区生产总值6638.03亿元，按可比价格计算，比2019年增长3.6%。其中，第一产业增加值533.82亿元，比2019年下降2.4%；第二产业增加值2758.12亿元，增长8.0%；第三产业增加值3346.09亿元，增长0.3%。三次产业结构为8.0∶41.6∶50.4。人均地区生产总值77634元(按户籍年平均人口数计算)，比2019年增长3.6%，折合11256美元。

财政收支。全市一般预算全口径财政收入1129.5亿元，增长0.3%。全市地方财政收入440.4亿元，增长1.5%，其中税收收入351.3亿元，增长2.1%。地方财政支出1084.1亿元，增长10.5%。其中，社会保障和就业支出153.9亿元，增长6.9%；教育支出152.3亿元，增长4.8%；卫生健康支出92.8亿元，增长16.1%；交通运输支出32.7亿元，下降9.2%；农林水支出131.6亿元，增长20.6%；住房保障支出49.1亿元，增长37.3%。

市场价格。全市居民消费价格总水平比2019年上涨1.9%，涨幅比2019年收窄1.0个百分点。从各类商品及服务价格变动情况看，食品烟酒价格上涨 7.0%，衣着价格下降2生活与保障。.2%，居住价格下降0.6%，生活用品及服务价格上涨 1.2%，交通和通信价格下降3.1%，教育文化和娱乐价格上涨2.8%，医疗保健价格下降0.6%，其他用品和服务价格上涨4.9%。

农业。全市完成农林牧渔业增加值548.5亿元，比2019年下降2.3%。其中，种植业增加值194.1亿元，增长2.5%；林业增加值3.4亿元，增长5.8%；牧业增加值332.6亿元，下降2.8%；渔业增加值3.8亿元，增长0.3%；农林牧渔服务业增加值14.7亿元，增长2%。农作物总播种面积163.3万公顷，与2019年持平。粮食总产量达到1163.9万吨，比2019年下降3.3%。其中，玉米产量990.2万吨，下降3.6%；水稻产量151.9万吨，增长2.0%。猪出栏471.6万头，增长2.6%；牛出栏87.6万头，下降9.6%；羊出栏48.1万只，下降2%；家禽出栏3亿只，增长0.5%。肉类产量达到106.3万吨，下降1.2%；禽蛋产量达到42.2万吨，下降8.2%；牛奶产量达到7.7万吨，增长29.8%。全市农业机械总动力1040万千瓦，比2019年增长29%；全市蔬菜耕地面积为8.45万公顷，下降0.6%；蔬菜总产值130亿元，增长6.5%。全市有效使用绿色食品标识产品297个，有机食品217个，绿色有机环境监测面积达到529.4万亩，绿色有机农业总产值416亿元。农业支持保护补贴5.4亿元，玉米、大豆生产者补贴2.9亿元，农机购置补贴6.4亿元。获省农村人居环境整治村级补助资金10435万元，改造农户卫生厕所45122户，获评吉林省美丽乡村31个。

工业建筑业。全市规模以上工业增加值增长10.4%。规模以上工业总产值增长9.9%。分轻重工业看，轻工业总产值增长3.4%；重工业总产值增长10.5%。分经济类型看，国有企业总产值增长41.1%；集体企业总产值增长4.2%；股份合作企业总产值增长18.9%；股份制企业总产值增长8.3%；外商及港澳台商投资企业总产值增长8.3%；其他经济类型企业总产值下降30.6%。七大重点行业中，汽车制造业总产值增长13.2%；农副食品加工业总产值下降1.0%；生物与医药工业总产值增长24.2%；光电子信息工业总产值增长1.9%；建材工业总产值增长10.4%；能源工业总产值下降0.6%；装备制造业总产值增长3.4%。产值前30户重点工业企业占规模以上工业的比重达到75.3%。全市实现营业收入比2019年增长7.4%；利税总额比2019年增长2.3%；盈亏相抵后利润总额比2019年下降2.4%。全市资质以上建筑业完成总产值1287.8亿元，比2019年增长7.9%。

固定资产投资。全市固定资产投资增长8.8%。其中，房地产开发投资增长12.4%。固定资产交付使用率为24.3%，比2019年下降7.8个百分点。房屋面积竣工率为7.6%，比2019年下降4.6个百分点。从各产业完成投资情况看，第一产业投资增长26.7%；第二产业投资增长4.0%；第三产业投资增长9.8%。从投资主体看，国有经济投资增长11.6%；非国有经济投资增长6.7%，占固定资产投资的比重为56.3%。民间投资增长10.2%。全市工业投资增长3.9%。

国内贸易。全市社会消费品零售总额比2019年下降6.5%。分行业看，批发零售贸易业零售额下降5.5%。其中，限额以上批发零售贸易业零售额下降6.3%；限额以下批发零售贸易业零售额下降6.5%；住宿和餐饮业零售额下降13.4%。其中，限额以上住宿餐饮业零售额下降21.1%；限额以下住宿餐饮业零售额下降12.9%。限额以上批发和零售企业汽车类零售额下降3.4%；粮油、食品类零售额下降0.9%；服装鞋帽针纺织品类零售额下降18.2%；金银珠宝类零售额下降33.7%；家用电器和音像器材类零售额增长14.3%；石油及制品零售额下降21.6%。

对外经济。全市实现进出口总额1027.6亿元，比2019年增长3.0%。其中，进口892.2亿元，增长5.2%；出口135.4亿元，下降9.3%。按出口贸易方式分，一般贸易方式出口88.3亿元,下降6.0%；加工贸易方式出口43.5亿元,增长32.2%。全年新批外资项目（企业）46个，直接利用外资3.8亿美元。

旅游会展。全年到长春市旅游人数7238.25万人次，比2019年下降29.54%。其中，接待入境游客14.77万人次，比2019年下降64.54%；接待国内旅游者7223.48万人次，下降29.4%。全年旅游总收入1381.52亿元,增长37.4%。旅游外汇收入6865.01万美元，下降69.99%。全市举办规模以上会展活动66项，展览面积239万平方米，展会实现交易额近180亿元。

交通邮电业。全年铁路客运量2031.5万人，下降52.9%，货运量810.5万吨，增长37.3%。全年公路货物周转量506.9亿吨千米，增长28.3%；旅客周转量为22.9亿人千米，下降40.9%。公路总里程2.8万千米。其中，等级公路2.7万千米，占公路总里程的96.6%；高速公路605.5千米，占公路总里程的2.2%。全年民航货邮吞吐量8.4万吨，下降5.9%；旅客吞吐量936.1万人，下降32.8%。年末全市民用汽车保有量210.5万辆，增长14.9%。其中，私人汽车保有量187.7万辆，增长14.2%。民用轿车保有量127.5万辆，增长6.1%。其中，私人轿车保有量119.2万辆，增长5.9%。全年完成邮政业务总量53.8亿元，增长26.5%。邮政寄递服务1.1亿件，下降1.6%。其中，邮政函件业务626.8万件，下降12.5%；包裹业务量9.3万件，下降24.6%。快递业务量2.4亿件，增长46.5%，快递服务企业业务收入36.2亿元，增长30.0%。特快专递19万件，下降44%，集邮534万件，下降41.6%，邮政储蓄平均余额4276.1亿元，增长7.2%。全年完成电信业务总量887.9亿元,增长4.2%。移动电话期末到达户数1427万户，下降1.3 %；互联网接入用户531万户，下降2.7%。

金融。年末全市拥有银行信社类金融机构34家，保险公司28家，证券公司40家，证券分支机构1家，证券营业部20家，上市企业26家。年末金融机构本外币各项存款余额14230.6亿元，比年初增长12.2%。住户存款余额6943.3亿元，比年初增长16.8%。金融机构本外币各项贷款余额14535.4亿元，比年初增长11%。年末股民账户数337.2万户，比2019年增长9.1%。有价证券成交总额19411.0亿元，比2019年增长35.3%。其中，股票交易成交额11075.5亿元，增长50.7%；国债成交额7532.2亿元，增长19.2%；基金成交额373.8亿元，下降14.9%。全市保费收入310.3亿元，比2019年增长6.2%。其中，财产险保费收入101.0亿元，增长1.7%；人身险保费收入209.3亿元，增长8.5%。全年赔付总金额101.9亿元，增长4.8%。其中，财产险赔付金额53.7亿元，下降0.8%；人身险赔付金额48.2亿元，增长11.8%。

【社会发展】 城市建设。全市完成道路新建和扩建长度286.8千米，全市道路总面积5184.4万平方米，道路长度5939.9千米。全市公共水厂日综合生产能力为123万立方米/日，城区使用自来水人数414.8万人。全市天然气供气总量8.26万立方米；液化石油气供气总量3.8万吨；城区使用天然气、石油液化气户数212万户。城区集中供热面积29797万平方米。全市公园绿地面积5913.6公顷，建成区绿化覆盖面积22864.8公顷，建成区绿化覆盖率41.5%。

科技。全年专利授权量17373件，比2019年增长46.0%。其中，发明专利授权量3472件，增长33.5%。全年登记的科技成果259项。技术合同成交额451.6亿元。市科技管理部门共投入科技经费18.55亿元。全市新认定高新技术企业884户。

教育。全市各类教育学校1621所（不含幼儿园，以下同），其中，普通高校41所,成人高校8所，中等职业学校94所,普通高中73所,初中学校323所，小学1061所，特殊教育学校10所,工读学校1所。全市各级各类学校当年招生44.1万人。其中，普通本专科生13.6万人，成人本专科生5.7万人，研究生2.4万人，中等职业1.7万人，普通高中5.4万人，初中阶段7.5万人，小学7.8万人，特殊教育0.014万人，工读14人。全市各级各类学校在校学生154.4万人。其中，普通本专科生48.3万人，成人本专科生9.6万人，研究生7.02万人，中等职业教育4.6万人，普通高中15.0万人，初中23.1

万人，小学46.5万人，特殊教育0.14万人，工读35人。全市各级各类学校在校教职工13.4万人。其中，普通高校4.4万人，成人高校0.14万人,中等职业0.5万人,普通高中1.7万人,普通初中3.3万人,小学3.4万人，特殊教育人0.047万人,工读41人。全市各级各类学校的专任教师10.3万人。其中，普通高校2.9万人，成人高校0.089万人，中等职业学校0.4万人，普通高中1.1万人，初中2.3万人，小学3.6万人，特殊教育0.047万人，工读31人。全市举办学前教育机构1216个。其中，独立设置幼儿园893所，附设幼儿班机构323个。当年入园儿童2.7万人，在园儿童12.2万人，全市幼儿园教职工2.1万人，其中专任教师1.1万人。民办普惠性幼儿园129所，在园幼儿1.8万人。全市非学历职业技术培训学校（机构）612个，当年注册学生6.3万人，结业生1.95万人，教职工0.3万人，其中专任教师0.23万人。

文化。全市有文化（文物）事业机构280家。其中，艺术表演团体9家，艺术表演场馆5家，公共图书馆13家，艺术馆、文化馆13家，文化站193家，文化艺术科研、科技机构1家，文物保护研究机构1家，文物保护管理机构5家，其他文化事业10家，博物馆23家，文化市场管理机构7家。公共图书馆总藏量631万册，其中少儿图书馆藏量101万册。全市有各类文化经营场所1083家。其中，互联网上网服务营业场所485家，文化娱乐场所313家，演出场所22家，艺术品经营店263家。市区（含开发区）文化经营场所783家。其中，互联网上网服务营业场所330家，文化娱乐场所180家，演出场所10家，古玩（美术品）经营店263家。全市有广播电视台7座，节目23套，中波发射台和转播台4座，转播台18座，广播电视人口覆盖率100%。

卫生。全市有卫生医疗机构7966个，比2019年增长62%。其中，医院、卫生院377所，比2019年增长22.4%。拥有医疗床位6.5万张，比2019年增长15.2%。卫生技术人员为8.1万人，比2019年增长37.4%。每千人拥有执业医师和执业助理医师3.74人。市辖区建成社区卫生服务中心96家，城区人口覆盖率100%。

体育。全年承办瓦萨国际越野滑雪赛等国际国内大型体育赛事50余项次。开展全民健身活动，完善健身场地设施，改善健身条件，开展各级各类健身活动512余项次，近百万人次参与活动。全年销售体育彩票13.95亿元，占全省销售比例为38.66%。

环境保护。初步核算，全市能源消费总量1910.89万吨标准煤，比2019年增长1.98%。全社会用电量263.2亿千瓦时，增长3.6%。全市万元地区生产总值能耗下降1.52%。万元规模以上工业增加值综合能源消耗下降9.3%。全年长春市区域环境噪声昼间等效声级平均值55.2dB(A)，昼间道路交通噪声平均等效声级为69.9dB(A)。全年城区空气环境质量优良级天数305天，占总天数的83.3%，其中，优质天数144天，占优良天数47.2%；良级天数161天，占优良天数52.8%；空气首要污染物细颗粒物$PM_{2.5}$年日均值每立方米42微克，比2019年上升4微克；二氧化硫年日均值每立方米10微克，比2019年下降1微克；二氧化氮年日均值每立方米32微克，比2019年下降2微克，环境空气质量综合指数4.12，同比减少0.07。城市饮用水源水质达标率100%。

安全生产。根据生产安全事故统计信息直报系统事故直报系统报送情况统计，全市发生各类生产安全事故697起、死亡229人；全市亿元GDP死亡率0.0345；工矿企业就业人员10万人死亡率1.011；煤矿百万吨死亡率0.8。

【人民生活】 就业。全市开发就业岗位18.4万个，实现城镇新增就业12.2万人，城镇失业人员再就业2.3万人，就业困难人员实现就业1.2万人。年末全市公益性岗位在岗人数15423人。当年援助189户零就业家庭实现就业。累计实现农村劳动力转移就业109.5万人。年末城镇登记失业率为3.33%。

生活与保障。全市城镇常住居民人均可支配收入40001元，比2019年增长5.7%。农村常住居民人均可支配收入16636元，比2019年增长7.6%。年末，全市城镇企业职工基本养老保险参保人数达到235.2万人，比2019年增长4.5%。其中，在职职工165.5万人，增长5.5%；城镇失业保险参保人数达到106.4万人，增长1.0%。全年征缴城镇企业职工养老保险基金119.5亿元；征缴失业保险基金4.4亿元。全年为69.7万名离退休人员发放养老金226.6亿元，增长2%；为2万名失业人员发放失业金2亿元。基本医疗保险参保人数达到834.95万人，参保率达到95%以上。其中，职工医疗保险192.5万人，城乡居民医疗保险642.5万人。工伤和生育保险参保人数分别达到157.1万人和123.2万人。全市改造棚户区住宅5911套，回迁安置居民1448户。年末全市城市居民65640人享受最低生活保障；农村居民109566人享受最低生活保障。全年发放城乡低保资金8.21亿元。全市有各类养老服务机构466家，总床位数46190张。其中，国家办养老机构91家，社会力量投资兴办的养老机构375家。农村社会福利服务中心85所。全年销售社会福利彩票8.66亿元。募集善款3455万元，总支出慈善募捐款4157万元，受助群众5.3万人次。

（市统计局）

中国共产党长春市委员会

ZHONGGUO GONGCHANDANG CHANGCHUSHI WEIYUANHUI

重点工作

【经济发展】 以长春现代化都市圈建设为引领，推进国际汽车城、国际影都、国家区域创新中心、中韩（长春）国际合作示范区高质量发展“四大板块”建设，打造国家城乡融合发展试验区、国家农业高新技术产业示范区“两大基地”。实现地区生产总值6638亿元，比2019年增长3.6%，增速高于全国、吉林省平均水平，居东北四市首位。抓“六保”促“六稳”，出台落实减税降费、援企稳岗等相关政策200余项，新增减税降费55.1亿元。在全国率先复工复产，规模以上工业总产值增长9.9%。全年开复工亿元以上项目1112个，其中10亿元以上项目302个，固定资产投资增长8.8%。新登记企业5.32万户、增长37.1%，市场主体突破100万户。发放2.5亿元消费券，改造升级桂林路、红旗街商业街区，高水平打造莲花山冰雪新天地、净月雪世界，举办汽博会、农博会、电影节、无人机博览会、中德汽车大会等展会活动。接待游客7200余万人次，实现旅游总收入超过1300亿元。金融机构本外币存款余额增长12.2%，贷款余额增长11%。全年粮食总产量1163.9万吨。

【改革开放】 优化营商环境。深化“放管服”改革，新建工业项目实现“拿地即开工”，企业开办时间由3天压缩至1小时，50个行业类型经营许可实现“N证联办”，长春智能审批系统被国务院办公厅列为“放管服”改革典型在全国推广。全面深化重点领域改革。在高新区率先推动“管委会+公司+园区”改革试点，推进轨道交通、润德集团等国企混合所有制改革。完成23.4万国有企业退休人员社会化管理服务，厂办大集体改革进展顺利。推动对外开放合作。公主岭划归长春代管。中韩国际合作示范区、临空经济示范区、生产服务型国家物流枢纽、服务贸易创新发展试点等重大平台载体相继获批。长春至首尔跨境货运包机航线开通。中白科技园投入试运行。实际利用内外资分别增长28%和12%。加快创新驱动发展。国内首台12英寸晶圆探针台在光机所研制成功，国家半导体激光技术创新中心开工建设，长光卫星“一箭九星”海上成功发射，在轨运行卫星达到25颗。奥来德公司成功登陆科创板，新增高新技术企业691户、科技型“小巨人”企业222户。举办2020年全国“双创”活动周分会场活动。长春被英国《自然》杂志列为2020全球科研城市第38位，比2019年提升4位。

【城市建设】 推进高质量交通强市建设，发布《交通发展白皮书》，龙嘉机场总体规划获国家批复，地铁5、6、7号线和长双公路、抚长高速人民大街出口改移等重大工程相继开工。推进城市乱象集中整治，开展市容环境“四清”行动，打通13条“断头路”“卡脖路”，调整优化25条公交线路。完成棚户区改造5911户，解决无籍房15.4万户。开工建设第六净水厂，新建改造水气热管线520千米，新增供热能力300万平方米。实施拆围透绿工程，拆除围墙4万余米，新建公园12座，新植街路90条、大块绿地62宗。“城市智能体”建设实现突破。

【生态环境】 打好污染防治攻坚战。建成区10蒸吨以下燃煤小锅炉全部淘汰，20万千瓦以上燃煤发电机组全部完成超低排放改造。全年空气质量优良天数305天，优良率83.3%。完成230项劣五类水体治理项目、28个重点乡镇污水处理设施、363个入河排污口整治工程，9个国考断面（含公主岭市）水质全部达标，劣五类水体断面历史首次全部清零。推进国土绿化行动，完成造林绿化6269公顷，修复湿地626公顷。抓好农村人居环境集中整治，完成116处农村非正规生活垃圾堆放点整治及72个行政村环境综合治理，打造绿化美化示范村112个，建成绿化美化村屯6219个，村屯绿化覆盖率30%以上。

【幸福长春建设】 推进建设幸福长春行动计划。出台《援企稳岗若干措施》，搭建全国首家农民工大数据综合服务平台，城镇新增就业12万人，城镇登记失业率控制在4%以内。落实社会救助和保障标准与物价上涨挂钩联动机制，发放价格临时补贴6564万元。企业退休人员养老金提升5%，城乡低保标准分别提高14.5%和22%，城乡特困人员基本生活标准分别提高36%和56%。义务教育阶段教师工资待遇问题妥善解决，301个小区配套幼儿园完成治理，新增公益普惠幼儿学位5万个。城乡居民医保完成整合，实现吉林省内异地就医急诊直接结算和跨省联网结算。完成823户贫困户危房改造、877个村集中供水工程、1890个村卫生室标准化建设，全市154个贫困村全部出列，30327户62810名建档立卡贫困人口达到脱贫标准。长春获评“中国十大美好生活城市”。

【社会治理】 推进民主法治建设，做好民族、宗教、群团工作，推进军民融合发展，实现全国双拥模范城“九连冠”。开展扫黑除恶专项斗争，侦办涉黑涉恶案件134起，完成“六清”攻坚战目标任务。有效应对罕见的连续3次台风侵袭和雨雪冰冻灾害，全力守护人民群众的生命和财产安全。抗击新冠肺炎疫情，50天实现医护人员零感染、确诊病例零死亡、在院患者清零“三零”目标。全市生产安全事故总量、死亡人数分别下降19.7%和18.8%。

（肖梦溪）

组　织

【思想政治建设】 主题教育成果。制定印发全市2020年具体工作安排和重点任务分工方案，对中央《关于巩固深化“不忘初心、牢记使命”主题教育成果的意见》逐条分解、逐项明确责任、推动落地见效。发挥党建领导小组办公室作用，代市委起草市委常委会全面从严治党责任清单和2020年重点任务清单，压紧压实管党治党责任。

落实中央决策部署。以中共中央总书记习近平考察吉林重要讲话重要指示精神作为根本遵循，研究制定《落实〈全面落实新时代党的组织路线、深入推进组织工作服务振兴发展行动计划〉具体措施》。扩大吉林长春社区干部学院规模，打造78个现场教学实践基地，举办线上线下培训67期、培训学员2.7万余人次。宣传吴亚琴先进事迹，摄制的《最美奋斗者·吴亚琴》党员教育电视片在中央电视台科教频道刊播。

坚持把习近平新时代中国特色社会主义思想作为干部学习培训的重中之重，分层分级开展十九届四中全会集中轮训，举办各类轮训班25期，培训领导干部1.6万余名。推进全市领导干部“大培训”工作，创新开设“周六大讲堂”，围绕十九届五中全会精神解读、媒体应对、都市圈建设等开展30期培训，培训领导干部18万人次。保护利用红色资源，制定实施“二二三”红色资源建设计划，传承红色基因、赓续红色血脉。

【服务中心工作】 疫情防控。发挥党的政治优势和组织优势，出台在打赢疫情防控阻击战中强化国有企业、机关、中小学校、非公企业和社会组织党组织和党员担当作为的具体举措。创新建立“三长”（网格长、楼栋长、单元长）联动机制，迅速推动16万余名网格长、楼栋长和单元长选配到位，筑起城市基层防疫坚强防线，相关经验得到习近平总书记的肯定。在长春电视台等多个媒体平台设立《抗疫先锋谱》专栏，组织全市党员自愿捐款3464万元，一线发展党员139名，激励引导各领域2.1万个基层党组织和广大党员战斗在一线、冲锋在前沿。

服务“六稳”“六保”工作。推进“保企业”行动，组建保企工作队3434个、市县两级发展服务团98个，帮助企业融资贷款、减免房租等300亿元。促进高校毕业生就业创业，开发各类就业岗位20万个，实现全年高校毕业生留长人数10万人目标。调整公务员招录计划，坚持增大总量、倾斜应届、注重基层，设定168个职位专门面向应届大学毕业生招录，全年招录公务员528个职位800人，招录人数创历史新高。

脱贫攻坚。制定全市抓党建促决战决胜脱贫攻坚21项举措，成立长春市驻村第一书记协会，开展“第一书记和村书记代言”进媒体、进社区、进展会系列活动，播出《我们在路上》《创业梦想——会客厅》扶贫公益节目38期、开展“社区行”活动27次、参加“农博会”“东北亚博览会”等大型展会5次，组织全市5名县级领导、200余人次第一书记参加直播带货，代言产品拓展到8大类410款，实现销售额1000余万元。

【基层组织建设】 党的领导和基层治理。实施城市基层党建升级工程，推行城市基层党建“书记项目”。加强小区党支部建设，指导建立小区（楼院）党支部960余个，建成小区“邻里中心”（党群服务站）230余个，带动居民自治共治。开展农村党支部联建共进行动，指导全市608个村党组织结成291对联建党组织，推动农村土地、人口和产业集中。建立实施发展党员“一推一评一纪实”工作机制，推动党员发展更加精准规范。在全省率先研发设计“党建电子地图”，加强新媒体网络宣传阵地，长春智慧党建工作实现“有声有色”。

推动区域党建互联互动，以街道社区为单位建立城市基层党建联盟501个，吸纳联盟成员单位1.1万余家。组织开展“两个覆盖”集中攻坚行动，全市非公企业和社会组织党组织组建率分别为43.54%、53.77%。抓好商圈、市场、楼宇党建，依托管理机构、物业服务公司、龙头企业，在商圈、专业市场和商务楼宇建立综合党组织，通过开展创业培训、青年联谊、诚信经营等活动，集聚区域党建资源，增强党组织的吸引力和凝聚力。超前做好2021年村“两委”换届政策、组织、人选“三项准备”工作，撤换891名不适宜继续任职的村干部，下派70名县乡机关优秀干部担任村书记。组织全市2096个村党组织、7万余名农村党员开展“环境整治·我带头”“守护家园·我承诺”主题党日活动，农村人居环境整治成效显著。推进街道赋权扩能减负，全市15名社区党组织服务群众典型经验入选“新时代吉林小巷总理”创新案例。在吉林省率先建立“社工岗”薪酬待遇体系，4500余名社区“两委”成员全部转入“社工岗”。开展“双向承诺”和星级评定两项重点工作，召开五星级非公企业和社会组织授星大会，为星级单位兑现激励政策342项，拨付奖励经费250万元。

【干部队伍建设】 全年调整县局级干部352人次。创建处级干部“预审+调控”工作机制，破解年龄结构不优、学历层次不高等问题。调整、补充近100名干部参加“四项重点工作”、脱贫攻坚、助力复工复产等重点任务，组织市、县（市）区两级干部双向挂职锻炼，促进干部经风雨、见世面、壮筋骨。开展专业干部“通渠蓄能”计划，从8家中省直企事业单位择优确定21名挂职干部。启动实施“双派双促”计划，选派200名干部到乡镇和村挂职任职，引导干部在基层一线、急难险重任务中成长成才。

优化创业环境。开展“五关爱、四必谈”、受处分干部“容诉减压”活动，对54名受处分影响期满且在本职岗位上做出成绩、表现突出的干部大胆提拔使用，对13名干部适用容错免责、免予纪律处分。深化“三走进一评定”双向互动日常考核，以季度为周期开展绩效考核，组织6轮“专班抓项目”集中督查考核。做好“干事创业好班子”“担当作为好干部”评选表彰工作，组织对市委市政府“四项重点工作”“决堤抢险”“冻雨救灾”等8个项目进行奖励，在吉林省率先制定事业单位绩效考核试行办法，实现绩效考核机关事业单位全覆盖。

落实“凡提四必”要求，做好干部任前审核和选任监督，首次入驻市委巡察组开展选人用人检查，梳理问题121个，推动干部选拔任用工作。落实“两项法规”，推进领导干部个人有关事项报告查核验证和专项整治工作，解决漏报、瞒报和执行处理规定不认真不严格等问题。完成档案库房和信息化机房整体迁移改造，干部档案管理软硬件建设达到“双一流”标准。

【人才引进】 优化完善人才政策，制定下发高校毕业生到（留）长春市创业就业的支持政策、促进高校毕业生就业做好岗位开发工作意见等文件，完善具有长春特色的政策支撑体系。设立“人才专项编制池”，预留100个机动编制用于人才引进。盘活域内外人才资源，依托全市重大项目打造产业人才高地，聚集各类高端产业人才5500余人。激发人才创新创业活力，建设科技金融中心，发放“创新券”1.47万张，兑付资金3900万元。完善人才服务保障体系，组织市管专家投入抗疫等中心工作，为支援湖北医疗队捐款32.6万元。

（商建设）

宣 传

【政治理论学习】 组织市委理论中心组开展集中学习11次。巩固“不忘初心、牢记使命”主题教育成果，举办市管主要领导干部学习贯彻习近平考察吉林重要讲话重要指示精神读书班。启动全市基层理论宣讲“微视频”故事大赛，持续推动理论下基层。800余名基层宣讲员到3737个新时代文明实践中心（所、站），开展集中宣读4000余场次人，其中宣讲习近平考察吉林重要讲话重要指示精神千场以上，受众数十万人。长春市宣讲十九届五中全会精神的情况被央视《新闻联播》《人民日报》报道，2个集体，1人获中宣部表彰的全国基层理论宣讲先进集体和先进个人。做好“学习强国”平台推广使用，全市注册使用人数11.9万人。向“学习强国”提供稿件资源，刊发各类信息稿件1300余篇。把“大培训大对接大招商”解放思想三大活动作为“解放思想再深入全面振兴新突破”主题活动的细化载体和重中之重，制定《“大培训、大对接、大招商”解放思想三大活动工作方案》和疫情期间推动“大培训、大对接、大招商”解放思想三大活动的指导性意见，下发全年10项工作任务表，明晰各自任务，推动工作。建立联络员制度、周报制度统筹推进活动。开展线上线下课程30讲，培训领导干部18万人次。全市梳理上报330项对接事项，“三强”企业及央企在长春投资66个项目，到位资金378.3亿元；计划投资10亿元以上项目48个，其中计划投资50亿元以上项目4个，汽车、影视文创、信息技术、健康食品等重点产业项目总数133个。2020年，长春市编发解放思想简报30期，在吉林省教育实践活动动态信息简报上稿13篇，排名第一。组织市直媒体统一开设解放思想专题专栏，对活动成效进行跟踪报道和总结宣传，刊播相关稿件630篇（条），通过全网推送，引发网民关注。

【意识形态工作】 成立长春市委宣传思想工作暨意识形态工作领导小组，制定工作规则和工作要点，召开领导小组第一次会议，对全市意识形态工作进行安排部署。制定《长春市关于党委（党组）意识形态工作责任制的落实办法》，下发《党委（党组）意识形态工作责任制自检自查清单》，开展全市意识形态工作责任制落实情况自检自查。加强疫情期间风险防控，加强部门间沟通协调和信息传递，指导各县（市）区、开发区做好防范预警。代市委起草《中共长春市委关于2020年意识形态工作情况的报告》，经市委常委会讨论通过并上报省委。结合省委巡视、市委巡查反馈的问题，处理意识形态领域苗头性问题4起。代市委起草《关于开展党委（党组）意识形态工作责任制落实情况专项督查的方案》，开展党委（党组）意识形态工作责任制落实情况专项督查工作。

【舆论引导】 开展“全面小康·魅力之都”城市影响力宣传策划。围绕全局性重点工作，以“全面小康·魅力之都”建设长春现代化都市圈为主题，设计策划魅力乡村、魅力营商、魅力人物、魅力诗歌等19个系列57个具体项目，综合运用全媒体手段，对外提升城市影响力和知名度，对内持续增强市民对城市的归属感和荣誉感。各级各类媒体刊播宣传长春的相关稿件超过1万余篇（条），经新媒体推送、转载、下载，特别是在央视频、人民视频等中直各网络媒体，以及抖音、微视等全国知名商业网络平台推出。

在市直媒体开设专题专栏，重点宣传习近平考察吉林重要讲话重要指示精神、党的十九届五中全会、现代化都市圈建设、高质量发展“四大板块”“四项重点工作”等重大主题重大任务。做好“长春有个公主岭”“用意外寻找城市之美”、长春“影”响、“现代诗公园”“乡村振兴隆起带”和“全媒体新故事长春计划”6个宣传专题，巩固壮大主流思想舆论。

市委宣传部与各级各类媒体及应急、网信等部门保持联系畅通、信息互通、经常沟通，截至11月16日，下发各类宣传提示110余件、宣传口径244条，处置重大新闻舆情373件。

【对外宣传】 《人民日报》、新华社等中央主要媒体推出“权威访谈—城市篇”系列报道，长春市作为“城市篇”开篇，省委常委、市委书记王凯接受专访，展示长春市亮点工作。开展“魅力乡村·中直涉外媒体乡村行”主题采访活动，《人民日报》、新华社、《经济日报》等10余家中直涉外媒体刊播原创稿件40余篇（件），转发1000余条（次）。制作2020年度长春城市形象宣传片。策划开展第四届“发现长春之美”暨“全面小康·魅力之都”主题摄影大赛。开展十大名企、十大名校、十大最美社区、十大最美村庄评选活动。举办“百年人民大街视图征集大赛”。宽城区、九台区马鞍山村入选中宣部“百城千县万村”调研点，中央新闻媒体将开展集中宣传报道。全年组织召开新闻发布会26场，发布主题涵盖经济、民生等10余个领域，中省市直媒体记者600余人次参与发布会现场报道，刊（播）发、转载报道5000余条。长春市获“2019—2020中国十大美好生活城市”称号。

【文化产业发展】 举办第十五届中国长春电影节。克服机构改革职能调整后筹办电影节经验不足、电影行业受疫情重创以及罕见台风“三连击”等因素影响，以“担当与变革”为基调，在理念引导、国际元素、评奖反响、“摇篮”诠释和“影”“城”融合等方面实现新突破。截至9月14日，全网与中国长春电影节相关信息有145064条，电影节相关话题六上热搜，总浏览量超6.6亿次，海外传播覆盖170个国家和地区3亿多用户。

推出“最美人间四月天”——春季系列文旅活动，推动文旅市场复苏发展。推进吉林吉动文创动漫游戏产业园“全国版权示范园区（基地）”建设。全国第一个现代诗主题公园——长春现代诗公园落成，中国作协党组成员、副主席吉狄马加与吉林省委常委、宣传部部长石玉钢为公园揭牌。组织开展“长春十大文化产业品牌”评选，增强文化产业品牌的美誉度和影响力。完成长春市获得2019年度省级文化发展专项资金贷款贴息扶持项目（吉林省八吉工艺美术集团、吉林省工艺美术文化创意产业中心建设项目）、获评第四批省级文化产业重点园区（巴蜀映巷特色文化产业园区）的绩效评估工作。做好“现代服务业专班”的2个增量项目和“冬季不停工项目”包保工作。

【文化惠民工程】 组织开展第七届市民文化节和第七届农民文化节，举办五大类55项430场活动。组织开展“我们的中国梦”——文化进万家活动，组建文化文艺小分队20支，举办三大类23项125场系列文化活动，展示长春市文化惠民成果，为长春人民群众打造多场文化盛宴。完成农村公益电影放映工作，在长春市1691个行政村放映数字电影20292场。开展“书香长春”2020年全民阅读活动，向300个机关、学校、社区免费发放《新时代长春文学丛书》和5万份电子书卡。做好农家书屋管理，指导完成2019年度农家书屋绩效考评。投入补充资金330万元对全市1657个农家书屋出版物进行补充更新，新增补充图书139846册。联合市教育局、市财政局等8部门联合印发《长春市农家书屋深化改革创新提升服务效能落实方案》，指导做好农家书屋的资源利用。市委宣传部获中央宣传部印刷发行局、农业农村部农村社会事业促进司联合颁发的2020“新时代乡村阅读季”活动优秀组织奖。

【文化市场监管】 明确宣传部门与文化市场综合执法机构的业务范围。结合“互联网+监管”“双随机一公开”等工作，梳理行政执法权力事项，完善行政执法权力事项清单。做好连续性内部资料日常管理，探索一次性内部资料审批事项收回。开展2020年出版物市场及网络文化环境专项治理行动和“扫黄打非”“正道”和“新风”等集中行动。加强新闻出版行业和电影业安全生产。

【文化体制改革】 制定2020年文化体制改革工作安排，形成《2020年文化体制改革专项小组任务台账》，确定6项重点工作任务，经市委深改委第七次会议审议通过。市委深改委第八次会议对《长春日报社深化体制机制改革的情况汇报》进行审议。市委深改委第九次会议审议通过《长春市关于加强文物保护利用改革的实施方案》《长春出版社转企改制方案》，长春出版社转企改制工作基本完成。

【疫情防控宣传】 统筹部署。第一时间成立新冠肺炎疫情新闻宣传和舆论引导工作小组，下发《工作方案》《宣传提示》和宣传口径要求，直接指导地方和部门疫情防控宣传工作，对做好疫情防控信息发布、公益广告宣传推广、权威信息平台打造以及新媒体产品制作推送等进行安排部署，实现15个县（市）区、开发区，14个重点行业主管部门，15类宣传载体和32类宣传点位的覆盖，构筑起分兵把守、协调联动的“大宣传”格局。

发布信息。坚持疫情不结束、宣传工作不间断，抓好政策解读、权威发布、支援武汉、医护典型、物资保障、科研科普和基层防控等宣传，把宣传阐释习近平总书记重要讲话和指示批示精神作为重中之重贯穿始终。持续巩固全方位、全天候、全覆盖的战“疫”宣传态势，传统媒体、新媒体和社会宣传“全兵种”配合推进，媒体报道、新闻发布、网络推送、通讯短信、点位宣传、文艺创作、志愿服务、典型引领“高密度”综合发力，提高正向宣传引导的热度和知晓率。线上、线下、社会面3个维度的正向信息视听阅读总量34.5亿次。

宣传典型。以全局视野挖掘选树疫情防控先进典型，重点聚焦在疫情防控工作中表现突出的国家和省市医疗机构医务工作者、社区工作者、党员干部、新闻工作者、志愿者、一线防疫人员以及承担物资保障、科研攻关、社会稳定、对外合作等工作的各类人员，特别是吉林省支援湖北医疗队“逆行白衣战士”，坚持传统媒体和新媒体同步发声、新闻宣传与社会宣传同频共振，宣传弘扬典型事迹和抗“疫”精神。推出283个防疫先进人物，各级各类媒体报道超过3000篇（件），户外大屏、楼体灯秀等宣传“点位”刊播“最美逆行者”“长春战‘疫’先锋榜”2000余次。

（代韧飞）

统一战线

【服务中心工作】 疫情防控。通过公开信、倡议书等形式，引导统战成员支持理解党委政府的抗疫部署。支持各民主党派、统战团体围绕防疫工作建言献策，提出意见建议300余个，得到省市主要领导批示4个，多个建议被民主党派中央和省、市有关部门采用。26名民主党派成员和50余名党外知识分子赴湖北支援抗疫工作，2000余名统战成员坚守省内防疫一线。民营企业家、新的社会阶层人士、侨领侨团、在长台商等统一战线成员捐赠防疫物资，折合人民币超过2亿元。

复工复产。传达解读党委政府方针政策，引导民营企业家坚定发展信心。对接国外商会、华人华侨社团，为百余家民营企业筹措防疫物资。走访调研30余次，了解反馈民营企业复工复产情况。建立惠企政策平台、银企对接平台和法律服务平台，引导企业用好用足援企稳岗政策，处理法律问题。结合“万人助万企”行动，开展“企业纾困”行动、“亲商助企专项行动”，服务企业366次，解决各类问题146个。

助推发展。举办“华润—长春对接交流会”“长春新产业交流推介会”和“长春名企县区行”等活动，达成合作意向26个。举办“全国知名药企走进长春对接会”，促成修正集团50亿元投资项目签约落地。吸引侨资台资入长，举办“爱我中华侨聚长白经贸推介活动”“2020长台经贸合作洽谈会”等系列经贸活动20余次。

【民主党派工作】 支持各民主党派围绕脱贫攻坚民主监督、建设现代化都市圈、打造新的经济增长极等重大课题开展调研，召开专题议政会。市委主要领导就“十四五”规划编制听取党外人士的意见建议。在征求意见基础上，向基层和有关单位党委下发指导性意见，支持各民主党派全面推进基层组织换届工作，为市级组织换届创造条件。

【民族宗教工作】 举办“民族团结进步创建”进机关、进学校、进宗教场所活动。开展“看长春，热爱第二故乡”、流动少数民族人口座谈会。在吉林省第七次民族团结进步表彰大会上，长春市有7个集体、13人受表彰。坚持宗教中国化的正确方向，推进“四进”活动，使爱国爱教成为宗教界人士和广大信教群众的自觉追求。

【党外知识分子和新的社会阶层人士工作】 加强知联会组织建设，深入基层调研20余次，物色考察人选近百人，完成市知联会换届工作。组织新的社会阶层人士开展考察调研，举办“V观长春——城市印象”议政调研等活动。建成新的社会阶层人士实践创新基地23个，实现县（市）区全覆盖。长春市“金融荟”“正成·方舟”等7个基地被评为省级实践创新基地。

【服务民营经济】 举办法律大讲堂，组织导师帮带、企业私董会、企业互访等活动30余次。开展民营企业专项调研，召开企业家座谈会3次。聚焦“四大板块”布局推动商会组织建设，成立市汽车零部件制造业商会、中韩国际合作商会。指导成立净月开发区工商联，实现工商联组织在开发区的全覆盖。

7月17日，市委统战部组织举办“消费扶贫·助农大集” （胡嘉惠 提供）

【侨务与港澳台统战工作】 统筹涉侨部门做好海外统战工作。联系港澳及海外代表人士，定期走访、听取代表人士的意见建议。成立由市委主要领导任组长的全市对台工作领导小组。召开在长台资企业发展座谈会，会同有关部门拟定长春市惠台措施办法，推动长台交流与合作。

【党外代表人士队伍建设】 到高校、国企、科研院所挖掘优秀党外人才，细化人才类别10个，掌握领军人物近百名，选树杰出人才千余名，联系优秀党外人士万余名。下发《2020—2021年全市统战系统教育培训工作要点》，创办“长商云大学”，定期推送“共识云课堂”，2020年线上线下培训3000余人。

（胡嘉惠）

市直机关党建

【思想政治建设】 制定下发《关于2020年市直机关党员干部理论学习安排的通知》，指导开展理论学习中心组学习890余次，领导干部讲党课130余人次。举办“习近平总书记考察吉林重要讲话重要指示精神”专题辅导班、党务干部和纪检干部培训班，对千余名党员干部进行教育培训，增强“四个意识”，坚定“四个自信”，做到“两个维护”。强化“抓好党建是最大政绩”的理念，组织市直机关党组（党委）书记进行述职述责述廉，推动76个部门“一把手”担任机关党组织书记，有效强化党建“第一责任人”职责。发挥党建指导员作用，常态督导落实“三会一课”、民主生活会、民主评议党员、领导干部参加双重组织生活等党内生活制度。深化“不忘初心、牢记使命”主题教育成果，在“七一”前开展“五个一”系列活动，征集“向党说说心里话”优秀作品。依托“每周阅读”“月读讲堂”和学习强国、新时代e支部，建立常态长效学习机制，组织6期理论知识网络竞答，受教育人数2.33万人次。

【服务全市中心任务】 围绕统筹推进疫情防控和经济社会发展，组织开展“三比四看五带头”“下社区、上一线”“五个一”等系列活动，带领81个部门组建党员突击队167个，下沉社区1.16万人次，开展志愿服务1845次，对接企业9945次，解决实际问题9901个。动员2.12万名机关干部为抗击疫情捐款700余万元。下拨专项党费52万元、工会经费200万元用于各部门防疫工作，为参加防疫的基层党组织和党员干部购置220余万元防护用品。完善《2020年机关党建考核细则》，将疫情防控工作纳入党建考核重要内容，推动疫情防控和党建工作在市直机关全面落地见效。按照市委“大培训、大对接、大招商”统一部署，会同市委组织部集中开展“大培训”，弥补党员干部能力短板，增强履职本领。深化“我为长春发展献一计”活动，跟踪回访整改落实情况，督导形成152项措施。先后2次将2019年度“万人评议机关”活动中梳理的693条意见建议，反馈给43个相关部门，督促制定整改措施，确保整改工作落地见效。与4家单位联合开展“心系贫困户、携手抗疫情”活动，为贫困家庭捐赠防疫物资。协同市扶贫办举办“助力扶贫·与爱同行”主题有奖竞答活动，为获奖者发放扶贫产品代金券。开展党组织和党员“双报到”活动，推动机关党组织和街道社区结成“一对一”党建共建联系点，联合开展扶贫帮困、基层治理、志愿服务、党建联建等活动。组织3万余人次深入80余个街道社区，开展“爱国卫生运动进街道活动日”专项行动。组织10334人次到街道社区开展清障清雪活动，缓解社区工作压力。制定《在全市机关开展优化营商环境典型事例评选活动的方案》，通过征集，筛选出12个典型事例在《经济日报》《长春日报》及网络等媒体上宣传推广。

【基层党建】 组织开展“学条例、抓落实、促提升”活动，各部门学习交流1800余次，梳理问题274条，全部明确整改措施和时限。会同市委组织部对生态环境局、规划和自然资源局、市场监管局县（市）区下属分局党组织隶属关系进行理顺。指导20个直属党组织按时完成换届。推动77个市直部门一把手率先在基层组织中建立支部联系点，3个支部被推荐为“跃升示范党支部”，7个党支部被评为“跃升党支部”。开展“市直机关基层党支部星级达标创建”活动，采取分组轮检的方式进行验收挂星，推动抓两头带中间，把党支部标准化规范化建设引向深入。严把机关党务干部“入口关”，考察任用20名机关党组织专职副书记，10名机关纪委书记，新增党务工作人员23人。工委班子成员分别与81个部门机关专（兼）职副书记、纪委书记谈心谈话，推动履职尽责。认定党籍89人，转接组织关系1.2万余人次。严格党员发展程序，推行“一推一评一纪实”工作，发展党员480名。申报国家级、市级等党建研究课题9个，研究成果在全国党建研究会、全市课题调研中获奖。研究确定市直机关党建研究课题26个。开展机关党建创新优秀案例征集评选活动，61个单位报送118个创新案例，评选优秀案例105个。

【机关作风建设】通过开展领导干部任职前廉政谈话和机关专职纪委书记述职述责，推动机关纪委履职尽责、善作善成。通报10余起违纪违法案例，组织观看《镜鉴》等警示教育片，发放1900本《忏悔录》，敲响拒腐防变警钟。坚持刀刃向内，紧盯重要节点，组织81个单位深入开展作风自查和廉政风险排查，严防“四风”反弹。提升案件审查质量，下发《市直机关案件审查调查工作流程（试行）》《关于进一步规范市直机关自办案件信息报送的通知》，向市纪委报备案件128件，审结案件11件。推广“机关作风直通车”诉求反馈平台，畅通作风效能问题解决途径。组织百余名机关作风效能义务监督员，深入市直机关81个单位及所属56个基层单位，对机关纪律作风进行专项检查，提振党员干部精神状态。

【文明机关建设】 市直机关3个部门

被评为全国文明单位。45名干部职工获全国劳动模范、“长春好人”“最美家庭”等国家、省、市级称号。评选表彰市直机关工会工作先进集体30个，优秀工会干部和积极分子245个。为279名困难党员群众，发放慰问金63.4万元。指导成立基层工会28个，为200余个机关基层工会1.7万名干部职工核定工会经费，回拨专项工会经费38.4万余元。开展职工互助保险计划，推行线上办理一卡一险，9000余人参保，拨付补助资金64.78万元。为17名新增退休劳模及同等待遇人员建档入库、发放荣誉津贴。组织开展“三球联赛”，2100名运动员参赛。举办写春联、猜灯谜、端午中秋线上抢答、书画摄影展、手机摄影培训、“发现长春之美”抖音挑战赛等文体活动，2万余名职工参与其中。发放1.5万张净月潭门票和6500张滑雪票，鼓励干部职工走进自然，强健体魄。举行“绿化长春、大美春城”义务植树活动，市领导带头参加，3000余名干部职工踊跃参与。

（韩佳君）

政策研究

【重点课题研究】 2020年，市委市政府政研室（改革办）参与完成全市性重大政策制定5篇；参与出台市级文件5件、全市性重大会议文件3件；完成重点课题34篇，文字总量40余万字。

提出具有操作性的对策建议。主要有《中共长春市委十三届九次全会报告》《中共长春市委关于认真贯彻习近平总书记考察吉林重要讲话重要指示精神，加快现代化都市圈建设，体现新担当实现新突破展现新作为的决定》《中共长春市委关于深化产业融合推动城乡融合争当农业农村现代化建设排头兵的意见》《中共长春市委关于制定国民经济和社会发展第十四个五年规划和二〇三五年远景目标的建议》以及《张志军市长在市委十三届十次全会上对于规划建议的说明》《关于应对疫情同时需要关注经济发展的相关信息》《抗击疫情，北京、上海、山东、广东、江西都在这么做》《全球疫情已度过高峰进入受控阶段》《对长春经济增长放缓原因的再分析》《关于制定我市国民经济和社会发展第十四个五年规划的建议》《“十四五”规划需要关注的若干变化》《长春高质量发展“四大板块”总体方案》《关于对“四大板块”产业布局总体方案的修改建议》《关于以推进国家城乡融合发展试验区为核心深化农村体制机制改革全面加快长春城乡一体化进程的调研报告》《践行新时代“枫桥经验”的长春探索——我市开展“三长”联动工作情况的调研报告》《完善“三长”联动机制需要把握的几个问题》《关于打通我市融入“双循环”新发展格局断点堵点的思考与建议》《关于促进我市消费回补和潜力释放的几点建议》《发展“宅经济”为长春振兴发展注入新动能》《关于在逆势中增加市场主体，助力经济平稳增长的研究建议》《“十四五”期间建设长春现代化都市圈研究》《关于加快我市物流业与制造业融合发展的一些思考》《关于大力推动我市光电产业园区发展的建议》《关于加大（新型）基建投资促进经济发展的建议》《关于进一步挖潜建筑业产值和税收的研究建议》《赢得农民才能实现乡村振兴——关于如何把我市农民组织起来投入到乡村振兴战略中的思考》《关于“十四五”时期深化我市农村土地制度改革的研究建议》《关于推广长春新区经验做法进一步优化全市营商环境的研究建议》《关于长春市营商环境的调研报告》《坚持党建引领全面脱贫攻坚助力乡村振兴——榆树市康甲村党建联系点调研报告》《关于提高机关党员干部理论学习的针对性和实效性的调研报告》《顺应自贸区建设持续加码新形势打造东北开放新高地提升长春开放新水平——关于推动长春自贸区建设的思考与建议》《长春市重大突发公共事件应急管理体系建设研究》。代省委省政府起草《关于推进中韩（长春）国际合作示范区建设的实施意见》；与市委办公厅联合起草《市委十三届十次全会报告》；与市发改委联合起草《市委经济工作会议报告》；与市发改委联合起草《中共长春市委长春市人民政府关于支持长春国际汽车城发展的意见》；与中韩示范区合作起草《中共长春市委长春市人民政府关于支持中韩（长春）国际合作示范区建设的若干意见》。

【全面深化改革】 贯彻中央和省、市委各项决策部署，在重要领域和关键环节改革上产生了一批新的实践成果，省级以上经验交流的改革达70余项。其中“高新区打造‘管委会+公司+园区’发展新模式”改革入选中国改革（2020）典型案例，政研室（改革办）获评“2020年地方改革部门通联工作先进单位”“中国改革年鉴组织工作先进单位”。起草《长春“十四五”时期全面深化改革规划》，制定《中共长春市委全面深化改革委员会2020年工作要点》《2020年长春市全面深化改革任务台账》，确定年度改革任务92项，组织召开市委全面深化改革委员会会议4次，审议通过《长春高质量发展产业布局“四大板块”总体方案》《长春市推进国家城乡融合发展试验区建设实施方案》和《关于推进长春高新技术产业开发区体制机制改革创新的实施方案》等29个专项改革文件。中改办《改革情况交流》40期《今年以来各地区全面深化改革工作综述》摘要刊登长春市创新招商引资方式和推进中韩（长春）国际合作示范区建设的做法。《中国改革报》刊登长春市围绕建设长春现代化都市圈的战略目标，推动全面深化改革迈向集成高效新阶段的工作综述。在推广高新区体制机制改革中形成《高新区“管委会+公司+园区”发展新模式》一文，获评中国改革（2020）典型案例；总结九台“三块地”改革，形成《九台区农村“三块地”改革经验的研究建议》；对长春日报社深化报业体制机制改革进行调研，形成《关于长春日报社推进事企分开深化报业体制机制改革的有关情况报告》等具有示范意义和推广价值的经验。对28个市直部门、16个县（市）区、开发区相关部门，开展半年全面督察和年度全面改革督察2次，涉及50项改革任务，形成《半年全面督察报告》《年度督察工作总结》报市领导；对年度改革任务台账中涉及38个部门改革任务推进完成情况开展月调度8次；注重发挥“三方评估”作用，对长春市农村人居环境整治集成改革和科技体制改革进行市本级改革第三方评估，配合吉林大学评估组做好《吉林省技术转移体系建设方案》落实情况评估工作。市委深改委会议审议通过《关于进一步深化改革优化营商环境的若干措施》《长春市人民政府重大行政决策程序实施办法》《关于支持检察机关加强和规范检察建议工作推动法治长春建设的意见》《关于进一步推进殡葬改革促进殡葬事业发展的实施意见》《长春市残疾人联合会改革方案（审议稿）》和《长春市红十字会改革方案》等系列专项改革文件。全年刊发《政研与改革》改革信息57期，其中《长春市大力推进“租购并举”住房制度改革》《长春市公安机关以“三个融入”“三个坚持”筑牢党组织战“疫”堡垒》《长春汽开区走出服务一汽集团发展新路子》和《吉林长春社区干部学院开辟社区工作者专业化培训新路》等26篇改革信息在《吉林改革工作》刊发。

【专题调研成果】 开展全市解放思想“三大活动”专题调研成果暨2019年度优秀调研成果评选。通过组织评选，192篇优秀调研成果、32个调查研究工作优秀组织单位和33名先进个人受到表彰。对接国家有关部委、省委政研室等相关部门、市委决策咨询委员会委员撰写《市政研室做实“大对接”凝心聚力服务大发展》，在市《“大培训、大对接、大招商”解放思想三大活动简报》专题刊发。

（李宇乔）

网络安全管理

【概况】 2020年12月10日，经市委编办批准，长春市互联网信息中心更名为长春市网络安全应急指挥保障中心。

【网络意识形态管理】 把学习宣传贯彻习近平新时代中国特色社会主义思想放在首要位置，调动属地网络媒体和政务新媒体宣传矩阵，展示习近平考察吉林特别是考察长春的场景，推动习近平重要讲话重要指示精神落地生根。强化政治引领，坚持党管意识形态、党管互联网，全年召开市委网信委工作会议1次，市领导对网络舆情、网络安全方面作出重要批示26次。强化意识形态工作责任链条，将网络意识形态工作责任制和网络安全工作责任制纳入年度绩效考核，对市直各部门，各县（市）区、开发区网络意识形态和网络安全工作责任制落实情况开展市直各部门联合督查，强化各级党委（党组）对网络意识形态工作的政治责任、领导责任。

【网络宣传活动】 突出重大主题议题设置，适应网络传播规律，推出碎片化分众化形式，唱响主旋律，激昂正能量。设计和推出“全媒体新故事长春计划”11大主题宣传活动，组织一系列粘泥土、带露珠、冒热气的新闻稿件，以小切口呈现大主题，通过讲故事的办法提升宣传效果，为改革发展大局助力服务。运用微博微信、视频图文、动图漫画等形式，宣传长春经济社会发展和民生建设成果，特别是“四项重点工作”“四大板块建设”等重点工作，发布稿件信息1.75万条。组织中省直媒体深入抗疫一线，挖掘基层典型人物和暖心故事。制作《长春，我们等你》等219条短视频，全网播放量过亿次。召开网络媒体通报会、网络媒体负责人座谈会，推介长春市“六保”“六稳”相关措施和成果。开展“最美人间四月天”网上主题宣传活动，打造“网红钢琴”，助推文旅经济复苏。推动长春入驻“中国好故事”数据库，组织“知名网络达人长春行”活动，展示长春振兴发展的新气象、新变化、新成就。

【网上舆情引导】 制定《重大舆情应急响应办法》，对网络舆情进行分级分类引导处置。整合各类监测平台资源，24小时在线巡查，对网络舆情和突发事件做到实时监测、集中研判、定期通报。全年监测各类涉长舆情信息44万余条，编发《涉长网情专报》95期。疫情期间指导责任单位及时回应、正面发声，通过“长春发布”权威辟谣，处置各类舆情419条。应对“台风”“冻雨”等极端天气，及时预警、连夜发声、滚动播报，保持网上舆情态势平稳。

【网络专项治理】 开展对商业网站、网络平台、自媒体的“五个专项治理”工作，组织长春市自媒体“大V”（指在微博平台上获得实名认证，拥有众多“粉丝”的微博用户）进行集体谈话，整治网络乱象，净化网络生态。建设多功能网络监督举报平台，做好“扫黑除恶”“扫黄打非”和“乱象整治”等方面涉网工作，约谈属地内微信公众号、新闻App、自媒体“大V”40余次，清理查删各类网络谣言和有害信息1000余条。

【网络安全监测防护】 以信息化为支撑统筹推进经济高质量发展，建立网络安全监测、信息通报和应急处置机制，确保关键信息基础设施安全。规范移动互联网应用程序整治指尖上的形式主义，对全市业务系统、平台和网站进行全时动态监测，扫描全市重点网站1万次以上，修复网络安全漏洞68个，处置网络安全风险事件32起。疫情期间组织网络安全专家对口罩预约、网络挂号等10余个医疗平台进行专项排查，对防疫扫码App进行登记备案，确保公民个人信息安全。建立网络安全技术支撑单位库，组建网络安全和信息化专家库，开展常态化网络安全检查、维护和技术服务。加强网络安全宣传普及，组织万人网上有奖答题，网信教育、公安等部门联合推进“网络安全主题日”，发放宣传资料23万份，发布原创音视频及图片750余个，提升全社会网络安全意识和防护技能。组织召开网络安全

9月14日，2020长春市网络安全宣传周启动　(刘一泽　提供)

“十四五”规划编制工作座谈会，为全市网络安全“十四五”规划奠定基础。摸清全市公务活动中移动互联网应用程序底数，清理、整合、规范移动互联网应用程序的推广和使用，建立长效动态管理机制，坚决防止和克服“指尖上的形式主义”问题。

【互联网行业管理】　团结引导网络群体，营造风清气正的网络空间，让互联网“最大变量”变成振兴发展的“最大增量”。建全行业党建指导中心服务功能，推行派驻党支部，建立党建网格员制度，指导7家互联网企业成立党组织。二道区互联网业协会入选《全国网络社会组织党建案例》，获得部长石玉钢批示。新增18家县区互联网行业协会和企业加入长春市互联网业联合会。成立联合会工会，加强互联网行业职工权益保障。疫情期间组织6批次人员赴共建社区和帮扶企业走访慰问，捐款捐物3万余元，为4家互联网企业协调解决生产经营方面的困难。开展正能量网络“大V”工程，增进政治认同，实现正面发声。丰富网络文化内涵，发起“长春十二时辰”5G网络直播活动，开展“网络中国节”系列活动，组织137家企业参与“云逛街”线上销售活动。主办2020年第五届长春市网友节，开展“十佳网络奋斗者评选”。

（刘一泽）

机构编制

【党政机构改革】　坚持以改革方案为依据，了解涉改部门单位“三定”规定落实情况和改革后履职情况，调整完善市科技局、市规划和自然资源局等部门内部机构设置；配合完成市人大、市政协机构改革以及纪检监察领域改革有关工作，为加强和改进长春市人大及政协工作、实现纪检监察全覆盖提供保障；督促县（市）区编办研究成立政协办公室综合保障机构，破解“两个薄弱”问题。政府机构职能体系。推进政府职能转变、盐务行政管理、航线开发、铁路项目建设及防汛抗旱物资管理等各项职能的承担部门，解决市城管局与市生态环境局、市规划和自然资源局有关执法权分工方面的争议问题，专题研究政府信息公开等相关职责调整事宜，厘清职责边界，推动改革后机构职能体系运行顺畅。

【乡镇（街道）改革】　落实中央和省委、市委相关部署，完成乡镇（街道）改革任务。重新制订印发213个乡镇（街道）的“三定”规定，将县（市）区职能部门设在乡镇（街道）的1111个事业站所下放属地管理，为乡镇（街道）增加及下沉行政事业编制8632名。健全完善基层治理体制机制，构建以党建引领为核心的“4+1”基层治理模式，加强基层党的建设，组织架构精干高效，完善治理体制机制，提升服务能力。

【事业单位改革】　推动长春出版社、兴隆山镇自来水管理所转企改制，在全省率先完成生产经营类事业单位改革任务。开展市直及开发区事业单位主要职责梳理工作，清理剥离生产经营职能，强化事业单位公益属性，完善服务保障功能。公益类事业单位改革。跟进掌握国家和省改革动态，收集研究试点地区做法，调研掌握长春市事业单位职能运行、编制底数及人员配备等情况，调整优化机构整合方案，为公益类事业单位改革实施做好准备。

【综合行政执法改革】　统筹配置行政处罚职能和执法资源，整合分散设置的执法队伍，组建市场监管、生态环境保护、文化市场、交通运输、农业等5个领域综合行政执法机构，调剂增加全额拨款事业编制330名，加强基层执法队伍建设，提高执法效率和监管水平，推动一线执法队伍履职能力提升，做法被中央编办及多地编办网站刊发。

【保障全市重点工作】　加强党的全面领导，落实市委关于加强市属高校党建工作和市属高校配备专职纪委书记的要求，向省编办争取为长春市6所市属高校增核12名副职领导职数，加强市属高校党建、纪检领导力量。成立市民办学校党建工作促进中心，加强对民办学校、幼儿园和教育类培训机构党建工作指导。建设国际化开放平台和体制机制创新平台，保障中韩（长春）国际合作示范区、长春高新技术产业开发区、国际汽车城等重大平台的机构编制需求，研究协调，使中韩合作示范区管理机构快速获批，跟进设立市规划和自然资源、房管局、医疗保障局等部门的示范区分局和市场监管、生态环境保护等领域综合执法机构，成立示范区政务服务中心和发展研究中心，为示范区加快发展提供保障。为新区、汽开区新设街道调整配备了机构编制，为经开区、净月开发区、汽开区设置了安全生产监管机构。助力高新技术产业开发区重新调整优化机构和职能，推动转型发展。公主岭市变更代管关系，专题研究公主岭市域内省级开发区管理机构划转，以及调整理顺公主岭市生态环境局和生态环保执法、监测机构管理体制相关事宜；完成公主岭市变更代管关系涉及的四平农科院、煤田地质勘探队和农业工程学校3家单位整建制划转和住房公积金管理业务及机构编制划归长春市管理调整工作，为推动改革创新发展提供支持。

【补齐事业发展短板】 补齐疫情应对中暴露的短板，采取加挂牌子、整合重组等方式，破解开发区、农村社区等基层一线疾病防控机构基础薄弱问题，建立健全疾病预防体系；为市物资储备中心增加10名事业编制，加强应急物资保障能力。补齐“平安长春”建设短板，全面了解长春市轨道交通安保力量配置情况，比较借鉴全国32个开通地铁城市公安机构设置模式和编制配置规模，提出调整设置公安局轨道交通安保机构的意见，协调省委编办同意为长春市增加100名政法专项编制，为长春市轨道交通长远、快速发展提供警力安保支撑；调整优化市司法局有关机构设置和职能配置，为构建科学高效的机构职能体系夯实基础。补齐项目推进、营商环境和保障改善民生方面短板，为市发改委全市项目中心增加机构编制，加强全市重大项目的统筹落实力量；成立市专利信息服务中心和市知识产权维权援助中心，促进营商环境的优化；设立市交通管理委员会，在市建委增设综合交通协调处，提升全市交通发展的统筹能力；成立市生态环境监控中心，加强长春市环境监测工作；批准成立市第二社会福利院，完善长春市公办养老服务机构设置；向省委编办争取为市直中小学校、幼儿园增核教职工编制2922名，解决困扰开发区多年的中小学校严重缺编的历史难题，为促进开发区和教育事业发展提供支持；研究提出普通中小学领导职数核定和内部机构设置的意见、小区配套幼儿园治理涉及的公办幼儿园机构设置和编制配备的意见，将长春艺术学校整合划入长春职业技术学院，成立净月区育泽学校，优化教育资源布局。全年调剂使用各类编制2565名。

【服务全市人才战略】 发挥编制资源在招聘、吸引、留住人才和优化人才队伍结构方面的促进作用，研究制定《长春市市直人才专项事业编制管理办法（试行）》，设立市级“人才专项编制池”，开通高层次人才用编绿色通道。加大向教育、医疗领域的编制倾斜力度，落实学校和基层医疗机构用人招聘自主权，完成47家事业单位311名“强师”“强医”计划审核及人员落编。贯彻国家、省市对支援湖北医护人员关心关爱政策，为市直医疗机构提供60名空余事业编制用于定向招聘编外支援湖北医务人员。落实“稳就业”要求，拓展机关事业单位招录用编空间，提供1402名事业编制用于公开招聘工作人员，制订公务员及专业技术选调生招考、遴选、安置军转干部等用编计划535名，预留30名事业编制保障日喀则市户籍高校毕业生到长春就业，办理人员落编手续1772人次。

【业务管理】 调查研究。坚持调查研究之风，“走出去”“走下去”，采取多种方式，调研学习南京、杭州等发达地区改革管理经验。加强基层卫生防控能力建设、落实防灾减灾等工作，办领导带队深入应急、建委及科技等30余个市直部门及部分城区开展调研座谈，形成相关调研报告或措施性文件，为市委市政府决策提供有力参考。坚持开展年度领题课题调研，市编办被评为全市调查研究工作优秀组织单位，关于国家级新区管理体制改革、事业单位改革和街道管理体制改革的3个研究课题获年度全市优秀调研成果一、二、三等奖。

优化管理。学习宣传贯彻《中国共产党机构编制工作条例》，将《条例》纳入市委党校教学内容；严控机构编制总量，严格执行机构限额、领导职数、编制种类等规定。探索“互联网+机构编制管理”的实现模式，加大网上审核、不见面审核力度。机构编制实名制管理，加强和改进机构编制统计。强化事业单位登记管理和机关群团赋码工作，推行标准化管理服务，实现服务对象“只跑一次”；完成587家事业单位法人年度报告公示审查，办理事业单位法人登记491家；开展登记和赋码信息数据清理，抓登记监管不衔接、抽查结果运用不到位等问题整治。

督办落实。贯彻全市督查工作要求，严格执行《市委编办督查督办工作制度》。全年接收承办书记、市长签批交办事项26件，其他市领导签批交办事项40件，市委督查室、市政府督查室督查督办事项10件，全部做到按要求研究办理、及时汇报反馈。

【“万人助万企”行动】 开展集中服务、亲商助企等行动，了解企业困难，坚持送政策、送服务上门。利用惠企政策，协调相关部门，组织企业参加法治沙龙、技能培训等活动10余次，帮助企业获得低息贷款200余万元，解决企业复工复产缺少技术支持、办公场地及运营资金等8个重点难题。包保的23户企业反馈问题的办结率及对助企工作的满意度均100%。

（于　灏）

信　访

【化解信访问题】 5月21日，市委书记王凯接待圣海翠湖园小区群众代表，研究朝阳区圣海翠湖园未交房信访问题；10月27日，市委书记王凯研究调度汽开区兴顺东区回迁住宅小区房屋质量问题；11月9日，市委书记王凯到市信访局调研接待经开区兴隆山镇和绿园区朝鲜屯回迁2件信访问题的群众代表。5月13日，10月22日，市长张志军2次到

5月11日，市信访局接待群众代表 （王毅夫 提供）

市信访局调研指导信访工作。

开展领导接访下访工作。年初以来，各级领导干部接待处理信访案件897件，化解535件。全国“两会”期间，开展第一轮市级领导大接访工作，5月12日至6月1日，有18位市级领导接待处理信访问题30件，解决17件，13件形成化解路径。党的十九届五中全会期间，开展第二轮领导干部大接访工作，安排18位市级党政领导、162位县（市）区级领导参与接访，10月19日至11月2日，市级领导接待处理信访问题19件，解决4件，15件化解中。

党政主要领导“一接一处”。全年有26个地区和部门，39位主要领导接访处理198件重点案件，化解144件。梳理出的69件重点案件，向15位市级领导进行交办。其中，市主要领导包保4件，其他市级领导包保65件，化解38件。各级领导干部包保案件915件，化解580件。集中治理重复信访和化解信访积案专项工作启动后，将上级交办案件安排各级领导包案解决。其中，3件由市主要领导包保，28件由市级领导包保，1885件由属地及部门领导包保。

【信访维稳】 全国“两会”召开前，召开市委常委会和全市信访联席会议对“两会”期间信访维稳工作进行部署。市信访联席办制定并印发《全国“两会”期间信访维稳工作方案》《全国“两会”期间驻京信访保障工作实施方案》和《全国“两会”期间信访维稳应急处置预案》等文件，部署信访维稳服务保障措施。全国“两会”期间，坚持24小时值班值守；实行“零报告”制度，保持信息渠道畅通；强化京地联动，清理劝返力度；落实领导值班接待制度，化解突出信访问题，确保全国“两会”期间的安全稳定，完成“五个不发生”“四个到位”工作目标。

做好“一会一巡视”期间维稳工作。党的十九届五中全会召开和中央巡视前，长春市召开市委常委会和全市信访会，对“一会一巡视”期间信访维稳工作做出安排部署。制定下发《长春市关于中央第八巡视组巡视吉林省期间信访工作应急预案》《关于“一会一巡”期间非法集资利益受损群体信访维稳工作预案》，要求各地各部门同步制定本级本部门应急预案。

【信访责任制落实】 实行“即接即办”制度。贯彻落实省信访联席办《关于基层信访事项即接即办暂行办法》，实行市级信访部门“二分之一人员办访”、县（市）区信访部门“全员办访”工作机制和局领导每周一次接访处访制度，改进办理流程，落实首接首办责任，压缩办理周期，实现简单问题当日事当日办，复杂问题一周内出意见的工作目标，解决群众反映的合理合法诉求，提升信访事项的受理办理质量，推进“即接即办”工作取得成效。

根据省信访联席办相关工作要求，研究制定《2020年进京访来省重复访“两个专项攻坚”工作方案》，在全市开展积案攻坚化解工作，将国家、省集中交办长春市的信访积案，自行梳理65件。

排查梳理2020年以来长春市重复信访事项，下发《关于全面加强重复信访治理工作的通知》《关于做好第一批重复信访治理工作的通知》，交办《长春市1月至6月2次以上重复信访事项》《第一批重复信访事项清单》。长春市重复信访率从82%降至70%。

中央第八巡视组在吉林省巡视期间，向吉林省移交10741件，其中移交长春市4217件。市信访局第一时间将转交件进行集中梳理后，向事涉属地及部门进行交办，要求各地各部门逐一登记造册、建档立卷，全部纳入领导包保范围，落实领导包保责任，逐案明确包案领导、责任单位和化解方案，按标准和要求完成办结工作，完成化解工作任务，达到省局提出的“件件有回音、事事有着落”工作要求。

（王毅夫）

老干部工作

【概况】 截至2020年12月31日，长春市有离休干部1928人。其中，抗战时期72人，解放战争时期1856人；享受省级单项待遇有1人，享受厅级待遇有77人，县（处）级待遇有1120人，科级以下有730人。分布在机关396人，事业单位723人，企业809人，平均年龄91岁。

【政治待遇】 把学习贯彻习近平新时代中国特色社会主义思想和党的十九届五中全会精神作为老干部工作的重要政治任务，抓好老干部政治学习和理论武装。发放《离退休干部党支部学习参考》《战疫有我》等资料2200册，举办线上理论培训12期，观看“全国离退休干部线上专题报告会”3场，征集“向党说说心里话”征文1335篇。举办一期离退休干部理论骨干培训班，集中学习习近平总书记考察吉林重要讲话重要指示精神，采取专题学习讨论、参观“三农”建设成果、开展理论宣讲等方式，组织老干部把握讲话精神实质、领会核心要义。举办全市离退休干部经济形势通报会，市委常委、常务副市长王路通报2019年经济社会发展情况及2020年工作安排，向老干部介绍长春“四大板块”有关情况，通报“六稳六保”工作进展。全市举办经济形势通报会71次、传达文件409次、参观考察136次。

按照“三个有利于”原则，围绕社区离退休干部党支部组建率80%的目标，分批次召开县（市）区推进会，局领导带队到4个开发区进行调研指导，全市社区离退休干部党支部344个，推动在老年大学、老干部各活动协会组织中建立临时党组织370个。全市建立离退休干部党组织1306个，构建“一方隶属，多方管理”的老干部党建工作新格局。举办离退休干部党支部规范化建设专题辅导，制定出台《市直离退休干部党组织书记考核办法（试行）》，指导全市离退休干部党支部结合实际落实离退休干部党的组织生活、政治学习、报告工作、联系党员等各项制度，提升离退休干部党支部组织力。开展离退休干部党支部组织生活微视频展播活动，征集展播微党课、特色主题党日、老党员政治生日感言等微视频36条。印发《征集展播离退休干部“特色支部”优秀案例工作方案》，明确“特色支部”类型及标准，挖掘推广“特色支部”开展学习、活动和组织生活的举措、做法和经验，打造市政府办公厅老干部三支部等学习型党支部31个，市人大老干部党总支等活动型党支部25个，朝阳区永昌街道牡丹园社区老干部党支部等发挥作用型党支部55个。

【老干部党建服务保障】 注重从经费、阵地、队伍3个方面加强保障，推动离退休干部党建工作高质量发展。健全完善经费保障。各县（市）区普遍建立离退休干部党组织书记定期考核机制、离退休干部党组织工作经费保障机制，落实党费按70%比例返还政策，明晰离退休干部临时党支部工作经费渠道，全市发放离退休干部党组织书记补贴362.41万元，保障组织活动开展。扩大党建活动阵地覆盖。投入10余万元建设800平方米的长春市离退休干部党建指导服务中心，设置3个共享式党建活动室，搭建起集政治引领、组织凝聚、服务保障、文化养老、作用发挥五大功能于一体的标准化共享式党建活动基地，政府办、妇联等20个市直部门党支部在党建中心开展活动。朝阳区、双阳区、榆树市、农安县等7个县（市）区成立党建活动中心，补齐基层离退休干部党建活动阵地需求短板。依托社区“1+N”阵地体系，推进建立共享式党建活动室181个，开展组织活动1200余次，促进党组织活动常态化、制度化、规范化，有效发挥了党建阵地的效应作用。

【老干部医疗保障】 保持离休干部定点医院“绿色通道”畅通运行，老干部优先挂号、优先门诊、优先缴费、优先拿药、优先住院，为老干部就医营造良好环境。协调市医院、社区医院为行动不便老干部开展巡诊91次，南关区增加8名专家教授专门负责老干部医疗，二道区、农安县为离休干部签约“一对一家庭医生”，健全离休干部医疗保健工作体系，提高离休干部医疗保障和服务水平。

元旦春节期间，印发通知对走访慰问老干部活动做出部署安排。举办全市离退休干部春节团拜会。落实领导干部联系老干部“四必访四到位”、包保服务等制度，市级和县局级在职领导带头与老干部“结对认亲”，定期走访慰问。疫情期间，对离休干部普遍走访，发放口罩、84清毒液、酒精等暖心“防疫包”1100余份，开展“代购代办”精准服务，满足微心愿203个。为老干部解决困难和问题。市老干部管理中心为14名老干部更换护理床，添置冰箱、洗衣机、除湿机等生活用品，改善生活条件，提高老干部生活质量，3位老干部脱贫。老干部健康休养。8月份，组织1批市级老干部和2批局级老干部赴抚松健康休养。组织老干部开展“学讲话、做奉献”主题党日活动。

【老干部学习活动】 抓住实施《老年教育发展规划（2016—2020年）》《关于推进养老服务发展的意见》的时机，各级老干部工作部门新增改建学习活动场所6800平方米。各级老年大学和老干部活动中心围绕纪念抗战胜利75周年、抗美援朝70周年等，组织老干部艺术团、老年书画研究会等创作作品歌颂伟大祖国的发展变化。

全市有老干部志愿服务团队249支，开展护航夜经济、清扫卫生、普及消费知识、与贫困儿童结对帮扶等各类志愿服务活动1887次。3月，市委作出在全市社区建立“三长”联动机制的决策部署后，号召广大离退休干部主动融入社区，认领“三长一者”岗位，3.7万名老干部响应。其中，90名老干部担任社区网格长，7433名老干部担任楼栋长、16027名老干部担任单元长，14310名老干部担任志愿者。

开展“致敬老前辈”活动，“9·3”前夕走访慰问79名抗战离休干部，发放慰问金25.2万元。联合市退役军人事务局、《长春日报》共同开展“我和我的祖国”——长春抗战离休干部事迹展播活动，组织采访9名抗战离休干部，《长春日报》、“掌上长春”微信公众平台、繁荣商圈户外屏幕刊登播出老干部的访谈报道和短视频。

开展“华发不忘使命、助力脱贫攻坚”活动。党建助力脱贫攻坚。组织3名优秀退休干部（公主岭市曹发、榆树市王磊贤、莲花山区崔凤祥）任村党支部书记，指导村党支部抓好班子建设、队伍建设和制度建设。产业助力脱贫攻坚。组织50余名市级老领导到农博园、绿园区新农村参观考察4次，组织300余名局级以上老干部参观考察省、市乡村振兴现场会玉潭镇友好村、莲花山度假区等精品示范点，结合活动开展

5月13日，纪念抗战胜利75周年采访抗战离休老干部　（王媛媛　提供）

“我看脱贫攻坚新成就”专题调研，发放调查问卷1100余份，组织老干部为长春市“三农”建设成果点赞助力、建言献策。科技助力脱贫攻坚。组织有专业特长的离退休干部开展“送科技”下乡167次，进行技术指导、人才培训。九农安县科技帮扶老干部志愿服务队举办培训班5期，培养出40多个新型科技致富职业农民。教育助力脱贫攻坚。组织老干部开展“送关爱”下乡活动26次，农安县联系爱心企业出资20万元资助5名品学兼优的贫困学生圆梦大学，二道区联系爱心企业开展“代理妈妈”活动，结对帮助13名贫困儿童。

开展“不忘初心使命、助力乡村振兴”活动，组织300余名副局级以上离退休干部参观考察净月友好村、莲花山度假区和天定山旅游度假小镇。老干部书画协会组织网络书画展2次，展出诗、书、画作品64幅；老干部摄影俱乐部以“抗击疫情，摄影俱乐部在行动”为主题，组织开展网络摄影展，“庆七一、展风采”老干部摄影作品展。利用“美篇App”发表作品11组，分多个系列展出作品600余幅。组织老干部乒乓球协会、台球协会赴长春双阳区神鹿峰国家旅游度假区参观，开展“寻找足迹重走长征路，忆苦思甜长征故事代代传”红色研学活动。

【老干部政治生活待遇落实】　以互联网+党建+管理+服务工作模式，落实老干部政治生活待遇。征订《求是》等19种党刊党报，向老干部发放《夕阳红》《老同志之友》。组织88名老干部参加全市离退休干部新春团拜暨经济形势通报会。采取网络视频会议的方式召开2020年工作会议，表彰158名2019年度先进离退休干部，近100名老干部参加会议。开展庆祝中国共产党成立99周年党史知识网络问答、老干部党支部“网上”学习等，召开“追忆峥嵘岁月，坚守党员初心”主题座谈会，纪念中国人民解放军建军93周年暨中国人民抗日战争胜利75周年、中国人民志愿军抗美援朝出国作战70周年。元旦春节期间，探望住院老干部120余人，看望在养老院的老干部21人，为10名特殊困难老干部购买节日慰问品。开展为老干部送生日祝福活动，发放生日蛋糕卡766张。发放春节慰问金、五一慰问金、国庆节慰问金90余万元。抗日战争胜利纪念日前，走访32名抗战老干部，发放慰问品汽车模型。年末工作人员与19名易地安置、异地慰问老干部进行视频连线，送去了组织的问候，并电汇慰问金6.3万元。开展“一人一策”精准帮扶，帮助46名老干部解决实际生活困难，落实帮扶资金33.4万元。

（王媛媛）

保密工作

【思想政治建设】　围绕巩固深化“不忘初心、牢记使命”主题教育成果、“两锋行动”、学习贯彻《中国共产党基层组织工作条例》、建立党支部书记基层联系点活动、基层党支部星级达标建设等开展系列教育、学习、整改和总结活动。全年组织20次主题党日活动，组织专题党课2次。举办“学习《习近平谈治国理政》（第三卷）暨深入贯彻习近平总书记视察吉林重要讲话重要指示精神读书班”，制定学习贯彻党的十九届五中全会精神专题学习计划等。开展学习“四史”主题教育，组织党员干部参观“三下江南战役纪念馆”，集中观看纪念抗美援朝电影《金刚川》等。与吉顺社区进行对口共建，开展“上社区、下一线”及“爱国卫生进社区”等系列活动。

【体制机制完善】　2020年，全市11个县（市）区均挂牌成立保密办（局），配备保密委专职副主任，专职保密干部配备到位95%。将落实党政领导干部保密工作责任制情况纳入全市各级领导班子和领导干部考核评价及市委巡察工作内容。

【保密工作会议】　5月15日，组织召开县（市）区保密工作推进会，传达全国保密宣传教育工作电视电话会议精神，部署阶段保密重点工作和保密科技工作任务，开展业务培训，对泄密案件进行通报。5月27日，召开中共长春市委保密委员会全体（扩大）会议，市委常委、市委秘书长、市委保密委员会主任高玉龙对全市保密工作提出4点要求。6月2日，组织召开全市重点涉密单位保密工作会议，传达学习市委保密委员会全体（扩大）会议精神，安排部署2020年各项具体工作任务。10月14日，中共长春市委召开2020年第25次常委会议，研究通过将领导干部保密工作责任制落实情况纳入全市各级领导班子和领导干部考核评价及市委巡察工作内容。10月22日，召开全市重点涉密单位保密工作会议，集中学习习近平总书记重要批示，传达中央保密委员会泄密案件通报及中共吉林省委2020年第45次常委会、中共长春市委2020年第25次常委会会议精神、全省保密局长会议精神，通报省委保密办（局）对长春市进行保密检查情况及市委常委、秘书长、保密委员会主任王长久对落实“省委保密办（局）检查整改意见”的有关要求。市委保密委员会专职副主任刘徽部署长春市贯彻落实的各项工作。

【保密监督检查】 9月15日至25日，中共吉林省委保密委员会办公室、吉林省国家保密局组成3个检查组对长春市保密工作进行实地检查考评，检查考评14个县（市）区、开发区，抽查14个市直机关、单位，抽查县（市）区、开发区直属机关、单位45家。按照省委保密办（局）反馈的意见和长春市委常委、秘书长、保密委员会主任王长久指示要求，长春市委保密办（局）召开专题工作会议，梳理问题，按职责将整改工作落实到岗、到人。对市直机关不合格单位领导进行约谈，对整改情况进行“回头看”。依法开展案件查处，对《保密法》第48条规定的12种违法行为开展经常性的监督和检查。

【保密基础管理】 规范工作秘密管理。将工作秘密管理纳入年度工作要点及保密工作绩效考评项目，依据《工作秘密管理暂行办法》编发《工作秘密管理指导手册（暂行）》500册在全市范围内免费发放。7月16日，组织“切实推进做好工作秘密保护和管理正规化、规范化”专题培训，全市各机关、单位近150余人参训。

涉密人员闭环管理。部署涉密人员及有关人员教育培训工作，明确教育培训责任主体，设计制作检验教育培训效果的测试题，全市近6000人参加测试。开展涉密人员年度统计。指导全市机关、单位开展涉密人员因私出国（境）登记备案工作，指导新组建单位开展涉密人员因公出国（境）保密管理工作。11月13日，开展涉密人员保密管理工作专项业务培训，各县（市）区、开发区、各机关单位保密管理人员参训。

强化网络保密管理。做好涉密信息系统分级保护管理和审查工作，配合省保密科技测评中心完成对相关单位涉密网络的测评工作。11月12日至13日，举办涉密网络“三员”培训班。推进保密综合业务网系统建设。开展在用涉密网络投入使用审查。开展网络保密监管平台机房建设迁移。

【保密专项督导】 召开县（市）区、开发区、市直重点涉密单位保密工作推进会，推动落实中央保密委员会关于加强基层保密工作的有关要求，对加强基层保密工作，从加强保密制度建设、国家秘密管理、工作秘密管理、保密教育培训、提高基层干部和保密干部能力、保密督促检查、基层保密力量建设和设施设备以及组织领导、强化保障措施等各个方面开展培训和督导。做好国家局制定的保密部门任务清单逐级落实工作，对市级保密部门任务清单按照业务内容和业务分工逐条落实到具体部门。指导、监督各县（市）区做好本级任务清单落实工作。做好全国“两会”期间长春市涉密载体管控。从5月中下旬开始，安排、部署各县（市）区、开发区对本辖区内的废品收购站进行全面摸排和自查。在自查的基础上，市保密局联合公安部门对汽开区等县（市）区、开发区废品收购站（点）进行抽查。规范涉密文件材料销毁流程，加强对重点涉密单位涉密载体销毁工作的监督指导，全年协助保障市委办公厅、市公安局等机关、单位销毁文件材料15吨，出动车辆10车次，出动人员30人次。

【保密宣传教育】 依托“长春市保密教育实训平台”开展保密教育轮训，全年培训领导干部、青年干部、涉密人员、专兼职保密管理人员、新任职干部及市直机关、县（区）直机关公务员等7500人。组织市委保密委员会成员、各县（市）区保密委员会主任、专职副主任、局长参加省保密局举办的保密专题培训。组织开展“4·15”全民国家安全教育日活动，市保密局组织理论中心组专题学习习近平总书记关于总体国家安全观的重要论述和党委（党组）国家安全责任制规定，在本单位门户网站上加载宣传标语，制作宣传条幅在主城区进行悬挂宣传。沟通协调宣传部门、交通部门，在电视台、地铁、公交车等平台播放中央保密办、国家保密局制作的保密工作公益广告片。应各机关、单位邀请，为朝阳区、南关区、绿园区、榆树市、市司法局、网信办、人防办等单位作保密教育专题讲座，3000人接受保密法治教育。编印、购买保密宣传教育资料及保密教育片4种，2万册免费提供各单位开展宣传教育使用。开展“长春市‘七五’保密法治宣传教育总结工作”，全面梳理“七五”保密法治宣传教育工作，形成《关于“七五”保密法治宣传教育工作情况的总结报告》，按要求报送省保密局和市依法治市领导小组办公室。

【保密技术保障】 按照上级要求并结合自身实际，建设、升级各种保密技术监管平台，发现问题、堵塞漏洞，发挥科技强密的作用。发挥涉密数据恢复保障中心作用，帮助市委办公厅、市委宣传部、市委巡察办、市公安局等单位恢复重要数据文件，擦除存储介质信息。开展核心和重要涉密人员手机安全检测服务，全年检测各类智能手机800余部。

【保密依法行政管理】 制定市保密局行政执法3项制度：行政执法公示制度、行政执法全过程记录制度和重大执法决定法制审核制度。制发《关于印发〈长春市国家保密局行政复议工作制度〉的通知》（长国保局〔2020〕42号）、《关于印发〈长春市国家保密局行政诉讼工作制度〉通知》（长国保局〔2020〕43号）。制定长春市保密局“12345+”制度、制定包容审慎监管执法“四张清单”。开展“双随机、一公开”相关工作，重新确定随机抽查事项清单。按照“双随机、一公开”系统生成的抽查任务，11月27日，对中车长春轨道客车股份有限公司、新星宇建设集团有限公司和长春中车轨道车辆有限公司3家企业进行检查，将检查结果录入吉林省“互联网+监管”—“双随机、一公开”平台。开展行政执法人员队伍建设工作，严格保密行政执法人员的资格认证和监管。组织在编在岗人员参加全市行政执法人员培训。做好行政执法证件的申领、收回和日常使用管理。开展行政许可事项确认和行政审批中介服务事项梳理。优化行政许可和服务事项。做好“互联网+监管”信息每月报送工作。完成对《长春市行政审批电子档案管理暂行办法》（征求意见稿）的部分内容修改工作，报送市政数局。规范行政处罚裁量权工作，制定《长春市国家保密局行政处罚裁量权细化量化标准》。参加“美好长春民法相伴”主题学习宣传活动。长春市国家保密局依法行政工作得到国家级刊物《保密工作》杂志社的关注，《保密工作》杂志2020年第10期刊登《长春：保密依法行政的创新实践》。

（刘为维）

党校

【承接会议】 承接全市乡村振兴战略现场推进会议、市委十三届九次全体会议、市管主要领导干部学习贯彻习近平总书记考察吉林重要讲话重要指示精神读书班、“十九届五中全会精神”专题报告会、市委十三届十次全体会议等5次市委重要会议，承接市委组织部、发改委、人社局、政法委等专业专题会议60个。

【法制教育】 履行依法治市成员单位职责，推进法治教育进课堂，创新探索“模拟法庭”“翻转课堂”等情景式、体验式教学方式，提高教学针对性、实效性。依托新媒体平台设置高端“云讲坛”，邀请外脑外力、资深法律人士进行深入解读，提高教育覆盖面和专业水平。对政法系统领导干部开展务实管用的专题培训，提升专业化能力，对普通群众，开展“送教下基层”活动，受益群众1700多人，发挥了党校在法治宣传、普法进基层的职能作用。

【资政建议】 聚焦市委市政府重大决策部署，主动抓资政跟热点，开展前瞻性、战略性、应用性研究。加快现代化都市圈建设、加强社区防疫工作、后疫时期长春市稳就业对策、提高政府应急管理能力、加快长春公主岭产业发展融合等问题，完成智库专报13期、《领导参阅》10期。4篇资政报告得到省委书记景俊海批示，12篇资政报告获市领导肯定性批示。为编制“十四五”规划建言献策12篇，5篇入选，其中《关于稳就业保民生打造幸福长春升级版的对策建议》被市政协专报书记王凯。

【教育培训】 将习近平新时代中国特色社会主义思想作为理论教育的中心内容贯穿教学始终，第一时间将习近平总书记考察吉林重要讲话重要指示精神、党的十九届四中、五中全会精神、《习近平谈治国理政》（第三卷）、习近平总书记对青年干部提出的7种能力等相关课程进入课堂，全年开发增设教学新专题80余讲。强化党性教育，开发“四史”系列教学专题20余讲，学习党章和党规党纪等党的基础性常识性知识教育。开设“1+N”课程体系，“1”是讲“学习贯彻习近平总书记考察吉林重要讲话重要指示精神，实现长春全面振兴全方位振兴”总论课程，“N”是按照不同学员构成，围绕乡村振兴、生态文明建设、基层党组织建设、科技创新、营商环境等内容，设计多讲分论课程，为学员全方位、多视角进行解读。组织学员开展“传承英雄史再铸英雄魂”“弘扬抗联精神践行初心使命”等主题党性锻炼。开展“理论拥军”活动，派送老师走进31401部队、空军航空大学进行理论宣讲，迎接驻长部队交流学习，为国防知识进校园、强化党校意识形态主阵地奠定基础。开辟网上资源，在全国党校系统率先启动大规模线上培训模式，疫情期间，设置4个“直播间”同时授课，开启“云课堂”，开展“云培训”，推送“云课程”，成为“人民学习·中共长春市委组织部智慧教室”承办点，是东北三省第一家能够同步接收国内外名师大咖讲座的全景沉浸式直播互动会场，相关做法被《组织人事报》报道。开辟高端授课资源，邀请高校教授和博士生导师加入线上教学队伍，举办领导干部大培训“周六大讲堂”“干部夜校”等，开展国内知名专家学者高端讲坛39讲。全年开展主体班培训67期、培训学员14799人，克服疫情影响，培训人数比2019年增加1732人。其中，十九届四中全会精神集中轮训8期2022人；领导干部大培训“周六大讲堂”线下培训6期5769人，“干部夜校”9期1104人。对外办学承办培训班56个7075人。坚持“送教下基层”，开发送课专题80余讲，完成党政机关67家单位、317场次送课任务。“大道雄魂天地党性”主题教育展馆接待全市各级各类党政机关和企事业单位参观90场6000多人次。

【教学研究】 校领导带头参与科研，成立习近平新时代中国特色社会主义思想研究、社会治理研究、东北振兴及现代化都市圈建设研究、党的建设研究4个特色科研团队，集中力量，主攻科研。组织举办“学习贯彻习近平总书记关于党校办学治校系列重要指示精神”理论研讨会“市域社会治理现代化”学术沙龙等学术活动6次。组织征文活动8次，征集论文89篇，开展科研评奖5次，形成科研成果34项。围绕全市“解放思想再深入，全面振兴新突破”“学习习近平总书记考察吉林重要讲话重要指示精神”等主题，组织教研人员撰写、发表理论文章25篇。全年课题立项45项、结项43项，22篇征文获奖，登记科研成果294项，公开发表论文106篇；获市社科优秀成果奖论文类三等奖1项、市委宣传部思政工作优秀研究成果奖5项，市委政研室优秀调研成果奖3项。科研成果实现6项新突破：学术专著数量和高端出版实现双突破，全年出版著作8部，其中学术专著3部，郑凯旋撰写的《中国特色社会主义道路基本特征研究》由中央党校出版社出版；由赵延芳编著的《新时代的价值引领》一书由吉林大学出版社出版，在2020年1933个出版物评比当中排第16名，被列为精品图书。媒体发表和转载文章实现历史性突破，在中央主流纸媒《学习时报》上发表理论文章3篇，人大复印资料全文转载1篇，“学习强国”平台全文转载文章2篇；课题结项成果质量取得突破，在全国党校（行政学院）系统重点调研课题结项中，市委党校4项结项成果，获得优秀1项、良好3项，位居全国副省级城市党校首位；征文入选获得新突破，在中央党校“学习贯彻习近平总书记关于党校办学治校系列重要指示精神”理论研讨会征文活动中，有2人入选参会、3篇论文入选论文集，名列全国副省级城市党校前茅；在《吉林日报》《长春日报》发表理论阐释文章31篇，实现党报党刊发表理论阐释文章新突破。

（王　斐）

档　案

【档案资源开发】　编纂出版的《长春档案文献（1952年卷）》，获第四届吉林省新闻出版精品奖。《挖掘档案资源厚植长春革命文化》项目获全市宣传思想文化工作创新奖。在第九届长春市社会科学优秀成果评选中，市档案馆分别获著作类和论文类二、三等奖。在2020年全国档案工作者年会征文中，有5篇论文入选，1篇获三等奖。全年编印《馆务信息》19期，通过微信公众号、档案网站、报纸期刊等平台发表工作信息80余篇。为庆祝第十三个国际档案日，市档案馆与市扶贫办、九台区档案馆合作拍摄《档案见证脱贫路》《扶贫路上档案人》两部宣传片，记录在党中央坚决打赢脱贫攻坚战的战略指引下，完成长春市精准扶贫工作。

【发挥档案作用】　疫情防控服务。组织全馆党员志愿者，配合所在街道社区开展联防联控工作。全馆干部爱心捐款3万多元。做好疫情防控文件材料的收集归档工作，规范档案接收方式和流程，接收进馆疫情防控专项档案近2000件。征集吉林省支援湖北医疗队队员参加武汉抗击疫情战斗档案资料1480件。馆藏疫情防控专项档案3384件。

在第十五届中国长春电影举办前夕，市档案馆开发馆藏电影节档案资源，将历届电影节出席嘉宾、评委、获奖影片、举办主要活动等内容进行考证研究和整理辑录，编辑出版《档案中的中国长春电影节》一书，编印中国长春电影节档案资政参考专刊，发挥档案资政参鉴作用。从馆内选派1人到电影节组委会工作2个月，协助做好十五届电影节活动召开及档案管理等工作。

到包保贫困村指导驻村工作队恢复农业生产生活，组织党员干部帮助贫困户解决好生产生活难题。第一书记代言走进直播间和博览会，推介扶贫产品。驻村第一书记被评为2020年第四季度“长春好人”，其先进事迹入选《吉林楷模》一书。市委信息以专刊形式刊登市档案馆脱贫攻坚工作经验做法。市委常委、时任市委秘书长高玉龙在专刊上作出批示。

【档案馆业务管理】　以馆藏建设项目为重点，加强档案资源体系建设。中华文明元典特藏档案、长春国际友人、国际著名和平人士科恩特藏档案、中国长春电影节特藏档案3个特色馆藏档案建设项目是全馆重点工作。“文明元典”项目设立中华文明元典特藏室，入藏《习近平谈治国理政》（一、二、三卷）等中国特色社会主义思想经典文献113册，入藏中华文明元典及相关著述等150余册。“科恩”项目完成《科恩——1957年中国行》画册设计初稿。疫情期间，“电影节”项目完成近500件档案征集和接收进馆工作，完成近200件第十五届电影节档案的整理工作。做好档案接收征集工作。截至12月16日，全年接收进馆85家单位14个部门档案34457卷60905件。征集吉林大学教授段一平及市民捐赠六七十年代等档案资料4000多件。馆藏纸质档案总量217万卷（件）。

做好档案数字化项目实施工作。推进纸质档案数字化扫描，扫描档案原文66.85万幅，完成近10万条目录的著录和校正工作。完成58家单位2019年归档数据接收工作，新增目录26690条、电子文件17625件。完成26家助产机构2018年出生医学证明档案数据接收，新增数据33356条。做好馆藏档案数据管理。完成学籍档案数字化项目成果合库工作，补充更新学籍档案专题数据库目录39233条，加挂扫描图像31617幅，完成上年度进馆档案光盘资料迁移工作，对已到迁移期的馆藏光盘资料进行再次迁移，刻录光盘600余张。开展破产企业会计档案目录录入工作，补录目录1.5万余条。

按照国家档案局工作部署，对馆藏国家重点档案开展前处理和数据著录工作。11月底，完成2020年国家重点档案15万条文件级目录著录任务并上报吉林省档案局。其中，处理完成14520卷165322件，文件级目录著录完成13393卷150320件。

配合反腐倡廉、扫黑除恶专项工作，接待公安局、法院等部门档案查询800多人次，复制档案50000多页。深化“异地查档、跨馆服务”机制，与沈阳市、大连市、哈尔滨市档案馆签订民生档案跨馆查询合作协议，共同服务东北振兴区域一体化发展战略。利用“区块链+档案”服务模式，推动档案远程利用共享驶入智慧发展“快车道”。截至12月16日，全馆提供档案查阅利用5155人次，出具档案证明近4000份，复制档案67050页。完成馆藏1985年和1986年64218件档案鉴定工作。

（汤　明）

党史研究

【党史编纂】　编纂出版《长春党史人物辞典》《长春大事记（2019年卷）》《长春市“不忘初心、牢记使命”主题教育大事记》3部书籍。

【党史征编】 为《吉林党史人物传（第十七卷）》整理提供长春地区18万字人物资料，为《吉林执政实录（2019年卷）》整理提供4.5万字的长春地区党史资料，为《吉林大事记（2019年卷）》整理提供长春地区1.5万字的资料，为中央电视台《国家记忆》栏目组拍摄系列纪录片《开国将帅经典战例》提供相关史实资料、配合录制。

【党史资政】 撰写《六十六载艰苦奋斗谱写一汽辉煌篇章》，获全国城市党刊联席会优秀文稿一等奖；撰写《加强理论学习提高政治站位不断创新理论指导实践方式方法的研究》，在2019年度长春市机关党建研究课题评比中获一等奖；总结空军航空大学光辉历程的《搏击蓝天铸利剑筚路蓝缕创辉煌》被《当代长春》采用发表；撰写《新时代反对历史虚无主义的必要性及对策研究》，入选“全国党史和文献部门反对历史虚无主义青年论坛”。

【党史宣教】 加大信息报送力度，全年发表信息类文章37篇，被中央、省、市多家网站媒体报道、转载。其中15篇信息文章被中央党史和文献研究院网站发布，发布量在全国15个副省级城市中名列第二，位列东北三省四市第一。加大“一网一号”宣传力度，中国共产党长春历史网全年发布信息66条，网络信息发布量达历年之最；“长春党史”微信公众号全年发送信息140余条，浏览量6000余次。发挥党史宣教平台作用，全年全市党史教育基地接待参观1800余场次，其中“中国共产党在长春第一个通讯站”旧址接待省委组织部、省政协、市国资委、市网信办等100余家单位、2500余名党员干部参观。扩大党史教育基地载体，开展长春市第四批中共党史教育基地评审命名工作。通过综合评审，黄大年纪念室、长影旧址博物馆、三下江南战役纪念馆、中共双阳区第一党支部遗址等12处纪念场馆被命名为长春市第四批中共党史教育基地，市级党史教育基地28处。

（都　鹏）

接待服务

【服务保障】 截至12月28日，完成接待各类团组119批次，1817人次。其中，接待国家级领导人1位，省部级领导49位，司局级领导146位；接待党中央、国务院各级督查、巡视、调研、检查组9个；接待全国各地党委团组19个（计897人）、人大团组6个（计51人）、政府团组73个（计620人）、政协团组21个（计249人），其中包括重要党政考察团5个、经贸团组34个；参与接待全市大型会展活动3个。完成接待第十二届全国政协主席陈元副的视察工作；接待中办国办复工复产情况调研组、国务院保障农民工工资支付工作实地核查工作督察组、全国政协农业和农村委员会调研组、中办调研组、中央专项督查组、中央编办监督检查局调研验收组等；接待杭州市党政代表团、天津市党政代表团等党政团组；接待华为技术有限公司、科大迅飞股份有限公司、神州数码控股有限公司、浪潮集团、中国铁路工程集团有限公司等经贸团组，接待大公司大企业的董事长、总裁30余位；做好省委第四巡视组对长春市巡视工作的各项服务保障工作；完成省委省政府和长春市实施乡村战略现场推进会的接待服务保障工作；完成长春主要领导赴杭州对接、考察前期准备工作和召开两市对口合作工作座谈会期间的各项服务保障工作；参与组织协调配合完成第十九届中国长春国际农业食品博览会、第十五届中国长春电影节、2020长春国际无人机产业博览会等大型会展活动的接待工作。在组织完成接待任务过程中，接待办发挥“窗口”作用，做精益求精的“服务员”，当城市形象的“宣传员”。与各城市建立长期合作交流，提高政务接待的工作层次，助力长春现代化都市圈建设。落实市委市政府决策部署，按照市新冠肺炎疫情指挥部的要求，接待办成立疫情领导小组，负责疫情指挥部的服务保障工作。确定华友开元名都酒店为市疫情指挥部驻地酒店，领导小组成员24小时全天候与酒店、卫健委等部门进行沟通协调，及时处理住宿、就餐、会议等各类后勤保障工作，完成疫情指挥部各项服务保障工作；承担疫情指挥部普查统计全市隔离酒店的工作。接待人员分工协作，化片实地梳理排查，确定315家宾馆、酒店（计45494个床位）为隔离酒店，为隔离定点酒店制定《隔离人员用餐标准》《对隔离人员的服务标准》，为长春市打赢疫情防控工作提供服务保障。

【服务质量提升】 2020年，按照《党政机关国内公务接待管理规定》《吉林省党政机关公务接待管理办法》、长春市《关于贯彻落实中央八项规定实施细则的实施办法》的要求做好接待工作，完善并执行《长春市公务接待管理规定实施细则（征求意见稿）》，严格执行《接待工作制度》《接待工作流程》《财务管理制度》《财务报销制度》《财务报销责任追究制度》《财务报销审核责任追究制度》《风险防控手册》等一系列规章制度，严格规范审批流程和经费管理，对接待场所、接待标准、接待人数、报销程序等做出约束，做到严格把关，严守底线，厉行节约；增加2家宾馆为定点接待单位，并对定点接待宾馆、酒店进行走访和指导培训，提升其服务质量和水平，达到接待资源优化和整合标准，确保政务接待取得良好效果；加强与各部门各城区和开发区及龙嘉机场、长春火车站的沟通和联系，构建各部门协调配合，资源共享、信息共享、共同参与、共同服务新机制，形成通畅、高效、协作、规范的接待工作体系；推行精细化服务、推进特色化服务、提高信息化服务水平。

（刘丽芳）

长春市人民代表大会

CHANGCHUNSHI RENMIN DAIBIAO DAHUI

重要会议

【概况】 2020年，组织召开代表大会2次，召开常委会会议8次，主任会议16次，制定修订地方性法规4件，打包修改62件，废止3件，审查规范性文件16件。对违法建设等10个立法项目开展立法调研，听取审议政府专项工作报告20项，对《优化营商环境条例》等3件法律法规实施情况进行检查，组织“六稳”“六保”等集中视察、专题调研24次。作出重大事项决议、决定9项，依法任免国家机关工作人员152人次，开展各级代表活动629次，组织代表参加各类“三查（察）”活动1178人次，举办各级各类代表培训班166个，为推动长春高质量发展提供法治保障。

【代表大会】 2020年，召开人民代表大会2次，即长春市第十五届人民代表大会第四次、第五次会议。

长春市第十五届人民代表大会第四次会议于2020年1月7日至9日召开。会议听取和审议长春市人民政府工作报告、市人大常委会工作报告、市中级人民法院工作报告、市人民检察院工作报告，审查和批准长春市2019年国民经济和社会发展计划执行情况与2020年国民经济和社会发展计划草案的报告、批准2020年国民经济和社会发展计划，审查和批准长春市2019年预算执行情况和2020年预算草案的报告，批准2020年预算，会议表决通过关于各项报告的决议，补选长春市第十四届人民代表大会常务委员会组成人员。451名代表出席该次会议。出席市政协十三届四次会议的委员、法律规定的列席人员和由市人大常委会决定的列席人员列席本次会议。

长春市第十五届人民代表大会第五次会议于2020年6月23日至24日召开。钱万成主持第一次全体会议，张志军代表市政府向大会作《关于统筹疫情防控和经济社会发展情况的通报》。王凯主持第二次全体会议，选举张志军为长春市人民政府市长，选举栾晓虹、曹国利、赫哲、谭景坤为长春市第十五届人民代表大会常务委员会委员。

【常委会会议】 2020年，举行常委会会议8次，即长春市第十五届人大常委会第二十六次至第三十三次会议。

2月28日，市十五届人大常委会举行第二十六次会议。市人大常委会主任钱万成，副主任王明德、甘琳、祝永安，秘书长李成员及常委会委员40人出席会议。市人大常委会副主任王明德主持全体会议。会议表决通过《长春市人大常委会2020年工作要点》《长春市人民代表大会常务委员会关于禁止捕杀、交易、食用野生动物的决定》和《长春市人民代表大会常务委员会关于依法做好传染病疫情防控工作的决定》。

4月28日，市人大常委会举行第二十七次会议。市人大常委会主任钱万成，副主任王明德、甘琳、祝永安、史长友，秘书长李成员及常委会委员44人出席会议。市人大常委会副主任甘琳主持全体会议。会议审议并表决通过《长春市第十五届人民代表大会常务委员会代表资格审查委员会关于个别代表的代表资格的报告》；听取市政府关于全市食品安全情况的报告；听取市检察院关于开展公益诉讼工作情况的报告。会议还审议有关人事事项，表决通过《长春市第十五届人民代表大会常务委员会关于接受刘忻辞去长春市市长职务的决定》，表决通过《长春市人民代表大会常务委员会关于加强检察公益诉讼工作的决定》；表决通过有关人事任职的议案。

5月13日，市人大常委会举行第二十八次会议。市人大常委会主任钱万成，副主任王明德、甘琳、祝永安、史长友，秘书长李成员及常委会委员40人出席会议。市人大常委会副主任祝永安主持全体会议。副市长王路，市监察委员会主任王长久，市中级人民法院院长程风义，市人民检察院检察长盛美军，各县（市）区人大常委会负责人，市政府有关部门负责人列席会议。会议以无记名投票方式表决通过《关于提请审议张志军任职的议案》，决定任命张志军为长春市副市长。钱万成向张志军颁发任命书。经全体会议表决，决定张志军为长春市代理市长。代理市长张志军作表态发言并进行宪法宣誓。

6月15日，市人大常委会举行第

二十九次会议。市人大常委会主任钱万成，副主任王明德、甘琳、祝永安、史长友，秘书长李成员及常委会委员44人出席会议。市人大常委会副主任史长友主持会议。市监察委员会主任王长久，市人民政府副市长贾晓东、吕锋，市中级人民法院院长程凤义，市人民检察院检察长盛美军，各县（市）区人大常委会负责人，市政府有关部门负责人列席会议。会议表决通过《长春市第十五届人民代表大会常务委员会代表资格审查委员会关于个别代表的代表资格的报告》；听取长春市人民代表大会常务委员会关于召开长春市第十五届人民代表大会第五次会议的决定（草案）的说明，表决通过长春市人民代表大会常务委员会关于召开长春市第十五届人民代表大会第五次会议的决定；表决通过长春市第十五届人民代表大会第五次会议议程（草案）、日程（草案）、主席团和秘书长名单（草案）、主席团常务主席名单（草案）、副秘书长名单（草案）；听取市政府关于提请审议制定《长春市畜禽养殖污染防治条例》的议案及说明；听取市政府关于全市优化营商环境情况的报告；听取市政府关于全市社会救助工作情况的报告。会议表决通过有关人事辞职免职事项，拟任命人员作供职发言。会议表决通过《长春市陆生野生动物保护条例》；表决通过有关人事任职事项，决定任命宋葛龙为长春市副市长（挂职）。

8月28日，市人大常委会举行第三十次会议。市人大常委会主任钱万成，副主任王明德、甘琳、祝永安、史长友，秘书长李成员及常委会委员40人出席会议。市人大常委会副主任王明德主持会议。副市长贾丽娜，市中级人民法院院长程凤义，市人民检察院检察长盛美军，市监察委员会负责人，各县（市）区人大常委会负责人，市政府有关部门负责人列席会议。会议听取市政府关于提请审议修订《长春市养犬管理规定》的议案及说明；听取市政府关于提请审议制定《长春市学前教育条例》的议案及说明；审议并表决通过《长春市第十五届人民代表大会常务委员会代表资格审查委员会关于个别代表的代表资格的报告》；听取市政府关于2020年国民经济和社会发展计划上半年执行情况及下半年主要工作安排的报告；听取市政府关于2019年财政决算和2020年上半年预算执行情况的报告；听取市政府关于2019年度市本级预算执行和其他财政收支情况的审计工作报告；听取市人大财经委关于市本级2019年财政决算和2020年上半年预算执行情况的审查结果报告；听取市政府关于全市脱贫攻坚工作完成情况的报告；表决通过《长春市人民代表大会常务委员会关于批准长春市本级2019年财政决算的决议》；表决通过有关人事任职的议案。

9月28日，市人大常委会举行第三十一次会议。市人大常委会主任钱万成，副主任王明德、甘琳、祝永安，秘书长李成员及常委会委员42人出席会议。市人大常委会副主任甘琳主持全体会议。副市长贾丽娜、市中级人民法院院长程凤义、市人民检察院检察长盛美军、市监察委员会负责人、各县（市）区人大常委会负责人、市政府有关部门负责人列席全体会议。会议审议并表决通过《长春市第十五届人民代表大会常务委员会代表资格审查委员会关于个别代表的代表资格的报告》；表决通过有关人事任职事项，决定孙继光为市监察委员会代理主任。

10月30日，市人大常委会举行第三十二次会议。市人大常委会主任钱万成，副主任王明德、甘琳、祝永安，秘书长李成员及常委会委员39人出席会议。市人大常委会副主任祝永安主持会议。副市长王路、宋葛龙，市监察委员会代主任孙继光，市中级人民法院院长程凤义，市人民检察院检察长盛美军，各县（市）区人大常委会负责人，市人民政府有关部门负责人列席会议。会议审议并表决通过《长春市第十五届人民代表大会常务委员会代表资格审查委员会关于个别代表的代表资格的报告》；听取市政府关于提请审议制定《长春市国有土地上房屋征收与补偿条例》的议案及说明；听取市政府关于公共卫生应急管理体系建设情况的报告；审议有关人事事项。表决通过《长春市学前教育条例》《长春市养犬管理条例》，表决通过市人大常委会关于长春市地方性法规在公主岭市实施有关问题的决定、市人大常委会关于修改和废止部分地方性法规的决定、市人大常委会关于厉行节约反对餐饮浪费的决定、市人大常委会关于批准2020年市级预算调整方案的决议。会议表决通过有关人事事项。

12月15日，市人大常委会举行第三十三次会议。会议决定，2021年1月中下旬召开市第十五届人民代表大会第六次会议。市人大常委会主任钱万成，副主任王明德、甘琳、祝永安，秘书长李成员及常委会委员39人出席会议。市人大常委会副主任王明德主持会议。市监察委员会代主任孙继光，副市长周贺，市中级人民法院院长程凤义，市人民检察院检察长盛美军，各县（市）区人大常委会负责人，市政府有关部门负责人列席会议。会议审议并表决通过《长春市第十五届人民代表大会常务委员会代表资格审查委员会关于个别代表的代表资格的报告》；听取市政府关于2019年度企业国有资产管理情况的专项报告；听取市政府关于2019年度市本级预算执行和其他财政收支审计查出问题整改情况的报告；审议有关人事事项。会议表决通过市人大常委会关于召开市第十五届人民代表大会第六次会议的决定；表决通过《长春市国有土地上房屋征收与补偿条例》；表决通过有关人事事项。

（王东宝）

人大立法

【概况】 以习近平新时代中国特色社会主义思想为指导，执行中共中央《关于加强党领导立法工作的意见》，确保党的意志体现在立法工作的全链条、各环节，常委会完成6件立法项目、3个重大事项决定、10件立法调研项目的制定、修订调研工作。

【重大事项决定】 贯彻习近平总书记关于制止餐饮浪费的重要指示精

神，作出《关于厉行节约、制止餐饮浪费的决定》；贯彻全国人大常委会关于做好疫情防控的决定，助力打赢疫情防控阻击战，作出《关于依法做好传染病疫情防控工作的决定》《关于禁止捕杀、交易、食用野生动物的决定》，修改《长春市陆生野生动物保护条例》。

【立法调研】 推动“四大板块”建设，制定《长春市国有土地上房屋征收与补偿条例》，对制定《长春市历史文化名城保护条例》、修订《长春市市政设施管理条例》等项目进行立法调研；围绕打好污染防治攻坚战，审议《长春市畜禽养殖污染防治条例（草案）》，对修订《长春市伊通河城区段管理条例》等项目进行立法调研；围绕保障和改善民生，推进社会事业发展，制定《长春市学前教育条例》，对制定《长春市养老服务条例》等项目进行立法调研；推进社会治理体系治理能力现代化，修订《长春市养犬管理条例》，对修订《长春市城市客运出租汽车管理条例》等项目进行立法调研；围绕加快创新驱动，对制定《长春市促进科技成果转化条例》《长春市促进大数据发展与应用条例》进行立法调研；围绕推进城市乱象集中整治，对制定《长春市违法建设查处管理条例》等项目进行立法调研。

（王东宝）

人大监督

【概况】 听取审议政府专项工作报告20项，对《优化营商环境条例》等3件法律法规实施情况进行检查，组织“六稳”“六保”等集中视察、专题调研24次。

【经济监督】 加强经济工作。推动经济发展，听取审议国民经济和社会发展计划执行及经济运行情况报告，组织开展全市“六稳”“六保”工作视察调研。打造一流营商环境，对现行地方性法规进行全面清理，对“一网、一门、一次”改革开展视察，为改革提供法治保障。推动乡村振兴，开展“走基层·乡村行”活动，对种植结构调整、农村产业化项目、现代农业试验区等情况进行检查调研。

【“三大攻坚”监督】 助推污染防治攻坚战，听取审议年度环保工作情况报告，对新立城水库水源地保护情况开展专项视察。助推精准脱贫攻坚战，建议政府加强产业扶贫，织牢扶贫保障网，建立精准脱贫长效机制。组织代表帮助贫困户解决实际困难。助推防范化解重大风险攻坚战，对政府性债务跟踪监督，对财政预算执行情况、本级预算执行和其他财政收支审计等工作进行分段式督查，实现预算审查监督全覆盖。审查并批准一般公共预算和政府性基金预算调整方案，确保财政平稳运行。

【民生工作监督】 解决民生问题，听取审议长春市就业、安全生产、社会救助等专项报告。就农村医疗卫生机构人才队伍建设情况开展检查；对违建拆除、占道经营、工地环境、交通秩序等城市乱象治理工作进行视察，推动城市管理向人性化、科学化、精细化、现代化迈进。社会治理。围绕《长春市文明行为促进条例》贯彻落实情况，开展联合调研。对长春市多元化解纠纷促进条例落实情况进行调研，对电动车、非机动车管理及街路静态管理开展执法调研。

【“扫黑除恶”工作监督】 推进“扫黑除恶”工作开展，坚持联动监督模式，同省人大一起，对车管所、光明村等地“扫黑除恶”战果进行视察，并对探索建立“扫黑除恶”长效机制进行检查调研。推进开展公安执法规范化建设、法院基本执行难相关工作开展调研工作。

（王东宝）

代表工作

【代表活动】 坚持代表人民、为了人民、服务人民，尊重代表主体地位，发挥代表主体作用，开展多种形式的代表活动。围绕服务经济发展抓活动创新。贯彻市委“专班抓项目”“万人助万企”部署，建立“人大代表助企联盟”，把代表活动融入长春现代化都市圈、“四大板块”协同发展等各项工作中。建立市县两级“人大代表助企联盟”平台，两级人大代表参与招商项目81个，其中落地项目8个、开工建设3个。落实省市人大常委会代表活动计划，确定经济发展、公共卫生、生态文明、脱贫攻坚等活动专题18个，组织各级代表开展活动629次，参加代表8280人次，帮扶困难家庭2969户，受益群众18804人。

【疫情防控】 新冠肺炎疫情暴发之初，下发《关于在打赢疫情防控阻击战中充分发挥人大代表作用的通知》。4600余名各级代表参与到抗疫战斗中，捐款1929.89万元，捐献口罩84.5万个，捐建口罩生产线1条。

【代表培训】 组织省市人大代表培训，开展县乡人大代表培训指导工作，提高全市代表培训专业化和系统化水平。组织省人大代表3次32人分别赴厦门、南京、长春参加专题培训，组织省、市、县三级人大代表232人次，赴厦门、重庆开展集中培训。全年举办各级各类代表专题培训班166个，培训6209人次。

【服务保障】 强化服务保障规范管理，落实《市人大常委会组成人员密切联系基层人大及代表实施办法》《关于进一步加强各级国家机关联系人大代表的意见》，密切人大及国家机关与代表的联系。组织开展乡（镇）街人大工作、基层人大联系群众工作等专题调研，设立代表联系群众工作平台745个。推动县（市）区、乡（镇）街人大健全工作机构、完善工作机制，提升基层人大规范化建设水平。

（王东宝）

长春市人民政府

CHANGCHUNSHI RENMIN ZHENGFU

重点工作

【概况】 2020年，全市实现地区生产总值6638.03亿元，按可比价格计算，比2019年增长3.6%。其中，第一产业增加值533.82亿元，比2019年下降2.4%；第二产业增加值2758.12亿元，增长8.0%；第三产业增加值3346.09亿元，增长0.3%。三次产业结构为8.0∶41.6∶50.4。人均地区生产总值77634元（按户籍年平均人口数计算），比2019年增长3.6%，折合11256美元。全市一般预算全口径财政收入1129.5亿元，增长0.3%。全市地方财政收入440.4亿元，增长1.5%，其中，税收收入351.3亿元，增长2.1%。地方财政支出1084.1亿元，增长10.5%。全市固定资产投资增长8.8%。全市城镇常住居民人均可支配收入40001元，比2019年增长5.7%。农村常住居民人均可支配收入16636元，比2019年增长7.6%。

【经济发展】 推进新冠肺炎疫情防控和经济社会发展，密集出台和落实减税降费、援企稳岗等200余项政策措施。工业企业在全国率先复工复产，规模以上工业产值增长8.5%以上，增速在副省级城市位居前列。支持一汽排产、产能、配套、结算、人才、创新“六个回归”，整车产销量分别增长3.6%和4.5%，红旗汽车产量再翻一番，突破20万辆。发放2.5亿元消费券撬动居民消费，改造升级桂林路、红旗街商业街区，举办消夏节等文旅促销活动，高水平打造莲花山冰雪新天地、净月雪世界。实施乡村振兴战略，抓好黑土地保护利用，全市玉米保护性耕作面积50公顷，农作物综合机械化水平92%。粮食生产抗灾夺丰收，全年总产量达116.39亿千克。创建全国绿色有机农业示范市，启动300万头肉牛养殖工程，有序推进农村集体产权制度等各项改革，农村土地流转比例49.2%。

以建设长春现代化都市圈为牵引，启动实施国际汽车城、国际影都、国家区域创新中心、中韩（长春）国际合作示范区高质量发展“四大板块”，着力打造国家城乡融合发展试验区、国家农业高新技术产业示范区“两大基地”。通过“专班抓项目”扩大有效投资，一汽红旗新能源整车等302个超10亿元项目开工建设，丰田发动机等418个超亿元项目投产达效，华为机器视觉等一批项目签约落位。新建工业标准厂房207万平方米，工业用地出让量达2019年4.3倍。

【改革创新】 深化“放管服”改革，新建工业项目实现“拿地即开工”，企业开办时间由3天压缩至1小时。新登记企业数量增长31%，市场主体突破100万户。23.4万国企退休人员实现社会化管理。举办汽博会、农博会、电影节、无人机博览会、中德汽车大会等大型活动。公主岭市划归长春代管，临空经济示范区、生产服务型国家物流枢纽、服务贸易创新发展试点等重大平台载体相继获批。中欧班列承运标箱增长27.9%。实际利用内外资分别增长28%和12%。进出口总额突破1000亿元。

实施科技创新，国内首台12英寸晶圆探针台研制成功，高铁变轨等关键核心技术取得突破，长光卫星“一箭九星”海上成功发射。强化大企大所大校协同创新联盟，打造环吉大双创生态圈，长光圆辰、长光辰芯等企业批量入驻光电信息产业园。新增高新技术企业691户、科技型“小巨人”企业222户。金融服务科技取得突破，奥来德科创板上市，吉大正元、研奥股份深交所公开发行。中白科技园试运行。5G网络实现主城区全覆盖。专利申请量增长10.4%。技术合同成交额451.6亿元。市科技管理部门投入科技经费18.55亿元。承办全国双创周活动。10万名高校毕业生留长创业就业，比2019年增加1.1万人。

【城市建设】 推进高质量交通强市建设，龙嘉机场总体规划获国家批复，地铁5、6、7号线和长双公路、抚长高速人民大街出口改移等重大工程相继开工。编制交通发展白皮书，出台错峰上下班等治堵措施，打通13条“断头路”“卡脖路”，调整优化25条公交线路。开工建设第六净水厂。新建改造水气热管线520千米，新增供热能力300

万平方米。新建12座公园，新植街路90条、大块绿地62宗。南湖公园、自由大路等公园、街路“拆围透绿”。打好污染防治攻坚战，空气质量优级天数、优良水体比例明显增加。“城市智能体”建设实现突破。全面实施城市乱象集中整治，提升精细化管理水平。

【民生工作】 落实幸福长春行动计划。城镇新增就业12万人，城镇登记失业率控制在4%以内。企业退休人员养老金提升5%，城乡低保标准分别提高14.5%和22%，城乡特困人员基本生活标准分别提高36%和56%，301个小区配套幼儿园完成治理。解决义务教育阶段教师工资待遇问题。城乡居民医保完成整合。改造老旧小区64个、棚户区5911户，筹集租赁住房1.5万套，确权未登记房屋1377万平方米。社区干部学院二期工程主体完工。强化食品药品监管。加强信访和市长公开电话工作。非法集资案件化解实现突破。开展扫黑除恶专项斗争，命案和有影响案件全部告破。应对连续3次台风侵袭和雨雪冰冻灾害。全市生产安全事故总量、死亡人数分别下降19.7%和18.8%。蝉联“全国文明城市”，进入“全国十大美好生活城市”行列，获得全国双拥模范城“九连冠”，被评为中国宜居宜业城市。

【公共事业】 全市有法定产品质量检验机构6家，依法设置的计量检定机构9家。全年实施市级产品质量监督抽查1316批次，强制检定计量器具26万台/件。

全市有各类教育学校1621所（不含幼儿园，以下同）。其中，普通高校41所，成人高校8所，中等职业学校94所，普通高中73所，初中学校323所，小学1061所，特殊教育学校10所，工读学校1所。

全市各级各类学校当年招生44.1万人。其中，普通本专科生13.6万人，成人本专科生5.7万人，研究生2.4万人，中等职业1.7万人，普通高中5.4万人，初中阶段7.5万人，小学7.8万人，特殊教育0.014万人，工读14人。

全市各级各类学校在校学生154.4万人。其中，普通本专科生48.3万人，成人本专科生9.6万人，研究生7.02万人，中等职业教育4.6万人，普通高中15.0万人，初中23.1万人，小学46.5万人，特殊教育0.14万人，工读35人。

全市各级各类学校在校教职工13.4万人。其中，普通高校4.4万人，成人高校0.14万人，中等职业0.5万人，普通高中1.7万人，普通初中3.3万人，小学3.4万人，特殊教育人0.047万人，工读41人。

全市各级各类学校的专任教师10.3万人。其中，普通高校2.9万人，成人高校0.089万人，中等职业学校0.4万人，普通高中1.1万人，初中2.3万人，小学3.6万人，特殊教育0.047万人，工读31人。

全市举办学前教育机构1216个。其中，独立设置幼儿园893所，附设幼儿班机构323个。当年入园儿童2.7万人，在园儿童12.2万人，全市幼儿园教职工2.1万人，其中，专任教师1.1万人。民办普惠性幼儿园129所，在园幼儿1.8万人。

全市非学历职业技术培训学校（机构）612个，当年注册学生6.3万人，结业生1.95万人，教职工0.3万人，其中专任教师0.23万人。

全市有文化（文物）事业机构280家。其中，艺术表演团体9家，艺术表演场馆5家，公共图书馆13家，艺术馆、文化馆13家，文化站193家，文化艺术科研、科技机构1家，文物保护研究机构1家，文物保护管理机构5家，其他文化事业10家，博物馆23家，文化市场管理机构7家。公共图书馆总藏量631万册，其中少儿图书馆藏量101万册。

全市有各类文化经营场所1083家。其中，互联网上网服务营业场所485家，文化娱乐场所313家，演出场所22家，艺术品经营店263家。市区（含开发区）文化经营场所783家。其中，互联网上网服务营业场所330家，文化娱乐场所180家，演出场所10家，古玩（美术品）经营店263家。

全市有广播电视台7座，节目23套，中波发射台和转播台4座，转播台18座，广播电视人口覆盖率100%。

全市有卫生医疗机构7966个，比2019年增长62%，其中医院、卫生院377所，比2019年增长22.4%。拥有医疗床位6.5万张，比2019年增长15.2%。卫生技术人员8.1万人，比2019年增长37.4%。每千人拥有执业医师和执业助理医师3.74人。市辖区建成社区卫生服务中心96家，城区人口覆盖率100%。

全年承办瓦萨国际越野滑雪赛等国际国内大型体育赛事50余项次。开展全民健身活动，完善健身场地设施，改善健身条件，开展各级各类健身活动512余项次，近百万人次参与活动。

（孙明阳）

市长公开电话

【概况】 2020年，市长公开电话全口径受理市民反映1157526件，比2019年上升21.5%。其中，“12345”热线受理1103731件、网站受理21865件、读报读网受理2236件、语音智能受理4695件、微信公众号受理20890件、电子邮箱受理2236件、其他途径受理2873件；依法合理答复430572件，转交网络单位办理726954件，办结率99%以上，反馈率98%以上，群众满意率85%以上；举办局长接待日12次，接待来访人数2213人次，受理问题1247件，办结1243件，办结率99.7%。在年度受理交办工作中，未发生一起敏感、热点问题迟报、漏办现象。3月份，在中国市场学会服务质量专业委员会开展的“全国天天3·15维权调查”暗访活动中，长春市被评定为全国政府服务类热线综合素质达标单位并全国通报表彰。在四川遂宁市举行的人民网《领导留言板》网上群众工作大会上，长春市被人民日报评为“2020年人民网网民留言办理民心汇聚单位”，读网工作连续12年受到人民日报赞誉。

【跟踪督办】 2020年，市长公开电

话为适应新冠肺炎疫情防控带来的新挑战，坚持推进“软”“硬”件改造建设，加强服务能力，提升服务质量。坚持服务大局，确保重点工作落实到位。围绕打赢新冠肺炎疫情防控阻击战，坚持将涉疫情信息全部列入急办程序，采取专人专办、单独分类处理办法，与市疫情防控领导小组、市卫健委、市公安局、市市场监管局等主要职能部门建立快速反应渠道，保证24小时内处理完毕，处理的9万3千余条相关信息无一漏办延办。结合“元旦”“春节”“清明”“五一”和“十一”等重要节日，开展供水、供热、供电、燃气、有线电视、交通、困难救助、欠薪、物业、市容卫生等方面问题的专题排查活动，保证全市节日期间社会生产生活秩序安全稳定。

完善制度体系，确保工作运行规范有序。修订完善《市长公开电话工作管理规范》《市长公开电话考评实施方案》，严格执行“三次以上重复投诉办理主要领导签批把关”“系统反馈不满意件自动退回重办”等重要机制，推行“系统自动在线调查、人工随机抽样调查、第三方社会机构辅助调查”的“三位一体”市民满意度调查模式，逐月开展网络单位办理工作考评，加强市民诉求办理质量监控管理；对疫情防控要求无法组织开展“面对面”局长接待日活动的特殊情况，推行网上接待、视频远程接待等创新方式，保证局长接待日活动不间断和接待制度的落实；强化读报读网工作“一把手”签发制度和专人负责、专网办理体系，明确分工，落实责任，理顺流程，保证读报读网工作规范化、常态化运行；发挥市长公开电话网络办公优势，采取网上交办、网上监督、网上办结等方式，化疫情防控期间弹性办公带来的影响，保持办理质量和效率。

加大督办力度，确保办理质量提升。坚持每周编发一期要情周报，向市政府领导和重点单位通报民情民意和处理情况，督办供热、供水、安全等方面所涉重点问题150多个；运用会议协调、问题专报等方式，综合协调处理房地产销售乱象、暖气不热、产权办理等难点问题50多个；对供热、疫情等季节性、突发性热点敏感问题，坚持每日向各级领导、部门专题报送信息分析情况，为市政府和各职能部门及时掌握信息、做出决策举措提供重要参考；专人负责跟踪督办国务院“互联网+督查”中国政府网和省政府督查室交办件，协调解决市民重点关注问题110多个。2020年，市长公开电话督办重要事项75905、重复投诉事项15086个、急办事项54656个，一批热点、敏感问题得到及时稳控和有效处理。

（苏再利）

民生工作

【就业创业】 2020年，全市城镇新增就业约12万人，就业困难人员实现就业1万人；援助零就业家庭人员就业200人，实现城镇零就业家庭至少1人就业，援助率100%；开展城镇妇女创业就业培训项目和农村技能培训培训班104期，培训5200人次；对8464人（次）残疾人进行技能培训、帮助城镇2244名残疾人实现创业就业；组织开展新型职业农民培训6669人，其中新型经营主体带头人（含贫困村创业致富带头人）3805人，专业生产型和技能服务型农民2864人；遴选10家培训机构承担长春市自主就业退役士兵短期技能培训任务，开展27个专业供大家自主选择。

【社会保障】 将城镇居民基本医疗保险和新型农村合作医疗所有应参保（合）人员全部纳入城乡居民基本医疗保险制度范围内，建立覆盖范围、筹资政策、保障待遇、医保目录、定点管理、基金管理、经办信息人员“七统一”的城乡居民基本医疗保险和大病保险制度；统一城乡居民门诊保障待遇、城乡失能人员医疗照护保险待遇，将城乡居民门诊特殊疾病病种统一为43种，扩大门诊统筹药品目录范围，由240种药品、500余品规扩大至1800余种药品、7.1万余品规，、将慢性病相关的诊疗项目纳入报销范围；城区城乡低保标准分别提高到每人每月710元和500元，城乡特困人员基本生活标准分别提高到每人每月1130元和860元。双阳、九台、榆树、德惠、农安均提高城乡低保标准，达到吉林省指导标准；两节期间，为城区3.5万户城乡低保分类施保家庭和9008特困人员按每户（人）500元标准发放补贴；为44398名有需求残疾儿童和持证残疾人提供基本康复服务；为44户贫困残疾人家庭实施无障碍改造；全市1201户困难职工家庭全部实现解困脱困，在疫情期间，全市各级工会组织为在档困难职工发放疫情生活补贴104.5万元，提供防护口罩和酒精、消毒液等防护物资。对深度困难职工和相对困难职工家庭发放帮扶送温暖资金515.58万元，保障困难职工家庭基本生活。

【教育均衡】 统筹解决城区中小学资源配置不足问题，启动建设4所义务教育学校；开展“爱心圆梦”“我心飞翔”助学项目，全市各级工会发放助学金139.55万元，资助困难职工家庭子女257人；组织中小学生参加2020全国青少年近视防控操线上亲子大赛，组织学生和家长观看青少年近视防控对策直播栏目，开展学生常见病及健康影响因素监测工作，以学生体检工作为契机，开展学生视力普查建档；为普通学校建设特殊教育资源教室和设备购置，确定长春市12所义务教育中小学校为项目申报学校，由省教育厅负责的每所学校30万元资金全部下发，普通学校特殊教育资源教室项目全部完成招标采购。

【文化惠民】 举办“服务一汽携手前行”新年音乐会、五月的鲜花“奋进新时代”——长春市庆祝建党99周年交响音乐会、“叙鱼水深情铸铁血军魂”——庆祝中国人民解放军建军93周年主题交响音乐会、“祖国颂”等音乐会高水平音乐会7场；支持伪满皇宫博物院启动长春市历史建筑数字化工程，对长春市区内近代历史建筑进行全面调查摸底，实地踏查历史建筑约200处，完成航空拍摄、地面拍摄、全景拍摄100处；汽博会于2020年7月10日至19日在长春国际会展中心举办，展览总面积20.3万平方米，销售车辆51852台，交易额103亿元；主会场会展中心入场人数23.3万人次，17个分会场入场人数约4.9万人次，总入场人数29.3万人次，线上展厅观众57.5万人次；举办第二十三届长春冰雪节、2020长春消夏艺术节、汽博会、第18届中国长春净月潭瓦萨国际越野滑雪赛、世界罗佩特国际越野滑雪赛、世界经典滑雪赛、国际登山联合会攀冰世界杯赛、“欢乐冰雪健康中国”全国首届滑雪定向赛、“一汽红旗”中国冰雪短道汽车拉力锦标赛、“筑梦冰雪·相约冬奥”第二届全国学校冰雪运动竞赛暨嘉年华活动和吉林省“百万学子上冰雪”主题日活动。

【公共交通】 购置新能源公交车364台；全面建设地铁5、6、7号线及其他轨道交通工程，5号线、6号线和7号线一期工程进展顺利；续建吉林大路快速路工程，世纪大街东向南匝道通车；抚长高速公路改移工程正式启动，进入基础施工；改造提升吉林大路、解放大路、民康路，正式投入使用；延伸景阳大路至西客站，站前街通车；启动一批公共立体停车场，新政务中心立体停车、动植物公园立体停车场、台北大街立体停车场项目完成前期工作。

【生态环境】 开展柴油货车、渣土运输污染专项整治，全市查处柴油货车交通违法22万余起，超载8469起，尾气排放超标上路行驶101起；落实大气污染防治措施，蓝天保卫战各项工作取得积极进展。完善禁烧十项机制，严格秸秆禁烧管控，逐村落实禁烧、离田、计划烧除方案。加强煤烟型污染治理，全面淘汰建成区燃煤小锅炉。强化工业污染防治，开展挥发性有机物专项治理。开展移动源治理，对非道路移动机械实行编码备案管理。控制城市扬尘污染，实施建筑工地标准化管理，城市主次干道机械化清扫率100%。修复三北防护林工程，完成造林6269公顷。其中，农田防护林网修复完善工程2066公顷，迹地更新造林573公顷，职工工资田还林800公顷，防沙治沙造林67公顷，清收林地还林欠账2115公顷，完成三北五期造林550公顷，生态经济林98公顷，公铁路两侧绿化160千米，河道绿化10千米。造林总量超出吉林省下达任务40%，是2019年的1.5倍；开展“拆违透绿”行动，加快零散棚户区拆迁还绿，加强城区道路、单位庭院、居民小区绿化，新植街路90条、大块绿地62宗，补植街路240条、大块绿地63宗，新增街路绿地287公顷，南湖公园等5个公园完成拆围12125米，复绿2.5公顷；强化伊通河污染治理，重点实施新建、续建13个污（净）水处理厂和1个调蓄池项目，加强运营维护管理，巩固治理成果，持续提升水质。

【城市精细化管理】 开展“城市乱象集中整治”，巩固道路交通、建筑工地、违法建筑、市场秩序、市容环境、牌匾广告等领域整治成果，建立完善长效管理机制。拆除各类违规牌匾2000余处、清理各类不规范牌匾6000块、清理公益广告1900余处、拆除不合格围挡9000余米，改造提升各类围挡4.8万米（包括地铁沿线围挡）。规范广告牌匾，推进全国户外广告设施试点城市建设，对10条示范街路和3个试点区域进行逐一踏查，建立整治台账，根据各街路具体情况，分别制定整治实施方案；清刷覆盖非法小广告280余万处，停机号码7500余个，行政处罚120余人，处罚金额约47万元，增设便民宣传栏板约2.5万个；清理占道经营1万余处、暂扣物品7000余件、经营车辆约200台；清理露天烧烤7000余处、暂扣经营工具约3500件；清理地桩、地锁等占道物、堆放物2万个，清理共享单车约2.8万台；实施老旧小区改造，市区43个小区、双阳区16个小区全部通过竣工验收；建设集中供热项目5个，总容量400蒸吨，完成新建改造供热管网105千米，新建、改造燃气管网62千米，新建、改造供水管网8.7千米；改造棚户区5911户，解决棚改逾期未安置1377套，有4个项目71户采取换签协议、签订安置协议等方式解决。

【乡村振兴】 推进农村人居环境集中整治，推进农村生活垃圾、污水治理，投入资金1.8亿元，建成生活垃圾转运站129座，配备生活垃圾运输车辆1600台，114个乡镇生活垃圾全部收集转运，90%以上的村建立日常保洁机制，在农村生活垃圾治理工作省级考核验收中，长春市各县（市、区）和开发区全部通过验收，重点建制镇和常住人口万人以上乡镇污水处理设施建设进展顺利，20个重点建制镇建成污水处理设施完成19个；推进农村厕所革命，持续开展村庄清洁行动，完工15902户；全市贫困人口饮水安全措施全部覆盖到位，2020年实施工程建设的279个村全部完工，建设水源井421眼、管理房310座、安装水处理设备310台套、铺设管网9895千米。保障63万农村居民饮水安全；农业供给侧结构性改革，加快发展园艺特产业，落实“菜篮子”市长负责制，争创国家级、省级现代农业产业园，打造现代特色农业示范基地，提升11个特色农产品优势区、40个园艺特色乡镇建设；完成稻鱼综合种养技术项目推广面积6006.67公顷，分别为榆树市133.33公顷，德惠市1666.67公顷，农安县673.33公顷，双阳区1000公顷，九台区1333.33公顷；美丽庭院干净人家打造工作全部完成，创建“美丽庭院”5000户、“干净人家”1万户，10月中旬妇联印发示范户评比表彰通知，组织示范户评选；重点培育打造农民合作社村级核心社400个；新建绿色有机示范园区20个，重点推进水源地二级保护区内绿色有机农业示范区的创建任务；改建农村公路、改造危桥、实施安防工程，完工通林场道路9.9千米、改造危桥两座、安防工程62.5千米。

【社会治理】 打击组织领导传销和非法吸收公众存款等各类新型金融犯罪，组织领导传销案受理2起，立案1起，破案2起，涉案金额314万元，受害人数130人，取保候审2人。非法吸收公众存款案受理11起，立案14起，破案2起，涉案金额58826.5万元，受害人数1449人，取保候审3人；打击传销“雷霆2020”专项行动出动执法人员2456人次，排查传销线索36条，立案29件，其中网络传销案件28件，办结传销案件3件，罚没款263.39万元；加强视频监控系统建设，推进“平安小区”建设，完成17个；创建放心消费示范商圈（街区）11个，推动放心消费创建活动向商业行业、生产企业延伸，命名10个区域性放心消费示范行业、11家放心消费工厂；加强“放心消费在长春”网站建设，在“放心消费在长春”网站增加“维权先锋”“企业风采”栏目，发布信息60余条，宣传推广基层消费维权工作人员维权事迹和放心消费示范店（企业）诚信经营情况。通过“新闻中心”“警示提示”和“典型案例”栏目发布信息550余条，发挥消费教育和警示作用，通过“创建动态”“公示公告”栏目发布信息470余条，推动各县（市）、区创建经验做法共用共享，促进工作落实；建设城市应急储备装置，以储罐工程桩基础为核心的节点工程完成。

【便民利民】 全面升级通信产业信息基础网络，基本实现全光网覆盖，城域网出口带宽6.2T，农村地区行政村宽带普及率95%以上，移动4G网络覆盖率达98%以上，5G网络实现东起洋浦大街西至西环城路，南北至环城高速公司室外的连续覆盖，到2020年年底实现环城高速以内及净月开发区的室外连续覆盖；华为、浪潮、吉视传媒、长春联通和启明公司等多个数据中心正常运营，中国移动、中国电信吉林数据中心正在建设，长春数据中心规划面积超过20万平方米，布设机架超过2万个，在线存储容量超过20PB；城市大脑作为城市新型基础设施，初步完成1个中枢和7个能力平台建设，在前期确认需求的基础上加快推进各部门数据挂载进度，依托数据共享交换平台挂载数据资源1437项，对接数据总量14亿条，为“城市大脑”建设及各部门423个业务场景应用提供数据支撑；“市民卡”App将上线投入试运行，市民可持“码”在交通出行、健康卫生、文化惠民、社区生活、财富管理等领域享受便捷服务；创立新型社会保险服务模式，参保单位网上24小时随时随地办理仍在试运行期间，将持续完善优化，个人申报类业务就近办，在前期2个试点社区运行基础上增加50个试点社区；推进“社保服务进万家”，完成专线铺设工作，完成电视端查询类、资讯类模块的程序和数据接口开发工作，程序上线运行；完成各城区政务大厅一体机铺设工作。

（李　强）

脱贫攻坚

【概况】 2020年，全市154个贫困村全部出列，30327户62810名贫困人口全部脱贫。脱贫攻坚工作得到各大媒体关注，中央广播电视台、吉林电视台和《人民日报》《农民日报》《吉林日报》《长春日报》等国家、省、市媒体给予报道。

【组织领导】 制定下发《中共长春市委关于深入学习贯彻习近平总书记重要讲话精神决战决胜脱贫攻坚的通知》，出台贯彻落实习近平总书记重要讲话精神奋力夺取脱贫攻坚战全面胜利的31项推进措施，明确任务书、时间表、路线图。召开市委常委会4次、市政府常务会3次、脱贫攻坚领导小组会5次、专项推进会等会议28次，统筹谋划收官之年各项工作。市委书记王凯调度危房改造、饮水安全等重点工作，到扶贫一线检查指导工作；市长张志军到任后听取脱贫攻坚工作汇报，提出“六个底线问题不能出”等具体要求。明确77项年度重点工作，出台巩固成效、监测预警、包保帮扶、应对疫情灾情等方面的政策文件。实施全面督战与驻点督战相结合的督战方式，“四大班子”主要领导、市委副书记分别与1名副市级领导“双包保”脱贫任务较重地区、市委常委包保其他地区，到扶贫一线把脉问诊、对症下药；成立5个驻点督战组，每组常驻1个县（市、区）全覆盖检查指导，推动解决点位问题2300余个；主管副市长牵头的6个“两不愁三保障”专项推进组组成33个督战小组走村入户，全面补齐短板、对标达标。

【疫情灾情应对】 抓好组织、政策、资金保障。印发《关于积极促进疫情防控期间贫困劳动力就业切实稳定贫困家庭收入的通知》《关于进一步做好贫困人口疫情防控和脱贫攻坚工作的通知》等文件，建立起日报告、不见面服务等5项保障机制，出台分级实施包保帮扶、强化部门联动等10项促进就业措施，按需落实保障资金。突出域外输出、域内安置、培育主体三个重点。成立就业扶贫专班，实行网络招聘、扶贫信贷政策保障、贫困劳动力交通补助等措施，特别是创新创建就业扶贫星火站，打造“扶贫星站”54家；开发扶贫特岗、临时性公益岗和长春市创新设立的“三无”（无法离乡、无业可扶、无力脱贫）公益专岗；实现域外就业1344人，域内就业7230人，确保贫困劳动力不因疫情而影响收入。实施政策支持、调查摸底、因灾因户施策、跟踪监测帮扶等抗灾减灾四项举措。下发《关于全面摸排因台风影响致贫返贫情况的通知》《关于帮扶贫困户恢复农业生产确保稳定脱贫的紧急通知》等文件，明确“三保”（保增产、保增收、保贫困户不受影响）总要求。组织乡村干部、驻村第一书记、驻村工作队员、帮扶责任人等人员进村入户开展排查，指导各村建立灾情统计台账。对贫困户受灾的不同情况，帮助贫困户开展抗灾减灾工作。

【两不愁三保障】 把实现贫困人口“两不愁三保障”目标作为打赢脱贫攻坚战的核心任务，逐村逐户逐人进行摸排，发现问题立知立改、立行立改，确保全面达标。增加贫困群众收入。创新实施“龙头企业+合作社+贫困户”“公司+基地+贫困户”等产业扶贫模式，专门下拨5000万元财政扶贫资金投入龙头企业，帮助脱贫攻坚任务较重的6+个县（市、区）发展产业项目。2020年新建扶贫产业项目63个，建设传统和新业态产业项目667个，贫困村、贫困人口产业覆盖率均100%。组建6162名产业发展指导员队伍，覆盖全市所有建档立卡贫困户，做到政策、技术、信息服务“三到户”。成立消费扶贫专班，下发消费扶贫工作方案，开展如何建淘宝店、利用抖音直播销售产品等培训；组织申报一批品牌效应强、抗风险能力强、贫困户参与度高、带贫效果好的扶贫龙头企业，挖掘一批特色扶贫产品；创新实行“农超对接”“县委书记直播销售”“展会促销”“平台展销”和企业“以购代捐”“已买代帮”等消费扶贫模式，解决贫困对象农产品“卖难”问题。发挥扶贫政策与疫情期间特殊政策的协同效应，全市11103名贫困劳动力实现务工就业；873名长春户籍建档立卡学生全部享受“雨露计划”政策。推进饮水安全工程建设。市县两级按1∶1配套解决饮水安全工程资金问题，投入资金22.23亿元。成立脱贫攻坚农村饮水安全工作专班，绘制农村饮水安全保障“施工图”“流程图”“作战图”，实施“局长督当地政府，专班督行业部门”的督导模式，开展“四导一帮”和“三保”行动。建设完成877个村农村集中供水工程，巩固2.1万名饮水不安全贫困人口在内的151.02万农村居民饮水安全保障能力，87.5%农户实现集中供水。强化“三保障”。落实住房安全认定制度，实施改造工程，新确认的823户贫困户危房改造全部竣工，所有贫困户实现住房安全有保障。落实教育资助政策，资助建档立卡贫困家庭学生14243人次，落实资金838万元，除因身体原因外全市无失学辍学现象。重点推进乡村卫生医疗机构标准化建设、“先诊疗后付费”、大病救治、慢病管理、家庭医生签约、“一人一策”等工作，完善“县乡一体、乡村一体”机制。贫困人口医保参保率100%，1890家村卫生室完成标准化建设并开通医保报销系统，全年大病救治1966人，重病兜底126人，慢病管理31166人，救治管理率100%。加强综合保障。将农村低保标准提高到每人每年4080元以上，有27609名贫困人口纳入低保和特困人员救助供养范围。连续3年开展“四个一批”专项行动和农村低保专项治理，开展贫困对象再排查再巩固再提升工作，确保政策落实到位。推进邻里志愿服务项目，为146个贫困村中1312名建档立卡贫困老人开展“两访、三查、四助”邻里互助养老服务，按每人每月200元标准给予服务志愿者补贴；投入1.2亿元，完成20家农村社会福利中心增加床位、改善硬件、完善消防的升级改造任务，满足困难老人“应住尽住”需求；全面落实残疾人两项补贴制度，实现“应补尽补、应享尽享”；适时发放价格临时补贴，保障特殊贫困人口基本生活。

【社会扶贫】 调动各方力量参与社会扶贫，推进与白城市的省内扶贫协作，助力打赢脱贫攻坚战。首创“扶贫开发联合会”。由市扶贫办倡导，由部分企业发起成立“长春市扶贫开发联合会”，发展会员企业51家。开展“易起过年”助贫行动，为城区所有建档立卡贫困家庭送去每户价值400多元的新年礼包；开展“心系贫困户・携手抗疫情”防疫物资捐赠公益活动，捐赠医用防护口罩45.5万枚、医用消毒酒精1吨、免洗洗手液1520瓶；开展“爱心蔬菜”配送服务，方便贫困人口居家隔离生活；组织会员企业参加全省消费扶贫月活动，有39个厂商展示展销各地特色优质农副产品307个品种，达成采购意向约1200万元。开展帮扶活动。市民政局发布《“共担责任、共战疫情新冠肺炎疫情防控”公开募捐行动倡议书》，为贫困人口疫情防控募捐资金和物资，折合人民币2418.5万元。组织长春亚泰集团、吉林阳光建设集团、长春市厚普困境儿童关爱中心等单位分别与贫困村对接，支援贫困村建设。吉榆商会、乐清商会等12家社团倡议建立“筑爱慈善基金”，惠及贫困群体近万人。实施“民企帮扶脱贫攻坚光彩行动”，组织一批企业分别与五县（市）区签订对口帮扶框架协议书、电子商务合作协议书，打通消费扶贫“最后一千米”。扶贫协作对口支援。援助白城市5000万元资金，用于大安市生猪产业扶贫、洮南市棚膜产业园区、镇赉县和合牧业、通榆县辣椒现代农业产业园、洮北区生态认养农业园项目建设。两市组织部门牵头互派干部27名，为各领域扶贫协作发挥桥梁纽带作用；长春市规自部门组织有关地区向白城市购买挂钩指标196.03公顷，支付资金3.08亿元，调剂补充耕地指标110公顷，支付资金1.1亿元；长春市就业部门为白城市提供企业用工信息109家、用工岗位4010个，帮助转移就业99人。朝阳区组织各级人大代表为镇赉县捐款67.3万元，用于镇赉脱贫攻坚工作；南关区组织企业、社会组织依托全国扶贫832网络销售平台，帮助大安市销售扶贫产品42.98万元；二道区为洮南市捐赠扶贫协作抗疫抗灾资金30万元；绿园区拨付通榆县30万扶贫资金，协调太平财产保险有限公司长春市分公司投入50万元，为通榆县未脱贫户、边缘易致贫户、脱贫不稳定户制定保险补贴扶贫险种；宽城区选派1名优秀干部到白城挂职交流；汽开区拨付白城市经开区扶贫资金300万元，用于开展庭院经济；净月区拨付400万元，帮助查干浩特开发区支付危房改造款，并出资200万元帮助组建产业扶贫基金。

【防止返贫】 落实“四个不摘”要求，确保投入力度、扶持力度、工作力度、监管力度“四个不减”。坚持“五级书记抓扶贫”，开展“遍访”活动，做到摘帽不摘责任。对出列的贫困村和已脱贫的贫困人口，逐村逐户逐人排查，落实相关政策，在财政资金非常紧张的情况下，市本级财政仍然投入扶贫资金4.1亿元，做到摘帽不摘政策。各级包保领导、包保部门到贫困村走访贫困户，全市驻村干部入户宣传扶贫政策20余万次，为群众领办代办服务项目4.6万件，建设村级组织活动场近300个，建立村级制度1300余项，做到摘帽不摘帮扶。构建脱贫保稳政策体系。出台《长春市关于巩固脱贫成效保障稳定脱贫的实施方案》，提升稳定增收能力、提高综合保障水平、加强边缘贫困对象帮扶等6方面26项措施。制定《关于建立健全脱贫攻坚返贫监测预警和动态帮扶机制的实施方案》，建立监测对象台账，实行“红黄蓝”三色预警，采取预防性、个性化帮扶措施。聚焦“三类人群”精准施策。对剩余贫困人口，全市31位市级领导、53名市直部门主要负责人包保重点未脱贫户，实现每名未脱贫户有1名乡科级以上领导干部“一对一”结对帮扶；因户因人实施政策兜底等“输血式”和着眼长远发展产业等“造血式”相结合的“一人一策”精准帮扶措施；在吉林省给予未脱贫人口人均5000元脱贫资金的基础上，长春市也按人均5000元进行匹配，确保726户1667名剩余贫困人口如期实现脱贫。对脱贫监测户，实施产业就业帮扶、强化综合保障、加强特殊情况处置等精准帮扶措施。全市841户1850名脱贫不稳定人口、874户1811名边缘易致贫人口全部消除返贫致贫风险。

（李　强）

政务服务

【概况】 2020年，长春市信用信息共享平台和信用长春网站被国家公共信用信息中心评为“2020年全国信用信息共享平台和信用门户网站一体化建设特色性平台网站”。长春市公共资源交易中心（长春市政府采购中心）获评“2020年度全国公共资源交易优化营商环境先进单位”“2020年度先进采购机构”。长春市公共资源交易中心（长春市政府采购中心）操作的长春市市场监督管理局食品安全监督抽验检测定点服务项目被评为“2020年度政府采购精品项目”。

【政务服务改革】 政务服务标准化建设。围绕减环节、减材料、减时间、减跑动，编制22类事项清单，改造全市192个政务（公共）服务中心，推进政务服务大厅建设标准化。清理政府部门行政审批中介服务事项，行政审批中介服务事项保留65项、调整25项、取消47项。企业设立经营联审联办。上线运行企业开办智能审批系统，市场主体登记全程电子化，三大类1000余个条目智能审批；食品生产、百货零售等20个行业类型的经营许可跨部门、跨层级“N证联办”；涉企125类主题服务事项“一件事、一次办”。工程建设项目审批制度改革。政府提前介入，推进能评、环评等区域性评估，实行告知承诺和容缺受理，城区、开发区社会投资新建工业项目“拿地即开工”。审批服务便民化。开展政务服务“零式改革”，市本级95%的政务服务事项网上办理，营业执照、老年证办理无人工智能审批。企业登记注册“零见面、零干预、零等待”做法被国务院职转办向全国推广宣传。

【优化营商环境】 成立长春市优化营商环境工作领导小组，下设18个指标建设组和6个保障工作组，负责营商环境建设工作的政策落实和改革创新。召开全市优化营商环境暨服务企业大会，印发《长春市优化营商环境工作提升方案》，组织56个相关部门和单位对标对表，逐条逐项落实。按照“月调、季督、年考”的工作时序，对各责任单位任务落实情况进行跟踪检查督导。建立优化营商环境意见征询机制和第三方评估机制，开展“破坏营商环境、违约失信、阻碍民营经济发展”问题专项整治和东北营商环境评估问题整改，所有任务完成。联合工信局、发改委、财政局、人社局、国资委开展清理拖欠民营企业、中小企业账款3年工作计划，推动52.3亿元无分歧账款清偿。组织18个指标组169人分9批次赴沈阳参加国家营商环境集中填报，完成国家发改委交办的相关任务。打击破坏营商环境行为，查办政策诚信类、办事效率类等7类涉软案件41件。制定营商环境政策集中宣传方案，推动部门优化营商环境板块建设，印发25期《优化营商环境简报》，与媒体平台合作，推广优化营商环境工作成效。“强化知识产权保护，努力营造良好营商环境”入选《中国营商环境报告2020》以评促改最佳实践典型案例。

【社会信用体系】 开展信用综合服务工作。在长春市政务服务中心设立信用服务区，提供企业信用信息查询、信用业务咨询、企业信用修复、信易贷咨询、信用信息注册服务。建立信用修复的双渠道受理、线上线下双线授课的修复机制；为加强疫情防控，“信用长春”网站开通“公益性信用修复在线学习”版块，承接全省信用修复在线学习，为985户企业进行信用修复。“信易+”系列应用场景建设。在“信用长春”网站推出“信易贷”专区，为信用好的中小微企业提供多途径融资渠道。“信用长春”信易贷专区注册企业19991户，成功授信577笔8.81亿元。开展“信易租”“信易批”“信易贷”“信易借”“信易+公共资源”等“信易+”应用服务，T3出行、摩捷出行、“这有山”等多户企业加入。“信易租”方面，“摩捷出行”免押金用车，优惠人数12.4万人；“信易批”方面，审批部门100%实施容缺受理。全市开展“信用示范街区”创建工作，制定创建方案和测评标准，在信用长春网站开设信用示范街区专栏，为申请创建的街区企业商户建立信用档案，制作信用名片，进行诚信经营公开承诺，评选出9个信用示范街区。构建以信用为基础的新型监管机制。制定工作责任制和任务分解表，发挥社会信用体系建设领导小组办公室的牵头作用，统筹推进、分类指导、督促检查、重点突破，构建贯穿市场主体全生命周期，衔接事前、事中、事后全监管环节的新型监管机制。提升信用状况监测分数，长春市在全国36个省会及副省级以上城市信用监测排名，由2019年的34名升至16名。失信专项治理。完成1起涉电子商务领域失信案件、8起涉金融领域失信案件治理，涉案主体完成合同履约。对7起法院判决失信案件进行核查，完成3起案件执结，4起案件终结。

【政务公开】 作为全省试点城市，长春市、二道区和榆树市在全省大会和延边州、长白山等地作经验交流。长春市16个县区完成标准化事项梳理工作，全市239个乡镇街道，327个部门参与，梳理一级事项2480项、二级事项23536项和1846项内容标准。对比国家部委的规范指引，新增残疾人救助扶持、劳动监察保障等14个领域公开事项。在“中国长春”市政府门户网站开设“疫情防控长春在行动”“决战决胜脱贫攻坚”“聚焦城建重点工程”“专班抓项目万人助万企”“优化营商环境建设”等专栏，发布社会焦点信息。9月底，市本级信息公开专栏升级改造完成，政府信息公开平台发布政府信息2879余条，发布信息113533条。开展《政府信息公开条例》普法宣传活动，在网站、政务大厅开设专栏和专区。组织行政机关编制《政府信息公开年报》64个，在本级网站和政府信息公开专栏同步发布，主动接受社会监督，年报发布率100%，编制合格规范率83%以上。疫情防控期间网上申请量增加，平台办理申请532件，比2019年增长2倍；协同市政府办公厅办理书面申请56件，比2019年增加31件；申请答复率100%，投诉举报交办率、办结率100%。召开5次全市规模的工作推进会和培训会，培训人员500人次，印制4类约3000本工作指导手册。在2020年全省政务公开和政府信息公开两项考核评估中，长春市获“双线”第一名；二道区、德惠市、榆树市得分90分以上，全省排名前三；被抽查的朝阳区、公主岭市排名第二、第六；长春市市场监管局排名全省第一，市卫健委排名第四；长春市和县区5名工作人员受省政府通报表彰。

【公共资源交易】 公共资源交易平台电子化。2020年，推动省内各级公共资源交易平台办理的CA数字证书和签章在长春市公共资源交易平台互通互认共享，线上办理CA数字证书并快递到家。拓展电子化行政监督方式，完成公共资源交易监督管理平台建设，动态监督、智慧监管。筹建电子保函平台，与电子保函出具机构签订合作协议，拟定与电子保函建设运维单位、电子保函出具机构的合作协议，形成《长春市公共资源交易中心电子保函管理办法（草案）》。公共资源交易管理。开展全市各县（市）区、开发区公共资源交易场所实地踏查8次，确定10个指定交易场所，解决长春市各地交易场所不规范、开展招标采购活动场地资源供给不足问题。编制交易目录，公共资源交易范围扩大到以市场化方式配置自然资源、资产股权、环境权等各类公共资源。制定公共资源交易平台服务管理细则，规范管理各参与主体，确定信息、信用共享规范。编制长春市公共资源交易中心内控制度手册，完善业务风险管理程序，长春市公共资源交易中心获“2020年度先进集采机构”称号。优化全市招投标领域营商环境。开展全市工程项目招投标领域营商环境专项整治工作，清查招投标过程中设置的各类不合理限制和壁垒问题，责令存在违反《工程项目招投标领域营商环境专项整治工作方案》18个方面问题的6个县（市）区、开发区和3个市直部门整改，涉事单位完成144个事项的情况说明和整改。责令存在信息发布严重错情、场外交易和违规使用自建专家库问题的40余家代理机构进行整改，规范招标代理机构交易行为。建立信息发布两级审核制，确保全市公共资源交易项目在公共资源交易平台上发布信息的准确、及时、完整、规范，提高信息发布质量，该项工作作为机关工作亮点刊登在长春日报头版。

（尹秋竹）

外　事

【思想政治建设】 2020年，理论中心组组织专题学习和扩大学习12次，参加全市党政领导干部培训5次，利用“每周阅读”参加各支部政治学习10余次，系统地学习《党章》《习近平治国理政》等书目；开展主题党日5次。在干部选拔任用工作上，办党组严格按照《党政领导干部选拔任用工作条例》和干部选拔任用工作规程要求，调整各职务职级干部16人次。落实《关于新形势下党内政治生活的若干准则》，带头执行集体领导制度、“三重一大”集体决策制度。落实党组书记负总责、党组成员分工负责的“两个责任”，将外事工作与党风廉政建设工作同部署、同落实、同考核，始终把党风廉政建设摆上重要议事日程。加强党风廉政宣传教育，党组书记带头上廉政教育党课，传达典型案例通报，组织党员干部观看廉政教育片，开展“廉政文化进机关”活动。贯彻落实中央“八项规定”实施办法，制订下发《市外办贯彻落实中央八项规定实施细则的实施办法》，使制度规定更加具体化、更具有操作性。

【脱贫攻坚】 为包保的榆树市大坡镇后岗村精准扶贫、稳定脱贫发挥作用。通过党组书记点对点帮扶后进党支部活动，建强后岗村基层党组织力量，以党建促脱贫。推进后岗村基础设施建设，完成年初申请的6.5千米屯内水泥路建设。争取各项扶贫资金，加大产业扶贫，打造“第一书记代言”产品，为村民和村集体创造脱贫致富的机会。

【涉外新冠肺炎疫情防控】 自涉外疫情开始以来，2020年外事部门派出英语、韩国语、日语等10名翻译109人次前往机场，完成72架次航班、460名外籍人士机场翻译服务工作；制发《国际旅行卫生防疫告知书》《国际旅行者防疫法律承诺书》，翻译印制成英、日、韩、俄、德5种文本，将其放置在乘客出发地所在机场，确保境外来长乘客了解长春疫情防控相关政策，并恪守法律承诺。实地踏察定点隔离宾馆，对集中隔离的外籍人员，实行点对点、人对人翻译服务和跟踪联系，启动心理外语服务热线，提供英语和韩语心理咨询应急服务，解决外籍人士日常生活、复工复产等实际困难70余个。主动与海外友好城市、友好机构和友好人士取得联系，争取国际捐赠，长春市获得日、韩、美等五批海外捐赠。国外疫情暴发后，帮助海外友好城市和友好机构，长春市伸出援手，分别向韩国、日本、俄罗斯、西班牙、泰国、斯洛伐克、加纳、白俄罗斯、加拿大等国友好城市，德国大众和奥迪总部、日本丰田和马自达总部捐赠抗疫物资，捐赠80万只口罩，3000套防护服。

【东北亚区域经贸合作】 启动网上招商模式，落实“大招商”理念。4月15日，长春开启首次全球网上招商会—日本站，采用“云招商+视频推介+云直播”方式，向世界推介长春。线上线下结合，全力服务中韩（长春）国际合作示范区。中韩（长春）国际合作示范区4月21日获批。5月25日至29日，策划并承办中韩（长春·蔚山）汽车产业项目对接会；6月29日，中韩（长春）国际合作示范区举行全球首场云合作暨项目签约活动，签约仪式上，日本日中中小企业支援协会与中韩（长春）国际合作示范区在签约仪式上签约合作；9月22日至24日举办中韩（长春·仁川）医美、食品企业线上对接推介会，韩方11家企业和长春市9家企业进行线上推介和对接；7月中旬赴沈阳对日本、美国、俄罗斯、韩国和德国总领事馆进行工作访问，就中韩国际合作示范区的建设与韩国总领事林秉镇进行会谈；8月5日组织日本企业走进中韩（长春）国际合作示范区，丰田汽车、长春丰越、丰田通商、丸红、住友、广岛技术等15名日企负责人及企业代表参观中韩（长春）国际合作示范区；8月11日，组织在长韩人（商）会代表召开中韩（长春）国际合作示范区建设推进座谈会，会上推介中韩（长春）国际合作示范区整体情况及相关政策，就中韩国际合作示范区因公出访审批事项进行沟通，达成共识，制定《长春市支持中韩（长春）国际合作示范区建设外事工作细则》；农博会期间，日、韩、德、法、澳领馆总领事到访长春，代表团除参加农博会开幕式，参观中韩（长春）国际合作示范区。

【外事服务】 打造国际营商环境战略，围绕长春市“四大板块”战略部署，成立4个专班，市外办与汽开区共同组建的汽开区外事服务中心于3月9日正式成立。协调相关部门建立“打造国际营商环境联席会议机制”“长春外国友人咨政联谊会”平台，利用机制和平台解决外国人无法进入双阳“神鹿峰”旅游景区等生活、出行实际问题。为提高长春国际化水平，加强国际语言环境建设，开展公共服务场所外语标识标准化工作，配合机关事务管理局和组织部完成长春市各委办局机构、处室及公务员职级职务翻译工作。市外办落实《吉林省当前阶段邀请外国人来华工作流程》。全年办理99家企业机构，672名外国专家来华邀请，其中为一汽大众公司办理到华邀请351人。完成领事认证76148份，比2019年略有增长。

12月17日，举办长春外国友人咨政联谊会2020年会 （李　珺　提供）

【调研活动】 贯彻落实习近平总书记考察吉林重要讲话指示批示精神，参与共建“一带一路”。主动开展“一带一路”相关企业调研活动。实地走访调研兴隆综合保税区、中德产业园、中俄科技园、中白科技园、中关村协同创新发展中心、长春国际陆港发展有限公司、吉通集团、一汽丰田长春丰越公司等，了解园区和企业优势特点。在分析“一带一路”沿线主要国家重点城市产业特点和优势，提出长春市与“长满欧”沿线主要国家重点城市开展合作的建议，形成《市外办推动“一带一路”建设工作方案》。

（李　珺）

地方志编纂

【“两全目标”任务完成】 按照中国地方志指导小组在《全国地方志事业发展规划2016—2020》中明确提出：到2020年底，实现省、市、县三级第二轮地方志书全部出版和综合年鉴全覆盖的“两全目标”。长春市第二轮修志工作于2018年全面完成；对标高位，提出到2020年市、县、区年鉴“全覆盖、四连发”目标，采取领导包保、周报告、月调度、季通报等措施。截至2020年年底，全市11个行政县（市）区全面完成综合年鉴一年一鉴、连续出版的全覆盖目标。

【续志资料征集】 针对机构改革部门作者调整、资料征集困难等问题，长春市确定2000年至2016年资料征集3年攻坚计划，落实作者和责任人，加大业务指导力度，每年指导30个左右的部门上报资料，下发《关于报送2019年资料及2001—2016年资料长编的通知》。截至2020年年底，市直各部门2017年、2018年和2019年资料年报分别上报101家、

85家和85家；2000年至2016年资料上报20家。

【乡、镇、村志编修】 长春市根据各县（市）、区实际情况和城市区划进程，确定有代表性的乡、镇、村，指导组织编纂志书。截至2020年年底，完成《米沙子镇志》抽审，《大房身镇志》《菜园子镇志》形成初稿，在进行资料补充。

【《长春县志》影印】 2020年，长春市在吉林省方志委支持下，开展《长春县志》整理与影印工作。该书印于1931年，仅存1套。为保护、留存这一珍贵历史资料，长春市与吉林省方志委共同开展《长春县志》的整理和影印工作。截至2020年年底，该书交付印刷。

【《长春年鉴（2020）》编纂】 编纂出版《长春年鉴（2020）》是长春市地方志编纂委员会列入市政府施工图的重点工作，主要记述长春市2019年政治、经济、社会、文化、生态文明建设取得的主要成就，着重突出城市特色和年度特点。长春市地方志按照进度要求，于8月26日将稿件清样报送到吉林人民出版社审核并申请书号，进度比2019年同期提前2个月，该书于2020年底正式出版。

【精品年鉴编纂指导】 长春市地方志编纂委员会指导九台区地方志精品年鉴篇目大纲研究、设计、论证和正文审改，2020年底通过全国方志专家第一轮评审，并在全国精品年鉴会议上作经验交流。

【《知家乡爱长春三字经》编纂】 为纪念建党100周年，长春市地方志编纂委员会组织编纂《知家乡爱长春三字经》，申请纳入吉林省地情资源开发项目。该书正文98阙1176字，释文部分约5万字，涵盖地方历史、红色记忆、经济发展、特色文化、社会民主和核心价值观等8个方面内容。至2020年年底，该书报送吉林省方志委审核。

【新冠肺炎疫情资料和实物征集】 4月初，为全面客观记录长春市抗击新冠肺炎疫情的过程和做法，长春市地方志编纂委员会向市政府提出面向社会公开征集长春市抗击新冠肺炎疫情资料和实物的建议并得到采纳，在长春日报、长春政府网站和长春地情网上发布公告。至2020年年底，征集到市政协、机关工委、市外办等58家单位的相关资料和实物。

【资政服务】 长春市地方志编纂委员会为市委、市纪委领导提供市情资料，为多家单位及个人提供资料查询服务，接待上门及电话查询单位和个人30余次。为市档案局、市委宣传部、吉林大学等党委配备方志资料151册。按照局长接待日要求，为孟氏整骨传人相关资料查取、甄树隆编纂地情书籍和帮助德惠市政协文史委请专家进行史实审稿等提供查询服务。

【长春地情网建设】 为更好发挥“长春地情网”作用，将“长春地情网”网站迁入长春市政务云平台。至2020年底，更新网站信息500余条。

【方志馆服务】 完成库房改造，挖掘图书存储空间。对原图书库房、侧堂进行改造、调整和升级，安装密集书架和防潮设施，图书存储空间逐步扩大。开展历史文化宣传。与省文旅厅、吉林电视台合作，完成《故事吉林——长春道台衙门》纪录片拍摄任务，将在吉林电视台播出；长春市方志馆获“长春市爱国主义教育基地”称号。丰富馆藏。与江西省方志馆等76家单位建立图书资料交换制度。1月至12月，征集图书资料2058册，752种。馆藏资料4440余种、4.5万余册。

【方志理论研究】 长春市地方志编纂委员会加强业务实务培训和理论研究，全市方志队伍理论研究水平得到提升。2020年，长春市有10篇文章获国家和省优秀论文奖，2人参加全国方志论坛。其中，1篇论文入选首届全国方志论坛并获省学术年会特别奖；5篇论文获吉林省学术年会二、三等奖项。

【依法治志】 长春市地方志编纂委员会高度重视法治工作，成立由党组书记任组长，两位副主任任副组长，各处处长为成员的依法治志工作领导小组，负责依法治志工作的研究和决策。下设领导小组办公室，设在资料编研处，负责具体日常工作。配备专业公职律师1名，负责相关法律问题处理与把关。加强宪法和依法治志理论学习，把国务院《地方志工作条例》《吉林省地方志工作条例》《长春市地方志工作管理办法》《中华人民共和国宪法》和《中华人民共和国民法典》等作为重点年内容纳入学习教育计划，提升干部职工相关法律法规基本知识和理论素养。

（崔玉恺）

中国人民政治协商会议长春市委员会

ZHONGGUO RENMIN ZHENGZHI XIESHANG HUIYI CHANGCHUNSHI WEIYUANHUI

重要会议

【全体会议】 中国人民政治协商会议长春市第十三届委员会第五次会议于2021年1月11日至1月14日举行。中共吉林省委常委、长春市委书记王凯等市领导出席会议，听取大会发言，参加小组会议、联组会议，与委员们协商互动、坦诚交流，共商长春振兴发展大计。会议审议批准綦远方代表政协长春市第十三届委员会常务委员会所作工作报告，审议批准张宝琦所作关于提案工作情况的报告，通过关于市政协十三届五次会议提案审查情况的报告。委员们列席长春市第十五届人民代表大会第六次会议，听取并协商讨论张志军所作的政府工作报告、长春市中级人民法院工作报告、长春市人民检察院工作报告，协商讨论长春市国民经济和社会发展第十四个五年规划和2035年远景目标纲要（草案）及其他报告。审议通过政协长春市第十三届委员会第五次会议决议。市政协主席綦远方主持闭幕会并讲话。

【常委会议】 2020年，召开5次常委会议。1月7日，召开市政协十三届十七次常委会议，听取各组对市委书记王凯在市政协十三届四次会议上的讲话、政协常委会工作报告、提案工作报告、政府工作报告及其他报告讨论情况的汇报，审议通过政协长春市第十三届委员会第四次会议决议（草案），审议通过有关人事事项。1月8日，召开市政协十三届十八次常委会议，听取各组审议人事事项、会议决议（草案）情况的汇报；听取政协长春市第十三届委员会提案委员会关于十三届四次会议提案审查情况的报告；通过政协长春市第十三届四次会议决议（草案）。6月9日，召开市政协十三届十九次常委会议，传达习近平总书记在全国两会上发表的重要讲话精神和全国政协十三届三次会议精神，市发改委通报长春市重大项目建设情况，市卫健委、工信局、教育局分别通报长春市疫情防控和复工复产复学相关工作情况，会议审议通过《关于政协长春市第十三届委员会增设委员工作委员会的决定（草案）》，会议审议通过有关人事事项。7月23日，召开市政协十三届二十次常委会议，听取市委常委、常务副市长王路关于全市上半年经济社会运行情况通报，会议围绕为编制“十四五”规划建言献策协商议政，听取专题发言，市政协主席綦远方，市委常委、常务副市长王路分别讲话。9月21日，召开市政协十三届二十一次常委会议，围绕“增强核心带动能力，推进长春现代化都市圈建设”协商议政，听取专题发言，市委常委、常务副市长王路，副主席孙英利分别讲话，会议审议通过有关人事事项。

7月23日，市政协召开十三届二十次常委会议 （李志璇 提供）

重要工作

【协商议政】 开展重点调研13项、监督性调研视察15项，就“为编制‘十四五’规划建言献策”“增强核心带动能力推进长春现代化都市圈建设”召开专题议政性常委会会议2次，就“促进城市交通发展优化公交网络布局”“加强长春市中小学生心理健康教育”“构建新时代调解工作格局”“提高公共文化生活品质与小康社会建设”召开专题协商会4次，围绕“铸牢中华民族共同体意识”“促进和吸引港澳台侨青年在长创业”“推进标准化体系建设，打造长春市农产品绿色品牌”和6次立法协商召开协商座谈会9次，形成调研报告49份、视察报告12份，提案立案352件，征集社情民意信息303条，政协委员900余人次参与各项履职活动。

【新冠肺炎疫情防控】 到县（市）区、包保重点企业、委员企业，指导督导疫情防控、复工复产工作。做好“专班抓项目”协调服务，协助包保项目单位解决困难，推动项目进展。36名机关党员干部“下社区、上一线”。22个“万人助万企”工作队抓好各项惠企政策落实，帮助包保的56家企业共渡难关。政协委员捐款捐物1000多万元，医卫界委员坚守一线、逆行出征。组织动员委员、党派团体和县（市）区政协围绕疫情防控和经济社会发展建言献策，收集信息160余条，关于加强防疫、企业复工复产等方面的建议第一时间转报相关部门并得到采纳。举办助力“抗疫”书画线上展览，制作播出“风雨同舟，众志成城”电视特别节目，邀请相关部门向委员通报疫情防控和复工复产复学情况。组织委员开展城建重点工程、乡村振兴战略实施情况专题视察。加强重要会议活动在中省直新闻媒体上的宣传报道，加强市政协网站、《议政》杂志、《政协论坛》电视专题片等意识形态阵地建设。

【建言献策】 开展“为编制‘十四五’规划建言献策”活动，征集建议378篇、重点调研报告9篇，评选优秀建议82篇。协商议政成果通过《政协专报》等形式及时报送市委市政府及相关部门，许多意见建议在《中共长春市委关于制定长春市国民经济和社会发展第十四个五年规划和二〇三五年远景目标的建议》和规划纲要（草案）文本中得到体现。开展“增强核心带动能力，推进长春现代化都市圈建设”重点课题调研。就“促进城市交通发展、优化公交网络布局”开展市县（区）联动协商，其中开设公交干线、增加夜间开行线路等建议得到直接转化落实。探索创设“长吉图两极合作平台”，助推优势互补、互利共赢。在东北三省副省级城市政协主席联席会议上，就推进物流业高质量发展、融入新发展格局倡议。聚焦“推进标准化体系建设，打造农产品绿色品牌”协商建言，提出争创绿色有机“长春标准”、培育优势品牌集群等建议。将《关于整治农村人居环境，建设美丽乡村的建议》列为主席会议督办的重点提案。聚焦备春耕生产、推广农村土地托管服务、培育壮大皓月、德大等农业龙头企业补齐产业链短板等课题开展调研。

【提案办理】 统筹推进全市疫情防控和经济社会发展中的重要问题、人民群众普遍关心的民生问题，调查研究，提交提案399件。经审查，立案352件，转社情民意或工作参考37件，并案1件，撤案9件。在立案提案中，建议案1件，委员提案316件，党派团体提案28件，政协专门委员会提案1件，委员活动小组提案6件。立案提案转交市委办公厅、市政府办公厅、市中级人民法院、市人民检察院等部门和单位办理。56个承办单位开展协商，落实提案建议。关于融入粤港澳大湾区、促进夜经济发展等提案，为释放城市经济活力献智献计。关于促进农村一二三产融合发展、推进“全国绿色有机农业示范市”建设等提案，为建设国家农业农村现代化先行城市出谋划策。8件关于加强金融风险控制的提案得到办理，2020年长春市出台《关于营造安全高效金融环境的若干举措》，开展非法集资风险排查整治行动，防范化解金融领域风险。关于增强创新策源能力的提案，为长春市实施创新驱动发展战略提供参考。文化、教育、卫生、体育方面。关于建立“名人走廊”、保护利用可移动革命文化遗产、建设农村文化大院等提案，为培育精神高地、厚植文化沃土提出具体建议。关于推动中小学教育均衡发展、

3月20日，市政协委员落实疫情防控要求，开展环境清洁周活动，到绿园区同心街道自立西街清理垃圾

（李志璇　提供）

发展职业教育等提案，为优化教育资源配置提供思路。关于全面普及医学基础知识的提案，为满足市民对健康知识需求、提高百姓健康素养发挥作用。城市建设、生态保护方面。就推进城市精细化管理、做好生活垃圾分类、整治农村村屯环境提出提案，助推城乡居民共享环境治理成果。关于提升公共交通服务水平、布局“节点公交网”、畅通城市交通微循环等提案，为长春市建设高质量交通强市提供参考。关于饮马河流域水生态治理的提案，在开展饮马河污染治理百日攻坚行动中予以采纳。法治建设、社会保障、民生改善方面。关于学习《中华人民共和国民法典》推进法治环境建设的提案，被吸纳到全面推进依法治市工作中。关于利用轨道车厢宣传宪法的提案得到采纳。关于促进扶贫产业提质增效的提案，为脱贫攻坚发挥作用。关于为老旧小区居民楼加装电梯的提案得到落实，长春市确定朝阳区为改造工作试点，有5部电梯安装项目竣工。

4月29日，市政协举办“春华秋实——纪念长春市政协成立70周年书画笔会”

（李志璇　提供）

【履职为民】 助力打赢脱贫攻坚战。抓好双阳区脱贫攻坚挂牌督战，全力推进包保帮扶工作，包保的8个贫困村全部出列，47户建档立卡贫困户达到脱贫标准。跟踪视察医疗扶贫工作情况，组织委员开展扶贫义诊、慰问贫困残疾人、送文化到乡村等活动，巩固脱贫成果。助力社会治理现代化。就“如何构建新时代调解工作格局”开展专题协商，提出加强行业性专业性人民调解工作、构建“三调联动”衔接机制、加强专职调解员队伍建设等意见建议。聚焦《长春市养犬管理规定（修订草案）》等6部地方性法规进行立法协商，围绕扫黑除恶专项斗争、综合应急救援、地震监测及预防等工作开展视察，围绕社区治理能力提升、人防工程社会化市场化管理使用情况进行调研，发挥政协在基层社会治理中的独特作用。助力青少年成长成才。聚焦“加强中小学生心理健康教育”调研协商，就加强校园心理卫生健康教育、加大重点学生关爱力度、推进医教协同等方面提出意见建议。专题视察未成年人保护工作，跟踪视察助推义务教育均衡发展建议落实情况，促进青少年全面发展。助力打造高品质生活。围绕“提高公共文化生活品质与小康社会建设”进行调研，召开专题协商会，提出公共文化服务供给侧改革、提高公共文化生活管理综合效能、增强公共文化服务的方便性互动性等意见建议。打造幸福长春升级版、全市博物馆建设现状及未来发展等课题开展调研，跟踪视察养老服务体系建设，专题视察体育社会组织助推全民健身事业发展情况，增进人民群众的获得感幸福感安全感。依托《往事》杂志积累文史资料，做好彭祖述文史资料专辑编撰，发挥政协文史工作存史资政团结育人作用。

【团结合作】 2020年，各党派团体在政协平台上提交大会发言18份、集体提案28件、社情民意信息140条。其中，建立科学完备的应急救灾物资储备体系、设置突发公共卫生安全管理标识等建议，被全国政协采用。促进民族团结宗教和睦。召开“铸牢中华民族共同体意识”协商座谈会，促进各民族交往交流交融。开展“坚持我国宗教中国化方向，引导宗教与社会主义社会相适应”专题视察，推进“四进”活动。组织少数民族界、宗教界委员“看发展、看变化”。政协港澳台侨工作。围绕“促进和吸引港澳台侨青年在长创业”协商建言，就集聚港澳台侨青年助力“四大板块”建设、加强海外留学科技人才引进等方面提出意见建议。召开港澳委员市情通报会，推动由港澳委员联系引进的北京诺和科德生物科技等一批新项目落位长春，推进长春和澳门中医药及大健康产业合作，对接粤港澳大湾区国家战略牵线搭桥。港澳委员在内地疫情暴发初期从海外为长春采购急需防疫物资、捐赠一线人员，港区委员支持涉港国家安全立法、抵制暴乱，发挥双重作用。开展庆祝市政协成立70周年系列活动。评选表彰100件有影响力重要提案。举办书画笔会、主题征文活动，在《协商新报》《长春日报》和长春广播电视台开展专题宣传。

（李志璇）

中共长春市纪律检查委员会
长春市监察委员会

ZHONGGONG CHANGCHUNSHI JILU JIANCHA WEIYUANHUI
CHANGCHUNSHI JIANCHA WEIYUANHUI

纪检监督

【政治监督】 政治方向。市纪委常委会建立“第一议题”制度，召开18次常委会议跟进学习习近平总书记重要讲话和重要指示批示精神，领会其马克思主义立场、观点、方法，自觉用以武装头脑、指导实践、推动工作。学习领会党的十九届四中、五中全会精神，学习贯彻习近平法治思想，召开4次理论学习中心组（扩大）学习会，深化“不忘初心、牢记使命”主题教育成果。学习领会十九届中央纪委四次全会、省纪委十一届五次全会和市委十三届九次、十次全会精神，召开市纪委十三届六次全会、全市纪检监察工作推进会等，结合职能职责抓好落实。坚持边学习、边调研、边工作、边总结，把全年任务明确为7项，制定22项具体措施，市纪委常委会成员牵头开展13项重点课题调研，形成调研报告14篇，召开工作务虚会、调研成果汇报会，推动调研成果转化为务实举措，提升工作水平。

强化政治监督。贯彻落实习近平总书记考察吉林重要讲话重要指示精神，成立7个督导检查组，从决战决胜脱贫攻坚，厉行节约反对餐饮浪费，建设“四大板块”、打造“两大基地”、加快长春现代化都市圈建设等方面，对县（市）区、开发区和市直部门开展督导检查，发现问题111个，其中立行立改问题42个，对其他69个重点问题建立整改台账。推进冒名顶替上大学问题专项治理，办结问题线索38件。开展人防系统腐败问题专项治理“回头看”，督促全市人防系统建立和完善制度140项，追缴陈欠易地建设费6716.4万元。结合实际开展公职人员违规牵涉“小额贷”、不作为慢作为假作为乱作为问题等专项整治，制定长春市损害营商环境行为问责办法。协助市委全力配合中央第八巡视组、省委第四巡视组在长春市开展工作，主动接受政治体检。严明政治纪律和政治规矩，全市纪检监察机关立案审查违反政治纪律案件27件，给予党纪政务处分28人。

【疫情防控监督】 贯彻党中央和省委市委决策部署，履行监督保障职责，落实防疫措施、医疗物资生产调配、群众生活保障等强化监督检查，围绕“五级书记抓防控”机制落实，突出“六查六看”，开展8轮监督检查，发现问题184个，全部督促整改到位。坚决查处违反防疫纪律、落实防疫责任不力等问题102个，处理132人，对7批30起典型问题通报曝光。围绕“4个聚焦”“14个紧盯”细化措施，加强对做好“六稳”“六保”工作情况的监督检查，与疫情防控同步开展项目建设、民营经济发展、“万人助万企”等方面监督，对包保的260户企业多次集中走访，督促帮助解决复工复产等问题35个。

【重点领域专项整治】 整治扶贫领域腐败和作风问题。贯彻党中央决战决胜脱贫攻坚座谈会精神，推进扶贫领域腐败和作风问题专项治理，推动“两不愁三保障”、脱贫摘帽后“四个不摘”等政策措施落实到位。市纪委监委对2016年以来全市扶贫领域问题线索处置情况进行起底排查，排查出问题线索808件，办结777件，对31件未办结问题线索跟踪督办。监督推动中央脱贫攻坚专项巡视“回头看”反馈问题整改，集中督办移交信访件31件。惩治扶贫领域贪污挪用、虚报冒领、优亲厚友等问题，纠正验收达标中弄虚作假、搞数字脱贫问题。全市查处有关问题104个，批评教育帮助和处理105人，对6批29起典型问题通报曝光。

整治形式主义、官僚主义。全市查处形式主义、官僚主义问题26个，批评教育帮助和处理26人，对3批6起典型问题通报曝光。纠治“四风”，全市查处公款送礼、公款旅游、违规发放奖金补贴等享乐主义、奢靡之风问题158个，批评教育帮助和处理172人，其中给予党纪政务处分159人，对11批38起典型问题通报曝光。

【巡察督导】 推进巡察全覆盖。开展市委第九轮巡察工作，组建10个巡察组，对市直12个单位开展常规巡察，对2个单位进行“回头看”，对营商环境、脱贫攻坚、污染防治开展板块联动巡察，发现问题840个，推动立行立改问题90个，移交问题线索56件。加强对县（市）区巡察工作指导督导，推动基层巡察机构履职尽责、规范运作、提高质量。县（市）区、行政村（社区）巡察全覆盖任务分别完成92.7%和87.4%。

落实巡视巡察整改。对中央巡视移交信访件及问题线索的梳理、调度，办理市管干部问题线索71件。推动省委巡视反馈问题整改，协助市委研究制定落实整改任务分工方案，对巡视反馈的47个具体问题和市委举一反三的3个问题，提出210条整改措施，督促推动整改落实。省委巡视反馈问题完成整改35个，基本完成整改5个，完善制度69项，问责8人，挽回经济损失226.75万元。在省委第八轮巡视期间，对巡视关注的重点问题，市委巡察组边巡察边梳理边提报，向省委第四巡视组报送四大类106个具体问题，对巡视反馈的7个立行立改问题与责任部门同题共答，实现巡视巡察动态联动。

【纪检监察体制改革】 派驻（派出）机构力量，协助市委选优配强6所市属高校纪委书记，压紧压实高校党组织“两个责任”。健全完善监督运行机制，探索建立市纪委监委机关监督检查和审查调查部门“1+1”机制、监督检查部门和派驻机构“1+N”机制，以及市委巡察机构和相关部门（单位）“1+X”机制，推动纪律监督、监察监督、派驻监督、巡察监督统筹衔接、协同联动。监督检查和审查调查部门双向移送问题线索42件，协同办理案件50件，派驻纪检监察组为市委巡察机构提供被巡察单位情况8份，建议重点关注事项103个。

【日常监督】 市纪委监委开展新提拔任职市管领导干部廉政谈话98人次，办理廉政意见回复912人次，全市纪检监察机关接收信访举报14011件次。其中，检举控告类3275件次、初次举报2462件次。

【监督执纪】 运用“四种形态”。落实省纪委监委精准运用监督执纪“四种形态”指导意见，把“三个区分开来”要求落到实处。全市回访党的十九大以来被处分干部1224名。全市纪检监察机关运用“四种形态”批评教育帮助和处理6766人次。其中，运用第一种形态谈话函询、提醒批评4788人次，占总人次的70.8%；运用第二种形态给予轻处分、组织调整1628人次，占24.1%；运用第三种形态给予重处分、职务调整164人次，占2.4%；运用第四种形态处理严重违纪违法、触犯刑律的186人次，占2.7%（其中涉嫌职务犯罪、移送检察机关73人次，因其他犯罪被开除党籍、开除公职的113人次，问责党员领导干部、监察对象104人）。

（姜　硕）

行政监察

【党风廉政建设】 惩治腐败。紧盯“关键少数”及各种风险背后的腐败，清除政治生态“污染源”，市纪委监委立案审查调查市管干部27人，重点查办严重违纪违法问题，形成有力震慑。全市纪检监察机关立案审查调查2243件，给予党纪政务处分1962人。在高压震慑和政策感召下，全市有22人向纪检监察机关主动投案、50人主动交代问题。

整治群众身边腐败和作风问题。扫黑除恶“惩腐打伞”，开展“六清”行动，全市查处一批涉黑涉恶腐败和“保护伞”问题，批评教育帮助和处理110人，其中给予党纪政务处分94人。聚焦教育、医疗、食品药品安全、农村公共基础设施、社会公共服务等民生领域，围绕骗取医疗保障基金、侵害漠视群众利益等突出问题，督促相关责任单位开展专项整治。全市查处群众身边腐败和作风问题487件，批评教育帮助和处理504人，其中给予党纪政务处分480人。

提升以案促改效能。协助市委制定以案促改推动构建一体推进“三不”体制机制的实施办法，加强以案促改工作，推动办案、整改、治理贯通融合。协助市委制定深刻汲取杨子明、管树森案教训深化以案促改的实施方案，明确5方面14项整改措施，定期督促完成整改任务。制定以案促改推动完善制度体系的工作方案，挖掘个案和同区域、同领域、同岗位、同类型等案件背后的制度因素，市纪委监委形成分析报告20份，提出整改建议。全市纪检监察机关下发纪检监察建议书373份。协助市委召开全市警示教育大会，通报典型案例，制作警示教育片《迷失》，编写《2019年办案纪实》，印发《忏悔录》，创新开展以案说纪情景演讲比赛，组织新任市管干部家属参观廉政教育基地，增强警示教育实效。

【队伍建设】 锤炼政治品格。市纪委组织机关208名党员干部连续38天到41个街道、123个社区，协助做好疫情防控工作。坚持党建工作创品牌交流研讨活动，举办7期“机关讲堂”，推动机关党建工作与精神文明建设、脱贫攻坚和业务工作促进融合，市纪委监委获“全国文明单位”称号；王恩城被评为“全国先进工作者”；市纪委监委驻村工作队被省委、省政府授予“脱贫攻坚组织贡献奖”。

加强能力建设。全市纪检监察干部参加各级调训49期462人次，开展培训9期2278人次。疫情常态化条件下，开展线上培训，分类分批开展年中测试，整理完善干部脱产培训档案。编制《工作手册》，市纪委监委明确工作岗位职责321个，梳理完善规章制度417项，推动建立岗位职责明确、相互衔接顺畅、内部制度完备的工作机制。

强化制约监督。强化对纪检监察干部的教育提醒，市纪委监委开展廉政约谈55次。坚持刀刃向内，坚决防治“灯下黑”，全市谈话函询纪检监察干部23人，组织处理14人，给予党纪政务处分3人。

（姜　硕）

民主党派·工商联

MINZHU DANGPAI · GONGSHANGLIAN

中国国民党革命委员会长春市委会

【思想建设】 在全市各基层组织中开展习近平新时代中国特色社会主义思想读书会活动，通过组织考察座谈、观影、专题辅导、编辑《不忘初心、大道同行——“不忘合作初心、继续携手前进”主题教育活动汇编》等，开展“不忘合作初心、继续携手前进”主题教育实践活动。各基层组织利用“党员之家”开展中共十九届五中全会、民革全会精神等学习交流活动，进一步增进思想政治共识。召开最美逆行、民革骄傲——赴鄂人员事迹座谈会，分享5位支援湖北抗疫党员舍生忘我，逆向而行，挽救患者的医者仁心。制作长春民革防疫专题宣传短片，编辑《众志成城、抗击疫情——长春民革防疫专刊》，记录民革组织和党员的大爱付出和感人事迹。利用“一网一刊一号”阵地作用，编辑各类稿件170余篇，被团结报、中国新闻网、人民政协报等中央媒体采纳18篇，被吉林日报、长春日报、统战纵横、协商新报、长春统战等省市媒体采用35篇。发挥自有媒体阵地作用，长春民革微信公众号推送信息200篇，点击阅读量3万余次，网站推送信息100余篇，点击量2万余次，出版《长春民革》4期。民革长春市委会获得2020年度《团结报》征订工作二等奖。

【组织建设】 基层组织建设。召开“组织建设年”工作部署会，谋划组织发展、领导班子建设和党员队伍建设等。下发《关于做好基层组织换届工作的意见》，配合党委统战部完成朝阳区、绿园区、吉林建筑大学等9个基层组织换届工作，一批有参政议政能力、组织领导能力、热心党派事业的年轻优秀党员走上班子领导岗位。完善《基层组织量化考核指标体系》，增强基层组织争先创优的积极性，提升活力与凝聚力。

提高组织发展质量。制定《组织发展工作方案》，把“高层次人才发展”作为一把手工程，到吉林大学、吉林农业大学、吉林建筑大学等高校走访调研，做好代表性人士和高层次人才发展工作，优化党员队伍结构。全年发展新党员59名，推荐25人加入全市党外代表人士队伍，推荐5人加入党外知识分子联谊会。

党员队伍建设。加强党员培养教育，在珲春、靖宇、省社会主义学院举办3期骨干党员及新党员培训班，坚持由市委会主委为新党员上第一课，组织归属感和荣誉感。党员宫磊获“中国青年科技奖”，党员许明哲、周超瑜获“长春民营经济突出贡献企业家“称号，党员张伟获民革全国企业家联谊会“优秀民革党员企业家”称号。

干部队伍建设。按照全市统战部长会议要求，开展“大学习、大走访、大练兵、大落实、大提升活动。坚持每周一学习制度，每人完成10篇以上学习笔记，制作“机关文化长廊”。走访民革省委会机关、系统部分单位和基层组织“党员之家”，与民革天津、温州、福州缔结为友好市委会。参加全市统战系统局、处、科3个层次“机关干部上讲台”活动，交流工作，取长补短。健全完善周调度、月考评、季总结工作机制，确保每项工作落实到处室、落实到人，年轻干部工作能力得到提升，机关工作效能得到提高。

【参政议政】 围绕发展战略，部署议政调研。结合民革省委调研周和市委统战部“双服务、双提升”调研活动要求，召开2020年参政议政工作会议，围绕长春市建设现代化都市圈等全局性、战略性问题，部署2020年议政调研工作。组织省市专家对基层组织上报的40个课题进行线上评审，确定12个课题为市委会级重点课题并全部结题。在民革吉林省委会2020年度调研周活动总结表彰中，市委会有5个基层组织、27名个人及5件调研成果获奖。联合吉林大学管理学院、省社会科学院等举办“建立中国长春先进制造特区”“发展城际铁路振兴东北经济”课题研讨会。编辑《2019年度参政议政成果汇编》。

建言献策。市委会参加中共市委、市政府和市委统战部召开的座谈会、情况通报会、季谈会，履行政党协商、民主监督职责。在全市民主党派、工商联和无党派人士专题议政会上，市委会

《关于利用基金群和产城如何模式、创新机制体制、推动四大板块快速发展的建议》得到中共长春市委书记王凯肯定。在市政协十三届五次会议上，报送团体提案和个人提案18件。市委会《关于大力推广秸秆综合利用先进典型的建议》，党员朱东《关于在疫情期间依法科学处理医疗废物的建议》被评为市政协十三届四次会议以来优秀提案。《关于推进长春市“海绵城市”建设的建议》等5件提案被评为长春市政协成立70年来有影响力重要提案。党员朱东、李娜、汪鹏辉、金光柱被评为2020年度优秀政协委员。在市人大十五届六次会议上，党员周超瑜《关于2021年长春市重点经济工作的议案》被列为大会第28号议案。

献计“十四五规划”。组织党员参与市政协“为编制十四五规划建言献策”征文活动，报送23篇站位高、质量好、建议实的征文，涉及数字经济、新基建、乡村振兴等新老领域的多个方面。《关于建立科学、完备、优化的应急救灾物资储备体系的建议》等3件提案获得优秀建议二等奖，《关于尽快修改〈长春市物业管理条例〉的建议》获得优秀建议三等奖。市委会获优秀组织单位奖。

社情民意成果。全年整理编报社情民意36件（不含防疫专项建议），涉及疫情过后消费需求、生产供给、居民增收、项目推进等经济复苏工作，有17篇被市政协《社情民意信息采纳》，其中《关于建立科学完备的应急救灾物资储备体系的建议》被全国政协《每日社情》刊发。市委会被评为2019年度市政协反映社情民意工作先进集体，宣调处刘莎莎被评为优秀信息员。

【社会服务】 脱贫攻坚民主监督。按照中共市委部署，以协调推进脱贫攻坚与乡村振兴融合、激活农业农村发展新动能为重点，到九台区土们岭街道山咀村建档立卡贫困户家中了解“两不愁、三保障”情况，实地考察山咀村集中供水水房、马鞍山村氿遇田园综合体、扶贫产品超市，召开有区党委、政府及相关部门负责人参加的座谈会，谋划建立防止返贫机制和脱贫攻坚工作重心向乡村振兴转移的途径，形成《科学把握交汇期，聚焦衔接重点，加快推动我市脱贫攻坚与乡村振兴有机衔接》调研报告，完成对口地区——九台区脱贫攻坚民主监督任务。

助力打赢脱贫攻坚战。结合民革特点和党员职业优势，有计划、有步骤地引导党员以电商扶贫、文化扶贫、捐赠义诊等多种渠道、方式助力参与脱贫攻坚，助力全市“两个一批工作”。市直总支主委、长春电子商务协会会长姜延彤组织行业人员为37个贫困村开展义务电商营销系统培训，帮助完成网上农产品销售1000余万元。绿园区党员、长春科技金融中心主任刘铁在贫困村设立“驻村第一书记”代言产品平台，将146家特色农产品归类实现联动销售，在2020年全省脱贫攻坚奖评选中，刘铁获“吉林省脱贫攻坚奖·奉献奖”。绿园区党员张子贺带领社工团队协助政府建立“政府主导、机构运作、社会参与”的农村儿童帮扶模式。民革吉大一院支部、民革市直总支第六次走进靖宇县明德小学，向困难学生捐助4.05万元。民革双阳区支部为鹿乡镇4户建档立卡贫困户送去价值5000元春耕农用化肥。“特教学生帮扶行动”“让音乐点亮孩子们的心灯”义务支教活动持续推进。长春中山歌舞团在二道区英俊镇胡家村等村镇举办3场“文化惠民精品节目展演活动”。

社会服务平台。成立长春民革企业家联谊会，参加“大美吉林——商机无限”吉林省与广东省民革企业家网上项目对接会和民革企业家助力珲春海洋经济合作发展投资促进大会。党员企业旭阳集团与葡萄牙库鞩都有限公司签约金额50亿元。与民革天津市、沈阳市企业家联谊建立战略合作协议。指导长春中山文化艺术院举办“红色华诞、光辉历程”——庆祝中国共产党建党99周年网络书画作品展，开展传统文化“进社区、进高校、进企业、进乡村、进部队”活动，在长春职业学校举办“匠心清韵、翰墨迎新”主题书画笔会，助力校园文化建设。依托长春中山法律援助工作站，引导民革法律界别党员在促进国家治理体系和治理能力现代化过程中发挥作用。举办《走进民法典——专家解读访谈会》，通过钉钉群进行线上直播。全年开展法律援助23件，到社区、企业、学校举办法律讲座17次，接受群众法律咨询300余人次。

【海外联谊】 加强与对台办、市台联、市侨联等部门沟通，探索祖国统一和海外联谊工作的思路和有效途径，物色政治过硬、业务精专、知台情、爱台胞的民革党员，培养祖国统一工作干部队伍。加强与台湾友好县域、文化教育团体沟通联系，长春民革公众号对“看见艺术听见美”花莲县宜昌国小音乐会进行宣传报道。赴温州、泉州、福州民革市委会等就祖国统一工作进行走访调研，学习经验做法，拓展工作思路，为开展祖统工作提供参考。

（王庆军）

中国民主同盟长春市委员会

【概况】 截至2020年年底，中国民主同盟长春市委员会（简称市民盟）有基层组织41个，其中基层委员会31个，直属支部10个。盟员总数3600人，平均年龄53.22岁，高中级职称2646人，担任市级以上人大代表8人，市级以上政协委员36人。

在2020年民盟中央表彰中，市民盟获盟中央“民盟思想政治建设和宣传工作先进集体”“民盟社会服务工作先进集体”称号；民盟南关区委员会获盟中央“民盟思想政治建设和宣传工作先进集体”称号，民盟吉林大学委员会等4个基层组织获盟中央“盟务工作先进基层组织”称号。民盟长春市卫生健康系统委员会获“中国民主同盟抗击新冠肺炎疫情先进集体”称号。1名机关干部获盟中央“民盟思想政治建设和宣传工作先进个人”称号，1名盟员获“民盟社会服务工作先进个人”称号，6名盟员获“中国民主同盟抗击新冠肺炎疫情先进个人”称号。

【思想建设】 贯彻民盟中央、民盟吉林省委以及中共长春市委统战部的安排部署，巩固和扩大“不忘合作初心，继续携手前进”主题教育成果，落实中共长春市委“解放思想再深入、全面振兴新突破”主题活动部署。通过学习培训、专题研讨、经验交流等形式，引导广大盟员和机关干部学习习近平新时代中国特色社会主义思想和中共十九大、十九届五中全会精神、全国“两会”精神等。面对新冠疫情，市民盟发挥盟内“指南针”作用，通过公众号发布《在新型冠状病毒肺炎疫情防控战中致全体盟员的一封信》等工作部署、慰问信近10篇；利用公众号及时推送一线“抗疫”人员优秀事迹60余篇次；举办抗疫盟员报告会，为支援湖北盟员、在长抗疫一线工作的盟员颁发纪念章；出版《同心抗疫，民盟在行动》专刊；精选50余件书画作品举办网上抗击疫情艺术展。部分盟员捐款捐物175万元。举办线上“周末大讲堂”活动，就复学后中小学生及家长的心理疏导、民法典相关知识等内容对盟员进行辅导。出版4期《长春盟务之声》，网站、公众号更新信息350余篇次，关注度增加40%。

【组织建设】 2020年是长春市民盟基层组织换届年，制定印发《民盟长春市委关于做好2020年基层组织换届工作的意见》、换届工作方案、工作程序。有28个基层组织完成换届工作。新发展盟员102人，“双高”35人。考核非公经济人士和新的社会阶层联系人30余人次。加强“盟员之家”建设，新建“盟员之家”2个。强化机关建设，开展“大学习、大走访、大练兵、大落实、大提升”主题实践活动，制定市民盟“五大”主题实践活动方案及任务分解，将学习教育、履职尽责、查找不足、整改提高贯穿主题教育活动全过程。

10月14日，民盟副省级城市第十六次盟务工作联席会新产业（长春）发展交流推介会在长春召开　（张　宇　提供）

【参政议政】 编制2020年参政议政参考课题25个。研究确定重点调研课题，成立课题组开展调研。召开2019年度参政议政表彰会和2020年度参政议政工作研讨会。完成市委专题议政会材料1篇，市政协团体提案5份。完成市政协“十四五规划建议”16份。收集整理参政议政材料112份，完成市政协教科卫体委《中小学心理健康》专题调研。市民盟获市政协“为长春编制‘十四五’规划建言献策活动”优秀组织单位奖，6名盟员分别获得一、二、三等奖。市民盟及9名盟员撰写的多项提案受到“市政协成立70年来有影响力重要提案”表彰。制定《民盟长春市委会2020年开展脱贫攻坚民主监督工作实施方案》，到德惠市脱贫攻坚第一线，对口德惠市开展脱贫攻坚民主监督工作，确定专题调研课题《加强农产品销售渠道建设促进我市乡村振兴战略实施》。市民盟获盟省委“民盟反映社情民意信息工作先进单位”称号、18名盟员获“民盟参政议政工作先进个人”称号、1名机关干部获盟省委“民盟参政议政工作优秀专职干部”称号。

【社会服务】 2020年，市民盟再次承办民盟全国副省级城市盟务工作联席会议。与会城市盟市委围绕“新时代，如何创新盟务工作”主题提交论文31篇。会议期间举办各副省级城市新产业发展交流推介会，达成12项合作意向。市民盟拓展社会服务渠道，扩大“四叶草”品牌影响力，组织以各专委会和基层组织盟员为骨干的5个脱贫攻坚服务队，2次赴德惠开展“民盟助力攻坚，医疗农科服务乡村”主题活动，为贫困群众送技术、送科技、送健康。盟员文亚娟退休后赴四川省凉山州美姑县巴姑村小学支教，向全市盟员发出《关于为巴姑小学募捐的倡议书》。全市盟员捐赠A3复印机一台及配套耗材，投影仪1台，幕布2个，便携音响3个，为全校师生捐赠热水壶、小太阳、校服、书本等生活用品、学习用具1230余件，与市图书馆合作捐赠全新课外书100本。民盟吉林农业大学委员会等9个基层组织获盟省委“民盟社会服务工作先进集体”称号，25名盟员获“民盟社会服务工作先进个人”称号。

（张　宇）

中国民主建国会长春市委会

【概况】 截至2020年年底，中国民主

建国会长春市委员会有组织119个，其中，基层委员会16个，总支部19个，支部委员会和支部84个，小组1个（市委会直属基层组织27个）。市委会设同级监督委员会1个，直属专门委员会6个。会员数1786人，具有高级职称350人，占会员总数19.6%，具有中级职称591人，占会员总数33.0%，会员中担任各级人大代表、政协委员职务共有223人，占会员总数12.5%。2020年度发展会员58名，平均年龄37.8岁，全部具有大专以上学历。其中，博士研究生2名，硕士研究生6名；具有高级职称的4名，具有中级职称的12名；区人大常委1名，区级政协委员2名。

【思想建设】 学习习近平关于多党合作重要论述，按计划、有步骤地组织开展4次理论中心组学习，学习把握习近平在"不忘初心、牢记使命"主题教育总结大会上的讲话、考察吉林重要讲话、党外人士座谈会上的讲话等重要指示的精神实质，组织学习全国两会精神，邀请专家解读《民法典》，召开主委会学习贯彻十九届五中全会精神，引领基层组织开展系列学习活动。召开民建长春市委员会十三届六次全会、"不忘合作初心继续携手前进"主题教育活动总结大会，开展纪念中国民主建国会成立75周年、民建吉林省委成立40周年系列活动。全年组织开展12次集中学习，3次专题培训。赴吉林市民建会史馆、无锡荣毅仁纪念馆参观学习，回顾光辉历程，继承和发扬民建优良传统。10月，赴珲春举办思想政治建设暨宣传能力提升培训班，重走抗联路，传承红色基因，引导广大会员坚守合作初心，凝聚政治共识，巩固共同思想政治基础。

【组织建设】 制定基层组织换届工作指导意见。专职副主委肖辉山带队走访11个基层党委统战部门，沟通情况，征求意见。有15个基层组织完成换届任务，城建总支部升格为基层委员会，吉林银行支部升格为总支部。市民建基层组织已经建成标准化"会员之家"16个，在建会员之家2个，其中，依托会员企业自建"会员之家"7个，与基层党委共建"会员之家"11个。全年发展会员58人。

【参政议政】 履行议政职能。在长春市政协十三届四次全体会议上，提交《关于促进我市人工智能与实体经济深度融合的建议》《关于对建设工程项目外来劳务人员（农民工）进行规范化管理的建议》等团体提案6份。

开展调查研究。制定民建长春市委议政调研工作方案。确定七大方面的81个课题参考方向。全年征集调研成果38份，修改整理报送民建吉林省委15份，其中2份被民建吉林省委选为团体提案，另有2名会员通过省专委会报送的调研成果被民建吉林省委选为团体提案。

征集社情民意。参加市政协"关于推荐长春市政协成立以来最有影响力提案"活动，其中3份团体提案及长春民建会员10份委员提案被评入长春市政协成立70周年以来100篇有影响力重要提案之内。征集会员社情民意信息，向省、市各级社情民意平台报送社情民意129件。其中，被全国政协采用3件，民建中央采用10件、民建吉林省委采用90件，中共长春市委统战部采用33件，长春市政协采用12件。

举办专题培训。9月，组织25名会员参加民建吉林省委和民建长春市委联合举办的社情民意信息员线下培训班，组织100余名会员参加线上培训。10月，组织30名会员中的专家、学者、企业家参加长春社院（长春中华文化学院）举办的"中韩文化交流专题培训暨理论研讨会"活动。

助力脱贫攻坚。向爱心超市捐助会员购买价值6万元扶贫产品，捐赠会员自产价值0.7万元扶贫物资140箱。民建长春市委会领导和机关干部带头捐款5100元，助力丰宁县光伏扶贫项目，市委会99人次捐款7.87万元。

【社会服务】 投入帮扶资金188.148万元，其中向灾区捐款捐物98.59万元，组织开展三下乡活动22次，援建村文化室1个。9月，在双阳区举办"百企千岗"校园大型专场招聘会，组织企业137家，提供就业岗位5200余个，现场达成就业意向500余人。

（张芝红）

2月12日，民建长春市直属第一基层委员会捐赠抗疫物资 （张芝红 提供）

中国民主促进会长春市委员会

【概况】 截至2020年年底，中国民

主促进会长春市委员会（简称市民进）下辖地方组织1个，基层委员会12个，27个基层支部，内设8个专门委员会。有会员2073人。其中，教育文化出版等主体界别会员1490人，占71.9%；中上层会员1673人，占80.7%；大学以上学历1593人，占76.8%。会员中有各级人大代表25人，各级政协委员123人。其中，全国政协委员2人，省人大代表3人，省政协委员12人，市人大代表14人，市政协委员16人。

【思想建设】 利用各类培训，学习中共十九届五中全会精神列为重点培训内容，解读十九届五中全会公报及会议精神，各基层组织开展学习中共十九届五中全会精神的活动，撰写心得体会。市民进机关学习习近平总书记在党外人士座谈会上的重要讲话精神，学习全国两会精神。参与2020年参政党理论研究课题招标活动，开展市民进第十六次参政党理论征文活动，收集论文48篇，3个基层组织荣获优秀组织奖，11名会员分别获一、二、三等奖，有10篇论文在省民进相关活动中获奖。

按照市委统战部开展“大学习、大走访、大练兵、大提升、大落实”活动的具体要求，市民进制定相应的活动方案，将活动方案细化为“双学双推”“三走三强化”两大板块。按照“双学”要求，市民进利用机关例会、宣传思想工作会议等学习会史会章，全国两会精神，习近平总书记考察吉林重要讲话精神等。按照“三走三强化”的要求，市民进与省民进联合开展调研并完成参政议政课题；与20余位基层组织负责人进行座谈，听取基层组织心声。

2020年是中国民主促进会成立75周年，市民进向全市基层组织开展“初心笃行礼赞”经典作品诵读活动，13个基层组织分别选择郑振铎、冰心、叶圣陶、朱永新等民进优秀会员的文学作品或轶事进行诵读。以庆祝“三八”节为契机，依托妇委会平台，用书画作品、录制视频、文艺作品等方式，致敬全国援鄂的广大女性医护人员。

2020年，向上级报送信息100余条，被各级媒体刊发150余篇次，微信发布信息100余条，对市民进网站进行重新制作，举办第六次通讯员培训班。按照市委统战部庆祝建党99周年活动要求，制作《党旗飘扬，民进起航》视频献礼党的生日，做好微视频短节目《心声》前期筹备工作。推荐王玉华参与省民进“我身边的榜样”宣讲活动。市民进被民进中央评为“全国会史工作先进集体”，1名机关干部被评为“先进个人”。

【组织建设】 全年发展26名（含榆树市委会）新会员。组织44名骨干会员开展2020年民进市民进骨干会员素质提升培训班。举办中青年会员开展培训班，有47名近年来新发展会员参加培训。注重发挥人才作用，推荐32名会员分别参加省正处级党外领导干部研修班，民进吉林省委会骨干会员培训班等上级部门组织的培训。推荐37人加入民进全国优秀青年会员数据库，推荐59人加入民进省委会骨干会员数据库，16人加入市委统战部建立的新的社会阶层人士数据库。推荐19个基层组织当选民进吉林省2018—2019年度先进基层组织，97名会员为省优秀会员。组织开展评选长春市2018—2019年度先进基层组织、优秀会员及评选2020年长春市“最美逆行者”表彰活动。

【参政议政】 市民进聚焦为长春“十四五规划”建言献策工作，在市政协组织的“十四五规划”征文活动中，完成“十四五”期间推动教育现代化发展的目标、思路和重点举措研究等10余篇建议征文。会员张利彪代表市民进在长春市政协十四五规划专题议政会上做专题发言。市民进组织各专委会、基层组织、调研课题组，就年度重点调研课题开展网上调研、实地调研、省市区上下联动调研工作。完成省市区合作调研课题“关于社区和谐治理问题”调研报告、统战部调研课题“关于运用区块链技术推动经济社会发展的调研与思考”、年度专题议政会调研课题“关于我市义务教育优质教育资源均匀化发展的建议”、年度市民进重点调研课题“关于加快推进我市工业互联网建设”等10余项课题。在全市各民主党派、工商联和无党派人士专题议政会上，主委禹平代表民进就长春推进义务教育优质均衡发展提出意见和建议。市民进协调与省民进调研部、民进朝阳、绿园、经济开发区基层委员会就“加强基层社会治理 促进和谐稳定发展”课题开展联合调研。

市民进组织召开“参政议政骨干培训班”“参政议政工作研讨会”和“2019年度参政议政先进集体及优秀个人表彰会”，对5个基层组织及40名会员进行专项表彰。市民进获评“民进全国履职能力建设先进集体”，4名会员获“民进全国履职能力建设先进个人”称号。

市民进脱贫攻坚领导小组制定2020年脱贫攻坚方案，拟定脱贫攻坚调研时间和相关调研方向。调研人员就了解榆树市脱贫攻坚情况召开座谈会，了解榆树市脱贫攻坚基本情况。形成《建立长效机制，实现教育事业在精准扶贫与乡村振兴中的有效衔接》的调研报告。

【社会服务】 长春民进开明书画院在全市范围内多个社区开展19次“春联万家”活动，其中包括在农安县互助村、中兴村等贫困村开展的送春联活动，近2000名社区居民和村民参与活动，各位书画院理事书写春联3000余对，福字3600余个。组织书画院女会员参与民进中央女会员书画作品展，提交5位理事作品，被民进中央选中3幅。书画院举办中共十九届五中全会精神培训班暨一届四次理事会议。与会50余位书画院理事学习中共十九届五中全会精神。市民进为榆树市兴隆小学捐赠近500本图书；民进会员狄国芳企业吉林省方大制衣有限公司向长春市朝阳实验小学校捐赠6000个成人以及儿童用KN95口罩；各基层组织在市民进的带领下，开展社会服务活动，榆树市委会为榆树市兴隆小学捐赠教学设备，慰问贫困学生；朝阳区委会为社区居民疏通下水管道；南关区委会为曙光社区卫生服务中心的医务人员赠送保护用品；绿园区委会开展植树活动庆祝劳动节的到来；九台区委会在重阳节来临之际为晨光老年公寓的老人送去生活用品。

（王 丹）

中国农工民主党长春市委员会

【概况】 中国农工民主党长春市委员会（简称市农工党）有基层组织25个，其中，基层委员会7个，总支委员会4个，支部14个。截至2020年底，全市党员总数1126人，平均年龄49.4岁。其中，医药卫生界582人，占党员总数51.7%；政府机关、司法机关、民主党派机关的有84人，占党员总数7.5%；新的社会阶层人士115人，占党员总数10.2%。具有高级职称的有657人，占党员总数58.4%；具有中级职称的有351人，占党员总数31.2%。农工党党员中担任各级人大代表、政协委员82人。其中，担任省人大代表1人，省人大常委1人；担任省政协委员1人。机关有专职干部7人。

【思想建设】 2020年，市农工党参与长春市统战系统开展的“五大”主题实践活动，组织机关干部进行集中学习。在农工党中央庆祝建党90周年表彰大会上，市农工党获“优秀地市级组织”称号；农工党吉林大学基层委员会获“社会服务工作先进集体”称号；农工党绿园区基层委员会获“优秀基层组织”称号。市农工党与市社会主义学院合作，在延边州委党校，面向骨干党员和信息员举办素质提升培训班。

【组织建设】 市农工党制定下发《关于做好基层组织换届的指导意见》《基层组织换届工作流程》和《基层组织换届时间表》等一系列文件。为提高换届工作质量，市农工党举办3期基层组织负责人和骨干党员培训班；结合整体情况和各基层组织实际，组织骨干力量撰写《扎实推进新形势下代表人士队伍建设》的理论文章。

【参政议政】 2020年，市农工党向农工党吉林省委会、长春市政协、长春市委统战部报送有关疫情防控、复工复产、十四五规划等方面的社情民意58条。其中，《关于有效做好高校开学季新型冠状病毒感染的肺炎防控工作的几点建议》被吉林省人大采用、吉林省政协编发、吉林省教育厅书面回复；《关于做好吉林省企业复工复产工作应对措施的建议》被吉林省政协编发；市农工党员参与提出的《公众自行预防新型冠状病毒肺炎的建议》《预防新型冠状病毒肺炎中药代茶饮的建议》，在吉林省中医药管理局官方网站上发布并向市民推广宣传。市农工党针对长春市医疗机构处理医疗垃圾能力、精神卫生和心理健康服务能力、文化和旅游产业融合发展、农村卫生服务能力、农村慢性病防控、农村集体经济发展等课题进行调研，形成《关于加强我市精神健康服务能力的建议》《提升农村卫生服务能力，夯实乡村振兴基础》的建议，《高度重视农村居民慢性病治理防控工作，确保长效保障脱贫攻坚成果》的建议、《乡村振兴战略背景下长春市农村集体经济发展情况的调研》《文旅产业融合发展，打造新型经济增长极》等多篇调研成果。在2020年中共长春市委专题议政会上，市农工党就《提升农村卫生服务能力，夯实乡村振兴基础》的建议，向市委书记王凯作专题汇报。为在“十四五”期间，提升长春市人民健康水平，推动健康产业成为长春市新的经济增长点，市农工党组成调研组，赴广西南宁、北海学习“2020中国（广西）大健康产业峰会”成果，就“大健康产业发展”进行调研，并与农工党南宁市委会和北海市委会进行工作研讨。

【社会服务】 市农工党联合省直部门和地方政府，开展“三下乡”“健康乡村”基层医生培训等活动。在汪清县、榆树市开展“同心帮扶·精准健康扶贫”“同心助医·健康同行”等主题活动。市农工党精准健康扶贫团队受省药监局党组邀请，到延边朝鲜族自治州汪清县鸡冠村扶贫义诊，义诊200余人次，帮助贫困家庭解决就医难题。市农工党组织专家在榆树市开展“同心助医·健康同行”活动，培训基层医务人员30余人次，义诊200余人。市农工党继续帮扶贵州省大方县，与定点帮扶街道保持联系，组织党员参加购买当地特色农产品帮扶活动。因帮扶工作特色突出，市农工党获农工党中央“定点

11月25日，农工党长春市委会赴榆树市蓝星医院开展同心助医活动

（宗 伟 提供）

扶贫大方县先进集体进步奖”，相关活动报道入选农工党中央《同心助梦》文集。在吉林省第十六批享受政府津贴专家（省有突出贡献专家）评选中。刘林林、张文凤、姚翰鑫、常志勇、越皓、姜晶等6名党员被评为吉林省“有突出贡献专家”。长春中医药大学王檀科研团队承担了吉林省防疫应急项目《结合地域特点辨证的中医药防治新型冠状病毒—2019-nCov的效果评价》。吉大一院张惠茅研究项目，获国家自然基金新型冠状病毒中德合作研究应急专项立项。

（宗　伟）

九三学社长春市委员会

【概况】　截至2020年年底，九三学社长春市委员会（简称市九三学社）有117个基层组织（含23个委员会、94个支社），有社员2811人，平均年龄54.8岁，高级职称占49.7%。其中，有中国科学院院士1人，博士生导师41人。社员中有省人大代表3人，省政协委员11人；市人大代表5人，其中常委3人；市政协委员32人，其中常委6人。

【参政议政】　提高参政议政水平。2020年，社市委组织3名参政议政信息员参加社省委举办的全年参政议政工作视频会议；在九三学社长春市委员会骨干社员培训班上，邀请社市委参政议政委员会主任翁连海对58名骨干社员进行了如何做好参政议政的专题培训。强化参政议政能力。社市委结合基层组织换届，在每个基层组织领导班子中设立参政议政信息员，将基层组织调研开展情况和社情民意报送情况作为年终评先重要标准，形成考核量化制度，依照《社市委参政议政调研工作的奖励办法》，对被采用的议政调研成果及社情民意予以奖励。完成年度调研报告。围绕科技体制机制改革创新、“哈长城市群发展规划”、5G通讯网新基建项目、推动电子信息与数字经济产业发展等方面下发参政议政参考调研课题，收回申报调研课题18项，其中包括4项全国课题，5项省级课题，11项市级课题。完成《关于“加强智能化城市基础设施与平台建设，助推我市经济社会发展转型升级”的建议》等18篇调研报告。开展调研，反映社情民意。围绕“提升创新能力、做强国家技术创新体系”主题开展调研，提交《关于提升企业创新能力，做强技术创新体系的建议》报送社省委；围绕“哈长城市群”建设，上报杨青山等3名专家，与社省委共同前往长春市发改委调研，形成《传承东北抗联拓荒人文精神，强化沿疆近海区位优势定位，发挥白山黑水资源优势，打造国内外城市群协同发展新高地》的调研报告报送社省委；围绕康养服务体系建设制度性保障及其应对策略课题调研，形成《关于大力推行社区居家养老的建议》；围绕社省委下发的关于开展我省实施乡村振兴战略调研通知开展调研，形成《关于发展五位一体新型生态有机农业产业模式的建议》上报社省委；参加社中央青年论坛和教育论坛征文活动，提交《关于构建完善的重大传染病疫情防控体系的建议》等3篇征文。结合长春市委、市政府中心工作开展调研。社市委副主委田元生提出《关于建设共享经济产业园推动现代服务业提档升级，促进吉林省财税收入快速增长的建议》交由相关部门研究出台相应政策，项目落地后预计吉林省可增加经济产值400亿元。九三学社吉林财经大学委员会张洁妍提出《新冠疫情全球蔓延下推进吉林省外向型经济发展的建议》，被省政府决策咨询采用。2020年初，长春市委、市政府为推进长春现代化都市圈建设，打造高质量发展“四大板块”，启动农业农村现代化“两大示范基地”建设，社市委聚焦“汽车和创新”两大板块建设，通过走访企业、组织座谈等多种形式，形成《关于“聚焦汽车和创新两大板块，形成项目建设闭环，助推我市经济快速发展的建议”》，作为2020年专题议政会汇报材料；社市委调研处撰写的《关于“加快布局数字经济，推进长春产业数字化转型发展”的建议》获得长春市副市长王海英的批示。结合市委统战部的“五大活动”和“双服务双提升”活动开展调研。在统战部开展的“双服务双提升”活动中，上报《关于深化我市农村金融改革助力乡村振兴发展的建议》等5篇调研报告；市社会主义学院举办的“中韩文化交流”理论座谈会上，提交《中韩（长春）国际示范区发展路径--营商环境相关法律问题探讨》进行会议交流。做好编制“十四五”规划建言献策征文工作。社市委调动全市社员开展“为编制‘十四五’规划建言献策”征文活动，收到《关于长春市“十四五”

10月20日，九三学社长春市委员会举办2020年骨干社员培训班（孙亚楠　提供）

期间构建我市完善的重大传染病疫情防控体系的建议》等19篇征文转交市政协。上报社情民意信息工作。社市委今年收集社情民意信息66篇，其中社市委副主委、九三学社长春中医药大学委员会主委冷向阳提出的《关于中医药防控治疗新冠肺炎方案的建议》《关于新冠肺炎治愈后应进行集中康复治疗的建议》被省人大转交省政府；社参政议政专委会主任、九三学社长春职业技术学院支社主委翁连海提出的《关于做好城区内各类学校错峰分餐工作的建议》、社市委调研处提出的《关于服务支持中小企业发展的建议》被市委办公厅决策参考采用；九三学社吉林农业大学委员会姜怀志提出的《关于新型冠状病毒肺炎防控期间肉羊养殖场生物安全管理建议》、九三学社长春中医药大学委员会幺宝金提出的《关于加强中医药在疫病等危险疾病治疗过程中的基础与临床研究的建议》被市委办公厅《长春信息》采纳；九三学社长春市直属第二委员会曹元提出的《关于疫情当前保障供给侧政策先行的建议》、九三学社绿园区委员会主委安璀颖提出的《关于加强我市农村交通安全管理的建议》被市政协采用专报全国政协、市委办公厅。

【社会服务】 社市委结合“万人助万企”活动，发挥党派优势助力构建优良营商环境。社市委专职副主委李铭3次带队走访吉林省德邦汽车电子有限公司等6家助力企业，就企业经营中的困境以及未来发展方向进行探讨。各家企业提出亟需解决的问题与困难12项，社市委均第一时间将问题反馈给“万人助万企”总调度室并协助其进行解决。社市委协调社员企业参与援藏工作，协助社员企业易事特集团吉林分公司与西藏日喀则市政府达成合作的总投资3.6亿元的环保垃圾发电厂项目及新基建充电桩项目通过政府审批。社市委指派专人与社员企业浪潮集团吉林分公司进行对接，确保其“三早”项目——浪潮北方总部长春生产基地完工，4月14日，长春市委书记王凯与浪潮集团董事长孙丕恕通过网络共同见证浪潮长春生产基地第一台PC终端下线，为内蒙古、河北、吉林等省份提供长春制造产品。做好扶贫监督工作。在中共双阳区委统战部、双阳区扶贫办和九三学社双阳区委员会支持下，社市委再次到双阳区的2个贫困村——隆兴村和黄金村进行考察调研。走访隆兴村村委会和黄金村村委会，与村委会工作人员以及双阳区委统战部和双阳区扶贫办的有关人员进行座谈。整理形成《决胜脱贫攻坚，进一步发挥驻村干部作用巩固脱贫成效——双阳区扶贫攻坚民主监督工作调研报告》。开展智慧助农活动。九三学社吉林农业大学委员会专家以吉林省农村服务平台为依托，开展科技助农服务工作。通过“12316新农村热线”“12582农信通”综合信息服务平台，随时为农民提供电话咨询服务；通过吉林电视台乡村频道的《乡村四季》栏目直播为农民现场答疑；在吉林省农业科技博览会上为农民提供咨询服务；每年在农闲时坚持下乡给农户讲课，现场解答具体问题。开展送医送药活动。九三学社双阳区委员会在双阳区长岭卫生院举办“美好双阳·同心健康行动”，义诊专家为190多名患者免费检查身体状况。为响应市卫健委开展健康扶贫工作排查见底、整改清零、巩固提升“三联动”的工作要求，九三学社长春市妇产医院支社到农安县杨树林乡等4个乡镇开展健康扶贫工作，走访2个乡镇卫生院及6间村卫生室，入户走访60户贫困家庭进行督导和指导。在“深度包保”行动期间，分5个轮次派出20人次走访4个乡镇卫生院及46间村卫生室，入户走访98户贫困家庭、173名贫困人口。九三学社榆树市委员会开展捐助贫困学子爱心活动，为受助的6名贫困学生送去每人500元助学金。九三学社绿园区委员会“同心助学”活动已经连续开展四届，到长春市第七十八中学，为10名品学兼优、需要帮助的学生每人送去500元助学金，每人送去一封励志信。九三学社长春市儿童医院支社到儿童福利院慰问小朋友，送去慰问品；九三学社南关区委员会走进伊通县大孤山镇何家村，为何家村的贫困群众送去了米、面、油等生活必需品。在得知农安县巴吉垒镇大量蔬菜滞销的消息后，社市委组织相关社员，一次性为巴吉垒镇解决茄子等多个品类5000多斤蔬菜的滞销问题。社市委直属第二委员会社员曹元与欧亚集团欧亚连锁机构及当地农户进行对接，在长春市区和伊通等地实现农产品“当日采摘，当日销售”。7月，社市委带领社员赴农安县烧锅镇参加助农大集，进行消费扶贫。

（孙亚楠）

长春市工商业联合会

【纪念长春市工商联成立70周年活动】 召开纪念长春市工商联成立70周年大会，表彰100家“长春市民营经济突出贡献企业”和100位“民营经济突出贡献企业家”；与长春日报合作制作《同心奋进之路——纪念长春市工商联成立70周年》专题宣传片；在长春日报进行纪念长春市工商联成立70周年通版宣传；编纂近40万字的《同心奋进之路——纪念长春市工商业联合会成立70周年》书籍；出版《纪念长春市工商业联合会成立70周年》邮册。

【思想建设】 创新教育培训形式，构建“线上”与“线下”相结合教育模式。市工商联与社会主义学院、格局商学院、世纪英才商学院、大华教育合作成立“长商云大学”，通过云大学平台在线直播的形式，围绕党史、国情、省情、市情以及国家、省市支持民营经济发展的方针政策等课程，为民营经济人士提供各类课程30余节；开展党的十九届五中全会精神研学班专题培训，为市工商联和各县（市）区、开发区工商联提供40节线上、线下相结合的培训课程，培训人数500余人。组织55名民营经济人士参加理想信念教育红色研学班。开展学习贯彻党的十九届五中全会精神报告会暨非公党校“民企行”活动，举办“学习贯彻习近平总书记企业家座谈会重要讲话精神报告会”“学习贯彻两会精神，助力民营经济高质量

7月7日，长春市工商业联合会（总商会）非公党建专家讲师团成立仪式

（沙显光　提供）

发展”专题报告会、“企业家法律大讲堂”“民营企业标准化大讲堂”；围绕习总书记重要讲话、党的十九届五中全会和“两会”精神为民营经济人士进行专题辅导，培训800人次。

【宣传服务】　搭建“长春工商联”微信公众号宣传服务平台，与新华网吉林公司合作，宣传中央和省市大政方针和决策部署，宣传长春市“六稳”“六保”政策措施，宣传抗疫先锋，宣传作出贡献的民营企业和民营企业家，总量340余篇次。加强信息工作，上报各类信息60余条，长春市工商联被评为2020年度全市党委系统信息工作标兵单位；围绕工商联重点工作、重要活动等，强化宣传，扩大影响，全年在中华工商时报、吉林日报、长春电视台、长春电台、长春日报等主流新闻媒体上进行报道70余次，在中国吉林网、中央广电总台国际在线吉林频道、长春政事儿等网络媒体报道或转载近300次。

【经济交流合作】　围绕“大培训、大对接、大招商”，推进“全国知名药企走进长春对接会”成果，促成投资50亿元的修正集团生物医药大健康产业园项目签约落地；创新经济合作模式，举办以“新机遇、新商业、新发展——政企对话·助力长春振兴”为主题的经济合作交流在线直播会议，组织长春、上海两地企业对话交流，直播高峰期全国百家商（协）会及千户企业在线收看，直播人数5000人次。深化对口合作工作，举办津长、杭长两地工商联对口合作交流会，邀请天津市、杭州市工商联代表团分别考察长春卓朗科技有限公司、津长双创服务中心和中韩（长春）国际合作示范区、长春新区及“一亿中流上市加速器”项目。组织民营企业近百人次参加中韩食品·化妆品企业对接推介会、第十九届农博会长春市农业推介会、吉浙百家企业手拉手活动、长春市跨境电商产业峰会等经贸活动。

【组织建设】　组织召开“五好”县级工商联建设推进会，8家基层工商联被全国工商联评为“五好”工商联，是全省获评率最高的市级工商联；做好会员发展和执常委队伍建设，全年发展会员1075名，完善1127人的民营经济人士数据库。聚焦长春国际汽车城和中韩（长春）国际合作示范区，组建长春市汽车零部件制造业商会，举办长春市汽车零部件产业发展论坛，推动本地汽车零部件制造企业对接服务一汽，提高本地汽车零部件整车配套率，为健全完善产业链、供应链、创新链体系助力；成立长春市中韩国际合作商会，为示范区聚集发展资源、提供智力支持；围绕乡村振兴，推动城乡融合、产业融合重点任务，正在组建长春市农牧产品加工业商会。异地商会建设实现新突破，继广州、深圳、上海、杭州、福州商会之后，新组建成都、重庆、武汉商会，异地长春商会8家，成为整合异地长商人才、联络当地商会资源、助力家乡建设的重要平台，2020年有一批商会会员投资项目在长春市落地。

【参政议政】　做好全国工商联调查点工作，长春市工商联被全国工商联评为“2020年民营企业调查点工作先进基层工商联”。聚焦疫情防控、十四五规划、产业战略、脱贫攻坚等方面，开展调研，形成《长春市民营企业应对疫情防控阻击战情况的调研报告》《关于引导民营企业参与脱贫攻坚的调研报告》和《关于促进汽车零部件产业转型升级，推动长春国际汽车城可持续发展的建议》3篇高质量调研报告，转化1篇为政协大会发言。市工商联被评为“全国工商联2020年民营企业调查点工作先进基层工商联”；获得市政协“为长春市编制‘十四五’规划建言献策”活动优秀组织单位奖，获优秀建议二等奖、三等奖；《关于创造平等条件，快速发展个体私营经济的建议案》被评为市政协成立70年来有影响力重要提案。

（沙显光）

群众团体

QUNZHONG TUANTI

长春市总工会

【概况】 评选全国劳动模范19人，国家和省、市三级“五一劳动奖章”136人，“五一劳动奖状”25个，“工人先锋号”25个，评选“长春工匠”100名。发放离退休劳模荣誉津贴、大病补贴747万元，开办第三期“劳动模范和长春工匠高等学历教育班”。全市创建各级劳模和工匠人才创新工作室176个。

【文化活动】 组织“红五月”系列宣传教育活动，在《长春日报》开设“新时代最美劳动者”专栏，宣传劳模工匠和各行业先进模范人物；举办“不忘初心·砥砺奋进——长春工人文化宫印记展”；新建市级职工书屋28家，发放工会电子职工书屋阅读卡4.9万张；举办全市职工篮球、羽毛球、乒乓球和健身舞大赛，有300余家单位、5000余名职工参赛。

【助力新冠肺炎疫情防疫】 投入资金1540.7万元，助力疫情防控一线；制定《长春市总工会关于加强对参加抗击新冠肺炎疫情工作一线职工关心关爱的若干措施》，为1138名支援湖北医务人员和一线防疫人员每人发放5000元慰问金；筹措医用防护服1000套、防护口罩2.5万只支援武汉；投入1.6万元，支持农安县新开河和魏家岭两个贫困村疫情防控工作。

【助推复工复产】 制定《长春市总工会关于协助做好企业复工相关工作的通知》，指导全市各级工会协助企业做好复工复产工作。投入80余万元，为困难企业购置防疫物资，开展“春雁回归·农民工平安返长”活动，实施“点对点”包车服务，帮助1049名外地农民工返岗。落实小微企业工会经费全征全返政策，工会经费返拨系统正式运行，全年返还小微企业工会经费7497.9万元。

【促进消费】 响应市委、市政府号召，联合九台农商银行筹措资金1000万元，开展“惠职工·促发展”工会会员消费季活动，落实劳模直播带货等五项举措，发放消费补贴券31万份，拉动消费超过1亿元。开展消费扶贫工作，完成产品采购555.6万元。开展工会会员汽车团购活动，助力一汽集团实现购车订单577台。

【职工技能大赛】 举办“夺取双胜利、建功新时代”——长春市职工线上技能培训暨技能大赛“云启动”仪式，通过线上线下有机结合、培训竞赛同步推进，大赛新增14场线上赛事，工种增至152个，参赛职工增加到60多万名，近1万名职工获得晋级和表彰。在全国

6月5日，长春市总工会“春燕回归·农民工平安返长”交通费补贴发放仪式

（王 拓 提供）

7月15日，“惠职工促发展”工会会员消费季活动全面启动　（王　拓　提供）

总工会和中央网信办主办的2020年“网聚职工正能量、争做中国好网民”主题活动中获“特别活动奖”。

【第三届职工优秀技术创新成果评选】　组织第三届职工优秀技术创新成果评选活动，选出100个职工优秀创新成果，50个职工优秀合理化建议，50个职工先进操作法。FM385.1250型风扇磨煤机的研发等10个项目被评为“长春市十大杰出创新成果奖”，授予中车长春轨道客车股份有限公司康丽齐等10人“长春市五一劳动奖章”。推动职工技能实训基地创建，命名20家“长春市职工技能实训基地”。

【职工权益保障】　拓宽维权渠道，会同市法院在全市设立16个“劳动人事争议调解工作室”。开展“百日要约”行动，举办第二届全市工会集体协商竞赛，签订集体合同1.9万份，覆盖企业2.1万家，受益职工74万人，建制率90%以上。强化女职工特殊权益保障，新建“爱心妈咪小屋”50个。扩大“安康杯”竞赛覆盖面，参赛单位14700家，参赛职工66万人，市总工会连续17年被评为全国“安康杯”竞赛活动组织工作优秀单位。开展“五最佳”评选活动，市总工会被评为全国推动厂务公开民主管理示范单位。

【帮扶救助】　建成职工服务中心（站）483家、户外劳动者服务站342家。全市各级工会“两节”期间筹措资金687.2万元，走访慰问困难职工、困难劳模和一线职工3.8万人次；为在档困难职工发放生活补贴272.1万元、疫情补贴123.7万元；投入156.7万元开展金秋助学活动，资助314名困难职工和农民工子女上学；投入450.5万元，开展“夏送清凉”活动，慰问疫情防控及高温高热一线职工6.1万人次。市总工会投入42.7万元，为16400名一线环卫工人办理意外伤害保险。会同市人社局开展“春风行动”就业援助月活动，提供就业服务6449人次、就业技能培训3970人次，实现就业417人，为部分企业（个人）提供“双创”贴息贷款522万元。市总工会包保的3个贫困村、82户建档立卡贫困户全部实现脱贫，全市1201户困难职工家庭全部实现解困脱困。

【“一卡一险”服务】　制定《长春市总工会会员服务卡服务项目管理办法》，年度办理会员卡5万张，持卡会员95万人。投入2504.2万元，开展会员优惠活动，惠及职工82.5万人次。投入937.8万元，用于会员住院医疗、意外伤害和家庭火灾补贴，惠及职工32495人。参加互助保障单位新增324家，总数2613家。参保会员新增2.9万人，总数42.4万人。全年为患病或意外伤害的职工发放互助金2132万元，受益职工17400人次。

【基层组织建设】　按照长春公主岭同城化协同发展要求，完成两地工会组织对接。加强工会基础数据库建设，录入单位信息2.6万家，实名制采集会员信息114万人。突出抓好建会和入会工作，全市百人以上企业建会率99%，“八大群体”集中单位建会1181家、发展会员4.3万人。完成“会、站、家”一体化建设三年规划任务，182个乡镇街工会达到建设标准。与市民政局、市人社局联合印发《关于加强工会社会工作专业人才队伍建设的实施意见》，招聘80名工会社会工作者。

【“智慧工会”建设】　完成工会会员信息数据“云化”管理，保障会员信息数据安全。提升“长春工惠”App注册会员数和长春工会微信公众号关注量、浏览量。会同市委宣传部、网信办举办“感恩新时代·致敬奋斗者”颁奖典礼，成立“长春市互联网业联合会工会”。长春“智慧工会”建设在全省交流经验。

【工会服务阵地建设】　升级改造市工人文化宫。推进市工人体育馆建设项目。市职工体育活动中心全年服务职工14.4万人次，为职工优惠减免相关费用200多万元。与欧亚集团合作打造欧亚工惠超市。

（王　拓）

共青团长春市委员会

【疫情防控】　制定《关于全市各级团组织立即行动起来投身疫情防控工作的通知》等文件，动员共青团系统加入疫情防控工作。储备实名青年防疫志愿者3万余名，上岗志愿者1010人，服务时长75163小时。为全市12家定点医院的61名抗疫一线医务人员未成年子女提供服务近5200小时，动员1059名团员青年无偿献血182100毫升。依托青基会开展“及时雨”公益募捐行动，收到社会各界捐赠资金70.14万元，捐赠物资495.29万元，协调省民政厅，推动市青少年发展基金会获批成为全市防控疫情进口物资唯一受赠人，收到境外捐赠口罩89000只，价值29.77万元。向湖北省孝感市、黄冈市捐赠医用酒精10.2吨，为防疫一线工作人员协调发放口罩138万余只，其他物资30余万件。动员青年企业家为抗击新冠肺炎疫情捐款捐物7500余万元。开展抗疫宣传，通过新媒体平台发布各类宣传信息912条，阅读量1500万次。开展“长春青少年争做抗‘疫’宣传先锋”活动，阅读量超300万次。为“万人助万企”行动包保企业提供口罩、消毒液等防疫物品，指导企业复工复产，帮助包保企业高斯达生物科技有限公司解决破产重组、恢复A股主板上市难题，涉及资金3.6亿元。组建青年突击队80支，为70家医疗救治场所和医疗生产企业保供电、抢修用水问题36件、抢修解决供热问题96件、在线解决燃气问题16684次、公共交通全线接待乘客约120.21万人次。“十一”黄金周期间，动员全市青年积极参与消费，带动消费6700余万元。《人民日报》客户端以《长春青年吹响疫情防控集结号》为题报道青年志愿者参与“抗疫”工作的相关情况，《央视新闻》对长春市青年志愿者抗疫工作予以报道。

【助力脱贫】 推进“团市委决战决胜脱贫攻坚‘十件实事’”。包保榆树市恩育乡西关村建档立卡贫困户33户73人全部脱贫，完成西关村危房改造工作。全村青少年义务教育阶段无缀学情况。新建九台区饮马河中心校乡村少年成长中心，选拔11名优秀艺术特长教师组成支教队伍，提供艺术支教服务，在榆树、农安、德惠、九台等地完成4所新时代乡村少年成长中心建设工作，并全部投入使用，覆盖6000余名乡村少年儿童，近30余名支教教师深入成长中心，优化乡村少年成长环境。印发《长春共青团助力乡村振兴实施方案》，动员各级团队组织、团干部和广大团员青年投身乡村振兴，开展“青年人才助力农特产品上行计划”，依托5000平米可视化电商创业园区，培育本地“带货主播”30余人，助力大米、杂粮杂豆、山珍等农特产品销往全国。募集启动资金200万元，创立农村集体经济青年创业专项基金，吸引青年人才回乡创业。募集社会资金60万元，扩建村文化广场、平整硬化村庄道路、修建农户围栏围墙等。

【帮扶就业】 成立大学生就业工作办公室，对接长春市“十万大学生来（留）长计划”，面向驻长高校13.57万名应届毕业生开展大中小型招聘会2000余场，动员2.5万个企业提供岗位100万个，实现就业5.2万人。通过结对包保方式，对2020届家庭困难和建档立卡家庭大中专毕业生开展就业帮扶行动，驻长36所高校的315名团干部结对包保834名大学生，全市低保家庭2020届毕业生基本实现全就业。开发“青”字号岗位，建立企业岗位需求信息库，整合社会资源发放无偿天使资金320万元，协调市、区两级财政，出资830万元，购买97个青少年事务专业社工岗位为社工专业人才留长就业开辟通道。实施“就业长春”思想引领工程，录制播放52期短视频，播放量近24万次。新建2个青年主题创业园区。在绿园区建设以培育网红经济产业为主要功能的长春青年可视化电商创业中心（5000平方米），联合长春新区以“璀璨产业”关联项目为主导，建设长春青年科技创业园（简称青科园）。青科园占地1.8万平方米，总建筑面积3万余平方米，计划利用3年时间，孵化企业100家，培育亿元企业3家，千万级企业15家。培养青年电商直播人才、农村青年致富带头人500余人，培育MCN机构5家，签约主播33位。带领青联委员、青年创业者共38人赴杭州、深圳开展交流合作，学习对口合作城市及先进地区发展经验。

【服务青年】 聚焦“为党育人”主责主业，开展“青年大学习”行动，开展线下主题活动2.3万场次，线上网络团课36期，覆盖团员青年1500余万人次，青年参与率21次排名全省第一。开展青少年思想引领工作，引导青年树牢“四个意识”，坚定“四个自信”，做到“两个维护”。在全市范围评选“长春青年榜样”241名，有7人获国家级荣誉，少先队员王淇萱在团市委指导下组建红领巾宣讲团，获评“新时代好少年”，是吉林省唯一获此称号的少先队员。强化网络共青团建设，建设新媒体矩阵，打造长春青年新媒体团工委、长春高校共青团新媒体联盟，全年官方订阅号阅读量91万次、增长29%，粉丝量增长2倍，官方自媒体发布短视频近500条，总播放量超过2000万次。各项工作受中央电视台、中央人民广播电台、人民日报客户端、新华社、中国青年报等中央级主流媒体专题报道12次。深入实施《吉林省中长期青年发展规划（2018—2025年）》，积极构建青年发展规划联席会议机制，确定38项具体工作任务，与42家单位和部门逐一调研、面对面征求意见，建立42个部门参加的长春市落实青年发展规划局际联席会议制度，于2020年9月28日召开长春市规划实施工作局际联席会议第一次全体会议。构建“推进法治化维权进程、完善组织化维权机制、健全社会化维权体系”基本格局，调整未保委领导和各成员单位成员、联络员，以保证未成年人保护工作连续性。开展毒品预防知识进校园线上讲座、禁毒基地“云参观”“携手禁毒・筑梦青春”线下宣传、《民法典对未成年人的保护》线上课程等普法宣传活动。在全市范围内打造22个基层团组织规范化建设示范阵地，扩大基层团组织覆盖，加大对青年社会组织、互联网行业等领域组织覆盖和对快递小哥、网约车司机、农村青年电商等新兴青年群体组织覆盖。深化“青年之家”建设，规范“青年之家”阵地189家，开展各类活动3751次，服务青少年8万人次以上。

（姜　峰）

长春市妇女联合会

【助力疫情防控】 联合市归国女性人才协会、市女企业家协会向市疾控中心捐赠10箱医用免洗手消毒液和10000千克消毒液，组织捐款捐物超130万元。通过新媒体平台发布疫情防控信息1581条，190余万人次浏览。开展“抗疫有你援后有我”支援湖北一线抗疫家庭关爱行动，为全省1222名支援湖北医护人员赠送价值105万元的慰问礼券；对接105户支援湖北医护人员家庭，协调省妇女儿童基金会爱心物资，连续5周将装有慰问信、爱心蔬菜和儿童爱心衣物的“关爱包”送至支援湖北医护人员家中；三八节前夕，市妇联党组成员带队，到援鄂医护人员家中慰问，送去慰问品和慰问信。疫情平稳阶段，为20对因抗“疫”推迟婚礼的一线工作者举办“护山河无恙佑大爱常春”大型公益集体婚礼，新华网、吉林电视台等各大媒体给予宣传报道，新华网首日浏览量超115万次，连续9天登新华社吉林热搜第一名。在全国首创成立长春市女医务工作者协会，组织协会专家会员深入双阳黑鱼村、农安陈家店村开展送医下乡健康扶贫义诊，600余名农民群众在家门口享受到名医专家的免费诊疗，中宣部“学习强国”平台两次予以报道。2020年，市妇联被省委宣传部授予“吉林省最佳战‘疫’志愿服务组织”称号。

8月28日，市妇联为疫情期间坚守抗疫一线的医护人员、公安干警、社区干部等20对新人举办“护山河无恙 佑大爱常春”公益集体婚礼 （李 喆 提供）

【家庭文明建设】 联合市委宣传部评选发布市级最美家庭105户、抗疫最美家庭40户。3户家庭获省级表彰、9户家庭获全国表彰。联合市委宣传部、市教育局共同举办“幸福家庭书写长春美好生活”主题征文大赛，指导家长和儿童书写家庭故事、点赞魅力长春。开展“小家传大爱，共筑家国梦”六一公益活动45场次，直接受益儿童5500余人次；开展“守护童年牵手共成长—暑期儿童关爱服务活动”，捐赠学习用品，送去秋季开学第一课，1.15万名儿童受益，新华网给予报道。实施“幸福家庭360”公益大讲堂项目，采取“空中+网络+线下”的多媒体融合形式，开展活动100场，4.2万人次受益。

7月12日，市妇联联合市委宣传部启动书香长春全民阅读“幸福家庭360”公益大讲堂暨首场讲座活动

【妇女儿童维权服务】 推动政府首次将妇女儿童事业以专节的形式纳入长春市国民经济和社会发展第十四个五年规划纲要，增加《发展妇女儿童事业》部分。与市检察院联合签发《关于设立未成年人心理救助工作室的意见》，成立未成年人心理救助工作室，组建心理服务团队入驻，推动未成年人司法保护社会支持体系建设。策划制作以“小爱姐姐”为IP形象，以MG动画为传播形式的情感教育系列短片，为适龄女生传授情感教育知识，提升未成年人自我保护意识，成为全国妇联系统首创。

【妇女群众思想引领】 评选表彰105名“春城抗疫优秀女性”，授予“长春市三八红旗手”称号。依托“长春女性”平台，倡导广大妇女及家庭开展“公筷公勺”行动，第一时间向全市妇女、执委及家庭发出“厉行节俭、反对浪费”的倡议。市妇联“一网两微六号”新媒体矩阵推送信息4725条，总阅读3998.4万人次，国家级媒体宣传转发工作信息15次。

【引导妇女创业创新】 协调各类资源开展“共克时艰‘疫’路有你”助企活动，举办线上“创悦”课堂4次，总浏览量2万人次；探索政校企合作培养互联网巾帼营销人才模式，建立巾帼互联网营销实训基地，创建200余种优质巾帼特色产品信息库，开展并参与直播7次，带动500余人次通过互联网进行销售。评选表彰200个“美丽庭院干净人家”示范户；启动“美丽家园随手拍”，形成500余条短视频矩阵，浏览量近15万次；组织动员长春女性花艺协会筹措10万元资金，为农安县力家坨子村实施援建。联合市畜牧局实施萨能奶山羊托管代养项目，助力贫困户每户增收1600元；实施鼎富建筑公司入股分红项目，帮助村集体经济年增长10.91万元，贫困户每人获得1363–1463元不同等级的分红。发展产业项目助力妇女脱贫，全年开展家政、茶艺、草编、互联网营销培训147期，培训创业妇女7308人；举办女性职业技能竞赛，吸引430万人次线上观看。在“吉林巧姐”大赛中，市妇联推选的草编作品《九龙壁》获金奖，被慢山里国家研学基地以2万元价格收藏。推动中国妇女发展基金会“母亲创业循环金”项目首次落地吉林省，协调项目资金40万元建立榆树草编加工厂。草编项目带动妇女居家灵活就业近1万人次，年销售额超5000万元，该项目入选国家扶贫办全国50个典型案例之一，入选人社部《就业扶贫助力脱贫攻坚》图书。创建长春市巾帼互联网营销实训基地，以企业需求为导向，培养以女大学生、青年创业女性为主的巾帼互联网营销人才。各地妇联结合自身实际，打造“产业扶贫+电商推动”新模式。如，双阳区妇联创建以鹿产业为主的妇女电子商务产业园，九台区妇联开展“巾帼创客标兵”和“巾帼创客基地”评选，公主岭市妇联举办女企业家电子商务培训班，榆树市妇联开启线上草编技能教学和直播间带货模式，农安县妇联通过网络新媒体创新宣传方式提高“吉林三姐”（吉林大姐、吉林巧姐、吉林网姐）品牌效应。

【妇联新领域服务】 新领域建立妇女组织221个，4246个“妇女之家”遍布城乡。以朝阳区妇联为试点，成立全市首家“互联网”妇联。成立执委特色工作室，通过反家暴条例讲座、电子商务培训、调研交流等活动，为线上线下妇女儿童和家庭提供新领域服务。

（李　喆）

长春市归国华侨联合会

【概况】 2020年，新建立吉林财经大学、长春中医药大学2个基层侨联组织，在九台区龙嘉街道红光村建立九台区“侨胞之家”，服务红光村200多名归侨侨眷。朝阳区侨联通过验收工作，成立3个省级“侨胞之家”。12月8日，指导一汽侨联召开第七届归侨侨侨眷代表大会。与长春移动、长春信息港合作建设“长春云上连心侨”微信公众号网络服务平台和长春市侨联门户网站。

【招商引资】 6月19日，市委统战部、市合作交流办、市侨联在长春开元明珠酒店共同举办华润集团东北大区与长春市专题项目对接会。市侨联邀请华润集团东北大区啤酒、医药、置地、燃气、电力五大板块11名高管来长与国资委、建委、工信局等市直部门以及各县市区、开发区招商部门、供热企业、燃气公司进行项目对接。华润集团东北大区与市政府各有关部门、开发区和供热、电力企业进行专题对接。11月17日，组织吉林省迈达医疗器械股份有限公司、四环药业股份有限公司、吉林省利华制药有限公司等12家医药企业参加长春名企双阳行活动，考察投资环境，培育新兴产业。

【服务侨胞侨眷】 面对疫情，市侨联发布《长春市侨联关于积极参与新型冠状病毒感染肺炎疫情防控的倡议书》，号召全市侨界群众及海内外侨胞投身到疫情防控之中。抗击疫情期间，市侨联接受捐款10000元，接受侨捐赠医疗物资折合人民币约50000元，生活物资折合人民币约12500元。通过省侨联为海外华人华侨、留学人员“联亲情、送温暖”，发放抗疫包140人份。在春节和“十一”期间两次走访慰问贫困贫困归侨、侨眷119人次，共计补助12.4万元。联系爱心侨企筹集20万元资金，资助九台区沐石河镇贫困农民慢性病治疗项目，为贫困农民解决新农合不能报销部分费用，引进吉林省东泽爱心基金会监管使用资金，保障资金安全。协调市中医院专家团队到九台区龙嘉街道红光村开展义诊，为70名归侨、侨眷进行关节炎专项诊治、免费送药，并与九台区“侨胞之家”签订长期服务协议，为归侨、侨眷建立健康档案，定期开展义诊，针对重大疾病患者开设绿色通道，解决归侨侨眷“看病难”问题。组织20名侨资企业家和50名侨界群众在农安县烧锅镇互助村举办“消费扶贫・助农大集”，集中购买贫困户特色农副产品，协调侨资企业长春九州通集团与互助村蔬菜种植合作社签订蔬菜包销合同，购买农副产品13万元，为贫困户增收2万元。举办中欧科创数字桥活动，邀请在长工作的德籍工程师、海归学者、海归科技创业者与德国科技创新中心、华人科技创业者进行线上沟通，交流对接国内外科技信息。

（王冬梅）

长春市台湾同胞联谊会

【概况】 2020年，长春市台湾同胞联谊会（简称市台联）有基层组织14个。长春市有台胞94人，台属2.6万余人。

9月21日，市台联举办在长台胞台属中秋节联欢会（姜诗语　提供）

【走访慰问】　与省台联、市级统战团体机关、各基层党委统战部走访沟通，于5月27日至6月4日对长春市柏睿装饰工程有限公司、长春天禾印铁包装制品有限公司两家台胞台属企业及吉林省冀商商会进行走访调研。8月11日，走访5位老台胞并送上慰问品。

【助力疫情防控】　成立长春市台联疫情防控领导小组，会同市台办，利用"台联e家人"微信群等多种新媒体形式，向台胞台属宣传疫情防控知识。5月12日，利用网络微信群，召开长春市台胞台属贯彻统战部长会议精神暨台联工作会议。市台联副会长、各县（市）区、大学台联会长20余人参加会议。

【服务台胞台属】　国庆、中秋"两节"时期，向16名65岁以上老台胞，11名生活困难台胞台属发放慰问金。开展网络台湾知识竞赛活动。试题围绕台湾基本概况、"一个中国"原则、党中央对台大政方针等内容。活动得到台胞台属积极响应，收到有效答卷63份。评选出一等奖3人、二等奖5人、三等奖8人，并于中秋联欢会颁奖。举办在长台胞台属"迎中秋·话团圆"联欢会，各单位对台工作负责人员、台胞台属代表150余人参加活动。

（姜诗语）

长春市残疾人联合会

【社会保障】　困难残疾人生活补贴和重度残疾人护理补贴制度惠及15.1万人次，其中，生活补贴6万人，护理补贴9.1万人。"三无一靠"（无法就业、无法组建家庭、无低保、依靠父母及家庭成员供养）成年重度残疾人生活补贴853人。为4325名残疾人提供托养服务。其中，机构托养305人，居家安养4020人。继续为就业年龄段残疾人购买意外伤害险，惠及7.5万人。为44户贫困残疾人家庭进行无障碍改造，完成省民生实事任务102%。

【脱贫攻坚】　扶贫项目投入1637.9万元，惠及残疾人8900人次。其中，购买农机服务2865户，托养服务补贴2010人，辅助器具发放2880件，家庭无障碍改造832户，实用技术培训390人。为1267名建档立卡疑似残疾人评残办证。完成全市11555名建档立卡残疾人脱贫任务。

【就业帮扶】　开展"2020春风行动暨就业援助月"专项活动，走访残疾人失业家庭3065户，登记1227名失业残疾人；组织残疾人专场招聘会20场，帮助残疾失业人员实现就业51人。落实残疾人创业就业扶持政策，机动车驾照补贴41人；为8家超比例安排残疾人就业企业发放补贴，超比例安置16人；扶持残疾人创业带头人3人、就业（扶贫）基地6家；残疾人租赁摊床位补贴30人；扶持残疾大学生创业1人。举办全市残疾人职业技能大赛。推进残疾人网络创业，新建1个网络创业就业服务基地和1个公益直播间，并开展产品推介、才艺展示等直播活动。全市培训残疾人1万人次，新增残疾人就业2868人，分别完

4月28日，长春市残联在市人才市场举办2020年春季残疾人就业专场招聘会（孙连涛　提供）

9月28日，长春市2020年残疾人职业技能竞赛在长春市蓝梦职业培训学校举行

（孙连涛　提供）

成省市民生实事任务153.8%和136.5%。

【教育资助】　对16名贫困残疾儿童给予学前教育资助。对大龄自闭症、智力障碍青少年职业教育给予补贴，资助185人。继续实施扶残助学项目，市本级补贴资金52.5万元，资助残疾学生和贫困残疾人子女1514人。投入11.3万元，资助113名残疾人接受成人教育。

【康复服务】　为5.5万名有需求的残疾人提供基本康复服务，完成省市民生实事任务132%，完成市政府重点任务125%。为1253名残疾儿童提供康复救助。为2808名肢体残疾人提供居家康复服务。为4066名贫困重性精神障碍患者提供医疗救助。第21次全国“爱耳日”和第4次全国残疾预防日，发布宣传短信20万条。

【文体宣传】　在报纸、广播、电视、网络等公共媒体发布报道300篇，开展网络直播活动9期，点击量超过90万。在长春市残联网站、微信公众号、“长春日报”今日头条和“长春日报社”官方微博发布《决战决胜脱贫攻坚系列报道》25篇，推送3部残疾人脱贫纪实作品，被中国残联选中展播。央视网、中国新闻网、中国青年报等主流媒体对张运波、张超凡、于树忠、胡艳苹等典型事迹进行报道。第30次全国助残日、第63个国际聋人节、第37个国际盲人节期间，各残疾人专门协会组织开展直播助残、慰问残疾学生、盲人无障碍游览等活动，“长春聋人帮帮团”开展“阳光助残活动”12期。开展2018–2019年度长春市残疾人事业好新闻评选活动，评出一等奖4件、二等奖5件、三等奖6件。第30次“全国助残日”期间，举办网络康复指导、普法宣传、楹联大赛、网络文化艺术节、“云演奏”、“云健身”等活动。开展全国第十四次特奥日羽毛球比赛，分别组织听障运动员和听障长跑爱好者参加2020年长春城市定向赛、长春市第六届万米排位赛，组队参加由吉林电视台举办的“你我同行—幸福开跑”活动。完成51个新时代残疾人文体活动示范点申报工作。完成“十三五”期间残疾人体育台账录入工作。在吉林省第三届残疾人运动会上，长春市代表队获得70枚金牌、24枚银牌、9枚铜牌，取得金牌总数和团体总分双第一，并获优秀组织奖和体育道德风尚奖。在第三届全国基层残疾人机构旱地冰壶比赛中，取得轮椅组第5名、智力组第5名。

【信息化建设】　长春市残联网站编辑发布信息1385条。其中，本级信息284条、县（市）区信息1101条，向长春市政府网站报送信息120条、采用80条。市残联微信公众号采编和转载信息216条，关注5900余人。如期完成残疾人基本服务状况和需求信息数据动态更新工作，移动终端App数据录入率100%。

【依法维权】　全年接待咨询1904人次，来访124人次，处理12345市长公开电话来件210件。依托长春市残疾人法

8月27日，吉林省第三届残疾人运动会在吉林省体育局综合训练馆落下帷幕

（孙连涛　提供）

律援助工作站，为残疾人提供法律服务221人次，咨询解答54人次，免费代理和协助处理案件6件。印制《残疾人法律法规汇编》2万册，在市残联网站开辟普法专栏，“国家宪法日”举办《中华人民共和国民法典》专题学习培训。组织参加中国残联举办的无障碍环境建设督导员线上培训班。

【公益助残】 实施集善工程项目，发放四轮轮椅96辆、电动轮椅14辆、蛋白粉150箱，价值16余万元。开展“树忠助残奖学金、长大特教助学行动”，每年资助12名优秀残障大学生，每人每年5000元，连续资助五年。第29个“国际残疾人日”，在长春大学举行助学金发放仪式。为塔库村盲人提供救助善款5000元，用于房屋进行保暖和无障碍改造。

（孙连涛）

长春市红十字会

1月11日，长春市红十字会走进南关区天乐路社区开展“悦动红会情，天乐踏歌行”义演义诊志愿服务

（熊思幸　提供）

【助力疫情防控】 运用“互联网+公益”平台，发起2次倡议，动员参与疫情联防联控。制定8个规范性文件和操作流程，指导各县（市）区红十字会依法依规做好疫情防控专项社会募捐工作，捐赠防疫款物管理和使用。设立24小时值班热线，做好市民捐款捐物接待及释疑工作。在“一官两微”开设捐赠公示专栏，公开社会捐赠款物接收及使用信息，发布捐赠公示及宣传预防知识等相关信息175篇，总阅读量约20万。2020年，全市红十字会接收防治新冠肺炎捐赠款物3940万余元，市红十字会接受捐赠款物2012万余元。

【人道救助】 开展“长红·暖冬救助行动”活动，筹措慰问款物35万余元，受益人覆盖7个县区、1000余户困难群众。5月，上线“长红·凉夏助学行动”“长红·暖冬救助行动”两个筹资项目，截至12月底筹集捐款10余万元。宣传中国红十字基金会小天使、天使阳光和省红十字会白血病、肿瘤基金等重大疾病救助项目，全市1500余名贫困群众申报，7800余人次获得救助。德惠五家子村附近发生溃堤后，与德惠市红十字会为受灾群众争取中国红十字会救灾生活箱200个，价值6万余元。

【应急救护培训】 2020年，长春长影世纪城、长春世界雕塑园景区红十字救护站建成并投入使用，市红十字会在项目援建的基础上，捐赠急救药品和耗材、模拟人、急救包、AED训练机等。9月11日，景区红十字救护站基地开展“疫情下的急救”主题宣传活动，向游客和景区员工宣传疫情防控和应急救护知识。开展线上应急救护知识普及活动。借助互联网平台开展应急救护、疫情防控和卫生健康知识的宣传教育。

【志愿服务】 1月11日，在南关区天乐路社区开展“悦动红会情，天乐踏歌行”急救培训及义诊活动，20名长春红十字美吉公益志愿者参与该次义诊活动。1月30日，向吉林省红十字会申请救灾帐篷30顶，组织红十字志愿者前往长春市30个高速路口搭建帐篷，供户外值班防疫人员休息。9月29日，长春市红十字会专家讲师团志愿者在长春建筑学院高新校区2020级新生军训开营仪式暨军训动员大会上为大学新生讲解红十字运动知识和新冠肺炎疫情防控知识。10月30日，在长春师范大学开展应急救护知识普及培训、七步洗手法和疫情防控相关知识，引导学生学习如何正确防灾避险。12月11日，在自强街道北安社区开展以“远离亚健康”为主题的健康知识讲座。

【“三献”工作】 2月，市红十字会向市民发起“同心协力，为爱逆行”无偿献血倡议，呼吁爱心市民在做好个人防护的前提下，参与无偿献血。清明节期间，长春市红十字会通过网络发起“生命回响·云上缅怀”缅怀纪念活动，缅怀纪念捐献者，弘扬遗体（器官）捐献者的“大爱、奉献”精神，宣传“遗体（器官）捐献·生命永续”的理念，720人次参与线上缅怀活动。

（熊思幸）

法　治

FAZHI

人大立法

参见第46页“人大立法”分目

政法委及综治

【概况】　2020年，完成打击电信网络诈骗犯罪、优化公益诉讼、人民法庭建设、公共法律服务体系建设等9项改革任务。增强引领作用，推进执法司法办案业务协同平台和涉法涉诉信访信息平台试点建设。强化基层基础建设，打造综治中心规范化建设示范点46个，建设关爱之家示范点17个。

【抗击疫情】　公安查破涉疫情违法犯罪案件826起，依法处理1689人。检察院、法院机关对涉疫案件快诉、快审。开展涉疫情矛盾纠纷排查化解、法治宣传和法律服务，筹集330余名律师组成27支公益服务团队，引导企业商会和广大市民增强法治意识，支持配合疫情防控工作。

【扫黑除恶专项斗争】　开展线索清仓、逃犯清零、案件清结、伞网清除、黑财清底、行业清源“六清”行动。立案侦办黑社会性质组织14个、恶势力犯罪集团38个、恶势力团伙85个，判决涉黑涉恶案件98件，查封、冻结、扣押涉案资产4.52亿元。深化重点行业乱象整治，小额贷款公司数量由125家压降至30家，校园周边安全整治率94.62%，查扣非法营运车辆546台，机场区域实现204天“零投诉”。

【矛盾风险防控】　健全矛盾纠纷多元化解机制，建立乡镇（街道）矛盾纠纷调解站171个、矛盾纠纷调解室2054个、“百姓说事点”3671个，成功调解矛盾纠纷4.3万余件。建立府院联动机制，设置行政争议协调化解中心15个，化解行政争议纠纷162件。加强对命案发案和“民转刑”案件调度管理，提升快速反应和预防处置能力。推进“文投”“鼎邦”“万邦”“青旅”等涉众型敏感案件处置工作。开展涉法涉诉信访积案集中攻坚化解行动，省、市交办案件化解率分别为44.39%、53.49%。

【平安长春建设】　出台《长春市市域社会治理现代化试点城市创建工作行动方案》，形成“三长（网格长、楼栋长、单元长）联动”，加强基层治理，选树宽城区长山花园等先进典型。提升市域社会治理水平，开展普速铁路环境安全整治行动，成立社区矫正委员会。

【服务现代化都市圈建设】　优化法治营商环境，落实《免责免罚清单》要求，对民营企业家及工作人员依法不批捕42人，不起诉143人。推进治安行政和司法行政领域“放管服”（简政放权、加强监管、优化服务）改革。协调推进44个重大项目征地拆迁。

（王　鑫）

公　安

【概况】　2020年，面对新冠疫情，率先实施一级响应，启动51处环城卡点，组建28人机场突击队，筑牢“外防输入”城市关口；运用公安大数据，排查重点疫区来长人员520万余人次，核查5.2万名“四类人员”（确诊患者、疑似患者、不能排除感染可能的发热患者和确诊患者的密切接触者）、关联人员轨迹信息，织密“内防扩散”信息防线；依法严打囤积居奇、制假售假、涉疫诈骗犯罪；完成“2003”总书记视察吉林重大警卫安保任务，实现“零纰漏、零失误、零差错”；十九届五中全会、全国全省“两会”安保实现“进京非访零登记、在京人员零滋事、暴恐事件零发生、重大事故零纪录、敏感舆情零炒作”；聚焦“六清”行动，部、省、市三级交办督办184条重点目标线索全部查结清仓；14起涉黑案件、34起恶势力犯罪集团案件全部侦查终结并移送审查起诉；抓获部督A、B级逃犯3人、省督逃犯190人，查封、扣押、冻结涉黑涉恶资产4.5亿元，“三书一函”（监察建议书、司法建议书、检察建议书、公安提示函）反馈率、整改率100%；全市89起命案现案100%破获，侦破历年命案积案55起；破获公主岭“4·17”杀人碎尸案、新区“6·29”一杀四人案、净月“12·20”入室绑架案等重大案件；以“云剑”“断卡”“昆仑”“净边”“净网”、打击跨境赌博和“打侵财保民安促发展”专项行动为牵引，破获刑事案件7415起，抓获犯罪嫌疑人9186人，全市治安警情、刑事警情、治安案件、“两抢”案件、八类严暴案件、群体上访呈现“六下降”态势；整治32处交通乱点、23处事故隐患点段，应对3次台风侵袭和雨雪冰冻极端天气，全市交通事故起数、死亡人数、受伤人数、财产损失数比2019年分别下降19.96%、16.24%、15.69%、38.82%；紧盯三级消防、危爆物品、治安要素管理，全市未发生“小火亡人”和“打响炸响”事故；主动融入“城市大脑”整体规划，建成“数据融合共享、全警实战应用、技术分层解耦”的公安大数据平台；完成62个“平安小区”视频建设任务，重点部位视频监控、人脸抓拍加密补点；公安司法鉴定中心通过国家级资质认定重新评审，电子取证实验室通过公安部一级实验室网上审核，建成全省首家技侦手段省级示范点；为重点企业、重大项目主动提供用工人员轨迹核查、加急办理证件业务；开展“万人助万企”“百万警进千万家”活动，推进“一门通办”“一网通办”，严打涉企违法犯罪，破获侵犯一汽集团知识产权案件12起，挽回经济损失8000万余元；全年为55个集体、596名民警记功授奖；慰问救助烈士、因公牺牲、患病特困民警1737人、658万元。

【新冠肺炎疫情防控】　从1月24日8时起，在全省率先启动环城卡点疫情查控工作，会同卫健部门在29个高速入城口和检查站同步设立30个卡点；根据疫情发展变化，在全市各县区农村公路增设卡点到51个，对过往车辆、人员逐一进行登记、查验，查控车辆51万余辆次、人员91万余人次，在环城高速、国省干道、县乡村道安排51处防控卡点，逐车逐人排查检查登记。民警24小时值守，为运输抗疫物资车辆开辟绿色通道，牵头县市区政府及时拆除、撤销国、省、市、乡、村疫情阻点路障7219处。运用“疫情防控”实战应用平台、“e治安战役版”，配合卫健部门对2525770名外地到长住宿人员进行健康排查、跟踪指导。配合卫健部门排查、护送、转运、隔离反长人员，实行闭环管理，切断输入性危险源传播通道，成立龙嘉机场抗疫突击队，开展龙嘉机场入境旅客的核查、分流、隔离等新冠疫情防控相关工作，参与核查返长航班80余架次、境外返长旅客19000余人次，将664名发热、干咳等症状旅客送医院诊治，并查获1名在逃10年的网上逃犯，实现“零漏记、零私离、零闹事、零感染”。打击涉疫情违法犯罪，侦破公安部督办的朝阳区涉疫情诈骗案、九台区杨某某虚假售卖医用N95口罩诈骗案、汕头市林某某虚假出售口罩诈骗案等一批涉疫违法犯罪案件。

【扫黑除恶专项斗争】　侦办涉黑案件及恶势力犯罪集团案件全部侦查终结并移送审查起诉，在侦黑恶案件“回头查”工作中，查获涉案资产约4900万元，2名涉黑涉恶目标逃犯落网，打掉涉互联网涉恶团伙18个，破获案件70起，打击处理270人。侦办涉黑团伙案件14起，侦办恶势力犯罪集团案件38起，刑拘团伙成员1024人、破获刑事案件731起；移交涉案公职人员59人；扣押、冻结、查封涉案资产折合人民币约4.5亿元。收到锦旗86面、感谢信46封，扫黑除恶工作战果总量全省排名第一。

【打击侵财犯罪】　开展“云剑—2020”“打侵财促发展保民安”“断卡”等专项行动，集中打击电信网络诈骗新型违法犯罪。年内，全市抓获电信诈骗案件犯罪嫌疑人3835人、比2019年上升255.7%，抓获电信诈骗案件犯罪嫌疑人数及“断卡”行动战果全省排名第一。破获公安部督办“4·11”电信诈骗案；侦破公安部督办陈某某等人实施的民族资产解冻类诈骗案；打掉公安部督办的跨省买卖对公账户犯罪团伙；捣毁1处以“网络刷单”为由实施电信网络诈骗的犯罪窝点，抓获犯罪嫌疑人21人，缴获电脑50台、手机80部。年内，侦破侵财类等刑事案件2143起、打处1538人；召开返赃大会17次，返还赃款赃物价值1000余万元。

【打击涉拐犯罪】　配合吉林省公安厅完善“钉钉团圆”儿童失踪信息发布机制，加强全国打拐DNA信息库的录入、比对工作。年内，破获拐卖案件18起，解救妇女儿童6人，刑拘犯罪嫌疑人13人，采集DNA入库血样34份，DNA比对3例。侦破省督宽城区“8·17”贩卖儿童案，解救儿童3人；侦破省督朱明组织少女卖淫案，抓获犯罪嫌疑人7人，解救少女3人。

【打击贩卖文物犯罪】　在打击文物犯罪工作中，全市刑侦部门侦破文物类案件3起，刑拘9人，涉案文物60余件。

【打击食品药品违法犯罪】　全年破获食药环案件557起。其中，部督案件4起、省督案件10起，捣毁黑窝点91处；抓获犯罪嫌疑人1002人，受理行政案件145起。

【打击涉黄涉赌违法犯罪】　全市查处黄赌案件838起，打处违法犯罪人员2995人，扫黄铲赌专项行动期间查处黄赌违法犯罪案件390起，打处违法犯罪嫌疑人1485人，责令停业整顿行业场所24家；破获涉“黑彩”案件75起，其中，刑事案件68起，治安案件7起，涉案金额6944.093万元，采取刑事强制措施389人，行政处罚83人，打掉网络“黑彩”团伙68个，取缔福彩报注站2个。

【打击枪爆违法犯罪】　开展以“铲除枪爆祸患、保障公共安全”为主题的集中收缴销毁枪爆物品行动，全年收缴各类枪支（仿真枪）472支、子弹8392发、炸药2千克、雷管79枚、黑火药1千克、导火索18.14米、收缴销毁废旧炮弹90枚、手榴弹8枚、收缴管制刀具510

把、弩8支，经专家鉴定，确定不是化学弹后全部销毁。

【服务民营经济】 配合政府各部门，持续压缩企业开办时间，公章刻制备案工作由50分钟压缩为30分钟，通过“吉林公安”互联网+手机全流程办理刻制公章的订单1250余笔，刻制公章4700余枚；通过全省“e窗通”市场准入系统“一网通办”申请刻制印章的订单5100笔，刻制印章23228枚；通过各政务大厅窗口“联审联办”申请刻章的订单5031笔，刻制公章24322枚。

【出入境管理】 协助查控疫情期间中国公民出入境人员轨迹数据709361条、来长外国人轨迹数据18600条，完成“三非”（非法入境、非法居留、非法就业）外国人收押、遣送任务15人次，为涉外企业和涉外人员提供防疫指导，4500余名在长常住外籍人员实现“零感染”。全年受理审批中国公民出入境证件50064件，办理外国人证件业务3950件，出入境通行证业务72笔，贴近式受理签证1291件，吸引外籍人才156人，通过“绿卡直通车”受理11件，发放绿卡8件，审核外国人签证3894人次、办理外国人永久居留2人次、恢复加入中国国籍26人次；利用大数据平台核查重点人员证件申请19份，调查处理疑似双重户籍报警33条，录入控制对象数据6946条，核实国内外核查函500件，异地函调177件，处理外国人签证证件信息校对及市局一级审批3894件；查办“三非”案件及“5·08菲律宾人组织他人偷越国（边）境案”57起，查处“三非”外国人113人，遣送和驱逐出境15人。

【“一村一警”工程】 组织1692名农村辅警落实“八大员”工作职责，健全信息核查、矛盾纠纷排查化解、治安防范、服务群众等工作机制。全市农村辅警为派出所和民警提供案件线索378个；协助开展涉稳重点人管控6940人次；化解各类矛盾纠纷1323起；协助检查各类行业场所、单位2568次，整改隐患541处。

【“百万警进千万家”活动】 制定《全市公安派出所“百万警进千万家”活动实施方案》，成立“百万警进千万家”活动领导小组。走进2622个困难家庭，为群众解决773个实际困难，稳控重点人员6945人，调处矛盾纠纷13460起，整治治安乱点382个，查处打击涉企案件12起，向吉林省公安厅报送视频及链接图片120个。

【信息采集核查】 组织全市派出所将电力用户信息与公安机关三实信息平台的实有房屋逐一关联标注，全市335.4万实有房屋地址，332.8万与电力信息标注关联，信息标注率99.2%，在全省排名第一。核查“出生未落户”人员781人；核查“死亡未注销”人员29544人，注销29107人；核查“服兵役未注销户籍”人员4171人，注销3222人；核查“双重国籍”人员297人，注销200人；纠正“户口登记项目差错”数据1058条，核查百岁以上人员信息1659人次；核查18周岁以上无照片人员5356人次。

【宣传活动】 安排人员1214人次，完成557次重点新闻和公安要闻报道，制作关于全市2020年公安重要活动、相关警种业务视频专题片12部。在《人民公安报》《法治日报》、新华社、中国新闻社等中央级媒体发稿82篇；省市级媒体发稿319篇，其中疫情防控方面发稿170篇；“打侵财保民安”行动发稿42篇；打击跨境赌博、“云剑2020”“净网2020”等方面发稿53篇；优化营商环境方面发稿25篇。长春公安宣传微信公众号粉丝4.3万人，“1万+”阅读量稿件发布79篇，“10万+”文章3篇，“100万+”文章1条篇。长春公安官方自媒体“平安长春”上线运营，作品60部，粉丝近2万人，发布信息2100条，300余万字。处置引导涉警舆情38起。全年结合重要节日、重点时间节点开展各类警营文化活动10次。

（陆亚戈 刘 璐）

【特勤交通安保】 全年完成等级交通警卫任务22次，省市两会、省委全会、市人代会等重要会事交通安保勤务40次，农博会、汽博会、消夏节等文体活动勤务11次。

【交通事故预防】 全年道路交通事故四项指数比2019年分别下降19.96%、16.24%、15.69%和38.82%。全市整改交通事故隐患路段23处，全年事故风险路段交通事故死亡人数比2019年下降42.9%。增设交通标志111面、减速带79条、护栏144千米、爆闪灯63个，施划交通标线6.9万平方米，安装照明设施27.3千米。走访排查重点客货运输企业2194户，排查“两客一危”重点车辆4.5万台次，重点车辆检验率91.1%、报废率98.1%。开展严重交通违法专项治理，查处各类交通违法行为366万件。施划、整改交通标线48.9万平方米，总面积293万平方米。增设各类标志1169面。增设隔离设施5.9千米，减少拥堵点位157处，交通事故比2019年下降36%。召开新闻通气会12次，对外发布新闻通稿1066篇，中央级媒体采用108条，省级媒体采用219条，短信推送告知信息307万条，报纸报道324篇，电视播出485次，组织全市20余家主流新闻媒体记者随警作战16次，曝光违法车辆3885台次，驾驶人3655人次。长春交警微博发布7147条，阅读量4859万次；微信发布5266条，阅读量133万次；头条号发布图文消息5442条，阅读量397万次。

【极端天气应对】 为应对3次台风、1场大雪、2场冰冻，公安交管部门启动一、二、三级勤务17次，出动民警1.2万人次，协警1.5万人次，车辆6000余台次进行路面执勤。

【交通拥堵治理】 公安交管部门为城市交通治堵提供合理化建议，经市政府采纳，制定错峰上下班，设置隔离护栏，清除停车泊位，安装电子监控等19条缓堵目标措施。其中，公安交管部门牵头组织7项，配合实施6项。完成43条街路公交站点清理整顿，停车泊位清除，“一校一策”缓堵等工作，并结合“城市大脑”建设，研发智慧交通管理系统，升级快速路匝道控制系统。

【交管便民服务】　全年上门检车50余次，为企业节约资金200余万元。查封盗用一汽注册信息的车辆，为其中218台A4、Q5等车辆协调办理落籍手续，为一汽集团挽回直接经济损失近1亿元。打通便企服务绿色通道，为一汽集团落籍国五标准车辆1323台，避免企业损失近2亿元。全年办理车驾管业务210万笔，日均业务量1.1万笔，比2019年提升12.4%。在全国率先开展路面交通安全劝导体验式“两个教育”实践活动，帮助驾驶人尽快复业，解决驾驶人个人家庭负担；帮助企业迅速复产，解决企业经济困难。全年培训教育学习驾驶人1.73万人，培训合格1.67万人，合格率96.5%。

（潘　东）

检　察

【服务疫情防控】　批捕涉疫刑事犯罪24人、起诉52人，办理废弃口罩处置、野生动物保护等领域公益诉讼案件50件。对特殊时期企业涉案人员，通过依法作出不起诉决定、提出判处缓刑建议等方式，帮助回归岗位，助力复工复产。

【维护社会稳定】　推进“六清”行动百日攻坚战，黑恶案件起诉率100%，依法惩治刘立军、刘从云、梁万春等一批重大涉黑涉恶组织、团伙；结合办案发出检察建议83件。打击各类刑事犯罪，批准逮捕4367人、提起公诉7837人；批捕故意杀人、绑架等严重暴力犯罪575人、起诉785人；批捕抢劫、抢夺、盗窃等多发性侵财犯罪1412人、起诉2088人。

【助力“三大攻坚战”】　起诉扶贫领域职务犯罪10人，为20名贫困对象发放司法救助金50万元；推进造血式扶贫项目，包保贫困村全部摘帽，建档立卡贫困人口全部脱贫。起诉破坏环境资源保护犯罪154人，办理生态环境和资源保护领域公益诉讼案件174件。批捕破坏金融管理秩序和金融诈骗类犯罪233人、起诉370人，办理文投案、青旅案等一批涉众敏感案件。

【营造法治化营商环境】　出台优化营商环境“一号文件”，落实《关于民营企业及经营者轻微犯罪依法免责免罚清单》。依法维护市场经济秩序，起诉影响非公经济发展犯罪27人。对非国有公司企事业单位人员依法少捕慎诉慎押，不批捕60人、不起诉159人。推进“万人助万企”，协调解决法律、人才、税费等方面问题24件。联合市工商联举办“企业家法律大讲堂”，为130余名企业家提供法律服务。

【打击涉农刑事犯罪】　致力保护黑土地，围绕污染、盗挖、擅自占用黑土地等违法行为开展专项监督，办理公益诉讼案件32件，通过提起刑事附带民事公益诉讼、举行公开听证会等方式，督促恢复毁损耕地面积19.3万平方米。对坑农害农、破坏农业生产的涉农资犯罪起诉9人。

【刑事检察】　对不构成犯罪或证据不足的，依法不批捕2010人、不起诉1903人。办理马某某涉嫌非法持有毒品案，被高检院评为典型案例。认罪认罚从宽制度适用率87.91%，量刑建议采纳率95.64%。立案监督169件，书面纠正侦查活动违法行为235件，对认为确有错误的刑事裁判提出抗诉，法院改判、发回重审17件。纠正“减假暂”执行不当2494件，纠正刑事执行活动违法行为44件，监外执行不当86件。强化与监察机关配合，办理监委移送职务犯罪97人，起诉68人。立案侦查司法工作人员职务犯罪3件。

【民事检察】　对正确的法院裁判不支持监督申请153件；对认为确有错误的民事生效裁判提请抗诉14件、提出抗诉6件，提出再审检察建议11件；对民事审判活动提出检察建议43件，法院采纳30件；对民事执行活动提出检察建议34件，法院采纳30件。整治虚假诉讼，提请抗诉5件，提出检察建议4件。

【行政检察】　办理行政裁判结果监督

12月3日，长春市人民检察院就张某某与吉林省人力资源和社会保障厅、吉林省人民政府行政诉讼监督一案，邀请市人大代表、人民监督员及相关法律专业人士举行公开听证会

（市检察院　提供）

案件61件；对行政审判活动提出检察建议27件，法院采纳24件；对行政执行活动提出检察建议149件，被采纳148件。对行政机关不当履职提出检察建议120件，被采纳117件。开展行政争议实质性化解专项活动，化解争议47件。

【公益诉讼检察】 落实市人大常委会《关于加强检察公益诉讼工作的决定》。提出诉前检察建议303件，回复整改率93.1%。提起公益诉讼24件，法院审结并支持起诉意见10件。立案办理公益诉讼等外领域案件101件，占全省39%。办理全省首例涉公民个人信息保护刑事附带民事公益诉讼案件，诉讼请求得到法院支持。

【平安校园建设】 推进高检院“一号检察建议”再落实，与教育部门共建平安校园。批捕侵犯未成年人犯罪190人、起诉261人。坚持“教育、感化、挽救”方针，未成年人犯罪案件不捕率33%。针对校园周边贩卖香烟、网吧容留未成年人等问题，发出公益诉讼诉前检察建议9件。

【信访接待】 优化“12309”检察服务热线、远程视频接访系统，通过“信、访、网、电”形式接受信访6416次。对具备回复条件的，均在7日内予以回复，对属于检察机关管辖的，全部在3个月内给予办理进程或结果答复。落实检察长接待制度，两级院检察长一线窗口接访161次，息诉率100%。开展涉检积案清理化解工作，挂牌督办化解“钉子案”“骨头案”22件。

【民生案件处置】 同市场监督管理局联合开展落实食品药品安全“四个最严”要求专项行动，批捕生产、销售有毒有害食品、假药劣药等犯罪37人、起诉73人，办理相关领域公益诉讼案件62件。着力净化网络空间，起诉利用电信网络手段实施的犯罪124件。加强务工人员权益保护，通过办案帮助追回欠薪157万余元。关注弱势群体权益保护，起诉侵害农村留守儿童、老年人、残疾人合法权益犯罪141人。

【智慧检务建设】 创新规范开展“云办案”“云监督”。运用公益诉讼大数据平台，结合卫星遥感观测技术，挖掘各类案件线索，完成耕地保护、水源地保护等专项工作。关注检察数据质量，市检察院主导研发的“数据校验管家”和“数据应用助手”在全省检察机关推广。

10月19日，长春市中级人民法院对刘某等人涉黑案一审公开宣判

（市检察院　提供）

【各界监督】 接受人大监督和政协民主监督，向市人大常委会专题报告公益诉讼工作情况，向市政协委员通报未成年人检察工作情况。接受公安、法院、司法行政机关履职制约。依法维护律师执业权利，提供阅卷1792次，听取意见6649人次。接受社会监督，开展检察听证144件，按季度向社会公开主要办案数据。常态化开展检察开放日，邀请1000余名各界人士走进检察机关。

（徐春格）

法　院

【概况】 2020年，受理各类案件151517件，结案147756件，诉讼案件法定审限内结案率99.85%；人均受案218.01件，人均结案212.6件，均排名全省第一。其中，市中院受理各类案件21416件，结案20278件，诉讼案件法定审限内结案率99.66%；人均受案178.47件，人均结案168.98件，均位列全省中院第一。

【疫情期间司法应对】 疫情以来，全市法院提供立案绿色通道14925件，线上询问312次，线上开庭275次，促成执行和解3472件，选派568名干警，下沉45个社区、乡镇参与地方疫情防控工作；出台14条文明司法服务举措，发布10个保障复工复产典型案例。开展“六稳”“六保”工作，打击涉及诈骗、妨害公务、销售不符合标准的医用器材等涉疫犯罪案件68件；朝阳法院审结全省首例妨害传染病防治案；农安法院审结非法猎捕、收购、出售珍贵、濒危野生动物案，入选最高人民法院打击疫情犯罪典型案例。

【助力区域性经济发展】 审结涉一汽合同、金融类案件909件，开展“助力一汽”专项执行行动，助力“四大板块”建设；审理涉发明专利、计算机软件、植物新品种等知识产权案件，加强对影视、文旅等项目建设中的纠纷化解和法律服务，保障国际影都建设；出台15条服务举措，助力中韩（长春）国际合作示范区建设。参与“专班抓项目”，依法保障重点工程、重大项目建设，南关法院联合多部门贯通南湖中街断头路。保障供给侧结构性改革，审理涉吉林森工、长生生物、东北亚物流等企业破产、清算案件194件，用时47天审结全市首起简易破产案件。

【营造法治化营商环境】 全市法院审结各类民商事案件83366件，其中市中院审结12245件。审结买卖合同、股权转让、物权纠纷等案件7730件。开展服务保障民营经济专项督察，对6件8名民营企业经营者依法适用《关于民营企业及经营者轻微犯罪依法免责免罚清单》。开展“万人助万企”活动，选派111名干部对接服务企业98户，帮扶合心机械、万易科技等民营企业解决上市前重大法律问题，依法惩治虚假诉讼9件；对标的额5000余万元的虚假诉讼当事人依法教育训诫并处罚款。选派15名业务骨干到沈阳参加国家营商环境评价现场答题。在1起涉省内外多方当事人的被质押股权执行案中，创新采用当事人协商议定的方式确定股权处置参考价，推动拍卖变现，该案被评为全市营商环境典型事例。《人民法院报》整版报道市中院优化营商环境工作经验。

【扫黑除恶专项斗争】 全市法院受理一审涉黑涉恶案件84件，审结84件，公开宣判刘立军23人涉黑案、张蒲17人涉恶案等一批重大案件，实现“案件清结”目标。判处黑恶犯罪被告人334名，其中被判处5年以上有期徒刑149人，重刑率44.61%。落实“一案三查”，摸排并移交线索340条，立案31条。持续“打财断血”，判决收缴“黑财”6141.29万元，对15名黑恶犯罪被告人判处没收个人全部财产，执行到位3106.11万元。强化“一案一整治”，发出司法建议87条。

【打击刑事犯罪】 全市法院审结各类刑事案件10906件，其中市中院审结4705件。审结危害国家安全、暴力恐怖、邪教犯罪等案件53件71人；惩治故意杀人、抢劫、绑架等严重暴力犯罪233件304人，涉毒犯罪案件123件209人；审理涉文投、万邦、鼎邦等非法集资、金融诈骗、电信诈骗类涉众侵财型犯罪232件791人，涉案金额599.65亿元；双阳法院审结“3·19”特大盗窃黄金珠宝案；惩治强奸、猥亵妇女儿童犯罪案件240件258人；审结长春地区首起虐待被看护人案；审理华电集团原总经理云公民受贿案、吉粮集团原董事长孟祥久受贿案等重大职务犯罪案件28件31人。

【民生案件处置】 审结涉教育、就业、医疗、住房等案件4215件，审理唐某等5人诉某公司房地产欺诈销售案；二道法院为42名农民工追索劳动报酬208万元。惩治危害食品药品安全犯罪28件，绿园法院在“假牛羊肉”刑事附带民事公益诉讼案中，对刘某某等3人判处1年至3年不等有期徒刑，并处惩罚性赔偿金，责令公开道歉。审理高空抛物、坠物案件33件。宽城法院审结全省首例买卖个人信息刑事附带民事公益诉讼案，保护公民信息安全。审结各类涉军案件245件，依法保障军人军属合法权益。依法减缓免诉讼费1086件163万元，办结司法救助案件49件59人，发放救助资金502.14万元。

【人权保障】 落实罪刑法定和疑罪从无原则，推进律师辩护全覆盖，启动非法证据排除8次，依法宣告无罪4件4人、变更指控罪名26件50人；开展涉产权及企业家权益冤错案件甄别纠正专项行动，排查两级法院六年来已结生效案件，纠正民事错案10件。依法办理减刑、假释案件3767件，促进罪犯改造；对不符合条件的700人不予减刑假释，确保刑罚严肃。推进少年审判，开展法治进校园和联动帮教，判处未成年犯156人，比2019年下降44.88%。朝阳法院获评全国维护妇女儿童权益先进集体。

【畅通便民渠道】 诉讼服务中心实行接诉即答、接单即办，安装“好差评”评价器，当场登记立案率超过90%。办理跨域立案699件。开通“线上诉讼服务”，网上立案80801件，电子送达133822件，远程开庭275次，视频接访85次；增设9家、外迁27家基层人民法庭，全市49家人民法庭审结案件22410件，占民商事结案总量27.06%。

【社会治理】 向市委专项报告矛盾纠纷多元化解工作建议，与10家行业调解组织建立诉调对接关系；诉前调解32943件，司法确认1650件。开展领导干部接访和包案攻坚活动，建立律师参与信访化解机制，化解重点信访案件202件，积案化解率98.02%。公开审理韩某九为泄愤推倒交通护栏案，维护公序良俗；对临时搭建的“伪大棚”，不认定有补偿利益。落实“谁执法谁普法”责任制，在国家、省市级主流媒体发表稿件2590篇，通过“三微一端”平台发布信息1600余条，播出《百姓与法》52期；新区法院、绿园法院参与拍摄普法微电影《苍夏》《铁腕》，获第八届亚洲微电影“最佳作品奖”、全国法院百优微视频奖。

【法律执行】 全市法院执结各类执行案件48975件，其中市中院执结2275件。深化执行联动，与公安、自然资源、市场监管等23家部门及单位实现信息共享，实现银行存款、房产车辆、股票证券等主要财产信息“一网打尽”，查控案件47057件，冻结并划扣资金23.2亿元。规范执行行为，加大对财产处置、代管款发放、执行和解等重点环节的监管，全年执行到位金额145.15亿元。创新财产变现方式，引入“智槌”辅拍系统，开展法官直播“带货”“双十一”法拍车集中拍卖等活动，全市法院网拍成交额21.35亿元，溢价率19.76%。打击规避执行、抗拒执行行为，公布失信黑名单2911条，限制高消费21546人，司法拘留49人。

【行政争议化解】 全市法院审结各类行政案件1933件，其中市中院审结537件。审结行政许可、行政登记等案件

148件，保障“放管服”“只跑一次”等改革落地见效。审结土地、房屋征收等案件321件，依法支持二道滨河新区、百里伊通河等重大项目建设。审结行政公益诉讼案件9件；全市法院成立16个行政争议协调化解中心，化解纠纷136件，行政案件收案比2019年下降32.43%。

【智慧法院建设】 完善智辅办案系统，推进电子卷宗随案同步生成和深度应用。提升审判管理信息化水平，依托司法大数据管理平台，对案件节点信息实时采集、动态跟踪、预警通报、网上评查，实现全程动态监控。强化审判业务功能场景智能化建设，市中院改造升级法庭14个。探索区块链技术创新应用，开通“区块链+律师调查令”新模式。强化司法公开，利用“四大公开平台”，审判流程信息公开87384件，裁判文书上网101255件，执行案件公开37108件，庭审直播案件25365件，市中院司法透明度指数测评位居全国高中级法院第5位。

【各界监督】 坚持大会报告和专项报告制度，落实决议决定和审议意见，邀请代表座谈、视察237人次。完善定向联络、集中走访和参与监督等制度，实现常态化沟通联络。发挥院长督办制度功能，由“一把手”督办反馈代表关注事项143件。接受政协民主监督，办理委员提案，邀请委员座谈、视察54人次。依法接受检察监督，落实检察长列席审委会制度，审理抗诉案件59件。接受社会监督，邀请媒体记者参加法院活动153人次。

（李禹峰）

司法行政

【新冠疫情防控】 临时安置湖北省、吉林市、北京市籍刑满释放人员工作受到省司法厅和司法部肯定。服务防控大局，以市委全面依法治市委员会办公室名义印发通知推动依法开展疫情防控。

11月20日，省司法厅、长春市司法局联合共建的公共法律服务“省市一体化”新型运行管理机制在长春市司法局举行启动仪式 （市司法局 提供）

对市疫情防控领导小组下发的45份文件进行合法性审查。律师法律顾问提出4份建议被省政府采纳。助力复工复产，开展“疫情防控·法治同行”专项法治宣传活动。汇编21.5万字的复工复产法律事务疑难解读和政策法规手册。为65期“惠满春城”消费季凭发票抽奖活动提供免费公证法律服务。疫情防控期间矛盾纠纷排查化解经验在吉林省司法厅会议上作介绍。推出疫情防控期间惠企便民十项服务措施，受到社会各界好评。

【依法治市】 组织召开市委全面依法治市委员会第二次会议，制定党政主要负责人履行法治建设第一责任人责任等10余个文件。继续组织实施法治建设十件实事。高规格召开法治政府建设工作会议，启动争创全国、全省法治政府建设示范单位活动。加强行政立法和备案审查，完成地方性法规立法、政府规章审核和修改工作。取消与乡镇（街道）、村（社区）职能无关的证明事项155项。对173件重大行政决策、行政规范性文件进行合法性审查。严格规范行政执法，组织编制包容审慎监管执法“四张清单”，开展“典型差案”评查工作，推进乡镇（街道）综合行政执法平台建设。依法化解行政争议，全市受理行政复议案件2881件，纠错率25%。代市政府制定《长春市行政机关负责人出庭应诉规定》。举办“乡村振兴新时代 惠农普法伴您行”农博会展会普法和市直机关领导干部学习民法典报告会，推出宪法民法典地铁专列。长春市司法局被司法部授予全国“七五”普法中期先进集体称号。

【服务经济社会发展】 优化法治化营商环境，以市委全面依法治市委员会名义印发《大力加强法治化营商环境建设的意见》，对不利于民营经济发展等内容的政府规章、规范性文件开展集中清理。长春市开展法治化营商环境做法被省委依法治省办肯定并全省推广。持续推进“万人助万企”工作。组建律师专家团队为633户企业提供法律顾问服务1177件，法治体检400余次，避免损失200万元。为企业提供证据保全文书等公证服务51153件。落实“幸福长春”建设任务，开展“法律援助惠民生·关爱未成年人健康成长保护行动”，实现未成年人刑事法律援助全覆盖。主动服务脱贫攻坚工作，组织扶贫律师团开展扶贫普法活动。

【维护社会和谐稳定】 强化特殊人群

4月16日，长春市公共法律服务中心启动。图为揭牌仪式现场（市司法局　提供）

教育监管，强制隔离戒毒场所连续8年无安全监管事故。成立长春市社区矫正委员会，贯彻落实《社区矫正法》，全面排查化解矛盾纠纷，市司法局专业人民调解中心人民调解委员会获评“全国模范调解委员会”。双阳区司法局连续4年被中华全国人民调解员协会授予“人民调解宣传工作先进集体”称号。宽城区“百姓说事点”工作两次被《人民日报》报道。

【公共法律服务】　2020年，全市有公证机构13个，在册公证员103人，司法鉴定机构29个，司法鉴定人352人。全市建成五级实体平台6448个。“12348”公共法律服务热线解答服务实现全天候、不间断服务。全年公共法律服务三大平台提供法律服务25万件。4月，在省内率先建立市级公共法律服务中心，集中为群众提供一站式法律服务，受理法律援助、人民调解、行政复议等各类案件939件，接待咨询3361次。建成省市运管一体化联合运行管理中心，与省司法厅联合共建“省市一体化”新型运行管理机制，实现全省网络、热线和实体平台服务数据汇聚、业务联结、一体运行，并对全省1178个实体、热线、网络平台和4366个法律服务机构进行统一调度。建成县（区）公共法律服务实体平台16个，公共法律服务站177个，公共法律服务室1357个。截至11月底，提供公共法律服务199176件，满意率99.71%。村（居）法律顾问为基层党组织和村（居）民提供的服务37866件。

【律师和基层法律服务】　全市有律师事务所244家。其中，市直律师所21家，县（市）区律师所223家；国资所1家，普通合伙律师所183家，个人律师所60家。全市有执业律师2542人。其中，专兼职律师2351人、公职律师156人、公司律师8人、法律援助律师27人。2020年，全市律师办理案件28988件，收费6.5亿元，比2019年分别增长10%和10.5%。全市基层法律服务所和基层法律服务工作者为2361人次提供法律咨询，代理民事案件2726件，代理行政诉讼234件，开展纠纷调解357件，承担政府、企业、公民个人法律顾问任务274家，提供法律建议1986条。长春市有基层法律服务所157个（含公主岭24个），基层法律服务工作者292人（含公主岭72人）。年内，吉林良智律师事务所被司法部评为“全国优秀律师事务所”，吉林创一律师事务所主任王晓初被评为“全国优秀律师”。年初，在司法部“新时代司法为民好榜样”活动中，吉林良智律师事务所主任张嘉良被评为“律师服务为民好榜样”，市基层法律服务工作者协会长、桂林法律服务所主任董奎星被评为“基层法律服务好榜样”。北京市君泽君（长春）律师事务所被评为“新时代长春司法行政好榜样”先进集体，张树波等5名律师被评为“新时代长春司法行政好榜样”先进个人。年初新冠疫情发生后，全市组建27支疫情防控公益律师服务团队，通过媒体推送、线上论坛、在线（电话）解答、做客电台（电视台）和发布防疫法律指引等方式，免费为产业园区、企业商会、小微企业和社会群众提供合同审查、风险评估、民商事纠纷等方

11月5日，举办长春市市直机关民法典学习报告会　（市司法局　提供）

8月17日，法律宣传走进农博会 （市司法局 提供）

面法律服务1000余次。同时，倡导律师和基层法律服务工作者开展爱心捐赠倡议，向社会各界捐款捐物达118万余元。律师行业党委组织开展“下社区、上一线”和“防控疫情、法治同行”活动，到3月中旬，全市有52家律师所结对65个社区，覆盖长春市主城区、开发区及九台区、双阳区等地，参与志愿者人数205人。长春市律师依法抗疫工作得到社会各界认可，《人民日报》、中国律师网先后报道长春律师防疫工作4次，省司法厅、省律师协会公众号报道13次。市律师协会被省红十字会授予“抗击疫情 爱心奉献”博爱奖。

【司法行政队伍建设】 常态化推进《中国共产党政法工作条例》，制定《全面落实新时代党的组织路线深入推进组织工作服务司法行政改革发展五十条举措》。开展政治轮训，巩固深化“不忘初心、牢记使命”主题教育成果，深化“解决纪律规矩突出问题、纯洁司法行政队伍”专项整治活动，开展干部队伍“能力素质提升工程”。加强基层司法基础建设，验收星级司法所141个。加快信息化建设，推动司法办案业务协同平台建设，法治政府建设专栏上线运行。完成调整公主岭市代管隶属关系后司法行政工作的对接过渡。完成全市律师协会换届，组织开展全市律师行业集中教育整顿暨违规兼职等行为专项清理、公证执业专项检查、“亲子鉴定”专项整治等活动，全面规范执业行为。

仲 裁

【概况】 2020年，长春仲裁受理案件1406件，标的总额56.1亿元，信息化、国际化及制度化建设稳步推进。疫情期间，抗击疫情同时帮助企业复工复产，为当事人提供仲裁法律服务。

【仲裁案件办理】 提升案件受理服务质量，工作流程简洁透明，受到当事人好评；创新办案理念，提高办案效率。出台《长春仲裁服务中心仲裁文书核阅规程》《关于案件受理和审理期限的管理办法（试行）》以及《长春仲裁委员会仲裁送达实施细则》。重新聘任核阅组成员，将核阅规程制度化，严格审限，细化每一个步骤和时限，解决案件超期问题，创新送达理念和方式，从根本上解决送达难的问题，三项制度实施后，积案清理速度明显加快，办案质量和效率显著提升；重新遴选仲裁员，加强队伍建设。将仲裁员按专业、专长、办案质量等进行分类，裁汰冗员，加强培训力度，优化队伍，提升庭审质量和办案效率；加强对文书核阅工作的监督和抽查，同时在办案部门严格落实综合秘书岗位职责，重点对文书的说理性和严谨性进行把关。

【仲裁信息化建设】 完善数字化办案系统，理顺数字化办案平台各项功能，受理服务平台同时接受线上远程立案，并与仲裁办案系统平台有效连接，迅速移交和办理案件，实现案件在线流转、在线审理、在线核阅、在线裁决和在线归档，并完成案卷数字化全过程管理，建成功能完备、运行稳定的数字化办案服务平台。开通微信扫码一键立案，当事人足不出户即可走入仲裁程序。实现仲裁员管理数字化，升级仲裁员自主选择系统，拓展仲裁法律人才库，避免人为干预；打造以人工智能为核心的现代化仲裁庭，实现庭审智能化和数字化，金融仲裁庭、国际仲裁庭和知识产权仲裁庭相继落成，数字化庭审体系更加完备。

【国际仲裁】 成立长春国际仲裁院。2020年6月，长春国际仲裁院正式挂牌成立，标志着长春仲裁服务党委、政府中心工作的能力和国际化进程迈出坚实一步。制定国际仲裁规则，历时3个多月起草《长春仲裁委员会国际仲裁规则》，融会国际国内各顶尖仲裁机构化解纠纷先进理念，坚持国际通行仲裁习惯。国际仲裁规则经历两轮专家论证，并被省仲裁法学研究会作为重要课题开展研究。聘任外籍仲裁员。由吉林大学推荐，来自国内外7个知名学府的21位法学专家，履行涉外仲裁员考核程序，与仲裁换届同时完成聘任程序。

（赵宝剑）

军　事

JUNSHI

长春警备区

【安全管理】　落实安全管理责任制，制定《机关正规化管理规定》《车辆管理规定》。开展零酒驾单位创建活动、百日安全活动，突出“人车酒密弹”重点部位管控和季节性事故防范，“两会”和节假日等重要时点安全管理，确保全年无事故。建立常态化检查督导、全天候无死角巡查、作风纪律明查暗访三项机制。

【应急备战】　开展专项任务准备，3次集中组织修案落案，完善长春市军地联合指挥机构，对接确定席位编组人员，组织专项任务分队完成专攻精练。提升民兵编组质量，编建市级民兵应急组织实力会审和检查考核。首长机关训练考核合格率100%。落实民兵分队训练，克服疫情影响，训练考核合格率93.7%。组织应急行动，开展第一届“长警杯”群众性练兵比武活动，组织民兵参与疫情防控、应对台风过境、洪涝灾害、雨雪冰冻等急难险重任务。

【国防动员】　疫情期间，核查疫情防护救治国防动员能力，掌握全市救治动员潜力底数。会同市委组织部组织专武干部集训，印发《专职人民武装干部培训教材》，对军事理论、本职业务科目进行训练和考核，评选出22名优秀个人。做好征兵工作，印发宣传海报、手册、条幅等，发动大学生预备连、高校辅导员、街道乡镇网格员协助体检、政审、定兵工作，完成年度兵员征集任务。

12月4日，长春市召开专武干部集训表彰大会　　（长春警备区　提供）

【服务保障】　加大“三后”问题（退役军人、随军家属、军人子女入学入托）协调解决力度，全年安置随军家属43名，194名军人子女享受优待政策。参与脱贫攻坚，制定帮扶《方案》和具体措施，各级开展多样化帮扶活动，长春警备区两级投入资金80万元。长春市获全国双拥模范城“九连冠”。落实党委理财制度，召开4次专题会议整合民兵训练基地和武器库警管保障力量。成立疫情防控领导小组，召开调度部署会17次，组织驻长单位成立军队工作专班，建立健全军地联防联控机制，组织出动民兵34万人次参与疫情排查，消毒居民区200余个，提供价值15万元生活物资慰问一线医护人员。

（宋志全）

武警长春市支队

【思想建设】　全年在省级以上媒体刊稿210篇，支队被总队评为新闻宣传工作先进单位。开展专项教育29次，组织“指导员之家”和“四会”政治教员比武，1人被总队评为“十佳”，1篇微课被武警部队评为“双百”优质微课。推进军史长廊、荣誉墙（室）和“一厅三中心”建设，深化铸魂育人“八项活动”和“两爱”主题实践活动。加大对九台罗群村帮扶力度，2个项目全部盈利，实现脱贫不返贫。

【战备训练】 开展5个波次全要素拉动演练，完善“八个体系”战备建设。结合执勤安全教育整顿排查整改83处隐患，如期建成“智慧磐石”工程，化解2起执勤险情，完成“2003”一级加强警卫、涉黑罪犯跨省武装押解等215起临时勤务。组织“四会”教练员网上比武，坚持首长机关周训月考、军事主官定期集训，开展勤训轮换，练强练精特战“尖刀之刃”，“魔鬼周”极限训练组训方法在全总队推广，“巅峰”比武获团体第二名。

【执勤工作】 推进“一规范、三系统”编组运行和“八个体系”战备建设，落实“3+1”战备值班力量体系和机关值班加强部署。转化“三员一兵一组一班”演示成果，着眼“三能”“五清”全力抓好单兵“五大技术”和情况处置“六步法”训练，按照“三个第一时间到现场”要求深化巡逻组“枪棍盾结合”技战法运用。

【主题教育】 把教育与岗位对接向任务延伸，引导官兵履行“两个维护”责任担当。探索“1+3+N”授课模式，即每个专题1名支队领导集中讲大课，9个大中队教（指）导员分工讲小课，理论骨干讲“双百”微课，开展唱红色歌曲、看红色影片、讲红色故事等多项系列配合活动。利用训练间隙常态开展小动员、小比武、小讲评，引导官兵强化“战”的意识。

【抗疫行动】 长春支队落实武警部队疫情防控“六条刚性措施”“八条硬性措施”和观察隔离“十条刚性规定”。成立应急物资采购小组，协调地方单位购买一次性口罩10万个、N95口罩3000个、防护服100件、84消毒液50箱、体温枪20个，作为支队应急防疫物资库存。1月23日，长春支队成立疫情防控小组，指导机关、基层做好疫情防控工作。对机关“两点一线”、基层在位官兵实施封闭管理，停止请休假和非任务外出，根据疫情情况，按照审批程序，召回在外官兵，组织集中隔离观察，其他疫情严重省份地区休假官兵暂缓归队。政治工作部第一时间统计在外官兵情况，采取拉圈建群、实时定位、亲友通话、短信提醒、电话通联等举措，建立一对一督导管控制度，并制作下发《疫情防护手册》《环境消杀组工作示范视频》和疫情防护安全板报。建立医疗巡诊制度，修订“应急处置、隔离防控、常态巡诊”3套方案，规范“发热就诊、隔离、转送、报告”4个流程，第一时间排查发现、隔离发热及感冒咳嗽对象。坚持“返营隔离”，按照“10个1”的标准，投入4万余元对隔离点进行改造升级，选调医疗、炊保等专业力量，组织应急保障培训，细化“接站入住、疑患处置、巡查巡诊、送餐就餐、环境消杀、垃圾处理、解除隔离、执勤处置”等8个步骤流程，实现流程化精准管控，支队零传入、零感染目标。

（刘　权）

12月3日，长春警备区组织专武干部打靶训练　　（长春警备区　提供）

人民防空

【应急演练】 组织人防固定指挥所信息系统通联训练80次、机动指挥所训练12次，参加省人防办信息系统互联互通训练50次，完成国家人防办空情预警网上训练6次。完成各级机动指挥所开设点检考核、军地联合防汛演练、跨区域拉动演练等任务。完成“9·18”全市防空警报试鸣暨城市居民紧急疏散掩蔽演练重点任务；完成由省政府提出的完善人防警报系统建设重点任务，实现全市主城区警报音响信号全覆盖；完成群众防空组织整组工作。

【助力城建发展】 对1亿元以上建设项目一览表中的项目，实行专人领办、全程代办，审批固定资产投资1亿元以上建设项目15项，涉及总投资209.8亿元。落实惠企政策，减轻企业负担，对结建防空地下室需担保的易地建设费项目，将造价担保标准由3300元下调为1547.35元，全市人防建设工程担保金额1.74亿元。针对疫情影响，市人防办出台人防商场商铺租赁费减免政策，减免人防商场业户租赁费400余万元，减免疫情期间承租人防工程使用单位租金25.5万元。

【未登记房屋确权专项整治】 对涉及人防确权的15个项目，落实“罚办分离”原则，推动处罚追缴工作，办结25项，出具人防认定意见63份，对18件罚办分离案件组织行政立案调查，验收防空地下室16.34万平方米，追缴易地建设费2505.73万元。

【人防工程维护管理】　完成指挥中心信息系统改造、警报系统、指挥所程控交换系统、无人机信息系统等建设任务。修订《长春市人防工程维护管理标准》，加强一类人防工程管理维护，维管率100%，落实待报废二类人防工程监控措施，消除潜在隐患。推进人防工程开发利用，平战结合总收入1056.27万元。

【安全生产】　与县（市）区及办属企事业等16个单位签署安全生产责任状，启动全市人防工程安全管理责任主体、责任监管备案机制，加强人员密集场所安全监督检查，强化各种节日和“两会”期间消防安全专项检查。进行监督检查30次，发现安全隐患2处，并监督整改。

【行政执法】　按照“放管服”改革要求，完成权力清单标准化平台建设工作。完善“双随机一公开”更新工作。制定《对外签订合同合法性审查制度》。落实省人防办《吉林省人民防空行政执法监督管理办法》，明确执法程序和责任落实，推进执法案卷标准化建设。针对无籍房确权工作中出现的难点问题，加强行政执法大队建设，组织2次行政执法行政处罚专题讲解，建立档案管理制度，促进无籍房确权中“罚办分离”工作开展。

（石忠华）

退役军人事务

【退役军人服务】　推进人员到岗和“退役军人之家”工程建设，建成两级“退役军人之家”2822个，建设“示范型退役军人服务中心（站）”139个。

10月20日，长春市获全国双拥模范城“九连冠”　　（王　波　提供）

起草《关于加强新时代退役军人工作的实施意见》《关于社会各界帮扶援助困难退役军人工作的实施办法》，制定《长春市退役军人事务局信访工作规程（暂行）》等4个制度文件，与司法局联合下发《关于做好新时期退役军人法律服务工作的实施意见》。完善双向选择、公开选岗、指令分配相结合的军转干部安置办法，将计划分配军转干部安置到党政机关、参公单位和财政拨款事业单位，将退役士兵安置到事业单位和国有企业。

【慰问走访】　制作《军队退休干部（退休士官）移交安置工作手册》，元旦、春节和“八一”建军节全市走访慰问军休干部、无军籍职工9000余人次，发放慰问金500余万元。组织7支军休干部门球代表队参加吉林省第二届军休干部门球赛，分获第二、三、四名。为82名抗美援朝出国作战的军休干部颁发“中国人民志愿军出国作战70周年”纪念章。疫情期间，为全市1679名优抚对象发放特惠型消费券158.395万元。

【宣传活动】　通过新媒体平台推送活动报道700余条，20000余人关注，在传统纸媒发布报道350余条。开展“寻找老兵足迹，讲好英雄故事，传承红色精神”主题系列活动，参加“不忘兵之初，寻找‘兵之书’”活动。与市委宣传部联合开展首届“长春好人·最美退役军人”评选表彰活动，评选20名“长春好人·最美退役军人”。

【信访接待】　受理“部省挂账督办信访件”183件，办结率和报结率100%，化解率95%。出具处理意见141件，办理情况报告83件，审核报告149件。采取“上岗”减“上访”的办法，制定《关于推动下岗志愿兵（士官）再就业工作的实施方案》。

【就业扶持】　创新发展长春市退役军人创业孵化基地，基地孵化退役军人创办企业170余户，产值超过1.5亿元。基地获评“国家小型微型企业创业创新示范基地”，成为全国退役军人领域唯一一家国家级创业孵化基地。被退役军人事务部列为“全国退役军人就业创业园地”候选单位。召开退役军人网络专场招聘会，推荐就业岗位200余个。与供热集团、北方人力等22户企业和人力资源公司对接，开发岗位500余个。定岗定向推荐自主择业干部到汽开区从事管理工作岗位。

（王　波）

经济管理

JINGJI GUANLI

宏观经济调控

【规划编制】 2020年，长春市发改委建立“1+1+7+77”规划体系，编制全市规划纲要及《长春现代化都市圈规划（2021—2035年）》《长春农业农村板块区域发展规划》《中韩（长春）国际合作示范区国土空间规划（2020—2035）》等区域和专项规划10个。征集社会意见1万余条，修改40稿，完成基本思路、纲要框架、纲要草案编制工作，“十四五”规划经市人代会审议通过。制定《高质量发展“四大板块”总体方案》，“四大板块”经济总量占全市比重60%。

【经济体制改革】 做好21项综合经济体制改革任务，推动国家城乡融合发展试验区获批东北地区唯一试验区，制定实施方案，在国家明确的5项试验重点基础上，会同九台区、双阳区、新区、中韩示范区、净月开发区、莲花山开发区等地区，打造城乡融合示范基地。实施《长春市贯彻落实〈中共中央国务院关于支持东北地区深化改革创新推动高质量发展的意见〉任务分工实施方案》及相关责任清单、分施工图。

【重大项目建设】 在6个重大项目专班协同推进下，全市投资回升。一季度，固定资产投资比2019年下降24%；二季度，增长4.5%；三季度，增长9.1%。6月至11月，投资增速居东北四市前列。全年开复工5000万元以上项目1320个，开复工率101.5%，提高2个百分点。开工项目占比42.4%，提高8个百分点，入库5000万元以上项目是2019年1.5倍。搭建“长春专班抓项目服务平台”，实施网上平台数字化办公。筛选178个重点项目由市级领导包保推进。4月，开展“项目推进主题服务活动”；10月，开展“市领导秋季踏查重大项目活动”。推行“属地、专班、领导小组”三级项目问题解决机制，成立市重大项目征收专班。推动44项重大项目征收，协调解决征收难点问题213个，征地115.2公顷，征收住宅8810户，征收工企58户。6月，召开“专班抓项目”新闻发布会，总结专班工作一周年工作成绩，现场30余家媒体参与报道。全年媒体刊播专班题材稿件4000余篇，编发《长春市重大项目专班工作简报》61期。2020年，项目投资增长8.8%，居东北四市首位。推动红旗新能源繁荣基地、中法智能产业园、颐高数字经济产业园、华润中心等重大项目建设。制定《项目申报协调机制》《全市专项债券项目推进方案》，成立对口服务专班。发行专项债券项目135个，发行资金227.82亿元，保障新能源汽车产业园、中古（长春）生物技术国际合作区、长春市城市LNG应急调峰

6月9日，长春市召开“专班抓项目”新闻发布会　　（王胤皓　提供）

储配站等项目资金需求。推进奥迪新能源汽车、航天信息产业园二期、通用机场、电网加强工程、城市智能体二期等项目建设。

【经济运行建设】 2020年，长春市GDP增长3.6%，增速高于全国、全省，主要指标保持东北四市领先、在副省级城市位次前移。建立全市经济运行高质量发展指标体系、“五化”工作体系，建设经济运行指标体系数据库，完成《疫情对我市经济运行影响情况的报告》分析材料。制定《应对疫情支持中小企业共渡难关的政策措施》《“六保”工作行动计划》《促进上半年经济发展的若干举措》《关于应对新冠肺炎疫情影响支持服务业平稳健康发展的若干意见》《关于全力做好疫情防控期间重大项目建设工作的意见》《四季度“六稳”“六保”重点工作计划》。疫情期间为服务业市场主体减免租金超7.65亿元，引导29户双创基地及民营小微企业创业载体为721户租户减免租金2230万元。实施地区绩效考核方案，对各板块实施差异化考核，城区考核突出城市乱象整治和经济运行，开发区考核突出项目建设和助企服务，县域考核突出脱贫攻坚、乡村振兴、生态环保和农村人居环境整治。

【区域协调发展】 做好公主岭市变更代管关系相关工作，完成交接工作。落实与吉林市签署的长吉一体化战略合作协议、与四平市签署的长平一体化发展战略协议、与通辽市签署的战略合作协议，与赤峰市开展对接交流。实施长吉图开发开放和哈长城市群战略。

【对口合作】 津长对口合作项目19个、总投资287亿元，长春至天津海铁联运班列常态化运行，长客与天津地铁重大项目合作。长杭对口合作31个、总投资255亿元，净月吉浙数字经济产业园启动建设，阿里云创新中心·长春、一亿中流企业上市加速器等项目建成达产。

10月15日，2020全国大众创业万众创新活动周·吉林省双创周暨长春市“新红旗：创新引领创业活动”在长春举办。图为活动现场　　（王胤皓　提供）

【对外开放合作平台】 推动中韩（长春）国际合作示范区获批，示范区管委会揭牌成立。推动长春临空经济示范区获批，成为全国第15个、东北地区唯一一个国家级临空经济示范区，编制《临空经济示范区发展规划》。编制《长春生产服务型国家物流枢纽建设方案》，助力长春市获批“国家生产服务型物流枢纽城市”。配合吉林省申报创建中国（吉林）自由贸易试验区长春片区。

【交通强市战略】 发挥交通强市领导小组办公室作用，召开全市大会，形成《总体方案》，推动重大交通项目前期工作。机场方面，推动龙嘉机场三期项目，总体规划于10月27日获中国民航局批复。铁路方面，推动“长春—辽源—通化”高铁项目，纳入国家“十四五”规划。公路方面，推动抚长高速口改移、都市圈环线高速等重大项目。轨道交通方面，启动第三轮轨道交通工程建设。城市交通方面，东部快速路南延长线主线通车，推进惠工路机场大道等重点项目建设。

【经济结构调整】 召开全市服务业大会，制定《长春市服务业高质量发展实施方案》，成立全市服务业发展工作领导小组。制定《长春市消费券发放总体方案》。推动全市规模以上服务业重点行业复工，规模以上重点核算行业营业收入增长12.6%。建设国家先进制造业和现代服务业融合发展试点，组织传化公路港、人力资源服务产业园等10个园区申报第五批省级现代服务业集聚区。举办2020全国大众创业万众创新活动周·吉林省双创周暨长春市“新红旗：创新引领创业活动”，是全国8个连线分会场之一。组织“科技自立自强助力汽车强国”主题座谈会，起草《关于共同支持一汽集团建设世界一流企业、长春建设世界一流汽车城的共识》。发挥全市数字经济领导小组办公室作用，推动实施数字经济“一号工程”，制定《建设数字经济发展示范城市工作方案》，完成《关于发展数字经济若干问题的研究报告》。举办2020长春（国际）无人机产业博览会。开展“城市智能体”政策直达应用场景建设。培育新兴产业，打造5个战略性新兴产业集群。

【民生领域建设】 收费管理制度建设，推进公共汽电车、出租车、停车泊位等价格调整。落实《关于支持实体经济发展的若干政策》，企业用水和蒸汽年减负金额6600余万元、用电年减负金额3.98亿元。完善成本监审制度，加大价格认证工作力度。开展能源消耗总量和强度“双控”任务，推进清洁取暖试点城市建设，推动长春循环经济产业开发区建设。推进环保督察整改工作，开展开发区《园区循环化改造实施方案》编制，做好秸秆“五化”综合利用工作。制定《长春市大面积停电事件应急预案》《关于支持长春电网发展建设的实施意见》。制定《长春市推进产教融合工作方案》《长春市促进中医药传承创新高质量发展实施方案》。依托“万人助万企”活动，发挥项目审批和运行功能组作用，为企业解决问题128件。完成2020年国家营商环境评价任务。

【疫情防控】 新冠肺炎疫情发生后，长春市从1户口罩生产企业增加到8户，产能由每天5万只增至100余万只。调配口罩2768.4万只。其中，联合市医保局采用“线上App预约+线下药店投放”方式，向市场投放口罩超过300万只；向水电气热、市政交通、行政执法、教育等公共服务部门调配465.5万只。启动价格应急监测预警机制，跟踪监测品种75个，采集报送价格监测数据72600笔。制定《重要民生商品保供稳价工作实施方案》，实施“菜篮子”市长负责制，CPI增长1.9%。召开物资保障新闻发布会，向社会通报防疫物资及重点民生商品供需情况，协调投放储备猪肉1000吨、蔬菜10000吨，发放价格临时补贴6564万元，惠及146万人次。

（王胤皓）

国有资产监管

【概况】 截至2020年年末，12户监管企业资产总额3916亿元，增长389亿元，比2019年增长11%；所有者权益1731亿元，增长7%，总体运行态势平稳。

【疫情防控】 新冠肺炎疫情防控期间，公益类企业促进城市运行，公交集团主要线路全天候无停运，轨道交通集团调整车隔车次，设施设备、场站消毒百万余次；长热集团、供热集团提高居民供热标准2摄氏度，成立43支突击队保供城区医疗机构；水务集团、长天集团、长港燃气启动战时机制，化解管网泄露等事故隐患，执行工业差异化用水政策，提前执行夏季用气价格，减免1.1亿元、缓收6000余万元。功能类企业承接疫情防控专项工程，长发集团、润德集团、城开农投集团完成市传染病医院等工程建设，应急购置一次性医用外科口罩1000万只等，完成隔离点建设。国投集团等企业减免经营性房租4000万元，建工集团年施工产值48亿元，欧亚集团在生活物资供给、平抑物价方面发挥作用。

【项目建设】 红旗新能源汽车产业园区主体暖封闭，吉大净月医院项目公示，5G数字影视产业基地一期46.5万平方米土地摘牌。第六净水厂开工，东新开河污水厂等17个供排水工程投入运行，城市LNG应急调峰储配站项目进入设备安装阶段，新区、莲花山等218千米区域燃气管网通气，100千米老旧市政供水管网加快改造，“智慧燃气”“智慧水务”“智慧供热”升级换代。地铁6号线、7号线等9个项目全线开工，抚长高速人民大街出口南延工程完成分桩，河堤东路绕城高速连接段、临河街南延长线、腾飞大路延长线全线通车，山水湾公园建成开园。推进长德产业园、军民融合产业园、九台智能装备产业园等建设。

【监督管理】 优化监管导向，制定出资人权责清单，厘清31项监管流程；借助上海国资院外脑，分层编制国资国企“十四五”规划；印发《全面加强国有资产监督管理通知》，指导5户企业修改公司章程。建立自主投资决策项目备案机制，全年实施固定资产项目58个，组织企业对33个项目开展后评价；加强经济运行分析，划定重点监测指标，试行财务总监委派制度。加强风险管控，优化债务结构，分批次置换贷款，降低企业融资成本。建立企业财务等重点岗位人员域外培训和考学赛学机制，到西安市、成都市等国资监管机构考察体制机制改革经验，搭建对外合作交流平台。

【国企改革】 启动国企改革三年行动，实施“1+N”改革政策，推进重点领域改革。推进混合所有制改革，轨道交通预制件公司、长发海昂公司等6户竞争类子企业完成混合所有制改革，引入社会资本增量1.24亿元；长发集团、润德集团与万科集团、中海集团、天茂集团合资合作，推进棚改地产项目建设。健全市场化经营机制，统筹提质增效专项行动与深化3项制度改革，压减管理层级，推行阳光招聘，社会化招录城市公共交通发展集团中层干部，城开农投集团新业务板块引入专业团队，选聘职业经理人。优化国有资本布局，打造市场化规模化专业化投资运营主体，首批完成城开农投集团改组，论证水务环投集团改组路径，推进百万头肉牛产业项目和绿色循环肉牛产业示范园区建设。解决国企历史遗留问题，完成“三供一业”分离移交；23.8万名国企退休人员社会化管理，移交人事档案24.47万册、党员组织关系3.06万名、活动场所40处；厂办大集体改革市本级（含省属企业）13821名职工发放经济补偿金1.58亿元，养老保险垫付返还1.01亿元，工伤统筹补偿500余万元。

（李杨兴）

财　政

【概况】 2020年，长春市财政局争取特殊转移支付、政府专项债券、抗疫特别国债等政策性资金，大幅度压减非急需、非刚性支出，加强重点税源跟踪调度，调整政府性基金收入分配。5月，单月增速转正，8月，单月增速24.9%。全年争取转移支付资金近500亿元，政府性基金收入756.4亿元，比2019年增长57.9%；一般预算收入440.4亿元，增长1.5%，增速位列东北四市第一名，剔除缓税因素，增长4.5%，增速位列全国15个副省级城市第二名。

【财政支持】 2020年，投入抗疫资金17.8亿元，安排“三保”资金506亿元，安排保市场主体、保产业链、保供应链资金140亿元，拨付重大基础设施建设和老城区改造资金134亿元，拨付支持一汽发展和“红旗小镇”建设资金11亿元，拨付扶贫专项资金9.1亿元，安排污染防治和农村人居环境整治资金34亿元。一般预算支出1084亿元，首次突破1千亿大关，比2019年增长10.5%，增速位列全国15个副省级城市第一。

【财政改革】 推进预算绩效改革和财政事权与支出责任划分改革，制定总体方案和基本公共服务领域专项方案。推进国有资产管理改革，盘活土地资源，激活闲置资产。推进行政管理体制改革，与长春铁路运输法院建立府院联动机制，防范化解行政诉讼风险。推进政府采购管理改革，建立“白名单”和“负面清单”制度，提高中小企业参与政府采购竞争力。成立长春融资担保集团，设立中小企业融资风险补偿基金，落实中小微企业贷款贴息政策。

（李康宁）

税　务

【税务收入】 2020年，长春市全口径收入1053亿元（不含公主岭27.2亿元），比2019年增收0.3亿元，占全省比重60.6%。其中，市以下地方级收入370亿元，增收10.2亿元，增长2.8%。占全市地方财力87.1%，提高1.4个百分点，比“十三五”初期提高5.3个百分点。全年征收社会保险基金149.1亿元，征收政府性基金20.8亿元。

【减税降费】 针对国家出台的7批次28项税费优惠政策，创建“三应”即“应知尽知、一户不漏，应享快享、一刻不缓，应享尽享、一分不少”工作机制，支持疫情防控和复工复产。通过长春税务网络直播间、喜马拉雅“超级税话”政务电台、编写政策汇编手册和（阿里）钉钉视频开展宣传，辅导2000多万人次。推广“非接触式”办税，实施常规事项“网上办”、申请事项“一站办”、上门事项“预约办”、审批事项“容缺办”。

8月10日，国家税务总局长春市税务局举办非公企业和社会组织发展服务团座谈会

（孙鑫彤　提供）

【优化营商环境】 在2020年全国纳税人满意度调查中，长春在全国省会城市中排名第9，比2019年前进10个位次。增值税及其附加税费一次申报，房产税、城镇土地使用税合并申报，年纳税次数由8次减少到6次。实体办税服务厅单笔业务平均办理时间由15分钟压缩到5分钟，平均等候时间由20分钟压缩到3分钟。出口退税全时全流程电子化，平均退税时间压缩至3天以内。留抵退税办理时间极短化，平均办理时间由10小时缩减到8小时以内，最快50分钟办理完毕。进驻产权交易中心，办理时间由15分钟压缩到8分钟。减少审批环节。将54项业务的审核审批环节前置到办税服务厅集中办理，一站式流水线受理、审核、出件。全年审核类业务办理时间压缩超过80%。在为新办纳税人和注销登记纳税人提供“承诺制，容缺办”基础上，扩大容缺受理范围，对于实名验证和信用等级较高的纳税人，在办理退税及发票等相关业务时享受容缺办。开展电子税务局197项功能清单测试验证，8类高频业务网上办理率60.8%，网上申报率99.6%。部署249台自助办税终端，7大类38项高频业务实现纳税人就近就便办税开票。组建全市发票寄递中心，全市纳税人足不出户即可免费领取纸质发票，疫情期间寄递发票1240万份。开展多元化缴税。以财税库银横向联网（TIPS）为基础，实现三方协议扣款缴税、POS刷卡缴税、银行端查询缴税、微信、支付宝缴税等多元化的缴税方式，全市TIPS缴税率95%。

（孙鑫彤）

审　计

【概况】 2020年，长春市审计局通过对100个项目开展审计及审计调查，查出问题金额236.67亿元，发现非金额计量问题305个，向纪委监委、司法机关和有关部门移送案件线索和处理事项18起。全市审计机关获省级以上优秀审计项目5个。其中，市局1个项目被审计署评为全国三等奖，2个项目分别被吉林省审计厅评为全省一、二等奖，绿园局1个项目被评为全省一等奖，德惠局1个项目被评为全省二等奖。

【疫情防控专项审计】 组织两级审计机关，派出30个审计组、86名审计人员，对长春地区疫情防控资金和捐赠款物开展专项审计，重点审计6.82亿元财政资金和5170万元捐赠资金，延伸审计20家红十字会、慈善组织，238个疾病控制中心等政府机构和单位。

【政策跟踪审计】 开展“三促进”（促进财政资金提质增效、促进优化营商环境、促进就业优先）专项审计。将“三促进”内容纳入审计项目中，作为审计重点统筹实施，每个季度对“三促进”内容进行整理，形成专项审计报告，作为季度政策跟踪审计的内容。二季度对农安县营商环境开展专项审计。通过“三促进”审计，揭露预算编制不科学、财政存量资金未按规定上缴、项目进展缓慢、未拨付专项资金、拖欠民营企业中小企业账款等问题。

【防范风险审计】 组织对长春市政府性债务及市属国有企业运行情况开展专项审计调查。安排6个审计组对市本级和3个城区、5个开发区、30家单位2015年以来政府性债务的增加、管理、使用和归还等情况开展审计调查，摸清市本级债务情况。在市属国有企业运行情况的专项审计调查中，指出7户城市保障类企业未按时限要求落实市委市政府决策、企业运行存在风险隐患、城市保障功能不完善、企业管理存在问题等情况。

【脱贫审计】 开展扶贫和乡村振兴审计，关注脱贫攻坚推进以及农村饮水安全工程、乡村道路建设、农村人居环境整治等乡村振兴战略推进情况。在德惠市、榆树市乡村振兴审计中，重点抽查涉农专项资金17.7亿元，发现在高标准农田建设、农村人居环境整治、农村道路建设管护、涉农资金使用管理等方面存在48个问题。安排6个审计组40名审计人员对榆树市、德惠市、农安县、双阳区、绿园区、宽城区开展扶贫政策措施落实情况审计，发现5个方面46个问题。

【污染防治审计】 开展领导干部自然资源资产审计，将自然资源资产审计融入专项审计、领导干部经济责任审计等涉及自然资源资产内容的其他项目审计中。完成对市规划和自然资源局、生态环境局2个部门主要领导干部的自然资源资产离任审计。在伊通河综合治理工程项目跟踪审计中，将自然资源资产审计内容融入其中，关注东新开河流域和串湖流域招投标管理、合同管理等内容，摸清“水环境”“水安全”“水生态”资金及项目管理使用情况。

【财政审计】 在预算执行审计中，重点关注一般性支出压减、“三公”经费使用、存量资金和闲置资产盘活，及遵守中央八项规定精神和厉行节约反对浪费有关规定等情况，发现问题金额101.57亿元。利用大数据技术实现一级预算单位审计全覆盖。8月，代表市政府向市人大汇报市本级预算执行审计情况。

【民生资金项目审计】 对旧城改造、伊通河综合治理、“一小时经济圈”公路建设、轨道交通等政府投资的重大民生工程项目开展跟踪审计。在旧城改造跟踪审计中，采取分区、分标段抽审方式，关注宽城区、二道区、经开区旧改资金使用管理、项目建设等情况，跟踪以往审计查出问题的整改情况以及各区自查情况，发现在履行基本建设程序、工程价款结算、合同签订等方面25个问题。在伊通河综合治理工程跟踪审计中，重点关注以往审计发现问题的整改及伊通河流域水资源、水安全、水环境、水生态问题，发现在项目招投标、合同管理等方面7个问题。在“一小时经济圈”公路建设项目跟踪审计中，重点关注九台至双阳段PPP项目一期工程建设情况，发现在资金管理使用、基本建设程序履行、项目合同管理等方面13个问题。在轨道交通集团建设项目跟踪审计中，重点关注6条在建线路工程，发现在工程管理和合同签订等方面16个问题。对市供热计量装置资金收取使用及管理情况开展专项审计调查，揭示供热计量收费定价程序、资金收取使用以及供热计量装置使用效益方面存在的问题，提出改进建议。完成对九台区、双阳区城镇居民基本医疗基金及新型农村合作医疗基金的专项审计调查。

【经济责任审计】 落实《党政主要领导干部和国有企事业单位主要领导人员经济责任审计规定》。5月，召开长春市经济责任审计工作联席会议，研究通过联席会议工作规则和联席会议办公室工作细则等。全年对60名领导干部实施经济责任审计，查出领导干部应负领导责任问题金额40亿元。

【审计整改】 出台《长春市审计局推动审计整改跟踪督导检查制度》，督促整改落实。实行问题整改督办台账（清单）制，“谁审计谁负责”“谁分管谁负责”。2020年，审计发现问题整改落实率93.11%。推进审计署、吉林省审计厅审计发现问题督查整改，实行“对账销号”“动态管理”，调度整改责任单位40余家，汇总整改149个问题。

（华伟男）

统　计

【统计核查评估】 制定《长春市数字经济统计报表制度》，12月23日经市政府第65次常务会议审议通过。6月8日，召开动员会议和业务培训会议，对统计数据核查工作进行部署。6月10日至30日，组成6个督导组，到各县（市）区、开发区，对数据核查工作开展督导，对全市规模以上企业统计数据质量进行全面检查。成立长春市地区生产总值统一核算领导小组，制定《长春市地区生产总值统一核算实施方案》。开展2019年第四季度和2020年第一、二、三季度的统一核算工作，实现地区生产总值总量结构和速度的衔接。全市月度入库和年度省级终审通过“四上”企业入库610户。其中，工业92户，建筑业152户，批发零售业134户，住宿餐饮业22户，房地产业90户，服务业120户。有5000万元以上在建项目法人单位入库161户。

【统计监测分析】 2020年，长春市统计局编发报送统计内参25期，统计快报9期。针对疫情对经济的影响开展专题调研，形成《关于前两个月我市主要经济指标初步汇总情况的报告》。对在库4893户“四上”企业开展问卷调查，形成《长春消费市场受疫情短期影响较重》《新冠肺炎对长春市商贸企业的影响逐步减轻》等调研报告。对限额以上企业消费券发放带动商品销售情况进行调研，形成《长春消费券带动作用分析及建议》。撰写《长春市与部分副省级城市和对口合作城市经济发展情况对比分析报告》。《长春市汽车产业分级配套企业集群发展现状及问题分析》获长春市优秀调研成果一等奖；《五大发展理念视角下的长春市高质量发展评价体系构建与测度》获长春市优秀课题评选二等奖。

【统计督察】 制定《长春市关于国家统计局统计督察反馈意见整改落实工作方案》。梳理出涉及长春市的12个问题（共性问题7个，个性问题5个），明确责任单位、整改措施和整改时限等，征求市委市政府领导、7个市直有关部门，15个县（市）区、开发区意见，提交市政府常务会、市委常委会审议通过，7月6日，以市委正式文件下发执行。5月12日，长春市统计局召开专题会议，部署整改工作。7月3日，市政府召开全市统计督察反馈意见整改工作推进会议。对省局移交的问题线索进行核查。形成《关于国家统计督察谈话过程涉及长春市2018年基数修订有关问题的报告》《关于统计造假问题线索核实情况的说明》。7月31日，长春市需要整改的12个问题完成10个，未完成的2个问题是统计执法人员不足、基层统计人员不足。

【执法检查】 开展医疗卫生联合双随机执法检查企业78户。在长春地区规模以上工业企业（1004户）和限额以上贸易业企业（1179户）库中，随机抽取85户企业开展联合执法检查。以长春地区规模以上服务业（662户，剔除卫生医疗企业）、投资专业企业（1853户，含建筑业和房地产企业）为库，随机抽取74户企业开展“统计执法检查”。

【人口普查】 成立市、县、乡、村四级普查机构，23个部门为成员单位，为开展普查工作提供组织领导保障。经费保障和设备采购。清查收回“四经普”能使用的设备5000余台。将60个普查工作天数压缩到45个工作日，节约补助资金。节约预算资金5000余万元。全市落实普查经费7503.1万元，其中市级4206万元，PAD等人口普查设备采购到位。开展综合试点和宣传工作。在朝阳区永昌街道开展人口普查综合试点工作。会同市委宣传部下发普查宣传方案，长春各主流媒体宣传报道。9月21日，由长春市人普办承办的“吉林省第七次全国人口普查宣传月启动仪式”在文化广场举行。10月，人口普查宣传月，在公交车、地铁、轻轨沿线等人员密集场所，以及各种新闻媒体、各类网站、微讯、手机短信等宣传载体，进行广覆盖、高频次的宣传，消除群众的顾虑和抵触情绪，营造全社会“了解普查、重视普查、支持普查、配合普查”的氛围。利用“三长”（网格长、楼栋长、单元长）联动机制，多渠道充实普查指导员和普查员队伍，全市选调“两员”（普查员、普查指导员）3.96万名。分3期培训900人作为各县（市）区、开发区的师资队伍和业务骨干。召开区域划分协调会，相关成员单位到一线实地解决边界问题。分3期进行边界划分和绘图工作培训，受训人数近500人。利用卫星图像完成140余万个建筑物的标绘工作，完成3.4万个普查小区的划分，协调市规划和自然资源局等部门利用最新数字化地理卫星影像资料，与国家公布的影像资料比对，标绘增加和拆除的建筑物。做好入户摸底和登记工作。全市抽取33.9万户进行长表登记填报，上报率99.94%。做好比对复查工作，11月16日开始，全市各级普查机构组织普查员开展查遗补漏、核实登记等工作，对户籍漏报、错报、低龄人口漏报情况进行核查。长春市人口普查工作通过国家第七次全国人口普查抽查组于12月14日至18日对长春市的事后质量抽查。

（申星浩）

价格监督管理

【价格调控】 2020年，长春市市场价格平稳运行，居民消费价格指数（CPI）上涨1.9%，低于全国平均水平0.6个百分点。出台《长春市重要民生商品保供稳价工作实施方案》，建立保供稳价“五大工作体系”（市场价格监测工作体系、“米袋子”工作体系、“菜篮子”工作体系、“自来水天然气”工作体系、“舆情引导和应急处置”工作体系），建立工作流程，完成粮油、蔬菜、猪肉、自来水、天然气等重要民生商品价格监测和生产、流通、供应、稳价等各环节工作。出台《长春市市场价格异常波动应急预案》，建立价格调控联席会议制度和冻猪肉、蔬菜储备制度。疫情期间保障困难群众基本生活水平不因物价上涨而降低，完成价格临时补贴发放工作。1月至9月，发放价格临时补贴8736万元，惠及210万人次。7月，价格调控监督处获国家人力资源社会保障部、国家发展改革委、市场监管总局联合表彰的全国价格工作先进集体。

【价格改革】 出台《关于长春市农村安全饮水供水价格的通知》，确定70个村，112个供水工程供水价格。调整热电联产出厂价格。2020年下半年，煤炭价格持续上涨，5户热电联产企业（国电吉林龙华长春热电一厂、大唐长春第二热电有限责任公司、大唐长春第三热电厂、华能吉林公司长春热电厂、华能九台电厂）因为成本增加，企业经营困难。发改委适当调整热电联产出厂价格方案，即每吉焦由34元调整到36元，年调价金额10604万元，经市政府同意，发布《关于调整我市热电联产企业供采暖用热出厂价格的通知》。出台长春市供热不达标退费办法。出台《关于对非居民用水实行超定额累进加价制度的通知》。对托育机构用电、用水、用气、用热价格实行居民电价政策，惠及电力客户2027户，减收金额0.02亿元。对残疾人自主就业创业用水、用电、用气、用热价格实行居民电价政策，惠及电力客户56户，减收金额2.43万元。对在农村建设的保鲜仓储设施用电实行农业生产用电价格政策，惠及电力客户87户，减收金额0.06亿元。在疫情防控期间采取支持性两部制电价政策，惠及电力客户333户，0.81亿元。

【收费管理】 按照《长春市公共汽电车行业体制机制改革总体方案》要求，根据《中华人民共和国价格法》《吉林省定价目录》和《政府制定价格行为规则》相关规定，在调研和征求意见的基础上，形成《空调公共汽电车票价调整方案》。对长春市中心城区（不含双阳区、九台区）空调公共汽电车（传统空调公交车、新能源空调公交车、有轨电车）票价，实行一票制空调公共汽电车票价由1元调整为2元；实行阶梯票价空调公交车基础票价2元以下的调整为2元；微循环线路公交车票价2元。定制公交车票价实行市场调节价。按照《政府定价行为规则》，履行定价程序。完成制定城市道路路内及快速路桥下停车泊位收费标准工作。根据《吉林省机动车停放服务收费管理办法（试行）》规定，城市道路路内停车泊位实行政府指导价；根据《吉林省定价目录》规定，具有自然垄断经营特征和公益性特征的机动车停放服务收费标准实行政府定价。制定《城市道路路内及快速路桥下停车泊位收费标准实施方案》。根据行业管理部门调研论证，收费区域划分四类，分别为重点区域、一类区域、二类区域、三类区域。收费标准分别为6元/小时、4元/小时、2元/小时。推出30分钟内停车免费；对新能源汽车停车服务收费给予优惠，减半收取等停车收费优惠政策。按照市教育局报送的《长春市教育局关于市属学校调整收费标准的函》，有5所民办中小学及民办中专调价申请，按照《政府制定价格行为规则》《政府制定价格成本监审办法》相关要求，3所民办学校进入调价程序，完成学费收费标准制定工作。按照《长春市人民政府办公厅关于印发〈长春市城镇小区配套幼儿园专项治理工作的指导意见〉》要求，8月，配合教育局参照沈阳市普惠性民办幼儿园保教费收费标准，联合印发《长春市城区各级各类普惠性民办幼儿园保教费备案最高收费标准（试行）》的通知，省级示范幼儿园1330元/生/月，市级示范幼儿园1260元/生/月，一类幼儿园1033元/生/月，二类幼儿园840元/生/月，三类幼儿园520元/生/月。

【降本减负】 执行《关于支持实体经济发展若干政策的通知》，对长春市八大行业用水、用蒸汽价格进行大幅度降低，年减负金额6600余万元。落实国家发改委关于阶段性降低企业用电成本支持企业复工复产按应收电费95%结算政策，2月1日起，惠及电力客户56.58万户，减收金额3.98亿元。出台非居民天然气季价性格政策。夏季3.06元/立方米，为企业减负超过1500万元。冬季价格3.65元，为企业让利4100余万元，惠及非居民天然气企业1200户。针对长春特种设备检测研究院向一汽集团收取“压力容器检测费”收费标准问题，发改委组织专题调研，到长春特种设备检测研究院、一汽集团、长春致远新能源有限责任公司，调研收费项目、收费标准、收费资金使用及去向等情况，经过测算该项费用支出与现行收费标准，在确保此项检测费用合理支出的情况下，提出按现行规定标准降低75%的意见，经省相关部门批准，降低特种设备压力容器（车用气瓶）产品制造安全性能监督检验费和安装安全质量监督检验费，由现行的354.39元/瓶、137元/瓶，分别降到88.60元/瓶、34.25元/瓶，全年为企业减负约850万元。

【价格监测】 疫情期间，按照《长春市发改委应对疫情工作方案》划分的工作小组开展应急监测工作。从春节开始，连续88天开展重要民生商品和防护用品等价格日监测日报告和巡视工作。扩大监测范围，增加监测品种和监测频次。在农贸市场和大型超市等常规监测点的基础上，增加蔬菜批发市场、欧亚连锁超市、地利生鲜超市、远方超市等多家应急监测点。调度和关注县区的重要民生商品价格情况。做好突发性事件的价格监测预警和信息报送工作。全年出动500余人次，到农贸市场、大型超市、批发市场和药店实地采价巡视。从春节前2周起，每日对全市5个农贸市场进行日监测日发布日报告，掌握58种重点民生商品的节前价格情况。向市委、市政府上报价格监测190余篇，完成市场巡视分析报告10篇，月度价格走势分析24篇，季度价格走势情况分析3篇。发布价格监测信息4000余条，发布价格走势情况20余篇。完成国家发改委价格监测中心和吉林省价格监测中心制定的11个监测报告制度，22套报表，693个监测品种的信息采集上报工作。采集报送价格监测数据177370笔，根据国家价格监测报告制度执行情况通报显示，长春市监测数据上报分值100分。

【成本监审】 对14户物业服务公司，66个物业服务小区申报的70项4620余个成本数据进行整理、筛选、分析、汇总，完成《2018年度长春市普通住宅物业成本及相关情况统计表》填报核定工作。完成3所民办学校、2家停车场的成本监审工作，审核申报金额2.09亿元，核减金额0.57亿元，核定金额1.51亿元。

【农业成本调查】 完成2019年主要粮食、蔬菜、饲养等4类21个品种生产成本收益调查资料汇总分析上报。完成2020年粮食调查户种植意向、农户购买农资和存售粮情况3个专项调查上报。完成2020年上半年规模生猪生产成本收益调查上报和定点饲养调查户生产经营价格情况调查分析。完成省成本调查监审局布置的成本调查户统一用工价格、土地承包价格情况的调查上报。编印《长春成本调查简报》10期。

【价格认定】 2020年，完成涉案财物价格认定案件1037件、涉纪财物价格认定案件8件，价格认定总金额1.15亿元，比2019年（不含长生案件，长生案件认定总金额22亿元）下降27%、37%。涉案财物价格认定。侵财案件价格认定占比较大，侵财案件有975件，约占结案件数的94%。其中，盗窃财物价格认定案件664件，占涉案案件的64%；故意损毁公私财物价格认定案件207件，占涉案案件的20%；诈骗财物价格认定案件72件，占涉案案件的7%；“两抢”财物价格认定32件，占案件的3%。其他6%是以寻衅滋事为主的妨碍社会管理秩序和生产和销售假冒伪劣妨碍经济管理秩序等案件62件。手机价格认定占比最大，约占总量的三分之一；车辆（含机动车、非机动车）次之；第三是工业、建筑材料（电线、板材、门框、电揽）；第四是电脑及配件价格。最后是房产、瓷器、珠宝玉器、烟酒、茶叶、观赏石、手表、黄金等物品。涉纪财物价格认定。办理纪检监察案4件，认定金额65.43万元。配合公安机关打击疫情期间针对防疫用品谋取暴利、破坏市场经营秩序的犯罪行为。有二道区公安局金钱堡派出所破获的防疫用品被盗案，宽城区公安分局宽平大路派出所破获的口罩、消毒液等非法经营案。6月下旬，与公主岭市价格认定部门进行视频对接。开展价格认定综合业务平台推广应用年活动。7月17日，参加全国价格认定综合业务平台应用征求意见视频会议并做重点发言。7月，为长春净月高新技术产业开发区林业和园林局，出具104棵树苗价格认定结论。全年召开11次疑难重大问题案审会。

（王胤皓）

市场监督管理

【市场准入】 2020年，长春市市场主体总量107.23万户，比2019年增加13.13万户，增长13.94%，完成全年任务160%，总量和增幅居东北三省四市首位。增加“个转企”企业1598户，完成培育目标151%，培育“个转企”企业3216户。登记市场主体75.09万户，年均增长超10万户。长春市作为“深化商事制度改革成效显著地区”，受到国务院通报表扬。深化商事制度改革，推行全程网上办，网办率100%。会同公安局、政数局、税务局等部门，推行企业开办“一网提交、数据共享、信息互认、同步办理”模式。实行“多点办照、就近取照”服务，个体工商户登记“即来即办、即办即走”。开发智能审批系统，实现“企业在线申请、系统自动审核、电子营业执照即时发放”，智能审批改革入选国务院“放管服改革、优化营商环境”十大典型经验。

【市场秩序治理】 2020年，制定《长春市市场监督管理局2019年度年报公示工作方案》。全市企业应报212019户，年报率90.91%，农民专业合作社应报19506户，年报率79.28%，个体工商户应报581532户，年报率74.38%。全市疫苗生产企业100%年报。完成吉林省市场监督管理厅下达企业年报87%以上及取得许可证并正常经营的疫苗生产企业、特种设备生产企业100%年报的工作目标。制定清理“僵尸企业”工作安排、指导意见和批量吊销僵尸企业操作程序等，清理连续2个年度未年报企业8917户，经立案调查核实，对符合连续2个年度未依法报送年度报告，且未进行纳税申报并无法取得联系的4333户“僵尸企业”予以吊销。印发《长春市场监管领域部门联合“双随机、一公开”监管抽查事项清单（第二版）》。探索“以部门联合抽查的方式开展专项检查”监管模式，建立“条块结合、两级联动”跨部门联合双随机抽查工作机制。对各级医疗卫生机构和学校发起联合双随机检查。推动双随机与信用分类分级融合。针对企业不同信用风险等级分类，实施差别化监管，优化行政监管机制。市本级“双随机”参加部门42个，完成国务院关于市场监管领域相关部门“双随机、一公开”监管全覆盖要求。全地区“双随机”参加部门392个，市本级抽查事项清单1500个，全地区抽查事项清单17000个，参照国务院“互联网+监管”系统监管事项清单和本级政府权责清单行政检查事项以及各部门日常监管事项，达到国务院要求。对“互联网+监管”系统监管事项目录清单及检查实施清单进行梳理，将检查实施清单转化为“双随机、一公开”抽查事项，通过省平台录入行政处罚、行政强制、其他等3类监管行为信息。实行“互联网+监管”系统中检查实施清单与“双随机一公开”抽查事项清单数据比对，一键导入地方协同监管平台，规范双随机抽查事项。

（霍馨媛）

【消费维权】 2020年，接待消费者咨询11300余人次，受理消费者投诉6098件，其中接待受理涉及13宗1600余人群体投诉案，为消费者挽回经济损失890余万元。开展消费教育68场，发布消费警示85条，制作短视频6个，印刷宣传资料近3万份。开展约谈17次，消费体察14次，消费调查8次。推进线下125家中小型商场及5000家个体经营户实施“七日无理由退货承诺”。约谈企业23户，结合调查监督向37户企业发出劝谕和建议。采取“线上线下”双线宣传形式，开展“3·15”国际消费者权益日咨询服务和“凝聚你我力量”年主题宣传，向消费者提供消费信息和咨询服务。开展老年消费、网络消费和《吉林省消费者合法权益保护条例》等法规宣教进养老院、进社区、进商场、进乡村等活动。发布《当心“快手”短视频直播销售陷阱》《选购消毒洗手液要看清成分》《网上6·18购物节安全消费》《中秋、国庆双节理性安全消费》等消费警示。就疫情期间“五一”旅游消费意愿开展体验式问卷调查，就疫情期间互联网消费、商品质量及服务满意度开展调查体验。联动各县（市）、区消协，结合辖区餐饮消费习惯和餐饮浪费现状，针对餐饮消费中的浪费陋习及餐饮供给法规标准存在漏洞和不足开展调查、体验监督活动。针对消费者提出疫情期间，菜价大幅提高，菜品质量不好等问题，到13家农贸市场、超市，调查明码标价等制度执行情况。市消协助力长春市文化广播电视和旅游局推出“夜动春城——长春夜间好去处”系列十佳项目评选活动。

（钟　萍）

【质量技术监管】　发布《关于印发服务业质量提升行动工作方案的通知》，开展服务质量监测。按照总局《服务质量监测技术指南》设定监测指标和监测项目，抽取12家养老机构和8家居家养老服务中心作为问卷调查对象，形成《长春市养老服务质量监测报告》。联合市工信局、市科技局印发《长春市中小企业质量提升行动工作方案》。开展“面对面沟通，点对点服务”的企业质量专家行活动。选择67户重点培育企业实施精准帮扶。组织21户名优企业，到杭州市参加吉林省企业家质量管理培训班。起草《关于开展质量提升行动加快质量强市建设的实施意见（2020-2022年）》。成立质量强市战略领导小组。摸查辖区内企业采用卓越绩效管理模式、开展群众性质量管理活动情况，储备企业56户，统计质量管理小组93个，质量信得过班组83个。指导中小企业实施《质量管理小组活动准则》（T/CAQ10201-2020）和《质量信得过班组建设准则》。举办吉林省暨长春市“质量月”集中宣传咨询日活动。

【产品质量安全监管】　长春市有涉煤炭经营（名称中或经营范围中含有“煤炭”字样）市场主体4716户（企业3557户，个体工商户1159户），2020年实际从事销售经营的313户。制定2020年长春市煤炭产品质量监督抽查方案及实施细则。制定2020年长春市成品油产品质量监督抽查实施细则及抽查方案。开展成品油监督抽查，抽查车用乙醇汽油、车用乙醇汽油调合组分油2种267批次产品。开展2020年长春市柴油和车用尿素产品质量专项整治行动，制定《2020年长春市柴油和车用尿素产品质量专项整治行动方案》。发放规范经营行为通告；组织生产者、经营者签订柴油和车用尿素产品质量承诺书。开展对全市范围内柴油、车用尿素产品中涉及环保指标的项目进行重点检验检测。制定2020年长春市煤炭产品质量监督抽查实施细则和抽查方案。制定2020年长春市一次性塑料制品产品质量监督抽查方案和实施细则。开展危险化学品和危险化学品包装物及容器、消防产品、烟花爆竹产品监督检查。对全市危险化学品、危险化学品包装物及容器和车载罐体的17户获证生产企业进行排查。发布《关于组织开展2020年度产品质量市监督抽查工作的通知》，开展成品油、儿童学生用品、煤炭、电线电缆、化肥等重点产品质量监督抽查工作。儿童和学生用品类全年抽查产品为婴幼儿及儿童服装、儿童鞋、儿童玩具和文具4种65批次。制定2020年化肥产品质量监督抽查实施方案和实施细则，开展对化肥生产、销售市场主体监督抽查，抽检238个批次。制定2020年长春市电线电缆产品质量监督抽查方案和实施细则，开展对电线电缆生产、销售市场主体监督抽查，抽检35个批次。开展对硅藻泥、防水材料、PVC-U管等产品质量监督抽查。

【特种设备安全监管】　2020年，开展现场监督检查2000余次，出动执法人员5000余人次，检查特种设备使用单位1800余家，整改安全隐患130余项，下达安全监察指令书100余份，立案查处违法违规行为50余起，罚款70余万元。制定特种设备日常监督检查计划、使用单位“双随机、一公开”抽查计划，编制2020年长春市特种设备安全监察与节能监管工作要点。开展市场监管领域安全治理专项行动和安全生产集中整治工作。下发《关于继续开展液化气充装行业乱象整治的通知》，针对各液化石油气瓶充装单位、检验单位开展专项整治。开展电梯安装修理和维护保养领域专项整治、场（厂）内专用机动车辆（叉车）安全专项整治和供暖锅炉、快开门式压力容器、大型游乐设施、客运索道等专项隐患排查治理工作。开展特种设备安全知识宣传活动，开展应急救援演练20余次。配合特勤局完成集中检验锅炉1台、压力容器66台、电梯17台、场内机动车辆9台。疫情防控期间，开展承压锅炉安全隐患专项排查整治和疫情防控重点单位、疫情防控急需物资生产企业的特种设备安全隐患排查治理。印发《关于切实加强复工复产特种设备安全监管和服务保障工作的通知》。联合市应急局、市建委、市房管局、市消防救援支队等开展隔离宾馆、留验站的安全监督检查工作。

【计量监督】　印发《关于开展2020年度“双随机、一公开”计量监督抽查的通知》，制定年度监督检查计划8项，布置检查任务30项。开展定量包装商品净含量、集贸市场、眼镜配置场所、收费停车场、法定计量单位、重点用能单位和春节元旦中秋国庆场所等专项监督检查8项。检查各类市场主体736户、计量器具6204台件、查处整治计量违法行为22件，罚没41984.98元。推出计量技术服务项目收费减免50%和“减负助力企业十举措”等助力企业复产复工措施办法，为610户企业开展计量技术服务1200余次，检定或校准计量器具49500台件，减免费用270万元。开展“计量精准战‘疫’、助力复工复产”520世界计量日主题宣传活动。建设社会公用计量标准6项。制定关于开展计量监管业务能力提升活动方案和计量监督检查工作指南。开展信息化平台建设，论证起草精准服务精准监管一体化计量监管平台建设方案。疫情前期，协调省计量院开辟绿色通道，采取协助调试即时检定的办法，半天时间完成5台新购入大型测温设备使用前准备工作，保障火车站流动人群测温需求。建立疫情防控服务绿色通道，优先保障相关单位和医疗设备检定校准工作，为154家医疗机构检定计量器具10145台件。

【标准化建设】　起草《长春市地方标准管理办法》。召开第一届长春市地方标准立项审查会，立项各行业部门和技术机构地方标准11项目。其中，园林类地方标准4项，农业和畜牧业地方标准7项。按照《市委、市政府〈关于加快推进工业转型升级的实施意见〉实施细则》要求，对10家单位在2016年至2018年度主导制修订国际标准、国家标准、行业标准、采标等项目进行资助奖励。推进第二批服务标准化试点项目建设工作。推动“百城千业万企对标达标”提升行动和企业标准“领跑者”制度实施。指导省级标准化试点建设工作。

【检验认证监管】　完成检验检测服务业统计工作，组织全市检验检测机构通过“综合监管服务平台”上报统计数据和年度报告。梳理资质认定检测参数中涉及危险化学品检验的检验检测机构明细，加强对危险化学品检验机构的监督管理。6月9日，开展以“守护安全底线，服务复工复产”为主题的“世界认可日”系列活动。9月21日至27日，开展以“守护绿水青山、共享绿色生活”为主题的有机产品认证宣传周活动。疫情期间，针对防疫用品出口认证乱象，开展口罩、防护服等防疫用品领域认证活动专项整治行动。走访防疫用品生产企业55户。编印《口罩等防疫用品出口欧盟及美国市场认证信息指南》200本，帮扶企业办理出口认证。

【食品安全监督管理】　推进创建国家食品安全示范城市工作。成立创建工作领导小组及办公室。7月31日，召开长春市食品安全委员会全体（扩大）会议暨创建国家食品安全示范城市推进会。印发《关于深化改革全面加强食品安全工作的实施意见》。完成全市各级党委政府领导干部落实食品安全责任的意见及清单。建立加强食品安全工作的实施意见任务分工台账。调整长春市食品安全委员会委员及设立市食安办副主任单位。建立长春市食品安全风险会商制度和责任约谈制度。做好省级食品安全示范县（园区）提升活动。修订《长春市食品安全工作评议考核办法》。开展以“食品安全，就在你我身边”为主题系列宣传活动。开展“落实企业主体责任年”行动。开展食品生产小作坊综合治理工作。加强豆制品小作坊治理，截至2020年年底获证率100%。推进食用油小作坊精炼工艺改造和提升，排查白酒小作坊是否具备固态法生产工艺等风险隐患。开展乳制品质量安全提升行动。督促企业提升自主研发能力、建立自建自控奶源、严格生产过程控制、加强冷链贮运管控、严格产品出厂检验、建立实施HACCP体系，建立乳制品追溯体系。开展肉制品质量安全提升工作。要求大型肉制品生产企业，建立实施原料供应商审核制度100%，产品自检自控率100%，督促建立实施HACCP体系；对中小型肉制品生产企业，督促落实原辅料采购验证、生产过程控制、食品添加剂使用、产品出厂检验、追溯体系建设等管理制度。开展调味品质量安全提升行动。检查企业是否严格按照修订后的食品安全国家标准生产加工酱油、食醋，实际许可与生产工艺是否相符；是否严格执行原料采购查验和出厂检验记录制度，环境卫生是否达标；是否存在超范围超限量使用食品添加剂等“一非两超”问题；是否按照规定要求标注产品标识，是否存在标识不规范或虚假标识等问题。开展以月饼为主的糕点生产企业专项整治工作，检查无证生产问题、生产环境脏乱差问题、标签标识不规范问题，使用过期原料、回收原料等问题。开展对固体饮料、压片糖果和代用茶企业专项整治。整治无证生产经营、非法添加、虚假标注、虚假宣传等违法违规问题。开展乱象整治和漠视侵害群众利益问题专项整治工作。依法查处无证无照加工食品的违法行为，取缔违法“黑工厂”“黑窝点”和不符合卫生规范、制售假冒伪劣食品的“黑作坊”。检查食品生产企业是否依据食品安全标准组织生产，打击“一非两超”、使用非法渠道购进和劣质原料生产加工食品等违法行为。疫情期间，协调多部门为欧亚集团和吉林省融媒平台核发《食品经营许可证》开放“绿色通道”。开展“保价格、保质量、保供应”倡议承诺活动，签订“三保”承诺书230余份。以生鲜、冷冻畜禽肉类、水产品及其制品为重点品种，对农贸市场及超市实行全覆盖式食品安全大检查。牵头开展“全口径”食品安全疫情防控工作确保溯源“一查到底”。开展食品销售者主体资格核查。开展自建网站备案管理工作。印发《关于对自建网站进行交易的食品生产经营者实行备案管理的通知》。开展食品销售风险分级工作。落实《农村销售环节食品安全专项整治行动方案》，打击无照无证经营、销售假冒伪劣食品、销售过期食品等违法行为。按照吉林省市场监督管理厅《销售环节肉品综合治理行动方案》和《关于开展市场销售猪肉等肉制品质量安全监督检查情况的通报》要求，督促食用农产品批发市场、零售市场的开办者和生猪产品销售者依法履行进货查验和记录义务，做好销售环节的畜禽产品过程管控和溯源管理。印发《关于进一步加强畜禽产品进货查验监管工作的通知》。联合市教育局印发《2020年校园食品安全守护行动实施方案》。联合市检察院开展校园及周边食品安全督导检查；参与中高考期间校园及周边食品销售安全保障工作。开展销售环节食盐质量安全专项整治工作。开展食用农产品批发市场规范化建设。2020年，对3家食用农产品批发市场现场指导，召开食用农产品批发市场规范化建设推进会。“集中交易市场食品销售区域经营乱象整治工作”列入长春市2020年法治建设10件实事。印发《2020年集中交易市场食品销售区域经营乱象整治工作方案》，开展集中专项整治。开展集中交易市场食品销售区域经营乱象整治工作推进月活动。推进“放心肉菜示范超市”创建工作。开展省、市两级创建，全市有7家超市申请参加省级创建，12家超市参加市级创建。7月下旬，召开创建“放心肉菜示范超市”现场观摩暨经验交流会。9月，组织参创超市开展自我承诺，并在经营场所张贴、悬挂《食品安全承诺书》。印发《长春市市场监督管理局第十九届中国长春国际农业·食品博览（交易）会期间监管工作方案》，完成农博会监管工作。

【餐饮服务监管】 推进量化风险分级管理工作，开展“寻找笑脸就餐”活动。印制食品经营监管信息公示板和“笑脸卡通门贴”。全市有餐饮服务单位27763家，A级餐饮服务单位648家，B级餐饮服单位20318家，C级店5242家。推进“明厨亮灶”改造工程。印发《长春市餐饮服务环节“明厨亮灶改造提升”实施方案》，全市“明厨亮灶”覆盖率40%；全市学校食堂（幼儿园）1446户，“明厨亮灶”覆盖率100%，学校食堂“互联网+明厨亮灶”覆盖率30%。

下发《关于加强疫情期间学校食堂和集体用餐配送单位食品安全监管工作的通知》《2020年春季学校食品安全监管工作方案》《2020年校园食品安全守护行动实施方案》《关于加强全市秋冬季校园食品安全监管工作的通知》，指导各监管机构开展春秋季学校食品安全监管工作。对学校食堂和为学校供餐单位实施检查，联合教育、卫健、公安、检察院等部门组成联合督导组开展校园食品安全督导检查，对学校周边食杂店、超市、餐饮店等进行食品安全风险隐患排查。下发《2020年网络餐饮服务食品安全专项整治工作方案》，打击无证、假证、借证从事网络送餐经营违法行为。督促网络第三方平台线下实地排查商户2233户。4月24日，长春市市场监管局、中国健康传媒集团、美团点评集团和阿里巴巴本地生活召开长春市网络餐饮服务食品安全四方风险会商暨网络食品安全舆情监测分析2020年第一次会议。排查餐饮服务单位22590家，签署并张贴疫情期间餐饮服务食品安全承诺书23088份。下发《2020年餐饮服务环节食品安全专项整治实施方案》，开展对餐饮服务环境卫生、餐饮具、工用具清洗消毒、集体性聚餐、食品添加剂、肉及肉制品、进货查验记录、旅游景区及食用油专项整治，专项整治检查16446户次。开展新时代爱国卫生运动。配合市委督查室、爱卫会对网络第三方平台的配送站点的人员健康管理、设施设备消毒等制度的落实情况进行督导检查。

【特殊食品监管】 “两节”“两会”期间，出动执法人员2760人次，排查市场主体1860户次。制定《长春市婴配乳粉、特医食品经营企业虚假宣传违法行为专项整治行动方案》，部署专项检查。按照《关于开展全省婴幼儿配方乳粉农村经营环节专项整治工作的通知》要求，出动执法人员800余人次，检查婴配乳粉农村经营环节市场经营主体249家次。其中，专营店175家、超市70家、食杂店3家、药店1家，未发现违法违规经营行为。开展民生领域保障保健食品安全不力问题专项整治。开展保健食品科普宣传活动。

【食品抽检】 制定《2020年度食品安全抽检监测计划及实施方案》。2020年，各食品承检机构完成19450批次食品抽检任务，比照全年抽检监测计划增加2020批次。其中，普通食品9500批次、农产品9950批次；按抽检环节，流通5650批次、生产1068批次、餐饮2382批次、保健食品200批次、网络抽检200批次、农产品9950批次；按抽检类别，监督抽检9725批次、评价性抽检5835批次、风险监测3890批次。食品安全抽检合格率98.24%。对抽检结果公示50期。

【药品监督管理】 完成零售药店审批环节制证业务调研，指导完成向国家药品监管共享平台报送数据及全市药品经营许可证编码纠偏工作，指导完成药品许可信息归集。完成药品抽验计划，抽检各类药品600批次。完成疾病预防控制机构、疫苗接种单位和疫苗运输（配送）单位全年检查任务，对经营含特殊药品复方制剂、生物制品（冷藏药品）企业进行全覆盖检查。开展第二类精神药品整治。开展中药饮片专项整治工作。制定《关于加强疫情防控期间药品零售和使用环节质量监督检查工作的通知》《加强新型冠状病毒感染的肺炎疫情防控用药用械质量监管工作方案》，整治药品零售企业执业药师“挂证”、无证经营、超范围经营的行为。制定《关于全面加强药品安全监管工作的实施意见》《长春市关于改革和完善疫苗管理体制的实施意见》。抗击疫情期间，监测“两退一抗”药品销售情况，建立疫情防控监督检查“日报告”制度，200余天不间断收集汇总上报相关数据近9万条，引领药品零售企业发挥疫情防控早期监测预警作用。组织非常规运作、通过第三方开发应急工具软件，采取扫描二维码的方式，采集购买杀菌、抗病毒、退热及治疗腹泻人员的相关信息。日均“沉淀”近4千条信息。鼓励药店采取远程审方的方式管理处方药。筹备世卫组织对疫苗国家的迎检工作。在吉林省第一个建立疫苗管理工作联席会议制度。

【医疗器械监管】 疫情期间，制定《加强新型冠状病毒感染的肺炎疫情防控用药用械质量监管工作方案》，开展打击非法制售口罩等防护产品专项行动，下发《关于进一步加强防疫物资产品质量和市场秩序专项整治的通知》，针对性地开展疫情防控工作。将医用口罩、防护服、测温枪等作为重点品种，将南广场、黄河路、大经路等医疗器械集散地作为重点区域进行排查。检查医疗器械经营企业9526户，使用单位1254家，处理投诉433件，发放宣传单5288份，出动执法人员9338人次，出动执法车辆4230台次。联合公安部门对未经注册和不符合产品标准的口罩相关案件开展侦查。开展一次性使用无菌医疗器械、避孕套、彩色平光隐形眼镜、透明质酸钠四类产品专项整治工作。开展“医疗器械清网行动”和防疫物资产品质量和市场秩序专项整治行动。制定《2020年长春市医疗器械监督抽验计划》，确定抽验品种、数量及范围，完成无源产品40批次、有源产品5批次的抽验任务。对全市317户失联医疗器械生产经营企业许可备案进行公示注销。协助市政府粮食储备局采购口罩1280万只，防护服32050套，隔离衣10000套，帮助市疾控中心、各区政府、外县（市）区等部门和企事业单位采购测温枪350余把、口罩24万余只。

【化妆品监管】 2020年，检查化妆品

经营环节市场主体3000多家次。完成69户企业申报的242个品种的国产非特殊用途化妆品备案后检查。开展化妆品“双随机、一公开”检查。开展化妆品标签标识专项检查，打击医疗美容服务违规使用药品医疗器械化妆品专项行动，“线上净网、线下清源”专项整治。开展化妆品经营环节抽样检验。对防晒类、染发类（氧化型）、婴幼儿护肤类、祛痘/抗粉刺类、面膜类、爽身粉类、宣称保湿滋润的国产非特一般护肤类、宣称紧致抗皱的国产非特一般护肤类、祛斑/美白类（非面膜类）、养发/育发类、护唇及唇部彩妆等11类160批次化妆品进行抽检。

【知识产权保护】 2020年，起草《关于强化知识产权保护推进知识产权高质量发展的实施方案》（征求意见稿）。推进申报成立中国（长春）知识产权保护中心工作。中心建设得到国家和省相关部门支持，与权威机构共同完成建设方案起草制定工作。在与市财政局、市编办及长春新区沟通基础上，确定将位于北湖科技园三期H17号楼，建筑面积2651.27平方米作为建设场地，一次性投入建设经费和运营经费约2026万元。完成省专利资助项目申报等工作。组织符合条件的专利权人申报项目，经专家评估论证，全市有49件发明专利获得授权发明专利补助14.7万元；有63件专利获得高价值专利补助161万元。制定2020年“双随机一公开”年度检查计划，开展2020年春节期间专利执法行动、2020年农资专利打假专项行动、2020年“铁拳”专利执法行动，开展专利执法检查。开展展会维权援助活动。组织在汽博会、农博会展会期间，开展知识产权入会维权援助，宣传知识产权保护相关知识，受理知识产权侵权行为投诉和假冒专利举报。与长春仲裁委员会、吉林省维权援助中心签定框架协议。成立长春市知识产权专家库。开展4·26知识产权日宣传活动。6月，长春市获批国家知识产权运营服务体系建设重点城市，获中央1.5亿元资金支持，开展重点建设。建设知识产权服务大厦。大厦是全市知识产权工作的对外展示中心与整体运营枢纽，知识产权服务大厦与长春知识产权运营服务平台汇聚线上线下资源，为区域内用户提供知识产权公共服务、政务服务和市场化服务。大厦选址龙翔科技信息产业园，2层建设面积4100平方米。建设知识产权运营服务平台和评估平台。建设长春新区知识产权生态小镇。

【商标监管】 印发《关于强化与疫情相关违法违规商标代理行为监管的通知》，开展打击与疫情相关的违法违规商标代理行为，立案查处相关商标代理机构1家。2020年，查处商标侵权案件151件，案值303万元，罚没309.5万元。推进地理标志培育注册工作。指导“双阳大米”“双阳胖头鱼”和“双阳蒲公英”3件地理标志主体协会提交注册申请材料。搭建商标品牌宣传推介平台。协调国家级商标专业期刊《中华商标》杂志，在5·10中国品牌日专栏中刊登“双阳梅花鹿”“长白山人参”地理标志发展情况；在《中国市场监管报》刊登《优化营商“软”环境培育发展“硬”实力》专题报道，介绍长春市优化尊重和保护知识产权营商环境的具体举措和成效；以4·26世界知识产权日为契机，开展2020年长春市知识产权宣传周活动。参加2020中国国际商标品牌节，获7枚品牌商标博览会金奖，一汽集团、一汽奔腾轿车、双阳区鹿业协会、吉林省参业协会、长春大米协会、中之杰食品和新怀德酒业7家单位获2020年度品牌商标博览会金奖，长春市市场监督管理局获商标品牌节卓越贡献奖。启动长春商标受理窗口延伸服务试点工作，在具备条件的企业登记窗口设立“长春商标注册业务延伸服务窗口”。确定“中韩示范区”为长春商标注册业务延伸服务窗口试点单位。

【综合执法】 2020年，查处各类违法案件2201件（一般程序案件1949件，简易处罚案件252件），比2019年增加798件，增长56.9%；罚没金额4936.9万元，增加2236万元，增长82.8%。向司法机关移送案件14件、线索34条，有28件案件分别被市场监督总局和吉林省市场监督管理厅评为典型案件。承担全市“双打办”“扫黄打非”“禁毒”等9项对外协调的执法专项行动，牵头开展“雷霆2020”“铁拳2020”等7项系统内专项行动。印发《2020年长春市打击侵犯知识产权和制售假冒伪劣商品工作要点》。疫情期间，开展“联合双打”行动，出动执法人员81943人次，检查经营者25126户次，查获口罩16.53万只，查获消杀货品货值0.21万元，查处涉及野生动物案件2件。推进长江禁捕专项行动，出动执法人员22743人次，检查农贸（批）市场1910个次、水产制品生产企业313户个次、商超12918个次、餐饮服务单位8347个次。制定《长春市市场监督管理局行政执法全过程记录制度》《长春市市场监管领域违法行为举报奖励发放办法（试行）》2项执法办案规范性文件。制定《关于做好疫情防控期间执法稽查工作保障市场主体复工复产的通知》。选取朝阳分局作为试点单位，建成全省首个执法办案区，区内配备司法拾音、人员识别的智能化询问室、文书送达室、电子取证室，在执法办案区内取得的音像记录，同步刻录光盘。全省执法办案区规范化建设工作现场会在市局朝阳分局召开。以朝阳区、宽城区为试点，配备新式执法记录仪，依托4G网络执法记录仪现场检查采集音像记录实时传输远程终端，终端指挥中心与一线执法人员实时通话。

（霍馨媛）

农　业

NONGYE

综　述

【农业生产】　2020年，全市粮食作物播种面积160.32万公顷，比2019年增加3.42万公顷。全市粮食总产量116.39亿千克。其中，玉米产量94.03亿千克、水稻15.19亿千克、大豆0.72亿千克。受益于玉米价格大幅上涨。“菜篮子”实现稳价保供。创新蔬菜生产“农超”对接平台，组织欧亚商超、地利生鲜等6家大型商超与60多家蔬菜基地生产主体建立稳定的供销渠道，保证地产蔬菜上市供应，较好地解决受疫情影响地产蔬菜销售难的问题。

【乡村振兴战略】　2020年，完成全省乡村振兴现场会承办任务。确定鹿乡镇、慢山里、马鞍山等对全省乡村振兴有较强的示范引领作用的10个参观点。牵头成立筹备工作领导组，协调14个成员单位分工负责，指导4个区统筹推进。系统总结双阳鹿乡小镇的三产融合模式、净月友好村的乡村旅游模式、莲花山天定山村的工商资本下乡模式、九台马鞍山村的改革创新模式、清水村的产业带富模式、红光村的智慧农业模式等典型经验，为全省提供可推广的长春样板。联合宣传部、电视台制作《长春市经济社会发展综述宣传片》和《乡村振兴专题片》，在全省乡村振兴现场会上播放。

【农业现代化建设】　创建全国绿色有机示范市取得进展，建设标准化示范园区20个，认证绿色、有机农产品100个，评定长春优质农产品品牌27个。全市农业标准化生产实施率60%，农产品质量安全监测整体合格率98.6%。园艺特产业提质增效，产值实现263亿元，增加棚膜面积266.67公顷，蔬菜生产规模和产量占全省三分之一以上。全市推广稻渔综合种养面积0.73万公顷。农产品加工业复苏回暖，晋升国家级龙头企业1户、认定省级重点龙头22户、市级21户，认定市级以上产业化联合体68个，专班引进大项目14个。农村三产融合步伐加快，德惠市岔路口镇和双阳区奢岭镇获评国家级农业产业强镇；九台区土门岭街道马鞍山村获评中国美丽休闲乡村；双阳区奢岭街道办事处获评国家级一村一品示范村镇；认定市级以上休闲农业与乡村旅游示范点（星级企业）28个，德惠岔路口镇和双阳奢岭镇入选2020年国家级农业产业强镇。产业扶贫成效明显，新建扶贫产业项目34个，全市实施产业扶贫项目652个，每个贫困村至少建成2个稳定成型产业项目。加大黑土地保护力度，完成高标准农田建设4.67万公顷，推广保护性耕作技术50万公顷，综合农机化水平92%。新型经营主体发展壮大，家庭农场8744家、农民专业合作社25577个，打造村级核心社400个。土地流转面积80.6万公顷，流转比例49.2%。农村集体产权制度改革取得重大进展，1673个村完成成员身份确认，占98.5%，1667个村完成登记赋码，占98%。

【农村人居环境整治】　村庄清洁行动见效果。建立村庄清洁长效保洁机制，实现生活垃圾日产日清，村庄保洁常态化。村屯绿化美化有成果。重点打造绿化美化示范村112个、省级绿美示范村屯18个。坚持整体推进，实施全域绿化，绿化美化村屯4670个，栽植树木437万棵，村屯绿化覆盖率30%。农村改厕和粪污治理有进展。完成农村改厕任务45399户，建成公共粪污暂存点1000余处，粪污综合利用率、粪污处理设施装备配套率超过85%和97%。污水治理和垃圾处理形成体系。在全省率先完成农村生活污水现状调查和治理专项规划编制。将农村水环境治理纳入河长制、湖长制管理。乡镇污水处理能力提升，建成20个重点镇生活污水集中处理设施，乡镇污水处理设施基本实现全覆盖。农村生活垃圾收运处置体系基本建立，中心城区及近郊实现全覆盖，县（市）、区基本实现覆盖90%以上的行政村。推进较大规模的生活垃圾非正规堆放点整治，116处生活垃圾非正规堆放点全部整治完毕。2020年，省农村生活垃圾治理工作考核验收中，长春市7个考核单位全部通过考核，均在二类以上。村容村貌提升上水平。在全省率先出台《长春市农村环境治理条例》，所有行政村完成村规民约修订，创建省级“美丽乡村”31个，表彰市级“最美乡村”10个，评选出美丽庭院7000户，干净人家14000户，双阳区太平镇肚带河村获评“中国美丽休闲乡村”。

（陈晓超）

林　业

【概况】　2020年，长春市加大植树造林、生态修复和资源保护力度，打造天蓝、地绿、水净、城美的绿色宜居森林城。截至2020年年底，长春市森林覆盖率8.1%。

【植树造林】　2020年，编制《新时代长春林业发展指导意见》，印发各县（市）区、开发区，统筹推进林业与经济社会协调可持续发展。长春市各县（市）区、开发区实施农防林更新改造、林地清收还林、防沙治沙造林、“三北”五期造林等工程。完成造林6269公顷，是吉林省下达任务的1.4倍，是长春市2019年造林任务的1.5倍。其中，农田防护林网修复完善工程2066公顷，迹地更新造林573公顷，职工工资田还林800公顷，防沙治沙造林67公顷，清收林地还林2115公顷，“三北”五期造林550公顷，生态经济林98公顷。完成公铁路两侧绿化160千米，河道绿化10千米。

【村屯绿化美化】　指导各县（市）、区打造18个省级绿化美化示范村屯、19个市级绿化美化示范村屯、112个重点绿化美化示范村屯，对全市1683个行政村给予绿化美化补助。编制《长春市村屯绿化美化技术导则（试行）》，分类推进村屯园林化、路渠林荫化、农田林网化、庭院花园化、岗坡林果化，在统筹推进中彰显区域特色。

【森林资源保护】　完成森林资源档案统计和消耗汇总，同步开展自然保护地整合优化和“三线一单”对接工作。核查国家疑似图斑71块，省级疑似图斑48块，并将核查结果上报国家和吉林省林业和草原局，督导各县（市）、区对问题图斑进行整改。开展野生动物保护、打击涉林违法犯罪、有害生物防治和科研等工作，编制“十四五”林业发展专项规划，巩固森林城建设成果。

【环城绿化带和西部防沙林带管护】　将环城绿化带、西部防沙林带和机场路迎宾大道景观工程（以下简称“三带”），纳入重要议事日程，提高管护水平。在“三带”工程管理上，建立管护工作台账，实行日报告、周总结和月检查制度。做好森林防火、巡查监管、养护管理、病虫害防治、现状调查、人员培训等方面工作，为实现环城绿化带的高效防护，及时完成重点部位的围栏设置。

【打击涉林违法犯罪】　以专项打击为手段，重点从破坏林地资源和野生动物资源入手，严厉打击涉林违法犯罪，全年立刑事案件47起，移送审查起诉11起。为提高森林公安工作法制化水平和民警办案能力，开展长春地区各级森林公安机关办理的三类案件执法质量网上巡查。开展“一案一审一评”，对每起案件都严格检查，对案件中发现的错误或问题及时督促整改，深挖违规线索。加强森林公安队伍建设，开展“坚持政治建警全面从严治警”教育整顿活动，加强森林公安队伍正规化建设。

【林业有害生物防控】　加强外来林业有害生物防控，制定印发《关于进一步加强对造林绿化苗木检疫监管的通知》《关于做好2020年松材线虫病和红脂大小蠹专项调查工作的通知》，严格执行长春市政府关于严禁从美国白蛾疫区调入带土坨苗木的规定，强化美国白蛾检疫监管，监测到美国白蛾成虫2304头；调查松林4.34万公顷，未发现松材线虫。加强突发性林业有害生物防控，修订《长春市重大突发性林业有害生物灾害应急处置预案》，提升有害生物灾害应急处置水平。巩固松毛虫灾害的应急防控工作，采取阻隔法、地面施药等无公害防治措施进行综合防治，防治面积580公顷。订购赤眼蜂24000卡，开展生物预防。加强常发性林业有害生物防治，指导农安县、榆树市、德惠市等地，利用绿色威雷、多菌灵、石硫合剂等高效低毒无公害农药，完成青杨脊虎天牛、青杨天牛、杨干象、杨树烂皮病等防治，面积373.33公顷。加强森林植物检疫，对所有国有、集体和个人苗木生产及经营销售单位，严格进行产地检疫，实现种苗产地检疫率100%。严格执行检疫要求书制度，对外地调入苗木及时开展复检，在调运检疫工作中未发生因本级造成的延误或未签办事件。加强日常检疫签证管理，检疫签证率100%。加强对松材线虫病疫木及其制品的检疫监管，建立经营及使用松木及其制品登记备案和调入后的复检申报制度，排查违法违规运输、加工、经营和使用松材线虫病疫木及其制品行为，消除疫情传播扩散隐患。

【林业科研】　推动科研项目研发，推进《长春古梨树资源保育研究》《绿化彩色树种与冬季常绿阔叶树种培育、驯化栽培技术研究》《北美香柏高效栽培及繁育示范》《美国红枫引种繁育及高效栽培技术研究》《长白山观赏和药用蕨类植物引种繁殖及高效栽培技术研究》5个在研项目。完成《吉林省特色林木椴树资源优良品种鉴定筛选及繁殖技术》《优良城市绿化观赏树种引种驯化及快繁技术研究》《丁香属植物引种驯化及选育技术研究》3个项目申报，储备《抗寒梅花引种选育与推广》等13个项目。加快引种驯化，引进收集欧洲椴、紫椴、糠椴等木本植物35种12000余株，蕨类植物和芒草、拂子茅等草本植物26种小苗5000余株、种子1千克。推进繁育栽培和项目实验，配合各科研项目研究工作，开展播种、扦插、组培、种子采集等苗木繁育生产工作，繁育种苗20万株。组培接种外植体17个品种920株，现存接种成功431株；瓶苗继代培养11个品种17000株；愈伤组织培养3个品种41株，继代培养21瓶，诱导胚性愈伤18瓶；练苗移栽6个品种6200株。加强试验圃地管理，栽植雅樱、欧洲小叶椴、香柏、银杏及红松等树木1100余株，秋火焰红枫营养钵小苗2100余株，植物园糠椴、枫杨370株及剪秋萝、金银花等宿根花卉2800株。实施基地精细管理，加强潭东苗木基地、“两园”（东北植物科普园、樟子松种子园）、古梨园、长白山珍稀濒危植物迁地保护研究项目基地的建设开发和管理，提升科研基地功能。潭东苗木基地栽植紫椴、暴马丁香、樟子松、山丁子、杏树、梨树等苗木9300余株；出圃云杉、三角枫、绣线菊等苗木5900余株。开展《城市绿化优良苗木新品种引育及产业化技术研究》项目示范推广工作，完成云杉等品种苗木出圃工作。“两园”新栽植金边玉簪、九角枫等苗木2万余株，更新宿根花卉面积5000平方米、草坪面积700平方米。对樟子松种子园及净月潭人工林樟子松枯黄枯死问题进行调查和分析，编写《长春市净月林区樟子松枯黄枯死问题调查及经营管理技术的意见建议》。古梨园开展山梨苗嫁接试验1万余株，山丁子嫁接龙丰苹果3907株，山梨嫁接茄梨827株。长白山珍稀濒危植物迁地保护研究项目基地栽植银杏、核桃楸、香柏等树木200余株，更新草坪5000平方米，栽植时令花卉4万余株、宿根花卉2000平方米。

【森林防火和安全生产】 开展森林防火宣传月和宣传周活动，利用各种宣传媒介，普及森林防火，宣传森林防火的重要性、必要性和紧迫性，提升市民森林防火意识。逐级签订年度森林防火责任状，建立健全各级森林草原防火工作组织领导体系，明确森林、草原、林木、林地经营单位和个人的森林草原防火责任。加强督导检查，出动县级以上检查组165个，参与检查640余人次。针对重点防火时段，加大火源管控力度，从根本上杜绝森林火灾事故的发生。截至2020年年底，长春市连续40年无重大森林火灾发生。

【国有林场管理】 围绕国有林场发展，推进日常管理、危旧房改造、资源管护、信息宣传等方面工作。投入资金20万元，支持国有林场转型和生产建设，为农安县、德惠市、榆树市等国有林场管理总站配发手剪、整篱剪、高空锯等实用工具。

【服务乡村振兴】 融入乡村振兴战略，指导农安县完成科技推广实验项目4项，面积373.3公顷；在榆树市新立镇建立黑果花楸基地，于家镇、新立镇、五棵树镇、红星乡建立平欧大果榛子、苗木花卉等5个基地，单体均超过1公顷；在九台区建立完善大果榛子科技推广实验基地和樟子松嫁接红松果林示范园。

【林业站改革】 指导乡镇林业站改革工作，有43家乡镇林业站完成机构调整，52家乡镇林业站机构职能调整完毕，人员进行重新定岗落编。开展林业站职能调研，掌握市各级林业站、林业职能部门的机构现状、具体职能和工作范畴，查找当前基层林业管理体制中的不足，确保全面适应林业发展需要。抓好林业站标准化建设，2020年，全市有5家乡镇林业站获得国家标准化配套资金20万元。指导16家乡镇林业站申报2021年标准化建设中央预算资金。

（张晓东）

畜　牧

【概况】 2020年，全市各级畜牧部门把肉蛋奶等“菜篮子”产品稳产保供作为一项重要任务，统筹抓好养殖生产、畜产品加工、疫病防控、质量安全等各项工作，为畜牧业企业提供服务保障，全市主要畜种出栏指标降幅逐步收窄，畜牧业产能逐步恢复，完成全年及“十三五”各项任务。到2020年年底，全市猪、牛、羊分别发展到883.5万头、82.5万头和99.6万只，比2019年分别增长3.9%、13.6%和2.9%；家禽发展到2.3亿只，增长24.3%。全市肉、蛋、奶产量分别达到96.4万吨、26.7万吨和5.5万吨，分别增长18.9%、12.5%和10.4%。畜牧养殖业产值达到554.4亿元，增长5.0%。长春市肉类总产量和肉类人均占有量在15个副省级城市中排在第一位，畜牧经济总量占全市农业经济总量一半以上，畜牧业成为长春市农村经济重要支柱产业和农民收入的重要来源。

【生猪生产】 为稳步推动生猪产能加速恢复，市畜牧局代市政府下发《关于稳定生猪生产保障市场供应的意见》，提出15条鼓励和促进生猪产能恢复的政策性措施，由市政府办公厅印发并正式实施。通过压实属地责任，落实稳产保供目标。将生猪稳产保供目标逐级进行分解，下发《关于印发2020-2021年生猪稳产保供任务目标的通知》，确保到2020年年末生猪存栏325万头。引导养殖场（户）调整优化生产结构，促进增养补栏。市畜牧局和市财政局联合印发《关于支持做好稳定生猪生产保障市场供应的通知》。各县（市）、区推动吉农牧贷、良种补贴、养殖保险、土地利用、疫病防控等各项政策落实，组织申报种畜禽和规模猪场贷款贴息、一季度开门红奖励补贴、三农领域补短板等项目，让生猪养殖场（户）得到政策实惠，增强补栏信心，调动养殖积极性。年底，全市生猪存栏345.2万头，比2019年增长13.9%，超过省政府下达的325万头年度指标。

【肉牛产业】 2020年，市委市政府成立肉牛产业发展领导小组，启动全市300万头肉牛建设项目。畜牧部门具体承担肉牛产业领导小组办公室工作职责，编写《长春市肉牛产业发展规划》和《长春市关于支持肉牛产业发展的若干措施》，市财政计划每年拿出2亿元用于发展肉牛产业奖补，设立100亿肉牛产业发展基金。协调皓月集团、城开农投公司与有关县（市）、区特别是农安县进行对接，签订战略协议，全面推进长春市肉牛产业发展。

【畜牧业项目建设】 市畜牧局印发《长春市畜牧业管理局重大项目专班工作方案》，谋划、招商洽谈或踏查项目，把为企业排忧解难作为工作落脚

10月30日，现代农业项目专班重大项目签约仪式　（佟　宇　提供）

点。走访皓月、德翔、东大、博文等牧业企业，协调解决问题，为德翔牧业100万吨饲料加工和1亿只肉鸡屠宰厂项目，通过“吉牧贷”方式解决6000万元资金，为项目建设提供保障。把服务重点企业作为“专班抓项目”重要抓手。推进皓月北汽肉牛产业、德翔首农肉鸡产业、博文梅花鹿产业发展。2020年，全市新建、续建畜牧业规模以上项目12个，投资22.997亿元。其中，新建项目7个，投资15.797亿元，续建项目5个，投资7.2亿元，谋划储备项目10个。

【区域畜产品品牌建设】　强化品牌建设，培育“吉字号”畜产品品牌。打造“吉林梅花鹿”公共品牌，建立完善畜产品品牌培育、发展和保护体系，拓展梅花鹿产业市场，宣传品牌产品。10月11日至13日，市畜牧局与双阳区畜牧局组织9户梅花鹿加工企业，参加“中国北京第27届国际健康产业博览会”，进行“吉林梅花鹿”公共品牌、区域品牌和畜产品品牌建设推介。

【畜禽养殖废弃物资源化利用】　加快推进畜禽养殖废弃物资源化利用工作，全市畜禽粪污综合利用率95.06%，规模养殖场和大型规模养殖场粪污处理设施装备配套率99.91%和100%，超额完成国家下达年度任务目标，全省年度考评位列第一。培育畜禽粪污资源化利用产业，引导社会资本投资建设专业化畜禽粪污综合利用机构。农安县、德惠市、榆树市、公主岭市的整县推进项目建设完成收尾工作，其中农安县完成国家第三方评估，榆树市做迎评准备工作。九台区整县推进项目在2020年内实现全面开工。

【无抗养殖技术示范推广】　实施“无抗”养殖技术推广工程，推动畜牧业供给侧结构性改革，促进现代畜牧业绿色健康可持续发展。打造30家畜禽无抗养殖标准化示范基地发挥引领示范和典型带动作用；开展酶制剂、微生态制剂等多种替抗产品以及技术模式协同作用下的无抗养殖实验研究；开展无抗养殖技术推广培训和政策宣传；支持养殖基地、加工销售企业等市场主体开展无抗产品认证，创建畜禽无抗品牌，在产品销售和供应上实现优质优价。

【非洲猪瘟等重大动物疫病防控】2020年，全市未发生非洲猪瘟等重大动物疫情，市畜牧局被评为全省年度重大动物疫病防控绩效管理评估工作优秀单位。开展重大动物疫病春防和秋防工作，各县（市）、区开展春防和秋防技术培训，市局防疫处和相关部门按照年度督查检查计划对各地秋防工作进步监督指导。开展非洲猪瘟防控工作，落实非洲猪瘟自检和官方兽医派驻两项制度，强化非洲猪瘟排查和病死猪处理情况调度，打击违法违规调运生猪行为，开展餐厨垃圾（泔水）饲喂生猪清理排查，加快非洲猪瘟无疫小区建设和评估认证工作，农安牧原农牧有限公司于9月25日通过农业部专家组国家级评估认证。

【秸秆饲料化利用】　争取国家和吉林省出台的秸秆饲料化利用政策，把有关政策落到实处，惠及养殖场（户）、养

5月28日，市畜牧局工作人员进行安全生产检查　（佟　宇　提供）

殖合作社，会同市财政局联合下发实施方案，促进秸秆饲料化利用基础设施建设。培育秸秆饲料化利用典型，通过典型示范带动，推动全市秸秆饲料化工作。组织科技人员，面向基层和企业，在秸秆青贮、黄贮、包膜微贮、氨化、膨化饲料制作等方面提供技术指导和技术服务，使秸秆饲料化科学利用水平提高。应对台风造成的农业灾害。自8月28日以来，面对3次台风造成的农业灾害，全市各级畜牧部门开展倒伏绝收玉米青贮，减少农民损失。

【绿色示范园区建设】 开展创建申报工作，对有意向的27户企业逐一进行政策宣传和重点帮扶，为企业提高标准、提高质量、提高管理手段献计献策，到企业现场指导，加强培训，帮助解决技术难题。有16户企业通过验收。

【新型经营主体培育】 推动支农项目与新型经营主体有效对接。支持2户农民合作社开展260公顷高产优质苜蓿示范基地建设。扶持家庭农场和养殖大户发展。完成建设肉（奶）牛家庭牧场4家，其中肉牛、奶牛各2家。促进产业融合发展带动规模经营。发展地方畜牧业特色产业、主导产业、优势产业，完善财政扶持政策，市政府办公厅印发鼓励生猪生产的15条政策措施，市畜牧局和市财政局联合出台支持生猪产能恢复的融资和养殖保险扶持措施，鼓励畜牧业规模经营者向二、三产业延伸，促进一二三产业融合互动。

【市场监管】 开展兽药、饲料打击侵权假冒专项整治行动，强化市场监管。在全市范围内试行食用农产品合格证制度，做好畜产品质量安全例行监测工作。开展畜牧业安全生产风险管控和隐患排查治理等“双重预防机制”建设，开展安全风险辨识265次，重大危险源登记建档10个，发现安全隐患301处，全部整改。对全市58户畜牧行业燃气使用企业进行摸排，组织1万余人次通过微信观看宣传片。全市未发重大畜产品质量安全及安全生产重大事故。

【畜牧产业脱贫攻坚】 提升“龙头企业+贫困村”“龙头企业+贫困户”等模式示范带动作用。加强疫病防控监管，对全市贫困村实行村专职兽医、村级动物防疫员定点联系，做好消毒、免疫、监测管理等工作。提供畜禽良种繁育服务，对全市贫困村中的贫困户和有贫困户的非贫困村肉牛养殖户提供优质肉种牛冻精，确保贫困户减费增收。开展养殖技术培训，逐步增强贫困户的“造血”功能和自我发展能力。做好产业扶贫项目的指导和服务，合理确定帮扶模式，完善利益联结机制，强化项目风险防控，确保得到帮扶的贫困人口长期稳定收益。

（佟　宇）

水　利

【概况】 2020年，市水务局全年重点河湖治理项目建设拉动投资54.38亿元，伊通河中段和两大水源地日常管理及水利建筑领域创造就业岗位300余个，为7户小微企业减、免、缓水资源费，助力经济发展。新基建水网工程项目18个，总投资234亿元；推进省引松入长中部城市引水、伊通河、饮马河、新凯河、农村饮水安全工程建设等，完成投资54.38亿元。成立“大对接”工作机构，与省水利厅、松辽委、水利部对接互动，增加项目投资9.72亿元和5个项目指标；新凯河长春国际汽车段、饮马河空港段综合治理等项目纳入省“十四五”规划项目库。

【农村饮水安全】 克服疫情影响，成立专班，开展“四导一帮”，实行挂图作战、挂牌督战，推进脱贫攻坚农村安全饮水工作。帮助各地协调落实市级补助资金3.27亿元，争取省级以上资金2.71亿元，截至6月底，脱贫攻坚农村饮水安全工程建设任务全部完成，146个贫困村全部通自来水。截至年末，全市完成投资22.23亿元，完成877个村集中供水工程建设任务，巩固提升155.02万农村居民饮水安全保障水平，比2020年初计划279个村多完成598个村的建设任务。全市农村集中供水率87.5%，比全面建成小康社会预期目标高出2.5个百分点。

【河流治理】 成立水利工程指挥部、饮马河河长办，推进伊通河中段、新凯河水系、饮马河流域、两大水源地一级保护区综合治理，提升水生态环境和水质。截至2020年年末，完成投资85亿元（年内27.81亿元），新凯河水系综合治理全部完成，完成闸坝桥涵18座、堤顶路19千米、护岸47千米、河道疏浚

九台马鞍山村河道治理工程　　（刘　星　提供）

24千米、水库治理1座、湿地建设6处、黑臭水体治理5处以及“三园一带”建设，增加绿地面积约211.7公顷；伊通河中段治理收尾，完成园路40千米、绿道33千米、园区10座、河心岛5座、闸站改造7座、湿地建设6处等，清淤64万立方米；石头口门和新立城水库水源地一级保护区综合治理全部完成，休耕土地1305公顷，全部还湿还草；饮马河流域综合治理加速推进，编制《长春市饮马河水污染治理和水体达标总体实施方案》，实行“六一两挂”，谋划实施治理项目128项，2020年年末完成112项，饮马河流域水质全面改善，全市所有国控断面达到或优于考核标准。

【河（湖）长制】　市河长办制定《长春市2020年河湖长制工作要点》和《长春市2020年河湖长制考核细则》，推进饮马河、伊通河、新凯河等重点流域治理及水污染防治，河湖环境和水质得到改善。出台农村水系综合治理指导意见，指导各地按流域、分区域编制农村水系综合治理及水系连通工程可行性研究报告，清理河道沟塘261千米，清淤疏浚河道200余千米，打造净月区友好北沟、莲花山区火石河、九台区小南河等农村水系整治样本工程。常态化开展河湖“清四乱”，排查清理河湖“四乱”问题203处，发布总河长1号令，督促各地完成37147公顷堤外耕地整改，基本根治乱采、乱堆、乱建问题，遏制乱占问题，改善河湖面貌。推进河湖保护范围划定，规模以上河湖全面建立“一河一档”，完成管理范围划定282条，设立河湖保护“蓝桩”20365个，实现“划线”“上图”“立桩”，进入全国水利一张图。完善河湖长工作机制，在四级河湖长、两级河长办的基础上，探索建立“河长+河湖警长”“律师诊所”“驻河长办检察室”等工作机制。河畅、水清、岸绿、景美的河湖环境初步形成。

【水旱灾害防御】　市水务局编制修订各类预案546个，开展灾害防御演练推演201场次，开展险工险段排查、水毁修复工程建设。汛期两周内3场台风接连袭击长春市，一周内降雨量240毫米，占全年的43%，防汛形势严峻。市水务局下发内部明电预警，明确重点防御范围和措施，精准调度泄流，派出7组专家3次到全市各地江河、湖库、城区易涝点现场指导防台风工作。在德惠市五家村段出现溃堤后，提出抢险方案和指导意见，72小时完成封堵，最大限度地保证人民生命财产安全，降低洪涝损失。加速推进伊通河、饮马河和拉林河等重点支流防洪工程以及五大围堤除险加固工程建设，启动城市防洪工程8项（完成3项），完成中小河流重点河段治理26项、病险水库除险加固11座、小型水库降等报废18座，修复水毁项目36项，完成投资19.62亿元，松花江干流防洪标准全线达到50年一遇，长春市建成区伊通河干流达到200年一遇，各县（市）、区城市防洪标准基本达到50年一遇。

【水资源配置】　实行严格的水资源管理，开展水资源“三条红线”考核，全市用水总量控制在25亿立方米左右。统筹城乡生产、生活、生态3个供水，保证水量、水质2个安全，两大水源地全年生活、生产、生态供水量7.98亿立方米。在节水护水方面，编制实施《长春市节水行动方案》（2019-2035），开展用水总量控制、农业节水增效等7大项33条具体工作；联合市公安局、市水务集团开展“雷霆护水”专项执法行动，全面整顿和规范水事秩序，重点打击非法采砂、盗窃水资源等7大类违法犯罪行为。在水资源配置方面，榆树市引松入榆、农安洼中高供水改造等水源工程初步建成，中部城市引水二期长春支线工程建设启动，农村集中供水率快速提升，水资源配置不断优化，尤其是在精准调度和利用雨洪资源的基础上，克服冻害影响，首次尝试冬季放流，年内石头口门水库向饮马河生态补水1.87亿立方米，新立城水库向伊通河生态补水0.8亿立方米，确保河道生态基流，促进河道生态修复，对改善河道生态环境提升水质起到重要作用。

【农村水利设施和水土保持】　启动松沐灌区续建配套及节水改造，维修养护灌区9个，清淤53.76千米。“十三五”期间，开展灌区改造项目61个，增加和改善有效灌溉面积3.38万公顷，增加高效节水灌溉面积0.4万公顷，增加改善排涝面积5.16万公顷，确保农业生产和粮食安全。在省级水土保持目标责任制考核工作中，长春市获吉林省总分第一的成绩；2020年，10个城区完成水土流失治理面积29平方千米。“十三五”期间完成侵蚀沟治理126条，水土流失治理87.55平方千米。

【水利行业监管】　在开展扫黑除恶方面，就全市采砂及水利工程招投标情况进行专题调研，结合“六清”百日攻坚战专项行动，采取领导包保负责，对排查出的线索进行逐条清理核查，保证每条线索都清仓见底；开展专项警示教育，严格人员和资金管理，修改完善制度26项，实现规范管理。在生态环境保护方面，成立生态工作领导机构，以专班形式落实生态保护职责，推进河湖水污染防治和环保督察反馈问题整改，解决6项问题，完成64条整改措施，中央生态环境保护督察、省生态环境保护督察、中央生态环境保护督察“回头看”反馈问题全部销号“清零”。在2020年省生态环境保护督察“回头看”工作中，办理案件4件，复查复核6次，并按照省里的反馈意见制定整改方案。健全完善法律法规，完善水行政执法“三项制度”“四张清单”，增加监管技术手段，形成法规制度+“人防”+“技防”的监管体系，实施伊通河城区段、新立城水库等水利信息系统建设，水利行业管理能力水平得到提升。

（刘　星）

园艺特产业

【概况】　2020年，由于公主岭市划归长春市代管，园艺产业数据全面升级。全市园艺特产业播种面积17万公顷，产量687万吨，产值实现263亿元，比2019

年增长1.2%。其中，设施园艺播种面积21893公顷，产量178.5万吨，产值64.5亿元，设施园艺产量、产值均达全市园艺特产业总量四分之一。

【蔬菜产业】 播种面积10.9万公顷，产量572万吨，产值130.4亿元，蔬菜生产规模和产量占全省三分之一以上。其中，设施蔬菜面积1.6万公顷，产量157.3万吨，产值54.2亿元，分别占全市蔬菜总面积、总产量和总产值15%、28%和42%。

【花卉苗木产业】 花卉苗木面积7539公顷，产值23.5亿元。以九台区波泥河镇为核心区的花卉苗木产业，在长春市2016年、2017年启动实施的“五大实验区”建设项目中，作为“花卉苗木产业现代农业试验区”，依托北方花卉苗木特色优势，产业集聚度快速提升，率先实现农业提质增效，农民增收致富。君子兰产业以种子资源、交易集散等方面的诸多优势，通过政府引导、协会主导推动产业持续健康发展，成为长春市一张亮丽名片。

【食用菌产业】 食用菌生产规模发展到13459万袋，年产量5.8万吨，产值3.2亿元。除以袋料栽培为主的香菇、黑木耳、平菇三大菌类外，食用菌种类、数量和产量都不断扩大，人工栽培的食用菌发展到10余种，金针菇工厂化生产形成年产5万余吨规模。

【水果产业】 果园面积7574公顷，产量20.2万吨，产值9.8亿元。水果生产以鲜食葡萄为主，此外，苹果梨、金红苹果、李子、杏、杂梨、海棠、龙凤果等均保持一定生产面积，呈现规模逐步扩大、品牌特色日渐鲜明的局面。南果北种技术逐渐成熟，部分热带水果在长春市现代农业园区成功引进、种植，木瓜、火龙果、香蕉等采摘价格可观，经济效益凸显。

【经济作物】 其他传统经济作物形成一定区域发展规模，呈现稳步发展态势。两瓜面积1.6万公顷，产量75.3万吨，产值14.4亿元。葵花、花生、烤烟等其他经济作物种植面积发展到2.8万公顷，产量14万吨，产值6.8亿元，主要集中在榆树市、农安县、德惠市、公主岭市等地，形成一定的区域发展规模。

【“五带一环”建设】 加快推进“长双、长九、长德榆、长农、长怀特色农业产业带和长春环城特色农业产业区”“五带一环”建设。结合乡村振兴战略、农村人居环境整治和美丽乡村建设，依托现有基础和资源禀赋，以城市周边、公路沿线、乡村景区和山水林田湖为特色，引导农民种植花卉苗木、果树等经济作物，发展农旅结合、观光农业、生态农业、休闲农业和农家乐等产业，以特色农业的优先发展，带动和促进一二三产融合。

【特色农产品优势区培育】 结合自身优势，秉承种植传统，提升打造榆树市设施蔬菜、北沟外向型设施蔬菜、双阳区绿色有机蔬菜、农安县“三辣”、农安县甜瓜、德惠市露地蔬菜、德惠市外向型设施蔬菜、九台区波泥河花卉苗木、九台区上河湾水果、公主岭市怀德镇香葱等优势区。

【园艺特色乡镇】 设施蔬菜特色乡镇17个（榆树八号、五棵树、弓棚；农安华家、开安、合隆；德惠菜园子；九台卡伦、东湖、土们岭；双阳奢岭、平湖、双营；宽城兰家；莲花山劝农、公主岭怀德、永发）；露地蔬菜特色乡镇5个（农安烧锅、哈拉海；德惠布海、升阳；公主岭怀德）；花卉苗木特色乡镇4个（九台波泥河、双阳双营、朝阳永春、公主岭范家屯）；食用菌特色乡镇3个（榆树土桥、秀水；双阳齐家）；瓜果特色乡镇7个（榆树红星；农安万金塔、新农；九台上河湾；双阳太平、齐家、奢岭）；特色经济作物乡镇4个（农安杨树林、三盛玉；九台纪家；公主岭怀德）。

【棚膜经济建设】 鼓励各类生产经营主体发展棚膜经济，壮大基地规模，2020年，全市新增设施园艺面积457.33公顷，其中2公顷以上集中连片规模园区34个、面积112.67公顷。建成省级棚膜经济园区174个，其中创建国家级园艺作物标准园30个。

【秋菜收贮】 2020年，全市秋菜播种面积48186公顷，产量303万吨，市场运行稳定。代政府起草《做好2020年秋菜收贮供应工作的通知》，协调组织秋菜测产、质量抽检等上市准备工作。

【复工复产】 出台《关于应对新型冠状病毒肺炎疫情期间扩大蔬菜生产促进产销对接补贴实施方案》，鼓励支持蔬菜生产主体扩大蔬菜生产，在吉林省对扩种及恢复蔬菜生产的温室，每亩补助3000元的基础上，长春市每亩追加补助1500元，对开展农超对接的连锁商超，2月至4月采购上市地产鲜食蔬菜给予每吨2000元补贴。全市落实扩种和闲置温室恢复蔬菜生产的补助面积11.07公顷。

（项　微）

农业机械化

【概况】 2020年，长春市农业机械总动力10571761千瓦，拖拉机保有量267986台，配套农具564261部，种植业机械462236台（套），农产品初加工机械43123台（套），畜牧养殖机械27710台（套），水产机械2173台，农田基本建设机械877台，农用航空机器412架。

【农机化作业】 推广玉米秸秆覆盖还田条带旋耕技术。全市综合机械化水平92%。其中，机耕水平98%，机播水平92%，机收水平85%。

【服务体系建设】 长春市农机作业服务组织及农机户354292个，总服务人数430363人；农机维修点1771个，修理工4132人；乡村农机从业人员399260人。

【农机管理】 长春市地（市）级农

5月27日，岔路口镇江畔农牧合作社蟹田示范区进行机械化插秧（刘　彬　提供）

机化管理机构1个，农机化教育、培训机构6个，有地（市）级农机化科研机构1个，农机化技术推广机构7个。其中，地（市）级农机化技术推广机构1个，县级农机化技术推广机构6个。

（陈晓超）

农业科技

【概况】　调动和发挥全市各级农业技术推广部门和农业技术推广人员积极性和创造性，加快先进农业技术成果的推广和应用，评出2019年—2020年度长春市先进农业技术推广奖获奖33项。

【农民职业技能培训】　推进农民教育培训提质增效三年行动，培育一批覆盖所有乡村、扎根农业、服务农民的爱农业、懂技术、善经营的高素质农民队伍，率先实现农业现代化和乡村振兴战略提供有力的人才支撑，全年培训高素质农民6669人。

【农业技术推广】　2020年，主推玉米秸秆全量还田保护性耕作；玉米机械化深翻、深松；化肥农药减量及替代；玉米、水稻主要虫害绿色防控；水稻机插秧同步侧深施肥提质增效等10大技术。

（陈晓超）

农产品质量安全监管

【概况】　长春市农业农村局加强农产品种植、水产品养殖环节质量安全监管，切实担负起农（水）产品从种植养殖环节到进入批发、零售市场或生产加工企业前的质量安全监管职责。市、县两级农业农村行政主管部门建立落实“一岗双责”制度，把农产品质量安全服务和监管的综合协调职能、农产品质量安全检验检测和风险评估职能、农业及农产品安全综合执法职能、种植业和水产养殖业安全生产管理、认证和包装标识管理、农业投入品监管职能、产地环境管理职能等落实到具体单位，明确职责分工，严格按照权力清单和责任清单进行依法监管，确保全市种植农产品、养殖水产品质量安全。

【监管体系建设】　完善农产品质量安全监管体系建设。加强检测人员培训，提升检测能力水平。推进试行食用农产品质量合格证制度，拓展食用农产品质量合格证试用和农产品质量安全监管与追溯培训，引导农产品生产企业建立自主质量控制、自主开具合格证和自主质量安全承诺制度，按照“生产有记录、流向可追踪、质量可追溯、责任可界定”的要求，运用互联网技术，按照统一采集指标、统一编码规则、统一传输格式、统一接口规范、统一追溯规程的要求，逐步建立农产品质量安全追溯体系，逐步实现上市销售产品的实时溯源。完善市、县两级应急预案，做好农产品质量安全事件舆情监测、应急处置、投诉举报案件核查及信息报告等工作，建立反应快速、部门联动的农产品质量安全事件应急管理机制。

【农产品质量检测】　以蔬菜、水果和水产品为重点，把日常监管和例行监测、专项监测、飞行检查、监督抽查等有机地结合，加强重点品种、重点区域、重点时段的监测工作。2020年，配合国家、省以及市本级开展农产品质量安全例行监测、专项监测、监督抽查等各类检测28次，抽检样品1751个，合格率98.6%。在秋菜上市前开展速测筛查，抽检3400个样品，合格率100%。

【农产品质量安全专项整治】　长春市农业农村局制定《2020年长春市农产品质量安全专项整治“利剑”行动实施方案》《2020年长春市农产品质量安全专项整治（“利剑”行动）飞行检查方案》，成立专项整治行动工作领导小组，推进农产品质量安全专项整治“利剑”行动开展。专项整治以来，全市出动执法人员1421人次，检查生产经营主体1258家次。

【推行食用农产品合格证制度】　制定下发《长春市试行食用农产品合格证制度实施方案》，成立长春市试行食用农产品合格证制度推进工作领导小组，建立完善种植养殖（水产）生产主体名录数据库。召开长春市试行食用农产品合格证制度动员部署暨培训会议、举办长春市食用农产品合格证终端开具与证后监管一体化（监管人员）培训班11期，对长春市各县（市）、区农业农村行政主管部门分管领导、农产品质监科长，以及相关县（市）、区试行农产品合格证制度试点企业负责人进行培训，参加培训人员486人次。协调（使用）

财政专项资金28万元、发放终端开具设备270台（套）、实施合格证的农产品生产主体270家，开具使用农产品合格证53646张，附带合格证上市的农产品923.9吨。

【创建全国绿色有机农业示范市】 根据《长春市人民政府办公厅关于印发创建全国绿色有机农业示范市规划纲要（2017—2021年）的通知》和年度重点工作安排，开展“长春市绿色有机农业示范市”和“两大水源地”二级保护区内绿色有机农业示范区创建工作，建成绿色有机农业示范园区20个，认证绿色、有机农产品100个，全市农业标准化生产实施率60%。

（陈晓超）

国家级产业强镇——双阳区鹿乡镇　（刘　星　提供）

乡村产业

【概况】 2020年，乡村产业发展链条更加完整，布局更加优化，融合深度大幅提升。全市农产品加工业规模以上产值实现512.7亿元，休闲农业及乡村旅游实现营业收入29.2亿元。市级以上农业产业化重点龙头企业发展到335户。其中，国家级18户、省级144户、市级173户。

【农业项目招商】 采取“走出去、请进来”和召开农业项目招商推介会等形式开展招商工作。推动首农裕口禽业与德翔牧业的肉鸡全产业链项目建设；与车联信息服务产业应用联盟洽谈“全程无人作业及生态无人农场建设”项目，引进该项目落位农安县；与中粮集团就在长春市优化产业布局、加强玉米深加工产业发展项目合作等进行深度洽谈。利用第十九届农博会，召开“2020农业项目招商引资推介会”，公主岭市、榆树市、农安县、德惠市、九台区、双阳区和宽城区等7个县（市）、区作农业重点招商项目推介，榆树市政府与吉鲜现代农业科技发展公司等14个项目在会上签约，签约金额38.92亿元。

【农产品加工业】 坚持推动农产品加工业快速发展，对符合各级农业产业化重点龙头企业标准的开展评定和推荐工作。经过县（市）、区初审推荐、现场考核和专家评审等程序，认定榆树市文华米业有限公司等21户企业为市级农业产业化重点龙头企业，长春市秀辉米业农业产业化联合体等49家为市级农业产业化联合体。长春金荷药业有限公司等22户企业获评省级农业产业化重点龙头企业；公主岭市金凯乐农业产业化联合体等19家获评省级示范农业产业化联合体。吉林德翔食品公司获评国家级农业产业化重点龙头企业。现代农业及农产品加工重大项目专班推进项目56个，其中，存量项目37个，增量项目19个。吉林省农嫂食品有限公司董事长隋书侠等13人获评“长春市农产品加工业最佳管理人才”。组织“2020年长春市农产品品牌战略及新媒体电商直播高层次人才培训班”，为农产品加工企业培训高端管理人才近200人。

【农村一二三产业融合】 推动农业与休闲旅游、饮食民俗、文化传承、教育体验、健康养生等产业的嫁接融合，因地制宜、因产制宜，促进农村一二三产业融合发展。2020年，德惠市岔路口镇和双阳区奢岭镇获评国家级“农业产业强镇”，九台区土们岭街道马鞍山村获评“中国美丽休闲乡村”，净月高新区新湖镇新兴村等5个村获评“省级美丽休闲乡村”。认定市级以上休闲农业与乡村旅游示范点（星级企业）28个，其中，国家级2个、省级9个、市级17个。认定市级以上“一村一品”示范村镇19个，其中，国家级1个、省级11个、市级7个，双阳区奢岭街道办事处获评国家级“一村一品”示范村镇。

【农村发展新动能】 2020年，在“第四届全省农村创新创业项目创意大赛”上，长春市有21名选手参加，王庆欢和李成鹏分获成长组和初创组第1名，获得二等奖和三等奖各1名，优秀奖2名。长春市选手李成鹏代表吉林省参加“全国农业农村创新创业项目创意大赛”，获全国大赛一等奖。农安县和榆树市获评“国家级农村双创典型示范县”，长春市有国家级农村双创典型示范县4个。

（杨海波）

工 业

GONGYE

综 述

【工业生产】 2020年，长春市规模以上工业（年主营业务收入2000万元以上工业企业）总产值比2019年增长9.9%，增加值增长10.4%。规模以上工业中，按类型划分：轻工业完成产值760.8亿元，增长3.4%；重工业完成产值7738.5亿元，增长10.5%。按所有制划分：国有工业完成产值513.9亿元，增长41.1%；集体工业完成产值0.3亿元，增长4.2%；股份制企业完成产值3435.8亿元，增长8.3%；外资企业完成产值4547.4亿元，增长8.3%。按隶属关系划分：中央工业完成产值5631.5亿元，增长11.2%；市及市以下工业完成产值2867.9亿元，增长7.2%。

2020年，长春市规模以上工业企业实现营业务收入9070.9亿元，比2019年增长7.4%；实现税金428.1亿元，增长9.2%；实现利润572.2亿元，下降2.4%。总资产9773.7亿元，增长1.5%；总负债4538.8亿元，下降0.5%。全市规模以上工业企业总计1191户。其中，盈利企业957户，亏损企业234户。

【重点产业】 2020年，汽车、食品、装备制造业、材料、能源、医药和光电信息等7个重点产业合计完成产值8262.4亿元，比2019年增长10.5%。其中，汽车工业完成产值6162.9亿元，增长13.2%；农产品加工业完成产值449.4亿元，下降1.0%；装备制造业（不含汽车制造业）完成产值576.8亿元，增长3.4%；材料工业完成产值156.5亿元，增长10.4%；能源工业完成产值653.4亿元，下降0.6%；医药产业完成产值194.2亿元，增长24.2%；电子产业完成产值69.2亿元，下降1.9%。

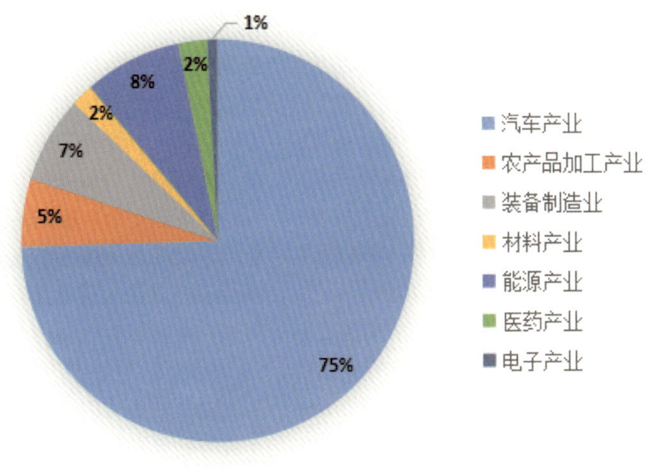

图3 长春市七大产业产值比值图

【工业投资】 2020年，全市工业投资实现逆势增长，扭转三年来的持续下行态势，工业投资比2019年增长3.9%，增速提高40.5个百分点，高于全国3.8个百分点。全市技术改造投资增长4.2%，占工业投资比重40.4%；制造业投资增速3.4%，占工业投资比重89.2%，技改投资、制造业投资维持较高比重。七大产业“三升四降”，汽车、能源、医药、电子产业投资分别增长5.9%、4%、53.2%和72.2%，食品、装备制造业、材料等产业呈下降态势。

【重点项目】 2020年，全市重点推进5000万元以上工业项目415项。其中，10亿元以上项目开复工46项，5亿元以上项目开复工80项，1亿元以上项目开复工286项。汽车产业项目势头强劲。红旗新能源汽车工厂、解放扩能、丰田扩能、轿车扩能等4个扩能项目，一汽红旗N701、E111、一汽轿车D365、D357、D359、一汽大众X99B、T99NF、一汽丰田RAV4PHEV、941B等22个新车型项目，红旗车型装备能力提升、解放卡车厂底盘防腐等12个四大工艺升级项目，丰田TNGA2.5L发动机、吉通创新中心园区、泰盟制动系统与传动系统零部件等80个关键零部件项目实现开复工建设。食品产业项目全面推进。围绕禽畜肉类精加工、玉米深加工、精品谷物加工、特色快消品加工等发展方向，重点推进中韩示范区健康食品产业园、佐丹力素食全餐产品、榆树市养殖产业园区项目、桃李面包烘焙食品生产基地、挚友科技10万吨变性淀粉、华沃农业双孢菇生产加工、吉林烧锅豆制品加工、吉地嘉禾6万吨绿色有机食品等30个食品产业项目。装备产业项目集群发展。围绕轨道客车和智能制造重点方向，打造世界级轨道交通制造研发基地和数字化智能制造装备产业集群。其中，轨道客车产业围绕中车长客配套建设一批零部件产业项目，包括新诺达高铁真空集便系统生产、宝祥铭生产轨道客车通信系统、百思特100万套高铁座椅项等轨道客车配套等项目；智能制造产业围绕智能制造装备方面建设一批重点项目，包括万丰智能机器人装备制造产业园、博润特智能装备工业机器人产业链、东北亚3D打印智能制造产业园、汇维科技智能化生产线等项目。医药产业项目加速布局。40项医药产业重点项目加快建设，包括长春百克疫苗生产基地、长春西诺宠物生物制品研发与产业化、生物制品所208厂房流感疫苗生产车间、康宁生物大分子蛋白肿瘤、和元生物动物用新型疫苗、吉林菲洋生物制药、依比奥生物科技东北疫苗研发中心等一批生物制药领域项目。

【工业标准厂房建设】 2020年，全市建设标准厂房项目22项，面积242.3万平方米，投资101.6亿元。完成投资71亿元，年底前完成建筑面积207万平方米。从投资主体看，政府投资项目19项，2020年投资64亿元，完成建筑面积181万平方米；民营企业投资3项，2020年投资7.1亿元，完成建筑面积26万平方米。从产业定位看，汽车行业6项，高端装备制造6项，新型材料4项，创新孵化类综合园区4项，光电及医药各1项。从建设进度看，3个项目部分投入使用，2个项目开始内部装修，7个项目进行外立面施工，10个项目主体冷封闭。从专项债角度看，19个政府投资项目中有17个项目获37.8亿元专项债资金。从招商入驻看，22个标准厂房项目有9个项目采取企业定制方式建设，3个项目部分实现企业签约入驻，其余10个项目招商入驻与项目建设工作同步开展。

【“专班抓项目”】 围绕推进存量项目加快建设和增量项目谋划招商两大重点任务，推进项目谋划、招商、落地、开工和投产。2020年，两大专班推进在建1亿元以上项目211项，总投资1801亿元，谋划洽谈增量项目149项，总投资1948亿元，解决58个涉及基础设施配套、融资、审批、要素保障、土地征拆等方面的项目问题。

【技术创新】 2020年，晋升省级企业技术中心23户，认定市级企业技术中心29户。全市市级以上企业技术中心247户（国家级7户，省级192户，市级48户）。认定11个产业技术研发中心。全市有产业技术研发中心94个。认定产业技术公共服务平台6个。全市产业技术公共服务平台48个。推进产学研协同创新工作。面向企业征集技术难题和人才需求20余个，最新科技成果168个。促成长春工业大学与长春市三化实业有限责任公司的协同合作，签订产学研合作协议书和实训基地协议书。支持院士长春创业。对院士长春创业项目进行全面走访，制定下发《关于支持院士长春创业项目申报工作的通知》，并组织申报工作。组织申报省技术创新工程推进计划。根据《省工信厅关于组织征集2020年技术创新工程推进计划项目的通知》要求，按照项目申报的重点领域，在各主管部门申报的基础上，筛选一批技术水平高、带动作用强的技术创新工程项目148项列入吉林省2020年技术创新工程计划，项目计划总投资32.4亿元。

【节能与资源综合利用】 2020年，突出绿色制造示范体系建设，组织申报绿色制造示范项目34个，经吉林省工信厅评定列入吉林省第二批绿色制造示范项目27个，其中，绿色工厂16个、绿色供应链4个、绿色设计产品7个。按照工信部绿色制造体系相关要求，经国家评定列入国家级第5批绿色制造示范项目7个，其中，绿色工厂6个，绿色供应链1个。改善能源消费结构。全市规模以上工业企业综合能源消费量963.2万吨标煤。通过加快淘汰燃煤锅炉、提高洁净能源消费、开展工业用煤节能技术改造等措施，全市规模以上工业煤炭消费量2668.8万吨；全市工业用电总量165.1亿千瓦时；工业天然气用量4.9亿立方米；工业柴油消费量4.5万吨。全市规模以上工业年综合能耗100万吨标煤以上的为吉林龙华热电股份公司等2户，综合能耗总量240万吨标煤，占全市24.9%；年综合能耗10万吨至100万吨标煤企业14户，综合能耗总量477.9万吨标煤，占全市49.6%；年综合能耗1万至10万吨标煤企业48户，综合能耗总量164.6万吨标煤，占全市17.1%。开展节能服务和监察工作。下达关于印发《长春市2020年工业节能减排与资源综合利用工作指导意见》，开展工业企业水平衡测试工作。推进长春市工业降低煤炭消耗工作，完成“双控”目标任务。完成52户工业节能监察工作。推进完成20户重点能耗企业能源审计工作，降低能源消耗水平，提高能源利用效率。

（王静乾）

汽车产业

【概况】 截至2020年年末，长春市有一汽红旗、一汽轿车、一汽解放、一汽大众、一汽马自达、一汽客车等整车企业6户，专用汽车企业13户，整车产能173.5万辆。全市统计口径产销整车265.4万辆和264.9万辆，比2019年增长3.7%和4.8%，增速高于全国5.7和6.7个百分点。其中，自主品牌实现产销49.6万辆和49.7万辆；合资合作品牌实现产销215.8万辆和215.1万辆。汽车工业实现产值6162.9亿元，增长13.2%，占全市工业总产值的72.5%。其中，整车产值4544.2亿元，增长14.1%。全市有规模以上汽车零部件企业373户，大众一汽平台、一汽富维、富维安道拓、天合汽车安全、纬湃汽车电子、一汽铸造等6户企业迈入50亿级以上，大陆汽车电子、富奥汽车、伟巴斯特、灯泡电线、弗吉亚排气、一汽富晟李尔等10亿级以上企业快速发展。2020年，全市规模以上汽车零部件实现产值1618.8亿元，增长10.9%，占汽车工业总产值26.3%。

【汽车产业规划编制】　编制《长春市汽车产业发展“十四五”规划》。全面提升汽车产业关键核心技术创新竞争力，壮大整车生产规模，推动高端零部件集群集聚，加快专用车发展等任务为重点，推动汽车产业实现高质量发展，到“十四五”末期，将长春市打造成为万亿级国际汽车城。规划到2025年，全市汽车工业产值将实现10000亿元，年均增速10.2%；整车实现产值7300亿元，配套工业总产值2700亿元，最大整车生产能力500万辆，自主品牌实现150万辆；新能源汽车产业产值实现2500亿元，增速86.8%，达到最大生产能力100万辆；培育超千亿级整车企业2户至3户，超600亿级零部件企业集团1户，100亿级以上零部件企业5户，50亿级以上零部件企业6户，30亿级以上零部件企业15户，10亿级以上零部件企业25户。

【促进汽车产业消费政策实施】　配合省发改委、省工信厅等部门，参与编制《促进汽车产业消费政策》，于3月21日正式出台，促销政策截至2020年底。在政策出台后，长春市建立省市企3方协调联动机制，推动各项政策有效落地，并依托长春汽博会等平台，助力一汽集团在疫情期间销售快速增长，支持一汽集团圆满完成全年的产销目标，提升国内市场份额。

【重点项目建设】　一汽红旗新能源汽车工厂。项目达产后，年产能20万辆新能源汽车，产值600亿元，直接带动就业3000余人。蔚山生产基地扩能。为满足一汽集团的整体规划，项目将一汽蔚山基地红旗产能提升至20万辆，将产

一汽解放总装车间　　（长春日报社　提供）

能整体拉齐至51万辆，满足后续生产需求。解放新建J7智能装配线。项目达产后，年智能装配5万辆一汽解放品牌J7系列高端商用车。丰越RAV4新车型导入及扩能。项目为汽车整车生产企业增能扩建项目，该项目利用现有冲压、焊装、涂装、总装车间及辅助设施进行扩建，增加建筑面积3.5万平方米，增设备646台套，项目建成后，升级版RAV4车型及RAV4PHEV等2款车型总生产能力由原有的10万辆提升到22万辆。旭阳中法智能制造产业园。总投资52亿元，占地100万平方米。中法智能制造产业园以旭阳高端汽车制造产品为基础，打造“互联网+协同制造”的数字化、智能化制造体系，建设数字工厂、智能工厂。项目将分期建设，分批引入。玲珑轮胎1420万条生产基地。总投资48.9亿元，占地约65万平方米，规划总建筑面积46万平方米，主要建设炼胶车间、生产车间、机修车间、油料库、原材料库、模具库及模具修理车间、总降压变压站、物化室/实验站、餐厅、职工宿舍、辅助用房等。项目分三期建设，一期产能120万条全钢子午线轮胎，二期产能40万条全钢子午线轮胎和600万条半钢子午线轮胎，三期产能40万条全钢子午线轮胎、600万条半钢子午线轮胎和20万条翻新胎。长春伊申特轻量化工业园。总投资15亿元，占地面积18.18万平方米，该项目分两期实施，一期工程，建设1座联合厂房和2个门卫室。工艺设备投入包括：下料生产线、冲压生产线、热成型设备、镁铝压铸设备、自动化焊接设备、检测试验设备及其他辅助设备等。长春致博新能源低温产业园项目。总投资20亿元，占地面积12.4万平方米，建筑面积1.85万平方米。一期工程建设：供气系统模块总成智能制造基地、研发中心、服务中心、物流仓储库、多层厂房、办公楼等。二期工程利用既有厂房，建设附配件生产工厂。富赛汽车电子工业园项目。总投资14亿元，主要围绕智能座舱、智能驾驶、网联服务三大领域开展经营，产品包括音响导航、空调控制器、仪表、车载显示系统、驾驶辅助系统等产品以及车联网相关软件和服务、大数据管理和信息安全的软件与服务。项目分为研发中心和工业园两大板块，研发中心将按照ISO/IEC17025行业内标准建设成为领先的国际级实验中心；工业园将建设总装线31条，SMT贴片线18条，包含试制线1条。

【重点企业】　2020年，一汽集团实现逆势上扬，集团实现产销372.9万辆和370.6万辆，比2019年增长6.6%和7.1%，分别高于全国8.6和9个百分点，市场占有率14.6%，排名全国第二位。乘用车

方面。红旗品牌产销整车20.9万辆和20万辆，分别增长101%和100%；奔腾品牌产销整车6.3万辆和8.1万辆，分别下降56.8%和32.9%；一汽大众产销整车207.8万辆和207.1万辆，分别增长2.2%和1.2%；一汽丰田产销整车78.1万辆和78.2万辆，均增长6.8%；一汽马自达产销整车均实现8万辆，分别下降17.2%和17.5%。商用车方面。解放品牌产销整车49.9万辆和47.4万辆，分别增长34.7%和41.1%。

（王　博）

中国第一汽车集团有限公司

【概况】　中国第一汽车集团有限公司（以下简称"中国一汽"），是国有特大型汽车企业集团。2020年，整车销量370.6万辆，比2019年增长7.1%；营业收入6960亿元，增长12.7%；利润467亿元，增长6%；员工人均收入14.6万元，增长4.8%。中国一汽是汽车行业唯一一家实现销量、收入、利润同时快速增长的大型汽车企业集团，整车利润、整车营业收入均为行业第一。在国务院国资委2019年央企经营业绩考核、党建责任制考核中，中国一汽被评为A级单位。

【习近平考察中国一汽】　2020年7月23日，中共中央总书记习近平到中国一汽研发总院考察工作。听取董事长徐留平关于一汽总体概况、经营情况、红旗发展概况以及技术创新、先进系统能力和党建概况的介绍；走进试验室了解企业技术研发情况，并察看红旗品牌新产品、技术发展成果。习近平强调：要推动中国汽车制造业高质量发展，关键技术、核心技术要掌握在自己手里，实现技术自立自强；在整车展区，习近平参观E-HS9、H9、H9+、S9、L4级智能小巴、E111、H5氢燃料电池等一汽全新产品，并上车体验红旗E-HS9、红旗H9和红旗智能小巴，体验过程中习近平提出期望：作为汽车民族品牌，为制造业强国、工业强国打下扎实基础。

【新冠肺炎疫情防控】　在疫情发生的第一时间，中国一汽启动紧急措施，携一汽大众、一汽丰田捐资8100万元，设立"中国一汽抗击新冠肺炎疫情防控专项基金"。一汽出行募集志愿者组建"特别爱心车队""应急网约车车队"，以500余辆应急车辆、40余万次出行服务保障武汉居民和医护工作者出行。中国一汽旗下各大品牌推出暖心服务，全程助力疫情防控。中国一汽保障员工和家属生命安全和身体健康，有序有力推动复工复产。蔚山工厂千人会战全速推进红旗产能提升项目，早计划6天竣工，为红旗品牌破关20万辆奠定基础。一汽物流青岛公司面对遍布全国的发运任务，动员承运司机全员返岗，在疫情最严峻的时期打通物流"大动脉"。一汽-大众协调全球资源精准复工，以数字化创新营销撬动增量，实现乘用车市场持续领航。智能网联创新试验基地、一汽（南京）科技开发有限公司、中国一汽红旗新能源汽车工厂等"新基建"全速推进。

【生产经营】　2020年，红旗品牌投放H5-20年型、HS7-21年型及2.0T车型、H7-21年型、H9、E-HS9共5款产品，品牌形象大幅提升，行业影响力大幅增强。解放品牌实现国六11个机型、19个基本车型，JK6/J6L升级、J6F升级成熟投产。红旗H9，解放J7、JH6成为行业各细分市场的"领头羊"。全年红旗品牌完成销量20万辆，比2019年增长100%；解放品牌销量47.4万辆，增长41.1%；奔腾品牌销量8.08万辆；一汽-大众全年终端销售（含进口车）216.19万辆，增长1.5%；一汽丰田全年终端销售79.0万辆，增长9%。

【海外业务】　克服新冠疫情不利影响，稳住出口基盘，全年整车出口1.35万辆。红旗海外营销方面。红旗市场全年出口703辆。试水欧洲高端电动车市场，与挪威合作伙伴完成"云签约"。持续发力中东，沙特市场红旗最大单次批量400辆出口，在阿联酋举办"红旗H9品鉴会"。拓展东盟东亚市场，H9对韩国实现小批量出口，在柬埔寨通过与乐马专车合作，红旗切入当地移动出行市场。全年新增9家海外网络，并在迪拜建成红旗独立展厅，完成沙特吉达旗舰店选址。商用车海外营销方面。全年出口6202辆，占中国自主品牌商用车出口市场份额的8%。奔腾海外营销方面。全年出口6615辆。新增缅甸、以色列等6家一级网络，推动代理在沙特、厄瓜多尔、乌拉圭等市场新建7个经销店。零部件业务方面。全年出口收入1.43亿人民币，利润863.14万元，完成目标258%。

【新兴业务】　金融及资产领域。一汽资本利润79.8亿元，比2019年增长28.2%。资本控股公司加强业务创新，支持集团主业发展，提升效益。移动出行领域。聚焦网约、租赁、出租三大市场。推进与滴滴、T3、旗妙出行平台公司合作。多元化拓展租赁业务，实现"一汽租车"开发上线，租车业务正式上线飞猪平台。制定出租车行业整体布局策略，开展换电路线示范运营，在长春获取8张出租车运营许可及出租车公司经营执照。红旗小镇领域。落实一汽集团与长春市政府联手打造的红旗创新大厦项目，打造和运营"5G覆盖、智能能源、共享办公的地标性智慧楼宇"，完成红旗创新大厦内的红旗文化展馆项目建设。实现长春一汽汽车文化传播业务落地。配合长春市政府编制"长春国际汽车城"规划，围绕一汽NBD总部开展3.8平方千米红旗智慧园区详细规划并推动项目落地实施。

【技术创新】　中国一汽全年申请专利3508项，比2019年增长19.8%。其中，发明专利1757项，增长59.7%。发布并实施"创新·2030中国一汽阩旗（R.Flag）技术发展战略"，抓好"3310"和"1025"技术攻关工作，其中，43项重点关键技术如低温电池、多传感器融合实现整车搭载和商业应用。提升用户体验八大性能指标，加强研发专业能力。造型方面。全新发布红旗H9、红旗E-HS9两款车型，完成3款展车、2款艺术车和1款概念车设计，举办以“有温度的未来移动空间”为主题的第二届红旗设计挑战赛，在北京798艺术中心启动第二届新高尚美学艺术与设计巡展，引领新高尚设计美学与中国艺术有机融合。NVH方面。红旗H9风噪、路噪达到CN95认证满分水平，整车NVH性能达到国际领先水平。健康方面。红旗H9获CN95健康座舱A级认证，红旗E-HS9以95.68分获C-ECAP（中国生态汽车评价）白金牌认证。智能网联方面。L3级智能驾驶系统搭载红旗E-HS9量产，L4级自动驾驶实现示范运营，自主开发红旗智联系统并实现量产。安全方面。实现35项安全和强度耐久CAE业务成熟度提升，22项精度达85%以上，突破车身塑料件模流仿真、电泳过程仿真和底盘橡胶结构仿真3项“黑盒子”技术，红旗H9、E-HS9完成C-NCAP（中国新车评价规程）五星开发。节能方面。15TD发动机热效率达39.06%，获全国“能效之星”称号，红旗H5匹配15TD油耗实现6.2升/100千米，GC（气相色谱）平台混合动力发动机（20DHE）热效率42%。可靠性方面。红旗H9、E-HS9车身底盘承载结构件在强化坏路、大负荷试验、开关耐久等试验中一次通过率88%。基础技术方面。建立自主底盘动力学性能设计能力，机电液联合仿真精度85%，突破厚钢板手工焊接难题，形成220万条对标参数的对标数据库，构建成本分析模型15个，实现特征目录和工程目标闭环管理。

【合资合作】 应对行业转型，加速与合作伙伴在新业态领域全面合作。新能源领域。完成奥迪PPE高端新能源合作项目第一阶段谈判，签署项目谅解备忘录；推进与丰田燃料电池系统的合作，双方技术团队以红旗E115项目为载体论证搭载可行性；与丰田开展新能源车退役动力电池梯次利用合作并签署合作谅解备忘录；完成丰田FC联合研发中心项目合营合同和章程签署以及公司设立审批。移动出行领域。完成一汽-大众摩捷出行服务公司项目前提股东谈判及后续成立审批工作；推进丰田移动出行合作项目，拓展一汽与丰田在新业态领域的合作，探索新的商业运营模式。车联网领域。完成大众/捷达车联网开发项目前提股东谈判，为一汽-大众争取到在捷达品牌、速腾和宝来家族车型的SOP2（车联网开发）项目上的主导开发权，以及在其他大众品牌车型上的参与开发权。推动奥迪Asterix车联网项目GSV约定事项落实，保证一汽-大众作为运营主体，Asterix服务接入一汽-大众后台。协调推进一汽丰田车联网移管项目，牵头建立项目推进机制，明确分工，确保项目按计划实施。

【安全与节能】 严格落实安全生产，未发生较大以上事故，未发生工伤死亡事故，较大以上事故隐患整改率100%。抓好节能环保工作。2020年，万元工业产值综合能耗下降8%，二氧化硫排放量比2019年下降34.15%，化学需氧量下降4.46%，氨氮排放量下降4.49%。

【履行社会责任】 中国一汽超额完成《2020年中央单位定点扶贫责任书》各项任务。截至2020年5月，中国一汽定点帮扶及对口支援的5个国家级贫困县全部提前实现脱贫摘帽，超过10万建档立卡贫困人口受益。深化红旗“爱·尚”“解放爱领航”“奔腾绿动”“一汽-大众中国新未来”等公益品牌，聚焦绿色环保、文化教育、民生就业、弱势群体、灾害救助等重点领域打造特色项目。助力打赢疫情防控阻击战，捐赠8100万元设立“中国一汽疫情防控专项基金”。在国务院扶贫开发领导小组开展的中央单位定点扶贫工作成效考评中，中国一汽连续4年获得“好”的最高评级。获党中央、国务院授予的“全国脱贫攻坚先进集体”称号。

（孟媛媛）

轨道交通产业

【概况】 轨道交通装备是长春高端装备制造业的标志性行业，以中车长客股份、中车长客装备有限责任公司为骨干企业的轨道交通装备主机制造领域增长迅猛，对全市装备制造业的支撑作用日见明显。2020年，轨道交通装备业完成产值427.4亿元，占全市装备制造业的74.1%；中车长客作为长春市装备制造业的龙头骨干企业完成产值351.3亿元，占轨道交通装备业82.2%。

【产业发展】 长春市轨道交通装备制造有规模以上企业33户，具备年产200列动车组、4000辆城铁车、600辆普通铁路客车的新造能力，年检修300多列动车组及1000辆普通铁路客车的检修能力。综合生产规模持续壮大。长春成为中国最大的轨道客车研发、制造、检修和出口基地。产品国内市场占有率领先。中车长客股份公司在“电力动车组（含高铁）”“城市轨道车辆”产品领域被评为“国家第五批制造业单项冠军示范企业”；牵头组织实施的时速400千米可变轨高速动车组下线，在覆盖全球90%的铁路网上实现互联互通；国内首条磁浮旅游专线列车（最高运行时速120千米每小时）在长春下线；城轨车产品实现产品谱系的全覆盖；高铁在国内市场占有率33%，低于青岛四方4个百分点，位居全国第二位；城轨车在国内市场占有率36%，高于青岛四方4个百分点，位居全国第一位。产品进军国际一流市场。长春生产的铁路客车出口到美国等20个国家和地区，出口车数量9000辆，创汇签约额120亿美元，年出口额占中车集团总出口额近40%。中车集团长客股份公司在美国、巴西、澳大利亚、泰国、以色列等设立境外子公司或合资公司，建设德黑兰合资厂、美国麻州春田工厂两个工厂及十五个境外代表处（售后服务站）。

【产业规划】 长春市轨道交通装备

产业集群，在绿园区重点打造长春轨道交通装备产业开发区。长春轨道交通装备产业开发区，规划面积21.5平方千米，被国家工信部确定为“国家新型工业化产业示范基地”。在长客辐射下，全区有轨道交通相关配套企业63户，属于规模以上的15户，其中九大关键技术31户、十大核心配套30户、七大系统40户；生产车体的18户、车门3户、空调系统7户、车内电器7户、车内装饰5户。在宽城区重点打造以发展轨道交通装备和智能装备制造为主导的长春装备制造产业开发区。长春装备制造产业开发区是长春市人民政府批准设立的市级开发区。规划区域面积26.9平方千米，其中工业用地规划总面积7.3平方千米。长春装备制造产业开发区内建有占地1.25平方千米的中车长客股份动车检修基地及中车轨道车辆新厂区，具备轨道客车造修、高速动车检修、轨道交通零部件造修等核心业务基础和能力。为新厂区配套建设的轨道客车零部件产业园，建筑面积22万平方米，智能制造产业园（一期），建设面积7.8万平方米，投入使用。长春轨道交通装备产业开发区轨道交通产业链规模以上企业产值378亿元，比2019年增长4.7%，占全市轨道交通产业的88.4%。依托中车长客股份、中车轨道车辆龙头带动，围绕高速动车检修、轨道交通零部件造修，聚集北京华盛荣、深圳万润、常州今创、南京康尼等上市公司，以及青岛威奥、北京昌博等行业龙头企业，形成轨道交通产业集群高地。2020年，装备制造产业开发区工业产值突破30亿元，总量比2019年增长14.7%。

【重点项目】 6月23日，市政府出台《长春市人民政府关于研究车辆公司整体搬迁及机车厂文化街区项目市政专题会议纪要》，明确老厂区资产评估方式，保证长春车辆公司整体搬迁建设资金需求。8月28日，宽城区政府与车辆公司签订《长春中车轨道车辆有限公司宽城老厂区征收搬迁补偿协议》。9月10日，签订《征收补偿协议的补充协议》，明确搬迁、资金支付等时间节点。

【重点企业】 中车长春轨道客车股份有限公司是中国知名的轨道客车研发、制造、检修及出口基地。注册资本（总股本）为58亿元（股），中国中车持股93.54%。公司总部有新老2个整车制造厂区，总占地面积450多万平方米，员工18000多人。公司被评为首批“国家创新型企业”“国家高新技术企业”“国家科技兴贸基地”“国家技术创新示范企业”，产品获“国家名优产品”称号。2020年，长客股份公司全年销售收入380亿元，净利润26.5亿元。交付动车组新造640辆，城铁车新造3206辆，动车组检修1280辆。市场开拓方面，公司铁路业务获市场订单金额203.75亿元；城铁板块中标14个项目1611辆车，中标额128.5亿元；海外市场签约金额4.17亿美元，国际业务收入19.11亿元。税费负担方面，长客股份公司（单户）缴纳各项税费18.72亿元，其中，增值税12.39亿元，所得税3.22亿元，附加税及其他税费3.11亿元。研奥电气股份有限公司。公司于1971年成立，是原长春客车厂电机车间。2016年股份制改革，成立研奥电气股份有限公司。2020年12月24日，经深圳证券交易所批准，在深圳证券交易所创业板上市，证券简称“研奥股份”，证券代码“300923”。公司主要产品是配套生产普通铁路客车、高速铁路客车、城际客车、城市轨道客车、地铁客车用司控操作系统、电气控制系统、蓄电池管理系统、照明系统、空气净化装置、车辆线束、配电设备、电源及储能设备等电力、电子产品设计开发、生产制造、销售服务。在国内开通城轨线路的城市中，产品覆盖率70%，参与车辆设备配套的城市28个，境外和地区12个；在北京、上海、香港、深圳、武汉、成都等19个城市建立客户服务网络。2020年，公司销售收入3.49亿元，净利润5785.52万元。

（魏万军）

中车长客股份公司

【概况】 2020年，中车长客股份公司员工总数13519人。其中，具有高级专业技术职称1333人、中级专业技术职称1389人；高级技师721人、技师1695人。硕士及以上学历1115人。设立一级机构27个，二级机构100个，全资和控股子公司18个。

11月24日，“全国劳动模范和先进工作者表彰大会”在京召开，长客公司技术工人罗昭强获“全国劳动模范”称号。11月，由中国科协智能制造学会联合体组织开展的“智能制造科技进展研究”中，公司《高端轨道交通装备精益化智能制造》项目入围，获“2020中国智能制造十大科技进展”称号。

【规划发展】 该公司以集团化管控和区域化经营模式的建立，以及美洲区和亚太区正式运营并实现本地化生产为标志，初步实现跨国经营的战略目标。完善国内7大区域、国外4大区域的经营布局，为区域经营补齐短板。完成集团化管控、区域化经营的模式设计，搭建覆盖各区域的经营管理体系，形成获取全球资源的基本载体。

【经营管理】 搭建新的组织绩效指标体系，设置54项系统关键绩效指标、200余项年度经营计划指标、27项历史遗留类和17项重大突破类指标，建立起科学有效的激励和约束机制，指标覆盖的多个领域取得重要突破，发挥对企业经营的引导促进作用。

【科技创新】 在基础及前沿技术研究方面，取得列车碰撞、材料防火等30项基础技术的突破，实现245项基础技术的自主掌控。经国家铁路局认定授牌“高速列车本构安全技术”研究中心。提升车辆动力学、电磁兼容等自主试验能力，自主完成呼和浩特地铁2号线项目全部型式试验。协同仿真分析平台上线运行，实现仿真分析数据与产品设计数据打通。公司磁浮研究所正式挂牌成立，开展高温超导磁浮200米试验线和超导悬浮原理样机研制，实现磁浮核心技术自主掌控。在工艺技术方面，完成不锈钢型材激光焊技术样件试制，形成搅拌摩擦焊国际技术标准编制方案；初步掌握碳纤维复合材料试件基本的测试及仿真技术，以及钛合金构架处理等技术；开发高速动车组自动化喷涂系统，绿色环保化工材料实现深度掌控和多品牌开发。在新产品研发方面，开展350千米/小时“复兴号”京张智能动车组、金义东市域车等49个项目的研发设计工作。400千米/小时跨国互联互通高速动车组和清远磁浮车成功下线。

1月16日，西安地铁9号线首列车在中车长客股份公司下线　　（寇德莹　提供）

【生产运营】　中车长客股份公司提高内部配套，开展产品成本对标，开展成本管理提升专项活动，完成高新厂区房屋及土地资产处置，处置长账龄低效、无效物资及生产剩余物资，减低工程造价，深化精益管理，聚焦标准工位建设，压缩各工序生产周期，实现在低库存状态下的精准物资供应。在安全防疫工作方面，公司建立起一级网格36个、二级网格122个、三级网格1017个，形成“一网多格、一格多员、全员参与、责任到人、逐级负责”的安全管理模式，使安全工作总体形势保持稳定，并在疫情防控工作中发挥重要作用，实现国内全级次企业员工零感染，在本地企业中第一批次复工复产。

【市场营销】　推进实施区域营销管理模式，转变营销理念，实现多个市场新突破。成功中标金台铁路项目，成为2020年唯一一家生产销售国内动力集中动车组的厂家；重返广州市场，再筑津门市场，斩获浙江省第一条有轨电车项目，在大湾区、京津冀、长三角等重点市场区域筑牢根基；发挥子公司桥头堡作用，泰国子公司通过公开竞标实现备件业务创收。铁路客车市场全年市场占有率32.86%。城铁车市场全年中标1611辆车，在检修运维、架大修及配件市场方面中标。海外市场克服疫情和国际政治形势影响，完成哥伦比亚波哥大地铁和轻轨2个项目签约落地。

【人才建设】　提升人力资本获取能力，探索建立分类分层级市场化人才选聘机制和高端人才引进机制，实现外部人才市场化引进、契约化管理。建立分类分层级培训管理体系，提高人才培训有效性，提升人力资本增值能力。围绕公司产品价值链进行全过程人工成本分析，开展劳动定额标准化工作，强化委外费用管控。提升干部管理水平，编制跨国经营领军型、创业型企业家人才培养和获取体系建设实施方案，为跨国经营人才培养打下基础。推进领导干部“三跨交流”（跨系统、跨层级、跨地域）。通过竞争上岗提拔中层领导干部22人。在长春车辆公司组织开展副总经理人选竞争上岗，为后续开展市场化选聘职业经理人积累实践经验。

【质量管理】　开展多质量管理体系融合工作，强化质量损失管理平台建设，实现全口径数据的收集、统计、分析。开展多样化的质量提升活动，营造全员参与的质量文化氛围。开展源头质量问题整治工作，确保产品质量稳定。

【复工复产】　2月，面对新冠肺炎疫情，公司召开专题会议落实集团公司的指示精神，成立防疫工作领导组，有序组织复工复产。公司党政工团相关部门号召广大员工向疫区捐款捐物，为抗击新型冠状病毒疫情提供力所能及的帮助和支持。

【新技术列车下线】　1月16日，西安地铁9号线首列车在公司客车制造中心装配一车间下线。5月31日，首列“武汉造”全自动驾驶地铁列车下线，在武汉地铁5号线投用。作为首列武汉造全自动无人驾驶地铁车辆，其启动、驾驶、停车、检测全部是自动完成，代表国内先进智能列车工业化信息化智慧化的高水平，也是轨道行业“武汉造”一个新的飞跃。6月30日，哈尔滨市轨道交通2号线一期首列车下线。10月21日，国家重点研发计划“先进轨道交通”重点专项“400千米/小时跨国互联互通高速动车组”在公司下线，是新时代中国高速铁路装备具有里程碑意义的重大创新成果。10月25日，交直流全自动切换核心技术试验在重庆长客公司试验线完成。该技术属国内首创，突破国内双流制轨道交通核心技术的瓶颈，填补国内双流制轨道交通应用的空白，试验的完成标志着重庆江跳线双流制车辆核心技术验证工作取得阶段性重大成果。12月12日，浙江金华—义乌—东阳市域轨道交通工程电动客车项目首列车在公司新厂区列调场地下线。车辆在国内首次创立120千米/小时三轨受流B型车辆平台。12月15日，国内首条磁浮旅游专线——广东清远磁浮项目首列车在公司下线。列车采用公司新一代中低速磁浮列车平台，应用常导电磁悬浮和车载短定子直线电机牵引技术，最高运行速度120千米/小时。

【合作协议与项目中标】 8月，中车长客股份公司与中国铁路沈阳局集团有限公司举行动车组数字化全寿命周期管理平台合作协议签约仪式。公司中标广州地铁二、三号线增购车项目，中标金额14.80亿元。10月10日，公司与中车大同电力机车有限公司（联合体）中标浙江省台州市金台铁路时速160千米动力集中动车组车辆采购项目。此番中标车辆2列，金额约1.4亿元。

【海外业务】 9月3日，由中车长客股份公司生产的澳大利亚悉尼双客二单项目首列车正式开启首次载客运营。12月27日，该公司首个澳大利亚本地化制造的项目——墨尔本地铁项目车辆成功实现首列车验收，并投入正线运营。9月28日，中车长客与中国港湾公司签订哥伦比亚波哥大地铁1号线车辆供货合同，承担波哥大地铁1号线项目30列GOA4等级无人驾驶地铁车辆供货工作。11月20日，中土哥伦比亚西部铁路特许经营公司与中车长客正式签署车辆供货及维保服务合同。中车长客负责37列高速有轨电车的供货和21.5年的车辆维保。作为哥伦比亚第一个跨网运行的低地板有轨电车项目，该项目模式及车型将为哥伦比亚后续的轨道交通项目起到示范作用。12月30日，该公司自主研发的"美标"波士顿红线地铁车上线运营。

（寇德莹）

9月28日，中车长客与中国港湾签订波哥大地铁1号线车辆供货合同(寇德莹　提供)

光电信息产业

【概况】 全市电子信息制造业规模以上企业65户，主要集中在激光制造、半导体照明和光显示、智能光电仪器设备、集成电路等领域；汽车电子制造业规模以上企业31户，主要为传统燃油车和新能源车配套，主要集中在动力控制、车身电子、底盘电子、安全电子、车载电子等领域。2020年，长春市光电信息产业产值577.7亿元，比2019年增长11%，占全市规模以上工业总产值6.8%。其中，电子信息产业产值69.2亿元，增长1.9%，占全市光电信息产业产值11.9%；汽车电子制造业产值508.5亿元，增长12%，占全市光电信息产业产值88.1%。

【产业规划】 光电信息产业围绕光电子、汽车电子两大领域，重点建设高新片区、经开片区、北湖片区"三大产业集聚区"，兼顾发展中韩国际示范区、临空经济示范区、县域经济区，打造"3+N"的空间结构，逐步形成集聚发展、定位明确、分工协作、互补配套的产业发展布局。重点发展5大领域。激光制造领域。发挥在激光技术上的优势，加快激光"全产业链"布局。以技术优势带动激光材料、激光设备、激光器件等产品研发生产，促进激光应用，逐步完善激光制造、军事、显示等方面的应用，形成激光制造产业链。重点发展半导体泵浦固体激光器、高功率半导体激光器、光纤激光器、激光加工制造成套设备等产品研发和推广。半导体照明和光显示领域。重点依托长春光机所、长春应化所在LED、OLED领域的研发优势和产业优势，整合光电显示产业技术，重点发展LED照明产品、发光显示产业及平板显示模组产业链。以中科院"璀璨行动"成果承接、中试及产业化基地建设为契机，开展大功率LED照明产品的开发和推广。以希达电子等龙头企业为核心，整合及建立新的超高密度小间距LED显示产业技术体系，引领LED显示行业新技术的发展方向。以奥来德、海谱润斯等龙头企业为重点，拓展新型显示产业链。智能光电仪器设备领域。整合国内外高端资源，融合先进的现代电子信息技术，延伸上下游产业链，打造国际领先的智能光传感设备创新、研发、生产基地。重点推动光电传感器、高精度光电编码器、数控型光栅测量及光谱仪器、智能多模态单细胞精准识别分选设备等产品的研发和推广。集成电路领域。以CMOS显示芯片为核心，重点围绕CMOS相机技术与应用，通过先进技术成果转化和产业化，培育、引进一批集成电路领域的高新技术企业，完善上下游产业链，辐射带动相关产业发展。重点推动高端CMOS图像传感器、高端光刻投影物镜、高端半导体生产与检测设备等产品的研发和推广。汽车电子领域。以提升长春汽车工业核心竞争力，推动光电信息产业与汽车行业融合发展为目的，重点发展新能源汽车、智能网联汽车，逐步建立具有国际竞争力的汽车电子产业体系。重点发展新能源汽车电子、智能网联汽车电子、车载娱乐系统新产品的策划、研发、制造。

【规划方案编制】　为巩固长春市在中国光电子技术领域领先地位，谋划长春市光电信息产业“十四五”时期的发展蓝图，编制《长春市光电信息产业发展“十四五”规划》初稿。2020年，省发改委启动省级战略性新兴产业集群发展工程。长春市围绕光电信息产业和航天信息产业的优势，编制《2020年长春市航天信息产业集群建设方案》《2020年长春市光电信息产业集群建设方案》。

【重点项目建设】　长春经开光电信息产业园（一期）项目。项目总投资10.26亿元，2020年开工建设，建筑面积7.7万平方米，为长光辰芯、长光圆辰、长光大器、长光华大、长光辰英5户企业打造产业集聚区。吉林省永利激光科技有限公司光纤激光器项目。项目投资1.02亿元，建设年产1000台套高功率光纤激光器生产线，2019年开工建设，总占地面积1万平方米，建筑面积8000平方米，新建厂房3栋，建成光路、电路装调生产线，光纤激光器老化车间，总成车间。项目建成后将成为北方地区最大的光纤激光器研发和生产基地。

【重点企业】　以永利激光、希达电子、奥来德、长光辰芯、长光华大、光华微电子、长光辰英、长光圆辰等为代表的光电信息高科技企业，拥有全国乃至世界领先的技术和一些拳头产品，在国内外均具有较高知名度。永利激光是国内生产规模最大、产品型号最全的二氧化碳激光器生产企业，具备年生产20万支的生产能力；希达电子首创开发的小间距“LED集成三合一”产品全球市场占有率第一；奥来德建成国内最大规模的显示材料生产基地，国内市场占有率多年排名第一；长光辰芯8K超高清图像传感芯片及系统应用项目获国家“核高基”重大专项，成为吉林省第一个民口“核高基”项目；长光华大的高通量基因测序仪是全球通量最高的基因测序仪，已交付国家基因库使用，打破中国高通量基因测序设备受制约局面；光华微电子的晶圆探针台是国内首台商用12英寸全自动晶圆探针台；长光辰英的单细胞分选仪实现中国首台单细胞分选设备产业化；长光圆辰建成国内唯一一条CMOS背照式生产加工线，解决中国背照式工艺卡脖子问题。

（张　锐）

生物医药产业

【概况】　长春市是国内最大的基因药物生产基地、亚洲最大的疫苗和细胞因子产品生产基地。2020年，长春市规模以上医药工业产值194.2亿元，比2019年增长24.2%。

【产业规划】　生物药产业集群。依托长春新区和双阳区，打造疫苗、基因工程、自主抗体药物等生物医药产业板块。整合生物医药产业资源，重点支持长春生物制品所、金赛药业、百克生物、卓谊生物等龙头企业做大做强。推进长春安沃高新生物制药等一批重大项目，开展自主抗体药物的研发和生产。化学药产业集群。依托经开区，打造化学药强势板块。重点扶持吴太药业、大政药业、天诚药业等龙头企业，推动医药产业、健康食品产业、化工产业等融合发展。依托兴隆保税区，吸引进出口贸易依存度较高的医药企业投资落地，全面推动一批重大项目落位，加快优势产业集群集聚。中药产业集群。依托长春新区和中韩合作示范区，打造现代中药板块。重点培育修正药业、亚泰制药等企业，充分发挥区域内的科创优势和政策优势。依托双阳区，打造特色中药材板块。围绕人参、梅花鹿等中药材大品种，加强关键技术提升与集成，强化产地加工技术和炮制加工技术研究，提升中药材质量水平和安全性。医疗器械产业集群。依托长春新区、长春经济技术开发区和中韩（长春）国际合作示范区，打造医疗器械产业集群。重点培育迈达医疗、迪瑞医疗、圣博玛、科英激光、赛诺迈德等企业，发展信息化医疗仪器设备研发与制造，重点发展医疗器械、诊断与治疗制剂、医用耗材等产业。在长春经济技术开发区，依托兴隆综保区对外开放平台、口岸功能，尤其是医药进口口岸，打造医疗器械产业进出口基地。在中韩（长春）国际合作示范区，打造东北亚国际合作集聚区。在医疗器械领域开展与东北亚区域合作，引进新型生物医学材料等产品生产，建设生物制药合同加工外包生产（CMO）基地。建设医疗器械研发、试验和生产基地，发展医疗美容耗材和器械生产、流通，以及与医疗美容产业相关的行业。创新转化集聚区。依托净月区，打造医药产业创新转化平台。以国家自主示范区建设为契机，利用长春市生命科学院和诺尔曼医学中心资源，开展与欧美地区深度合作。依托中国农科院特产所、军科院兽医研究所、吉林省农科院、吉林农业大学、吉林大学生命科学院、东北师范大学生命科学院等科研院所，开展疫苗、基因、干细胞等科学研究，加速科研成果转化，打造产业创新转化平台，逐步形成生物医药科学生态群。依托净月区，打造医药产业融合发展平台。发挥区域服务机构、基础设施和生态环境优势，依托吉大一院、中医药大学等龙头企事业单位，加快一批医药服务机构和设施建设，完善医药服务产业链，推动医药产业与保健养生、医疗医美、体育健身等各种产业深度融合发展。

【编制产业规划】　落实《吉林省人民政府关于加快推进医药健康产业发展的实施意见》《长辽梅通白敦医药健康产业走廊发展规划（2018—2025）》等文件要求，编制完成《长春市生物医药产业发展规划》（草稿）。制定支持产业发展实施意见。医药工业处会同其他医药健康产业领导小组成员单位，制定《关于促进长春市医药产业发展的若干措施》，为长春市生物医药产业的发展提供保障。

【重点项目建设】 长春高新技术产业（集团）股份有限公司高新瑞宙生物疫苗生产基地项目。投资23亿元，建设年限2020年~2024年，项目占地面积7.87万平方米、建筑面积8.45万平方米。项目立足研发生产国际先进的20价肺炎结合疫苗，包括20价肺炎结合疫苗生产基地的建设。长春安沃高新生物制药有限公司基因工程抗体类药物项目。总投资13.8亿元，建设年限2020年至2022年，主要占地面积10.6万平方米，将建设符合美国，欧洲及ICH标准的GMP生产车间。

【重点企业】 全市在化学药、中药、生物药和医疗器械领域涌现出一批在国内外享有盛誉的重点企业，如基因工程领域的金赛药业、长春海泊尔生物；疫苗领域的长春生物所、长春百克、长春祈健生物等；专注肿瘤药物的国药一心；化学药中间体的中化帝斯曼；东北规模最大的大容量注射剂企业都邦药业；中药和化学药并举的修正高新制药、普华制药、亚泰制药、吴太感康药业、人民药业、长春大政、雷允上；中药饮片生产企业省北药药材；医疗器械领域的迪瑞医疗、圣博玛、科英激光等。

（齐 妍）

农产品加工业

【概况】 农产品加工业是长春市重点培育发展的优势产业之一，产业产值占比高于除汽车、能源产业之外的其他产业。2020年，受疫情影响，长春市有规模以上农产品加工业企业196户，完成产值449.4亿元，比2019年下降1%，占全市工业总量5.3%。产品涵盖农副食品加工业、食品制造业、酒饮料和精制茶制造业、烟草制品业4大类、21个小类、680多个产品。

【产业规划】 围绕长春市“四大板块”以及县域的产业布局和功能定位，打造“三核”引领，“多基地”支撑的产业空间布局。培育领军型食品产业龙头企业，加快构建科技水平高、生产加工能力强、上中下游承接贯通的优势产业体系，重点打造五大产业链。禽畜肉类精加工。发挥长春在禽畜肉、禽蛋加工领域传统优势，依托皓月、华正、金锣、德大、正榆等龙头企业，对产品进行精细化、高端化开发。肉制品领域，重点发展冷鲜分割肉、调理肉制品、熟肉制品等三大主导类产品，以及发酵肉干、低脂肉、肉松、果蔬复合肉等功能、复合、休闲肉制品。玉米深加工。发挥长春市玉米资源优势，依托中粮集团、吉粮天裕、大成集团等龙头企业，利用生物发酵、生物炼制等技术生产糖、酸、醇、酯、酶以及其他功能性发酵制品，并延伸至医用、化工、汽车等应用制品领域。提高非粮原料比重，发展以玉米秸秆等附属物为原料生产糖、化工醇、纤维素乙醇、聚乳酸、生物天然气等。谷物精加工。主要发展免淘米、米珍、米粉、米珍油、多种米珍米乳等系列产品，开发速煮米、方便米饭、冷冻米饭、调味品、功能性饮料等米制食品饮品，推动稻米加工向精加工方向发展。饲料精加工以发展添加剂预混料、蛋白质浓缩料、全价配合饲料为主，发展青贮饲料、矿物质饲料、维生素饲料、生物饲料，把优质粮食资源转化为优质饲料、健康畜产品。大豆精加工重点发展传统油脂加工业、现代大豆蛋白加工业和大豆食品加工业。推动各种精炼大豆油、蛋白制品、油脂制品、分离蛋白、浓缩蛋白、副产物糖蜜、大豆冰淇淋、大豆酸奶和素肉制品等产品发展。特色快消品。依托吉林省人参、矿泉水、野山菜、木耳、蘑菇、林蛙等特色生态资源优势，发挥吉林大学、东北师大、吉林农大、省农科院等科研院所在食品工业领域的科研优势，加强特色产品的科学利用和精深加工。鼓励企业重点发展方便主食品、速冻调理食品、速冻米面制品、休闲食品等方便食品。其他副产品深加工。推进畜禽血液、内脏、皮革等副产品深度加工。利用皮毛、牛骨、牛血、牛内脏开发骨明胶、胶原蛋白、血红蛋白、胰岛素、肝素、氨基酸等保健食品、化妆品和药用制品，利用牛角发展工艺品，发展清真蛋白肠衣、高端特膳食品等精深加工产业，开发秸秆生物质柴油、玉米花丝健康饮品、稻壳活性炭等深加工产品。

【规划编制】 出台《长春市农产品加工业发展“十四五”规划》，对重点产业链条进行补充和丰富，引导长春市农产品加工业结构优化升级、多元发展。为加快农产品加工业发展，科学制定肉牛产业规划以及政策措施，推动三产融合发展。市工信局会同市畜牧局开展《长春市肉牛产业发展规划》以及《关于促进长春市肉牛产业化发展的若干措施》编制工作，促进长春市肉牛产业融合发展。

【重点项目建设】 长春市杰睿食品有限公司中欧友谊食品药品物流产业园项目。总投资30亿元，项目分3期实施，一期占地面积14.3万平方米，主要引进建设俄式肉联香肠厂、俄式面包厂、生物医药保健品生产厂；进出口桦树茸1000吨，蜂蜜1000吨，鹿茸鹿角1000吨，松籽1000吨；俄罗斯商品集散地，引进俄罗斯优质商品厂家，为俄罗斯厂家设立海外仓，仓储设计规模3万平方米，商品展厅面积1.5万平方米，年仓储物流量200万吨，打造东北亚俄罗斯商品基地；俄罗斯粮油、面粉年进口销售量15万吨，俄罗斯煤碳年进口销售量50万吨，俄罗斯木材年进口销售量10万立方米。一期项目达产后，生产面包、俄式香肠等产品。实现年产值5亿元，利润2.2亿元，税金800万元。长春桃李面包有限公司面包系列烘焙食品生产基地项目。项目总投资8亿元，占地面积10.13万平方米，建筑面积13.88万平方米，主要建设生产车间、综合楼、设备用房等，购置包装机、蒸汽锅炉、柴油发电机等各种设备127台套。其中，一期项目投资5.4亿人民币，建筑面积7万平方米，建设期为2020年至2022年。项目达产后，主要生产夹心面包、吐司面包、夹心蛋糕、吉士排面包等糕点，实现产能5.5万吨，产值9000万元，利润2000万元，税金940万元。吉林省华沃现代农业科技有限公司双孢菇生产加工项目。项目总投资10亿元，占地面积25万平方米，建筑面积14万平方米，一期工程主要建设生产车间3.2万平方米，堆料场1.5万平方米，蘑菇房2.4万平方米，工厂化制种车间面积750平方米，菌种培养库2250平方米，菌种保藏冷库750平方米，办公实验楼4000平方米，生活楼2万平方米，发酵隧道17条。二期主要建设蘑菇房2.4万平方米，发酵隧道30条，罐头车间9000平方米，罐头生产线7条。项目建设期为2019年至2022年。项目达产后，实现年产双孢菇鲜品10万吨，日产双孢菇鲜品50吨，产双孢罐头约2万吨，全部出口欧洲和北美。年利用秸秆10万吨，鸡粪3万吨，安排就业1200人，采取企业+合作社+种植大户经营模式，可带动农民增收5000万元。实现年产值10亿元，利润3亿元，税金3000万元。吉林省杞参食品有限公司杞参调味品加工项目。占地面积约4.6万平方米，总投资2.3亿元，项目于2020年5月动工，计划建设周期为2020年至2021年。主要建设生产车间、办公楼及其他附属设施；主要经营调味品、南北干菜、休闲食品以及糖类苏打面碱等四大类系列200多个单品。项目达产后实现年产5万吨调味品，产值1.5亿元，税收1000万元。

【重点企业】　长春市农产品加工业稳步发展，形成大成、皓月、九三大豆科技、华正、正大、达利、金锣、中粮生化、吉林生化等企业为龙头的一批规模较大、技术先进、产品竞争力强的骨干企业和企业集团。2020年，农产品加工业有规模以上企业197户，其中皓月公司和九三大豆公司2户企业年产值超过50亿元；达利、中粮生化能源（榆树）、中粮生化能源（公主岭）、德大、正大等9户企业年产值超过10亿元，66户企业产值规模达到亿元以上。

（孙　斌）

新材料产业

【概况】　新材料产业是战略性、基础性产业，也是高技术竞争的关键领域。经过多年发展，长春市形成以玉米为主要原料生产的聚乳酸、异山梨醇为代表的生物基新材料产业；以汽车涂料、润滑油、刹车剂为代表的石化化工新材料产业；以聚醚醚酮为代表的高性能塑料产业。以特种水泥、绿色建材为代表的新型建筑材料产业；以石墨烯、玄武岩纤维、碳纤维为代表的高性能纤维产业；以硅藻土为代表的非金属矿物质材料产业。2020年，长春市新材料领域有重点企业65户，产值120亿元，比2019年增长14.9%。

【产业优势】　长春市新材料产业发展具有良好基础，科研优势明显，集中长春应化所、吉林大学等一批国际知名、国内一流的科研单位。拥有高分子物理与化学、稀土资源利用、超硬材料等10余个国家级重点实验室和工程中心；拥有两院院士、千人计划、长江学者等学者百余人。优势企业竞争力较强，吉林华阳可生产直径小于3微米的超细玄武岩纤维，其自主创新研发的湿法毡产线设备申请国家发明专利，技术处于国际领先水平。硅藻土纳米二氧化钛光催化材料、等离子法超纯球型二氧化硅等关键技术达到国际领先水准。

【发展重点】　依托矿产资源、生物质等特色资源优势，发挥长春应化所、吉林大学等科研机构的智力支撑作用，着重发展轻量化复合材料、生物基新材料、3D打印材料、先进非金属矿物功能材料等新材料品种，推进材料生产企业和应用单位联合攻关突破新材料共性关键技术，助推传统产业发展，提升新材料产业核心竞争能力。

【重点企业】　先进钢铁材料企业。吉钢钢铁集团福钢金属制造有限公司、长春一汽宝友刚才加工配送有限公司、鞍钢钢材加工（长春）有限公司。光电子材料企业。吉林奥来得光电材料有限公司、长春海谱润斯科技有限公司。生物基新材料企业。吉林中粮生物材料有限公司、长春大成实业集团有限公司。石化化工新材料企业。艾仕得涂料系统（长春）有限公司、长春德联化工有限公司、长春汉高表面技术有限公司、长春依多科化工有限公司。高性能塑料企业。吉林省中研高分子材料股份有限公司、吉大赢创高性能聚合物（长春）有限公司、吉林北方金源科技发展有限公司、长春雍泰科技有限公司。新型建筑材料企业。吉林亚泰水泥有限公司、中建科技长春有限公司、长春润德装配式建筑产业园区管理有限公司。高性能纤维材料。吉林云亭石墨烯技术股份有限公司、吉林省华阳新材料研发有限公司、长春高琦聚酰亚胺材料有限公司。非金属矿物质材料产业企业。兰舍硅藻新材料有限公司、吉林长玉特陶新材料技术股份有限公司、长春市光大玻璃制镜有限公司、吉林云亭石墨烯技术股份有限公司。

（李春光）

民营经济

【概况】　2020年，长春市民营经济市场主体数量达103万户，占全部市场主体的96%。民营高新技术企业占全市高新技术企业比重80%，民营科技型“小巨人”企业和民营战略性新兴产业企业占全市比重均达90%，“四上”民营企业占全市“四上”企业95%以上，民营经济在规模体量持续壮大。

【推进改革试点建设】 推动国家民营经济发展改革示范城市建设，制定《2020年国家民营发展改革示范工作要点》，开展11个方面改革示范、实施15项重点示范工程、推进80项重点工作任务。行政审批制度改革在食品生产、百货零售等20个行业类型的经营许可实现跨部门、跨层级“N证联办”、涉企125类主题服务事项实现“一件事、一次办”，政务服务环境得到优化。商事制度改革长春市企业登记智能审批系统上线运行，市场主体登记全程电子化，实现零见面、零干预、零等待，压缩企业开办时间，激发全民创业热情，市场主体出现井喷式增长。

【完善政策支持体系】 面对新冠疫情对民营经济、民营企业产生的影响，贯彻落实、落细国家和省疫情期间惠企政策,制定出台《应对疫情支持中小企业共渡难关政策措施》《应对疫情进一步帮扶服务业小微企业和个体工商户缓解房屋租金压力实施方案》等帮扶政策，支持企业复产复工。贯彻落实国家和省级政策文件，重点对《保障中小企业款项支付条例》《中共吉林省委 吉林省人民政府关于营造更好发展环境支持民营企业改革发展的实施意见》等重大政策进行细化分解，确保政策有效落地。

【优化营商环境】 围绕《东北地区营商环境第三方评估报告》指出的9大类、30个专项整治工作任务和第三方机构评价培训时梳理的132项突出问题，组织相关部门和单位逐条逐项制定整改措施，挂账销号抓好整改落实。深化“万人助万企”活动，破解企业、项目发展的瓶颈问题，截至2020年年末，全市接收各类反映问题10722件，解决问题10689件、占问题总数99.7%。在2020年6月公布的2019年度国家中小企业发展环境评估中，取得全国第12名、东北地区第1名的成绩。在环球时报社组织的2020年中国城市营商环境投资评估中，在31个直辖市、省会城市中排名第14位。

【平台载体建设】 完善东北亚区域性金融中心、中国长春人力资源产业园、长春科技大市场、长春产权交易中心等市级重点平台功能。围绕融资服务、创业服务、人才培训等10个领域建设市级重点中小企业服务平台97个，其中国家级8个、省级89个，年服务中小企业能力1万户（次）以上，中小企业服务体系建设工作始终在全省处于领先位置。全市建成市级以上企业技术中心273个、市级产业技术研发中心102个、产业技术公共服务平台48个。

【创新驱动建设】 支持吉大、师大等在长高校和光机所、应化所等科研院所产学研融合发展，构建大企大所大校协同创新联盟。推动关键技术攻关，国内首台12英寸晶圆探针台在光机所研制成功，国家半导体激光技术创新中心开工建设，长光卫星“一箭九星”海上成功发射，在轨运行达到25颗。推动长春国家区域创新中心建设，聚焦信息技术、生物医药、航天航空等主导产业，组织驻长高校、科研院所、企业，对接国家“科技创新2030—重大项目”和省重大科技专项。2020年，全市高新技术企业发展到2013户，科技型“小巨人”企业1364户，提前1年实现“双千户”目标。在《2020自然指数—科研城市》排名中，长春市位列全球第38位。

【投融资渠道建设】 梳理汇总国家和省、市各级金融支持政策，印制支持复工复产和重大项目建设金融《政策汇编》和《特色金融产品服务清单》，帮助企业掌握政策和金融机构创新产品服务。组建全市性普惠性金融担保集团，设立中小企业融资风险补偿基金，落实中小微企业贷款贴息政策，为各类市场主体特别是受疫情影响较为严重的中小微企业纾困解难。为全市5.3万笔204亿元中小微企业贷款实施延期还本付息，发放疫情防控重点和“支农支小”专项再贷款66.7亿元，为受疫情影响的企业提供流动资金贷款19.4亿元。奥来德在科创板上市，实现长春市在科创板上市零的突破，吉大正元、研奥股份深交所公开发行，拓宽企业融资渠道。

【企业转型升级建设】 实施民营经济振兴发展行动计划，开展长春市企业100强评选活动，新培育“专精特新”中小企业140户。支持大正博凯、合心机械等智能制造系统解决方案供应商，为中小企业提供解决方案。坚持“传统产业品牌化、支柱产业高端化、新兴产业规模化”的发展思路，推进汽车零部件产业质量品牌建设，成立长春汽车零部件检测认证产业联盟，集聚德国莱茵、瑞士SGS等国际国内知名检测认证机构。推动企业创建标准化试点，支持和引导企业创建国家级、省级标准化良好行为企业。

（陈　威）

建筑业·房地产业

JIANZHUYE · FANGDICHANYE

建筑业

【行业发展】 帮助企业应对经济下行压力，出台《助企惠企十六条》，实行线上招投标、施工许可承诺制、农民工保证金减（免）等措施减轻企业负担；扶持本地企业做大做强，政府投资项目同等条件下优先选择本地企业，鼓励房地产开发项目发包给本地企业；推动外埠企业本地化，帮助外埠企业在长设立总部或在长设立子公司等方式，留住产值税收，成立外埠企业在长子公司19户，入统15户。全年完成建筑业产值1250亿元，比2019年增长约7%。发展装配式建筑，开展装配式建筑产业发展"政校企"合作，以市政府办公厅名义印发《装配式建筑工程建设监管实施细则》，全市新建装配式建筑189.1万平方米；生产企业年产能76.5万立方米，长春市装配式建筑产业园区被评为国家级示范园区。

【城建"十四五"规划】 组织编制城市建设发展"十四五"规划，1个重点规划和10个一般规划均形成初稿。主动对接省级部门，提前沟通发展目标与建设策略等内容，完善规划初稿，确保专项规划上下联动。

【工程建设质量安全监管】 落实安全生产专项整治三年行动总体部署，加强工程建设全过程质量安全监管，落实参建各方主体责任。开展开复工大检查、防台防汛、防火安全等专项行动，检查建筑工地699个，查出一般安全隐患、文明施工问题9419条，停工整改工地223项，罚款123.8万元，全部整改完毕。开展燃气安全专项整治，推进管道燃气用户"阀管灶"升级改造，建立地下燃气管线保护的长效机制，加强瓶装液化石油气安全监管。通过监督检查、强化监管，有效遏制较大以上事故的发生。

(张九高)

大修后的西解放立交桥 （张九高　提供）

房地产业

【房地产市场政策】 出台《关于有效应对疫情 支持房地产开发企业共克时艰的政策措施》，允许开发企业提前时点办理预售许可、延期办理资质续期、暂停预售资金监管等举措，按照省、市要求执行至12月31日，助力企业渡过难关。以市政府办公厅名义发布《关于落实城市主体责任 进一步加强房地产市场调控的通知》，加强住房用地供应管理，采取"限房价、竞地价""限自持、竞地价"方式出让住宅用地，提高贷款首付比例，实施商品住房价格指导，加快发展住房租赁市场，规范房地产市场秩序，保持房地产市场平稳健康发展。

【房地产市场整顿】 规范房地产代理市场及住房租赁市场，与市场监管局等部门联合出台《关于加强商品房销售代理市场监管的通知》《长春市住房保障和房屋管理局等部门关于贯彻落实整顿规范住房租赁市场秩序意见的通知》。严格开发、交易、中介、企业信用评价等环节的管理，打击侵害群众权益行为，规范市场发展秩序。开展全市房地产开发“烂尾”项目集中整治工作。制定《长春市房地产“烂尾”项目风险处置实施工作方案》，排查“烂尾”项目商住项目3个，商业项目7个（其中含棚改项目2个），涉及企业10户，涉及城区、开发区6个，占地面积30.7万平方米，涉及建筑面积103.7万平方米。到12月末，商品住房网签均价8517.1元/平方米，比2019年增长0.5%，实现控制目标。

【住房租赁市场建设】 制定培育和发展住房租赁市场的实施意见、实施细则（试行）、专项奖补资金管理办法等配套文件。按照住建部要求搭建长春市住房租赁监管服务平台，将奖补项目纳入平台管理，建立奖补项目动态监管库和住房租赁企业、房地产经纪机构数据库；与建行、工行和吉林银行平台对接，实现奖补资金监管；与建融家园、房豹、贝壳等第三方平台和住房租赁企业进行联网对接，实现房源的线上核验及统一发布，并逐步将中介机构代理的房源、个人出租房源纳入平台管理，为交易双方提供房源产权核验、租赁信息发布、网上签约等全程服务。全年筹集奖补房源27196套、170.12万平方米，完成全年1.5万套筹集任务，筹集奖补房源4.3万套。培育住房租赁企业52户，其中专业化、规模化住房租赁企业8户。对符合奖补条件的租赁住房项目安排奖补预算资金17.52亿元，实际向56户企业的117个住房租赁项目拨付资金12.4亿元。

【棚户区改造】 对列入省棚改计划的项目、逾期未安置项目、专项债券项目等进行重点督查，确保棚改工作有序推进，全年全市改造棚户区5911户，完成年计划5088户的116.18%；完成棚户区改造逾期回迁1448户，完成整改计划。召开市保障性安居工程领导小组棚改专题会6次，支持二道区政府启动滨河东区危房改造工作，7926户居民签定补偿协议，另有53户履行司法程序。筹集使用棚改资金95.8亿元，其中争取使用专项债券资金26亿元。2020年，新争取到省棚改专项债券3个项目、4.76亿元资金；发放伊通河棚户区、夹馅棚户区专项贷款69.8亿元。

【住房保障】 严格年度复核、腾退、递补等工作制度，全年递补轮候家庭2147户。组织租赁补贴发放工作，出台租赁补贴提标扩面政策，提高低收入住房困难家庭的租赁补贴发放标准，将环卫工人、公交司机纳入租赁补贴保障范围。全年为全市7663户中低收入住房困难家庭发放租赁补贴2444.932万元，其中新增809户。落实市政府关于疫情期间帮扶微小企业和个体工商户的相关文件要求，为市本级保障性住房小区商业用房租户免除上半年3个月租金。通过签订减免认定单的形式，为433户符合条件的商户减免租金420万元。

【未登记房屋确权】 完成“无籍房”确权。年初印发《关于进一步加快长春市未登记房屋确权专项整治相关工作的意见》，领导小组召开11次联合审批会、8次专题会议。对19个确权推进缓慢、群众上访激烈的项目开发企业负责人进行联合约谈，通过联审会、约谈、督办、黑名单等措施，加快确权进度。完成190个项目、1377万平方米未登记房屋确权整治,并对上会项目开展“回头看”工作，全面调度、推进项目确权工作，基本完成未登记房屋确权专项整治任务。

【物业管理】 完成《长春市物业管理条例》修订稿的起草工作，因《民法典》《吉林省物业管理条例》调整，暂缓修订工作。制定《长春市物业服务企业信用管理暂行办法》《长春市物业服务企业信用评分暂行标准》，加强事前事中事后的管理，提升物业服务质量。年初疫情防控期间，部署物业服务行业防疫工作。监督指导各城区、开发区物业管理主管部门，组织辖区内物业企业开展园区消毒、生活垃圾“日产日清”、公共部位消毒、小区封闭管理、体温监测登记、配合开展信息排查、暂停群众聚集活动、强化特殊时期物业服务等工作。

【房屋交易管理】 强化房屋权属交易管理，压缩办理时限，提高服务质量，多项业务实现立等可取，全部业务在3个工作日内办结。全年归集房产档案 42.8万卷，接收灭籍档案1334卷，馆藏房屋档案511.4万卷。受理档案查询171528件、公检法查档33848件；协助司法部门房屋查解封26126件、到期解封1696件；增加不动产查解封4241件；自助查询机出具证明180118件；完成省、市两级组织部门交办的领导干部个人住房信息核查40598件。外网查询房产信息391224次，增加用户151799人。

【房屋安全专项整治】 下发《长春市城市房屋安全专项整治三年行动实施方案》，明确城市房屋安全管理3大类9小项主要工作任务，通过3年行动，从根本上消除城市房屋安全事故隐患的责任链条，建立城市房屋安全隐患排查和安全预防控制体系。

（程　游）

商贸服务业

SHANGMAO FUWUYE

商贸流通

【概况】 2020年，全市社会消费品零售总额2003.1亿元，比2019年下降6.5%。其中，限额以上单位实现零售额791.2亿元，下降6.6%。

【指标运行特点】 受新冠肺炎疫情影响，第一季度社会消费品零售总额下降25.5%，第二季度下降7.9%，第三季度下降0.1%，第四季度增长5.4%。

从地域看，城镇零售额增速高于乡村。2020年，城镇社会消费品零售额1799.9亿元，比2019年下降6.4%，降幅比前三季度收窄4.3个百分点；乡村社会消费品零售额203.2亿元，下降7.5%，降幅比前三季度收窄5.6个百分点。城镇和乡村零售额分别占零售总额89.9%和10.1%。

从消费形态看，零售高于餐饮业。2020年，商品零售额1756.0亿元，下降5.5%，降幅比前三季度收窄4.9个百分点；餐饮收入247.1亿元，下降13.4%，降幅比前三季度收窄1.0个百分点。商品零售和餐饮收入额分别占社会消费品零售总额87.7%和12.3%。

从规模上看，限额以上增速高于限额以下。限额以上社会消费品零售额791.2亿元，下降6.6%；限额以下社会消费品零售额1211.9亿元，下降7.8%。

从各板块完成情况看，开发区增速高于城区和县域。开发区社会消费品零售总额比2019年下降5.2%，增速分别高于城区和县域1.8和2.2个百分点；限额以上零售额增长5.2%，增速分别高于城区和县域20.2和23.2个百分点。

表9　2020年长春市限额以上零售额月度完成情况统计表

单位：亿元

月份	当月	比2019年%	累计	比2019年%
1	58.80	-12.97	58.8	-12.97
2	23.25	-51.9	82.05	-29.2
3	53.96	-23.6	136.45	-27.0
4	62.58	-12.6	199.51	-23.0
5	59.47	-10.1	262.73	-20.2
6	71.25	0.3	340.47	-16.6
7	74.58	0.0	414.32	-14.0
8	65.34	-5.1	479.10	-12.9
9	75.95	2.2	556.63	-11.1
10	67.30	2.2	623.98	-9.8
11	76.20	9.2	706.77	-8.0
12	83.40	7.0	791.17	-6.6

表10 2020年长春市县(市)、区、开发区社零额情况统计表

部 门	零售总额(万元)	增速%	限额以上(万元)	增速%
全 市	20031109.2	-6.5	7911663.0	-6.6
五城区	10894554.9	-7.0	3880485.0	-15.0
南关区	1407416.2	-7.6	643172.8	-20.3
宽城区	1614904.5	-6.2	541874.7	-3.3
朝阳区	5642909.5	-6.8	1790093.8	-10.0
二道区	1237933.0	-7.9	562361.5	-32.1
绿园区	991391.7	-6.9	342982.2	-10.3
五开发区	6074766.0	-5.2	3801428.7	5.2
净月区	846876.5	-5.6	577826.0	-1.2
新 区	1645246.4	-3.4	1201010.9	18.6
经开区	1802961.1	-5.0	1145857.1	7.1
汽车区	1771883.5	-6.9	876406.9	-7.2
莲花山	7798.5	-5.4	327.8	85.0
六县域	3061788.3	-7.4	229749.3	-18.0
双阳区	279538.1	-7.0	26486.8	-10.1
九台区	595610.5	-7.6	22560.8	-20.0
农安县	321982.2	-7.8	14462.9	-30.0
德惠市	565845.5	-6.9	13467.5	-7.4
榆树市	588063.0	-7.9	19039.2	-30.2
公主岭	710749.0	-7.3	133732.1	-16.1

表11 2020年长春市限额以上商品零售类值统计表

指标	绝对量(万元)	增速(%)
合计	7757498.4	-6.3
其中:1. 粮油、食品类	571035.2	-0.9
2. 饮料类	101431.5	56.0
3. 烟酒类	172757.0	30.2
4. 服装、鞋帽、针纺织品类	587980.8	-18.2
5. 化妆品类	106410.7	-4.5
6. 金银珠宝类	74737.0	-33.7
7. 体育、娱乐用品类	37290.7	-1.9
8. 家用电器和音像器材类	377234.7	14.3
9. 中西药品类	622693.9	8.5
10. 家具类	4950.5	7.5
11. 通讯器材类	166649.0	-2.5
12. 石油及制品类	1159542.3	-21.6
13. 汽车类	3232736.7	-3.4

从商品类值看，全市13个限额以上批零商品零售类值中，5类商品增长、5类商品下降，服装鞋帽针纺织、金银珠宝和石油及制品3类商品下降幅度大。

基本生活类的粮油食品类零售额下降0.9%，饮料类零售额增长56.0%，烟酒类零售额增长30.2%、中西药品类零售额增长8.5%，以上4类商品合计占限额以上比重18.6%。家用电器和音像器材类零售额持续5个月实现正增长，家具类商品增长7.5%，通讯器材类零售额下降2.5%，降幅比年初收窄57.8个百分点。三者合计占限额以上零售额比重6.9%。全市限额以上单位汽车类商品零售额323.3亿元，下降3.4%，降幅比年初收窄31.1个百分点。汽车类零售额占限上零售额40.9%，是全市消费品市场回暖主要动力之一。石油及制品类零售

额116亿元，下降21.6%，下降幅度比年初收窄9.6个百分点，是除粮油食品、药品刚需类商品外，回升最慢的商品类别。石油及制品类零售额占限上零售额14.7%，下拉全市限额以上零售额增速近4个百分点。长春市中石油、中石化、伊通河三大石油销售公司实现零售额106.3亿元，比2019年下降18.1%；中石油下降6.1%，中石化和伊通河均下降30%以上。

【扩消费促增长】 围绕商超消费、汽车消费、油品消费、住餐消费、夜间消费、生活服务业消费、县域农产品消费等7个方面，联合各县（市）区、开发区商务部门，组织全市大型商贸企业开展224项促销活动；开展“惠满春城消费季”“香飘六月粽享春城消费节”“全市消费促销月”“智享潮流约播春城新经济直播节”“惠暖春城年终大促消费季”“迎新年消费券”等6轮消费券发放活动，发放消费券2.5亿元，覆盖百货零售、餐饮文娱等多个受疫情冲击严重的行业，推动全市消费市场复苏回暖；抓汽车等大宗商品促销，推进省22条促进汽车消费政策落地、落实，组织限额以上汽车销售企业开展促销活动，汽车等大宗商品消费持续回暖，2020年限额以上汽车销售比2019年下降3.4%，比疫情严重的1月~2月份提高31.1个百分点。

【电商经济发展】 携手阿里巴巴集团开展“智享潮流・约播春城”长春・阿里首届新经济直播月。该次活动属于全国首创，举办11项大活动、30余项小活动，拉动市场消费超20亿元。鼓励传统商贸企业加快线上线下融合发展，完成数字化转型。净月君临智谷电商示范基地在商务部组织的2020年度全国100余个国家级电商示范基地评选中位列前40位，全市部分商家自建线上平台或与美团、京东等大型电商平台合作开展网上销售。沃尔玛、欧亚超市连锁等开展“线上下单+线下配送”模式，实现线上线下销售一体化。支持各城区科学规划引导夜市发展，全市高峰时各类夜市达91个，以中东“东环不夜城”主题夜市、“车城万达夜市”“欧亚春城夜市”等为代表的特色夜市，有效激活夜间消费市场整体发展。

【特色商业街区改造】 指导桂林路胡同步行街进行软硬件改造提升，正式开街期间，客流量比2019年同期提升近3倍，环比提升近5倍；营业额提升近3.5倍。巴蜀映巷步行街引进京东体验，长影新天地步行街木屋和集装箱商铺标识颜色进行统一改造。扩大步行街试点范围，推动桂林胡同美食步行街、红旗街商业精品街、长江路步行街、德惠市住邦城市广场中央步行街等4条步行街入选第二批省级步行街改造提升试点。

【“数字生活城市”项目启动】 与阿里集团本地生活签署《数字生活城市合作框架协议》，聚焦长春市餐饮、商超、休娱等20余个传统生活场景，线上打造“本地生活品牌馆”，组织优质品牌、特色小吃、非遗特产、老字号等商家上线入驻，借助阿里巴巴的线上平台推广，提升商家经营效益和品牌知名度，打造城市生活服务品牌数字化新名片。运用阿里巴巴的大数据、移动支付、生态服务、人机互动等多种方式，引导线下商户开拓线上消费场景，提升市场竞争力。

（侯云龙）

会展经济

【概况】 2020年，全市举办规模以上各类展会活动66场，展览总面积239万平方米。全市有会展企业86户，百瑞国际会展集团、长春国际会展中心有限责任公司、长春市农业博览园、长春维达展览服务有限公司、长春晶远国际会展集团成为能够承办大型会展活动的会展龙头企业。全市有展览场馆11处，展览总面积130万平方米，其中室内展览面积40万平方米。长春国际会展中心能够提供室内展览面积10万平方米，可设置国际标准展位5000个；两个会议中心建筑面积2.4万平方米，设有大小会议场所6处。长春农博园室内外展览面积72万平方米，其中室内面积10万平方米。加强人才队伍建设，长春职业技术学院、吉林省艺术学院、长春大学旅游学院、吉林经济技术管理学院、农大发展学院开设会展专业，为长春市培养大批会展专业人才。

【2020中国长春冰雪旅游节暨净月潭瓦萨国际滑雪节】 由长春市人民政府、中国滑雪协会、吉林省旅游局和瑞典诺迪维国际发展公司主办的“2020中国长春冰雪旅游节暨净月潭瓦萨国际滑雪节”于1月4日至2月10日举行，以“激情瓦萨、魅力净月”为主题，推出9项越野滑雪赛事和19项冰雪文化与经贸系列活动，来自30个国家和地区的1500名专业运动员和滑雪爱好者参加活动，其中外籍选手500余名。中国瓦萨50千米赛、中国瓦萨25千米蓝莓赛、中国瓦萨2.5千米大众娱乐赛、国际雪联越野滑雪中国巡回赛长春站50千米、国际雪联世界罗佩特杯赛中国长春站50千米赛和2020中国大学生长距离越野滑雪赛等6项越野滑雪赛事。净月潭风景名胜区内的净月雪世界建设总占地面积62万平方米，总雪量12万立方米，包括雪世界和冰上游乐区两部分。其中，净月雪世界占地面积10万平方米，分为《开天辟地》《忆往昔》《看今朝》《游乐雪园》和主雪雕《国泰民安》5个主题。以坚定文化自信为主线，打造“盘古开天”“女娲造人”“秦皇汉武”“起来”“富强”“军威”等200多个形态各异的雪雕作品。

【2020第六届长春年博会】 本届长春年博会于1月11日至22日在长春国际会展中心举办，由长春百瑞国际会展集团、长春国际会展中心共同主办。展览面积12000平方米，425个展位，330户国内企业携数10万种商品供市民选购，在为期12天的展览时间里吸引长春市民及周边地区消费者12万人次，本届年博

会销售额1210万元。

【2020长春消夏艺术节】 由长春市人民政府、吉林省文化和旅游厅主办，以“乐享清爽夏日、口味都市生活”为主题的长春消夏艺术节于6月至9月举办。推出文旅消夏产品、消夏夜产品、温泉嬉水产品、消夏花海景观、乡村旅游产品及线上互动产品等6类消夏产品、系列消夏活动138项。2020消夏艺术节期间，全市接待海内外游客3961.21万人次，实现旅游总收入741.76亿元人民币，平均停留时间2.72天。

【第十六届中国（长春）国际汽车博览会】 由中国国际贸易促进委员会批准，中国汽车工程学会、中国汽车工业协会、中国汽车流通协会、长春市贸促会共同主办，于7月13日至22日在长春国际会展中心举行。本届汽博会展览面积20.3万平方米，以主会场+分会场的形式进行展示，主会场15万平方米，设在长春国际会展中心，分会场17处，以凯旋路二手车市场和部分4S店为主，面积5.3万平方米。参展品牌150个，124户企业齐聚长春，线上、线下参展车辆1655台。其中，会展中心主会场展出1385辆，17个分会场展出270辆。组委会同长春市防疫指挥部、长春市卫健委、长春市疾病预防控制中心等各部门成立疫情防控工作领导小组，建立“属地为主，市、区两级管理”的联动协调机制，确保展会疫情防控安全。该届展会销售车辆51852台，交易额103亿元；主会场会展中心入场人数23.3万人次，17个分会场入场人数约4.9万人次，总入场人数29.3万人次，线上展厅观众57.5万人次。

【第十九届中国长春国际农业·食品博览（交易）会】 由国家农业部、吉林省政府和长春市政府共同主办，长春市人民政府承办的第十九届中国长春国际农业食品博览会于8月14日至23日在农博园举办，有1800余户吉林省及国内一些地区名优特色农产品企业参展，其中吉林供销特色农产品展厅，组织全省供销系统上百户企业及省内8个国贫县、7个省贫县60多户农业企业及农民专业合作社参展。农机装备展区规模宏大、场面火爆，吸引中国一拖、上海纽荷兰、北京德邦、山东道依茨法尔、雷沃重工等国内10多个省（区、市）220多户大型农机企业及北京、山东、辽宁等30多户新型能源设施设备企业参展。该届农博会举办云端遇鉴·吉农吉品—吉林省优质特色农产品（长春）云端推介活动、供销特色农产品展销系列活动、吉林省扶贫产品集中签购活动、长春市农业项目招商推介会、吉林长白山黑木耳区域公用品牌推介会等5场大型系列推介洽谈活动。展会期间达成经贸合作项目29项，签约金额44.63亿元，现场交易额4.55亿元。展会期间直播带货交易额169万元。观展人数130万人次。

【2020首届中国（长春）新环保新能源产业博览会】 吉林省能源局、中国建筑材料流通协会主办，由长春巨达会展服务有限公司承办，于8月19日至21日在长春国际会展中心举行。展会以“重塑蓝天恢复绿水青山”为主题，展示新环保新能源产业发展成果，突出最新技术与产品，提升吉林省环保能源产业影响力。展会1.5万平方米，参展企业121户，展位532个，特装展位占80%以上。现场成交锅炉128台，意向签约客户50家，逛展观众2万人次。

【第十届中国（长春）国际茶产业博览会】 由深圳市华巨臣实业有限公司、长春国际会展中心共同主办，于9月11日至14日在会展中心举办。展览面积2万平方米，设国际标准展位1000个，集结国内69个名茶产区的1000多户品牌茶企，展品类型涵盖6大茶类及其他茶衍生产品、精品茶器具等，特设全国名茶区、普洱茶/黑茶区、白茶区、紫砂区、茶器美学区。现场客流量4万余人次，7000余名专业采购商前往参观、采购；展会现场交易额突破4000万元，意向采购交易额4.62亿元，总体交易额5.02亿元，有50多家媒体参与展会采访报道。

【2020长春第十四届连锁加盟创业项目展览会暨第一书记代言产品推介会】 由吉林省商务厅支持、长春市贸促会主办，长春维达展览服务有限公司承办，于9月12日至14日在会展中心举办。展览面积2.4万平方米，设餐饮食品、教育培训、加盟服务、品牌加盟、美容健身、医疗保健、创业致富等展区，30多家纸面媒体、40多家杂志、50家网站覆盖性宣传，177户行业领军品牌企业参展，展会期间参展企业意向签单额3.9861亿元人民币。观众36621人次，专业观众35100人次。参展行业涵盖餐饮、房产、零售、旅游、健体美容等近800项创业连锁项目，是东北三省规模最大、覆盖行业最广的专业性展会。

【第十六届中国（长春）国际动漫艺术博览会】 由吉林省文旅厅、长春市贸促会指导，ChinaJoy组委会主办，长春市艺联文化艺术发展有限责任公司承办，于10月6日至7日在长春会展中心举办。展会以“无界动漫，共享精彩”为主题，展览面积1万平方米，有1000名动漫周边、游戏厂商参加本届动博会。组织、实施2020ChinaJoy Cosplay嘉年华东北赛区总决赛、吉林省英雄联盟电子竞技大赛、动漫原创展示、动漫展览交易、相关体验活动等20多项活动内容，近10万人次进馆观展参赛。作为展会重要活动之一，有100余支动漫团队、近万名Cosplay选手参加2020ChinaJoy Cosplay嘉年华东北赛区预选赛，选拔4组动漫社团参加10月末在浙江宁波举办的全国总决赛，有多支社团获得奖项。

【2020吉林省特价商品展销会】 长春百瑞国际会展集团有限公司、长春国际会展中心有限公司共同主办于11月11日至15日在长春国际会展中心9号馆落下帷幕。该届展会总展览面积2万平方米，参展企业200余户，设8大展区：综合保税区、孕婴童展区、中华老字号展区、电动车展区、商品车展

10月6日，第十六届中国（长春）国际动漫艺术博览会现场 （宋 丹 提供）

区、传统民俗展区、餐饮区和易物展区。展会期间吸引消费者21500人次，成交额412万元。

【2020东北亚·长春新能源智能充电技术及装备博览会】 展会由吉林省电动车行业协会主承办于12月16日至17日在长春国际会展中心举行。展览面积1.2万平方米，参展企业100余户，新能源汽车、电动车、充电设施、零配件、动力驱动系统、配套设备及相关产品参展。展会通过线上线下相结合模式，现场观众超过1万余人次，专业观众占40%，达成意向合作100余项。

【第五届吉林冰雪产业博览会】 吉林省人民政府、长春市人民政府共同主办、百瑞集团承办，于12月25日至29日在长春国际会展中心举办。展览面积10万平方米，设置冰雪盛典主题馆、冬奥主题馆等7个展馆8大主题，2022年冬奥组委会及官方合作伙伴、官方赞助商，80家博物馆，冰雪旅游城市，国内400多户冰雪相关企业参展。该次雪博会开展以“2020中国冰雪经济高质量发展论坛”为代表的9项主体活动，并发布由国务院发展研究中心国研经济研究院、吉林省文化和旅游厅发起组织，国研经济研究院中国冰雪经济研究中心牵头，与国内权威冰雪领域代表共同编制的《中国冰雪经济发展报告（2020）》。展会期间接待观众13.5万人次，现场交易额1.5亿元人民币，意向签定合同金额6亿元人民币。

（宋 丹）

供销合作

【概况】 2020年，长春市供销合作社联合社（以下简称市供销社）系统由1个地（市）级供销社、6个县级供销社、152个基层社、579个农民专业合作社（联合社）及1424个农村综合服务社组成。其中，市供销社有1户供销集团有限责任公司、1户全资企业、7户控股企业、14户参股企业和5户参股农民专业合作社联合社，主要分布在农业生产资料、再生资源、干鲜果品、日用消费品、农副产品、商品批发（集贸）市场等经营领域。按照国家总社规定的统计口径，全系统商品销售总额204.87亿元；利润总额1.45亿元，比2019年增长13.24%；资产总额17.18亿元，增长3.12%；所有者权益12.29亿元，增长8.55%。2020年，市供销社连续6年在全国供销合作社系统综合业绩考核中，获国家总社综合业绩考核计划单列市和副省级省会城市优胜单位一等奖。2020年，长春全地区监事会全覆盖。

【农业社会化服务体系建设】 市供销社开展土地托管服务，推广“市属企业+基层社+农民专业合作社”发展模式，土地托管（流转）面积12.21万公顷，统防统治、配方施肥、农机作业面积17.69万公顷，农业生产服务额2637万元。开展农村金融服务，全系统资金互助额900万元，为全年计划100%。在备春耕时，全系统化肥、农药生产企业实行24小时昼夜加班，成立专班调度，全系统供应化肥99.9万吨。

【流通服务体系建设】 完善和发展配送中心、连锁店，全系统配送中心28个、连锁店2581个；连锁销售额35.7亿元，为全年计划100%。全系统实现电子商务销售额11.34亿元，为全年计划100%。

【“供销社丰农惠民驿站”项目】 市供销社在南关区、绿园区、二道区和朝阳区试点，与城市社区基层党组织合作，利用社区空闲场地建立“丰农惠民”驿站，将农民专业合作社的农产品直接投放到社区，驿站与顺丰快递公司合作，打造便民“一刻钟”服务圈。长春市建成营业网点37个，在建网点61个。

【长春地区优质农产品系列直播活动】 6月至8月，市供销社开展以“直播微助农”为主题的长春优质农产品系列直播活动。活动期间，连线互动336.16万人，现场成交23007单。有20余家媒体报道110余篇次。

【基层社建设】 采取新建和改造并举的方式，恢复发展基层社152家，实现乡镇全覆盖；采取领办、合办等方式，发展农民专业合作社（联合社）、农村综合服务社，农民专业合作社（联合社）579个、农村综合服务社1424个；在九台区清水村打造长春地区首家与村“两委”结合的智慧型基层社，成为人居环境整治和美丽乡村建设的示范点。

【社团组织建设】 市供销社作为第十九届中国长春国际农业·食品博览（交易）会暨第三届供销特色农产品展

销会主办单位之一，以“培育壮大供销·寄情服务三农”为主题，以线上与线下相融合为展销模式，打造供销特色展区。展销会上组织16户社属企业和2户扶贫企业参展，展出9大类、185种特色农产品，线上和线下销售金额75.09万元、订单额358.84万元；组织“两协”会员单位参加第二十七届杨凌农高会春季分会暨第二十届西部（杨凌）农资苗木交易会、第十八届中国国际农产品交易会、2020年中国（海南）国际热带农产品冬季交易会等展会，推介长春市优质特色农产品。

【投资经营活动】 循环经济产业园建设。循环经济产业园于11月2日动工，占地面积19万平方米，计划投资10亿元，其中，申请政府专项债款8亿元、自筹资金2亿元。市供销社投资1000万元用于征地补偿；组建长春循环经济产业有限公司，注册资金3.125亿元，作为循环经济产业开发区运营管理平台。举办“2020再生资源行业企业家峰会”，全国200余位业内企业家云集长春，共谋循环产业建设。依托市供销社直属的再生资源回收利用协会，建设蚂蚁流动回收试点，实行“定点、定时、定车”源头回收新模式，对传统回收模式全面升级，配备663台定点回收车，分布在长春市各街道，覆盖全市范围，实现日收日清。培育新供销生物科技有限公司，投入50万元，扩建年产30万吨畜禽粪污秸秆处理、10万吨有机肥料、10万吨生物有机肥和10万吨高效生物有机肥项目。推进废旧农膜回收利用。2020年11月27日，成立长春供销固体废弃处置有限公司，系统内还有2户再生资源回收利用企业开展废旧农膜回收利用工作，2020年回收利用农膜126吨（地膜84吨、棚膜42吨）。打造双阳区鹿产品综合服务中心。8月21日，在吉林省农村人居环境整治与乡村振兴现场会上，该综合服务中心成为参观点路线。

【精准扶贫】 走访慰问卧虎村10户贫困户，协调边岗乡民政部门为2户贫困户办理低保，为卧虎村建设1440平方米文化广场，修建水泥路7.5千米，粉刷围墙2880米，村屯前后栽种树苗5000棵、花卉15000平方米，村屯绿化覆盖率30%以上。投资组建德惠市卧虎宏泰专业合作社，2020年分红11万元，比2019年增加0.87万元。在迎新春供销优质农产品年货大集、第十九届中国长春国际农业·食品博览（交易）会、市供销社所属连锁超市和农贸市场等设立精准扶贫展区（专柜）。发掘金代卧虎古城遗址和卧虎山庄文化优势，将卧虎村打造成为全省“百村引领、千村示范”工程活动示范村。市供销社落实帮扶资金93万元，使德惠市边岗乡卧虎村集体收入由2015年的不足5万元提高到2020年的18万元，建档立卡10户贫困户、20人全部实现脱贫。12月27日，《长春日报》对卧虎村脱贫后的发展面貌进行全版面报道。

【安全生产】 对市社所属5户控股企业的26个经营网点进行定期、不定期安全生产排查20次，邀请安全生产专家为机关及控股企业相关人员开展2次安全生产专题培训，组织控股企业开展5次应急消防演练。投入近100万元资金，用于解决职工买断、复转军人安置、宿舍危房等历史遗留问题。

【新冠肺炎疫情防控】 成立疫情防控领导小组和5个工作组，指导、督导检查各县（市）、区供销社和市社直属企业做好疫情防控工作，支持驻村工作队做好扶贫包保村的防疫工作。疫情防控期间，市供销社所属企业承诺“不涨价、保供应”，并对哄抬物价的业户终止承包。78线果品批发市场每天对进场的500余台外省车辆进行消杀防疫，保证正常营业，保障全市居民水果供应需求，保持果品价格稳定。

（江冠男　杨　贺）

粮食流通

【概况】 2020年，长春市耕地保有量高于吉林省政府下达指标6.41万公顷；粮食作物播种面积160万公顷，高于省里下达指标2.39万公顷，比2019年增加3.42万公顷。支持中化现代农业（吉林）有限公司申报中国好粮油行动计划项目，投资9712万元，其中中央财政投资2914万元。

【粮食收购】 制定《秋粮收购市场检查工作方案》，组织粮食执法大队对长春市收储库点收购、质量验收各环节开展152次监督检查。利用粮食市场监测预警体系，跟踪市场形势，紧盯收购进度、价格走势、仓容变化等关键环节，及时发布生产、价格、供求、收购进度等信息，解决收购中矛盾问题。开展6个县（市）、区密集指导调研，全面掌握粮食生产数量和质量情况。对售粮量较大的种粮大户、农民合作社等主体，采取预约收购方式。指导收粮企业和售粮主体做好疫情防控。2020年度收购期实现收购入库新粮688万吨，比2019年增加66万吨；新粮入库392万吨。

【物资储备】 疫情期间，6天完成1800万只医用口罩（全年2700万只）、50吨酒精、150套红外线体温检测门、5万套防护服等防疫物资采购合同签订任务。完成10大类救灾物资和9大类防汛物资储备任务。抗击台风和冰冻灾害期间，及时为全市各个县（市）、区保障紧急防汛和救灾物资。民生物资储备，落实2000吨冻猪肉和2万吨冬春蔬菜储备任务，稳价保供“菜篮子”商品。

【粮油稳价保供】 抓好粮源调度保障和产需对接，督促调度25户重点粮油加工企业及早复工生产，确保粮油市场供应不断档、不脱销和价格基本稳定。利用全市28个原粮价格监测点和25个成品粮油价格监测点开展全方位监测，建立信息周报告制度，掌握粮油加工和市场供应情况，关注粮油购销存及价格变化、可能引起市场价格异常波动的倾向性、苗头性问题，及时进行预警预报。长春市粮食应急储备规模由10天提高到15天，优化储备粮油规模结构，扩大储备覆盖范围。健全全市粮油应急放销体系，分别与欧亚连锁超市、新天地超市签订粮油应急放销网点协议，建立388个应急粮油放销点。

【粮食安全】 出台《落实粮食安全省长责任制工作方案》，建立情况通报和工作台账制度，召开全市粮食安全责任制落实工作调度会。把加大耕地保护力度、稳定粮食播种面积、完善地方储备安全管理、提高应急保障能力作为落实粮食安全省长责任制的重要指标。开展“冬春安全治理、夏秋攻坚”等专项行动，全系统成立12个安全生产检查组，出动人员1000余人次，对全市500余户粮食收购库点和临储粮储存库点进行巡回检查。在全省粮食安全省长责任制考核中被评为优秀。

【库存检查】 对全市37个政策性粮食存储库点进行粮食数量和质量检查，检查房式仓62个，罩棚仓100个，露天囤179个，货位386个，库存粮食116万吨。

【粮食产后服务】 利用电视、广播、报纸、网络等渠道，采取悬挂条幅、发放宣传资料等形式，全方位宣传科学储粮知识、措施和办法，提高农民科学储粮意识。新粮收购季期间，组织专业技术力量，深入乡镇、村屯、农户和企业进行现场服务，指导做好安全储粮，避免发生霉粮坏粮，推动节粮减损；抓好全市34个产后服务中心运行管理，提供代清理、代干燥、代储存、代加工、代销售“五代”服务，帮助种粮农民提高粮食等级。推动粮食企业与销区签订产销合作协议，在粮源基地、订单采购、销售网络方面合作，构建“1+N”产销平台模式。

【粮油检测】 定期对全市粮油批发市场、农贸市场、粮油连锁超市和各县（市）、区粮油市场的大米、面粉、食用油进行全面抽检。全年完成1000个批次检测任务，保障群众饮食安全。抓好新粮和企业库存粮食质量调查和监测，增加重金属检测项目，全力把控粮食质量源头安全。

【粮食品牌创建】 利用国家授予的“中国优质粳米之都”和“中国玉米之乡”品牌资源，拓展推介渠道。组织长春大米和鲜食玉米加工骨干企业参加“农博会”“鲜食玉米产业大会”“城市热读·夜论坛”、第三届中国粮食交易大会、国际粮油产品及设备展示交易会、2020吉林大米吉浙市场品牌宣传和吉林大米、鲜食玉米深圳推介会。在杭州开展长春粮食“进机关、进社区”活动，增强长春大米和鲜食玉米区域品牌影响力。

【专班抓项目】 全面了解7个粮食项目建设进展情况和问题，及时跟进解决困难。长春大成生物科技公司资金紧缺问题，利用银企对接平台，有效解决企业融资难问题；陆路雪食品公司提出的高标准农田问题，与相关部门沟通，向企业反馈有关政策；电费成本过高问题，指导企业实行错峰错时生产，降低企业成本；资金补助问题，协调属地政府利用“产业化联合体土地流转、项目建设实施先建后补”等优惠政策，助力企业发展。

（郭峻石）

烟草业

【概况】 长春市烟草专卖局（公司）下辖榆树、农安、德惠、九台、双阳5个县（市）、区烟草专卖局（分公司），朝阳、南关、宽城、绿园、二道、经开、高新、净月、汽开9个区烟草专卖局（营销部）以及1个非法人独立实体物流配送中心和1家独立法人单位金叶烟草有限责任公司，代管柳河县烟叶生产管理部。全市烟草商业现有在岗职工909人，服务卷烟零售户32661户，烟农475户。

【经济运行状态】 全年长春市局（公司）销量比2019年增长0.79%，税利总额增长8.8%，上缴税金增长3.74%。两项费用率5.25%，下降0.48个百分点。卷烟单箱销售收入26858元，增长1.84%；销售省产长白山品牌卷烟107950箱，增长7.95%，市场份额增加2.55个百分点，榆树、农安、德惠、九台4家经营单位实现“万箱县”目标。卷烟社会存销比0.82，条包价格指数100.22，零售户综合毛利率10.48%，提升0.43个百分点。全年完成烟叶生产、收购指标，烟农户收入比2019年增加12544元。建设卷烟营销网络，建成诚信互助小组1180组，建成文明吸烟场所844处，保持在全省先进水平。

【市场管理监督】 全年办理涉烟违法案件304起，查获非法卷烟1727万支，案值1000余万元；破获案值5万元以上案件71起，案值1百万元以上网络案件2起。其中，双阳区局“12·21”假烟网络案件，捣毁制假、仓储窝点20处，抓获犯罪嫌疑人17人，被列为公安部督办案件；农安“8·29”特大非法生产销售烟丝案件，主犯落网。建立长春市局公安警务室，推进联合执法机制落地实施。开展异常卷烟流动治理专项行动，对1439户违法违规经营户停供减供并纳入监管档案。

【业务改革】 “放管服”改革，落实信息公开、首问负责、责任追究等制度规范，形成“一窗通办、一网通办”格局；压缩零售许可证核发办结时限。卷烟物流分拣配送实现4种包装形制卷烟分线分拣、共线合单功能，综合分拣效率稳定在15000条/小时，平均送货响应时间下降到34.32小时，处于行业领先水平。

【服务民生】 发展富民产业，挽回烟农因政策调整造成损失11余万元；开展“爱心助学”捐赠活动，向长春地区各学段在读贫困学生捐赠助学金95万元。疫情期间，干部职工投身参与属地疫情防控292人次，捐款捐物金额18.37万元。

（李世勇）

冰雪产业

BINGXUE CHANYE

综　述

【概况】　疫情常态化前提下，长春市出台一系列促消费政策，通过发放消费券、举办促销活动等方式，为冰雪消费市场助力，促动冰雪产业实现更高质量发展。全市发放文化和旅游惠民补贴700.55万元，惠及消费者14.27万人次。举办81场文化和旅游消费活动，线上51场活动带动消费金额1457.54万元，线下30场活动带动消费金额1646.43万元。在加快建设现代化都市圈进程中，长春市冰雪产业实现高质量发展。

【冰雪展会】　2020年，开展第五届吉林国际冰雪产业博览会、第二十四届长春冰雪节、第十二届吉林（长春）冬季农业博览会暨净月潭新春大集、冰雪丝路美食论坛等冬季商贸会展活动8项。第五届吉林国际冰雪产业博览会（简称雪博会）、第八届中国旅游产业发展年会和第二十四届长春冰雪节一体开幕，雪博会前三天观展人数9.5万人次。2020—2021冰雪季全市接待游客3141.42万人次，实现旅游收入574.88亿元。在第八届中国旅游产业发展年会上，长春市被评为“2020年度中国冬游名城”，位列首位。

【冰雪推介】　启动“全国百城营销”三年行动计划，深化与主要客源地文旅交流合作，开展京津冀、长三角、珠三角地区主题推介活动，重点开展杭州、广州、天津、通辽、郑州、西安等地旅游金秋团、冰雪团相关活动，在北京人民网举办2020—2021长春冰雪季新闻发布会。邀请马来西亚华人旅行公会代表团到长春市参加瓦萨滑雪节开幕式并考察长春世界雕塑园冰雪天地及长春冰雪大世界等冰雪旅游产品，邀请中国博鳌国际旅游联盟百家旅行社总经理到长春考察冰雪、研学等旅游产品。

（王　冠）

冰雪服务设施

【概况】　设计推出满足消费者多样性需求、覆盖全域的冰雪产品。重点打造净月潭、庙香山、莲花山世茂、天定山四大滑雪场，国信南山温泉、御龙温泉、凯撒森林温泉、天怡温泉、关东文化园以及剑鹏国际马城温泉六大冰雪温泉，长春冰雪新天地、长春净月雪世界、长春世界雕塑园冰雪新乐园、神鹿峰童话雪世界等十大冰雪乐园，这有山、欧亚汇集、中东新天地、桂林胡同步行街等十佳文旅消费好去处。

12月12日，长春冰雪“精品游”旅游环线启动暨长春冰雪新天地开园活动在莲花山度假区举行
（张　扬　提供）

12月11日，长春市双阳区第五届冰雪嘉年华暨神鹿峰童话雪世界开幕式在神鹿峰旅游度假区举办。图为游客活动场景　　（市文广旅局　提供）

【长春冰雪新天地】　2019—2020雪季投入2.2亿元打造国内最大的冰雪主题乐园。总占地面积138万平方米（比2019年增加30万平方米），景区总用冰量24万立方米，用雪量22万立方米。设置雪映红旗、国家意志、承平盛世、古韵东方、冰雪情缘、趣味童年、梦幻西游、欢乐嬉雪、激情乐冰等九大主题区，建造独立景观142座，并融入长春现代化都市圈“四大板块”主题元素。高度37.8米的“盛世之歌”塔、体量2.3万立方米的“冬奥在北京、体验在吉林”大型冬奥之声雪雕、“抗美援朝、保家卫国”大型雪雕、以网易大型手游“梦幻西游”场景为原型的冰雪景观成为重要看点。长度512.6米的“激情大滑梯”，经世界记录认证机构（WRCA）审核，取得WRCA世界纪录认证。

【长春世界雕塑园冰雪新乐园】　2019—2020雪季投入冰雪建设和配套资金2500万元，项目核心区域占地面积10万平方米，总用雪量10万立方米，总用冰量5000立方米。通过举办冰雪雕塑作品邀请展、雕塑冰雪融合创作邀请展、大型雪雕冰雕创作邀请展、大学生雪雕比赛4项赛事，推出大型冰雪雕塑作品9件、冰雪融合作品117件、国际赛作品40件、大学生赛作品30件，总计196件冰雪作品，及雕塑与冰雪融合作品120件。园区内有6.4万平方米大型冰雪乐园，包括冰雪雕塑和滑梯组合项目、特色餐饮区、博物馆文艺演出、夜间“山海经”光影互动灯光秀等项目。其中，“山海经”光影互动灯光秀包括冰雪幻境灯光秀、星光大道、光影森林、灯光触控体验，打造城市光影乐园。2019—2020雪季接待游客16.5万人次，实现日均游客2456人次，单日最高11579人次，创历届冰雪节之最。

【净月雪世界】　以“林海雪原，天地人和”为主题，建设面积27万平方米，沿路营造冰雪氛围6千米，形成“环路沿带”迎宾风景线，打造“休闲+体验”两大核心区。迎宾风景线改变以往固定参观区域模式，采用数字复合技术，在正门、西门参观主线打造以生态和谐为主基调的动物及运动雕塑作品，实现开放式、沉浸式体验。环路建设夜游灯光秀，填补夜场空白，实现昼夜联动。瓦萨博物馆在通过声光电现代科技满足游客冰雪娱乐休闲体验的同时，推出冰雪运动成果展。

【净月滑雪场】　至2020年年末，净月滑雪场建成5条雪道。其中，初级雪道4条、中级雪道1条。雪场面积5.5万平方米，可同时接待3000人滑雪。

【神鹿峰童话雪世界】　占地面积6平方千米，分为民俗小镇、雪域乐园、室内儿童乐园、雪域桃花谷及雪山祈福五大主题区。包含魔毯2条，各类雪圈道14条，涵盖原乡市集、明志大鼓、桃林九鼓、雪人派对、大马戏、祈福大钟、玻璃悬廊等39个打卡点。神鹿峰旅游路被交通运输部列为2020年度十大最美农村路，冰雪节期间受高度关注。

【庙香山滑雪场】　庙香山滑雪场是

12月2日，滑雪爱好者在长春庙香山滑雪场体验夜滑　（长春日报编辑部　提供）

11月28日，天定山滑雪场正式开放 （张 扬 提供）

2020年雪季吉林省首家开放的滑雪场。建成“初级道、教学道、猫跳道、中级道、高级道”等13条高山雪道，越野雪道12千米；建成国内最先进的6人脱挂式高速架空索道1条及双人吊椅索道1条、拖牵1条、魔毯5条。满足不同水平滑雪爱好者需求，提升和改进造雪设备，赢取最佳开业时间，增加波浪道，重新规划单板公园、地形公园、单板墙。可同时为滑雪爱好者提供3500多套世界顶级雪板及单板，实现日接待量5000人次。

【天定山滑雪场】 2019—2020雪季投入运营11条雪道，增加2条越野、障碍娱乐性雪道，为滑雪爱好者提供多元体验。建有2条全长1600米的4人吊椅缆车，2条总长400米魔毯。拥有全国第三大滑雪服务大厅，配备不同风格、品质雪服、雪具。可同时容纳5000名游客进行滑雪运动。

【莲花山世茂滑雪场】 雪场总面积6平方千米，有11条滑雪道。其中，初级道4条、中级道2条、高级道5条。另建有按国际标准设计的“自由式空中技巧”和“单板U型槽”滑雪场地各1处，可承办世界级空中技巧滑雪比赛。建有2条客运索道、4条滑雪魔毯。引进500余套全新雪具，提高雪友选择余地。日接待滑雪者3000人次。

（王 冠）

冰雪宣传推介

【2020—2021长春冰雪季新闻发布会】 12月8日，2020—2021长春冰雪季新闻发布会在北京人民网一号厅召开，邀请50家中央级媒体和文旅行业相关媒体平台、旅行商代表，通过魅力展示、专题发布、优势推广、媒体问答等环节，带动“冬季来长春玩雪”热度，邀请各地游客到长春旅游。

【媒体宣传】 在中国文化报、中国旅游报进行冰雪节专版宣传，在吉林日报、长春日报、长春晚报等纸媒推出长春冰雪节专版、专栏，在长春电视台《优游行》栏目、长春广播电台《文旅佳期》栏目、长影频道《美在家乡》栏目设置冰雪节专题；利用新媒体开展线上线下综合推广活动，在人民网设置长春冰雪节专题，制作“人民网记者看长春”等系列短视频，利用吉林日报彩练新闻客户端、吉林日报官方微信、大吉网、头条号、中国吉林网、吉刻App以及吉网官方微信、微博、PGC平台等网络资源开展冰雪节宣传，在凤凰网、新浪吉林等主流新媒体网站开设冰雪节专题页面，在“长春文旅”新媒体矩阵平台推出冰雪节系列短视频。

【屏幕展示】 利用北京长安街地铁口灯箱、北京四惠交通枢纽灯箱，哈尔滨机场T2航站楼LED大屏幕、哈尔滨西站站台灯箱，龙嘉机场T2航站楼大屏幕、机场路擎天柱广告牌、长春地铁1号线和2号线灯箱、长春市重点商圈LED大屏幕等载体宣传推广长春都市冰雪形象。

12月8日，2020—2021长春冰雪季新闻发布会在北京人民网一号厅召开

（市文广旅局 提供）

【商贸推介】 借助省文旅厅“坐着高铁游吉林”文旅路演活动，赴沈阳、鞍山、大连、锦州、秦皇岛、天津、石家庄、崇礼、北京等地举办路演推介；市领导带队赴广州、杭州等重要客源地开展业内专题推介；利用2020中国国际旅游交易会、2020海南世界休闲旅游博览会等专业展会面向业内及公众开展宣传推介。

【2020年长春市重点文旅项目“云上”招商推介系列活动】 12月26日—28日，2020年长春市重点文旅项目“云上”招商推介系列活动在长春国际会展中心举办，以“融合创新，发展共赢”为主题，开展长春市文旅产业创新发展沙龙暨“长春文旅云招商”平台上线仪式，“相约冰雪盛典，共享魅力长春”文旅项目“云上”招商推介主题直播等，重点围绕长春冰雪新天地、长春国际影都、一汽红旗小镇、神鹿峰等重点项目开展直播推介。

（王　冠）

12月26日，第五届吉林国际冰雪产业博览会、第八届中国旅游产业发展年会暨第二十四届长春冰雪节在长春国际会展中心启动　　（市文广旅局　提供）

冰雪节庆活动

【概况】 第二十三届长春冰雪节历时100天，首次举办的“世界冰雪城市（长春）对话”活动，世界多城市冰雪赛事组织围绕“相约冰雪，共享未来”主题开展对话，共谋世界冰雪产业发展。第二十四届长春冰雪节联动文旅、体育、教育、商贸、会展等各领域，围绕“都市冰雪，幸福长春”主题，立足“冰雪文旅”“冰雪体育”“冰雪研学”“冰雪商贸会展”“冰雪体验”五大板块，打造四大滑雪场、六大冰雪温泉、十大冰雪乐园，推出冰雪产品44处，开展冰雪活动208项，实现冰雪产品全面开花、冰雪活动全域开展。

【第二十四届长春冰雪节】 2020年11月19日至2021年2月26日（元宵节），长春市举办第二十四届长春冰雪节，由长春市人民政府、吉林省文化和旅游厅主办，各县（市）区政府、开发区管委会、市政府相关部门协办，历时100天。冰雪节深耕“粉雪静风”自然资源和“人文都市”文化资源，主打“冰雪体验”和“都市文化”两大特色，以“都市冰雪·幸福长春”为主题，围绕五大板块，打造四大滑雪场、六大冰雪温泉、推荐十佳文旅消费好去处，全市建设冰雪产品44处，策划冰雪活动208项，策划滑雪、玩雪、赏雪、乐雪等系列冰雪产品和节事活动，谋划文化旅游、体育赛事、教育培训、会展商务等冰雪经济重点工作，实现冰雪形象提升、冰雪运动提档、冰雪服务提质、冰雪发展提效。其中，国家级活动2项、国际级活动1项、国家部委主办或支持的活动2项，国内首创活动1项。2020—2021冰雪季全市接待游客3141.42万人次，实现旅游收入574.88亿元。在第八届中国旅游产业发展年会上公布的“中国旅游产业影响力风云榜上”，长春市位列2020年度中国冬游名城首位。长春冰雪打破三项世界纪录。

（王　冠）

表12　第二十四届长春冰雪节冰雪项目一览表

序号	布局	属地	项目名称	建设单位	建设地址
1	东部	九台区	长春庙香山滑雪度假区	吉林庙香山冰雪体育旅游集团有限公司	九台区波泥河街道办事处庙香山度假区
2			氿遇冰雪乐园	亚汶生态农业发展有限公司	九台区马鞍山村氿遇山居
3		莲花山度假区	长春莲花山世茂滑雪场	世茂集团	长春莲花山生态旅游度假区
4			*长春冰雪新天地	吉林省建设集团有限公司	长春莲花山泉眼镇
5			长春天定山滑雪场	吉林省建设集团有限公司	长春莲花山泉眼镇
6			*长春天定山雪村民宿	吉林省建设集团有限公司	长春莲花山泉眼镇

续表1

序号	布局	属地	项目名称	建设单位	建设地址
7	南部	净月高新区	净月潭滑雪场	净月潭旅游集团	净月潭国家森林公园
8			*净月雪世界&瓦萨博物馆	净月潭旅游集团	净月潭国家森林公园
9			凯撒冰雪大世界	凯撒森林温泉度假酒店	长春市净月大街6366号
10			天怡温泉冰雪嘉年华	天怡温泉度假山庄	净月高新区新湖镇红田村
11			农博园冰雪乐园	长春农博园	长春市净月大街4775号
12			*“纯洁冰雪，激情冬奥”慢山里冰雪冬奥主题研学营&慢山里冰川朝代主题文化园	慢山里研学基地	净月高新区新湖镇新兴村刘家学坊屯
13		双阳区	*神鹿峰童话雪世界	吉林中庆神鹿文化旅游投资有限公司	神鹿峰旅游度假区
14			国信南山冰雪乐园	长春国信南山温泉	双阳区长青公路16千米处
15		朝阳区	莲花岛冰雪乐园	长春莲花岛影视休闲文化园	朝阳区永春街道柳家村
16	西部	绿园区	*2020年长春公园冰雕游园展	长春公园	长春市皓月大路1411号
17			绿园区吾悦广场“冰雪悦世界”	长春新城吾悦商业管理有限公司	皓月大路与正阳街交会处
18	北部	宽城区	荣发冰雪乐园	吉林省荣发生态农业开发有限公司	长春市宽城区兰家镇装备大路2888号
19			北城冰雪奇幻之旅	长春北城冰雪大世界	宽城区北凯旋路与北四环交汇处桥南
20		长春新区	清泉湖冰雪乐园	长春城开清泉湖文旅发展有限公司	长春新区奋进乡清水社区
21	中部		欧悦冰上赛车国际俱乐部	长春欧悦冰雪体育发展有限公司	长春市飞跃路欧亚汇集8楼
22			*欧亚汇集奇幻雪世界	欧亚汇集	长春市飞跃路啤酒街（欧亚卖场19号门对面）
23		朝阳区	欧亚卖场欧悦真冰场	欧亚卖场	长春市开运街5178号
24			欧亚卖场零度室内滑雪场	欧亚卖场	长春市开运街5178号
25			*南湖公园雪雕展	南湖公园	长春市工农大路2715号
26		南关区	*长春世界雕塑园冰雪新乐园	长春世界雕塑园	长春市人民大街9518号
27			长春冰上训练基地速滑馆	吉林省体育局	长春市吉顺街1202号
28			长春市滑冰馆	长春市体育局	长春市吉顺街1202号
29			富奥冰场	富奥集团	长春市卫星路1766号
30	县域	榆树市	富越滑雪场	富越农业观光有限公司	榆树市环城乡福安村1组
31			明月山庄冰雕雪雕园	榆树市明月生态园有限公司	榆树市培英街道东门村
32			老干江冬捕	榆树市老干江渔业旅游开发度假有限公司	榆树市老干江
33			玉皇庙冬捕	榆树市玉皇庙水库	榆树市玉皇庙水库
34		农安县	大坡镇白玉泡冬捕	大坡镇白玉泡江鱼养殖合作社	大坡镇城南六组白家泡子
35			北湖公园冰雪项目	北湖公园	农安县北部汽贸城西南
36			龙潭公园冰雪项目	龙潭公园	农安县第一中学南侧
37			南部滨水生态园冰雪项目	南部滨水生态园	农安县南部滨水生态公园
38			春江堰冰雪乐园	春江堰现代农业产业园区	农安县万顺乡方向15千米处
39			太平池冰雪乐园	农安县太平池水库	农安县西南部的龙王、三岗、烧锅三个乡镇交界处

续表2

序号	布局	属地	项目名称	建设单位	建设地址
40	县域	德惠市	德惠市西区小学生冰场	德惠市三胜希望小学	德惠市三胜希望小学操场
41			德惠市南区小学生冰场	德惠市大房身镇中心小学	德惠市大房身中心小学操场
42			德惠市东区小学生冰场	德惠市松花江镇中心小学	德惠市松花江镇中心小学操场
43		公主岭市	双青湖冰雪大世界	吉林省双青湖旅游度假服务有限公司	公主岭双青湖风景区
44			*南山满族文化园冰雪乐园	世外桃源南山满族文化园	二十家镇南山村

备注：*标注项为十大重点冰雪乐园

表13　第二十四届长春冰雪节冰雪活动一览表

类别	序号	活动名称	活动内容	时间	地点	主办、承办单位
开幕式及主体活动	1	2020-2021长春冰雪季新闻发布会	发布2020-2021冰雪季长春市重点冰雪产品、冰雪活动和相关政策	2020.12.8	人民网1号发布厅	主办：长春市人民政府 承办：长春市文广旅局
	2	长春冰雪“精品游”旅游环线启动暨长春冰雪新天地开园仪式	包含领导致辞、启动仪式和参观调研三项主要内容	2020.12.12	长春冰雪新天地	莲花山生态旅游度假区
	3	“筑梦冰雪·相约冬奥”第二届全国学校冰雪运动竞赛暨嘉年华活动和吉林省及长春市“百万学子上冰雪”主题日活动	市区校三级会场同步启动，各级会场结合本地本校特色精心设计，全方位展示长春市市校园冰雪运动成果	2020.12.22	长春冰雪新天地	主办：教育部、北京冬奥组委、吉林省人民政府 承办：吉林省教育厅、长春市人民政府
	4	2020-2021长春冰雪迎新欢乐季启动仪式	启动仪式包括领导致辞、文艺演出、焰火表演等内容，启动仪式后领导与来宾共同参观长春冰雪新天地	2020.12.25	长春冰雪新天地	主办：长春冰雪节组委会 承办：长春市文广旅局、莲花山生态旅游度假区
	5	第五届雪博会暨第二十四届长春冰雪节开幕式	开幕式及巡馆活动	2020.12.26	长春国际会展中心	主办：吉林省人民政府、北京冬奥组委 承办：吉林省文旅厅、长春市人民政府
	6	2020年长春市重点文旅项目“云上”招商推介系列活动	长春市文旅产业创新发展沙龙暨“长春文旅云招商”平台上线仪式、“相约冰雪盛典，共享魅力长春”文旅项目“云上”招商推介主题直播	2020.12.26—12.28	长春国际会展中心	主办：长春市文广旅局 承办：吉林省福瑞德文化传播有限公司
	7	“都市冰雪·幸福长春”2021长春新年音乐会	长影乐团高水平交响音乐会	2020.12.28	长影音乐厅	主办：长春市文广旅局 承办：长影集团乐团
	8	第七届全国大众冰雪季启动仪式	举办启动仪式，开展2021长春净月潭瓦萨国际越野滑雪节、吉林冰雪汽车拉力赛等13项冰雪运动赛事及花样滑雪、冰上自行车等10项群众冰雪活动	2020.12.29	长春净月雪世界	主办：国家体育总局、北京冬奥组委、吉林省人民政府 承办：国家体育总局冬管中心、吉林省体育局、长春市人民政府

续表1

类别	序号	活动名称	活动内容	时间	地点	主办、承办单位
开幕式及主体活动	9	中国长春净月潭瓦萨国际滑雪节	世界罗佩特滑雪联合会巡回赛中国站50千米比赛、全国大学生25千米长距离、大众越野滑雪全程50千米、大众越野滑雪半程25千米和大众越野滑雪迷你2.5千米	2020.12.29	长春净月潭国家森林公园	主办：中国滑雪协会、长春市人民政府 承办：长春市体育局、净月高新区管委会
	10	“激情冰雪·幸福长春”2021长春冰雪马拉松暨长春市第五届中国残疾人冰雪运动季启动仪式	比赛分为半程马拉松、10千米欢乐跑，5千米幸福跑，3千米家庭迷你跑和500米儿童跑等几个组别	2021.1.10	长春净月潭国家森林公园	主办：长春市文广旅局、长春市体育局、长春市人民政府外事办公室、长春市残疾人联合会
	11	第十二届吉林（长春）冬季农业博览会暨净月潭新春大集	展会规模20万平方米，以“品牌、绿色、健康、祥和”为主题，安排“展示展销、文娱活动、线上农博”3大板块28项内容	2021.1.29—2.18	长春农博园	主办：长春市人民政府 承办：净月高新区、长春农博园
	12	“游长春美景·享幸福生活”冬季公益主题游	将城市新景观和冰雪旅游产品串线，以优惠的价格推向市场的同时，邀请环卫工人、特困户、孤儿等特殊群体免费体验，共同感受与传播长春的幸福感	2020.12—2021.3	长春市	长春市文广旅局
区域性综合冰雪活动	13	莲花岛嬉冰戏雪节	建设冰雪主题乐园，丰富游客冬季娱乐体验，内容涵盖冰雕、冰滑梯、溜冰场、狗拉爬犁、冰雪迷宫、雪战真人CS等	2020.11.15—2021.1.15	莲花岛影视休闲文化园	主办：朝阳区文旅局 承办：莲花岛影视文有限公司
	14	2020—2021年“玩冰踏雪·健康南关”冰雪健身娱乐体验活动	雪上徒步走比赛、超级雪滑梯、雪地香蕉船、各种艺术雪雕及冰雕等	2021.1.8—2.8	长春世界雕塑园	南关区文化和旅游局
	15	“乐玩冰雪福满宽城”文化惠民直通车活动、冰雪项目进社区活动	组织文化馆、图书馆开展送戏下乡、送春联下乡、送书下乡等一系列惠民、为民、乐民文化活动，将优质的文化服务送到群众门口，让百姓共享文化发展成果；开展冰雪文化民俗展示活动，丰富居民冰雪文化生活，增加冰雪节乐趣	2020.11.19—2021.2.26	宽城区各街道办事处，各乡镇社区	主办：宽城区文旅局 承办：宽城区文化馆、图书馆
	16	2021年“幸福二道·魅力冰雪节”	冰雪秧歌展演、体育协会展示冰上运动等	2021.1—2021.2	二道区	主办：二道区文旅局 承办：二道区文化馆、各街镇
	17	“冬语绿园·冰雪嘉年华”	以“雪趣”为主题，在长春公园、关东文化园、锦江广场等地，策划开展系列雪上娱乐活动	2020.12—2021.2	绿园区广场公园	绿园区委宣传部 绿园区文化旅游局
	18	“雪域东方梦幻春城”长春国际影都冰雪嘉年华活动	以“雪域东方梦幻春城”为主题，打造为期百天的长春国际影都冰雪嘉年华活动，举办文体活动和赛事共计33项，以净月雪世界为主体的冰雪产品占地面积30万平方米	2020.12.10—2021.3.20	净月高新区	净月高新区管委会

续表2

类别	序号	活动名称	活动内容	时间	地点	主办、承办单位
区域性综合冰雪活动	19	汽开区公共文化活动	“国际汽开、激情冰雪、幸福飞跃”文艺演出	2020.11.22	飞跃社区文化广场	汽开区社会事业管理局
			“激情冰雪·幸福长春”——十三局社区老年艺术团年终展演	2020.12.4	十三局社区二楼综合文化活动室	
			“冰雪春城·魅力迎春”迎元旦新春联欢会	2020.12.25	汽开区迎春社区大厅	
			“筑梦冰雪·幸福汽开”文艺演出	2020.12.26—2021.1.4	昆仑社区文化活动中心	
			第十二届“狂欢冰雪”邻里文化节	2020.12	创业社区二楼文体活动室	
			“激情冰雪·幸福长春”专场文艺汇演	2020.12.5—12.6	中铁城小区售楼处	
			“点燃冰雪激情，绽放魅力安民”文艺会演	2020.12.29	安民社区综合文化活动室	
			“幸福长春·魅力明达”文化演出活动	2020.11.19—12.30	明达社区二楼多功能会议大厅	
			冰情雪韵展现春城文化冰雪风情文艺会演	2020.12.1—12.30	腾飞社区活动室	
			通达社区冰雪节嘉年华文艺会演	2020.12.25—2021.1.5	汽开区	
			“书画冰雪”主题活动	2020.12.27	荣盛社区文化活动室	
			拥抱新时代 银龄展风采	2020.12.29	兴顺社区二楼活动室	
	20	莲花山冬季冰雪系列活动	包含2020长春莲花山首届“天定山杯”雪地足球赛、首届莲花山冰钓大赛、迎冬奥小小绘画家共绘莲花山、莲花山秧歌汇演、“天使雪上飞”抗疫英雄邀请盛典等	2020.12—2021.02	长春莲花山生态旅游度假区	莲花山管委会
	21	马鞍山（氿遇山居）冰雪娱乐季	包含开幕式、“冰清雪趣忆童年”活动、“牛转钱坤好运多”元旦活动、九台特色年猪节等内容	2020.12—2021.3	长春氿遇山居旅游度假区（马鞍山）	主办：九台区委宣传部、区文广旅局 承办：长春氿遇山居旅游度假区
	22	榆树市全民上冰雪	滑雪、滑冰、徒步、雪地风筝等	2020.12—2021.3	榆树市富越滑雪场	主办：榆树市文广旅局 承办：滑冰、滑雪、户外、风筝等协会
冰雪文化和艺术活动	23	“长影周末音乐会”驻场演出	交响音乐会	2020.11.6—2021.2.26 每周五19:00	长影音乐厅	主办：长春市文广旅局 承办：长影集团乐团
	24	2020年长春爵士音乐节	邀请全国知名爵士乐队来长春演出	2020.12.18—12.23	长春市群众艺术馆剧场	主办：长春市文广旅局 承办：吉林艺术学院流行音乐学院、长春市群众艺术馆
	25	“冰雪嘉年华”主题系列演出活动	童话剧《灰姑娘》《宝莲灯》《木偶奇遇记》和杂技专场演出	2020.11.7—2021.1.9 每周五18:00 周六 14:00—15:30 17:00—18:30	长春人民艺术剧场	主办：长春市文广旅局 承办：长春演艺集团

续表3

类别	序号	活动名称	活动内容	时间	地点	主办、承办单位
冰雪文化和艺术活动	26	话剧《“新京”梦碎》	以溥仪这一特殊人物为主线，以20世纪30年代日本侵略中国东北炮制“满洲国”，诱使溥仪称“帝”为时代背景，揭示溥仪在日本殖民统治下的曲折人生和梦碎“新京”的心路历程	2020.11—2021.2	伪满皇宫博物院	伪满皇宫博物院
	27	“文博主艺术团”演出活动	通过演讲、话剧、舞蹈等多种形式对群众进行爱国主义宣传	2020.11—2021.3	伪满皇宫博物院	伪满皇宫博物院
	28	“兰徽幻影”溥仪御纹章器物展	首次集中展出溥仪“皇家”标志——“兰花御纹章”文物精品	2020.12—2021.2	伪满皇宫博物院	伪满皇宫博物院
	29	2021长春新春秧歌大赛暨展演	前期在各区组织开展选拔赛，从各区选拔出12支优秀秧歌队伍参加市级展演	2021.1—2.24	各区广场、公园、商场门前广场	主办：长春市文广旅局 承办：长春市群众艺术馆、各区文旅局
	30	“莲花起舞”全市秧歌大赛	全市秧歌大赛总决赛	2021.2.25—2.27	长春冰雪新天地	主办：长春市文广旅局 承办：长春市群众艺术馆、各区文旅局、省建设集团
	31	“感谢有你致敬最美逆行者”慰问医务人员专场文艺演出（2场）	第一场：为长春市疾控中心医务人员献上朝鲜族特色的慰问演出 第二场：为长春市传染病医院医务人员献上朝鲜族特色的慰问演出	第一场：2020.12.28 第二场：2020.12.29	朝鲜族艺术馆剧场	长春市朝鲜族群众艺术馆
	32	送文化下基层——朝鲜族风情专场演出（2场）	第一场：为双阳区黄金村老百姓献上文艺演出 第二场：为双阳区朝鲜族老年协会献上文艺演出	第一场：2021.1.13 第二场：2020.1.15	第一场：双阳区黄金村 第二场：双阳区老年协会	长春市朝鲜族群众艺术馆
	33	全民上冰雪启动仪式文艺演出	全民上冰雪启动仪式文艺演出	2021.1	南湖公园	朝阳区文化馆
	34	秧歌大赛及民俗展示	秧歌大赛及民俗展示	2021.1	南湖公园	朝阳区文化馆
	35	绿园区冰雪节暨吾悦广场百店同庆启动仪式	绿园区冰雪节、吾悦广场百店同庆启动仪式及文艺演出	2020.12.30	绿园区吾悦广场	主办：绿园区委宣传部、绿园区文旅局 承办：绿园区普阳街道、长春新城吾悦商业管理有限公司
	36	“激情冰雪·幸福长春”文艺专场演出	以馆办团队为主体，为全区居民送去文化盛宴；以公益社团为主，以乡镇为依托，为农村百姓送去文化惠民活动	2020.11.19—2021.2.10	绿园区文化馆七楼多功能厅、西新镇文化站共享大厅、城西镇四间村社区	绿园区文化馆

续表4

类别	序号	活动名称	活动内容	时间	地点	主办、承办单位
冰雪文化和艺术活动	37	“乐玩冰雪幸福绿园”文化惠民活动	组织文化馆、图书馆开展送戏下乡、送春联下乡、送书下乡等系列惠民文化活动	2021.1—2021.2	绿园区各街道办事处，各乡镇社区	主办：绿园区文旅局 承办：绿园区文化馆、图书馆
	38	长春新区书香新区朗读大赛	文章诗歌朗读比赛	2021.1.11—2021.1.15	北湖 吾悦广场	主办：长春新区社会事业发
	39	长春新区秧歌大赛	新区秧歌比赛	2021.2.10	北湖 吾悦广场	长春新区社会事业发展局
	40	“冰雪世界”秧歌展演	全区秧歌队在各乡镇街进行展演	2020.2.24	各乡镇街	主办：双阳区文广旅局 承办：各乡镇（街道）
	41	庆新春东北大鼓、二人转展示	东北大鼓、二人转展示	2020.11.19	榆树市 文化馆剧场	榆树市文广旅局
	42	“我的中国梦·文化进万家”文化惠民下乡演出（以贫困村、人居环境为主）	东北大鼓、二人转、小品、歌曲、写春联、送图书、猜灯谜、普及文物知识等	2020.11—2020.12	榆树市 各乡镇村屯	榆树市文广旅局
	43	榆树市团拜会	舞蹈、东北大鼓、二人转、小品、歌曲、诗歌朗诵等	2020.12—2021.1	榆树市展览馆（待定）	榆树市文广旅局
	44	农安县新时代文艺轻骑兵“三下乡”活动	送文艺到乡村、部队、学校、企业、环卫工人进行慰问演出	2021.1.28 —1.30	农安县 贫困村	农安县文广旅局
	45	“激情冰雪·幸福长春”冰雪节公主岭启动仪式	广场舞展演，电声乐队演出	2020.11.19	公主岭市新世纪广场	主办：公主岭市文广旅局 承办：公主岭市文化馆
	46	“激情冰雪·幸福长春”公主岭秧歌大赛（展）	现场进行大秧歌比赛	2020年 12月中旬	公主岭市高铁南站广场	主办：公主岭市文广旅局 承办：公主岭市文化馆
	47	吉林省第二届冰雪城市艺术节	分为少儿组、青少年组、成人组。通过语言、音乐、舞蹈、乐器、模特、书画等艺术形式带动城市文化氛围，传唱冰雪文化	2020.11.27 — 2021.1.10	长春市	主办：吉林省民营企业文化协会 承办：吉林省长吉图文化传媒有限公司
	48	冬日的太阳，总是那么温暖——你选书，我买单“喜阅”荐读书单 2020年第15期	以“冬日的太阳，总是那么温暖”为主题，恰逢第二十四届长春冰雪节之际，向大家推荐冰雪运动、冰雪故事、冰雪旅游等相关新书，带领大家体验北国冰雪魅力	2020.11.30	长春市图书馆微信公众平台	长春市图书馆
	49	“魅力冰雪”线上诗歌朗诵会	以长图公益课堂微信学习群为平台，读者朗诵与冰雪主题相关的诗歌、散文等优秀作品，专业老师进行互动点评	2020.12	长图公益课堂微信学习群	长春市图书馆
	50	长图展览：百名摄影师聚焦脱贫攻坚图片巡展	向公众展现脱贫攻坚成就与经验，多角度展示新时代新气象	2020.12	长图线上展厅和微信公众平台	长春市图书馆

续表5

类别	序号	活动名称	活动内容	时间	地点	主办、承办单位
冰雪文化和艺术活动	51	戏剧春秋 艺苑菁华——长春戏剧、戏曲、曲艺、杂技艺术名人展	围绕长春艺术工作者主题，筛选百余位戏剧、戏曲、曲艺、杂技等领域的名人，梳理其在长工作经历、主要成就，以照片、视频、实物等形式展示他们的艺术造诣，尤其是对长春文化艺术事业发展的影响与成就	2020.12—2021.2.28	长春市图书馆八角轩	长春市图书馆
	52	剪纸风·冬季雪·中国味——国茹民间艺术剪纸展	中华剪纸传统文化沉淀着多样、珍贵的精神财富，以第二十四届长春冰雪节为契机，开展剪纸艺术展，通过民间剪纸艺术，用镂空之美展示吉林冰雪世界及民俗风情	2021.1.1—2.28	长春市图书馆休闲生活文献借阅区	长春市图书馆
	53	家的力量—青少年家庭教育讲座	聘请专家开办讲座并互动	2020.11	榆树市图书馆公众号	榆树市文广旅局
	54	全民阅读进校园、进街道、进社区和图书漂流、文化共享活动	农安县图书馆育新小学学生书房成立	2020.11.19	农安县育新小学	主办：农安县文广旅局 承办：农安县图书馆
			农安县图书第25家十字街图书分馆成立	2020.12.1	十字街社区	
			农安县图书馆第十三届图书置换活动	2020.12.28	农安县图书馆	
	55	“精彩夜春城”花车巡游活动	10辆主题花车夜晚在长春重点街路开展巡游活动，白天在雪博会室外展场静态展示	2020.12.25—12.27	长春市	主办：长春冰雪节组委会 承办：长春市文广旅局
	56	“都市冰雪·绽放春城”2020长春冰雪时尚周	包含开幕式、冰雪装备主题秀、中国汉服主题秀、冰雪主题cosplay表演、冰雪主题维密秀、文体明星主题秀、颁奖典礼等	2020.12.25—12.29	长春市	长春市文广旅局
	57	长春世界雕塑园冰雪新乐园	开展冰雪雕塑赛事、创作冰雪雕塑作品、推出“山海经”光影互动项目，打造冰雪体验乐园	2020.12.20—2021.2.28	长春世界雕塑园	长春世界雕塑园
	58	乘雪狂欢·莲耀城川	世茂滑雪场2020至2021雪季首滑仪式举行，标志着“莲花山冰雪旅游季”正式拉开帷幕，活动规模100人	2020.11	世茂滑雪场	世茂滑雪场
	59	天定山滑雪场首滑式开板节	天定山滑雪场举办“2022—2021雪季”首滑仪式，正式开启滑雪季，活动规模100人	2020.11.25—11.28	天定山滑雪场	吉林省建设集团

续表6

类别	序号	活动名称	活动内容	时间	地点	主办、承办单位
冰雪文化和艺术活动	60	全国大学生冰雪雕大赛	冰雪雕大赛	2020.12.25—2021.1.3	长春冰雪新天地	主办：莲花山管委会 承办：吉林省建设集团
	61	冰雪灯光节及雪雕大赛	雪雕大赛	2021.1	南湖公园	主办：长春市林园局、长春市文广旅局 承办：南湖公园
	62	幸福长春温馨公园冰雪灯光展	冰灯、冰雕	2021.1	长春公园南门欧式广场	主办：长春市林园局 承办：长春公园
	63	中国冰雪成果展	中国冰雪项目成果展	2021.1—2021.3	净月潭瓦萨博物馆	主办：净月高新区 承办：长春净月潭旅游集团
	64	首届净月短片节	开展以“净月文旅”为创作元素的短片征集、评选、走红毯系列活动，展现净月生态、人文、旅游和多彩的社会生活，聚集影视文创人才，扩大长春国际影都影响力	2021.1	净月高新区	主办：净月高新区 承办：大鹅影视公司
	65	林海雪原摄影比赛	以净月雪世界为主要拍摄地，以净月潭景区内的冬季美景为主要素材，进行拍摄参赛	2020.12—2021.2	净月潭国家风景名胜区	主办：净月高新区 承办：长春净月潭旅游集团
	66	冰雪摄影大赛	以冰天雪地为题材举办摄影大赛	2020.12—2021.3	各乡镇街	主办：双阳区文广旅局 承办：双阳区文化馆、各乡镇街
冰雪体育竞技活动	67	中国冰雪短道汽车拉力锦标赛	1. 开幕式； 2. 比赛； 3. 颁奖	2020.12	长春市伊通河	主办：中国汽车摩托车运动联合会、长春市人民政府 承办：长春市体育局
	68	吉林省青少年自由式滑雪空中技巧赛	1. 开幕式； 2. 比赛； 3. 颁奖	2020年12月中旬	长春世茂莲花山滑雪场	主办：吉林省体育局 承办：长春市冬季运动管理中心
	69	吉林省青少年冬季两项赛	1. 开幕式； 2. 比赛； 3. 颁奖	2020年12月下旬	吉林市北山四季滑雪场	主办：吉林省体育局； 承办：长春市冬季运动管理中心
	70	吉林省青少年冰球比赛	1. 开幕式； 2. 比赛； 3. 颁奖	2020.12或2021.1	吉林省富奥冰球馆	主办：吉林省体育局 承办：长春市冬季运动管理中心
	71	长春市青少年冬季阳光体育大会	青少年冬季阳光体育大会	2020.12.26	雪博会现场	主办：长春市体育局、长春市教育局
	72	全国南北冰球挑战赛	冰球挑战赛	2020.12	净月潭国家森林公园	主办：国家体育总局冬季运动管理中心 承办：长春市体育局
	73	吉林省雪地足球锦标赛	雪地足球锦标赛	2020.12	净月潭国家森林公园	主办：吉林省足球运动管理中心 承办：长春市体育局

续表7

类别	序号	活动名称	活动内容	时间	地点	主办、承办单位
冰雪体育竞技活动	74	全国大众速度滑冰赛（长春站）	大众速度滑冰赛	2020.12	净月潭国家森林公园	主办：国家体育总局冬季运动管理中心 承办：长春市体育局
	75	全国大众雪地卡丁车挑战赛	雪地卡丁车挑战赛	2020.12	净月潭国家森林公园	主办：国家体育总局冬季运动管理中心 承办：长春市体育局
	76	全国大众冰上龙舟赛	冰上龙舟赛	2020.12	净月潭国家森林公园	主办：国家体育总局冬季运动管理中心 承办：长春市体育局
	77	全国大众打雪仗精英赛	打雪仗精英赛	2020.12	净月潭国家森林公园	主办：国家体育总局冬季运动管理中心 承办：长春市体育局
	78	全国青少年雪地棒垒球赛	青少年雪地棒垒球赛	2020.12	净月潭国家森林公园	主办：国家体育总局冬季运动管理中心 承办：长春市体育局
	79	全国青少年雪地球锦标赛	青少年雪地球锦标赛	2020.12	净月潭国家森林公园	主办：国家体育总局冬季运动管理中心 承办：长春市体育局
	80	全国大众高山滑雪赛（长春站）	高山滑雪赛	2020.12	净月潭国家森林公园	主办：国家体育总局冬季运动管理中心 承办：长春市体育局
	81	全国大众单板滑雪挑战赛（长春站）	单板滑雪挑战赛	2020.12	净月潭国家森林公园	主办：国家体育总局冬季运动管理中心 承办：长春市体育局
	82	吉林省大众高山滑雪挑战赛	双板、单板滑雪赛事	2021.1.10—2.25	庙香山滑雪度假区	吉林省体育局
	83	小庙单板公园公开积分赛	单板公园赛	每周末夜场	庙香山滑雪度假区	庙香山滑雪度假区
	84	榆树市雪地足球	“五人制”雪地足球	2021.1	榆树市文体中心足球场	主办：榆树市文广旅局 承办：榆树市足球协会
	85	榆树市冰雪马拉松	半程雪地马拉松	2021.1	榆树市	主办：榆树市文广旅局 承办：榆树市长跑协会
	86	中国大学生越野滑雪锦标赛	越野滑雪锦标赛	2021.1.4—1.6	长春天定山滑雪场	主办：教育部大学生体育协会 承办：吉林省教育厅
	87	中国大学生滑雪定向赛	滑雪定向赛	2021.1.8—1.10	长春冰雪新天地	主办：教育部大学生体育协会 承办：吉林省教育厅
	88	吉林省大学生越野滑雪锦标赛	越野滑雪锦标赛	2020.12.25—12.27	长春天定山滑雪场	主办：教育厅 承办：省体育协会
	89	吉林省全民健身（线下）行走比赛启动仪式暨徒步看吉林（长春站）经开区冰雪徒步大会	活动群体以市民为主，本地组织冰雪运动爱好者、体育名人、省内社会公益团体、高校等社会各界人士1000—2000人	2020.12	南湖大路伊通河	主办：吉林省体育局 承办：长春市体育局、长春经开管委会、伊通河管委会、经开区文教局、经开区体育总会
	90	首届中国（长春）国际无人驾驶汽车冰雪挑战赛	开展智能网联汽车城市冰雪挑战赛、越野拉力赛及智能小巴环潭赛，邀请中国一汽、东风及长安等主机厂、科创公司、科研院所等20—30支智能网联汽车队伍参赛	2021.1.12—1.14	净月潭国家森林公园、启明软件园、净月至莲花山净莲大街路段	主办：中国汽车行业协会、中国生产力促进中心协会、国际自动机工程师学会、长春市政府 承办：净月高新区、莲花生态旅游度假区、一汽启明公司
	91	欧悦冰上赛车	欧悦冰上赛车锦标赛	2020—2021雪季	欧亚汇集8楼	主办：长春新区社会事业发展局 承办：长春欧悦冰雪体育发展有限公司

续表8

类别	序号	活动名称	活动内容	时间	地点	主办、承办单位
冰雪研学活动	92	长春市中小学生速滑比赛	速滑比赛	2021.1.10	长春冰上基地速滑馆	市教育局、市体育局
	93	长春市中小学生越野滑雪比赛	越野滑雪比赛	2020.12.8	莲花山滑雪场	市教育局、市体育局
	94	长春市中小学生雪地球比赛	雪地球比赛	2020.12.15	吉大尚德学校	市教育局、市体育局
	95	长春市中小学生地板冰壶比赛	地板冰壶比赛	2020.11.8	56中学	市教育局、市体育局
	96	榆树市速度滑冰、小足球公益性培训	封闭式冬令营，组织小学生参加培训活动	2021.1	榆树市全民健身中心	主办：榆树市文广旅局 承办：榆树市全民健身中心
	97	萌娃当家·全家总动员	亲子娱乐，全家同享	2021.1.22 —1.31	世茂莲花山滑雪场	长春世茂莲花山滑雪场
	98	天定山滑雪场大学生运动节	针对吉林省大学生举办滑雪特惠活动	2020.11	天定山滑雪场	主办：莲花山管委会 承办：吉林省建设集团
	99	天定山滑雪场百万儿童上冰雪	吉林省中小学生冬令营	2020.12	天定山滑雪场	主办：莲花山管委会 承办：吉林省建设集团
	100	长春市中小学冰雪冬令营	冰雪项目进校园	2020.12.1—2021.2.28	天定山滑雪场	主办：长春市中小学 承办：长春天定山滑雪场管理有限公司
	101	净月潭瓦萨滑雪节大学生越野滑雪培训	联合驻长高校，面向大学生、滑雪爱好者开展免费越野滑雪培训	2020.12.10—2021.2.28	净月潭瓦萨运动基地	主办：吉林省教育厅 承办：长春净月潭旅游集团
	102	瓦萨国际儿童越野滑雪娱乐赛	邀请国际儿童参加，通过孩子带动家长参与冰雪运动，推动全民上冰雪	2021.1	净月雪世界	主办：净月高新区 承办：长春净月潭旅游集团、长春诺迪维公司
	103	百万青少年上冰雪活动	面向中小学生，结合全民健身计划，推广全民滑雪运动，培养滑雪兴趣、锻炼意志	2020.12 —2021.2	净月潭国家风景名胜区	主办：长春市体育局 承办：长春净月潭旅游集团
	104	第五届雪博会、第二十四届长春冰雪节和第二届全国学校冰雪竞赛暨嘉年华“冬奥小推荐官”评选活动	在3—15岁在校、在园青少年儿童中选拔“冬奥小推荐官”	2020.11.20—2021.1.30	长春市	主办：长春市文广旅局、长春市教育局 承办：长春百瑞国际会展集团、亚洲舞台艺术协会、长影集团电影频道
	105	吉林省第二届少儿冰雪文化艺术节暨少儿文化旅游形象大使评选活动	组织吉林省内4—15岁儿童参加口才、音乐、舞蹈、书画等比赛，比赛内容包括吉林省文化旅游资源、体现当地特色，爱家乡，说家乡，赞美家乡	2020.10.22—2021.1.18	省内各市州	主办：吉林省旅游协会 承办：吉林省光懋影视传媒有限公司、吉林省环球研学科技有限公司
	106	“纯洁冰雪，激情冬奥”慢山里冰雪冬奥主题研学营	围绕2022北京冬奥主题打造的冰雪运动项目，让学生真切感受冬奥会的场地建设、运动精神、运动项目	2020.12—2021.2	慢山里研学营地	慢山里研学营地
	107	慢山里冰川朝代主题文化园	包含重塑猛犸象化石发掘现场、疯狂迁徙大作战、穿梭时光隧道的雪圈、雪地迷宫闯关时间赛、猛犸象冰川话剧表演、非遗手工小课堂等系列活动	2020.12—2021.2	慢山里研学营地	慢山里研学营地

续表9

类别	序号	活动名称	活动内容	时间	地点	主办、承办单位
冰雪研学活动	108	2021“冰雪杯”东北三省青少年跆拳道总决赛	组织东北三省14周岁以下跆拳道选手会师长春，以武会友，强身健体的同时感受长春冰雪魅力	2021.1.24—1.25	长春市体育馆	主办：东师教育发展（吉林省）有限公司 承办：吉林中旅会展有限公司
	109	“长春故事”研学教育活动	走进各中小学校开展以爱家乡为主题的研学教育活动	2020.12—2021.3	长春市各中小学校	伪满皇宫博物院
	110	“重拾红色冰雪记忆，传承东北抗联民族精神”主题红色教育活动	组织中小学生社团及各类社会群体开展红色主题教育研学课程，参观莲花岛东北抗联红色教育基地，参与相关主题体验活动	2020.11.15—2021.2.15	莲花岛影视休闲文化园	主办：朝阳区文旅局 承办：莲花岛影视文有限公司
	111	“我和我的家乡”英语大赛	青少年以英语表达对家乡的眷恋和热爱，向世界传达冰雪、电影、汽车文化，诠释不一样的吉林之美	2020.12	商场	蜻蜓吉林融媒体
	112	“我和我的家乡”诗歌朗诵大赛	以朗诵的形式，表达对家乡的热爱、对冰雪的热恋	2020.12	商场	蜻蜓吉林融媒体
	113	“我爱你塞北的雪”蜻蜓融媒体歌手大赛	青少年演唱歌曲赞美冬天，歌唱祖国	2021.1	商场	蜻蜓吉林融媒体
	114	第二十四届长春冰雪节舞蹈大赛	青少年以舞蹈的形式进行汇演	2020.1	商场	蜻蜓吉林融媒体
	115	“瑞雪杯”青少年诗词大会	以朗诵的形式，表达对家乡的热爱、对冰雪的热恋	2020.12	商场	吉林省糖槭文化传播有限公司
	116	“冰雪之恋”青少年书画大赛	向全市青少年征集书法、绘画，评选作品并进行展览	2020.12.15—2021.2.3	商场、华联古玩城	吉林省糖槭文化传播有限公司
	117	全民阅读协会揭牌仪式暨“我是阅读推广人”小小领读者朗诵活动	启动仪式、朗诵比赛等	2020.11月	榆树市燕窝分馆	榆树市文广旅局
	118	“颂冰雪·咏家乡”家庭美文朗读大赛	以家庭为单位进行朗读大赛，增进亲子感情，提升文明素养，发挥吉林冰雪资源优势，倡导冰雪文化与全民阅读深度融合，抒发对党和国家、家乡的感恩之情，展现全面建成小康社会美好生活体验	2020.12—2021.2	长图小树苗微信公众平台	长春市图书馆
	119	“冰雪伴童年”阅读打卡活动	精选世界经典文学名著，活动期间周一至周五邀请专业阅读老师在读者微信群中进行文章领读、主题分析，为小读者布置阅读任务，运用深阅读助其成长	2020.12—2021.2	长图读者微信群	长春市图书馆
	120	寒冬冰雪节·书香传温暖——教育部推荐阅读指导书目	以第二十四届长春冰雪节来临和教育部首次向全国中小学生发布阅读指导目录为背景，举办书展，引导青少年读好书、读经典，加强中华优秀传统文化、革命文化和社会主义先进文化教育，培养有理想、有本领、有担当的时代新人	2021.11—2.28	长春市图书馆中文图书自助借阅区	长春市图书馆

续表10

类别	序号	活动名称	活动内容	时间	地点	主办、承办单位
冰雪研学活动	121	新年是时间的仪式——文献展阅	读书，是一年很有仪式感的事儿。在2021年来临之际，为长春市中小学生推送优秀图书，用书香迎接新一年的到来	2021.1.1—1.31	长春市图书馆中小学生文献借阅区	长春市图书馆
	122	溢满书香迎新春——文献展阅	为了迎接中国古老盛大的节日——春节，青少部为长春市中小学生展阅一批讲述中国传统文化的书籍，让每个人都以最郑重的方式对待它，了解中国传统文化	2021.2.1—2.28	长春市图书馆中小学生文献借阅区	长春市图书馆
冰雪经贸会展活动	123	第五届雪博会	总展览面积10万平方米，室内展览面积6万平方米，设置冰雪盛典主题馆、冬奥主题馆、长春冰雪主题馆、长春都市主题馆、文博创意主题馆、冰雪城市主题馆、冰雪商贸及冰雪电竞主题馆等七大展馆；室外4万平方米，设有雪雕展示区、雪滑梯及冰雪活动体验区、民俗商业街和巡游花车展示区	2020.12.25—12.29	长春国际会展中心	主办：吉林省人民政府、北京冬奥组委 承办：吉林省文旅厅、长春市人民政府、发改、工信、商务、体育等省直相关部门，各市（州）人民政府、长白山管委会
	124	2021全域旅游助力国际影都建设发展论坛	邀请专家就全域旅游发展趋势、国际影都建设等主题开展研讨	2021.1.4	长春净月潭益田喜来登酒店	净月高新区文化旅游和体育局
	125	冰雪丝路美食展及美食论坛	举办美食展，邀请餐饮专家围绕冰雪丝路国家美食特点、营养、养生功效等展开交流研讨	2020.12.25—12.29	长春国际会展中心盘古家宴	主办：长春市文广旅局 承办：长春市饭店餐饮烹饪协会
	126	第三届东北亚（长春）新能源智能充电技术及装备博览会	吉林省电动车行业的交流盛会，展示新能源汽车、电动车、充电设施、零配件、动力驱动系统、配套设备及关联产品等	2020.12.16—12.17	长春国际会展中心7号馆	吉林省电动车行业协会
	127	2020第十四届百姓购车节	冬季车展活动	2020.12.11—12.13	长春国际会展中心6号馆	主办：吉林省商务厅 承办：长春宝瑞国际会展有限公司
	128	第七届长春年博会	展示长春本土特产，弘扬吉林省农副产品品牌，集中展示全国各地名优商品，丰富长春年货市场，提升市民采购年货的环境质量，满足市民一站式购物需求	2021.1.30—2.9	长春国际会展中心7号馆	主办：吉林省会展业协会、长春市会展业协会 承办：长春国际会展中心、长春百瑞国际会展集团
大众冰雪体验活动	129	长春市2021 “冰雪进机关”雪地穿越赛	响应“3亿人次参与冰雪运动“号召，市民、游客与机关干部一同开展冰雪徒步活动，强健身体的同时，领略长春市冰雪风光	2021.1.3	长春净月潭国家森林公园	主办：长春市文广旅局 承办：净月潭旅游集团
	130	“乐玩冰雪福满宽城”冰雪节群众文化节启动仪式	组织系列冰雪体验活动	2020.12.21 —12.30	宽城区政府中心公园	宽城区文旅局
	131	绿园区吾悦广场“冰雪悦世界”	打造1000平方米雪人、迷宫、雪滑梯等大型冰雪项目，为顾客提供一个冬季游玩、娱乐、互动、打卡体验区	2020.12—2021.2	绿园区吾悦广场	主办：绿园区文化旅游局 承办：绿园区普阳街道、长春新城吾悦商业管理有限公司

续表11

类别	序号	活动名称	活动内容	时间	地点	主办、承办单位
大众冰雪体验活动	132	绿园区冬季吾悦广场悦跑活动	通过设置轮胎障碍赛、双人跨栏、打卡点拍照、手印墙签到等多种趣味活动，吸引更多的人投入到冬季体育运动中来	2020.12.12	绿园区吾悦广场	长春新城吾悦商业管理有限公司
	133	吉林省全民上冰雪体验活动	活动群体以经开区居民为主，组织冰雪运动爱好者参与	2020.12—2021.1	南湖大路伊通河	长春经济技术开发区管委会、长春经济技术开发区文教局、长春经济技术开发区体育总会
	134	第一届净月乡村雪地艺术节	以雪地绘画、冬季趣味运动会、雪地拔河、雪地足球赛、隆冬垂钓、雪地摄影等活动增加群众参与度，推动乡村冬季旅游发展	2021.2.3—2.14	净月高新区玉潭镇友好村	主办：净月高新区 承办：吉林省小禾农业集团发展有限公司
	135	神鹿峰童话雪世界	含民俗小镇、童话雪世界、雪人桃花谷3部分，包含魔毯2条，各类雪圈道14条，涵盖原乡市集、明志大鼓、桃林九鼓、雪人派对、大马戏、奇遇城、祈福大钟、玻璃悬廊等39个打卡点	2020.11.15—2021.2.28	神鹿峰旅游度假区	吉林中庆神鹿文化旅游投资有限公司
	136	神鹿峰童话雪世界开业典礼	活动包括：开业仪式、开业庆典表演、关东民俗年会品美食、民俗开园舞、国风舞蹈、雪人桃花谷赏美景、雪童话世界大马戏+20余项戏雪产品、儿童室内乐园迎宾活动、驯鹿互动迎宾等	2020.12.11	神鹿峰旅游度假区	吉林中庆神鹿文化旅游投资有限公司
	137	国信南山冰雪节	雪雕景观展示；雪圈、雪地飞龙、冰上碰碰车、冰上自行车等冰雪娱乐项目	2020.12—2021.2	国信南山温泉酒店	长春国信南山温泉度假酒店
	138	瓦萨国际越野滑雪粉丝俱乐部系列活动	以社会越野滑雪爱好者、在长工作外籍人士为对象，组建瓦萨越野滑雪粉丝俱乐部。开展滑雪培训，参加中国瓦萨滑雪马拉松，引导粉丝走向世界，参加世界罗佩特成员赛事的国际体育旅游活动	2020.12—2021.2	净月雪世界	主办：净月高新区 承办：长春净月潭旅游集团、长春诺迪维公司
	139	净月潭媒体体验日	邀请驻长中央及地方媒体代表30家，参观净月雪世界，体验滑雪及各种冰雪娱乐项目	2020.12.29	净月雪世界	长春净月潭旅游集团
	140	欧亚汇集奇幻冰雪节	奇幻冰雪主题乐园	2020.12.15	欧亚汇集	主办：长春新区社会事业发展局 承办：欧亚汇集
	141	清泉湖冰雪旅游节	以冰雪冒险、亲子活动、冰雕雪雕为主题开展越野UTV、雪滑梯、雪上碰碰球、马拉爬犁、羊驼观赏等项目	2020.12—2021.2	长春新区奋进乡清水社区清泉湖景区	主办：长春新区社会事业发展局 承办：长春城开清泉湖文旅发展有限公司
	142	长春新区全民上冰雪系列活动	群众冰雪娱乐系列活动	2021.1.18—1.22	欧亚汇集奇幻雪世界	长春新区社会事业发展局

续表12

类别	序号	活动名称	活动内容	时间	地点	主办、承办单位
大众冰雪体验活动	143	长春新区全民健身大拜年系列活动	徒步、拔河等一系列群众体育活动	2021.2.12—2.17	欧亚汇集	长春新区社会事业发展局
	144	“群众冰雪活动”2020—2021双阳区冬季全民健身系列活动启动仪式	市民体验高处速降、冰车、抽冰猴等冰雪娱乐项目	2021.1.12	双阳区云山街道幸福社区冰场	主办：双阳区文广旅局（双阳区体育局） 承办：双阳区体育总会
	145	“群众冰雪活动”双阳区第五届“体彩杯”速滑比赛	少儿组、青年组、中年组、老年组200米—3000米比赛	2021.1.12	双阳区石溪河彩虹桥冰场	主办：双阳区文广旅局 承办：双阳区轮滑速滑协会、双阳区青少年轮滑俱乐部
	146	“群众冰雪活动”双阳区雪地足球比赛	雪地五人制足球比赛	2021.1.12—1.15	双阳区云山街道幸福社区雪场	主办：双阳区文广旅局（双阳区体育局） 承办：双阳区足球协会
	147	公主岭市全民上冰雪暨第六届双青湖冰雪节	滑雪、滑冰、戏雪、雪雕、冰瀑、室内娱乐、年俗大观等	2020.12.25	公主岭双青湖风景区（刘房子街道双桥村）	主办：公主岭市政府、公主岭市文广旅局 承办：吉林省双青湖旅游度假服务有限公司
	148	公主岭市二十家镇第三届冰雪节	满族非遗文化表演	2020.12.25	公主岭市二十家镇南山村	主办：公主岭市文广旅局、二十家镇政府 承办：南山满族文化园
	149	空军航空大学滑雪训练	滑雪训练	2020.12.1—2021.2.28	长春天定山滑雪场	主办：空军航空大学 承办：长春天定山滑雪场管理有限公司
	150	北城冰雪大世界踏冰戏雪系列活动	北城冰雪大世界踏冰戏雪畅玩门票会员卡，购买亲子套票赠送夜晚票（7D北极光灯光秀）	2020.12	宽城区北凯旋路与北四环交汇处	长春北城水上乐园有限公司
	151	酒文化博物馆系列活动	包括中外名酒品鉴会，冰雪健康徒步，慰问老兵，福利院送温暖，走访少数民族基地等	2020.12—2021.2	吉林省酒文化博物馆	吉林省酒文化博物馆
	152	荣发冬季冰雪&草莓采摘旅游节	草莓蔬菜采摘、冰上拓展、雪雕制作、冰滑梯游，冰雪旅游节开幕式等	2020.12 —2021.3	长春市宽城区兰家镇装备大路2888号	吉林省荣发生态农业开发有限公司
	153	天怡温泉冰雪嘉年华	开展雪圈保龄球、爬犁竞技、堆雪人比赛等冰雪竞技活动，让游客畅快体验冰雪文化独特魅力	2021.1.1—2.15	天怡温泉度假山庄	天怡温泉度假山庄
	154	冰雪温泉spa家庭养生节&冰雪大世界	刺激冰雪+冰雪城堡+室外温泉，同时推出以家庭为单位的温泉spa养生套餐，开展家庭雪上娱乐项目，包括亲子雪上运动会、雪上滑梯、雪上滑单板滑雪、双板滑雪；冰雕、雪雕、雪房子、雪地CS（反恐精英）游戏等	2020.12.25—2021.3.1	凯撒森林温泉度假酒店	凯撒森林温泉度假酒店
	155	小庙雪地迪吧狂欢夜	舞蹈、灯光、焰火	2020.12.1—12.31	庙香山滑雪度假区	庙香山滑雪度假区
	156	新年狂想曲·冰灯游园会	冰灯、冰雪世界与滑雪结合	2021.2.4—2.26	莲花山世茂滑雪场	长春世茂莲花山滑雪场
	157	长春冰雪新天地取冰祈福仪式	结合民俗活动举办取冰仪式	2020.12.5	长春冰雪新天地	主办：莲花山管委会 承办：吉林省建设集团

续表13

类别	序号	活动名称	活动内容	时间	地点	主办、承办单位
大众冰雪体验活动	158	长春冰雪新天地惠民活动周	针对特定人群，如军人、抗疫医护人员等免票入园活动	2020.12	长春冰雪新天地	主办：莲花山管委会 承办：吉林省建设集团
	159	天定山滑雪场冰雪嘉年华	全国学校冰雪运动竞赛	2021.1.10	天定山滑雪场	主办：莲花山管委会 承办：吉林省建设集团
	160	天定山滑雪场快闪活动	爱国教育快闪活动	2021.1.7	长春冰雪新天地	主办：莲花山管委会 承办：吉林省建设集团
年节民俗冰雪活动	161	“印象长春”“千家万福”非遗展示及迎春活动	将电影文化、汽车文化、动漫文化与冰雪文化相结合造景，突出长春元素，供游客合影留念;向广大群众推介宣传非遗项目，项目传承人现场展示技艺并与观众互动;举办年俗文化展览，邀请书法界知名人士现场书写春联千幅、福字万个送给观众，教授市民写“福”字，剪“福”字，并进行全家福公益拍	2021.2.4—2.10	巴蜀映巷	主办：长春市文广旅局 承办：长春市群众艺术馆
	162	“童话雪世界”卡通、动漫巡游	结合冰雪文化元素、动漫元素，开展3—5场卡通人物、小黄鸭、熊本熊、小丑等人偶和鼓队巡游表演	2021. .4—2.10	巴蜀映巷	主办：长春市文广旅局 承办：长春市群众艺术馆
	163	长春“激情冰雪 幸福长春”文化推介演出	在小年到春节前夕举办冰雪旅游文化推介演出	2021.2.4—2.10	巴蜀映巷	主办：长春市文广旅局 承办：长春市群众艺术馆
	164	元旦公益文化活动	举办专题讲座，“同走状元桥”，赠送祝福“红蛋”	2021.1.1	长春市文庙博物馆	主办：长春市文广旅局 承办：长春市群众艺术馆
	165	腊八公益文化活动	民俗讲座，赠送腊八粥、腊八糕	2021.1.20	长春市文庙博物馆	主办：市文广旅局 承办：长春市文庙博物馆
	166	小年公益文化活动	民俗讲座，赠送福字、灶糖	2021.2.4	长春市文庙博物馆	主办：市文广旅局 承办：长春市文庙博物馆
	167	春节公益文化活动	举行祈福典礼，赠送“吉祥馒头”，举办民俗讲座	2021.2.12	长春市文庙博物馆	主办：市文广旅局 承办：长春市文庙博物馆
	168	元宵节公益文化活动	猜灯谜，民俗讲座	2021.2.26	长春市文庙博物馆	主办：市文广旅局 承办：长春市文庙博物馆
	169	长春市图书馆2021年第二十三届有奖征联暨辛丑迎春楹联书法展	征集春联作品，遴选出获奖作品面向市民展出，部分作品邀请长春市书法家书写后再进行展览	2020.11.17—2021.2.26	长春市图书馆	长春市图书馆
	170	特色数字资源推广（定期）	定期通过微信平台和抖音平台推送冰雪主题、新年主题、春节主题电子书、听书及特色资源库，丰富市民数字阅读内容	2020.11.20—2021.2.20	长春市图书馆微信公众平台、抖音平台等	长春市图书馆
	171	2021迎新音乐会	采取现场举办、线上直播方式，举办新年音乐会，与市民在音乐声中欢庆新年	2020.12.26	线上直播	长春市图书馆

续表14

类别	序号	活动名称	活动内容	时间	地点	主办、承办单位
年节民俗冰雪活动	172	喜阅嘉年华，新书随心选——“喜阅”荐购迎新年主题推广	以“喜阅”荐购活动为载体，读者在参加“喜阅”荐购活动的书店自由选择心仪书籍，在书香中迎接新年	2020.12—2021.1	长春市图书馆微信公众平台、长春市图书馆、喜阅荐购活动各合作书店	长春市图书馆
	173	迎新春牛年话牛，奔前程不懈追求——牛文化主题展	从中国牛文化形成、牛的作用及牛与人类的联系、牛与中国传统文化的渊源等方面介绍中国牛文化	2021.1	长春市图书馆二楼展厅	长春市图书馆
	174	“书香咏年”长春市图书馆迎新春文化市集	以弘扬传统文化为主开展表演活动供市民节日期间到馆欣赏；结合时代特点和图书馆职能开展创客活动，提升市民创新意识	2021.1.1—2.26	长春市图书馆一楼大厅	长春市图书馆
	175	2021，遇见更美好的自己丨你选书，我买单“喜阅”荐读书单2021年第1期	以“2021，遇见更美好的自己”为主题，向大家推荐文学、艺术、心理学类新书，以阅读开启幸福新年，遇见更美好的自己	2021.1.1—1.31	长春市图书馆微信公众平台	长春市图书馆
	176	最是一年春好处丨你选书，我买单“喜阅”荐读书单2021年第2期	以“最是一年春好处”为主题，在春节到来之际，推荐年俗、节气、古诗词等相关书籍，领略中华传统文化的博大精深	2021.2.1—2.28	长春市图书馆微信公众平台	长春市图书馆
	177	“墨香蕴年味”书法家现场写赠春联	春节前夕举办书法家现场写赠春联活动，让书法家的墨宝化作百姓家门上的春联，陪伴大家度过愉快难忘的春节	2021.2	长春市图书馆	长春市图书馆
	178	“新春启阅有佳礼”赠礼送祝福	大年初一，长春市图书馆为当日到馆读者拜年，其中前10位读者（排队为序）将获赠一份市图人精心准备的礼物	2021.2.12	长春市图书馆	长春市图书馆
	179	元宵佳节灯谜会	正月十五当天举办一年一度的元宵佳节灯谜会，陪伴大家欢度佳节，也为市民文化生活添上一抹欢乐祥和的色彩	2021.2.26	长春市图书馆	长春市图书馆
	180	春节系列活动	配合国家图书馆公共数字文化工程及本馆新春主题读者活动，开展线上线下多种形式的数字阅读宣传推广活动	2021.2	市图一楼数字体验区、线上各平台	长春市图书馆
	181	“迎春送福情暖社区”慰问社区文艺演出	围绕党群共建主题，为本辖区内的党员、社区工作者以及辖区居民献上一台文艺演出	2021.1	长春市朝鲜族艺术馆剧场	长春市朝鲜族群众艺术馆
	182	“民族韵·春城情”2021年长春市朝鲜族迎新春文艺演出	在新春佳节来临之际，为长春市少数民族群众献上朝鲜族特色文艺演出	2021.2.5	长春市朝鲜族艺术馆剧场	长春市朝鲜族群众艺术馆

续表15

类别	序号	活动名称	活动内容	时间	地点	主办、承办单位
年节民俗冰雪活动	183	2021年长春市朝鲜族正月十五掷柶戏大赛	在正月十五，组织全市朝鲜族各企、事业单位及社会团体进行朝鲜族传统掷柶大赛，参与人数约500人	2021.2.26	长春市朝鲜族艺术馆剧场	长春市朝鲜族群众艺术馆
	184	南关区冰雪旅游系列活动——正月十五元宵节秧歌展演	秧歌舞展演	2021年正月十五前	长春文庙广场	南关区文化馆
	185	二道区2021年“幸福二道·魅力冰雪节”新春秧歌大赛	冰雪秧歌大赛、八只秧歌队参加秧歌活动	2021.1	劳动公园	二道区文化和旅游局
	186	正月十五闹元宵猜灯谜活动	组织居民猜花灯活动	2021.2.25	二道区图书馆	二道区图书馆
	187	迎新春元宵佳节群众文化系列活动	元宵佳节猜灯谜	2021.2.20—2.26	各社区广场、公园	二道区文化和旅游局
	188	迎新春送春联进社区、进企事业单位、进机关活动	送春联进社区、进企事业单位、进机关活动	2021.1	二道区各企事业单位	二道区文化和旅游局
	189	绿园区“关东过大年”活动	通过弘扬关东文化，打造关东民俗风情体验地、关东美食展示区等方式，丰富和活跃市民游客冰雪旅游生活	2020.12—2021.2	绿园区吾悦广场	主办：绿园区委宣传部、绿园区文旅局 承办：长春新城吾悦商业管理有限公司
	190	红红火火过大年系列活动	歌舞表演等一系列群众文化活动	2021.2.3—2.10	欧亚汇集	长春新区社会事业发展局
	191	长春新区新春送福笔会	书画展示以及现场作画等活动	2021.1.4—1.8	吉林省美术馆	长春新区社会事业发展局
	192	“玩冰踏雪”迎新年文艺演出	文艺节目演出	2021.2.1	双阳区党校演播厅	主办：双阳区文广旅局 承办：双阳区文化馆
	193	九台2021年乐汇	将土们岭大集移至长吉游客服务中心，开展年集旅游活动。进行年节气氛营造，开展秧歌队伍秀场、特色年俗艺人的工匠技艺展示、能拍照打卡的网红地，吸引各地游客到九台逛年集、买年货、品美食	2020.12—2021.2	长吉游客服务中心	主办：九台区委宣传部、区文广旅局 承办：长春文化国旅有限公司
	194	迎元旦社区文艺汇演	歌曲、舞蹈、东北大鼓、二人转、拉场戏、小品等	2020.11—2020.12	榆树市文化馆剧场	榆树市文广旅局
	195	十五元宵节猜灯谜活动及综合演出	秧歌、看灯展、猜灯谜等	2021.1	榆树市文化馆一楼	榆树市文广旅局
	196	农安县图书馆少儿图书分馆2020年联欢会	组织少儿图书分馆的孩子辞旧岁迎新年	2021.1.1	少儿分馆三楼演艺厅	农安县图书馆
	197	农安县图书馆“迎新年贺新春，赠春联送祝福”活动	“迎新年贺新春，赠春联送祝福”	2021.2.3	农安县图书馆一楼大厅	农安县文化广播电视和旅游局
	198	农安县图书馆“品书香—赏年俗”楹联展	向民众普及民俗知识	2021.2.5	农安县图书馆一楼大厅	农安县文化广播电视和旅游局
	199	农安县图书馆“元宵节灯谜有奖竞猜”活动	组织群众参加传统节日，猜灯谜庆盛世	2021.2.26	农安县图书馆一楼大厅	农安县文化广播电视和旅游局
	200	“激情冰雪.幸福长春”系列活动之“情系公主.翰墨飘香”公主岭元宵节笔会	以现场创作书法美术作品，并展出助力第二十四届长春冰雪节	2021.2.26	公主岭市高铁南站文化馆	公主岭市文广旅局 公主岭市文化馆

续表16

类别	序号	活动名称	活动内容	时间	地点	主办、承办单位
年节民俗冰雪活动	201	儿童公园新春花展	观花、赏花	2021.1—2021.2	儿童公园	儿童公园
	202	“冰雪之境，纯情百年”主题雪地情人节活动季	募集冬季喜结良缘的新人，举办冰情雪韵订制婚礼	2021.1—2021.2	净月潭国家森林公	主办：净月高新区 承办：净月潭旅游集团
	203	长春莲花山泉眼镇首届冰雪乡情过大年	1. 开幕式；2. 城乡结对仪式；3. 乡村民宿揭牌仪式；4. 乡村冰雪娱乐活动；5. 参观体验城乡结对“团圆饭”	2021.2.4	莲花山泉眼镇流沙村	主办：长春莲花山泉眼镇 承办：长春市碧水蓝天旅游服务有限公司
	204	双旦狂欢·跨年欢庆	跨年滑雪狂欢PARTY	2020.12.25—2021.1.3	世茂莲花山滑雪场	长春世茂莲花山滑雪场
	205	天定山双旦狂欢活动	电音节、跨年狂欢夜	2020.12.25—12.31	长春冰雪新天地	主办：莲花山管委会 承办：吉林省建设集团
	206	天定山春节跨年活动	精彩的文艺演出、烟花秀和游园等活动为市民的美好节日增添更加浓郁的文化“年味”	2021.2.12—2.18	长春冰雪新天地	主办：莲花山管委会 承办：吉林省建设集团
	207	天定山情人节	情人节	2021.2.14	长春冰雪新天地	吉林省建设集团
	208	天定山元宵花灯节	元宵花灯节、猜灯谜	2021.2.26	长春冰雪新天地	主办：莲花山管委会 承办：吉林省建设集团

冰雪文化活动

【概况】 2020年，推出高水平音乐会、驻场演出和丰富的群众冰雪文化活动93项、289场，包括新年音乐会、长影周末音乐会、爵士音乐节、驻场演出以及文化推介演出、秧歌大赛、培训展演、文化体验、文博展览、非遗展示、书画大会、图书阅读等系列活动。

【2020—2021长春冰雪迎新欢乐季启动仪式】 12月25日晚，在长春冰雪新天地举办2020-2021长春冰雪迎新欢乐季启动仪式，标志着2020—2021冰雪季长春市重点冰雪产品全面开放，迎接新年到来。启动仪式包括领导致辞、文艺演出、焰火表演等内容，启动仪式后领导与来宾共同参观长春冰雪新天地。

12月28日，“都市冰雪·幸福长春”2021长春新年音乐会在长影音乐厅举办

（市文广旅局　提供）

【“都市冰雪·幸福长春”2021长春新年音乐会】 12月28日15时，“都市冰雪·幸福长春”2021长春新年音乐会在长影音乐厅举办。音乐会由长影乐团演奏，邀请省委、省政府、省文旅厅领导，长春市委、市政府主要领导，部分出席第五届雪博会暨第二十四届长春冰雪节开幕式嘉宾出席活动。

【十佳文旅消费场所推荐】 第二十四届长春冰雪节推荐十佳文旅消费场所包括这有山、欧亚汇集、桂林胡同步行街、红旗街步行街、中东新天地、欧亚新生活、摩天活力城、巴蜀映巷、长影旧址博物馆、长春农博园。

【2020长春爵士音乐节】 12月18日—23日，由长春市文化广播电视和旅游局、吉林艺术学院主办，长春市群众艺术馆、吉林艺术学院流行音乐学院承办的2020长春爵士音乐节在长春市群众艺

术馆剧场举行，演出7场。

（王　冠）

冰雪体育运动

【大众冰雪体验】　开展冬季全民健身冰雪特色活动，引导社会公众参与，促进全民健身与全民健康、冰雪休闲体育与冰雪旅游深度融合。全市重点公园、广场，重要街路、商圈制作冰雪雕塑作品，实施亮化工程，营造冰雪氛围。开展吉林省全民上冰雪体验活动、“冰雪进机关”雪地穿越赛、第一届净月乡村雪地艺术节、长春市朝鲜族正月十五掷柶戏大赛、公主岭市全民上冰雪暨第六届双青湖冰雪节、长春莲花山泉眼镇首届冰雪乡情过大年、莲花岛嬉冰戏雪节、荣发冬季冰雪&草莓采摘旅游节等大众冰雪体验活动80项。

12月26日，2020冰雪经济高质量发展论坛在长春国际会展中心举办

（市文广旅局　提供）

【第七届全国大众冰雪季启动仪式】
12月29日，第七届全国大众冰雪季启动仪式在净月雪世界举办。第七届全国大众冰雪季由国家体育总局、北京2022年冬奥会和冬残奥会组委会、吉林省人民政府主办，国家体育总局冬季运动管理中心、吉林省体育局、长春市人民政府共同承办，以“激扬中国梦，冰雪酝新篇”为主题，主会场设在长春市净月潭国家森林公园，在六省设分会场。国际奥委会官员、国家体育总局领导及全国各省体育局领导出席。活动包括吉林省冰雪汽车拉力赛、吉林省际滑雪节，与第七届全国大众冰雪季同步启动。比赛项目主要包括世界罗佩特滑雪联合会巡回赛中国站50千米比赛、全国大学生25千米长距离、大众越野滑雪全程50千米、大众越野滑雪半程25千米和大众越野滑雪迷你2.5千米等。

（王　冠）

12月29日，第七届全国大众冰雪季启动仪式在长春举行

（当代长春编辑部　提供）

冰雪商贸活动

【概况】　年内，开展第五届吉林雪博会、第十二届吉林（长春）冬季农业博览会暨净月潭新春大集、第十四届百姓购车节、第七届长春年博会、第三届东北亚（长春）新能源智能充电技术及装备博览会、2020年长春市重点文旅项目“云上”招商推介系列活动、2021全域旅游助力国际影都建设发展论坛、冰雪丝路美食论坛等冬季商贸会展活动8项。

【第五届吉林国际冰雪产业博览会】
12月25日至29日，由吉林省人民政府、文化和旅游部、国务院发展研究中心、北京2022年冬奥会和冬残奥会组织委员会指导，吉林省文化和旅游厅、长春市人民政府、中国经济时报社、中国旅游报社共同主办的第五届吉林国际冰雪产业博览会在长春国际会展中心举办，主题是“冬奥在北京、体验在吉林”。12月26日，举行开幕式，第八届中国旅游产业年会同时在长春举办。第五届雪博会总展览面积10万平方米，设置八大主题七大展馆，覆盖15个省份、395家参展商、543个品牌。一号馆冰雪盛典及赛事主题馆，二号馆冬奥主题馆，三号馆长春冰雪主题馆，四号馆长春都市主题馆，六号馆文博创意主题馆，七号馆冰雪城市主题馆，八号馆冰雪商贸及冰雪电竞主题馆。在3号馆长春冰雪馆，重点展示四大滑雪场，冰雪新天地、净月雪世界、世界雕塑园冰雪新乐园等重点冰雪乐园，冬季运动管理中心、冰雪运动特色校等冰雪运动培育机构，长春冰雪马拉松等重点活动，长春主形象展位呈现长春冰雪产品覆盖全域、冰雪活动异彩纷呈的特点；在长春都市馆重点展示这有山、欧亚汇集、红旗街和桂林胡同步行街等都市文旅消费场所，长影、一汽红旗、亚泰足球俱乐部等城市名片，长春市9个重点县（市）区、开发区综合展示长春冰雪温泉、冰雪研学、冰雪年俗和大众冰雪体验产品。会展中心室外展场打造展现关东文化的长春冰雪民宿民俗商业街、冰雪乐园、雪雕展示区、雪滑梯及冰雪活动体验区、花车展示区。“冰雪夜春城”10台主题花车白天在会展中心静态展示，夜间在长春市红旗街、桂林路商圈开展巡游活动。雪博会前3天观展即达到9.5万人次。

【第十二届吉林（长春）冬季农业博览会暨净月潭新春大集】 2021年1月29日至2月18日，第十二届吉林（长春）冬季农业博览会暨净月潭新春大集在长春农博园举办，活动由长春市人民政府主办、净月高新区和长春农博园承办，以“品牌、绿色、健康、祥和”为主题，展会规模20万平方米，安排“展示展销、文娱活动、线上农博”三大板块，28项内容。

（王　冠）

12月22日，“筑梦冰雪・相约冬奥”第二届全国学校冰雪运动竞赛暨冰雪嘉年华和吉林省暨长春市“百万学子上冰雪”主题日活动在长春冰雪新天地举行

（张　扬　提供）

冰雪研学活动

【概况】 推进“百万学子上冰雪”工程，在长春市主要滑雪场开展针对六年级小学生的冰雪体育课程。围绕冰雪主题，具体开展“筑梦冰雪・相约冬奥”第二届全国学校冰雪运动竞赛暨嘉年华活动和吉林省及长春市“百万学子上冰雪”主题日活动、“纯洁冰雪，激情冬奥”慢山里冰雪冬奥主题研学营、长春市中小学生（速滑、越野滑雪、雪地球、地板冰壶）比赛、长春市中小学冰雪冬令营、冬奥小推荐官评选、吉林省少儿冰雪大使评选等冰雪研学活动31项。

【“百万学子上冰雪”主题日活动】 12月22日，由教育部、国家冬奥组委和吉林省人民政府主办，吉林省教育厅和长春市人民政府承办的“筑梦冰雪・相约冬奥”第二届全国学校冰雪运动竞赛暨嘉年华活动和吉林省及长春市“百万学子上冰雪”主题日活动在长春冰雪新天地举办。来自全国多个省市的运动员代表，长春市幼儿园、小学、初中、高中（职业）、高校师生代表近7000人参加活动。3000余名师生同跳由长春市创编的“激情冰雪、燃动青春”冰雪健身操。市区校三级10余个会场同步启动，长春市百万学子同跳“激情冰雪，燃动青春”冰雪健身操，各级会场结合本地本校特色精心设计，通过冰雪运动项目与冰雪主题文化活动等形式，全方位展示长春市校园冰雪运动成果，冰雪主题健身操（多场地）打破WRCA世界纪录。现场设立冰雪文化站、筑梦起航站、雪雕博览站、竞技体验站、炫彩迎奥站五站式活动，展出全国学校冰雪创意作品“冰雪长卷”、长春市开发出版的校园冰雪运动教材，以及幼、小、初、高、大各学段的学生冰雪主题作品，开展冬奥冰雪小推荐官选拔赛、冬奥知识大课堂等主题活动。

（王　冠）

旅游业

LVYOUYE

综　述

【概况】　2020年，长春市文广旅局围绕加快长春现代化都市圈建设，统筹疫情防控和旅游市场开放管理工作，推动旅游产业改革和发展。受新冠肺炎疫情影响，2020年到长春旅游人数7238.25万人次，比2019年下降29.54%。全年旅游总收入1381.52亿元，比2019年下降37.40%。

【旅游产业建设】　开展长春文旅特色消费示范街区创建，打造“这有山”和“欧亚汇集”等文化旅游特色消费示范街区，创新“文旅+”模式，形成消费热点。启动“夜动春城——长春夜间好去处”系列十佳项目评选活动，围绕“夜游街区”“深夜食堂”“夜娱场所”“夜读空间”4大系列评出各类奖项170个，提升核心消费区功能，形成一批新的网红打卡地和消费热点。发展乡村旅游，九台区马鞍山村等3个村被列入第二批全国乡村旅游重点村、11个村被评为省级乡村旅游重点村。农安辽金时代文化园、长春莲花岛影视休闲文化园、榆树钱酒文化庄园被评为国家AAAA级旅游景区；吉林省民间工艺美术馆、常安驿站被评为AAA级景区。中粮可口可乐饮料（吉林）有限公司被评为吉林省工业旅游示范点。东北沦陷史陈列馆入选全国60个红色旅游发展典型案例。榆树市和悦酒店被评定为三星级旅游饭店，成为榆树市首家星级饭店。

【文旅产品供给】　推出“最美人间四月天”“五月的鲜花”长春春季文旅特色活动，开展花车巡游活动，以十一假期为核心，举办“2020长春金秋文旅欢乐季”，推出5大类47项文旅活动，打造精品旅游线路10条。

举办长春消夏节和长春冰雪节两大品牌活动。长春消夏艺术节以“乐享清爽夏日，品味都市生活”为主题，6月至9月推出文旅消夏产品、消夏夜产品、温泉嬉水产品、消夏花海景观、乡村旅游产品及线上互动产品等6类消夏产品、系列消夏活动138项。第二十四届长春冰雪节以“都市冰雪·幸福长春”为主题，分为冰雪文旅、冰雪体育、冰雪研学、冰雪商贸会展和大众冰雪体验五大板块，重点打造四大滑雪场、六大冰雪温泉、十大冰雪乐园，推荐十佳文旅消费场所，建设冰雪产品44处，开展冰雪活动208项。12月26日，第五届吉林国际冰雪产业博览会、第八届中国旅游产业发展年会和第二十四届长春冰雪节在长春国际会展中心同时开幕，前三天观展人数9.5万人次。在12月27日举办的第八届中国旅游产业发展年会上，长春市位列2020年度中国冬游名城第一名。

以十一假期为核心打造“金秋”文旅产品，创新举办“2020长春金秋文旅欢乐季”。以“醉美金秋，乐动春城”为主题，推出秋季文旅产品五大类26项，文旅活动47项，打造精品旅游线路10条，金秋特色旅游线路4条。重点举办莲花山花海艺术节、长春阿里新经济直播月、国庆花车巡游、农安马文化旅游节、庙香山山地音乐节、长春国际动漫艺术博览会等主体活动。

开展“长春乡旅好去处”系列十佳评选活动，评选出“乡旅十佳”产品60个，建设九台马鞍山田园综合体、净月慢山里等乡村休闲旅游重点区，开发精品线路10条，丰富乡村游、自驾游产品选择。

发放文旅消费券。于9月末和12月中旬两个时段，联动全市A级景区、星级旅游饭店、旅游经营单位、文旅特色消费示范街区等9大类310余家文旅企业，发放1800万元文旅消费券。

（王　冠　王靖然）

旅游资源管理

【经典旅游线路】　长春市设计开发城市文化游、生态休”闲游、文化研学游、珍藏博物游、红色印记游、激情冰雪游、购物夜娱游、美丽乡村游等8条经典旅游线路。

城市文化游。路线：伪满皇宫博物院→新民大街历史文化街区→长春水文化生态园→长春世界雕塑园→长影世纪城。特色：感受历史变迁，领略文化魅力。

生态休闲游。路线：北湖湿地公园

→伊通河工业轨迹公园→南溪湿地公园→净月潭国家级风景名胜区→神鹿峰旅游度假区。特色：欣赏旖旎风光，体验山明水秀。

文化研学游。路线：吉林省科技馆/长春中国光学科学技术馆→长春市城乡规划展览馆→长春孔子文化园→长光卫星技术有限公司。特色：感受文化魅力，点燃科技梦想。

珍藏博物游。路线：吉林省博物馆→吉林省自然博物馆→东北民族民俗博物馆→长春博物馆。特色：历史留存，珍品展示。

红色印记游。路线：东北沦陷史陈列馆→长影旧址博物馆→一汽红旗文化展馆→九台马鞍山村“三下江南”战役纪念馆。特色：东北抗日历史，长春发展印记。

激情冰雪游。路线：长春天定山滑雪场/世贸莲花山滑雪场/庙香山滑雪场→长春冰雪新天地→长春雕塑园冰雪天地→长春净月雪世界。特色：感受冰雪魅力，尽享冰雪快乐。

购物夜娱游。路线：重庆路商圈→桂林路夜市→欧亚新生活湖畔IN99酒吧街→这有山→欧亚卖场→欧亚汇集。特色：吃喝玩乐购的打卡地。

美丽乡村游。路线：九台马鞍山田园综合体→莲秀峰森林公园→莲花山花海艺术节→莲花山天定山旅游度假小镇→净月高新区友好村北沟文化旅游综合体→慢山里研学营地。特色：向往的生活，最初的自然。

【旅游景区】 加强旅游标准化指导，农安辽金时代文化园、长春莲花岛影视休闲文化园、榆树钱酒文化庄园被评为国家AAAA级旅游景区，吉林省民间工艺美术馆、常安驿站被评为国家AAA级旅游景区。长春市有A级景区38家。其中，AAAAA级4家、AAAA级15家、AAA级9家、AA级8家、A级2家。

【乡村旅游】 莲花岛影视文化园、国信南山酒店分别被评为吉林省AAAAA、AAAA级乡村旅游经营单位，雪驰山旅游度假村等5家单位被评为吉林省AAA级乡村旅游经营单位，如美乡村民宿被评为国家三星级旅游民宿。以美丽田园为韵、生态农业为基，开展“长春乡旅好去处”系列十佳评选活动，评选出“十佳生态景观”“十佳精品民宿”“十佳度假胜地”等60个“乡旅十佳”产品，开发出乡村旅游精品线路10条。长春市有吉林省A级以上乡村旅游经营单位58家。其中，AAAAA级6家、AAAA级10家、AAA级27家、AA级11家、A级4家。

【冰雪旅游】 统计A级旅游景区、乡村旅游经营单位、滑雪场、温泉企业及文旅综合体冬季经营接待、受疫情影响损失情况，争取补助资金1200余万元。2020—2021冰雪季，全市建设冰雪产品44处，策划冰雪活动208项。

【避暑休闲旅游】 以“全力创建长春文旅特色品牌、全民共享避暑休闲幸福生活”为主题上报长春市避暑休闲经验材料。挖掘避暑资源，梳理出生态景观、度假胜地、果蔬采摘等系列十佳项目60个。

【红色旅游】 向文旅部推荐上报东北沦陷史陈列馆、长影旧址博物馆、榆树小乡三个发展红色旅游经验材料，东北沦陷史陈列馆入选全国60个红色旅游发展典型案例。

【旅游示范区创建】 印发《关于全面推进长春市申报创建吉林省全域旅游示范区工作的通知》，参照《吉林省全域旅游示范区管理办法（试行）》开展全域旅游示范区申报创建工作，莲花山、农安县被确定为吉林省首批省级全域旅游示范区创建单位。

（王　冠　王靖然）

旅游项目建设

【概况】 2020年，长春市新建、续建文旅项目35个，总投资561.68亿元，全年完成投资37.59亿元。

【神鹿峰旅游度假区】 距长春市区约80千米，地处都市1.5小时交通圈内，距长春龙嘉机场约90千米。度假区核心区域约38平方千米，规划管控面积约200平方千米，总体投资约100亿元。首期投资20亿元，占地面积6.06平方千米，建筑面积约2万平方米。一期项目建成有5大功能区、4条游线和49个景点，有省内首个玻璃悬廊（悬挑180米），东北最高天涯秋千（高21米），350米长滑索等高空挑战项目，以及东北首个全息投影溶洞，豢养300余头包括白魸

神鹿峰旅游度假区　　（双阳区委宣传部　提供）

鹿、梅花鹿、驯鹿等鹿种的百鹿原，五星级酒店标准的新中式山居限量套房，海拔711米的居云咖啡，七彩田园和鹿萌萌科普园等。园区按照国家AAAAA级旅游景区标准，打造以生态田园为环境底色，以山地运动为核心功能，集山地观光、农业体验、民俗旅游、山地运动、康体养生等功能于一体。7月26日开园后，接待游客50余万人次，十一期间每天接待游客2万余人次。

【冰雪新天地景区】 位于天定山旅游度假小镇内，总投资2.2亿元，占地面积138万平方米，景区建造独立景观142座，有雪映红旗、承平盛世、古韵东方、趣味童年、梦幻西游等9个主题区。园区于12月12日对外开放。接待游客37.7万人次。成为长春冰雪旅游的主要目的地。

【盛世图腾马文化博物馆】 位于吉林省长春市双阳区太平镇贺家村（近神鹿峰），总投资3亿元，占地面积66万平方米，有各类顶级良种马150匹，其中顶级汗血马80匹；馆内有3000平方米室内马术场地、5万平方米室外马术场地，4000平方米马文化博物馆和5000平方米的猎狼犬展示园。是一家以马文化为主题，旨在为游客提供休闲娱乐和专业马术健身服务的大型现代马术俱乐部。

氿遇山居田园综合体 （市文广旅局 提供）

【氿遇山居田园综合体】 位于九台区马鞍山社区，占地面积约5平方千米，计划投资额12亿元。一期投资2.15亿元，5月1日对外运营，包括氿遇山居民宿、餐厅、咖啡厅、乡村振兴培训学院、智能温室、冷库等在内的建设内容。具备了住宿、餐饮、休闲、培训、农产品种植、仓储等功能。初步形成了三产融合发展的休闲观光产业园区的发展雏形。

（王 冠 王靖然）

盛世图腾马文化博物馆 （市文广旅局 提供）

旅游宣传推介

【长春文旅形象定位语征集】 长春市文广旅局与新浪吉林合作，开展“一句话叫响一座城”长春文旅形象定位语宣推活动，面向社会公开征集长春文旅形象定位语，提炼长春城市形象内涵，彰显城市文化和旅游特色，展现长春市文旅形象以及避暑旅游、冰雪旅游特色。征集全国23个省市以及海内外网友作品6114件，评选出长春文旅整体和冰雪、避暑形象定位语各类别一二三等奖。

【长春文旅自媒体矩阵推广】 引入专业运营团队，建立长春文旅“双微一抖”（微信、微博、抖音）和12家新媒体平台官方自媒体矩阵。长春文旅“双微一抖”获评2020年“双百计划”吉林省文旅最具影响力抖音号、微信公众号、微博。在12月全国市级文旅新媒体传播力指数榜单中，“长春文旅”抖音号位列全国前三名，“长春文旅”头条号位列第五名，“长春文旅”成为省内文旅信息重要集散地。通过“长春市文广旅局”公众号发放惠民文旅消费电子券，吸引9.5万粉丝关注，丰富“云旅游”形式内容，持续激活疫情后文化和旅游消费潜能。

【境内外旅行商交流合作】 瓦萨滑雪节开幕期间，邀请由38人组成的马来西亚华人旅行公会代表团到长春市参加瓦萨滑雪节开幕式，并考察长春世界雕塑园冰雪天地及长春冰雪大世界等冰雪旅游产品。邀请中国博鳌国际旅游联盟内百家旅行社总经理考察长春市冰雪、研学等旅游产品，举办长春旅游推介会及研学旅游论坛，促进长春市旅行社与国内主要客源地旅行社之间交流与合作。邀请茨城县政策企画部交通局长森住直树一行4人于1月14至15日到长春访问，长春市副市长贾丽娜和文广旅局领导会见代表团成员，就长春与茨城在航线、文旅、科教、体育等领域合作交流进行洽谈。

【旅游产品推广】 根据“先周边再外地、先近程后远程”疫后旅游市场恢复特点，率先启动省内游活动，谋划和推广一日游、乡村游、亲情游等旅游线路和优惠产品，汇集景区、文博、商业综合体、民宿、研学基地、特色餐饮等长春市百余项文旅特色资源，梳理出3个主题，形成10大产品类型，推出 11条精品路线，投放市场。4月11日，长春市文广旅局分两组到省内8个市州开展以“周游省城——春来长春”“周游长春——吉林人游省会”为主题的全省巡回公众推广活动。分别在8个市州客流量较大的商业综合体举行推广，现场推介长春市春季多条精品旅游线路，涉及踏青赏花、城市文化、文博研学、购物夜游等多种产品类型，推广活动还伴有歌舞、抽奖、有奖问答等形式，吸引2万名市民参加，成为省内各市州第一个启动推广活动的城市。启动“全国百城营销”三年行动计划，深化与主要客源地的文旅交流合作，开展京津冀、长三角、珠三角地区主题推介活动，重点开展杭州、广州、天津、通辽、郑州、西安等地长春文化旅游资源推介活动，在北京人民网举办2020—2021长春冰雪季新闻发布会。

【出游航线开发】 长春市文广旅局与吉林机场集团合作，举办2次换季推介会，推动长春市恢复出游组团，促进长春机场经营指标稳步回升。1月至9月，长春机场完成起降50216架次、比2019年下降31.66%，完成旅客吞吐量6103229人次、比2019年下降41.45%。长春机场航班量和旅客量实现较快恢复，高于东北地区主要机场、国内千万量级机场和国内平均水平。

【长春消夏节宣传推广】 利用电视+网络现场直播形式宣传长春消夏艺术节开幕式，长春3频道电视端、凤凰网凤直播平台、中国吉林网官方抖音号和吉刻新闻客户端App、新浪@文旅吉林、“长春三道杠”快手号，以及长春文旅的头条号、百家号等多家新媒体平台同步直播，以花车巡游为主体呈现开幕式盛况，直播浏览量386.3万人次，吸引市民游客走上街头参与。重点宣传长影世纪城消夏灯会、长春世界雕塑园消夏营地、长春消夏文化夜市、神鹿峰旅游度假区、马鞍山乡间民宿、天定山度假小镇、南湖公园沙滩浴场、伊通河音乐喷泉等消夏产品，吸引市民游客前往“打卡”，“乐享清爽夏日，品味都市生活”。

【长春冰雪节宣传推介】 12月8日，在北京人民网一号厅召开2020—2021长春冰雪季新闻发布会，邀请50家中直和文旅行业相关媒体平台、旅行商代表，通过魅力展示、专题发布、优势推广、媒体问答等环节，带动“冬季到长春来玩雪”热度，邀请各地游客到长春参与活动。在中国文化报、中国旅游报进行冰雪节专版宣传，在吉林日报、长春日报、长春晚报等纸媒推出长春冰雪节专版、专栏，在长春电视台《优游行》栏目、长春广播电台《文旅佳期》栏目、长影频道《美在家乡》栏目设置冰雪节专题；利用新媒体开展线上线下相结合的综合推广活动，在人民网设置长春冰雪节专题，制作“人民网记者看长春”Vlog等系列短视频，利用吉林日报彩练新闻客户端、吉林日报官方微信、大吉网、头条号、中国吉林网、吉刻App以及吉网官方微信、微博、PGC平台等网络资源开展冰雪节宣传，在凤凰网、新浪吉林等主流新媒体网站开设冰雪节专题页面，在“长春文旅”新媒体矩阵平台推出冰雪节系列短视频。进行商贸推介，借助省文旅厅“坐着高铁游吉林”文旅路演活动，赴沈阳、鞍山、大连、锦州、秦皇岛、天津、石家庄、崇礼、北京等地举办路演推介；市领导带队赴广州、杭州等重要客源地开展业内专题推介；利用2020中国国际旅游交易会、2020海南世界休闲旅游博览会等专业展会面向业内及公众开展宣传推介。12月26日至28日，在长春国际会展中心举办2020年长春市重点文旅项目“云上”招商推介系列活动，以“融合创新，发展共赢”为主题，开展长春市文旅产业创新发展沙龙暨“长春文旅云招商”平台上线仪式，“相约冰雪盛典，共享魅力长春”文旅项目“云上”招商推介主题直播等，围绕长春冰雪新天地、长春国际影都、一汽红旗小镇、神鹿峰等重点项目开展直播推介。

（王　冠　王靖然）

春季特色活动

【概况】 4月10日至30日，“最美人间四月天”长春春季文旅特色活动在长春市内各大公园、广场和旅游景区景点举行，吉林日报、长春日报推出“最美人间四月天”专版综述，长春电视台《问政进行时》《坐标文化长春》等栏目作专题报道。“最美人间四月天”包括“春之声”“春之旅”“春之夜”“春之颂”“春之舞”主题系列文旅活动。

【“春之声”——百场街头钢琴音乐秀】 4月10日，在长春国际雕塑公园举办启动仪式，以春天和春城元素设计包装一台三角钢琴，以长春各景区和公园最具标志性的自然或人文景观为背景开始百场街头钢琴音乐秀。

【“春之旅”——“周游长春——吉林人游省城”公众推介活动】 结合长春市春季旅游产品特点，设计推出春季旅

4月10日，“最美人间四月天”——长春市春季系列文旅活动在长春世界雕塑园春天广场启动　　（市文广旅局　提供）

游线路和产品，组织相关景区及旅行社赴省内吉林、四平、通化等省内城市各商业综合体，面向业内和公众开展旅游推介活动，并举办“游长春美景，享幸福生活”系列活动，推出市内旅游精品线路。

【“春之夜”——“夜动春城——长春夜间好去处”系列十佳项目评选】　召开新闻发布会，全面启动长春十佳“夜游街区”“夜娱场所”“夜读空间”“深夜食堂”评选，经过报名初筛、网络投票、大众评审等环节，评选出四大系列，多种不同垂直门类160余个奖项，吸引1700余家单位报名参与，总投票数995万，平台总访问量874.3万人次，日均访问量超过30万人，投票平台被分享在微信朋友圈、社群的次数超过212万次。为不夜城“这有山”和“欧亚汇集”等商业旅游综合体颁发长春市特色文旅示范街区标牌，向社会推荐。活动在人民网、凤凰网、中国吉林网、新浪吉林、长春电视台《优游行》栏目、长春广播电台《美丽行》栏目、长春文旅自媒体等平台进行专题推广。

【“春之颂”——长春阅读推广系列活动】　以“4·23”世界读书日为契机推出以“美韵诵春 礼赞生活”为主题的线上诗歌朗诵大赛，面向市民征集传递正能量为核心内容的优秀诗歌朗诵作品，并通过全国最具影响力的在线音频分享平台——“喜马拉雅”进行全程的推广与展示，开展书香惠民、讲座沙龙、资源推介等8大类42项阅读推广活动。举办“长春地书开笔仪式及表演”和“疫情下的阳台照”2项辅助活动。

【“春之舞”——长春百只风筝秀】
4月19日，逢“谷雨”节气，在南溪湿地公园湖西草坪空地举行百只风筝秀活动，市风筝协会20余名会员共同协作放飞长120米的中国龙风筝和大章鱼风筝，还有9只双线特技风筝表演。

（王　冠　王靖然）

7月3日，“夜动春城——长春夜间好去处”系列十佳项目评选活动颁奖仪式在欧亚新生活空中花园举行　　（市文广旅局　提供）

表14　2020年“最美人间四月天”长春市春季系列文旅活动一览表

类别	序号	活动名称	时间	地点	责任单位
主体活动	1	“春之声”——百场街头钢琴音乐秀启动仪式	4月10日	长春世界雕塑公园	长春市群众艺术馆
	2	“春之声”——百场街头钢琴音乐秀	4月11日—30日	净月潭、南湖公园、北湖公园、南溪湿地公园、长影旧址博物馆、伪满皇宫、一汽1号门、这有山、文化广场、长春规划展览馆、伊通河等	

续表

类别	序号	活动名称	时间	地点	责任单位
主体活动	3	“春之旅”——“周游长春—吉林人游省城”公众推介活动	4月11日—12日	四平、辽源，通化、白山	长春市文化广播电视和旅游局
			4月18日—19日	吉林、延边，松原、白城	
	4	“春之夜”——长春夜间好去处推荐及评选	4月15日	这有山、欧亚汇集	长春市文化广播电视和旅游局
	5	“春之颂”——长春阅读推广系列活动	4月10日—30日	长春市图书馆、长春图书馆微信平台、微博等	长春市图书馆
	6	“春之舞”——长春百只风筝秀	4月19日	南溪湿地公园，湖西草坪空地	长春市群众艺术馆 长春市风筝协会
辅助活动	7	伊通河之恋	4月10日—30日	伊通河沿岸	长春市群众艺术馆
	8	游长春美景 享幸福生活	4月10日—30日	净月区、双阳区、九台区	长春市文化广播电视和旅游局
	9	长春地书开笔仪式及表演	4月	文庙广场	长春市群众艺术馆
	10	疫情下的阳台照	4月	长春市群众艺术馆	
	11	“童之趣·书之光”儿童文学大咖阅读嘉年华	4月2日起	长春图书馆微信平台 微博、抖音 长图小树苗微信平台	长春市图书馆
	12	“美韵诵春 礼赞生活”线上诗歌朗诵大赛	4月10日—30日	长春图书馆网站 微信、微博平台	
	13	长春图书馆文化惠民重磅举措——普通读者证图书借阅数量增至每次10册	4月23日起	长春图书馆	
	14	“城市热读·文苑百家谈”系列讲座线上回放：《习近平讲话中的传统文化》《诗书礼乐》《影视剧中的古典文学》	4月11日、18日、25日	长春图书馆网站 微信平台 公益讲座微信群	
	15	“方寸时光”线上书友会	4月24日19：00	长春图书馆网站 微信、微博平台 腾讯会议	
	16	“悦”读心语成人朗诵课：四月颂歌	4月10日—30日	长春图书馆微信平台 长图公益课堂微信群	
	17	长春记“疫”大爱无疆——长春图书馆抗“疫”资料征集成果展	4月24日起	长春图书馆网站 微信平台	
	18	“学霸来了！”自制短视频课程分享	4月10日—30日	长春图书馆网站 微信平台 长图App、抖音 读者微信群	
	19	阅读是一座随身携带的避难所——“喜阅”荐读书单2020世界读书日特刊	4月19日—27日	长春图书馆网站 微信、微博平台	
	20	“阅行天下 行者无疆”文旅图书线上推介	4月20日—30日	长春图书馆网站 微信、微博平台	

长春消夏艺术节

【概况】 2020长春消夏艺术节由长春市人民政府、吉林省文化和旅游厅主办，消夏艺术节组委会成员单位、各县（市）区、开发区文化旅游行政主管部门、各文化旅游及相关行业单位承办。6月19日晚，以“乐享清爽夏日，品味都市生活”为主题的2020长春消夏艺术节开幕式在长春世界雕塑园举办。开展花车巡游活动，设计制作“最美长春人”“长春现代化都市圈”“长春国际汽车城”“冰雪长春”“书香长春”“长春夜经济”“美丽乡村”“5A景区”等8辆主题花车，沿长春市重点街路开展巡游。推出文旅消夏产品、消

6月19日，2020长春消夏艺术节开幕式在长春世界雕塑园举办

（市文广旅局　提供）

夏夜产品、温泉嬉水产品、消夏花海景观、乡村旅游产品及线上互动产品等6类消夏产品，138项系列消夏活动。其中，开幕式及主体活动5项，文体消夏活动28项，夜间消夏活动26项，消夏花海活动9项，乡村旅游活动16项，线上互动活动54项。此外，消夏艺术节期间，长春汽博会、长春农博会、长春汽车节、长春消夏购物节陆续举办。全市接待游客3961.21万人次，实现旅游收入741.76亿元。多家网络及电视媒体同步直播，浏览量386.3万人次。

【文旅消夏产品】　推出2020长春消夏阅读季暨市民读书节、战“疫”故事系列直播、“绘阅时光 遇见未来”第二届长春市绘本阅读优秀讲读人大赛、“悦”生活“心”旅程——文旅类文献展阅、“迎端午安康吉祥 祝祖国繁荣昌盛”端午节公益文化活动、草坪音乐秀、戏曲民族音乐消夏晚会、评剧综合艺术晚会、绿园区“春语绿园·郁金香之恋”文化艺术节、绿园区全民健身展示活动、“长春经开杯”羽毛球赛、庆祝全民健身日朝阳区市民半程马拉松邀请赛、二道区第四届居民消夏艺术节、“致敬英雄·拥抱春天”南关区第六届诗歌朗诵比赛、榆树市“最美小小领读者”朗读大赛暨“我身边的抗疫故事”原创征文大赛等活动。此外，举办2020“黄龙杯”中国马术场地障碍冠军杯赛&中国长春农安第六届马文化旅游节、第七届双阳梅花鹿节暨第三届采茸节等传统文旅活动。

【消夏夜产品】　长影世纪城推出2020消夏灯会40万平方米璀璨灯海、近100组梦幻彩灯，10种沉浸式玩法；消夏文化夜市合理摆布长春美食、文创产品、文艺演出、长影老电影放映、互动体验、亲子娱乐等要素；“夜动春城—长春夜间好去处”评选活动发掘富有魅力、独具特色的长春文旅消费项目，培育夜间消费热点；净月潭水幕电影、莲花岛水幕灯光秀、南湖大桥音乐喷泉、伊通河音乐喷泉，灯光、水幕、音乐装点春城夜空；桂林胡同、台北大街、会展中心、欧亚汇集、车城万达等夜市遍布长春各大城区，包括美食、啤酒、演艺、淘货等休闲活动；九台马鞍山、双阳小石村、莲花山度假区开发乡村夜游活动和产品，点燃乡村“夜经济”；市图书馆、市少儿图书馆等图书阅读场所，开展夜读接力、夜读冲关、城市热读·夜论坛等活动，用阅读点亮城市夜空；“这有山”“欧亚汇集”等文旅综合体延长夜间营业时间，推出市集展览、美食餐饮、沉浸式体验等文化活动。

【温泉嬉水产品】　长春市各大温泉企业利用疫情停业期间空档期维护设备，加强员工培训，鼓励员工学习专业知识，进行经验分享。在疫情逐渐好转情况下，推动复工复产，针对消夏季推出产品活动。双阳国信南山温泉度假酒店推出为期100天的“灯火南山消夏节”，以“康养消夏·幸福长春”为主题，依托国信南山温泉酒店特色温泉资源和自然景观环境，结合东北特色夜市文化。市内各大温泉场所、游泳场馆推出游泳+嬉水组合产品。

【消夏花海景观】　莲花山第三届“花海艺术节”推出浅山花海园区、亚泰北花海园区和亚泰南园区三大花海园区及星空帐篷、花海迷宫、浪温花岛、彩虹花田等景观，莲花山主题驿站提供餐饮、娱乐等配套服务。长春世界雕塑园、牡丹园、南湖公园、长春公园、百花园的花海景观成为市民游客赏花拍照好去处。

【乡村旅游产品】　回归乡村自然，品农家美食、采摘绿色果蔬、体验农耕民俗成为市民消夏周末游优选，乡村研学游、度假游、团建游成为乡村游精选热点。九台区开发马鞍山村乡村旅游产品，引进马鞍山田园综合体、如美乡村民宿等项目，打造徒步登山、住农家院、品农家美食精品旅游线路和产品，举办“山野菜美食节”“马鞍山之夜帐篷节”“果蔬采摘节”“徒步登山节”等活动，推介文旅产品，宣传九台形象；双阳区推出温泉康养、绿色采摘、民俗文化、亲山赏花、清新乡韵等5条乡村旅游精品线路。在原有“梅花鹿节”“草莓采摘节”基础上，策划休闲垂钓、蔬菜采摘、葡萄品尝、健身康体等特色产品活动；农安县、德惠市、榆树市推出消夏艺术节、乡村旅游节、农民文化节、果品采摘节等产品，打造特色乡村旅游品牌，引领农业与乡村旅游转型升级。

【线上互动产品】　线上互动活动成为2020年热点活动，长春市公益文化服务品牌推广直播系列活动、“城市热读”公益讲座、长图公益课堂少儿国学经典诵读、“育”见成长——爱贝课堂线上直播课、小树苗·绘阅亲子故事会系列活动、方寸时光·线上书友会：疫情之下、长春博物馆“云上展览”“最美+”少年儿童摄影作品征集、“我听·我读”少儿读者主题朗诵作品征集、“戏剧星期六”长春青年实验话剧系列活动云剧场、“长春好故事”文艺作品选拔等活动。

【2020长春消夏文化夜市】 6月15日至7月19日每晚17点至22点，长春消夏文化夜市活动利用“城市之花”建筑外环道空间，以长春博物馆为中心，统一规划布置文创商品售卖、美食制作销售、贫困村农副产品直销、群众文艺展演、露天电影放映等15个功能区，形成夜购、夜宵、夜娱、夜健、夜展、夜游等多元文化夜市，激活文化消费，拉动夜间经济。

【2020长春市民读书节】 6月至9月举办长春市民读书节，以“书香长春，都市风尚”为主题，围绕吾阅吾城、吾讲吾城、吾行吾城、吾爱吾城四大板块，通过104天，130余场精彩内容实现阅读全城化、全民化、全媒化，打造城市阅读书网。

【长影世纪城灯彩文化节】 灯彩文化节包括主题景点、浪漫灯海、舌尖上的美味、花车夜游、周末帐篷、夏夜电影大篷车、流光溢彩摄影展、嗨歌会、提灯会、放河灯、夜场主题跑等内容。

【长春消夏露营活动】 消夏宿营活动在长春世界雕塑公园内举办，推出消夏露营体验、旅游研学、团建拓展、定向体验、荧光夜跑、露天电影等多种体验项目，延展城市感知面，打造城市夏日“网红打卡地”。

（王　冠　王靖然）

旅游行业管理

【概况】 2020年，长春市文广旅局加强旅游市场监管，规范市场秩序。开展短线旅游市场、假日旅游市场检查；开展旅游市场违法违规经营行为专项整治行动；加强监管，严格落实疫情期间国家、省市文件精神。畅通投诉渠道、做好旅游投诉受理、处理工作。

【景区管理】 2020年，长春市有A级旅游景区38家。其中，AAAAA级4家，AAAA级15家。据国家A级旅游景区管理系统统计显示，长春市2020年A级旅游景区收入为3.93亿元，接待游客848.5万人次。推进“厕所革命”，新建、改建旅游厕所60座，推动长春市旅游标识牌建设，制定《长春市旅游标识牌管理办法（试行）》，规范旅游标识牌管理与服务，提升旅游公共服务水平，实现域外游客到长春“快进慢游”目标。对2019年县区旅游标识牌建设给予财政补贴，更新部分标识牌内容。

【旅行社管理】 长春市有旅行社230家。其中，经营出境游业务旅行社68家，经营入境游、国内游业务旅行社162家，分社53家，服务网点526家。导游总数10794人，领队818人。受新冠肺炎疫情影响，2020年营业收入15326.59万元，比2019年减少87%；总组接团数550个，比2019年减少91%；总游客数68094人次，比2019年减少89%。

【教育培训】 举办《品“质”文旅·长春论剑》培训2期。举办研学旅行讲座，以长春冰雪节博盟百家旅行商赴长冰雪研学考察为契机，邀请国内省内专家，就研学旅行热点话题深入阐述，省文旅厅、市教育局及文旅行业单位近300人出席，今日头条和中国吉林网予以报道。讲座结束后召开研学旅行座谈会，谋划长春市研学旅行发展前景。举办旅游业务提升培训，邀请国内、省内知名专家授课36期，历时2个月，线上受众16445人次，线下有1680人次参加。培训以研学旅行和旅游业务提升为主要内容，以授课、答疑、沙龙、研讨、实景模拟、现场教学等多种方式开展。

【旅游安全生产】 树立安全发展理念，加强旅游安全应急管理体系和能力建设。修订《长春市旅游突发公共事件应急预案》，强化应急管理体系建设，提升文旅行业应急处置水平。分别于元旦、“五一”“十一”前，持续通过媒体发布旅游安全提示，公布“12301”全国旅游服务热线电话提醒旅游者理性消费、文明出行、安全出游、依法维权；向各县（市）区、开发区文化广播电视和旅游行业管理部门及各A级旅游景区印发《关于“五一”假期前后旅游景区人员聚集风险的提示》，根据舆情监测和相关机构大数据综合分析，对重点旅游景区存在人员聚集风险进行提示。强化培训演练及部门联动，提升安全管理能力。开展“学习贯彻习近平总书记关于安全生产重要论述精神做好安全生产工作”学习培训，组织各A级旅游景区参加全省A级旅游景区消防安全视频培训，组织旅行社参加《助力旅游行业安全复工复产》在线公益讲座，协调市消防救援支队高级工程师对消夏文化夜市施工人员进行施工前安全培训。加强大型文旅活动安全监管，针对消夏艺术节和冰雪节活动，先后5次协调市公安局、市场监督管理局、消防救援支队等部门对文旅活动安全防范、食品安全、防火安全情况进行检查指导，确保各项活动安全开展。

（王　冠　王靖然）

表15　2020年长春市星级酒店情况统计表

序号	名称	星级	客房数	床位数	地址
1	长春香格里拉大酒店	五	457	545	长春市西安大路569号

续表

序号	名称	星级	客房数	床位数	地址
2	长春开元名都酒店	五	328	515	长春市景阳大路2299号
3	吉林省松苑宾馆	五	212	300	长春市新发路1169号
五星级酒店总数			997	1360	—
4	长春花园酒店	四	260	366	长春市创业大街39号
5	长春中日友好会馆	四	100	200	长春市自由大路4288号
6	同馨宾馆	四	93	163	长春市上海路656号
7	长春名人酒店	四	170	277	长春市湖滨街1号
8	国盛大酒店	四	211	348	长春市人民大街7008号
9	吉祥大酒店有限公司	四	183	241	长春市解放大路2228号
10	吉林省新民宾馆	四	139	246	长春市新民大街626号
11	长春君怡酒店有限公司	四	213	579	长春市修正路811号
12	长春国际会展中心大饭店	四	231	466	长春市会展大街100号
13	长春国贸饭店	四	194	318	长春市人民大街2059号
14	吉林省环球大酒店	四	119	179	长春市大马路1119号
四星级酒店总数			1913	3383	—
15	吉林省百汇宾馆	三	82	139	长春市百汇街591号
16	吉林省天新饭店	三	269	430	长春市北京大街411号
17	吉林省金融大厦	三	118	196	长春市人民大街87号
18	吉林省新发宾馆	三	96	169	长春市文化街99号
19	长春教育宾馆	三	145	300	长春市金川街151号
20	长春市彩宇宾馆有限公司	三	64	120	长春市南环路与彩云街交汇处
21	吉林省林业宾馆	三	106	180	长春市人民大街5046号
22	长春市广源宾馆	三	127	228	长春市凯旋路2788号
23	长春雪月山饭店	三	126	247	长春市威海路825号
24	长春赛斯酒店	三	97	124	长春市高新区硅谷大街3500号
25	长春光机宾馆	三	63	113	长春市工农大路3506号
26	榆树市和悦酒店	三	89	140	榆树市三盛路99号
27	公主岭市响铃宾馆	三	132	295	长春市双阳区东双阳大街256号
28	双阳区星苑大酒店	三	50	120	长春市双阳区东华大街1699号
29	长春市美华宾馆	三	90	140	公主岭市东三街道88号
三星级酒店总数			1654	2941	—
长春市29家星级酒店总数			4564	7684	—

（市文广旅局产业处）

金融业

JINRONGYE

综 述

【金融惠企】 梳理汇总国家和省、市金融支持政策和金融产品，编制支持复工复产和重大项目建设《金融政策汇编》《特色金融产品和服务清单》，直达全市万余家企业。协调人民银行、银保监局和各金融机构加大政策落实，最大限度惠及企业。协调各类银行机构为全市5.3万笔204亿元中小微企业贷款实施延期还本付息，发放疫情防控重点和支农支小专项再贷款66.7亿元，为受疫情影响的企业提供流动资金贷款19.4亿元；指导所辖融资担保机构响应国家政策减收或免收融资担保费和再担保费。为发挥金融对经济的扶持作用，助力小微企业，特别是受疫情影响较大的“批零住餐”企业纾困发展，市金融办联合吉林银联和工行、农行、中行等14家驻长银行机构共同推出“长春市金融惠企免息券”。企业向合作行申请500万以下、2020年内的经营性流动资金贷款，便可享受降低0.5个百分点的年化利率优惠。发放免息券近3800张，为81户企业节约利息支出32.5万元，助力企业发展。12月18日，市金融办联合市工信局、市农业农村局、市商务局、市民政局、市合作交流办、市工商联召开银企融资对接会，搭建银企双方融资对接平台，巩固四季度经济持续回升势头，推动全年目标任务完成。会议征集145户企业融资需求，融资额度84亿元。

【金融惠民】 联合中国银联吉林分公司和中国工商银行、吉林银行、亿联银行等16家银行机构共同推出“长春市金融惠民优惠券”，合作商户包括欧亚卖场、联合书城、中石油、地利生鲜等5000多家商户，优惠活动以满减形式为主，形成优惠叠加，撬动个人消费。全年投入优惠资金1700万元。

【企业上市】 利用科创板、创业板注册制改革、新三板改革的契机，加快企业上市挂牌，结合企业实际需求，组织召开企业上市挂牌推进培训会，促成企业与证券公司主动对接。为推进企业直接上市融资，开展专题调研，深入15户重点企业现场帮扶，了解企业上市过程中的难点和问题，帮助企业解决上市过程中需要政府协调解决的具体问题30余个。2020年奥莱德上市实现吉林省科创板零的突破，研奥电气、吉大正元联袂在深交所上市，英利汽车首发过会，拟择机公开发行，全年上市工作取得历史性突破。

【线上融资对接活动】 在新冠肺炎疫情爆发无法开展传统银企对接情况下，为解决企业迫切融资需求，市金融办开发“二维码”融资服务平台，将重点转到线上对接，多渠道广泛征集企业需求，对企业融资需求分析归类，按照规模、行业、融资额，根据银行特点分类精准对接。全年开展7轮线上银企对接工作，惠及企业387户，达成融资意向156户，意向融资额28.13亿元。

【供应链金融】 6月23日，市金融办与市工信局联合举办“预付贷”及汽车供应链金融服务对接活动，有50多家汽车零配件企业参会。省中行与一汽集团签署供应链金融“预付贷”服务合作框架协议，协议签约金额50亿元。为以一汽红旗为核心企业的4家供应商成功发放8790万元贷款，一汽奔腾和一汽解放为核心企业的供应商在积极推进。推动成立供应链金融协会，开展供应链金融行业标准和产品的研究、推动供应链金融产品的应用、培育专业性人才，稳定和打造长春品牌产业链，实现核心企业信用在链上的高效流转和使用，缓解供应链上下游中小微企业的融资难和融资贵问题。

【人民币跨境业务】 7月10日，市金融办、市商务局按照长春市“金融服务月”活动总体安排，联合人民银行长春中心支行共同举办长春市“稳外贸”融资对接暨跨境人民币业务推介会。全市60余户重点外贸企业、部分驻长金融机构参会。

【融资担保】 7月8日，长春市金融办召开“金融服务月”系列活动——长春市融资担保服务实体经济座谈会。会上，行业协会、再担保、农业担保、政府性融资担保、民营融资担保及域内大型银行驻长分支机构、地方法人银行等9家代表分别发言。市金融办推动担保行业规范发展，引导担保行业回归服务实体经济，促成吉林省吉高融资担保有限公司和平安普惠融资担保有限公司吉林分公司落户长春。

【金融服务长效机制构建】 市金融办会同市发改委、市工信局、市科技局、市建委、市交通运输局、市农业农村局、市文广旅局、市国资委等市直20多个部门和各县（市）区、开发区共同建立全面提升融资服务质效工作推进机制。形成项目推荐、定期调度、信息共享、部门会商、评价通报等常态化、流程化、系统化融资服务工作体系，确立各局定期推送项目、市金融办常态对接、按月调度对接成果、集中解决难点问题的工作机制，实现融资服务流程的再优化与再提升。督导所辖县（市）、区全部建立全面提升融资服务质效工作推进机制。

【非法集资陈案攻坚】 按照市委、市政府关于坚决打好打赢防范化解重大金融风险攻坚战总体部署，防范化解金融风险工作取得阶段性成效，佳林案和东北大宗2件国家挂牌督办案件善后处置工作全面办结。2020年末，东盟案成功退出国家督办序列，为全省在东北“三省一区”中率先实现清零做出突出贡献。2019年和2020年长春市在全省处非工作考评、陈案化解（317起）和小贷公司压降数量（94家）上连续获得第一名，得到省金融局连续2年通报表扬。

【优化金融营商环境】 协调11个成员部门，推动提升和优化金融营商环境，金融营商环境各项评价指标全面提升，整体水平从全国下游跃升到上游水平。出台《关于营造安全高效金融环境若干举措》，推出6个方面22条具体举措；参与制定《长春市关于进一步优化营商环境工作的实施方案》，印发《长春市防范和打击非法集资工作方案》，起草《推进企业上市挂牌行动计划（2020—2025）》《银行服务实体经济评价实施方案》和《长春市小微企业贷款风险补偿基金管理办法》，为完善金融支撑政策体系打下坚实基础。

【行业管理】 开展行业整顿和风险排查。针对融资担保、商业保理、典当等重点行业强化现场检查和非现场监管力度，结合长春市“双随机、一公开”工作任务，全面落实对监管企业抽查、检查和结果公示要求。压降风险企业规模，商业保理公司由94家压降至51家，典当行由99家压降至84家，开展信用互助的农民专业合作社由21家压降至9家，并逐月压降存量及新增业务规模。通过清理不合格企业，为行业创造良好发展环境。

【金融招商】 吉高担保、平安普惠担保相继落地，平安银行在长春市设立分支机构事宜取得实质性进展。推进中韩人寿保险在长设立机构，推动亿联银行总部建设项目落地。推动中韩金融合作，与中韩基金商洽合作。加强对口交流合作，深化津长、杭长合作，参加天津中国企业国际融资洽谈会暨民企投融资洽谈会的“线上”活动，推动两市银企互访，增进相互了解，促进合作共赢。

【地方类金融机构】 长春市有资产管理公司、期货、信托、财务公司、金融租赁公司、汽车金融等其他金融机构10余家。截至2020年年末，全市有融资担保公司80家、典当行84家、商业保理公司51家，长春市主城区（不含九台、双阳）小额贷款公司29家，行业管理不断规范。

【“金融服务月”活动】 6月18日，召开“金融服务月”活动暨重大项目融资对接会，“金融服务月”系列活动以“创新、发展、共融”为主题，围绕“融资服务稳企业”“供应链金融强产业”“惠民惠企促消费”“金融顾问进万企”和“政策支撑助发展”五大板块，开展重大项目融资对接会等13项系列活动。推出融资需求736亿元，推出重点项目134个，涉及总投资2128亿元、融资需求520亿元；推出120户企业融资需求216亿元。与会金融机构和企业通过对接初步达成融资意向106亿元。

【防范和打击非法集资宣传活动】 6月29日，由长春市金融工作办公室主办、各县（市）区人民政府、开发区管委会承办的长春市“守住钱袋子护好幸福家”为主题的防范和打击非法集资、金融放贷领域行业乱象整治宣传教育活动在长春市欧亚新生活、亚泰富苑、劳动公园、欧亚春城、净月潭景区、车城万达、九台火车站、德惠市明珠广场等15个场地同步进行。近百家银行、保险、小额贷款公司、担保公司等机构参加现场宣传活动。银行、保险、小贷公司、担保公司设置展台200余个，宣传正规理财渠道、讲解正规理财产品，并为小微企业提供融资平台、设计个性化融资方案。本次活动覆盖6万余人，发放宣传单（册）、宣传品4万余件，悬挂条幅、宣传海报800余幅，循环播放宣传片300余次。

【普惠金融知识宣讲】 11月26日，开展惠普金融政策知识专题宣讲活动。会议邀请吉林财经大学金融学院副院长王丽颖就如何用好用足货币政策、落实惠普金融监管激励政策等方面做专题讲解。市金融办领导及全体人员、市内部分相关金融机构、典当、担保、小贷公司业务部门负责人及业务骨干80人参加会议。

（张　琢）

银行业

【概况】 全市有银行信社类金融机构44家。截至2020年年末，长春市银行业资产总额22395.26亿元，比2019年增长10.98%。长春市本外币各项贷款余额快速增长，超过地区生产总值增速10个百分点。特别是受疫情影响较大的前3季度，信贷增速在8月达到13.34%的高

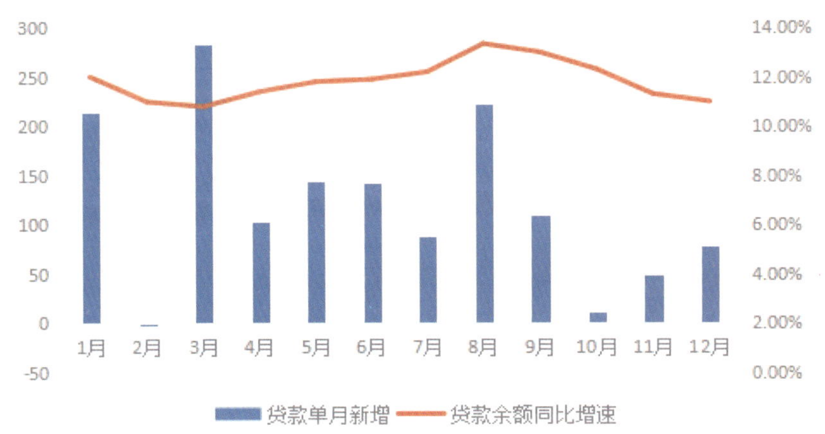

图4　2020年贷款增长趋势统计图

点。随着疫情得到控制，经济发展逐步回升，国家从控制杠杆率防控风险的角度考虑，宏观政策有所收紧，四季度信贷增速有所回落。截至2020年年末，长春市本外币各项贷款余额14535.36亿元，比2019年增长11.0%，全年新增贷款1438.92亿元。

2020年，长春市本外币各项存款余额总体保持较快增长。截至2020年末，长春市各项存款余额14230.60亿元，比2019年增长12.2%，全年新增1548.73亿元，多增425.17亿元。其中，住户存款余额6943.30亿元，增长16.8%，比年初新增998.29亿元；非金融企业存款余额4572.42亿元，增长12.2%，比年初新增501.03亿元；非银行业金融机构存款余额305.57亿元，增长9.5%，比年初新增26.55亿元。

【金融服务】　牵头多部门联合建立金融纠纷多元化解机制，打造金融教育示范基地，金融消费者权益保护工作成效明显。开展移动支付便民工程建设，推进农村支付服务普惠建设。在全国首创“云闪付”办理ETC业务。实现全省行政村支付服务全覆盖，农村支付服务环境得到改善。加强货币发行管理，开展整治拒收现金行为和反假币工作。做好新增财政资金直接拨付等工作，清理国库水平显著提高。强化征信服务供给，个人信用报告自助查询实现县域全覆盖。强化金融科技应用和管理。推进系统整合和金融标准化建设。依托大数据平台，推进数字央行建设。深化金融业网络安全监测评估，强化风险预警和信息共享。提高普惠金融数字化水平。加快推动货币金银工作转型。提高发行库管理和发行基金出入库业务的规范化、标准化水平。推进“现金服务示范区”创建工作。做好常态化疫情防控下的现金供应。开展整治拒收人民币现金工作。

【外汇管理】　深化外汇领域“放管服”改革，取消和变更行政许可事项18项。做好外汇管理“互联网+政务服务”“互联网+监管”改革工作，网上办理行政审批业务1108笔。加快推进跨境金融区块链服务平台应用，拓宽中小涉外企业融资渠道。推动外汇便利化政策落地实施，帮助一汽财务公司完成省内首笔跨国公司境外放款额度登记，11户企业利用内保外债方式实现跨境融资4亿美元。融入“一带一路”战略，推动长春兴隆和珲春综合保税区配套政策落地。参与中韩（长春）国际合作示范区建设，获批在示范区先行先试部分资本项目外汇政策。

【金融监管】　防范化解重大金融风险，建立金融委办公室地方协调机制（吉林省），提升攻坚战整体性、协同性。成立风险处置工作专班，做好风险处置工作。联合制定吉林省村镇银行健康发展工作方案，构建村镇银行风险防范化解长效机制。配合省政府做好农信系统风险防范与改革工作。落实总行存款保险标识启用工作要求，全省5139家银行机构网点平稳启用。

【金融法治】　配合金融立法修订工作，对《中国人民银行行政许可实施办法》等10件规章、制度研提有价值建议。严格规范性文件管理，废止规范性文件9件。落实法治央行建设各项工作任务。推进辖区“查处分离”改革试点，实施行政处罚395.5万元。打击外汇违法违规行为，整治市场乱象，实施行政处罚155.5万元。扩大跨境人民币使用，开展形式多样的跨境人民币宣传推介活动，全省办理跨境人民币业务408.1亿元，占本外币跨境收支总额的27.7%，比2019年提高4.2个百分点。

图5　2020年存款增长趋势统计图

【金融消费权益保护】 发挥吉林省“金融消保监管协调机制”作用，提高监管效率和水平。指导金融机构规范金融营销宣传行为。完善吉林省“金调委”运行机制，推动金融纠纷多元化解。加强金融知识宣传教育，力争建成国家级金融教育示范基地。

【征信管理】 推动地方征信平台建设，松原市信用综合金融服务平台支持中小微企业融资成效明显，实现融资54.5亿元。提升征信服务供给水平，个人信用报告自助查询实现县域全覆盖。依托非现场监管系统，查处违规问题170个，征信监管效能大幅提升。

【支付环境建设】 成立吉林省打击治理跨境赌博金融监管工作组，打击跨境赌博和电信网络诈骗等违法犯罪活动，配合公安机关破获1起利用网络开设跨境赌场犯罪案件。创新开展移动支付便民工程建设，在全国首创“云闪付”办理ETC业务。改善农村支付服务环境，实现行政村支付服务全覆盖。强化非银行支付机构监管。

【国库管理】 在全国首创“地方政府债券资金专户”，构建地方政府债券核算与监督“闭环”管理体系。做好新增财政资金直接拨付工作，拨付直达资金294.8亿元。开通微信缴纳个人所得税、社保、医保功能，服务近1000万人次。借助“抖音”“一直播”等新媒体平台，高质量开展经理国库35周年宣传活动。

（鲁雪岩）

【中国工商银行股份有限公司吉林省分行】 2020年，为制造业、服务业、幸福产业、基础产业投放各类贷款1286亿元，投放小微企业贷款48亿元，各项贷款余额2130亿元。疫情防控期间，建立贷款“绿色通道”，为省内1100余户受疫情影响企业，投放专项贷款近420亿元；为重点防疫企业制定优惠政策，贷款加权平均利率下降50%；为近百户受疫情影响企业缓解到期还款压力，涉及贷款资金超过85亿元。推动地方财政建设，连续5年获吉林地方债主承销商和唯一簿记管理人资质，近3年投资吉林省地方债104期，合计金额546.3亿元，历年债券中标量均排在承销团首位。助力防范化解金融风险，分别为长春城投集团、龙翔投资集团化解政府隐性债务35亿元和33.5亿元；为吉林省交通运输厅高速公路债务化解工作，投放贷款144亿元；近3年消化各类不良资产81亿元。推动省内45个地区国库集中支付电子化改革，代理支付交易额422.4亿元。推动社会保障事业，发放社保卡380万张。推动扶贫攻坚工作，发放金融精准扶贫贷款17.2亿元，支持扶贫项目20余个，帮扶贫困户741户，加快37个扶贫点的脱贫步伐。

【中国农业银行股份有限公司吉林省分行】 2020年，投放实体贷款608.5亿元，净增153.7亿元，增量、增速均居四行首位。做好疫情防控金融服务，为219户防疫重点企业、36户央行再贷款名单客户发放贷款125.2亿元，户数、金额均居同业第一。加强新基建、新型城镇化、交通、能源等“两新一重”领域金融支持，贷款净增124.9亿元。做好脱贫攻坚和乡村振兴金融服务，金融扶贫贷款净增12.5亿元，增幅均高于全行。县域贷款净增66亿元，总量增量保持四行第一；为农产品稳产保供、生猪生产、粮食安全等领域投放贷款144.3亿元。做好民营小微、民生消费金融服务，民营企业贷款净增38.9亿元，增速45%；央行降准口径、监管口径普惠贷款分别净增27.8亿元和27.3亿元，“两增两控”全面达标。为满足居民住房、购车、教育、旅游等个人消费金融需求，贷款比年初净增65.04亿元，增量、增速均居四行首位。

【中国银行股份有限公司吉林省分行】 2020年，落实专项再贷款政策，为39户全国性疫情防控重点保障企业发放贷款8.47亿元。实施服务实体经济“4+1”产业发展思路，即“红、白、金、绿”四色产业和基础设施补短板领域，投放贷款362.14亿元。与一汽集团协作，围绕汽车产业链创新“预付贷”金融服务模式，在全国汽车产业首开先河。支持冰雪产业发展，与30余家冰雪运动商户加载中行长城冰雪卡195项专属权益。助力脱贫攻坚，投放扶贫贷款17.14亿元，帮助848户1993人脱贫，举办消费扶贫产品专场售卖会，全年实现消费扶贫181万元。

【中国建设银行股份有限公司吉林省分行】 2020年，各项贷款余额2052亿元。支持疫情防控和复工复产，为44户疫情防控重点保障企业投放贷款27.8亿元。助力新基建“761”工程，对接全省2132个“761”项目，对接率97.4%，完成授信183.5亿元，实现贷款投放27.1亿元。支持长春“四大板块”建设，提供融资34.5亿元。助力地方政府化解隐性债务，置换贷款金额163.4亿元。推动“数字吉林”建设和“放管服”改革，重点推进“互联网+公安”“e窗通”企业全流程注册登记、“金税e保”智慧社保平台、党群综合服务等57个特色平台。融入乡村振兴发展，设立1.16万个“裕农通”普惠金融服务点，投放涉农贷款180.5亿元，“善融商务”电商平台实现交易额3069.7万元，助力地方政府决胜脱贫攻坚，全行包保44个贫困村、1844户、3453名建档立卡贫困人口全部实现脱贫。

【交通银行股份有限公司吉林省分行】 2020年，投放贷款534.87亿元，各项贷款余额705.51亿元。综合运用贷款、债券、融资租赁等多种融资方式支持省内基础设施建设和重点产业发展，加大对制造业、服务业转型升级、全产业链发展和新兴战略行业等重点领域信贷支持力度，全年投放公司贷款483.45亿元。发展普惠金融，支持小微企业和民营经济，小微企业贷款比2019年增长54%，超额完成监管目标。支持省内优势行业汽车全产业链发展，成功为一汽租赁发行资产支持票据项目，属省内首单、全国单笔规模最高项目。强化风险防范化解，控压结合，推动风险资产处置。推动交通银行总行与吉林银行、吉林省联社、东北证券在上海签署全面战略合作协议，携手做好金融服务。

【国家开发银行吉林省分行】 2020年，发放表内人民币贷款352亿元，人民币贷款余额新增176亿元，是近5年余额新增最多的一年。建立疫情防控应急融资快速响应机制，24小时内完成对吉林等4个地（市）应急贷款授信，在全省金融机构中实现首笔疫情应急贷款发放。支持长春新区建设、长春市旧城改造、伊通河水环境综合治理等重大项目，全年发放“两新一重”领域贷款230亿元、制造业贷款20.75亿元。坚持模式创新破解融资难题，围绕一汽红旗新能源项目，创新设计“政府配套+一汽租赁”的“定制化园区”模式，仅65天实现资金到位，发放银团贷款21.3亿元。助力缓解民营和小微企业融资难融资贵问题，发放转贷款31.18亿元，支持逾2200户小微企业、个体工商户和农户。助力打赢精准脱贫攻坚战，拓宽贫困地区融资渠道，发放扶贫贷款22.83亿元。

【中国农业发展银行吉林省分行】 2020年，投放扶贫贷款152.22亿元，比2019年增长68.94亿元，累放额和余额继续保持省内金融同业首位，连续3年获吉林省脱贫攻坚奖。抗击新冠肺炎疫情，投放疫情防控应急贷款57.72亿元，支持防疫企业82户，投放复工复产贷款136.93亿元，支持复工复产企业225户。服务国家粮食安全和重要农产品稳价保供，投放粮油贷款199亿元，增加42.3亿元，支持收购数量107.96亿千克，增加28.17亿千克，投放生猪全产业链贷款12.97亿元，支持生猪产能恢复。服务农村基础设施补短板，投放基础设施贷款33.74亿元，支持农村人居环境、城乡融合发展、农村公路、水利建设等重点领域项目建设。支持农业现代化，投放贷款23.71亿元，支持黑土地保护、农民合作社、化肥、农机装备以及矿泉水、人参医药、林下经济作物种植等地方特色产业发展。

【中信银行股份有限公司长春分行】 支持地方政府建设，地方债在长春地区占有率超过50%，参与长春市专项债全生命周期管理，成为省内专项债领域专家智囊。截至2020年年末，资产总额364.93亿元；各项贷款总额206.97亿元，比2019年增长36亿元，增幅21.06%；普惠小微企业贷款余额34004.19万元，比年初新增23413.82万元，增幅221.09%。中信银行长春分行成为区域内影响力较强、市场认可较高、客户信赖程度较深的股份制商业银行，获“三个办法一个指引”“全国百佳培训推广机构称号”“吉林最佳理财银行”“吉林最具成长性银行”“吉林省最佳融资服务银行”等称号。

【吉林银行股份有限公司】 2020年，各项存款增长341.63亿元，比2019年增长11.91%，股本总额增至100.67亿元，资本净额达到398亿元，实现拨备前利润63.34亿元。综合实力在全国138家城商行跃居到第13位。支持抗击疫情，向受疫情影响较大行业投放贷款476.8亿元，支持4725户企业复工复产，捐助抗疫资金2500万元。支持实体经济发展，新增各项贷款440.91亿元，比2019年增加107.23亿元。助力重点项目建设和重点产业发展，为省属国有企业授信195.2亿元，比年初增加119.19亿元，为长春国际影都、中韩产业园等项目投放贷款340亿元，为装备制造业授信65亿元。

（省年鉴处）

证券期货

【概况】 2020年底，长春市证券期货机构法人机构4家，其中证券公司2家，期货公司2家；证券期货分支机构数量为98家，其中证券分支机构91家，期货分支机构7家。

表16　2020年驻长证券机构（法人机构及分公司）一览表

序号	机构性质	机构名称
1	法人机构	东北证券股份有限公司
2		恒泰长财证券有限责任公司
3	驻长分公司	安信证券股份有限公司吉林分公司
4		广发证券股份有限公司长春分公司
5		广州证券股份有限公司吉林分公司
6		国开证券股份有限公司吉林省分公司
7		恒泰证券股份有限公司长春分公司
8		国泰君安证券股份有限公司吉林分公司
9		华福证券有限责任公司吉林分公司
10		九州证券股份有限公司吉林分公司
11		开源证券股份有限公司吉林分公司

续表

序号	机构性质	机构名称
12	驻长分公司	联储证券有限责任公司吉林分公司
13		国信证券股份有限公司吉林分公司
14		海通证券股份有限公司吉林分公司
15		江海证券有限公司吉林分公司
16		申万宏源证券有限公司吉林分公司
17		世纪证券有限责任公司吉林分公司
18		西南证券股份有限公司吉林分公司
19		中国银河证券股份有限公司吉林分公司
20		中信证券股份有限公司吉林省分公司
21		中邮证券有限责任公司吉林分公司
22		中天国富证券有限公司吉林分公司
23		平安证券股份有限公司吉林分公司
24		兴业证券股份有限公司吉林分公司

表17　2020年驻长期货机构一览表

序号	机构性质	机构名称
1	法人机构	天富期货有限公司
2		东方汇金期货有限公司
3	分支机构	渤海期货股份有限公司长春营业部
4		光大期货有限公司长春营业部
5		国泰君安期货有限公司长春营业部
6		华信期货股份有限公司长春营业部
7		银河期货有限公司长春营业部
8		永安期货股份有限公司吉林分公司
9		华安期货有限责任公司长春营业部

【资本市场】 截至2020年年末，长春市共有A股上市公司26家，包括主板18家，中小板3家，创业板4家，科创板1家。新增3家上市公司（奥来德、吉大正元、研奥股份）。拟上市公司10家，包括待发行公司1家（英利汽车），在审公司3家（致远新能源、百克生物、中研材料），辅导备案6家。新三板挂牌公司29家，包括创新层4家，基础层25家。

【融资融券】 2020年，长春市直接融资983.88亿元，比2019年增长36.2%。其中，债券市场融资748.38亿元，增长14.7%；资本市场融资235.5亿元，增长

12月24日，研奥电气、吉大正元联袂上市　（张　琢　提供）

表18　2020年长春市直接融资情况统计表

类别	股票市场融资	债券市场融资	合计
2019年	70.17亿元	652.32亿元	722.49亿元
2020年	235.5亿元	748.38亿元	983.88亿元
增长%	235.6%	14.7%	36.2%

235.6%。全年长春市企业通过股票市场融资235.5亿元，比2019年增加165.3亿元。其中，奥来德、吉大正元和研奥股份IPO融资22亿元，诺德股份、一汽解放增发融资213.5亿元。

（张　琢）

保险业

【概况】　长春市有38家保险公司，其中财产保险机构18家，人身保险机构20家。截至2020年年末，长春市财险保费收入118.3亿元，比2019年增长3.22%。赔款支出61.8亿元，减少2.29%。人身险保费收入192.1亿元，增长8.1%。赔付支出40.1亿元，减少18.03%。

【中国人寿长春分公司】　2020年，保费收入21.24亿元，占比全市市场份额10.51%，排名第三位。全年理赔1.58万人次，理赔金额1.45亿元。有分支机构17个下辖营销服务部75个，全年月均在册营销人力5622人。线上与线下结合举办“携手并肩.共克时艰”“3・15消费日”“5・1劳动节”“6・16客户节”和“国寿700健行”等主题活动，为5万余名客户提供宣传或保障等服务。疫情期间，公司组织相关部门为全市抗疫一线的医护和海关人员免费提供抗击新冠肺炎人身保障，多次组织看望、慰问在防疫一线的街道、社区、派出所工作人员，捐赠防疫及生活物资，全市系统党、团员响应政府号召，自愿为抗击疫情捐款56648元。与各级党委、政府对接脱贫攻坚，包保贫困户40户，85人，截至12月底全部脱贫。

【中国人保财险长春市分公司】　下辖17家县区支公司、4个直属业务部，是中国人保财险在长春设置的分支机构，公司主要经营车险、财产损失保险、责任保险、信用保险、意外伤害保险、短期健康保险等业务。2020年，实现保费28.55亿，市场份额24.9%，居于市场前列，支付赔款16.56亿元，上缴税金2.34亿元。创新推动“四无”车辆、“保险+期货”项目，助力乡村振兴。深化“放管服”改革，依托网点优势，全面铺开“车驾管”服务站。借助中国人保App线上化工具，推出多样化保险服务，助力地方政府综合治理提升和企业健康稳定发展，全年增值服务客户使用量达7.3万人。在2020年新冠疫情抗击过程中，获长春市绿园区新冠肺炎疫情防控工作领导小组颁发“抗击疫情行大爱、共克时艰显担当”。

【中国太平洋财产保险股份有限公司长春中心支公司】　中国太平洋财产保险股份有限公司长春中心支公司隶属中国太平洋财产保险股份有限公司吉林省分公司。2008年5月，“中国太平洋财产保险股份有限公司吉林省分公司营业部”正式更名为“中国太平洋财产保险股份有限公司长春中心支公司”。公司拥有完善和先进的经营管理、风险管理机制，凭借雄厚的实力，充足的承保能力及畅通的国际再保险渠道，为客户提供长期、稳健、专业的保险保障服务。公司成立客户服务中心，全天24小时接受客户报案或咨询，实现办公电子化。

（汤佳琦）

表19　2020年驻长保险机构一览表

序号	类别	机构名称
1	财产保险	中国人民财产保险股份有限公司吉林省分公司
2		中国太平洋财产保险股份有限公司吉林省分公司
3		中国平安财产保险股份有限公司吉林分公司
4		天安财产保险股份有限公司吉林省分公司
5		中国大地财产保险股份有限公司吉林分公司
6		安华农业保险股份有限公司
7		阳光财产保险股份有限公司吉林省分公司
8		华安财产保险股份有限公司吉林分公司
9		大家财产保险有限责任公司吉林分公司

续表

序号	类别	机构名称
10	财产保险	都邦财产保险股份有限公司吉林分公司
11		中国人寿财产保险股份有限公司吉林省分公司
12		中航安盟财产保险有限公司吉林省分公司
13		中华联合财产保险股份有限公司吉林分公司
14		华泰财产保险有限公司吉林分公司
15		鑫安汽车保险股份有限公司
16		永诚财产保险股份有限公司吉林省分公司
17		太平财产保险有限公司吉林分公司
18		英大泰和财产保险股份有限公司吉林分公司
19	人身保险	百年人寿保险股份有限公司吉林分公司
20		大家人寿保险股份有限公司吉林分公司
21		富德生命人寿保险股份有限公司吉林分公司
22		合众保险股份有限公司吉林分公司
23		建信人寿保险股份有限公司吉林分公司
24		平安养老保险股份有限公司吉林分公司
25		太平人寿保险有限公司吉林分公司
26		太平养老保险股份有限公司吉林分公司
27		泰康人寿保险有限责任公司吉林分公司
28		泰康养老保险股份有限公司吉林分公司
29		天安人寿保险股份有限公司吉林分公司
30		新华人寿保险股份有限公司吉林分公司
31		阳光人寿保险股份有限公司吉林分公司
32		英大泰和人寿保险股份有限公司吉林分公司
33		中国平安人寿保险股份有限公司吉林分公司
34		中国人民健康保险股份有限公司吉林分公司
35		中国人民人寿保险股份有限公司吉林省分公司
36		中国人寿保险股份有限公司吉林省分公司
37		中国太平洋人寿保险股份有限公司吉林省分公司
38		中邮人寿保险股份有限公司吉林分公司

经贸合作

JINGMAO HEZUO

招商引资

【概况】 2020年，全市实际引进外资3.82亿美元，比2019年增长15.1%。有新加坡、英属维尔京群岛、韩国等17个国家（地区）对长春市有直接投资。其中日本、英属维尔京群岛为主要资金来源地，占全市直接利用外资84.17%。

【投资方向】 从产业投向情况看，外资投向主要集中在第二、第三产业。直接利用外资在第二产业1.17亿美元，占30.6%；第三产业2.65亿美元，占69.4%。直接利用外资在第二产业主要以制造业为主，分布在汽车制造业和食品制造业；第三产业主要投在房地产业和商务服务业。从项目审批情况看，全市新批项目和合同外资比2019年有所增长。全市新批外商投资企业46户，增长7%；合同外资金额15.86亿美元，增长155.3%。在已投产外资企业中，增资企业12户，增加投资4.51亿美元；增加合同外资1.79亿美元。有72户世界500强企业落户长春市。从投资方式情况看，在新设立的46户外商投资企业中，合资企业19户，增长11.8%，合同外资2.79亿美元；外商独资企业27户，增长3.8%，合同外资13.06亿美元。

（侯云龙）

表20 2020年长春市实际利用外资情况统计表

单位：万美元

类别	新设企业	投资金额
新设立外资企业	46	232691.1
其中，超千万美元企业	9	180246.7
实际利用外资金额	0	38157.8
其中，直接利用外资	0	38157.8
合同利用外资金额	0	158602.2
其中，超千万美元企业	0	135744.4
投资领域	0	合同外资
第一产业	1	126.2
第二产业	7	6145.7
农副产品及食品	0	0.0
光电信息	1	23.0
汽车零部件	1	3322.5
其他	5	2800.2
第三产业	38	152330.3
合资企业	19	27952.4
合作企业	0	0.0

续表

类别	新设企业	投资金额
外资企业	27	130649.7
外商投资股份制企业	0	0.0
香港	21	84993.9
日本	3	3218.2
台湾省	3	56361.9
英属维尔京群岛	0	9145.9
美国	1	2994.0
世界500强企业个数	72	—

对外贸易

【概况】 2020年，全市货物进出口完成1027.6亿元，比2019年增长3.0%。增速高于全省4.7个百分点，东北四市排名第一。其中，出口完成135.4亿元，下降9.3%；进口完成892.2亿元，增长5.2%。

从贸易伙伴看，进口前三的国家分别是，德国277.38亿元、日本104.63亿元、匈牙利55.27亿元；出口前三的国家分别是，澳大利亚15.33亿元、德国13.35亿元、日本13.35亿元。

从进出口主要品种看，进口前三的品种分别是，汽车零配件318.85亿元、汽车（包含底盘）148.64亿元、电工器材74.32亿元；出口前三的品种分别是，汽车零配件15.26亿元、汽车（包含底盘）14.23亿元、计量检测分析自控仪器及器具8.28亿元。

表21 2020年长春市进出口贸易额前10位国家（地区）情况统计表

单位：万元

位次	进口国家（地区）	进口金额	位次	出口国家（地区）	出口金额
1	德国	2773829	1	澳大利亚	153271
2	日本	1046334	2	德国	133549
3	匈牙利	552699	3	日本	133533
4	墨西哥	526824	4	美国	104741
5	捷克共和国	485095	5	印度	73486
6	巴西	264741	6	韩国	72621
7	法国	224865	7	泰国	56333
8	美国	210118	8	墨西哥	55913
9	泰国	184386	9	以色列	48739
10	波兰	175189	10	法国	35616

表22 2020年长春市进出口贸易额前10位商品情况统计表

单位：万元

位次	商品名称	进口金额	位次	商品名称	出口金额
1	汽车零配件	3188508	1	汽车零配件	152627
2	汽车（包含底盘）	1486425	2	汽车（包含底盘）	142315
3	电工器材	743205	3	计量检测分析自控仪器及器皿	80865
4	计算机与通信技术	721471	4	胶合板及类似多层板	66618
5	计量检测分析自控仪器及器皿	564317	5	通用机械设备	63531

续表

位次	商品名称	进口金额	位次	商品名称	出口金额
6	电子技术	469622	6	电子技术	51162
7	计算机集成制造技术	284826	7	抗生素（制剂除外）	49542
8	粮食	270736	8	电工器材	48064
9	音视频设备及其零件	251577	9	服装	29619
10	电子元件	225444	10	纺织制品	27680

【对外开放平台搭建】 组织外贸企业参加“广交会”“进博会”“高交会”“服贸会”、韩国首尔国际食品展网上展会等国内外展会，增加企业订单。举办稳外贸融资对接暨跨境人民币结算推介会，构筑银行、政府、企业相互信任、相互支持、互惠互赢的新型合作关系，鼓励外贸企业利用金融创新工具转型升级。结合“万人助万企”服务平台，建立全市前20户重点外贸企业跟踪服务机制，一对一进行包保服务。

【跨境电商发展】 2020年，长春市跨境电商交易额2.9262亿美元，比2019年增长16.63%。建设中国（长春）跨境电子商务综合试验区，重点支持长春跨境电商综试区兴隆园区建设，完善跨境电商保税备货、仓储物流、分拨配送、O2O展示交易及线下自提等供应链配套体系，推进跨境电商O2O保税展示中心、吉浙跨境电商运营中心、长春国际快件监管中心等项目落地。落实《中国（长春）跨境电子商务综合试验区发展专项资金实施细则》，完成中央外经贸发展资金用于支持跨境电商综试区建设项目（第一批）申报工作，支持“线上服务平台、线下产业园区、企业主体培育、人才培养培训”等项目，惠及跨境电商企业170余户。开展跨境电商“走出去、请进来”培训及营销活动，组织长春市相关部门及重点企业，到杭州、郑州等先进综试区学习培训和实地考察，开展外贸孵化及跨境电商业务培训，组织企业参加全省跨境电商培训班、全球贸易通外贸线上营销新思路讲座，受训600人次以上；举办长春市跨境电商产业链融合峰会，结合长春市汽车及零配件、光学电子、医疗器械、农副产品、家居及建材、商贸流通等实体产业特点和跨境电商发展趋势，引导传统外贸企业、生产制造企业借助长春市跨境电商综试区发展机遇，利用阿里巴巴国际站等平台拓展跨境电商线上商机，向跨境电商终端转型升级，营造“特色产业+跨境电商”共融共赢生态圈。

【服务贸易和服务外包】 长春市是全国28个“服贸试点”之一。加强示范城市建设，发挥园区集聚效应、组织业务政策培训，促进外包产业逐步扩大规模。协调市外包领导小组各成员单位，梳理全市外包产业发展状况、综合创新能力、公共服务水平和政策措施保障等方面工作，推进示范城市综合评价提质晋位。举办“第二届全球制造业服务外包峰会”，邀请国际组织、国内外企业高管、研究机构代表近170人参会。省委省政府、市委市政府主要领导会见参会嘉宾，商务部副部长王炳南视频致辞，6个服务外包合作项目在峰会上签约。

【口岸和通道建设】 2020年，长春龙嘉国际机场航空口岸出入境旅客95398人次，受新冠肺炎疫情影响，比2019年下降82.63%；国际（地区）航班飞行762架次，下降82.99%；货邮吞吐量完成814.41吨，下降5.13%。铁路口岸中欧班列实现增量运营，全年承运进出口货物14404标箱，增长27.86%，货值39.16亿元。其中，长满欧班列全年承运进出口货运量9804标箱，下降4.3%；承运货物10.79万吨（进口2300标箱，货物重量1.25万吨；出口7504标箱，货物重量9.54万吨），增长11.6%；货值约30.9亿元，下降13.4%，本省货物占比47%。长春新区国际港务区全年承运4600标箱，增长351.87%，货值约8.26亿元，增长244.17%。长春兴隆汽车整车进口口岸常态化运营，实现1000台奥迪车通过汽车整车进口口岸通关，申报并获批汽车平行进口试点。

【开发区改革发展】 整合九台经开区与九台工业集中区，完成方案制定、责任分工和机构调整。整合双阳经济开发区和文印开发区，制定整合工作方案。2020年，长春市4个国家级开发区在全省12个国家级开发区中位列前4位，19个省级开发区在全省91个省级开发区中位列前40位。长春市经开区在全国219个经济技术开发区中排名第25位。

【对外投资】 2020年，长春市企业对俄罗斯、墨西哥、美国、德国等国家（地区）的9家境外企业进行非金融类直接投资，中方协议投资7407万美元，比2019年增长30.5%，主要从事农业种植、肉食加工、机械制造、药物研发及货物贸易等。对外承包工程、劳务合作属地实现42198万美元，下降5.0%。其中，对外承包工程营业额21932万美元，外派劳务人员实际收入20266万美元，新增外派劳务2668人次。

（侯云龙）

长春海关

【概况】 2020年，长春海关税收实现正增长，全年税收入库105.94亿元，比2019年增长5.47%。其中，征收关税

32.33亿元，增长10.53%；征收进口环节税73.61亿元，增加3.40%；归类、审价、事后验估等各类补税1339.5万元。现场监管进出口货物1077.53万吨，增长73.87%，货值638.57亿元，下降3.81%；监管出入境人员34.6万人次，下降88.2%；监管出入境运输工具9.69万辆（艘架次），下降48.3%。其中，监管出入境汽车1.91万辆次，比2019年下降83.9%；监管飞机1706架，下降82.3%；监管货运列车7.61万节，增长29.0%，铁路运输成为长春关区出入境货物的主要运输方式。检验检疫进出口商品4.4万批次，下降19.9%，货值508亿元，下降2.5%；监管邮快递物品总数116.2万件，下降51.5%。

年内，建立第一时间学习研讨、定期通报和督办落实常态化闭环工作机制，分析形式，督查工作，坚持“第一议题”制度。松原海关、邮局海关、四平海关、白山海关、白城海关、长白山海关6个新设隶属海关开关。

【新冠肺炎疫情防控】 成立长春海关统筹口岸疫情防控和促进外贸稳增长工作指挥部，建立长春海关关领导与口岸隶属海关疫情防控重点联系机制，发挥“指挥部+现场”两级监控指挥中心管控作用。组建4个应急梯队311人，抽调279人次支援一线，组织11730人次参加疫情防控培训。配备实验室建设和现场检疫监管设备，建成5个新冠病毒核酸检测实验室，配备实验设备和仪器设备530台（套）。2020年，长春海关验放进出口疫情防控物资6231万件，货值2.30亿元。其中，进口321万件，货值0.53亿元；出口5910万件，货值1.77亿元。组织长春关区干部职工核酸、抗体检测9085人次，配发各类个人防护物资12个品种、35万余件。组织对疫情防控先进典型开展3批次专项奖励表彰，长春龙嘉机场海关和耿立敏等6人获评全国海关系统抗击新冠肺炎疫情先进集体和先进个人。严防口岸动植物疫病传播风险，为一线口岸、实验室配备高压灭菌器等设备28台（套）；加强出口食品备案生产企业管理，优化危险化学品检验模式，部分品种检验流程时间从3至5个工作日压缩至3小时以内；严把进出口防疫物资质量关，检验监管防疫物资327批，数量1.7亿件（套），检验不合格物资11批，数量918万件。1月24日至12月31日，检疫监管出入境人员138713人，采集样本检测24691人份。与吉林省卫生健康委员会签订全面加强核酸采样检测工作协议，实现采样共担、检测互委、信息互通、结果互认。

【监管工作】 原178个作业场所（场地）合并整合为49个。其中，监管作业场所14个、集中作业场地18个、只专营“指定监管场地”业务的场所（场地）及随附场地17个。长春海关关区10台H986全部接入联网集中审像中心，审核图像5092幅，实现各类型查获9起。其中，报关货物安全准入类查获2起，运输工具类查获7起。查获侵权货物（物品）357件。全链条严控非洲猪瘟，截获猪肉及其制品166批次、453千克。打击“洋垃圾”、象牙等濒危野生动植物及制品、毒品及精神类药品走私，侦办建关以来首起走私“洋垃圾”固体废物案件，涉案铁矿渣6.8吨；查获象牙、红珊瑚、砗磲等制品302件，查获冰毒、液体冰毒2303克、大麻500克。开展“国门利剑”等系列专项行动，侦办走私犯罪案件27起，案值4.5亿元，涉税1897.1万元；查办行政违法案件157起，案值1.9亿元，涉税207.7万元。侦办“6・03”走私黄金进境案，查证黄金36.7千克，案值1300万元；“6・06”走私冰毒进境案，抓获犯罪嫌疑人1名，缴获冰毒273.58克；“7・29”低报价格走私海产品进境案，案值3.1亿元，涉税507.9万元。

【支持外贸发展】 建设中欧班列、珲马铁路等对外通道，“长满欧”班列承运货物14435标箱、增长29.1%，货运量15.2万吨、增长49.1%；珲马铁路监管进出口货运量270.9万吨、增长34.2%；支持与天津、大连的“海铁联运”班列，开通与北京、郑州空港直通的“卡车航班”业务，形成海、铁、陆、空立体物流网络体系；助力吉林内贸货物跨境运输，保障“珲春—扎鲁比诺—青岛”新航线顺利通航。制定长春海关关于支持综合保税区发展8项措施，整合优化海关特殊监管区域。长春、珲春、吉林跨境电商综合试验区分别获批，召开吉林省跨境电商业务开展情况及海关监管新政解读新闻发布会；完成长春兴隆国际快件监管中心2家新增快件运营人备案工作。支持吉林省设立首次进口药品和生物制品口岸；畅通“滨海2号”等对外通道，支持珲春海产品等特色产业。

【信用管理】 推进“经认证的经营者”（AEO）互认落实。2020年，选取与“一带一路”沿线国家和地区有贸易往来的吉林省重点企业6户，综合保税区出境加工企业5户，非综合保税区出境加工企业3户，进行信用培育并全流程“定位跟踪”，开展一对一信用培育70余次，对非特殊区域的出境加工企业的一对一信用培育30余次，提升吉林省认证企业数量超过10%。利用“中国海关信用管理微信公众平台”，帮助企业协调解决各类通关问题，提升企业获得感和满意度；帮扶企业在“保订单、保市场、保效益”方面取得竞争优势。

【重点产业扶持】 帮助一汽集团进出口公司协调奥迪A系整车滞留港口问题，为企业节省约2500万元海关滞报金；采用“第三方检验结果采信”模式，通过长春整车进口口岸监管1000台进口奥迪整车、价值2.5亿元，降低企业通关物流成本130万元；对接保障长客重大海外项目，确保开工投产，轨道交通装备出口28.4亿元、增长47.8%；扶持188家加工贸易企业，为36本出境加工账册办理延期、口岸变更等，帮助企业挽回损失4305.1万元。调研优势产业、重点产品税政，上报37项，其中19项被海关总署采用。简化进口粮食等检疫审批手续，推动吉林省输日稻草、出口饲料、种猪种羊引进等实现进出口；主动与杂粮杂豆、玉米等特色深加工企业对接，实施“一品一策”服务，为出口食品农产品实施优先查验检测、快速评定放行等措施，全年进出口农产品122.1亿元，比2019年增长4.7%。

【通关效率提速】 2020年，长春关区进口整体通关时间37.49小时，出口整体通关时间2.57小时，完成压缩整体通关时间工作任务。推行政务服务事项“不见面”办理，引导企业、群众通过“互联网+海关”平台等渠道办理海关业务，网上办理率100%。加快进境农产品检疫审批速度，全年办理进境动植物检疫审批209批次，全部在规定时限内办结。疫情期间，简化出口企业注册方式，对于延续企业免于现场审核，受理企业申请59批次，办结57批次，办结率96.6%，无超期情况。

【税收征管】 为13户企业出具保单84份，担保金额5.07亿元；开展汇总征税业务的进出口企业10户，在案总担保金额45.56亿元；长春关区“自报自缴”报关单占比64.4%，比2019年提升10个百分点，新一代电子支付率99.8%；制发归类认定8宗，制发归类预裁定决定书24份，涉税化验16宗；签发自助打印原产地证书2511份，签证金额1.61亿美元，涉及12种原产地证书。疫情期间，办理防疫物资进口《征免税证明》96份，减免税款401.6万元。落实全产业链保税政策试点推进措施，对引进关键技术设备提供快速通关和办理减免税手续服务。减免税业务主要集中在涉及科技创新、内外资鼓励项目、科技重大专项、种子种源4类征免性质的20户企业，享受减免税款两税1.3亿元，占长春关区减免税款总额的80%。2020年，核批长春关区《进出口货物征免税证明》1228份，核批货值12亿元，比2019年下降28%；减免税款1.5亿元，下降32%，其中，减免关税2811万元，减免进口环节增值税1.2亿元。2020年，科研院所审批10家单位，审批479项商品，审批货值4081万美元，减免税款3946万元人民币；大专院校审批22家单位，审批697项商品，审批货值4917万美元，减免税款4792万元人民币。

（戴红梅）

贸易促进

【打造会展名城】 以打造东北亚区域性会展名城为目标，推动长春都市经济圈建设为中心，以7月汽博会举办为标志。全年举办规模以上各类展会活动66项，展览面积239万平方米，会展企业86户。拥有展览场馆11处，展览面积130万平方米，其中室内展览面积40万平方米。举办第十七届中国（长春）国际汽车博览会。该届展会销售车辆51852台，交易额103亿元，入场29.3万人次，线上展厅观众57.5万人次，展览面积20.3万平方米，参展品牌150个，参展车辆1655台。汽博会期间，展馆周边公交乘客数量比平时增长77.8%，宾馆酒店从入住率不足30%增长到87%，餐饮企业营业时间平均延长5、6个小时，顾客入店数是非展会期间的3倍以上，营业收入平均增长84%，休闲娱乐业营业额平均增长150%，旅游景区游客入园率增长43%，广告、设计搭建、设备租赁等企业业务量增加70%。其他重点展会效果显著，区域性会展名城日渐成型。举办“第十三届长春民博会”“第十三届东北四省农资展”“第二届长春国际康养高峰论坛·康复设备展览会、国际健康产业博览会”“2020长春国际无人机产业博览会”“第十六届动漫艺术博览会”“第十届中国（长春）国际茶产业博览会”“首届新环保新能源产业博览会”“第十四届连锁加盟创业项目展览会暨第一书记代言产品推介会”等重点展会。10月22日，商务部会展经济研究会发布中国城市会展业竞争力指数报告，长春在15个副省级城市中首次挺进前十，在包括直辖市、省会城市及地级市在内的125个会展城市中排名第19位，连续3年领跑东北，获2020年中国最具竞争力会展城市。

【搭建经贸平台】 举办“长春—釜山进出口贸易云洽谈会”。该项目4月启动，经过近70天的组织，中韩两方招募近50户进出口企业，7月1日召开视频对接会，促成中方企业与韩方签订贸易合同，出口口罩、手套和消毒液等防疫物资。组织多场线上经贸洽谈会，帮助长春爱阳光新零售公司、长春创享会直播平台等本地企业打开韩国、日本市场。

组织长春韩国贸易馆、韩人会、韩国企业家协会等在长韩企到中韩国际合作示范区进行对接，推动项目合作落实。中玖集团拟在中韩国际合作示范区投资1.5亿人民币，计划占地10万平

9月11日，第十届中国（长春）国际茶产业博览会　　（伊方亮　提供）

方米，作为教育用地；中新社对接美博会组委会，搭建医美、美容、化妆品等美容产业平台，引进中韩医美项目；推进中韩示范区与市贸促会驻日本代表处对接到日研修生培训项目；韩国红参馆将红参提取项目落户到合作示范区。

【服务政企】 举办长春兴隆综合保税区推介会。6月17日，组织100余名外经贸、跨境电商、生产及流通企业参加该次推介会。兴隆综保区就其政策功能优势、惠企政策及业务开展典型案例等进行介绍，各界企业家就自身业务需求与市贸促会、兴隆综保区进行深度交流。9月1日，与中国贸促会贸易推广交流中心共同举办中国贸易便利化服务培训会，长春市进出口企业负责人等120余人参加培训。会上对如何打破贸易壁垒，提高中小企业和实体经济国际贸易便利化服务，产品检测认证代办等内容进行培训。解决企业自身困难。长春百克公司原出口医疗器械的COPP认证时间，经市贸促会协调后省药监局将30个工作日缩减为20个，压缩时限提升效率；联系SGS国际认证机构，帮助吉林弗朗公司办理欧盟CE和美国FDA认证，打通对外渠道。

【优化营商环境】 年初，面临新冠肺炎疫情导致的国际贸易纠纷增多，部分企业急需办理原产地证书，不可抗力事实性证明等业务，市贸促会通过“网预约、云办公、电话谈、快递传”等方式，为企业排忧解难。出证认证业务。全年办理一般原产地证书1560份，优惠原产地证书110份，商事证明书和代办领事认证487份，发布预警信息24期450条，新增企业注册14户，解答企业咨询840余次。为企业出具不可抗力事实性证明，帮助企业降低损失。接到27户企业的咨询电话60余次，并帮助企业出具1份不可抗力事实性证明，挽回合同损失22万美元。法律宣传业务。向新闻媒体投放各类宣传稿件15篇；向外经贸企业推送最新的经贸形势，如最新使馆放假闭馆通知和疫情相关的要求、关于不可抗力事实性证明解读文件、防疫物资认证要求等；通过政府文件、网站和公众号等渠道向企业宣传推介法律服务热线，帮助企业解答各类法律和业务咨询，努力优化营商环境。

10月15日，第二届全球（长春）制造业服务外包峰会在长春开幕

（市商务局 提供）

【商会建设】 筹备长春国际商会换届工作，起草《长春国际商会章程》修改稿、《长春国际商会会员管理办法》《长春国际商会专业委员会管理办法》；筹建长春国际商会汽车零部件专业委员会、跨境电商专业委员会、农特产品专业委员会、健康产业专业委员会、家居专业委员会等内部组织；推进落实贸促会领导兼任国际商会职务工作。

（伊方亮）

开发区

KAIFAQU

综　述

【概况】　2020年，全市有各级各类开发区32个。其中，国家级开发区4个，即长春高新技术产业开发区、长春经济技术开发区、长春汽车经济技术开发区、长春净月高新技术产业开发区；省级经济开发区19个，省级工业集中区7个，市级开发区2个。

长春高新技术产业开发区于1988年5月经吉林省人民政府批准建立，1991年3月经国务院批准成为首批高新技术产业开发区，是吉林省第一个开发区和第一个国家级开发区。长春高新区地处长春市西南部，与长春南部新城和长春汽车经济技术开发区、朝阳区、南关区毗邻。辖区面积55平方千米，辖4个街道办事处、7个村、23个社区、2个村民事务管理办公室，常住人口30万人。主导产业为汽车及零部件产业、生物医药健康产业、光电子产业。

长春经济技术开发区于1992年7月成立，10月进入省级开发区序列。1993年4月，经国务院批准为国家级经济技术开发区，是国家最早设立的49个国家级经开区之一，规划面积112平方千米。2011年，吉林省政府依托长春经开区建设吉林省唯一的综合保税区，长春兴隆综合保税区于2014年3月正式封关运营，是全国第19个、吉林省首个综合保税区，与经开区实行“一支队伍、两块牌子”的运营管理模式。经开区行政管辖面积112平方千米，辖4街1镇，常住人口40万人。主导产业为汽车整车及零部件、光电信息产业、生物及医药产业。

长春净月高新技术产业开发区位于长春市东南部，成立于1995年8月，原名为长春净月潭旅游经济开发区，2006年3月更名为长春净月经济开发区，2011年初，经吉林省人民政府批准转型更名为长春净月高新技术产业开发区，2012年8月，经国务院批准，晋升为国家级高新技术产业开发区。区域面积478.7平方千米，总人口45万人。主导产业为影视文旅、现代服务业。

长春汽车经济技术开发区于2005年9月挂牌成立，2010年经国务院批准晋升为国家级经济技术开发区，主要承担一汽办社会、发展汽车产业、建设长春西南新城区3项职能，是长春国际汽车城的核心区。开发区行政管辖面积120平方千米，管辖4个街道办事处，总人口31.8万。晋升为国家级开发区后，汽开区被评为国家新型工业化示范基地、国家生态工业示范园区等称号。

长春莲花山生态旅游度假区于2010年9月经省委省政府批准设立，是由长春市委市政府直管的省级开发区，位于长春市城区东部，北起长春新区、九台区，南至净月区、双阳区，西连长春主城区，东邻石头口门水库，实际管辖面积362平方千米，下辖2镇1乡，26个行政村，户籍人口约5万人（常住人口3万人）。

【改革政策与措施】　按照国家《关于促进开发区改革和创新发展的若干意见》（国办发〔2017〕7号），《关于推进国家级经济技术开发区创新提升打造改革开放新高地的意见》（国发〔2019〕11号）和吉林省《关于开展开发区体制机制创新试点工作的意见》（吉办发〔2017〕15号），《关于促进开发区改革和创新发展的实施意见》（吉政发〔2018〕13号）4个对开发区改革创新的纲领性文件要求，研究分析、贯彻落实，结合长春市开发区实际，出台长春市《关于促进开发区改革与创新发展的若干意见》（长办发〔2018〕5号）、《关于促进开发区改革与创新发展试点方案》（长府办发〔2018〕8号）2个开发区改革的政策文件，为推动长春市开发区改革提供政策依据。以市开发区领导小组名义下发《关于促进开发区改革与创新发展重点任务分解》，将改革任务细化为12个方面40项任务，分解到57个责任单位（其中牵头单位18个）推进落实，保障长春市开发区改革的进行。

（侯云龙）

长春新区

【概况】　长春新区是2016年2月3日由国务院批复设立的第17个国家级新区，

规划面积约499平方千米，包括1个国家级高新区（长春高新技术产业开发区）、2个省级开发区（长春北湖科技开发区、长春空港经济开发区），下辖1个乡、7个街道，40个社区，38个行政村，常住人口58万人。

地区生产总值823.9亿元，比2019年增长8.9%；规模以上工业产值完成790.3亿元，增长10.6%；固定资产投资完成445亿元，增长9%，总量占全市1/4；财政收入完成19.25亿元，增长6.3%，高于全市4.8个百分点；限额以上社会消费品零售额完成164.5亿元；土地出让总面积11.88平方千米，产业项目用地占全市44.2%。

【招商引资】 全年开展线上线下招商活动400余次，举办第二届全球（长春）制造业服务外包峰会、长春新区苏州招商推介会、首届中国（吉林）医疗器械创新与高质量发展高峰论坛等重大会事活动30余次，新引进产业项目102个，总投资408亿元。总投资30亿元红星爱琴海主题购物公园商业街、总投资23亿元上海瑞宙生物疫苗生产基地、总投资15亿元卓谊生物医药产业园、总投资5亿元北湖航空科技博览园等项目签约落位长春新区。储备项目232个，总投资6000余亿元；谋划包装专项债项目52个，总投资700亿元，已发行项目20个，总投资257亿元。

【项目建设】 全年开复工项目217个，总投资1968亿元，超额完成年初204个项目建设目标，其中产业类项目占比近2/3。中国长城（吉林）信创制造基地、北湖科技开发区特陶产业园、长春高新区生物医药产业园、北湖科技开发区创新产业园、长春中巴跨境电商小镇等新建项目加快建设。桃李食品生产基地、龙翔国际商务中心A区、海容广场等续建项目进展顺利。吉林省晰晰国际产业发展中心、易华录国际食品安全创新产业园、长春北湖新城吾悦广场等建成项目投入使用。推进建设金赛药业生长激素二期、长光宇航科技有限公司年产300套商用先进复合材料件、天合富奥汽车安全系统（长春）有限公司技术改造等25个扩能升级项目。

【开放平台建设】 长春临空经济示范区获批，成为东北唯一、全国第15个国家级临空经济示范区，围绕物流保税、临空产业、商务会展、生态宜居等方面，编制完成“1+6”发展规划。国际陆港现代物流大厦主体建设基本完成，中欧班列货运量4631标箱，是2019年4.52倍；国际空港长春龙嘉国际机场新修编总体规划获批。长春中白科技园试运营，精准医疗器械研发中心、碳碳复合材料研发中心签约落位，长春中巴跨境电商小镇主体封顶，“吉浙汇”对口合作基地揭牌。全年实际利用内资209.9亿元、外资9006.8万美元，分别比2019年增长20.5%和11.6%，列全市开发区第一。

【科技创新】 全面启动长春国家区域创新中心建设。依托吉林大学、华为长春研究院、长春高新技术产业（集团）股份有限公司构建“环吉大双创生态圈”“海容荟双创小镇”规划审议通过，与中国科学院系统加强合作，推动中国科学院长春光学精密机械与物理研究所长春国家光电子产业基地企业孵化平台、中国科学院（吉林）科技产业创新平台发展，吉林省知识产权保护中心、长春市知识产权保护中心落位长春新区。上海证券交易所资本市场服务吉林省基地落户长春新区，开启企业上市“直通车”，吉林奥来德光电材料股份有限公司成为吉林省首家科创板上市企业，长春吉大正元信息技术股份有限公司在深圳证券交易所上市，长春英利汽车工业股份有限公司主板上市事宜获中国证券监督管理委员会发行审核委员会审核通过，长春百克生物科技股份公司即将申请中国证券监督管理委员会发行审核委员会审核。与“京津冀双创联盟”合作，组织第九届中国创新创业大赛（吉林赛区）暨2020“长春新区杯”创新创业大赛决赛、“中科创翼”暨2020年中科院STS双创项目路演大赛，摆渡创新工场获中国科学技术协会2020年度“科技创业孵化贡献奖”，“双创”示范基地建设获国务院和国家发改委通报表扬。实施“长白慧谷”英才计划，创新推出特殊人才“编制池”、大学生就业实习基地、长春新区奖学金等举措，评选“长春新区第一批杰出创新人才”10名，3名人才入选国家重大人才工程。

【新区建设】 启动《长春新区国土空间规划（2020—2035年）》编制工作，完成生态保护红线划定、城镇开发边界划定、基数转换任务；编制完成《长春

长春新区航天信息产业园 （张健提 供放）

国家区域创新中心核心区空间规划》。“三路七桥”实现主线贯通，空港经济开发区通港大路、远航大路、龙泽大街等主干路网基本形成。伊通河北段综合治理项目沿岸防洪能力及景观环境全面提升，环保督察325件信访案件和53项整改任务全部完成，黑臭水体全面消除。集中开展市容秩序、工地环境、城市出入口、毁绿种菜、消防通道、拆围透绿六大项整治工作，拆除违建9000余平方米、清理抢栽抢种40余万平方米、取缔占道经营6500余处，将前进大街和龙湖大路打造为长春新区“拆围透绿”示范街路。建立垃圾分类四级（新区、开发区、街道、社区）管理网络，形成新区统筹、开发区推动、街道实施、社区动员的运行机制，配发收集容器8000余个，宣传设施3400个，覆盖率80%。农村人居环境整治完成2297户改厕任务，创建316个美丽庭院、564户干净人家，长春新区因农村人居环境整治工作优秀被中共长春市委市政府授予集体二等功。

【营商环境建设】　统筹推进疫情防控和经济社会发展，有序推动复工复产、复商复市，疫情期间在全国新区中率先出台助企15条、支持中小微企业发展9条、打造一流营商环境新50条等系列惠企政策，解决企业生产经营困难和问题551件，全区各类企业实现100%复工复产，推动复工复产相关做法得到国家发改委通报表扬。“管委会+公司+园区”改革入选中国改革年度50个典型案例，完善“1+N”国资监管体系，在省市率先推出“关联事项”“政务服务驿站”“拿地即开工”等改革，其中“政务服务驿站”被列为全省试点。制定涵盖产业升级、科技创新、金融发展、人才集聚的“8+3”政策体系，出台包括70项举措的《长春新区打造一流营商环境工作方案》，全年兑现政策资金6.8亿元。创新推出企业家主题沙龙、工业投资项目帮办团等服务，吉林省内首个政企服务站“惠企e办”投入运行。在全省“放管服”改革企业和群众获得感调查中，长春新区企业满意度92.68%，居全省第一。

【民生服务】　“幸福新区行动计划”确定的60项民生实事全部完成。启动长春新区人民医院、公共卫生服务中心建设，完成北湖社区中心提档升级改造工程、空港经济开发区兴港社区站迁址工作。实施长春新区崇文学校、长春新区启源学校等4所学校和长春新区第一幼儿园新建扩建工程。引进江西奥飞文体产业集团有限公司作为长春奥林匹克公园运营服务商，正式投入运营。全年开发就业岗位1.45万个，推进大学生就业实习基地建设，开展“高端人才奖励项目”“人才住房保障支持项目”补贴申领工作，惠及189户企业716人。开展就业扶贫行动，帮助贫困劳动力就业创业，农村劳动者实现就业170人，完成职业技能培训518人，申请补贴68.24万元。引入社会组织5家，为符合条件老人提供家政、助洁、助浴等居家养老服务项目。完成长春高新区富康社区、空港经济开发区福园社区2家居家养老中心装修。完成长春高新区新设飞跃、超越街道以及北湖科技开发区新设3个社区报批。完成示范型退役军人服务中心建设，打造退役军人服务站42个。投入230余万元新建和提升改造综合文化站3个，投入23万元提升改造文化小广场10个；实施“文化惠民工程”，举办各类文艺活动200余场次，受惠群众30余万人次。

（张　健）

长春经济技术开发区

【概况】　长春经济技术开发区（以下简称长春经开区）于1992年7月成立，10月进入省级开发区序列。1993年4月，经国务院批准为国家级经济技术开发区，是国家最早设立的49个国家级经开区之一，规划面积112平方千米。2011年，吉林省政府依托长春经开区建设吉林省唯一的综合保税区，长春兴隆综合保税区于2014年3月正式封关运营，是全国第19个、吉林省首个综合保税区，与经开区实行“一支队伍、两块牌子”的运营管理模式。长春经开区辖区面积106.88平方千米，辖1个镇、4个街道办事处、29个社区、8个村，常住人口近50万。长春经开区坚持工业立区、产业立区理念，抓住实体经济和对外开放两大主攻方向，基本形成以汽车零部件、农产品深加工、现代服务业三大支柱产业为主导，光电信息、生物医药、装备制造、国际贸易等战新产业共同发展的产业体系。富维安道拓等32户企业上榜长春企业100强，位居全市首位。在全国218家国家级经开区综合实力排名中位居第25位，比2019年前移3位，为吉林省唯一始终保持在前30位的国家级经开区。

2020年2月，出台《助力企业渡过难关政策十条》，3月初实现全区规上工业企业复工复产率100%。出台促进工业经济平稳运行和支持服务业企业若干政策措施，推动二、三产全面复苏。全年完成地区生产总值733.8亿元，比2019年增长3%；规模以上工业总产值765.7亿元，增长6.2%；固定资产投资200.8亿元，比2019年增长8.3%；限额以上社会消费品零售总额实现114.6亿元，增长7.1%；实际利用外资完成7854.1万美元，增长10%；实际利用内资完成165亿元，增长11%。

【招商引资】　5月初，在全市开展片区网络招商推介会，集中签约项目51个，总投近400亿元。全年开展各类招商活动200次，完成签约项目115个。其中，签约10亿元以上项目5个；5亿元以上项目3个。承办第六届中国制造业上市公司价值500强论坛暨5G+工业互联网赋能制造业发展峰会。

【项目建设】　全年建设5000万元以上项目122个，总投资766亿元。占地80万平方米、总投近70亿元的东光友成、华启汽车、普洛斯、丰树等21个优质产业项目已全部启动建设。总投资10亿元的一汽丰田发动机项目和总投资8亿元的富维安道拓生产基地项目部分投产；总投资11.5亿元的吴太医药产业园全面投产；常州街工业孵化园、智能制造产业园、锦州街1号2号厂房等一批重点项目进展顺利。争取专项债券、中央新增预算投资项目56个，总投资85.6亿元，申请各类资金41.8亿元，到位近12亿元。特别是专项债，包装17个项目，获批10个，获批额度10.2亿元。2020年建设标准厂房50万平方米，举办全市200万平方米工业标准厂房集中开工仪式。

【科技创新】 光机所、应化所、长春理工大学等院所的合作。重点项目总投资近20亿元的光电信息园部分交付使用，长光圆辰、长光辰芯等10余个项目进驻。省市区和光机所共同投资14亿元的国家半导体激光技术创新中心已经落位，10年内预计即可带动相关产业年产值100亿元以上。依托生物化工产业园区优势，携手应化所、省工研院，量身定制的应用化学产业园启动建设，占地5.7万平方米，优选出10余个项目作为首批入园项目。引进创新人才。发挥“院士长春创业园”筑巢引凤功能，获国家科技部扶持资金5000万元。引进李骏院士团队年产30万套智能安全驾驶系统项目。2020年院士项目实现产值1.2亿元。创新载体搭建成果。总投近20亿元的综保区双创总部基地和科技孵化园投入使用，近20户企业进驻。经开科创广场有路易凯威轨道汽车、豪尔新材料、智宸光电、运捷轨道科技、亿鑫自控等在孵企业76户。与企业合作共建取得进展，与一汽检测中心共同建设的国家汽车质量监督检验中心运营良好，多维科创集团医药健康产业创新成果转化基地投入使用。科创成果。全年认定国家高新技术企业114户，增长85%；长春市科技型“小巨人”企业首次突破100户（107户），位列四大开发区首位；吉林省科技小巨人企业新认定32户，增长33%。全区国家高新技术企业新增数量是前24年总量的8倍，小巨人企业新增数量是前24年总量的12倍。获省科技厅“2020年吉林省高新技术企业认定工作优秀单位”称号。

【城市建设】 洋浦中学、大连路消防站、交警大队等房建工程全部交付使用。全年新增绿化量58万平方米。新建续建道路48条，总投资5.6亿元，建成道路33.2千米，改造雨污水管线2.3万米，综保区全年建成道路23.7千米，提高区域路网综合承载能力。兴隆污水处理厂二期投入使用，北区污水处理能力翻番。临河街提升改造有序推进，打造长春市商业金街新名片。实施北海公园电力线路迁建，释放沿线土地资源；实施北远达地块区域供水加压泵站及管道配套工程，惠及周边小区近3000户居民。提升改造建业花园、新开河等6个老旧小区，改造住房120栋，面积逾66万平方米，惠及居民8000户2.8万人。

7月，长春整车进口口岸迎来大批量进口整车。图为运抵长春的进口奥迪车

（逄中宇 提供）

【对外开放】 整车进口口岸完成1000台奥迪整车进口目标，平行车进口试点、二手车出口试点获批。五丰科技研发及制造中心等重点项目落位园区。长春兴隆国际快件监管中心海关代码、企业快件运营人资质获批，国际快件业务正式开展。试点开展企业增值税一般纳税人资质和“网购保税+线下自提”业务，降低企业税务成本。

【营商环境】 经开区联合长春市相关审批部门，在全省率先开启“拿地即开工”审批制度改革，通过采取容缺受理、容缺核发许可、容缺材料限时补正等举措，做到项目建设单位“拿地”当日即可开工建设。出台《长春经济技术开发区持续优化营商环境促进高质量发展实施意见》。截至2020年12月31日，经开区有市场主体58153户（企业22674户，个体工商35479户）。1月至12月，全区新增市场主体11757户，比2019年增长28%；新设立企业6243户，比2019年增长42%。免费为企业提供税控盘1238个，免费为新设立企业刻制公章10878枚，为企业节约开办成本150万余元。全区99.6%的政务服务事项实现最多跑一次。在全市率先推出“政策大讲堂”活动，全年举办22场，企业参加培训人数1450余人次。全年走访企业1048次，为企业解决各类问题444个。

【民生工作】 抓“宜居、宜业、宜商、平安、快乐、健康”六大工程87项152件民生实事，惠民举措落实落地。抓农村人居环境整治，完成3年攻坚任务，惠及3800余户1.1万余人，农村人居环境得到提升。抓回迁安置，全年回迁安置575户居民，安置房屋1101套，3年完成回迁2656户、安置房屋4914套。新增5个社区，面积近7000平方米，新建社区卫生服务站3个。近1万平方米的民生大厦投入使用。新建洋浦、兴隆山中心园、博远实验3所幼儿园，满足1260名幼儿入园需求。全年招聘教师291

人，对第九十七中学实行教学委托管理，在年度“履行教育职责综合评估”中，位居开发区组首位。

（逯中宇）

长春净月高新产业技术开发区

【概况】 2020年，净月高新区地区生产总值407亿元，比2019年增长2.8%；固定资产投资216.9亿元，比2019年增长18.1%；全口径财政收入60.1亿元，比2019年增长17.5%；地方级财政收入12.7亿元，比2019年增长26.8%；规模以上工业总产值125.3亿元，比2019年增长9.18%；服务业增加值325.4亿元，比2019年增长2.1%；三次产业比重调整为0.4:20.7:78.8。招商引资精准推进，制定项目入区指引、招商热力图，组建专业招商团队，开展“走出去”招商77次、拜访企业220家，“请进来”接洽招商团体386个；借助第十五届长春电影节、长春吉浙数字经济发展峰会2个重大活动，集中签约项目99个、总额1272亿元。推进项目建设，组建项目中心和信息平台，推进专班抓项目，实际开复工5000万元以上项目170个，开复工率140%；组织申报专项债券项目11个，获批5个，到位资金7.5亿元。开展“万人助万企”活动，出台《疫情期间促进工业、服务业经济平稳运行若干政策》，发放扶持资金2000余万元惠及企业33家，建设标准厂房5.1万平方米，指导长春科世得润汽车部件有限公司、大陆汽车电子（长春）有限公司等重点企业完成技改投资5.9亿元。落实市委市政府“每个板块每年出让产业用地500公顷”工作部署，成立专班加大征拆力度，全年征收房屋2455户、土地1003公顷，保证长双快速路、地铁6号线等全市重点项目顺施工。制定基准地价评估体系和不同用地价格修正体系，土地招拍挂出让面积490.14公顷，实现合同价款304.65亿元，分别占全市的20%和41%，以7214元/平方米打破长春土拍单价记录。

生态景观——如画净月 （徐志英　提供）

【科技创新】 2020年，新认定国家高新技术企业151户，全区国家高新技术企业265户，比2019年增长121%，被省科技厅评为“2020年度国家高新技术企业认定工作先进单位”；新认定省级科技型小巨人企业16户，总数46户；新认定市级科技型小巨人企业16户，总数83户，技术交易合同备案金额71.77亿元；全年新获批国家级众创空间2个，省级科技企业孵化器1个，玖壹咖啡、吉林省广告产业园获评“2020中国百家特色载体”。截至2020年底，全区有科技企业孵化器（众创空间）31个。其中，国家级8个、省级6个。

【城乡建设】 2020年，建设东滨河路、新城乙一路、临河街等40条城市道路和46.7千米“四好农村路”，完成长春东部快速路南延长线和净莲三环路建设。完成国际影都35项配套及天普路变电站电力工程；铺设管线92千米，新建、迁改和更新网络通信线路30千米，升级改造基站130余座。净月水电所移交，惠及1.2万余户群众。开展“拆违植绿”专项行动，组织大型执法行动28次，拆除各类违法建筑物72处4.38万平方米，收回非法侵占国有土地3.4万平方米。

【生态环境】 新增公共绿地102万平方米，实现生态工程造林、自愿还林、农防林改造和湿地绿化提升77.3公顷，新建3处社区公园，城市绿化率42.5%，生态环境持续改善。“四轮”督察交办案件及整改问题全部办结销号，1个国考断面、6个市考断面全部达标，20蒸吨以上燃煤锅炉全部稳定达标排放，获“吉林省生态县（市、区）”称号。改造提升35个重点屯人居环境和基础设施，全部实现“净绿美”目标，完成5612户农村改厕任务，基本实现畜禽粪污全利用、农药包装废弃物全收集，7个村被评为第七批省级生态村。

【社会事业】 东北师范大学华蕴实验学校、长春净月第一实验学校、净月高新区玉潭小学、净月潭实验校完工投入使用，净月高新区明泽学校、新城大街学校开工建设，净月高新区育泽、慧泽、影都学校完成前期规划设计，新增优质义务教育学位7435个、7039名适龄儿童入学。新建7家公立社区卫生服务中心，发放基本公共卫生服务补助资金1619.1万元。开展太极拳、农民趣味运动会、国学艺术培训等各类文体活动近30场，参与群众超2000人次。足额发放各类政策性补贴资金1700余万元，为372名残疾人提供精准康复服务，对140名残疾人进行职业技能培训，620名优抚对象抚恤政策全部落实到位，在全市开发区率先完成符合条件的162名退役军人社保接续缴费工作，被评为2020年全市民政工作目标责任制综合评估优秀单位。全年城镇新增就业4687人，城乡居民养老保险新增1374人，为农民工追讨欠薪7543万元。实施扶贫攻坚3年行动计划，连续4年开展“寒冬送温暖”帮扶活动，实现困难群体应帮尽帮、应保尽保。狠抓安全生产、消防、森林防火、防汛等领域隐患排查，发现并整改各类安全隐患2764项，应对连续3次台风侵袭和冻雨灾害，安全生产和自然灾害方面实现“零事故、零死亡”。

【城乡融合典型】 2020年，净月高新区投入资金近3亿元，打造城乡融合发展试验区典型——玉潭镇友好村北沟，完成230公顷土地集中连片流转，形成“村级收储、集中管理、规模利用”农业产业发展新模式，成为全区推进农村产权制度改革、促进产业融合发展、引导农民增收的样板区。友好村北沟按照“拆除一、提升一、改造一”的整体思路，拆除相对适合连片开发的上窑屯，提升“留住乡愁”的腰炮手屯，改造与体验式开发上炮手屯，打造“望得见山、看得见水、记得住乡愁”的特色文化旅游体验综合体。引入吉林省农业投资集团有限公司、吉林省农业综合信息服务股份有限公司、吉林省中东集团有限公司、吉林省小禾农业有限公司等社会资本参与项目投资建设，于8月末全面完成道路、河道、湿地、景观、展馆等建设工作，建成中东集团“橡果农庄”、房车营地、蒸汽小火车，省农信集团数字农业展示中心，省农投集团农业现代化生态新乡居，长春中医药大学中医博物馆，小禾农业花海景观以及湿地公园等项目，作为省实施乡村振兴战略现场推进会议迎检单位受到与会领导和各界好评，典型经验登上央视新闻联播等多家媒体。2020年，友好村北沟接待游客50余万人次，带动近400名村民就近就地就业。

【长春国际影都】 制定《长春国际影都协同发展规划纲要》《长春国际影都板块国土空间总体规划（2021—2035年）》《长春国际影都影视产业发展规划》，在“长春国际影都”板块确定“一山携两翼、三水润净莲”空间意象、7平方千米六大基地的空间布局，高标准建设影视拍摄、数字影视、影视教育、影视文旅、影视孵化、影视总部六大基地，打造涵盖影视产业全产业链的泛文化娱乐生态圈。与市政府和万达集团三方联手，发布《长春国际影都影视产业政策白皮书1.0》，通过奖励、补贴、扶持等方式，从支持重点企业落地、鼓励影视项目投资、吸引影视拍摄制作、引进影视人才团队等方面对影视产业发展进行全方位支持。创新宣传手段，全省首推“投资合作热力图”，举办影视产业发展论坛、线上推介会、集中签约、展示中心启动等活动。

【文化旅游】 启动《净月高新区全域旅游发展规划》《净月高新区乡村旅游发展规划》等规划编制工作，按照“北城·南苑·中山水”的空间格局，明确“中山水”区域“会展度假”“乡村休闲”“三生（生产、生活、生态）康养”3个组团设计。在玉潭镇双庙子和鹿鸣谷区域推进会议度假项目落位，在玉潭镇、新湖镇重点推进乡村休闲项目落位，在新立城水库、爱国水库谋划建设生命康养小镇。围绕美丽乡村提升工程，设计布局玉潭镇、新湖镇、新立城镇乡村旅游导视系统，建设乡村博物馆、乡村慢道游，引导旅行社集聚游客。以“文旅+产业”模式提升文旅热度，重点实施“旅游+研学”“旅游+体育”“旅游+交通”和“旅游+乡村”的融合发展，全年策划举办“中国长春净月短片节”“云中净月诗歌行”“抖音直播”和“自驾车体验”等活动。试行上线“净月文旅”小程序，辖区常安驿站度假山庄、吉林省民间工艺美术馆通过AAA级评定。承办第十五届中国长春电影节、第十九届中国长春国际农业·食品博览（交易）会，举办中国长春净月潭瓦萨国际滑雪节、中国长春（国际）无人驾驶汽车冰雪挑战赛等冰雪赛事活动，筹建净月雪世界、冬季农博会暨新春大集等冰雪精品游项目，精心设置“一日游”“两日游”专线。举办长春吉浙数字经济发展峰会暨2020数字新浙商长春行、2019—2020年度阿里巴巴诸神之战全球创客大赛、“中国网红吉林行”暨直播经济产业峰会、2020长春国际无人机产业博览会等活动。举办2020第十六届中国广告论坛等活动。

（徐志英）

长春汽车经济技术开发区

【经济发展】 2020年，汽开区地区生产总值（GDP）1104.8亿元，增长9.3%；规模以上工业总产值4835.8亿元，比2019年增长13.5%；固定资产投资189.54亿元，增长17.8%；一般预算全口径财政收入91.81亿元，区本级财政收入14.11亿元，增长16.1%。完成内资指标115.32亿元；实际使用外资18204万美元。谋划实施5000万元以上项目165个。其中，10亿元以上项目48个，工业项目128个。投资78亿元的红旗新能源项目、投资70亿元的颐高数字经济产业园、投资48.9亿元的吉林玲珑轮胎、投资30亿元的一汽研发总院新能源智能网联创新试验基地、投资14亿元的富赛汽车电子研发中心等78个整车、零配件及研发创意项目全部开工建设。招商局联合各主机厂组织招商小分队，全面走访京津冀、长三角等地，进行点对点、面对面招商，华达汽车等30余家企业实现回归，库卡机器人等15家企业实现结算回归。联合深商控股、长发集团、建设银行，共同成立600亿元的红旗产业基金。完成一汽嘉年华、中韩汽车产业项目对接会、2020中德汽车大会等系列活动。

【长春国际汽车城】 2020年2月，《长春国际汽汽车城建设规划》获得批复。汽开区成立长春国际汽车城推进工作领导小组，建立“1+6+6”工作推进机制，编制完成《长春国际汽车城总体设计》《长春国际汽车城产业发展规划》等10个总规和专项规划。投资80亿元的旭阳中法智能产业园在朝阳经济开发区落位开工，投资12亿元的新能源产业园在西新工业集中区开工建设，贯通朝阳、绿园、公主岭的前程路、和谐大街、振兴大路启动建设。

【深化改革】 深化“放管服”改革和“一网、一门、一次”政务改革，完成招商机制、城市管理等24项改革任务。推广联审联办、不见面审批等特色服务，实现由“最多跑一次”向“一次不跑”转变，政务服务群众满意率100%。成立9个招商服务局，设立一汽工商事务顾问，开通一汽项目绿色审批通道，实行24小时全天候预约服务。

【科技创新】 2020年，全区国家高新技术企业发展到51户，长春市科技型“小巨人”企业总数67户，吉林省“小巨人”企业总数36户。组织2020年吉林省科技型“小巨人”企业申请R&D投入补贴219万元。推荐区内5户企业的7个科技项目，申报吉林省科技发展计划2021年度项目资金352万元。落实2020年吉林省科技创新专项资金58万元，2019年高新技术企业、长春市科技型“小巨人”后补贴194万元。

【社会事业】 全年开发就业岗位40376个，新增城镇就业人员30481人次，实现“零就业”家庭动态清零。帮扶白城市经开区专项扶持资金300万元。发放特困金、低保金、救助补助金2000余万元。完成城镇小区配套幼儿园专项治理工作。

【基础设施建设】 新建、改建道路6.3千米，新增道路面积9.16万平方米，新增、改造雨水管线15.13千米，新增、改造污水管线62.34千米，供电线路13条，供水线路2千米，燃气管线3千米。完成13条人行道方砖改造工程，方砖及园林绿化改造面积7391.67平方米。启动新红旗大街延长段、凯达北街贯通等重点工程，打通汽车大路、自主大路、前程路等关键路网；完成一汽NBD周边、城市出入口、东风大街历史街区提升改造；3个回迁小区建设、41个老旧小区改造竣工；全球首个“智能化全场景数字展馆”红旗创新大厦正式开放；全省首条“5G”街路、全省首家智能网联示范区建设全面启动。东山物流、日系工业园、研发总院等征拆难题破解。

【营商环境】 通过减免工业厂房租金、支持企业技改扩能、减免配套费、申请专项资金等方式使企业获得3.73亿元支持。走访企业18700余户次，为企业解决各类问题680余个。在全市率先推出“政策大讲堂”活动，举办13场，企业参加培训1400余人次。推进“一网、一门、一次”政务服务综合改革，投入300万元完成标准化政务大厅建设，梳理行政审批及公共服务事项804项，全区796个事项可实现“最多跑一次”，2020年受理办件116382件，办结116265件，办结率99.9%，满意率100%。

（陈晓杰）

长春莲花山生态旅游度假区

【经济发展】 2020年，全区地区生产总值10亿元，增长4%，高于全市0.5个百分点；固定资产投资增长9.5%，高于全市0.7个百分点；全口径财政收入4.9亿元；地方财政收入1.6亿元，增长10.6%左右，高于全市9个百分点；服务业增加值占GDP比重71%，民营经济增加值占GDP比重34%；三次产业比例为7：21：72；常住人口城镇化率61%，户籍人口城镇化率76%。

【招商引资】 2020年，完成内资11.16亿元，增速超过14%，位列全市第一；社会消费品零售总额7798.5万元，开发区中排名第三，增速与全市平均水平保持一致；全年签约引入项目31个，合同引资额579.3亿元；与80余家企业进行项目洽谈对接，引入税源型企业25户；推动“冰雪搭台、经济唱戏”，集中签约13个项目、18家金融机构，签约投资总额335.3亿元、金融机构授信总额345亿元。

【项目建设】 融入长春国际影都、国家区域创新中心两大板块，推进“专班抓项目”“万人助万企”工作，把握“项目谋划、前期审批、开工建设、建成运营”四大环节，推动项目落地，38个5000万元以上新建续建项目进展顺利，新增31个签约项目。天定山滑雪场、冰雪新天地等项目当年开工、当年建设、当年运营。形成以国色天莲康养小镇和联合国可持续发展健康小镇项目为龙头的大健康特色产业集群，以莲花山世茂滑雪场、冰雪新天地、世茂莲花山冰雪小镇等项目为龙头的特色旅游产业集群，以东北亚国际陶艺文化园等为龙头的音乐影视、文化创意产业集群。

【文旅产业】 2020年，度假区文化旅游产业形成“冰雪+”“避暑+”品牌优势，冰雪旅游、冰雪运动、冰雪文化成为三大核心产业，长春冰雪新天地、天定山滑雪场、莲花山世茂滑雪场成为全市、全省乃至全国的网红打卡地，莲花山成为冰雪体验之都。形成以长春莲花山滑雪节、花海艺术节、“SMART公共艺术装置设计大赛”、露营音乐节、百年梨花节、徒步节、秧歌大赛等为依托的“旅游+活动”。以中国长春国际陶艺作品邀请展为依托的“旅游+文化”。以自由式滑雪空中技巧世界杯赛、自由式滑雪空中技巧世界杯赛、UIAA攀冰世界杯赛等国际赛事为依托的“旅游+体育”莲花山旅游品牌。开展文化挖掘，整理、编写度假区未定级不可移动文物8处。举办第九届中国长春国际陶艺作品邀请展和三地巡展，47个国家和地区的280名陶艺家的150件作品被陶艺馆收藏。

【工程建设】 以“761”工程、“三早”工程等为重点，实施开五街、开七街等10条道路新建工程。完成3条污水干管建设。新建6条供水管线。排迁12条供电线路。协调天然气公司推进6条天然气管线施工。统筹实施大热源项目建设。组织四家乡棚改一期工程收尾和二期工程主体施工。推进莲花泉眼二期工程前期手续办理。完成同心村生活污水处理工程主体施工。完成市政道路维护、交通工程建设，处理道路病害213处、施划交通标识线3.45万平方米；完成年度农村道路维护、安防工程建设任务，改建沙石路6.56千米、改造老旧路10.96千米。建设精品村屯道路9926平方米、围墙1124米，完成7.5千米花海大道两侧景观及度假区出入口景观提升改造。

【城乡融合】 加大资金投入力度，进行村屯围墙维修、河道治理、景观提升、绿化养护等工作，打造劝农大街花海、互联网+义务植树基地等项目。探索村企合作运营，四家乡俊国合作社绿色水稻有机示范区和绿之源公司绿色有机示范区通过市级验收；“引导工商资本投身美丽乡村建设”经验被长春市政研室采纳推广，成为全市乡村振兴样本；建设天定山民宿等旅游项目；对全区1230户农户进行厕所改造，全区改厕率87.02%。开展省级全域旅游示范区、全国乡村旅游重点村（泉眼村）、天定山度假小镇的国家AAAA级旅游景区、乡村旅游经营单位的申报工作。莲花山已被列入省级全域旅游示范区创建单位，泉眼村被评为全国乡村旅游重点村。

【民生工作】 推进“幸福莲花山行动计划”，48项民生实事全部兑现，教育、医疗、住房保障水平全面提升。完成“控辍保学”、贫困家庭学生资助、雨露计划等工作。落实“120、111”政策，推行重特大疾病政府补贴兜底保障制度，22个村卫生室全部开通医保服务，全区贫困人口参合率、健康档案建档率、家庭医生签约率100%。25户“D级”危房户全部安置。全年开发就业岗位2145个，城镇新增就业579人，城镇失业人员再就业84人，零就业家庭动态为零。开发管理公益性岗位85个，对建档立卡贫困劳动力开发临时公益性岗位10个，协调市社保局为225名建档立卡贫困人口参保、发放养老保险，帮助省建设集团申请稳岗返还资金95.32万元，组织10家企业开展技能培训、以工代训，培训522人，1968人次，申请补贴资金99.68万元。

【农业农村】 完成秸秆离田8000余公顷，离田率69.52%，秸秆覆盖还田免耕作业完成495公顷。全年调整种植业结构1237公顷，劝农山镇腰站百亩蔬菜花卉项目、同心农业科技园区等5个项目备案并开工建设。露地果蔬30公顷，棚室果蔬27公顷，年产果蔬约550万千克。推进景区化美丽乡村建设，集中提升17个村屯的村容村貌。推进农村改革，鼓励辖区内农民合作社申报上级资金补贴项目17个，通过财政下拨各级惠农资金4000余万元。推进产业发展，推动共享度假小院建设16个，促进农业休闲观光产业发展。推进产业扶贫工作，组织三乡镇40户有意愿栽植的贫困户种植龙丰果。

【营商环境建设】 推进简政放权，做到“放、管、服”三管齐下，涉及行政许可、处罚等权力下放22项。围绕商事制度改革，强化事中事后监管，认领目录清单541条，监管事项完成率96.1%。2020年，辖区新增市场主体600户，比2019年增长1566.7%，增长率全市第一，出台《加快重点产业集聚发展的政策意见》，实行领导包保责任制。发挥助企工作队作用，开展2次“助企服务周”，2次“助企专项行动”，企业提出的12个问题全部办结。设立营商环境监测点6家，聘请营商环境监督员196名，2020年未发生“涉软”案件。与全省“一张网”对接，梳理权责事项、政务服务等14张清单。实施并联审批制度，设立受理专区、设置专人，优化办事流程，实施领办协办，将各级服务大厅的“面对面受理”调整为“肩并肩服务”。实现“最多跑一次”事项1054项，占全部事项97%；2020年办件量5043件，提前办结率100%，满意率99.9%。

（张育健）

信息产业

XINXI CHANYE

综　述

【新基建“761”工程】 结合省市新基建“761”工程建设，跟踪服务工业互联网和人工智能项目，促进先进制造业与现代服务业融合。在工业互联网方面，围绕提升生产保障能力、优化核心运营能力、赋能技术创新应用模式等方面，推进基于工业互联网的MES产品研发等30个工业互联网项目。在人工智能方面，支持人工智能在汽车、装备制造、医药健康等领域的应用，促进产业升级创新，重点跟踪服务基于智能网联汽车的人工智能应用技术开发等83个人工智能项目。

【两化融合项目】 组织200余户企业完成企业两化融合评估，鼓励企业开展两化融合管理体系贯彻标准。开展征集制造业数字化发展项目、新型信息消费示范项目遴选、制造业高质量发展项目申报、全国工业App和信息消费大赛、第二届中国工业互联网大赛和2020年省级重点产业发展专项资金申报，开展2017年—2019年省级重点产业专项资金制造业服务化示范项目绩效自评。一汽股份的一汽工业互联网平台服务化示范项目、启璞科技的工业互联网—制造业数字化运营服务平台等6个项目获省级重点产业发展专项资金扶持1544万元。东煤高技术公司5G+智慧制造示范矿山建设项目列入工信部2020年制造业与互联网融合发展试点示范名单公示。一汽物流有限公司整车运输RFID智慧溯源系统入选《2020年新型信息消费示范项目名单》。合心机械制造有限公司被列为吉林省数字化转型促进中心。

【工业互联网建设】 推进省工信厅联合华为公司开展的吉林省工业互联网平台推广应用“百日会战”，组织制造业企业上平台、上项目，开展试点推广。组织汽车零部件企业和医药企业高管参加走进华为活动。加强工业互联网基础设施建设，与工信部中国信通院沟通对接，组织在长春市建设工业互联网标识解析二级节点。启明信息进入2020年全国工业互联网平台企业20强，“启明星云”汽车工业互联网平台在红旗新工厂、一汽零部件管理系统等实施应用。浪潮企业云集合3000余种应用，为12800余户上云企业提供生产、管理等各类服务。

【工控安全保障】 指导企业开展工业控制系统信息安全工作，协调吉林省电子信息产品检验研究院，利用该院的吉林省重点工业企业门户网站监测平台和吉林省重点工业互联网安全监测平台免费为工业企业开展网站安全和工业控制系统及设备安全检测。有70余户企业接受2个平台的安全保护。

【软件服务业发展】 组织启明信息的启明ERP产品升级项目、博立电子的花样滑冰动作姿态识别系统项目等4个项目参加2020年制造业高质量发展软件项目申报。长春市吉佳通达信息技术有限责任公司能耗数据采集及能效分析关键技术项目入选《工业节能技术装备推荐目录（2020）》。家人帮智慧养老综合服务平台列入《智慧养老产品及服务推广目录（2020年版）》。

【人工智能产业发展】 开展征集人工智能产业发展项目、征集2020年技术创新工程计划人工智能与实体经济融合发展项目和征集认领“761”工程人工智能项目等活动。云上出行网约车、富勒智能健康管理系统等141个人工智能产业发展项目和吉林省“智擎”人工智能基础支撑与服务平台、物联网配送服务机器人等33个人工智能与实体经济融合发展项目列入吉林省工信厅项目储备。推荐生物光学信息智能检测平台、智慧差旅出行生态平台等83个人工智能项目纳入吉林省新基建“761”工程人工智能项目库。

【发展环境优化】 走访一汽启明、中车长客、亚泰集团等重点工业企业和软件服务业企业35户42次，会同经开区、西门子对奥普光电、奥托立夫等6户经开区重点工业企业开展数字化转型专项调研，了解长春市制造业领域企业数字化转型的现状和软件企业服务支撑能力以及企业对数字化转型的认知、数字化转型存在问题和需求，帮助企业解决数字化转型“不敢转、不会转、不能转”难题。组织经开区、阿里云创新中心长春基地和西门子对接，为企业提供转型实例，引导企业转型。举办“企业转型与升级的国际化视野和数字化战斗力”主题报告会，邀请国际电气与电子工程师协会院士、金蝶集团高级副总裁张良杰，围绕数字经济发展趋势、企业重构数字战斗力5个维度进行阐述，700余名工业和软件企业高管及各县（市）区、开发区工信系统负责人通过现场培训和网络直播同步参与。

（厉彦明）

10月11日，长春吉浙数字经济发展峰会战略签约仪式在长举行（尹秋竹　提供）

数字长春建设

【概况】　长春市在2020年度亚太智慧城市评选中获中国领军智慧城市奖，在第二届中国智慧城市科学发展大会中获评2020年中国智慧城市十大推荐考察目的地。长春城市数字大脑项目在第三届全国“绽放杯”5G应用征集大赛智慧园区专题赛中获三等奖。

【基础设施建设】　2020年，依托长春市政务云平台，32个部门120个系统“迁云”；互联网全光网覆盖，5G网主城区室外连续覆盖，电子政务外网市级部门全覆盖、县（市）区主干全贯通；开展政务数据共享“百日攻坚”，依托数据共享交换平台编制全市政务数据资源共享目录974项、挂载数据资源1437项、对接数据约15亿条，支撑审批改革、政策直达、精准招商、财源分析、市民卡建设、低收入家庭经济比对等423个场景应用，全市68家部门政务数据互联互通和共享共用。

【数字政务建设】　建成全市一体化政务服务平台，智能搜索、智能客服、语音办事、刷脸办事等功能全面应用。搭建全市统一的政务协同办公门户，机关内部统一身份认证、一站式办公和系统单点登录。

【数字经济建设】　成立长春数字经济产学研创新联盟，开展5G天线、机器视觉芯片、智能视频采集等领域的技术研发。推进“761”新基建工程智能信息网项目建设，谋划项目252个。杭州安恒信息技术股份有限公司、奇安信科技集团、银河水滴科技有限公司等企业区域总部落位。

（尹秋竹）

邮政管理

【概况】　2020年，长春市邮政行业业务收入46.53亿元，比2019年增长20.4%；业务总量53.76亿元，增长26.48%。其中，快递业务量2.37亿件，增长46.46%；快递业务收入36.17亿元，增长29.95%。全年受理申诉2217件，申诉总量减少86.14%，有效申诉量减少31.82%。市长公开电话转办申诉655件。为消费者挽回经济损失约52.30万元，申诉处理结果满意率98%。在2020年全国50个城市快递服务满意度调查中，长春市快递公众满意度位居全国第二。长春市邮政管理局获“市政府政务信息工作优秀单位”“2020年市扫黄打非先进集体”“2020年度市政府建议提案办理工作先进单位”“长春市2019年度禁毒工作先进单位”等称号，2人获“2020年市政府政务信息工作优秀通讯员”、2人获“2020年市扫黄打非先进个人”、1人获“2020年度市政府建议提案办理工作先进个人”、1人获“市保密先进个人”、1人获“禁毒先进个人”，顺丰获吉林省禁毒先锋组织，6名快递企业员工获禁毒志愿者。14户快递企业被选为长春市“放心消费示范店”，2户企业被评为吉林省“放心消费示范店”。吉林顺丰望云北路经营分部被评为“全国交通运输系统抗击新冠肺炎疫情先进集体”，中国邮政集团有限公司长春市分公司李波被评为“全国交通技术能手”，中国邮政速递物流股份有限公司长春市分公司石磊被评为“吉林省技术能手”。

【疫情防控】　成立邮政业疫情防控领导小组，加入“物防”成员单位。规范疫情期间邮政快递营业场所操作流程，解决交通、防护物质缺乏等问题，协调发放通行证620张、防护口罩22.32万个，助力企业购买防护口罩4万个，消毒酒精350千克。保障疫情防控应急物资运送，组织5户企业开辟“绿色通道”，运送应急物资6万件，重量约171吨。指导长春市快递行业协会、长春市快递行业工会联合会发挥作用，慰问顺丰、圆通、韵达等9个快递分拨中心抗疫一线员工。对员工宿舍、餐厅等人员

4月2日，长春市邮政管理局等联合慰问抗疫一线快递员　（张贵凤　提供）

聚集区域消杀防控工作开展专项检查，对企业在包裹的运输、存储、派送环节进行抽查，确保邮件快件无死角消杀。组织邮政、顺丰等寄递企业为1.58万名学生配送26.8万余本教材。推进“战役速递”打卡工作，掌握企业复产复工情况和从业人员身体健康，对长春地区21052人进行免费核酸检测，报送行业接种需求，为快递小哥申请疫苗接种。各基层网点为社区居民免费发放消毒液、为社区防疫工作人员送去慰问品。疫情期间，长春邮政快递业平稳运行，邮政、顺丰、京东、苏宁等企业寄递服务不中断。3月10日，全行业复工复产率100%。

【邮政业政策指导】　开展长春市邮政业“十三五”规划总结评估，编制长春市邮政业发展“十四五”规划。联合人社局印发《长春市邮政从业人员职业技能培训实施方案》，提升从业人员的职业技能和服务水平。邮政快递业重点内容嵌入市委市政府《关于贯彻〈交通强国建设纲要〉建设高质量交通强市的实施意见》和《深化产业融合推动城乡融合争当农业农村现代化排头兵的意见》及安委会《长春市交通运输（民航、铁路、邮政、水路运输和城市轨道交通）和渔业船舶安全专项整治三年行动实施方案》的政策文件中。

【邮政新闻宣传】　《中国邮政快递报》刊发稿件31篇，国家邮政局网站刊发稿件26篇，快递杂志刊发稿件7篇，省部级刊物刊发稿件8篇，吉林“扫黄打非”公众号登刊1篇，通过吉林日报、中国吉林网、长春日报、长春新闻网等媒体进行宣传。运营政务微信公众号，平台推送信息84条，阅读总量2547人次。

【邮政业安全监管】　成立安全生产协调领导小组，召开领导小组第一次全体会议，指导行业安全生产工作。召开全市寄递渠道安全管理联席会议，提升寄递渠道安全管理水平。健全安全生产协调领导机制，疫情期间通过线上方式组织全市200余户快递企业召开季度会议。以安全生产专项整治三年行动方案为抓手，落实“三项制度”，加强对重大活动期间和生产旺季期间的安全服务检查力度。开展安全知识、消防知识、危险化学品、涉枪涉爆、行业燃气安全、禁毒反恐等安全培训和宣传活动。配合国家邮政局建设“绿盾”工程。指导中通、韵达等企业开展消防应急演练25次。建设安全生产社会化服务体系，获市安委会安全监管专项资金支持9万元，由安全生产专业社会服务组织开展教育培训和安全体检，受益从业人员4000余人次。

【邮政监督管理】　开展邮政快递业扫黄打非、侵权假冒等工作。联合文化执法部门，开展邮政图书批销点、报刊亭等专项检查。针对快递“刷单”、实名收寄信息异常等问题进行排查整治，打击快递行业中存在的违法违规行为。处理信访事件3起。全年检查邮政支局278处次、快递网点173家，出动执法人员1048人次，下达责令改正通知书27份、行政处罚决定书11份，罚金5.25万元，约谈快递企业3户。开展乡镇网点、建制村通邮情况、无着邮件等检查；督促建制村投递打卡；配合党报党刊投递服务、平信包裹时限测试；促进代办网点改自办、乡镇局所标准化、规范化水平以及农村地区投递服务水平提升；做好机要安全检查，保障机要通信安全畅通。规范“两项审批”及备案流程，指导邮政企业规划网点设置，满足实际用邮需求，完成普遍服务审批6项、备案55项。快递业务经营许可“放管服”，受理许可、分支申请、变更及注销259起，实地核查网点177个。2020年，快递企业通过网络系统备案末端网点287家。推动行业减税降费政策，为7户企业减免1723.69万元。

【邮票发行监管】　监管重点题材和日常邮票发行，对隔离封闭、冰雪灾害等突发情况及时处置，保证常态化疫情防控下邮票销售服务正常进行。提升监督员监督水平，6名监督员走访用户380人次，监督网点278处，监督员管理创新做法获国家邮政局推广。

【关爱“快递小哥”】　通过快递行业工会联合会为2762名从业人员办理工会卡，在商超“购物立减”活动中减免购物金额近10万元。2020年，引导快递企业为“快递小哥”购买社会保险或商业保险的数量比2019年增加1457份，在春节和旺季期间，走访慰问各企业分拨中心及基层网点。

【行业与产业融合】　引导企业扩大电子商务进农村覆盖面，构建县乡村三级物流配送体系，支持企业强化自有品牌运营，5个县（市）区邮政公司和快递品牌企业签订快递进村合作协议。推进交通与快递、邮政与快递合作，打造农安县龙王乡代办所示范点。推进警察与邮政、税务与邮政、政府与邮政合作，各类合作网点213个，进驻服务大厅18家。以邮乐小店为依托，实施助农工程，解决疫情期间农产品销售难问题。邮乐购900家，邮政便民服务站1610个。

（张贵凤）

快递业

【概况】 2020年，长春市有独立法人快递企业244户，分支机构271家，末端网点1049家，年业务总量超4000万件。快递品牌企业1户，超2000万件企业1户，超1000万件企业6户。年业务收入超1亿元快递企业集团9户，其中1户超5亿元。

【助力脱贫攻坚】 打造“快递+农业”项目，推进双阳区鹿产品和吉林大米项目发展，挖掘“黄龙一绝”项目，总业务量272.18万件，总业务收入1477.67万元，总产值1.62亿元。

【“两进一出”工程】 1576个行政村快递进村803个，覆盖率50.95%。扶持中通驻厂，汽车零配件月营业额突破300万元。长春市快递企业服务制造业项目业务量64.15万件，业务收入1815.11万元，直接服务的制造业产值2.31亿元。推动长春邮政速递开通“长春—首尔”直飞国际货运航线。

【行业绿色发展】 成立绿色发展工作小组，加强生态环保工作领导。组织快递企业开展“绿色快递宣传周”“绿色办公”和“绿色快递进校园活动”，宣传绿色发展理念。开展重金属和特定物质超标包装袋及塑料污染专项治理检查。推广“9792”工程，“瘦身胶带”封装比例97.51%，电商快件不再二次包装率83.23%，可循环中转袋使用率93.73%，增加符合国家标准的包装废弃物回收装置289个，设置包装废弃物回收装置665个。配合国家局邮政业综合督查调研和省环保厅开展塑料污染治理联合专检查。

【基础设施建设】 全市在建和投入使用的快件分拣中心7个。快递新业态监管，为丰巢、菜鸟等新业态快递企业办理许可，解决快递末端投递服务。建设智能快件箱1277组、14.42万个格口，完成派件3362.72万件，占全省90%。协助快递电商企业进驻长春兴隆保税区，打通快件进出口通道。

（张贵凤）

通信运营

【中国联合网络通信有限公司长春市分公司】 2020年，长春分公司主营收入26.2亿元。聚焦4G、5G业务，融合业务，政企业务及基础宽带业务，推进行业优化，提升行业价值。市场营销。探索与金融业、保险业、物流、大型连锁等行业的合作。抓住产业数字化转型战略机遇，聚焦重点市场，探索5G行业市场商业模式。通过5G提价值、宽带提速、存量双控，传统业务整体增收1030万元，政企双线发展450条，拉动收入361万元。网络建设。建设5G基站2136站，核心覆盖率96%；宽带网全地区建设千兆设备40局点，7.1万端口具备千兆能力，千兆覆盖能力90%。网络各项指标呈月改善趋势，与2019年相比，OLT脱网率提升0.03%，全场景客户满意度评价提升0.1分，移动网在服率提升0.74PP，全场景客户满意度评价提升0.3分，VOLTE在网率提升9PP。

（夏莹博）

【中国移动长春分公司】 2020年，通信用户550.33万户；家庭宽带净增5.93万户，集团产品收入3.66亿元。公司获“中国移动模范职工之家”“2020年度春城优秀女性集体”“集团公司青年文明号”和“长春市青年文明号”等称号；党员“工匠先锋岗”王志洋命名成立志洋创新工作室，1项成果在国家级刊物发表，1项成果获省内科技进步三等奖；青年岗位能手李睿获集团“工匠杯”智慧家庭装维技能竞赛大区第一名。

网络提升。建设5G基站1735个，总数2480个，CRAN比例78%，10GE承载比例90%，完成“630”“930”的5G二期建设任务，获省公司喜报嘉奖；集团SA商用评估测试长春精品网格100%。增加4G基站1985个，总数13552个，解决结构性关键站址102个。建设管道79.42千米，全网管道长度5481千米，建设光缆1816.19千米，光缆长度83423千米，城区市政街路管道覆盖率85%。汽开区建设传输管道228段，管道长度25.11千米。增加综合业务区9个，总数95个，建设家庭宽带小区170个，增加覆盖15.2万户，总数254.57万户；增加扩容小区865个，增加端口15.01万，总数143.77万；增加IPTV覆盖用户48.47万户，总数246.47万户。集团客户专线增加974条，总数6189条，工期满足率95.5%，平均建设时长由年初64天缩短至16天。4G网络质量改善，4G日均流量增长18.57%，4G网络利用率增长13.07%。宽带装机及时率90%，IPTV用户体验优良率98.93%。完成48次重大活动以及台风、罕见冻雨灾害天气的网络与信息安全保障任务。

市场营销。通信用户规模550.33万户。5G渗透率10.28%，5G终端机套匹配率23.29%；手机上网用户流量36.34万T，比2019年增长11.71%，高于行业增幅0.76PP。家庭市场收入增幅42.17%，宽带净增5.93万户，家宽市场份额25.34%；魔百和增加11.98万户，魔百和搭载率提升11.2%。政企市场实现“云+DICT”发展，集团产品收入3.66亿元，净增0.58亿，移动云收入5187.86万元，完成目标值的109%；ICT项目取得突破，中标长春市城市数字大脑综合应用采购项目，中标金额3449万元；与长春市教育局签署战略合作协议，并与博思软件、九台区财务局及2

10月30日，中国移动通信集团吉林有限公司长春分公司与福建博思软件股份有限公司战略合作签约仪式在长春举行 （张 研 提供）

家国有大型银行签署“青春校园”协议。解决牵引项目77件次，服务工作事前、事中、事后全流程管控能力提升；开展服务质量提升“领先工程”专项活动、客户权益保护“阳光行动”和投诉降量“削峰行动”，落实横纵向一体化的服务责任共担机制，主要满意度指标向好，全量投诉率降幅68.81%，全球通客户投诉率降幅71.87%，不知情定制投诉率降幅98.08%，完成工信部行风纠风指标。

管理提升。成立ICT（重客）中心；推进网格化改革，制定绩效考核和薪酬激励等配套保障方案，将资源向基层一线倾斜；完成621名退休人员人事档案梳理和移交工作。开展“降本增效”专项工作，全年压降市场口成本1108万元；清理低效、无效资产价值1499万元；节约网络电费、维修费和铁塔服务费6320万元；开展财务流程梳理和优化，助力公司运营提质增效。各专业条线解决一线反馈流程问题71项，呈批请示、综合支撑等跨部门长流程问题得到解决提升。打造阳光采购体系，采购效率100%，呆滞物资占比下降67.99%，呆滞业务用品清理199万元。

疫情防控。推进复工复产，保障20家新冠肺炎定点救治医院、16个疾控中心、11个重点疫区网络通信畅通。用2天时间完成吉林版“火神山”医院5G网络组建，为吉大二院开通2条应急专线，完成龙嘉高铁站机房搬迁等工作，疫情期间无重大通信故障发生。为1542家企事业单位提供信息化产品服务，协助长春市委宣传部、吉林省通信管理局群发公益短信2.37亿条。面向吉林大学等6所高校5690名贫困生进行流量优惠，提供网课流量支撑。

（张 研）

【中国电信长春分公司】 2020年，公司业务收入15.22亿元，比2019年增长7.59%。公司利润正增长，提升18.21%。移动网用户市场份额17.85%，提升1.83PP；宽带用户市场份额34.65%，提升2.17PP。

市场营销。创新渠道营销模式，组织多维度营销竞赛，多手段推进营维一体，优化线上运营模式。政企数字化转型初见成效，发挥云网融合优势，聚焦数字政府、智慧城市、工业互联网、卫健等10大行业，推进业务上云、融云，提升ICT项目质量，拓展5G2B市场、物联网业务，拓展双线业务。为政企客户提供高质量综合信息服务，提升企业价值和客户价值。围绕工业互联网、智能制造，拓展汽车产业高质量发展示范区；发挥国际互联网数据专用通道出口优势，抢占长春国家区域创新中心市场份额；借助5G及高性能计算的成熟应用，切入长春国际影都建设；依托数据中心建设，打造中韩（长春）国际合作示范区大宗商品交易平台。启动系统集成项目，三网融合项目上线，覆盖党政、医疗、工业互联网等多个行业重大项目落位。

网络建设。4G无线网室外站，建设基站10个，增加动态扩容小区759个，共享联通小区380个。4G无线网室分系统建设，建设室分176套，增加覆盖面积174.92万平方米。实际增加5G入网基站2092个，在网运行基站2266个，城区覆盖率约92%。全网5G日均流值，电信45.2T，联通49.5T。增加宽带覆盖18.7万户，整体覆盖258.7万户，综合覆盖率96.71%，市区、县域提升0.9%和1.05%。增加光端口11万个，光端口数158.5万个，光端口实占率42.84%，比2019年提升2.44%。开通千兆小区247个，千兆覆盖26.4万户，占整体覆盖的10.3%。

服务质量。工信管局有效申诉压降20%，傲慢服务压降36%，携号转网压降67%。拓展线上服务模式，远程直播间问诊用户。通过开展“云网运营能力和客户感知双提升”“三降一升”专项工作，宽带业务三压降。开展“全员服务大体验”“我为客户解难题”“中层干部听音”等活动，创新服务直播平台项目。在集团组织的“我为客户解难题”活动中，“小丁说网事”获评集团“十佳优秀服务项目”，2名主创人员被授予“中国电信集团服务标兵”称号。

（王丽梅）

交 通

JIAOTONG

铁 路

【概况】 2020年，中国铁路沈阳局集团有限公司在长春经济吸引区内以运输汽车、铁路客车、粮食、煤炭、石油、医药、焦炭、化肥农药、建材等为主要货运服务项目，以日常旅客、出境、国内旅游、会展、节日旅游旅客运输为主要客运服务项目。长春境内铁路运输生产单位有10家，分别是长春站、长春北站、长春车务段、长春货运中心、长春客运段、长春车辆段、长春供电段、长春电务段、长春工务段和长春高铁基础设施段。

2020年，长春地区铁路货物发送量879万吨。其中，发送粮食266.3万吨、煤炭59万吨、石油2万吨、化肥农药1.5万吨、钢铁7.1万吨、矿建37.1万吨、工机100.7万吨、集装箱390.6万吨，其他品类7.5万吨。

【铁路重点建设项目】 2020年，长春铁路综合货场工程完成投资0.32亿元，长春至白城铁路扩能工程完成投资15.9亿元。

【长春站】 站内主要设备包括普速场和高速场上、下行正线各1条，普速场与高速场间联络线1条，到发线22条，牵出线5条，集中联锁道岔206组。车站设行车指挥中心1个，客运综控室1个，高架候车室1座，高站台9座，无站台柱雨棚9个，售票厅2个。长春西站主要设备包括上、下行正线各1条，到发线9条，集中联锁道岔43组，行车室1个，客运综控室1个，高架候车室1座，高站台5座，无站台柱雨棚5个，售票厅1个。龙嘉站主要设备包括上、下行正线2条，到发线2条，集中联锁道岔12组，行车室1个，候车室1座，站台2座，售票厅1个。车站在沈阳动车段长春动车所设行车室1个，在崔家营子设线路所1个。车站固定资产主要包括，长春站、长春西站、龙嘉站扶梯82部，直梯33部，自动检票闸机162个，人脸识别验票设备32部，自动售（取）票机82台，安检查危仪26台，中央空调系统4套，消防系统7套，职工食堂4处，综合公寓1处，净水设备和洗衣设备各1处，客运监控、引导、到发、广播、自动查询系统各1套，公务用车3辆，生产用汽车12辆。车站职工1215人。其中，干部148人，工人1067人。全年客运收入141180万元，旅客发送量1756.7万人。截至2020年年末，车站实现无责任较大及以上事故13813天，无一般B类及以上事故5758天，无责任人身重伤及以上事故5414天。

【长春北站】 车站中心位于长春枢纽京哈线1011.922千米处，位于龙北联络线自龙泉站起8.886千米处，位于长白线自长春北站起始处，衔接京哈、长图、长白线，为单向混合式三级五场，隶属中国铁路沈阳局集团有限公司。长春北站按业务量为一等站，按技术作业性质为编组站，主要承担哈尔滨、棋盘、四平、大安北、烟筒山等方向货物列车改编作业和中转技术作业；办理专用线取送作业，是区域性主要编组站，管辖一间堡站、远达站2个中间站。车站有正线5条，到发线29条，编发线6条，分类线13条，西部线群联络线1条，专用线20条，货物线8条，换装线2条，禁溜线2条，迂回线1条，安全线1条，机待线9条，机车走行线1条，机车出入库线5条，牵出线2条，站内道岔374组，减速器23组，可控停车器54台，调度指挥中心1个，半自动化驼峰1座，固定调车机7台。一间堡站有正线2条，到发线2条，货物线1条，道岔19组。远达站有正线2条，到发线3条，货物线7条，牵出线1条，机待线4条，洗刷线4条，道岔40组。车站职工680人。其中，干部82人，工人598人。全年车站日均接发货车290列，日均办理15598辆。其中，有调4354辆，无调10746辆。中转时间3.3小时，1次作业时间21.9小时。截至2020年年末，车站实现行车安全生产5425天。

【长春车务段】 管辖京哈干线里程224.416千米，区间包括十家堡、郭家店、蔡家、大榆树、公主岭、陶家屯、范家屯、大屯、长春南、米沙子、沃皮、布海、德惠、达家沟、姚家、陶赖昭、团山、扶余、蔡家沟站，闭塞方式为双线双向自动闭塞，日均办理接发列车222列，其中旅客列车116列；长白线里程121.336千米，区间包括小合隆、开安、华家、农安、哈拉海、王府、七家子站，闭塞方式为双线双向自动闭塞，日均办理接发列车58列，其中旅客列车54列；长图线里程11.878千米，龙泉北联络线里程2.528千米，区间包括长春东、龙泉、兴隆山、龙泉北站，闭塞方式为单线半自动闭塞，日均办理接发列车62列，其中旅客列车14列；京哈高速线里程59.99千米，车站包括德惠西、扶余北、公主岭南站，闭塞方式为分散自律调度集中，日均办理旅客列车158列；陶舒线（合资铁路）里程92.224千米，区间包括五棵树、刘家店、榆树、新立镇、谢家镇站，闭塞方式为单线半自动闭塞，日均办理接发列车24列，其中旅客列车10列；长双烟线（合资铁路）里程89.802千米，区间包括泉眼、奢岭、双阳、山河镇、五家子站，闭塞方式为单线半自动闭塞，日均办理接发列车14列，其中旅客列车4列；松团线（合资铁路）66.961千米，陶赖昭联络线6.963千米，区间包括松原北、三井子、弓棚子、扶余西站，闭塞方式为自动站间闭塞，日均办理接发列车2列。管内有车站47个，办理客运业务车站有31个，总营业里程676.098千米。行车设备有到发线137条、牵出线34条、专用线242条、专用铁路5家、合资铁路3家、候车室31个、旅客站台55座（有风雨棚站台16座）、天桥6座、地道7座。全段职工1585人。其中，干部216人，工人1369人。全年旅客发送量367万人，客运收入19232万元，1次作业时间20.9小时，中转时间4.7小时。截至2020年年末，车务段实现无责任重大、大事故6338天，无责任一般事故104天，无责任死亡事故6338天，无责任重伤事故6338天，无责任轻伤事故953天，无责任火灾事故6338天。

【长春货运中心】 管辖长白线长春北至白城北段，白阿线白城北至伊尔施段，通让线太平川至太阳升段，平齐线四平至街基段，京哈线四平至蔡家沟段，长双烟奢岭至五家子段，陶舒线陶赖昭至榆树段，松团线松原至弓棚子段，长图线长春至兴隆山段，四梅线四平至平东段，长春货联线一间堡至远达段，小兴线小合隆至兴隆山段。有货运营业室19个，货运营业站84个、企业专用线227户，营业里程1860千米。全中心（含陶舒、长双烟、松陶合资铁路）有货物线137条、专用线227条、专用铁道12条、货场69个、货物仓库50座、货场雨棚23个、货运营业厅84座、货物站台55座。有生产运输设备313台，其中，汽车32台（包括23台大型货车、7台厢式货车）、门吊15台、抓料机27台、装载机37台、叉车43台、正面吊12台、汽车吊2台、输送机145台。中心有职工1658人。其中，干部210人，工人1448人。全年运输收入512462万元，货物发送量3301万吨，日均装车1677车，吨均收入率155.24元/吨。截至2020年年末，货运中心实现无责任重大、大事故3117天，无责任一般事故406天，无责任死亡事故3120天，无责任重伤3120天，无责任轻伤事故433天，无责任火灾事故2755天。

【长春客运段】 主要负责担当长春至北京、上海虹桥、长沙南、珲春（延吉西）、大连（北）、丹东、佳木斯、牡丹江、乌兰浩特、广州、咸阳、齐齐哈尔、昆明、乌鲁木齐、南宁、厦门北、青岛北、东营南、阿尔山、哈尔滨西、白城、呼和浩特、旅客列车的乘务工作。其中，动车组列车57对，普速列车25对（直达9对、特快4对、快速9对、普快2对、普客1对）。2020年，增加开行0.5对列车，其中，K1241/2/3/4次通辽（赤峰南）—哈尔滨西，自8月1日至10月9日按开行文电开行；沈阳北—吉林G8033次，自10月20日按开行文电开行。全段职工5186人。其中，干部247人，工人4939人。全年运输收入4955万元。春运完成收入1326万元，日均33万元；暑运完成收入723万元，日均11.6万元。旅客发送量4190.1万人，其中，春运423.58万人，暑运706.26万人，全年开行临客列车1686列。截至2020年年末，客运段实现安全生产4726天。

【长春车辆段】 地处哈大干线700千米处，管理跨度以长春为中心，包括白城、通化、吉林3个异地车间。主要承担普速客车运用、辅（A1）修、段（A2、A3）修、临客整备、发电车柴油发电机组D级修以及时速160千米复兴号动力集中动车组运用检修等任务。担当长春至北京、广州、三亚、咸阳、乌鲁木齐、厦门、南宁、宁波、昆明、松原、榆树、大榆树、舒兰、公主岭、梅河口、白城（乌兰浩特）；通化至北京、青岛北、大连、白山市、丹东、临江、白河、集安、四平、山海关；白城（乌兰浩特）至北京、东营南、青岛北、呼和浩特、阿尔山等；吉林至北京、秦皇岛、重庆北、上海、南通、图们、金珠等直达、特快、快速、普速旅客列车的值乘、检修工作。段配属既有客车2117辆，配属时速160千米动力集中动车组9组81辆。段主要机械动力设备保有量706台。其中，金属切割设备24台、锻压剪冲设备33台、动力设备52台、电气设备93台、木工铸工设备13台、试验设备209台、其他杂项设备89台、起重运输设备181台、整备线49条、地沟线24条。临修台位11个、微控列车试验器5套、微控单车10套、电动脱轨器5套、车轮车床5台、不落轮镟6台、600伏地面电源14套。全段有生产房屋48栋，总面积184028平方米；办公房屋3栋，总面积10374平方米。全段有职工3017人。其中，干部202人，工人2815人。全年完成客车厂修393辆、客车段修817辆、发电车中修16辆、A1修1266辆、临修1399辆、客列检通过修21035列、283403辆。库列检入库列车检查12365列、152749辆。开行临客22列238辆、旅游列车12组115辆、军运客车249辆、客车加挂914辆次、支南临客37辆。全段运输总支出有权10491万元，实际支出10456万元，节支35万元。截至2020年年末，车辆段实现无行车一般D类及以上事故1363天，无职工责任轻伤以上事故2117天。

【长春供电段】 担负着京哈、平齐、长白、长图、四梅、陶舒（委管）、长双烟（委管）、松团（委管）、长辽（委管）、辽开10条线路64个站1111运营千米线路的生产、生活供电维修管理任务。全段有职工851人。其中，干部90人，工人761人。全年检修电气化铁路运行里程1865.41条千米；京哈线、长白线接触网二级修526.624条千米；利用检修列车对长白线设备进行平推201.87条千米、其他方式324.754条千米。检修隔离开关714台次、分段绝缘器564台次、线岔2056台次、擦拭Ⅲ级绝缘子2296支、避雷器210台次。完成15座牵引变电所亭、39座独立网开站的检修试验任务；完成哈大线接触网短路报警SCI板大修和哈大线接触网开关控制电缆大修2项大修任务。长春北站接触网支柱基础大修工程，增立G350/15钢支柱12根，支柱水平拉线12根，支柱斜拉线7处。完成电力全面修检线路1029千米，发变配电装置2572台座，重点修检修变压器台430座，箱式变电站284座，受电线路21条77.978千米，自闭、贯通线隔离开关725台，断路器278台，电缆终端1502处，配电所预防性试验6座，普速远动开关调试1019台，4座高铁变配电所传动试验，高铁远动开关调试459台。对电杆、灯塔隐患进行整治，更换裂纹严重电杆48棵，扶正倾斜电杆764棵，紧固调整拉线248条，更换拉线338条，安装裂纹电杆卡具13套，对160座钢构灯塔螺栓进行检查紧固、加装防松螺母，整治电杆埋深不足问题1处，拆除邻近铁路线路的废弃灯塔14座，废弃电杆36棵，废弃变压器台9座。对长春南干线、东干线更换缺陷高压电缆900米，对四平北干线存在缺陷的环网柜进行更换，将四平西干线与站信线高压电缆同一电缆通道处所安装线槽物理隔离，将长春北公寓旧箱变拆除。增补电缆标桩标牌1312处，喷涂电缆走向标155处，安装电缆警示砖10处，粘贴反光膜44处，安装防撞墩34处。清理鸟窝10处，对重点地段安装驱鸟器23套。调整电缆终端头固定抱箍位置146处，重新制作电缆终端头14处，电缆过引线改双孔接线端子6处。结合检修对四平—毛家店间18支防雷绝缘子拆除，组织联合集中修队伍对长白线原防雷绝缘子拆除后的横担方向调整166处，扶正紧固绝缘子870处，更换绝缘子159支，更换隔离开关6组，更换避雷器74支，更换横担93套，调整扶正横担208套，调整导线驰度43处，安装驱雷针59套。对变压器补油26台，更换变压器台11座，根据负荷情况更换变压器14台，拆除变压器台2座。更换裂纹严重电杆32棵，扶正倾斜电杆540棵，紧固调整拉线165条，更换拉线189条，安装裂纹电杆卡具13套。全年运输有权支出53279万元，实际支出53172万元，节支107万元。截至2020年年末，供电段实现无责任重大、大事故5400天，无责任一般事故1714天，无责任人身重伤及以上事故3768天，无责任火灾5400天，无轨道车运行事故5400天。

【长春电务段】 全段管辖2317.96千米，承担京哈线、长白线、白阿线、平齐线、通让线、大郑线、长图线、锡乌线、长双烟线、陶舒线、松团线、四梅线、双山线、龙北联络线、致白联络线、穆白联络线、伊阿线、大安西联络线、大安联络线、陶赖昭联络线、长图乙线、松团乙线22条运输线路电务设备的维护工作，管辖119个站、13个场、自动化驼峰站5个。信号设备有微机联锁站98个，微机联锁场12个，微机监测站146个，TDCS设备66个站，CTC设备73个站。站内信号机5009架，区间信号机1564架、联锁道岔3870组、轨道电路5653个、道口22个（有人看护道口8个，监护道口14个），轨道车181台，机车168台，集中动力动车9组，全段信号设备换算道岔组数47583.209组。通信设备有长途光缆7438.74千米，长途电缆543.81千米，地区电缆1842.62千米，地区光缆2089.11千米，架空明线路590.23千米，传输设备622套，接入OLT设备19套，ONU设备229套，数据网设备222套，车站调度交换机141套，前台298台，声控记录仪146台，MCU会议设备3套，视频会议设备55套，音频会议设备86套，广播设备123套，现场视频设备1536套，光闭塞机66台，电报终端3套，高频开关电源459套，蓄电池886组，无线列调车站台132套，无线车次号车站数据接收解码器50台，道口预警设备34台，无线铁塔386座，无线列调便携台1109台，BTS设备284套，各类网管终端47套，全段通信设备换算117278.11皮长千米。全段固定资产39.05亿元。全段有职工1610人。其中，干部320人，工人1290人。全年排查解决隐患问题549件，发现和解决10处钢轨绝缘和71架信号机侵限问题，更换有影响强度裂纹的信号机柱7架，拆除废弃光缆桥槽920米，轨旁侵限通信电杆62棵，解决衰耗大的问题46处，更换光缆2600米，解决电缆对地绝缘不良52处，更换电缆1000余米，重新缩接电缆接头62个。处理道岔缺口视频问题190件，解决曲线异常变化问题95组，处理异常报警信息740条。通信标准化机房整治39个，消除无效告警信息1175条。整治LKJ时钟超时问题6台，整治轨道车轮径不准、速度距离误差问题24台，整治双端HXN5型机车接收线圈插头问题48台。取消无线网桥6对，更换加密8对。完成配合道岔大修75组、线路机捣502.9千米、更换钢轨95.2千米、线路清筛75.3千米、道岔清筛37组、道岔机捣137组，更换补偿电容1588个等多项重点工作。完成电缆径路探测整治544千米，箱盒密封整治3753个，转辙机进水整治2392台。完成光闭塞改造7个区段，安装光闭塞机8台，通信光缆线路特性不良整治518千米，铁塔整治346座。完成标准机车轨道车整治69台，加装无线MMI防护罩284台，升级机车货列尾控制盒58台等工作。信号设备综合合格率99.57%；信号机地面显示合格率100%；道岔合格率100%；LKJ数据正确率100%；联锁关系正确率100%；通信设备综合合格率98.98%；通信线路及附属设备综合合格率96.14%；传输设备综合合格率100%；接入网设备综合合格率100%；数据网设备的综合合格率100%；同步设备合格率100%；列车广播设备合格率100%；电报设备合格率100%；调度通信设备的综合合格率100%；会议设备的综合合格率100%；应急通信设备合格率96.43%；电源、动环设备合格率99.41%；综合网管合格率100%；机房设备合格率98.72%；无线调度设备综合合格率100%；GSM-R设备综合合格率100%；机车车载设备出库合格率100%；完成年总产值54848.73万元；全年直接支出2972.23元；间接费用支出2933.51元，经营管理实现预期目标。截至2020年年末，电务段实现无行车重大大事故26350天，无责任人身死亡事故26350天，无责任重伤事故21727天，无火灾事故26350天。

【长春工务段】　主要负责线路的线桥养护维修任务。管辖线路设备正站段岔特线1441.890千米，正站段岔特线道岔1285组（正线道岔494组、站段岔特线道岔791组）；非路产专用线158.765千米，道岔106组。桥涵设备23384换算米，其中，桥梁404座/39457米/15854换算米，涵渠903座/20940米/4188换算米，河调276处/66274立方米/1657换算米，地道4座/158米/63换算米，灰坑16座/635米/191换算米，限界架1431换算米。全段有机械设备1932台。其中，机械动力设备1863台，机床9台，锻压、剪切设备1台，动力设备55台，木工、锻工设备2台，汽车维修设备2台。全段有职工1914人。其中，干部166人，工人1748人。全年线岔维修完成卸砟1520车、机捣1100千米、稳定550千米，线路打磨937.37千米，道岔机捣397组，道岔打磨105组，轨距精调16.897千米。优化曲线23条、调整曲线超高8条、整治冻害103处，工电联合整治2242件，特高级病害整治2341处、结构性病害整治8672处、超临修问题整治8982处。完成焊轨677头，线路放散16千米。完成大屯站、长春南站、长春站、长春北站、米沙子站、达家沟站、姚家站、龙泉北站、陶赖昭站、五棵树站、蔡家沟站及长春北站四场驼峰标准化创建。整治重伤焊缝357处；更换长轨6.4千米；更换维修新轨4千米。线岔大中修完成道岔大修43组，道岔破底清筛8组，新轨大修28千米，新枕大修5.78千米，清筛大修32.58千米，道口大修1处。桥涵综合维修桥梁4座/138.5米，综合维修涵渠2座/14.1米。修补圬工梁7孔、增设桥梁人行道1座、整修桥梁护坡3座/1840平、人行道托架及栏杆油漆3座/96平、处理圬工梁横隔板断裂2座/2处。更换人行道板2204块、人行道托架加固2570处、更换吊围栏板59块、整治病害涵洞12座、单根抽换失效桥枕10根、改造限高防护架改造3座/6个、上跨桥防抛网整治9座、增设石笼防护2个、水文检算10座、桥梁限高架抢修29座次、上跨桥防抛网加固89处、桥梁引梯钢盖板加固46处、整治梁端漏碴15处、整修人畜通道风雨棚5座、上跨桥两幅桥间缝隙花纹钢板封闭1座/80米。挡墙护坡整修2处/40米，河床加固防护2处/280立，排水设备修缮9处/1915米。截至2020年年末，工务段实现无一般D类事故184天，无一般C类事故13642天，无一般B类事故3166天，无一般A类事故26352天。

【长春高铁基础设施段】　主要负责京哈高速线（710.403千米至1144.561千米）、长珲城际线、长西联络线、哈长联络线的工务、电务、供电专业综合维修一体化管理工作。管辖高铁营业里程921.312千米，正线线路延展长度1799.612千米，站线线路延展长度147.177千米，有站场21个，线路所3个，动车所1个，主要设备有道岔440组，桥梁313座/459.821千米，隧道91座/161.294千米，涵洞658座，路基343段/311.086千米，防灾系统250处，信号机械室66个，通信机房539个，动车组车载设备106套，机车信号发码环线24条，牵引变电所18座，分区所19座，10千伏配电所21座，AT所33座。有职工1853人。其中，干部209人，工人1644人。全年完成74组标准化道岔、49.3千米标准化股道、101.7千米标准化区间、6.14千米标准化曲线的标准化设备创建工作。京哈高速、长西联络线、长珲城际线路大机打磨完成481千米，道岔大机打磨71组、轨道精调44千米/220单元；长珲城际、长西、哈长联络线以及长春高速场等站内缺砟地段途卸石砟1.53万立、人工回填完成128千米；整治长珲城际线隧道内缺砟、石砟不均处所78.4千米。检查轨旁设备921.312千米，发现及整治问题76件，清理京哈高速路基观测20处。桥面防水层粉化完成整治19.288千米、路基冻胀封缝整治31.942千米、箱梁内部排水设施整治108处、桥梁栏杆扶手加固190孔、空心墩积水整治18处、对管内91座隧道开展逐米敲击检查，敲击检查

11月19日，吉林省内遭遇罕见的冰冻雨雪灾害，铁路干部职工人工打冰二百余千米

（李英奇　提供）

161.294千米，排查病害1896件。增设限高架2处4座，整修限高架61座、增设防护栅栏加密网20千米、桥梁疏散通道整修15处、整治公铁并行护栏（钢轨桩）2处/350延长米。完成整治道岔缺口视频问题174件，优化信号集中微机监测设备66个站。处理CCS系统3件、CTC系统57件、电源屏及UPS以及蓄电池65件、道岔缺口监测系统15件、微机联锁系统46件、列控系统80件、ZPW2000轨道电路系统64件、信号集中监测系统94件、动环监控系统1件等425件电子设备隐患问题。拆除挡墙上的金属标志牌改为粘贴方式完成360处，转辙机、密检器加装防水遮沿1148个，ZD系列转辙机更换防反弹电机90台，更换哈大线补偿电容4028个；针对龙嘉地处隧道设备潮湿问题优化器材轮修周期更换转辙机31台；更换长吉线8个站列控老化电源模块146块，吉图珲段UPS老化电池373块；更换京哈高速线联锁、列控CF卡94块；更换京哈、长吉16个站的CTC自律机CPU板32块；倒换长吉线各站发送器566台，对扶余北站老化的缺口监测设备整套进行更换。完成动车组车载设备三级修9组，五级修16组。滑轮补偿绳脱槽整治4处、定位器线夹歪斜磨损整治202处、损坏吊弦更换94处、分段绝缘器更换6台、开关触头更换3台、软横跨走流部件更换1处、等电位线安装1处、线索交叉互磨调整43处。截至2020年年末，高铁基础设施段实现无特别重大事故623天，无重大事故623天，无较大事故623天，无一般A类事故623天，无一般B类事故623天，无一般C类事故623天，无一般D类事故623天。

（李英奇）

公 路

【交通投入】 2020年，长春市交通运输基础设施投入46.3亿元。其中，公路建设投入45.6亿元，运输场站投入0.7亿元。长双公路年初启动、年内开工，投资11亿元、超计划10%，完成起点至动物园段简易通车的年度目标；珲阿公路石头口门绕越线10月开工，投资2亿元；都市圈一小时环线东环段一期工程投资12.6亿元，二期工程争取专项债券资金130亿元；长伊公路投资6.2亿元，超年度计划24%。改造吉林大路等54条街路站务设施，拆除公交候车亭1275个，搭建公交候车亭727个，更换站牌830个。

长春市交通运输综合行政执法支队举行揭牌仪式 （杨九龙 提供）

【公路路网】 长春市公路总里程27790.366千米。高速公路9条，运营里程605.511千米。其中，国家高速6条560.626千米，省高速3条44.885千米。普通干线公路1592.494千米，农村公路25592.361千米。通村率100%，通屯率89.5%。

【公路养护】 2020年，全地区干线公路养护里程697.651千米。灌缝697.6千米，处理坑槽6.5万平方米，处理翻浆2.07万平方米，清理垃圾3.86万立方米，整修路肩边坡1974千米，清理边沟1058千米，种植花卉31.8千米。农村公路养护灌缝6412.81千米，处理坑槽10.87万平米、翻浆22.46万平米、其他病害36.73万平米，清理垃圾9882.84千米，整修路肩边坡3017.21千米，清理边沟1584.9千米，新植路树328千米，种植花卉1066.8千米。

【公路水路运输运量】 2020年，长春市有道路运输货运经营企业3808户。其中，市区2815户，外县（市）区993户。有个体运输业户36479户。其中，市区11152户，外县（市）区25327户。有营运车辆109388台。其中，市区47380台，外县（市）区62008台。全市货运量14956万吨，货运周转量5069130万吨千米。有危险货物运输企业114户。其中，市区82户，6个外县（市）区32户。有危险货物运输车辆3881台。其中，市区3029台，6个外县（市）区852台。有水路运输企业6户，机动船舶178艘，船员330人，渡口30道，浮桥3座，非机动船及水上游乐设施500余艘。

【城市客运运量】 2020年，长春市客运量3475万人次，客运周转量235402万人千米。

【道路运输企业】 长春市区有一级公路客运站点3个。有公路客运线路351条。其中，跨省线路57条，跨市线路146条，跨县线路148条。长春市有客运企业219户。其中，班线客运企业15户，旅游客运企业75户，个体客运户129户。市区有客运企业77户。其中，班线客运企业5户，旅游客运企业72户。全市有营运客车辆4732台。其中，班线客运车辆2304台，旅游客运车辆48台。市区有营运客车辆2380台。其中，班线客运车辆511台，旅游客运车辆1869台。市区有机动车维修企业1321户，综合性能检测站31个，从业人员25000万人。维修能力200万台（二级维护作业以上）。市区有驾训企业67户，教练车辆2100余台，从业人员3200余人，年培训能力20万人。

【执法监管】 开展出租汽车联勤联治和综合整治。查扣违法违规运营车辆1579台，立案1579件。查扣非法营运车辆720台，比2019年增加39.5%，查处涉嫌违法违规出租汽车859台；罚款1368万元，增加39.4%；列入“黑名单”从业人员21人，吊销从业资格证件54件。机场区域“零投诉”221天，增加54.6%；火车站“零投诉”69天；出租车万车投诉率0.28%，下降58.2%，比全国同行业标准低0.33%。收到“三书一函”5份、问题线索1条，整改到位并按程序移交。

【“幸福长春”建设】 更换新能源公交车辆405台，超额35%。农村公路“老旧路”改造完成。完成通林场道路建设9.9千米、危桥改造2座、安防工程建设62.5千米。长春至双阳公路提前5个月开工建设。强制不符合国家燃油标准退出道路运输市场货运车辆27台，依法吊销多次超限违法货车道路运输证3件。

（杨九龙）

民用航空

7月10日，东方航空正式开通长春—上海虹桥航线 （杨振宇 提供）

【长春机场】 2020年，长春机场保障运输航班7.49万架次，比2019年下降23.93%；旅客吞吐量936.05万人次，下降32.83%；货邮吞吐量8.37万吨，下降5.88%。全年航班量、旅客量和货邮量恢复至2019年的76%、67%和94%，是东北地区率先恢复、降幅最小的干线机场，在国内机场旅客吞吐量排名升至第29位。航班放行正常率92.81%，比2019年提高11.1%，位居旅客吞吐量占全国0.2%（含）以上机场第7位，位列首都机场集团公司成员机场次席；国际机场协会ACI（Airports Council International）旅客满意度均值4.93。长春机场夏航季和冬航季周计划航班量增幅位列东北地区干线机场首位，增幅分别为7.97%和11.45%。非基地航空公司停场运力数量首次超过基地航空公司。推动长龙航空与吉林省人民政府签订航空战略合作框架协议。引进乌鲁木齐、奥凯2家航空公司，增加运城、湛江、遵义、大同、赣州、张家界6个新航点，优化长春至韩国首尔客货航班结构。推动航空公司定制“守护归校路”、包机复工等航空营销产品引导旅客回流。全年长春机场空铁联运旅客量占比33%。引导顺丰速运集团等国内大型航空物流企业加大投入，增强货运能力。全年未发生责任原因事故、事故征候和人为原因不安全事件，未发生管控级指标事件，守住机场安全“四个底线”（空防安全、运行安全、消防安全、公共治安）。在“平安民航”建设考核中，位居东北地区干线机场首位。

“平安机场”建设。修订安全绩效、安全责任督导问责、隐患排查治理、安全信息报送等管理制度。开展安全专项整治三年行动，建设安全管理体系。开展“大学习、大讨论、大排查、大整改、大提升”安全能力提升行动，细化30项重点任务。修订《机场使用手册》，长春机场完成换证审查。通过局方航空安保审计。开展“三个敬畏”宣教、“抓作风、强三基、守底线”安全整顿、“作风建设年”“七反七防”作风教育整顿等系列活动。选取安全工作先进代表开展“三个敬畏”主题宣讲11期，创作视频宣教材料21期，细化安全作风正面清单和负面清单42条，10篇“三个敬畏”教育征文在行业评选中获奖。开设“吉林机场安全云课堂”，采用“原创课程+视频教学+线上考核”相结合模式面向全员开展宣教培训，发布课程38节，超过11万人次完成在线学习。开展线上安全知识竞赛，参与人数2200人，参与率比2019年提高18%。建立“四个底线”安全绩效指标体系，细化集团级指标200项，完成120个班组、1371项岗位级指标任务分解。

“绿色机场”建设。长春机场印发《打赢蓝天保卫战联合工作计划》，发布《突发环境事件应急预案》。召开绿色机场建设规划专题会议。在民航打赢蓝天保卫战专项督查中，成绩领先于东北地区其他干线机场，高于首都机场集团成员干线机场平均水平。推进能源管理体系、碳排放管理体系建设工作。完成能源审计。节能改造项目可研报告获吉林省发展和改革委员会批复。完成机场光源改造项目。16项环保隐患整改完成率88%。在首都机场集团成员机场中率先完成尾气排放改造。完成应急救援消毒室及医疗垃圾存放间建设。

“智慧机场”建设。举办长春机场“智慧机场”建设专家研讨会暨总体规划咨询会议。联合华为公司编制《长春机场智慧机场建设总体规划设计报告》。运用数字化转型“企业架构”规划方法，确定“大服务”“大运行”“大安全”三大领域数字化、信息化、智慧化建设方案。长春机场自助值机比率70.23%。试运行国内航班旅客“无纸化”乘机流程；增加16台自助值机设备、2台自助行李托运设备，机场WIFI提速，国航电子运单系统上线运行，“基于RFID技术行李全流程跟踪应用试验线”项目在北京—长春航班启用，高架桥限时通行电子抓拍系统建成投用。长春机场A-CDM协同系统建成投用，获民航局A级评价。

“人文机场”建设。长春机场开通“96665”服务热线。服务短板整改完成率100%。落实“同城同质同价”要求，餐饮类价格平均下调17.8%。推出“交付行李立起来”特色服务，实现“中转旅客跨航司行李直挂”服务创新。优化长春机场运行管理委员会、安全管理委员会机构职责。调整航班分配，国际、国内航班分区运营。完成机坪管制移交工作，通过机坪运行统一规范验收。首次除冰雪业务外包。首次三机位同步慢车除冰。高铁长春龙嘉机场站全年进出旅客量占比36%。

春节假期保障。春节假期，长春机场运输航班2477架次，旅客吞吐量22.95万人次，日均航班起降247架次，日均运送旅客2.3万人次。1月26日、2月2日完成吉林省2批支援武汉医护人员的包机保障工作。

疫情防控。长春机场完成旅客测温829万人次，筛查发热旅客1113人，120急救转运977人。修订疫情防控预案8版、疫情防控手册13版，召开40余次专题会议，部署1000余项具体工作。落实入境旅客全流程无缝对接、闭环管理，协助海关保障直航国际航班旅客的流调、转运，开展国内中高风险地区进港航班管控措施。

（杨振宇）

【南航吉林分公司】 南航吉林分公司执管空客A320系列飞机23架。其中，空客A321飞机6架，空客A320飞机17架。经营国内航线31条，始发通航点27个。南航在吉林市场投入飞机36架，覆盖国内重点城市，南航系（包括南航、川航、厦航）占有吉林省39%市场份额。吉林分公司员工2428人。空客机型飞行教员/机长144人，副驾驶133人。乘务员520人，空警、安全员97人。持有机务维修基础执照人员242人，能够完成A320系列飞机C检、五年检、换发、结构修理、探伤等工作。南航吉林分公司保证28年飞行安全和26年空防安全。

履行社会责任。2020年，完成两会等重大运输保障任务。新冠肺炎疫情期间，实施防控措施，制定应急预案，分公司员工及旅客0例感染。党员干部带头执行向武汉市运输医务人员与物资的紧急救援任务，保障国内外防疫物资26班，重要包机54班，运送防疫人员2517人。央视、新华社等主流媒体对分公司的抗疫事迹进行宣传报道。潘晓波获全国交通运输系统抗击新冠肺炎疫情先进个人；客舱部党总支获南航集团抗击新冠肺炎疫情先进基层党组织。

安全管理。2020年，安全飞行5.54万小时/4.12万架次。完成45名新机长、新教员、飞行干部的专项技术检查，新聘机长9人、教员4人。按照“安全严管年”要求，推进作风纪律“红皮本”制度，完善手册体系，修订安全类手册300余项。健全风险防控体系，建立飞行风险防控管理制度，成立机务安全管家团队。完善全面监察体系，开展“我是安全明白人”“党员身边无差错”等竞赛活动，出台《安全从业人员“举手意识”清单》。

生产经营。2020年，运输旅客351.6万人次，保障进出港行李162万件次。拓展航线网络的通达性。打造每日8班的广州快线和每日6班的大兴、上海浦东航班线。长春至海南航班增至每日8班。新增、优化及恢复冬春航季长春—济南—珠海等6条航线。制定《经营特殊时期应对方案》，开展精益管控成本专项活动，形成问题建议清单206个，第三方业务及辅助收入提升。盘活闲置不动产资源61万元，节约航油、机务维修、各项税费及差旅、办公等日常费用4102万元。

运行服务。2020年，执管航班18970班，航班正常率91.5%，关门正常率

5月30日，南航吉林分公司保障吉林省支援湖北医务人员返吉，长白山机场以“过水门”礼节迎接

（王　赫　提供）

2月14日，长春市交通运输局“定制公交”助力亚泰医药产业园复工复产

（杨九龙　提供）

96.71%。保障川厦航航班2949班。出港航班正常率、关门正常率等关键指标提升，在三大航中排名第一。建设GOC平台，实施“三级运行决策体系”。修订现场运行即时处罚规定，强化两级运行讲评制度。优化关键环节，开展快速过站保障。成立分公司运行管理委员会，推进机场运管委常态化进驻，构建一体化对内外协调机制，提前做好航路规划、油量调整。实施延误60分钟以内按正常节点组织上客的运行决策，把好大件/多件行李关口。开展预防性维修，减少飞机重复性故障。成立分公司服务提升管理委员会，推进“民航服务质量品牌建设”专项行动，打造融入吉林特色的客户尊享、亲情服务360等8张服务名片。推进营销服务融合，在南航首推集团客户高管卡295张。地服部开展行李全流程跟踪系统建设，客舱部推出“木棉馨衣”“木棉锦囊”服务，市场部开展代理人服务评比考核，延吉营业处开展高价值客户管家服务，维修厂完成22架飞机深度清洁，南联推出“家乡的味道”机上餐食。为吉林省提供全国技能大赛驻会礼仪指导。客舱部被民航东北管理局评为2020年度“民航服务品牌建设”先进单位。

（王　赫）

城市公共交通

【概况】　2020年，长春市城区有公交线路229条，公交线路长度3800千米。更新新能源公交车721辆，超额140%。有公交专用道287.1千米，公共汽电车日均客运量125.7万人次。轨道集团经营轨道交通线路5条，运营车辆125列，全长100.1千米。其中，地铁1号线18.1千米，地铁2号线20.5千米，轻轨3号线31.9千米，轻轨4号线16.3千米，快轨8号线13.3千米。日均客运量42.8万人次。全市城市客运系统客运量73474.69万人次。其中，轨道交通（含有轨电车）客运量16619.4万人次，比2019年减少23.9%，轨道交通运量占全市公共交通总量的26.6%，提高1.9%；公共汽电车45875.3万人次；出租汽车11000万人次。创建公交都市，10月10日至12日，长春市通过交通运输部专家组验收。

【新冠肺炎疫情防控】　疫情期间，交通运输行业44万从业人员在一线战斗，按照极限思维储备应急车辆。地面公交保持开通运营，客运班线在全省率先恢复，轨道交通有计划地暂停和恢复，保障市民出租汽车出行需求；在全省率先开发应用公交实名登记和乘车追溯系统，被国务院督导组表扬；组织应急保障车5101辆，保障医疗应急物资、医护人员、疫区乘客和生产生活物资运输。在全省率先撤销公路防疫卡点。

【“六稳”“六保”】　2月，紧急增开定制公交专线4条，助力重点企业复工复产。9月，开通夜间公交12条，助力夜间经济发展。按照市万人助万企总调度室安排，向226户企业征集公共交通诉求建议385条。

【公交线网建设】　改造长春至榆树、烧锅、小八家子、乐山、响水等客运班线8条。开展公交车辆冬季取暖设施使用不规范专项整治，开展集中行动22次，检查车辆3658台。

【出租汽车行业服务】　开展平台公司不合规网约车派单问题专项整治，约谈平台公司驻长负责人，立案查处非法派单案件335起，罚款451万元；开展出租汽车违法拼车专项整治，拼车投诉立案查处、挂牌督办，立案查处158起，罚款18万元；推动巡游出租车服务向网约车看齐，发起提升服务质量“十条”倡议，制定出租汽车行业服务规范。

【公共汽电车行业改革】　提请市政府召开调度会3次，召开领导小组办公室推进会2次。由行政许可转变为特许经营，制定特许经营协议、运营指标和服务质量考核办法等配套政策；整合公交集团与轨道集团，成立长春城市公共交通发展集团，引导18户民营企业自愿整合为4户特许经营企业；制定《城市公交行业政府补贴补偿总体实施方案》《冷僻公交线路开设及补贴办法》；票价调整方案和优惠乘车办法通过政府常务会审议，公开听证，结束实行27年的1元公交票价；公交线网规划通过市规委会审议，规划“快干支微特”5个层级线路307条，初始化分配线路229条，首批分配规划新线路11条。

（杨九龙）

城乡建设

CHENGXIANG JIANSHE

综　述

【重大项目征收】　成立重大项目征收专班，根据重大基础设施建设、重大产业项目建设需要，推进征收工作。44个重大项目征收完成24个，协调解决难点问题213个，征地115.2公顷，征收住宅11093户，征收工企140户。解决制约惠工路机场大道10年的征拆难点、遗留13年的四季青市场问题、困扰项目3年的长青加油站还建选址等难题，完成地铁6号线、抚长高速征收任务。发挥基础设施专班协调作用，解决手续办理等问信息题31个。

【政务服务改革】　提升政务服务水平，进行“一网、一门、一次”“最多跑一次”政务服务等改革，推行电子证照、全程网办，提高“零跑动”事项比例，用水、用气报装实现“三零服务”，214个项目实现“联合验收”“线上”并联审批。推进工程建设项目审批制度改革，以市政府办公厅名义印发《长春市深化施工图审查制度改革实施意见（试行）》，除轨道工程外，不再强制性进行施工图审查。建立施工许可“绿色通道”，简化审批手续、压缩办理时限，试行“拿地即开工”，支持项目开复工，38家省市重点项目提前30天进场施工，总投资额325.5亿元。

【依法行政】　落实主要负责人履行法治建设第一责任人职责，推动法治政府建设，开展普法依法治理工作。推动立法，完成《长春市国有土地上房屋征收与补偿条例》《长春市建设工程造价管理办法》等立法任务。完成“双随机、一公开”检查抽查事项302个。开展信访隐患排查，依法依规做好信访积案化解工作，常态化开展领导接访下访。

【安全生产】　开展开复工大检查、防台防汛、防火安全等专项行动，检查建筑工地699个，查出一般安全隐患、文明施工问题9419条，工地停工整改223项，罚款123.8万元。开展燃气安全专项整治，推进管道燃气用户“阀管灶”升级改造，建立地下燃气管线保护长效机制，加强瓶装液化石油气安全监管。

【农村危房改造】　制定《长春市农村危房改造工作指南》，投入市级补助资金900余万元，完成建档立卡贫困户危房改造748户，实现清零目标，完成其他3类贫困户危房改造1638户。成立5个督导检查组，对外县（市）区建档立卡贫困户住房保障工作开展“挂牌督战”。建立日常管护机制，防止脱贫户“因房返贫”，改造“新增危房”。

【国堤决口封堵】　9月13日，饮马河德惠市达家沟段国堤发生溃堤，长春市组织相关专家、机关事业单位骨干力量，调集技术、工作人员100余人，装配式部件19车，大型渣土运输车26辆，参与封堵。经过3天3夜努力，封堵溃堤决口，保障人民群众生命财产安全。

【疫情防控】　印发《施工现场疫情防控指导意见》，创建“长春市建筑市场智慧管控平台”电子地图，开展施工现场疫情防控。制定《市建委便民服务手册》《关于加强疫情防控有序推动开复工指导意见》等政策文件，指导建筑、勘察设计、水气热等行业企业在落实防控措施前提下，恢复正常生产秩序，建设工程错峰开工，降低疫情防控风险；发挥专班办公室作用，建立“三早”项目工作台账，推进61个“三早”项目开复工；出台质量安全登记承诺、农民工工资保证金缓（免）缴等措施助力复工复产，36个项目缓（免）缴各类保证金1.22亿元，121个项目实施登记承诺，19个项目缓缴配套费3.3亿元。保障防控期间水气热需求，实施用水用气欠费不停供等措施，加强水、气、热设施设备巡查检修。

（张九高）

城市规划

【国土空间总体规划】　对接国家和省战略部署，编制《长春都市圈空间协同规划》《长春现代化都市圈规划（2021—2035年）》，形成《长春国土空间总体规划》《长平一体化发展规划》等规划成果，完成《长春都市圈远景空间发展战略规划研究》交通体系、城镇网络、产业体系等专题。出台《关于建立全市国土空间规划体系并监督实施的意见》。

【区域规划】 规划城市核心区和“四大板块”建设，编制《长春国际影都国土空间规划（2020—2035年）》《长春国际汽车城规划（2019—2035年）》等60余项重点区域规划；编制《综合交通体系规划》《轨道交通线网规划》和《市政专项规划及修编》等基础设施规划，完成2700余项规划任务。

【乡村规划】 支持乡村振兴，立足长春资源禀赋，推进城镇和乡村规划编制，完成650个村庄规划。按照集聚提升、城郊融合、特色保护、稳定改善、搬迁撤并，完成5个类型的村庄分类。

【城市设计】 指导重点区域、街路提升改造，编制《红旗商街城市设计》《长春市东西主轴线街路提升改造设计》。实施规划展览馆更新布展43个项目，组织非洲艺术雕塑学术交流，举办冰雪活动和国际雕塑大赛。

【历史名城保护】 实施历史文化街区保护修复工程，出台《长春市历史建筑保护利用试点工作方案》，编制《长春历史文化名城保护规划（2020—2035）》，推进人民大街、南广场、宽城子等重点地块保护和改造项目建设。

【审批制度改革】 推进工程建设项目审批制度改革，推行“多规合一、多测合一”。用地预审和选址“两审合一”、建设用地规划许可和批准“两证合一”、规划和土地验收“两验合一”。

（张亚雄）

城市建设

【市政重点路桥建设】 东部快速路南延长线建成通车；吉林大路快速路世纪大街立交桥东向南匝道、“两横三纵”快速路5条辅道完工通车，惠工路机场大道高架主体完工具备通车条件。抚长高速出口改移工程、建业大街延长线，西安桥翻建、长北公铁桥改造等项目开工建设，开运街南延长线、育民路建设工程推进。打通断头路卡脖路，畅通“微循环”，南部新城路网开工39条（段），打通19条（段）；西部新城路网站前街、景阳大路三四环连接线等完工使用。

东部快速路南延长线建成通车　　（张九高　提供）

【伊通河综合治理】 除芳草街、南部污水处理厂等跨年工程外，伊通河综合治理工程完工，流域水质提升，靠山大桥国考断面1月至10月水质均值达四类水标准。开展竣（交）工移交验收，由建设期转入运营期，保持巩固治理成果。编制新凯河综合治理方案，由汽开区组织实施。

【城市精细化建设】 打造城市精品街路，完成机场通道（民康路—解放大路—吉林大路）提升改造9.3千米。完成道路大中修35条，维修市管主干路及南部新城道路89条，修复路面48.9万平方米，治理裸露地面22处；完成桥梁维修加固10座，对市区152座桥梁和“两横三纵”快速路开展日常维修养护，完成集中清洁5次。海绵城市项目完工307项，汇水区面积96.73平方千米，占中心城区建成区面积23%。改造积水点33处，完成河道明沟和4641千米排水管渠的清淤疏浚、设备检修保养，在3次台风过境情况下，保障城市正常运转。开展涉水乱象整治，完善污水处理厂运行监管制度，全市23个重点建制镇建成污水处理设施。

【老旧小区改造】 制定《长春市城镇老旧小区综合改造工作实施方案》，成立组织机构；完成《改造技术导则》《技术指导手册》及“十四五”改造规划编制。2020年7个试点项目开工，投资5900万元，完工率70%。完成2021年计划改造项目申报，组织各区开展前期工作。推进加装电梯试点，市政府常务会议审议通过《长春市既有住宅加装电梯工作指导意见（试行）》，有4个小区加装5部电梯。

（张九高）

城市管理

【市容环境乱象整治】 整治广告牌匾。拆除违规牌匾2897块，清理不规范牌匾8854块，清理公益广告2387处。整治野广告。清刷覆盖野广告360.5万处，停机号码8915个，行政处罚158人次，罚款金额54.5万元，设便民宣传栏板3.3万个。整治违法建设。拆除违建5800处42.3万平方米，制止违建近100处。规范渣土运输行为。市城市管理局、市建委、市交通局、市交警支队、市公安局机动支队组建联合执法队伍，查处无证运输、乱倒乱卸、沿街撒落等违规运输行为。启动建筑垃圾运输企业许可制度，推行新型智能环保运输车辆。查处违规工地98处，查处车辆2378台次，批评教育2567台次，立案处罚1108起，罚款837万元。增加智能渣土车辆1219台。改造工地围挡。拆除工地围挡3.02万米，改造12.3万米。开展市容环境“四清”行动。清理占道经营12.8万处、露天烧烤7218处、占道物13.2万个、共享单车3.4万台。城市窗口区域管理。城管、公安、交警、民政、运管等部门建立联动机制，对火车站区域实行网格化管理，清理流浪乞讨人员1416人次，行政处罚喊客拉客1637人次，查扣非法营运车辆117台次，取缔黑旅店19家。

【城市绿化管理】 2020年，长春市启动“拆围透绿”行动，打开11座公园、各区党政机关、20条主要街路沿街单位的围墙，拆除围墙4万余米，增绿扩绿1.9万平方米。开展“毁绿种菜”专项整治，以街道为主，市、区、街三级联动，对侵占公共资源、破坏生态环境的“毁绿种菜”行为进行打击。对清理后的空地，由林园部门进行补植复绿。清理“毁绿种菜”地块6371处，清出绿地75万平方米，补植复绿31.7万平方米。

【循环经济产业建设】 推进长春循环经济产业开发区建设工作。完成开发区总体规划设计，获吉林省正式批复。推进规划面积15平方千米的开发区建设工作。固体废弃物区的生活垃圾焚烧项目、餐厨垃圾处理项目、医疗废弃物处理项目建设实施。

【生活垃圾分类】 全市以街道为单位，建成生活垃圾分类片区63个，公共机构全覆盖。整合区、街道、社区的工作人员、党员志愿者和分类督导员力量，开展宣传活动4800余次，入户宣传覆盖率95%以上。建设生活垃圾分类处理设施，有餐厨垃圾处理厂1座、小型厨余垃圾处置站7座，日处理餐厨垃圾200吨、居民厨余垃圾330吨。

5月18日，市委书记王凯调研长春市循环经济产业园 （王德祥 提供）

【城市管理基础设施建设】 新北生活垃圾焚烧发电厂主体工程完工，安装主设备。在长春循环经济产业开发区，选址建设日处理能力500吨的第二餐厨垃圾处理厂。做好生活垃圾渗滤液处理工作，完成蘑菇沟垃圾填埋场40万吨积存渗滤液处理工作，建设日处理能力3000吨的处理设施，渗滤液日产日清。

【城市管理应急处置】 2020年，长春市遭遇冻雨冻雪灾害天气，总降水量34.3毫米。环卫部门出动1.5万名环卫工人、1400余台机械设备，清除积雪8.8万余车，确保全市道路畅通。年内，长春市遭遇3场台风过境，环卫系统出动2700余台次清扫设备，开展雨中除尘和排水作业，清理下水井口淤泥，保持街路清洁，防止城市内涝。德惠市达家沟镇五家子村四社附近饮马河段发生溃堤，城管部门3天内出动人员120人次、车辆设备100余台次、移动公厕5座，参与运送砂石料及块石6000余立方米、装配式抗洪物资300立方米。

【“走遍长春”专项行动】 “走遍长春”专项行动排查问题142882件，整改135569件，整改率94.88%。开展整洁行动、畅通行动、拆违行动、绿化提升行动、老旧小区整治行动、城市管网安全运行等6个专项整治，完成整治任务。

【数字城管建设】 升级改造长春数字城管系统，扩大存储，强化安全防护措施。开发建筑垃圾监管系统、“门前三包”管理系统，与国家城市管理综合平台联网对接。

【城市管理法规体系】 出台《长春市城市管理条例》《长春市建筑垃圾管理办法》和《长春市公厕管理办法》等地方性法规规章，其中《长春市城市管理条例》在国家层面没有上位法依据的情况下出台，是长春城市管理法律总纲。

【城市管理监督考评】 修订《长春市城市管理工作考评办法》，通过职能部门、第三方评价和社会监督等建立多角度、立体式考评模式，对城区、开发区城市管理工作综合评价，每月通过媒体公布考核排名情况。

【舆论宣传】 组织新闻集中采访96次，在省和市媒体刊发稿件1200余篇，网络媒体刊发和转载稿件4000余篇，户外LED条屏播发宣传标语468条，发布《城市管理信息》146期。新华社、中央电视台等媒体对长春市除冰清雪、疫情防控、“围透绿”拆、规范户外广告和“毁绿种菜”治理等工作进行报道。与长春广播电视台联合推出“城市管理热线”，节目播出173期。

【新冠肺炎疫情防控】 疫情防控期间，城管系统成立疫情防控工作领导小组，761名党员组成防控突击队，与街道、社区对接，开展人员排查、宣传动员、市容管控和特殊垃圾收运处理等工作。执法人员24小时驻守城市出入口、火车站、机场等地点，进行体温检测、车辆消杀和防疫宣传。对全市500家快递公司和15000余名快递从业人员排查，明确防控责任、配送方式，做好人员防护、日常监管。环卫系统提高道路清扫和垃圾收运频次，延长保洁时间，对环卫设施和作业车辆开展常态化消杀，设废弃口罩收集容器1000余个，对医疗机构产生的生活垃圾和废弃口罩专车收运、专门管理。开展“环境清洁周”活动。

（王德祥）

城市公共事业

【概况】 2020年，建设、改造供水、供气、供热管线507.8千米。第六净水厂开工建设。完成集中供热项目4个，增加集中供热能力300蒸吨；建成供热监管平台（一期），实现供热企业供热温度、压力、流量在线监测。2019年-2020年采暖期供热投诉比2018年-2019年下降70.26%。应对雨雪冰冻极端天气，采取临时供水供电、加强生产调度等措施，保障居民正常生活，出动抢修人员9000余人次，强化管网巡检，加快应急抢修。

【交通堵塞治理】 发布《长春市城市交通发展白皮书》，制定公交优先、小客车需求调控、精细管理、整合协同4个核心举措。成立长春市交通管理委员会，出台6个方面19项堵塞治理措施。加强静态停车管理，规范停车秩序，办理停车场备案94项，完成快速路桥下停车场、商圈路内泊位停车收费准备工作。

（张九高）

【供水服务】 2020年，供水量35860万立方米，比2019年减少566万立方米，降低1.6%。最高日供水量111.5万立方米（11月20日）。平均日供水量98万立方米（一水厂18.5万立方米，二水厂18.2万立方米，三水厂20万立方米，四水厂19.3万立方米，五水厂22万立方米），比2019年减少1.8万立方米，降低1.8%。售水量26854万立方米，增加1000万立方米，增长3.9%。其中，原水增加36万立方米，发展基建减少483万立方米，新区基建增加233万立方米，稽查减少319万立方米，新区增加134万立方米，供水系统增加1399万立方米。

【供水管网建设】 长春市供水面积422平方千米，供水管网以环状为主，树枝状为辅。2020年，管网建设工程验收240项，铺设管线长度74.2千米；改造工程44项，管线长度25.4千米；废除工程44项，管线长度19.7千米。

【漏损管网修补】 2020年，修漏件数10026件，比2019年增加1467件。其中，一次网1064件，增加192件；二次网8962件，增加1275件。实施《长春水务集团提升管网漏损管控能力实施方案》，召开提高管网漏损管控能力动员大会。全年开展查漏堵漏专项行动，普查疑似问题3922件，确定漏水问题2534件，小时漏量约1700立方米；开展暗漏检测工作，完成786件，小时漏量4587.19立方米；开展明漏检测工作，检测1518件，小时漏量574.9立方米。完成管网普查工作1次，建设管网地理信息系统。推进建立独立计量区域，分区计量管理框架建成。

（张新秋）

【供电服务】 国网长春供电公司是国网大型重点供电企业，主要负责长春地区电网规划、建设、运营和电力供应，供电面积2.34万平方千米，电力客户490.42万。2020年，有500千伏变电站3座、220千伏变电站23座、66千伏变电站263座；66千伏及以上变电总容量2.36万兆伏安，线路总长0.77万千米；10千伏配电变压器4.22万台，10千伏配电线路3.12万千米。66千伏及以上变电容量、线路长度分别为“十二五”末的1.45倍和1.48倍。售电量221.38亿千瓦时，比2019年增长3.77%；日最大电

9月26日，长春市第六净水厂开工 （张新秋 提供）

力419.2万千瓦，增长6.07%；综合线损率6.22%，降低0.3个百分点；营业收入106.34亿元，降低1.89%，剔除政策影响增长1.8%；供电全口径劳动生产率642.68万元/人·年，增长3.18%；电费回收率100%；实现第14个安全年。实施停电时户“预算式”管控，省内首次完成移动箱变转带负荷及旁路带电检修，配网不停电作业超过1500次，户均停电时间压降10.34%。联合发改委、市场监管部门出台《关于清理整顿转供电环节加价行为的通知》，推广“转供电费码”，配合查处违规主体843户。搭建政务服务、营销系统交互专线，共享客户营业执照、户籍信息。不涉及上级电源改造小微企业接电时间压降至3个工作日内。提供临时用电“7天快接”服务。“网上国网”App增加用户57.88万。出台助推复工复产、降低用电成本、“以催代停”系列举措，减免电费4.22亿元，惠及企业25万户、居民176万户。制定线路覆冰舞动应对策略，出动2559人、198辆车、5辆应急电源车，4小时为龙家堡煤矿复电，井下作业人员安全升井；9小时保证长春第一热电厂、东南热电厂具备并网条件；11小时恢复城区主要水源地泵站电源供电；3天完成城区配网送电、6天完成主干线路送电、7天完成全部客户送电任务。免检通过全国文明单位验收。获评“国网先进集体”。九台中心获评国家电网公司抗击新冠肺炎疫情先进集体。刘洋被授予“全国劳动模范”称号。

11月20日，国网长春供电公司工作人员在“冻雨”灾害期间开展除冰工作，紧急恢复供电（高田雨　提供）

【供电安全】 开展安全生产专项整治三年行动，梳理问题107项。组织人身、电网、设备“三保”活动，消除风险208项。政企联动整改隐患41处。研发“以学促安”App。投运国内一流电缆隧道标准化示范段。治理6座变电站、40条线路重过载问题。抵御巴威、美莎克、海神台风。完成供电保障任务206项。

【电网发展】 对接“四大板块”发展，编制“十四五”及中韩国际合作示范区、国际汽车城等电网专项规划。投运浦东等10个大中型项目，治理8项建设周期过长工程。南部新城网架整理项目全线贯通。开展基建“查风险、治违章、抓落实”活动，整改问题97项。打造省内首家集中项目部，规范小型分散工程建设管理。贺家项目获评“国网输变电优质工程银奖”。

【供电经营管理】 增加替代电量1.22亿千瓦时，签订综合能源合同0.72亿元。推动建立市政迁改补偿模式，增加利润2.67亿元。回收机井通电财政补助1120万元。争取疫情期间社保优惠政策，减免金额4480万元。同期线损在线监测率省内第一。开展基础管理提升专项行动，建立“验收组+专业部门”督导机制，推进128项重点任务。获评国网“大供”档案工作示范级单位。实施营销、物资管理等4个专项审计，消除风险隐患402项。清理往来款项1.26亿元、长期挂账工程106项。出台固定资产、工程财务等6类工作指引。物资质检基地通过国网C级验收。依托双阳奢岭供电所建成东北首家具有电力行业特色法治宣教示范基地，获评普法办“全民国家安全教育日竞答优胜组织单位”。

（高田雨）

生态建设

SHENGTAI JIANSHE

环境保护

【环境质量】 2020年，长春市环境空气质量优良天数305天，比2019年减少1天，优良率83.3%，其中一级优144天，比2019年增加20天。细颗粒物（$PM_{2.5}$）浓度42μg/m3。环境空气质量综合指数4.12，减少0.07，改善比例1.7%。9个国家考核水质断面达到国家考核标准，优良水体比例77.8%，劣五类国考断面历史上首次清零，6个断面水质级别跃升，水环境质量创历史最好水平。环境噪声昼间等效声级平均值55.2dB（A），下降0.4dB（A），整体水平等级三级（一般）；道路交通噪声昼间平均等效声级69.9dB（A），增加0.4dB（A），道路平均车流量3145辆/小时，增加44辆/小时，昼间道路交通噪声强度等级二级（较好），基本持平。

【自然生态保护】 推进“绿盾”自然保护地专项行动问题整改，139个违规问题完成整改134个，整改率96.4%。完成侵占破坏生态环境问题整改155个（包含公主岭市97个），治理修复面积6395.95公顷。排查饮用水水源保护区内别墅42处（51栋），认定违建别墅2处（7栋），由属地政府拆除和没收。指导净月高新技术产业开发区、莲花山生态旅游度假区通过省级生态文明建设示范区考核验收。

2020年，长春市环境空气质量一级优144天，比2019年增加20天，创“十三五”以来优级天数最高。图为城市一角 （荀 悦 提供）

【水生态环境管理】 成立工作专班统筹水污染防治工作，对县（市）区、开发区出入境断面进行动态调整更新，实施“查、测、溯、治、督、评”6步工作法，开展流域水资源、水环境、水生态“三水”协调共治，开展“水十条”重点工作。长春市6处“千吨万人”水源地保护区，754处其他农村集中式饮用水水源保护区，开展232项（包含公主岭市32项）劣五类水体专项治理和水质提升工程，363个（包含公主岭市53个）入河排污口完成整治任务。

【大气环境管理】 采取控煤、控气、控尘、控车、控烧“五控”综合整治措施。实施534户企业挥发性有机物排放综合治理。开展“清洁柴油车、清洁柴油机、清洁运输、清洁油品”行动，建设“天地车人”一体化机动车排放污染监管体系。建立扬尘污染全过程管控平台和秸秆全量化处置管理平台，运用“吉林一号”高分卫星遥感监测手段，监控污染源。编制大气污染源排放清单、重污染应急减排清单。

【土壤生态环境管理】 长春市有土壤重点监管企业102户，完成25个地块土壤污染状况调查、2个污染地块修复治理。划定耕地土壤环境质量类别，完成

234.73公顷受污染耕地安全利用和严格管控任务。受污染耕地安全利用率和污染地块安全利用率100%。

【固体废弃物与化学品环境管理】 长春市（包含公主岭市）产生医疗废弃物9106.5吨，无害化处置率100%。全市（除双阳区、九台区、榆树市、农安县、德惠市）日产生活垃圾4780.82吨，年产生量174.5万吨。其中，卫生填埋处理83万吨，焚烧发电处理91.5万吨，处理率100%。双阳区、九台区、榆树市、农安县、德惠市、公主岭市6县（市）区生活垃圾年产生量77.29万吨，处理率100%。城市污水处理厂产生污泥48.5万吨，处理率100%。办理跨境转移危险废弃物商榷函31件。其中，转入14件，转出17件。

【重污染天气治理】 更新重污染天气应急减排清单，对重点减排企业实施精细化管理，完善重污染天气应急响应机制。结合智慧环保平台建设和减排清单管理，网格化监督指导减排措施落实。分解减排企业的区域、行业、污染物特征，依托大气热点网格监管平台，精准溯源辨析大气污染来源，提前管控，编制大气污染源排放清单、重污染应急减排清单。

【农业农村环境保护】 完成县域农村生活污水治理专项规划编制。排查农村黑臭水体21处。完成6个“千吨万人”集中式饮用水水源保护区和754个农村集中式饮用水水源保护区勘界立标。排查规模畜禽养殖场3777家，督促未配套建设处理设施的77家养殖场完成整改。完成行政村环境综合整治110个。

【放射源安全监管】 开展放射源安全检查专项行动，检查核技术应用单位117家次，放射源应用单位（含武警总队医院）35家，检查覆盖率100%。开展闲置废旧放射源排查，督促用源单位制定废源收贮计划，收贮吉林省黄金食品有限公司、吉林大学白求恩第一医院、吉林省人民医院等5家单位废旧放射源6枚，收贮率100%。

【环境影响评价】 办理环境影响评价报告书30项、环境影响评价报告表92项。核发排污许可证2230户、登记12177户、变更300户，延续109户，补充填报79户，注销90户。办理入河排污口许可6项。办理危险废物收集经营许可10项、废弃电器电子产品处理资格许可1项、建设项目竣工环境保护固体废物验收9项。办理辐射安全许可业务229项、放射性同位素转让业务9项。

【生态环境监测】 建立环境监测“测管协同”制度，完成协调监测任务169项。实施《长春市排污单位环境保护分类分级监督管理规定（试行）》。修订《长春市生态环境监测质量管理工作制度》，确定《2020年度长春市重点排污单位名录》并公开信息，完成颁发排污许可证企业自行监测检查167户。完成吉林市、四平市、辽源市、通化市、白山市、松原市等6个城市24处黑臭水体92个监测点位2轮交叉检测工作。完成长春市2019年环境质量报告书编写。启动构建涵盖实时监测、溯源分析、预报预警、协同执法、智慧调度、应急指挥于一体的生态环境智慧监管平台。

【生态环境执法】 全市办理行政处罚案件469起，处罚金额1169.6863万元。办理按日计罚、查封扣押、限产停产、移送公安行政拘留、移送涉嫌刑事犯罪案件等“五类案件”36起。其中，查封扣押22起，限产停产8起，移送行政拘留3起，涉污染犯罪3起。出动执法人员1.18万人次，检查医疗机构、隔离场所和城镇生活污水处理厂5800余家次。排查规模化畜禽养殖场3785家，行政处罚21家，罚款20.7万元；开展冬季专项执法，发现违法行为25起，完成整改，行政处罚21家，罚款109.55万元。牵头开展3项跨部门检查，参与17项跨部门检查，污染源日常监管“双随机”抽查4092个，519户企业被纳入监督执法正面清单，减免处罚企业14户。

【环境安全监管】 开展环境风险隐患排查、防汛隐患排查治理和环境应急演练等。更新环境应急物资信息库和环境应急专家库，与吉林市建立突发环境事件应急联动机制。联合检查83户危险化学品重大危险源企业，加强企业环境安全监管。

【生态环境保护督察】 完成中央环境保护督察、省生态环境保护督察和中央生态环境保护督察“回头看”反馈长春市173项（包含公主岭市77项）问题的年度任务，其中销号166项（包含公主

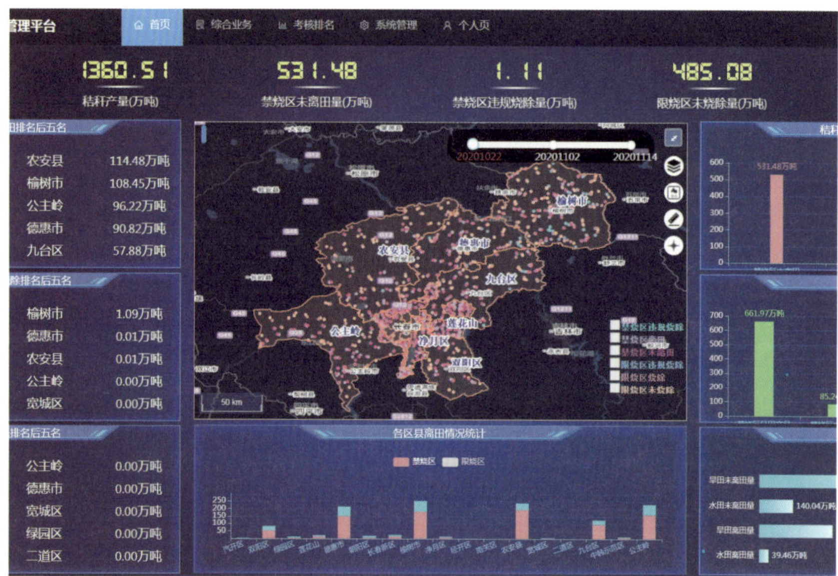

长春市秸秆全量化处置管理平台 （荀 悦 提供）

岭市76项）。交办信访案件7769件（包含公主岭市809件），办结销号7751件。下发预警函98件、督办函8件，三轮督察整改年度任务清零。对省生态环保督察“回头看”反馈的35项问题（包含公主岭市15项）制定整改方案，整改完成15项（包含公主岭市10项），其余20项（包含公主岭市5项）完成年度任务；交办的信访案件941件（包含公主岭市102件），办结销号936件，其余5件完成年度任务。

【环境保护法规建设】 提交长春市人大《长春市饮用水水源保护条例》，制定《长春市生态环境违法行为有奖举报实施细则》《长春市生态环境局关于行政处罚决定权限的规定（试行）》《长春市生态环境局重大行政处罚案件集体审查委员会议事规则（试行）》《长春市生态环境局行政执法过错责任追究办法（试行）》。请示市委、市政府修订《长春市生态环境保护工作职责规定（试行）》。

【污染防治资金申报】 2020年，长春市获中央和省级污染防治专项资金17058万元，支持项目15个。其中，中央专项资金1179万元，项目4个；省级污染防治专项资金469万元，项目2个；省级重点流域水污染治理专项资金15411万元，项目9个。

【生态环境宣传】 刊发迎接吉林省生态环境保护督察“回头看”工作的新闻稿件529篇（次），其中，国家级媒体转发156篇（次），省级媒体转发238篇（次）。在人民网、新华网、学习强国、中国新闻网、中国吉林网、吉林日报、长春日报等中央、省、市媒体全媒体平台刊播反映长春市生态环境保护工作的稿件1600余篇（次），新媒体稿件阅读量近1.6亿人次，组织设施开放活动18次。

【环境信访问题办理】 办理“12345”市长公开电话交办案件19030起，办结率100%、反馈率100%；办理人民网领导留言板诉求问题49个、局长信箱反映问题61个；通过现场和电话接访，办理来信、来访和电话投诉（市本级）问题92个；办理上级转办环境信访问题17个；办结省、市两级信访部门及领导签批交办环境诉求问题61个；办理“12369”环保举报热线信访案件9842起，办理微信投诉1514起，办理网络投诉112起。

（荀　悦）

自然资源管理

【资源要素保障】 制定《关于规范土地管理推进优惠政策落实的实施意见》，建立存量住宅用地统计分析及公开机制，推行“点状供地”“弹性供地”“标准地”“产业用地最低价”“分期缴款”“拿地即可开工”“降低保证金”等扶持举措。全市供地6884公顷，成交额约910亿元，纯收益279亿元。实施建设用地指标核销制，精简征地报批要件67%，获批征地4593公顷。推动矿产资源利用，出让采矿权4个，成交额6999万元。制定《长春市城乡融合发展试验区农村集体经营性建设用地入市实施方案》等7项政策文件，构建农村建设用地城乡平等交换机制。

【耕地保护】 遵守耕地和永久基本农田保护红线，落实“占优补优”购买占补平衡指标28批次2023公顷，150个占用耕地建设项目“占补平衡”。开展建设占用耕地表土剥离工作，完成15个批次17个地块的验收工作，剥离面积174.3879公顷，剥离土方623258立方米。推进农村乱占耕地建房问题专项整治，完成摸排任务，核查疑似图斑3.4万个，确认摸排图斑1.7万个；拆除违法占用耕地建房111宗，建筑面积5.2万平方米，退还耕地面积12.2公顷。

【国土空间生态修复】 完成废弃矿山生态修复治理10.1公顷，莲花山21处废弃矿山纳入中央重点生态保护修复资金项目储备库。开展九台区全域土地整治试点工程，增加耕地172公顷。

【确权登记】 改革不动产登记制度，推行“交房即办证”，营商环境登记财产指标水平提升，通过国家考核，登记时限平均压缩率94%，“企业续贷抵押”“招拍挂拿地首次登记”等业务“立等可取”，为企业节省“过桥”资金超3000万元。启动自然资源确权登记，推进农村宅基地和集体建设用地确权登记，宅基地调查率100%，登记率91%，集体建设用地使用权登记率87%。

【地理测绘】 建立长春市空间一体化时空大数据体系，搭建时空信息云平台，完成市域2万平方千米1:5000地别覆盖数据采集、2.2万平方千米地表沉降及城市安全监测项目分析。

【地质灾害防治】 建设县、乡、村三级“群防群测”地质灾害防治体系，启动压覆矿和地灾风险评估，完成城区“1∶50000”地质灾害调查与区划，度过3次台风过境，无人员伤亡和较大财产损失。

【依法行政】 梳理权责清单，明确242项行政职权归口责任。规范性文件管理，审查清理40件、保留35件、废止5件。落实立法项目27个，办理行政诉讼、复议案件113起。实施全市征地区片综合地价调整工作，公布地价。推行“分级法制审核”机制，出台《行政处罚法制审核办法（试行）》《重大行政处罚案件审查委员会议事规则（试行）》《行政处罚程序操作流程（试行）》等文件。推动行政执法与刑事司法衔接，与公安、检察机关联合印发自然资源保护意见，构建共同保护和监管机制。

【执法监察】 长春市本级消化“批而未供”土地2396公顷、消化率28%。规范闲置土地处置程序，闲置土地处置率81%。推进土地出让金清理欠款，

31宗地全额缴纳4宗、追缴4.41亿元，部分缴纳3宗、追缴0.13亿元。查处“违建别墅”违法建筑18万平方米；清理违法用地、违法建设历史积案118宗，收缴罚款8298万元；卫片执法监督检查，占用耕地违法比例1.37%，低于国家规定的15%问责线；开展“烂尾楼”“烂尾地”排查整治，对17宗“烂尾楼”、10宗“烂尾地”建立台账，分类推进处置。

（张亚雄）

园林绿化

【概况】 2020年，长春市主城区绿地率36.5%，绿化覆盖率41.5%，人均公园绿地面积12.5平方米。

【公园建设】 完成天香、富裕、山水湾等18个公园建设，增加公园面积291.7公顷。开展南湖公园、儿童公园等历史名园的规划修编，实施局部改造、修缮和绿化提升。引进植物新品种，结合景石、雕塑、创意小品等，打造公园花境景观。市属公园打造花境100余处，应用100余个品种的应季花卉、宿根花卉、观赏草等。拆除南湖公园、儿童公园等5个市属公园围栏12125米，复绿2.5公顷。

【街路绿化建设】 种植街路90条、大块绿地62宗，补充种植街路240条、大块绿地63宗，增加街路绿地287公顷。栽植乔木14.6万株，灌木34.3万丛，绿篱模纹28.48万平方米，草坪278.8万平方米，花卉119.2万平方米，立体彩化112座，园林小品194个。实施人民大街绿化彩化完善、吉林大路迎宾大道景观提升、西客站周边区域绿化等152个绿化项目。建设绿道103千米，消除裸露地面恢复绿地58公顷。

【养护管理】 开展“幸福长春·温馨公园”创建活动。推广人民大街改造提升经验。制定树木修剪技术规范，整修树冠、调整树势，清除干枯枝、下垂枝、病虫枝等。对市区165条街路2.111万株杨柳树进行飞絮治理。

【义务植树】 以“森林绿化全民化”为载体，动员机关、企事业单位、中小学校和社会团体参与义务植树。约1.26万名干部群众参加义务植树活动，栽植43个树种13万余株树苗，栽植面积约29万平方米。在中国新闻网、新华网、吉林电视台、《长春日报》《守望都市》《交通之声》等20余家国家、省、市新闻媒体对义务植树进行宣传报道。

【庭院绿化】 开展“最美庭院”（单位、小区）和“乡村最美庭院”创建评比活动，经过单位（个人）申报、县（市）区审查推荐、专家组审查和评定，评选出“最美庭院”40个和“乡村最美庭院”1000个。推进长春市委党校、吉林长春社区干部学院、长春汽车工业高等专科学校等庭院景观提升建设。

【园林植保】 加强园林植物检疫，全年检疫21家单位532批次苗木。其中，灌木134批次，6840平方米，近24万株；乔木356批次，近2万株；花卉42批次，1788平方米，近2万株。精准园林植物有害生物预测预报，刊发《长春园林植保》简报4期，发布病虫害测报信息30余条，植保简讯10余条，总结记录有效测报信息50余条。强化园林有害生物防治，利用测报灯和杀虫灯诱捕成虫，收集并分类鉴定6个目34个科224种昆虫，根据各时期成虫发生数量，总结部分昆虫发生的始发期、盛发期、末期等规律。设置美国白蛾监测点1960个，悬挂美国白蛾诱捕器近4000个，开展美国白蛾幼虫疫情调查2次。悬挂红脂大小蠹和松墨天牛诱捕器60套，未发现2种害虫。引进胡瓜钝绥螨开展红蜘蛛防治实验。组织药物防治，遏制日本松干蚧危害。全年防治病害虫601条街路34569街次。其中，乔木近530万株，灌木近1700万平方米，草坪近890万平方米。

【园林规划】 完成《园林地被植物建植与管理技术规程》《河道绿化规划设计导则》《公园标识系统规范》《花境营造技术》《长春市公园（广场）夜市经营管理规定》《长春市乡（镇）村公园规划与建设规范》《长春市植物园植物体验馆建设策略》《珍稀园林植物群落养护管理技术规范》《公园养护管理实施方案》《拆废还绿补充项目规划方案》和《儿童公园拆废还绿补充改造项目》等的编制，为园林绿化建设和养护管理提供技术支撑。

【园林植物研究】 完成植物群落实地踏查和数据录取，采集2.2万余株古树名木后备资源信息和图片数据。对30余处大型植物群落进行360度航拍和四季景观拍摄，编写《长春市珍稀园林植物群落与古树名木后备资源》。对引进的园林植物乔、灌木及地被，进行科学养护管理和观察，记录物候期、病虫害、各时期的特性与表现、生长量及成活等情况。

【园林工程监督】 出台《长春市园林绿化工程质量控制工作流程》，编制《园林绿化工程质量监督计划》《园林绿化工程质量监督控制要点》。对园林绿化工程建设质量实施监督管理。核查参建的勘察、设计、监理、施工单位和有关机构的资质条件，重点检查参建各质量责任主体在工程建设过程中的质量管理体系和施工过程中履行质量责任行为。全年对接工程44项，现场巡查102次。

【行政审批改革】 改革行政审批制度，建设“互联网+监管”体系，提高审批效率。构建“双随机、一公开”监管平台，加强监督管理，优化营商服务环境。2020年，办理砍伐（移植）临时占用绿地审批事项106项，建设工程规划绿化许可业务5项，野生动物驯养繁殖许可1件，审核工程占用林地审批143件。办理设计方案联合审查业务199项，建设工程协同服务20项。群众满意率100%。

【抗灾抢险】 11月18日至19日，长春市发生历史罕见雨雪冰冻极端天气。园林系统启动应急预案，成立极端冻雨灾害救灾重建工作指挥部，专班推进救灾和灾后重建工作。调集升降车、吊车、运输车等大型机具，出动近3000名园林职工24小时不间断作业。发动消防人员、城管队员、环卫工人、社区居民对辖区内的倒伏树、危倒树、枝杈等进行清理。灾害中未发生重大人员伤亡事故。对于树木砸车事件，通过微信公众平台发布城区公共绿地树木购买公众责任险信息，引导市民开展车损理赔。截至11月19日中午12时，各主干路、人行道和公园园路的断、折枝清理完毕，确保交通顺畅。

（张晓东）

渔航文化园廊架 （国 徽 提供）

伊通河管理

【工程建设管理】 2020年，伊通河管委会推进伊通河中段综合治理工作，协调相关行政管理部门及参建单位，对工程查缺补漏。组织设计、施工单位调整各类专项设计，使各标段施（竣）工图纸及时递交设计单位审查，出具正式补充设计蓝图。推进伊通河东荣大桥至四化拦河闸景观提升，月亮岛、回忆岛景观提升工程前期工作。推进工程验收工作，绿道工程完成续建1000米；水生态项目中生态浮岛、人工水草等水治理工序完成；绿化种植10万平方米；完成伊通河右岸自由桥至公平桥段及局部照明亮化续建工程。完成伊通河中段景观工程、水生态治理工程、防洪改造工程补充协议待审版及项目调整明细，报至招标合同组及法律顾问审核。

【环保水质监测】 制定《伊通河生态环境保护巡查工作方案》，每月定期开展河道巡查。排查沿线水质变化情况、吐口排污情况及检查井溢流情况，向市河长办及各相关单位反映实际问题14次。丰水期每月开展水质监测工作，断面检测10次，对吐口溢流及湖塘水质变化情况进行不定期水质检测。完成2020年环保督察迎检工作。开展涉河业务审批管理工作，履行涉河项目会签工作，对于应急抢险等特殊涉河项目采取简化手续措施，对施工项目采取跟踪管理措施，全年完成涉河业务10项。

【行政执法监督】 伊通河管委会制止河道内捞鱼行为257人次；制止向伊通河释放鱼类及外来物种的行为20次；清理钓鱼人员22100余人次；销毁绝户网420余条5480余米；销毁渔网8690余米；清理遗留在河道内的废旧渔网650余米；清缴地笼40余条500余米。清理散发小广告103人次；没收销毁广告传单1750余张；劝离摆摊行为2200余人次；制止市民攀折花木、采摘果实行为201人次；制止烧烤行为59次；制止其他违法游园需知行为800余人次；清理河堤路入口处乱停车行为1280余台次；现场排查需要栽树封堵的区域30余处；制止私自穿线安装5G系统行为7起；督促施工单位恢复施工余料堆积5处；制止燃放烟花爆竹行为100余次；制止和清理烧纸行为850余次；清理共享单车乱停放行为900余次；督促施工单位文明施工156个点位。协助伊通河治安派出所处理市民噪音投诉139起；配合派出所处理溺亡案件2次；劝离遛狗行为1370人次；为游园市民提供帮助130次。

【园林绿化养护】 伊通河沿线绿化养护开展购买社会化服务模式，对购买服务单位进行督导检查考核工作，根据《长春市城市园林绿化养护管理标准》《伊通河园林绿化养护考核管理办法》实行工作细化管理，将考核责任制与社会化购买服务结合。

【环境卫生保洁】 伊通河沿线环境卫生保洁开展购买社会化服务模式。开展春秋两季环境卫生综合整治行动，采用机械化清洗和人工配合清扫的方式，提高河道水面和堤顶路卫生标准，垃圾日产日清，垃圾不落地。伊通河沿线景区及水面的环境卫生符合城市公园管理要求。

（国 徽）

应急管理

YINGJI GUANLI

综　述

【概况】　2020年，长春市实现安全生产工作事故起数、遇难总人数和较大事故数“三下降”，未发生重大事故；防汛工作实现“不死人、少伤人、减损失”；森林防火工作实现火灾事故“零发生”；抗击雨雪冰冻灾害工作实现城市生产生活秩序快速恢复，没有因灾发生事故、出现城市瘫痪、引发群众恐慌和重大舆情。

【机构编制】　2020年，长春市应急管理局内设17个处（室），机关行政编制88名，事业单位6个：市地震局（参公事业单位，编制13名）、市地震速测速报中心（编制24名）、榆树地震台（编制7名）、双阳地震台（编制6名）、市政府防汛抗旱指挥部办公室（参公事业单位，编制8名）、市安全生产应急指挥及安全监管信息中心（编制45名）。全局人员编制191名。

【安全生产】　向市委常委会、市政府常务会汇报工作7次，召开市安委会全体（扩大）会议4次，召开安全生产专题会议、调度会议12次，及时分析形势、部署工作，健全安全生产责任制，完善监管方式方法，推进安全生产冬春治理、夏季攻坚、秋冬会战、安全生产专项整治三年行动等活动，提升风险分级管控和隐患排查治理能力，确保全市安全生产形势总体稳定。2020年，全市生产安全事故起数、遇难人数比2019年下降19.7%和18.8%，连续90个月未发生重大以上生产安全事故。

【防汛抗旱】　通过健全防汛责任体系，建立联动机制，完善监测预报体系，加强隐患排查治理，汛期全市城区未发生大面积内涝，农村河库总体平稳运行。完成饮马河德惠市达家沟堤防决口以及双阳河、黑顶子河、松花江等地堤防漫堤、管涌等抢险救援任务，未发生人员伤亡，经受住“巴威”“美莎克”和“海神”三台风叠加袭击长春市重大考验。

【森林防火】　将每年100万元森林防灭火专项资金纳入财政预算，争取400万元专项资金用于配备森林火灾扑救应急物资和设备器材。落实包村屯、包山头、包地块“三包机制”，集中治理农事用火、祭祀用火、林业生产用火、秸秆焚烧等引发森林火灾主要顽疾，开展森林防火督导检查、安全演练、宣传教育，森林火灾防控工作取得历史性好成绩，实现连续40年无重大森林火灾目标。

【减灾救灾】　制定长春市自然灾害防

7月7日，市安委会组织召开长春市应急管理（安全生产）专家委员会第一次工作会议　　（市应急管理局　提供）

治工作实施办法、自然监测预警制度等一系列制度措施，规范防灾减灾救灾工作。组织开展自然灾害综合风险普查、灾情调查统计、灾害救助、防灾减灾宣传和综合减灾示范社区创建活动，深入灾区现场19次查灾核灾、评估灾害损失，争取上级救助资金1542万元；指导市粮储局及各县（市）区储备11类20余个品种救灾物资，满足一次性转移安置2万人需求；有13个社区被国家减灾委批准为综合减灾示范社区。

【防震抗震】 修订《长春市地震应急预案》，完成全市综合应急避难场所普查，开展全市建设工程地震安全监管检查、地震易发区房屋设施加固等工作。在日常工作中，注重加强震情会商、监测设施巡检、监测应急演练，强化震情监视跟踪。榆树地震台测震、地电场观测资料在全国评比中分别获第二名、第三名。

【应急救援准备】 开展新一轮政府系列预案编修，完成各级政府应急预案375个。推动应急演练，全市组织各类演练9339场，参演1245万人。完善救援力量体系，全市有各级各类应急队伍290支、2.96万人。

【科技专业支撑】 加大信息化投入，实现应急救援指挥车、无人机、单兵装备、应急视频系统之间互联互通。发挥企业、高校、专家的专业优势，与长春铁塔公司、长春工程学院签订战略合作协议，依托长春工程学院成立长春市应急管理研究与培训基地。7月，成立长春市应急管理（安全生产）专家委员会。按照“总量控制、优中选优、注重实战”原则遴选246名专家，并在综合考评基础上确定由31名专家、学者组成专家委员会。专委会分设煤矿、危险化学品（含烟花爆竹）、冶金工贸（含非煤矿山）、建筑（含燃气）、消防安全、道路交通、特种设备、灾害处置、预案与救援、综合等10个专业组，基本涵盖应急工作涉及的专业门类。制定《专委会管理暂行办法》《专委会机构及组成人员》《专家派遣制度》《专家经费使用管理制度》和《专家费用支付标准》。聘请专家参与专项检查、明察暗访、事故处理、应急处置、灾害评估、事故救援、培训教育等1069人次，检查服务企业1116户次。

【依法监管问责】 依据相关法律法规和规章，梳理建立应急局454项权责清单，制定《2020年度安全生产监督检查计划》以及《“双随机一公开”实施细则（试行）》《安全生产行政执法投诉举报制度》等6项制度规定。对违法违规行为严管重罚，查处违法违规行为7件、罚款21.2万元；对生产安全事故中的责任单位和人员立案查处10件，罚款253万元；对38名行政人员给予谈话提醒直至撤职等不同程度问责处理；将3户发生较大事故企业列入“黑名单”管理。

【行政审批服务】 完成行政审批事项和备案事项52项，全部在期限内办结，全部落实“最多跑一次”。规范“三项岗位人员”（煤矿主要负责人、安全生产管理人员和特种作业人员）培训考试工作，为考生提供优质服务。因疫情停考半年，年内组织10561人次参加考试，比2019年增加1634人。疫情期间积压的大量过期证书全部通过考试、重新换证。10月，应急部领导到长春调研，对长春市考试工作给予肯定。

【安全宣传教育】 2020年，全市组织安全宣传活动8795场次、参与58万人。创新宣传载体，依托微信公众号开展安全常识线上有奖问答活动，参与人数近4万人次；制作安全宣传动画短片、警示教育片各1部，在全市30余个新媒体上发布播放，点击量240万余次。协调各类媒体向社会密集发布警示性信息、科普性安全常识，提升市民群众自我防护意识和逃生自救能力。

【安全保障服务】 新冠肺炎疫情防控期间，全市应急系统及时摸清全市定点医院、发热门诊、定点隔离观察场所和相关物资生产企业底数，逐一落实安全责任人，实行安全服务包保责任制，帮助企业提高事故防控能力。全市涉疫场所安全生产保持“零事故”。主动协调欧亚集团、吉粮天裕榆树分公司等企业和交通、消防等部门，及时解决城区消毒液供应紧张问题；制定煤矿疫情防控和安全防范措施，组织煤矿提前复工复产，解决

10月22日，长春市应急管理局与长春工程学院签订战略合作协议

（市应急管理局　提供）

6月16日，“消除事故隐患 筑牢安全防线”吉林省暨长春市2020年“安全生产月”宣传咨询日线下活动在长春市经开区泰山社区举行（市应急管理局　提供）

城区春节后采暖煤供应不足问题。随着疫情防控形势好转，提请市委常委会审议通过《疫情防控期间安全防范和企业复工复产安全生产指导服务工作方案》，采取到期证件自动顺延、审批网上办理、线上安全教育培训、视频安全检查、专家上门服务等创新措施，推动企业安全复工复产。针对“夜经济”启动，成立安全指导组，对重点夜市经营场所加强安全指导服务，督促摊主加强现场管理，确保用电和用气安全。2020年，各类企业在复工复产期间未发生生产安全事故。

【举报投诉办理】　全市12350安全生产举报投诉热线接收各类事项49件，办结率100%。受理12345市长公开电话交办件、省市领导交办信访件、群众来信232件，接待来访人员15人次，全部按时办结。

【“万人助万企”行动】　成立长春市应急管理局“万人助万企”行动工作领导小组，30名助企干部、6个助企工作队、10个工作组第一时间与30户包保企业对接。开展5轮集中走访，150余人次到企业摸排问题，查出问题19个，全部办结。

（市应急管理局）

行业安全监管

【煤矿监管】　组织开展煤矿冬春安全治理专项行动暨安全集中整治行动、煤矿安全生产大排查活动及煤矿安全整治三年行动，推进冲击地压等重大致灾因素防治，严格控制产能。定期带领专家，进行一通三防、防汛、机电运输专项检查和标准化动态抽查。市本级检查煤矿24矿次，发现问题隐患276项，全部完成整改。

【危化品和烟花爆竹监管】　开展危化品重大危险源企业专项检查督导、危化品安全指导把脉行动、硝酸铵等危化品安全风险隐患专项排查治理、烟花爆竹销售旺季安全检查、危化品安全整治三年行动，市本级帮扶指导企业42户（次），抽查企业180户（次）。应急系统监管的危化品和烟花爆竹企业实现“零事故”。

【工贸企业监管】　在粉尘涉爆、液氨制冷、金属冶炼等重点领域，指导属地和行业部门对标对表检查、实施差异化监管，督促企业严格落实主体责任，开展安全整治三年行动。组织工贸企业专项执法检查和“回头看”，市本级抽查企业396户，发现隐患653项、重大隐患3项，2020年年末全部完成整改，重点工贸企业实现“零事故”。

（秦延荣）

消防救援

【概况】　2020年，长春市发生火灾1693起，死亡8人，受伤6人，直接财产损失1748.3万元。成功处置“9・03”

7月31日，长春市消防救援支队在会展中心大饭店举办高层“精准作战”灭火救援实战演练（市消防救援支队　提供）

10月24日，长春经济技术开发区大连路消防救援站举行揭牌仪式

（市消防救援支队 提供）

赛德购物中心火灾、“9·13”德惠溃堤险情、“11·17”雨雪冰冻灾害等急难险重任务。长春市消防救援支队被市政府记集体二等功，被消防救援局评为执勤训练工作先进支队和调研工作先进单位。

【安全治理】 召开全市乡镇街道消防工作经验交流会，推进全市180个乡镇街道成立消防救援委员会并实体化运行。推广德惠农村消防水源建设工作经验，完成1367处农村饮水工程改造任务。完成重点单位消防水池出水口改造任务94处，推动全市4299家重点单位、2531个住宅小区全部完成清障、划线工作。启动“双随机、一公开”抽查与监督员管片相融合的监督执法模式，开展商（市）场、洗浴汗蒸、仓储物流等11类重点场所专项整治行动。开展4轮火灾隐患专项检查，抽查455家消防安全重点单位，发现火灾隐患1405项。打造吉大慧谷消防宣传教育示范学校，与一汽大众打造“共享汽车+消防宣传”新模式，定期在各类新媒体平台传播消防常识。

【灭火救援】 按照“建强中心站，织密小型站”思路，划分“东南西北中”5个作战片区，打造12个中心消防站，在重要商圈、人员密集场所等区域建设小型消防站，提升各作战片区和跨区域增援能力。依托团山供水专职站构建覆盖全市的“1+3+X”供水网络体系，制定全市40家大型商业综合体和8家大型石油化工企业供水方案。在会展中心大饭店开展高层建筑火灾实战演练，全市7个中心消防救援站暨3个高层灭火救援专业队、5个普通消防站及1个小型站、4个供水编队、1个战勤保障大队，共276名指战员、52台救援车辆及公安、交警、医疗、供水、供电、燃气等社会应急联动力量参与演练。完善大型商业综合体、大跨度、地下、石油化工火灾扑救15种操法，编写高层火灾扑救18种操法。连续4年举办消防运动会，举办为期9天的整建制实战化比武竞赛，将消防站、单编站、小型站指战员和政府专职队员全部纳入练兵考核范围。在吉林省首届“火焰蓝杯”消防运动会暨实战技术交流竞赛中获8个单项第一名、11个单项第二名和6个单项第三名。

【战勤保障】 制定《长春市消防救援队伍经费资产审批管理规定》，经费到账3.73亿元。9个新建站项目中5个完成主体建设。落实专项资金，推进东民主大街公寓房、重型机械救援大队车库等改扩建项目开工建设。新建这有山、永春批发、吉林大路等7座小型消防站，小型消防站数量增至23座。制订年度灭火救援车辆装备采购计划，采购进口防化洗消消防车、压缩空气泡沫消防车、河床扫描仪、水下声呐探测仪等装备。投入车辆装备建设经费1.43亿元，采购各类执勤车辆53台，装备器材242种17225件套。

（董晨鹏）

9月13日，德惠市饮马河突发溃堤险情，长春市消防救援支队520名指战员连夜赶赴救援。图为险情解除后参战指战员在现场合影　（市消防救援支队 提供）

防震减灾

【概况】 2020年，长春市加强监测预报、震害防御和应急救援体系建设，开展机构改革，明确各县（市）区、开发区应急（安监）管理部门为本地地震工作主管部门，统一负责指导协调地震和地质灾害防治、专业应急救援力量建设、震灾应急救援、抗震救灾指挥以及防震减灾知识宣传普及、地震宏观监测预报预警等地震工作相关职责。明确朝阳区等5个城区的建设工程抗震设防要求管理相关职责继续由市城乡建设委员会负责；农安县等6个县（市）区、开发区的建设工程抗震设防要求管理相关职责由本地住建（建设）部门负责；长春经济技术开发区等4个开发区的建设工程抗震设防要求管理相关职责，现由市城乡建设委员会负责，待相关权限下放后，由开发区建设部门负责。将市地震速测速报中心、双阳地震台、榆树地震台划转市地震局代管。榆树地震台获全国地电观测资料质量评比第三名。

【监测预报】 加强观测设备运维和观测数据分析，处置报警事件137次。其中，地震事件87次，矿震事件50次。产出并存档地震月报87份。建设完成龙嘉堡矿区矿震流动监测台网，建立矿震监测信息共享机制，配合省地震局完成年度测点检修维护工作。召开长春地区季度和年度震情趋势会商会议，邀请省地震局专家作专题培训。商请省地震局对在建的德惠地震台、农安地震台场址情况进行综合评估。商请省地震局启动长春市地震速测速报中心整体并入省网评估工作，印发相关技术指标体系，责成速测速报中心具体落实。配合省地震局对市地震速测速报中心富锋山地震台所借三口战备水井流体观测测试情况进行评估，省地震局流体学科专家组作出“不合格”评估意见，责成速测速报中心负责设备撤离等善后事宜。完成速测速报中心富锋山地震台、九台地震台防雷工程以及相关设备政府采购工作。开展台站监测环境保护和设备巡检工作，协调推进速测速报中心富锋山台、九台台防雷工程以及中心屋顶维修工程各项前期准备工作。召开3次长春地区季度会商会议，按要求参加全省年度震情会商会议，提交的《长春地区2021年度震情会商报告》获省地震局评比一等奖。

【震害防御】 组织开展建设工程地震安全监管检查，按照属地负责、分类检查原则，重点检查2016年以来开工建设的住宅、商业、工业类房屋建筑及水利、交通、电力等基础设施和2009年以来开工建设的学校、医院类工程落实建设工程抗震设防要求情况。截至2020年年末，全市排查建设工程687项。其中，高层建设工程10项，有6项开展地震安全性评价工作，占比60%；学校建设工程421项，有343项提高设防标准，占比81.5%；医院建设工程53项，有31项提高设防标准，占比58.5%；一般建设工程100项，全部达到设防要求。全市设置应急避难场所103处，占地面积706万平方米，可一次性临时安置79.1万人。制定《长春市地震易发区房屋设施加固工程实施方案》，推进风险普查和抗震加固各项工作。

【应急救援】 推进应急指挥大厅地震信息化项目建设前期准备工作，完成部分关键设备入网匹配测试运行，形成项目建设技术方案。5月12日，市应急管理局、市地震局联合开展地震监测应急演练，市地震局所属5个地震监测台站参加演练。演练以模拟汽开区富锋镇发生4.3级地震为背景，市应急局、市地震局启动地震应急响应，开展地震速报、舆情引导、流动监测、灾情核实、信息报送、视频会商和震情跟踪等应急处置工作。演练中首次引入无人机现场勘查和视频实时回传科目。协调市测绘局将应急避难场所建设纳入《长春市综合防灾减灾规划》，绘制完成全市已建应急避难场所分布图及拟建应急避难场所选址图。对改革后地震工作机构、人员变化情况，组织专题调研，形成专题报告，提请市政府和市编办同意，调整理顺县（市）区、开发区地震工作相关职责。

【科普宣传】 在第十二个全国防灾减灾日组织局属各中心、台站开展以“提升基层应急能力筑牢防灾减灾救灾的人民防线”为主题的防震减灾系列科普宣传教育活动。进机关，在市委市政府办公楼、朝阳区政府办公楼布设防震减灾科普宣传展板50余块；进学校，各中心、台站主动与所在地中小学校对接，结合长春市疫情防控常态化的形势，自制具有针对性的地震科普知识讲座视频，通过“空中课堂”网络教学、学校公众号、教师工作群等平台，进行防震减灾宣教活动；进社区，发动党员干部下沉社区，采用悬挂条幅、发放资料、现场讲解等形式，向居民群众普及地震科普知识和防范应对技能；进公交，在长春市主要线路229、66、364、306路公交车布设防震减灾宣传灯箱30个。

（王春光）

教　育

JIAOYU

综　述

【概况】　截至2020年年末，全市有各类教育学校1621所（不含幼儿园，下同）。其中，普通高校43所，成人高校8所，中等职业学校94所，普通高中73所，初中学校323所，小学1061所，特殊教育学校10所，工读学校1所。

全市各级各类学校当年招生44.1万人。其中，普通本专科生13.6万人，成人本专科生5.7万人，研究生2.4万人，中等职业1.7万人，普通高中5.4万人，初中阶段7.5万人，小学7.8万人，特殊教育0.014万人，工读14人。

全市各级各类学校在校学生154.4万人。其中，普通本专科生48.3万人，成人本专科生9.6万人，研究生7.02万人，中等职业教育4.6万人，普通高中15.0万人，初中23.1万人，小学46.5万人，特殊教育0.14万人，工读35人。

全市各级各类学校在校教职工13.4万人。其中，普通高校4.4万人，成人高校0.14万人，中等职业0.5万人，普通高中1.7万人，普通初中3.3万人，小学3.4万人，特殊教育人0.047万人，工读41人。

全市各级各类学校的专任教师10.3万人。其中，普通高校2.9万人，成人高校0.089万人，中等职业学校0.4万人，普通高中1.1万人，初中2.3万人，小学3.6万人，特殊教育0.047万人，工读31人。

全市有学前教育机构1216个。其中，独立设置幼儿园893所，附设幼儿班机构323个。当年入园儿童2.7万人，在园儿童12.2万人，全市幼儿园教职工2.1万人，其中专任教师1.1万人。民办普惠性幼儿园129所，在园幼儿1.8万人。

全市非学历职业技术培训学校（机构）612个，当年注册学生6.3万人，结业生1.95万人，教职工0.3万人，其中专任教师0.23万人。

2020年，举办教育部“冰雪·嘉年华”活动，获教育部认可；“温馨村小”经验做法被写入《中国农村教育发展报告2020》；9月，长春职业技术学院“长春市机电职业教育集团”、长春医学高等专科学校“吉林医药职业教育集团”、长春汽车工业高等专科学校“吉林省汽车行业职业教育集团”入围教育部第一批示范性职业教育集团（联盟）培育单位名单；长春汽车工业高等专科学校被评为“教育部职业院校校长培新培育基地”；长春市希望高中、东北师范大学附属中学、长春市南关区树勋小学、德惠市第六小学被评为第二届全国文明校园；市教育局被评为第六届全国未成年人思想道德建设先进单位。

（李　新）

【德育】　围绕培育社会主义核心价值观，推进大中小学思政课一体化建设，开展“信仰讲堂”“英雄讲堂”及优秀传统文化教育等10项主题活动，培养学生家国情怀。探索疫情形势下“时事新闻课”呈现方式，深化初中版和高中版改版工作，将“我身边的抗疫英雄”等纳入居家学习内容，完成时事新闻课230期。与长春广播电视台合作开展《中华少年诗说》节目，31所学校参与节目录制，推进“传统文化教育进校园”工作落地见实效。开展“厉行节约、反对浪费”教育活动，推进“智慧食堂”，让节约成为学生行为常态。

（徐恭才）

【智育】　实施二期质量提升工程，完善义务教育课程体系，推进学校课程改革和教学改革，提升学生独立思考和自主学习能力。制定普通高中各学科课堂教学指导意见，培育“核心素养背景下深度学习课堂”，推出优秀课例40节，3000名一线教师参与优质课展示活动，学科覆盖率100%。

（王　颖）

【体育】　对标国家标准，对长春市学生体质健康状况进行摸底排查。深化体教融合，开足开齐学生体育课程，持续开展“阳光体育”活动，推动文化学习和体育锻炼协调发展。举办教育部“百万学子上冰雪”活动，长春市学生在同一时间完成冰雪健身操动作，获“最大规模的冰雪健身操”世界纪录，打造长春市校园冰雪运动新名片，得到教育部、北京奥组委和社会各界认可。

（徐恭才）

【美育】 开展“万名艺术家进校园、高雅艺术进校园、戏曲进校园”等活动，提高学生审美素养。实施校园绿化美化工程，完成10个城区中小学校园绿化美化试点，打造“绿化+美化+文化”美育体系。

（徐恭才）

【劳动教育】 制定中小学劳动教育指导意见和实施细则，从课程体系、实践活动、评价制度等方面提出明确要求。对全市劳动教育情况开展摸底调研，推荐汽开区为全国劳动教育实验区，先行先试积累经验。利用莲花山冰雪、农业资源优势，打造青少年实践教育基地和劳动研学基地。

（徐恭才）

【教育督导】 出台教育督政项目实施方案，围绕教育脱贫攻坚等7个方面开展督政督学，推动县（市）区政府履行教育发展职责。围绕疫情防控、义务教育教师工资、校园食品安全、小区配套幼儿园治理等4项重点工作开展专项督导。

（侯宝力）

【“护蕾行动”】 坚持“生命至上”理念，在全国率先开展“护蕾行动”。成立“护蕾家长学校”，邀请东北师大心理教育学院教授盖笑松讲课。选择6个单位开展试点，从“护蕾课程建设、家校联合育人、心理健康教育、风险防控体系建设”等6个重点方面进行探索攻关。建立政策保障、资金扶持、智力支撑等综合保障体系，形成排查、发现、化解、保护的全过程立体防御体系，对有倾向性、苗头性的轻生学生及时发现、及时干预、及时保护。

（于海清）

【教育资源配置】 编制中小学、幼儿园等专项规划和“十四五”教育规划。启动新增义务教育网点布局学校12所，增加学位近1.8万个。谋划新基建“761”项目193个，规划162所学校“全面改薄”项目277个，打造“温馨村小”100所，推进公主岭市代管接收及同城化发展。落实教育信息化2.0行动计划，中小学校互联网接入率、带宽比率、多媒体教室比率均100%。科学编制2020年部门预算和教育附加预算，保障教育经费投入。持续整治教育乱收费和国有资产管理问题。

（李亚君　魏　彬）

【教育脱贫攻坚】 落实“义务教育保障”总要求，成立督战指导组，实施挂牌督战，发放资助政策宣传手册4.5万册、宣传画2.2万张、资助卡4.565万张，发放资金657.5万元，资助建档立卡学生6773人次。开展消费扶贫行动，助力消费扶贫963316元。做好“雨露计划”宣传和信息对比工作，长春户籍建档立卡291名学生全部享受“雨露计划”惠民政策。发挥教育优势，将“扶贫”与“扶智”“扶志”相结合，以“扶贫超市”职业技能免费培训为载体，培训2100余人次。驻村第一书记带头参与农安县专业种植合作社合作，增加孙家炉村集体收入5000余元。

（高嘉翼）

【民办教育管理】 理顺民办学校审批管理体制，明确市和县两级教育行政部门职责权限。依托“吉事办”平台，实现民办学校审批一套标准、一网通办、一处办结。

（徐爱民）

【教育法治】 建立重大行政决策和规范性文件合法性审查机制，推行法律顾问制度，实现依法行政。强化行政执法监督，加强“双随机一公开”监管，促进学校规范办学。推动学校章程建设，开展青少年法治教育，强化依法治校。办理人大代表建议和提案62件，满意率100%。建立信用承诺制度，推动民办学校诚信践诺。

（孔　建）

【校园安全稳定】 开展扫黑除恶行动，完成整改任务，依法治理“校闹”成果经验报送国家教育部。实施“平安校园”建设，聘请第三方机构协同开展“查帮建”工作，排查整改安全隐患443个。对全市农村学校校车进行专项检查，排查整改安全问题410个。

（于海清）

【教师队伍建设】 首次将吉林师范大学、长春师范大学纳入“强师计划”招聘范围，“强师计划”签约339人，农村“特岗计划”签约770人，均比2019年增长两倍以上。组织120所学校1万余名教师开展网上研修，认定132名明星教师作为首批中小学卓越教师培养对象，对名师工作室成员、明星教师培养对象开展近3000人次菜单式培训。

（朱　峰）

【教育权益保障】 以解决义务教育教师绩效工资为突破口，统筹考虑高中、中职、学前教育，推动市、区财政安排资金落实“教师工资不低于当地公务员”规定，惠及2.68万名教职工。推动省、市财政安排资金解决拖欠教师工资问题。完成2487名从教30年乡镇教师职称评聘工作。

（朱　峰）

【师德师风建设】 完成师德师风人大议案办理工作，开展在职教师有偿补课专项治理。授予于洋等60名教师2020年度“我身边的好教师”称号，长春职业技术学院教师高文铭被评为“全国10名最美教师”。

（张希昌）

学前教育

【概况】 联合市司法局制定《长春市学前教育条例（草案）》，通过市人大常委会二审，长春市学前教育进入有法可依阶段。

【专项治理】 针对长春市在毛入园率、普惠率等距离国家“985目标”要求存在较大差距的情况，推动市政府成立领导小组，协调市发展和改革委员会、市规划和自然资源局等部门联合攻坚，制定城镇小区配套幼儿园专项治理指导意见和任务清单，全市301个治理任务全部治理完成，治理完成率100%，提供普惠学位6.3万个。

【政策扶持】　联合市发改委、市财政局等部门制定城区普惠性民办幼儿园保教费备案最高收费标准及补助标准，为二类以上幼儿园生均补助3600元，三类幼儿园生均补助2400元。

（刘　彤）

义务教育

【合作帮扶】　制定基础教育集优化发展指导意见，推动10所中小学与吉林大学、东北师范大学开展合作办学，组建大学区100个，推动15个县（市）区88所义务教育优质校帮扶带动217所弱校。制定招生入学实施方案，推行网上报名、公民同招，电脑派位、均衡分班，实现基础教育8万学生阳光招生、平稳招生。选取3个区为教师“县管校聘”试点地区，引导城区优质学校2038名优秀教师到乡村学校、薄弱学校交流任教。

【招生入学】　制定《长春市2020年义务教育招生入学工作实施方案》，民办学校与公办学校同步招生，同时报名、同时录取、同时分班建籍。2020年城区义务教育招生近8万人，简化随迁子女入学流程，确保2.2万名随迁子女入学公办义务教育学校。完善民办学校招生办法，全部实行网上报名，报名人数超过招生计划时，实行电脑随机录取，杜绝民办学校提前招生、考试掐尖抢生源等现象。加强政策宣传引导，招生期间每周宣传2—3个宣传主题。完善报名软件系统、优化电脑派位流程。妥善解决特殊优抚群体入学工作，最大限度地挖掘优质教育资源，安置200余名符合条件的优抚群体子弟入学。

【控辍保学】　印发《关于进一步做好全市新冠肺炎疫情防控期间义务教育控辍保学工作的通知》《关于加强建档立卡贫困家庭学生控辍保学工作的通知》，建立健全控辍保学报告制度、劝返制度，完善台账管理，保持动态清零状态。加强监管指导，全年对各县（市）区控辍保学工作进行专项督导检查4次。对省、市两级巡视组提出的问题及时整改到位通过电话随访方式，随机抽查建档立卡学生接受教育情况，抽查318人，及时掌握学生学习情况，确保建档立卡学生不失学辍学。

（王　颖）

高中教育

【教学交流】　依托高中联盟体开展新高考背景下教学协作交流，发挥优质学校辐射带动作用，促进高中学校教育质量整体提升。落实国家和省新课程指导意见，制定国家级新课程示范区建设三年规划，启动国家级新课程示范区（校）建设，秋季开学高一新生全部使用新教材。制定消除大班额评估指标体系，消除518个大班额和47个超大班额，全部完成年度任务。

【教师培训】　开展人教版教材全学科、全员培训和三科统编教材（语文、思政、历史）教师培训、“全市新高考新教材示范性培训”“新课程新教材新教学新评价”等全员培训。发挥国家级示范校引领作用，在师大附中召开新高考新教材教研组长、备课组长业务培训，最短时间、最大效率提升教师新课程新教材实施能力。

【教学管理】　出台普通高中各学科课堂教学指导意见，指导高中线上、线下课堂教学。督查各学校课程方案执行情况，在新课程、新课标、旧教材背景下，做好课程实施监管，合理安排三年各学科课程，按照教学计划有序开展教学。强化教学常规管理，修订《长春市普通高中教育教学常规管理实施细则》，完善教学管理机制。

【课堂教学】　开展“核心素养背景下深度学习课堂”培育工作，开展验证性实验和探究性实验教学，年内在十一高中、省实验中学、二中等6所学校组织开展全市普通高中全学科优质课展示活动，推出优秀课例40节，3000名一线教师参与交流讨论，学科覆盖率100%。

【教学交流】　以突破新课程、新课标、新高考教学实践中难点问题为重点，开展协作教研和教学交流活动，第一联盟体组织全市高中学校新课程新教材教研组长业务培训，第六联盟体组织“新课程、新教材、新高考、学科建设”主题论坛，形成《聚集核心素养科学应对新高考—长春市高中第六联盟教师论文集》。

【合作带动】　发挥优质学校辐射与带动作用，促进高中学校教育质量整体提升。10月，第六联盟体牵头学校市二实验中学承办吉林省中小学阅读委员会首届年会，其中小学、初中、高中同上一节《归园田居》语文“同课异构”主题活动，拓宽与会教师工作思路，落实“立德树人”根本任务。第八联盟体长春六中和长春十六中互派3位教师顶岗任教，时间半年至一年，缓解师资压力。

（王　颖）

特殊教育

【资源支撑】　2020年，投入360万元，为全市12所普通中小学校建立特殊教育资源教室，推动融合教育持续健康发展，完善市、县区、校三级随班就读支撑体系。

【入学前评估】　做好适龄残疾儿童少年入学前评估工作，为每名孩子提供适合教育，确保有学习能力的残疾学生全部接受义务教育。

（王　颖）

民族教育

【培训调研】 2020年，完成全市少数民族教师专项培训，组织50人次民族中小学校长、骨干教师、民族团结教育学科教师到南宁开展专业培训。接受教育部铸牢中华民族共同体意识专项调研，工作质量得到教育部认可。梳理总结全市民族团结进步教育工作典型经验，在全省民族团结进步教育大会作经验交流。

【教材使用】 重视民族中小学三科统编教材使用，成立市级工作专班和教育局工作推进小组，统筹推进三科统编教材使用工作。解决教师配备、经费、教师培训等问题，长春市中小学三科统编教材使用工作进展顺利。

（王　颖）

职业教育

【概况】 制定职业教育服务现代化都市圈建设行动计划，明确4个方面15个改革事项和35项重点任务，推动职教供给侧结构性改革。制定长春市职业院校校企合作促进办法，从9个方面为校企深度合作提供政策依据和遵循。推进长春职教园区一体化建设，完成职教博物馆二期布展招标工作，打造全国职业教育新地标。在教育附加经费中安排2.15亿元资金支持“双高学校”（中国特色高水平高职学校）项目建设，完成13所省“双特”（学校有特色、学生有特长）学校、5所特色专业学校、3个县域示范性职教中心项目申报工作。

【人才培育】 开展“1+X”证书制度试点，13所学校、251个专业点开展142个证书制度试点，参与试点学生14367人。开展创业就业工作，9000余名职业院校学生走上就业岗位。面对新冠肺炎疫情，长春市职业院校4000余名毕业生主动对接一汽、长客等20余家重点企业，助力企业复工复产，人民日报、新华网等国家级媒体对长春市做法予以报道。

（张德文）

【职教合作】 支持中韩国际合作示范区“长春理工大学圣光机大学联合学院”“长春大学启明学院”中外合作项目。推动长春职业技术学院与云策集团开展战略合作，引进日本科研团队，在农作物育种等方面开展深度合作。支持长春汽车高等专科学校引进“德国海外商会联盟联合认证体系”，启动共建东北国家认证基地，提供国际职业资格认证服务。

（栾　军）

技工教育

【概况】 2020年，长春市有技工院校13所。其中，国家技师学院（高级技工学校）2所，省部级技工学校5所，合格技工学校6所。技工学校有教职员工745人，教师550人（其中，高级讲师105人，讲师129人）；实习指导教师139人（其中高级实习指导教师29人），“一体化”教师214人。在校学生16831人，毕业生6242人，就业率98%。

【专业学科建设】 结合全市产业结构布局和企业用工需求，指导技工院校合理调整专业设置，市属技工院校新增专业11个。2所技工院校获评省高水平中职院校，9所学校的15个专业获评省中职学校高水平专业（群）。对全市技工院校33个专业教材使用情况开展全面排查，各校使用教材均符合国家要求。开展全市技工院校自查自纠专项治理行动，规范技工院校办学行为。

【学校招生】 2020年招生5696人，毕业生6242人，毕业生就业率98%以上。推动落实技工院校招生工作全部纳入长春教育部门招生平台，完成长春地区技工院校与职业学校2020年招生计划统筹、招生宣传平台统一、招生录取平台统一等各项工作，印制《长春市高级中等学校2020招生指南》，面向社会发放。

【开展活动】 承办第二届全国技工院校教师职业能力大赛吉林省决赛。在人力资源和社会保障部举办的第二届全国技工院校教师职业能力大赛中，长春市选手获电工电子类二等奖1人，财经商贸类三等奖1人，服务类优胜奖1人。

【技能扶贫】 建立“市属技工院校建档立卡贫困学生情况台账”“长春地区建档立卡贫困家庭子女就读技工院校意愿台账”，组织市属公办技校“点对点”开展招生宣传。落实公办技校建档立卡学生杂费补助资金政策，分两批次完成2017春至2020秋市属公办技校在籍建档立卡学生杂费补助资金发放工作。

（程红兵）

高等教育

【概况】 截至2020年年末，长春市有高等院校43所。其中，教育部直属全国综合性重点大学2所，省属普通本科院校13所、普通专科院校5所、警察学院1所、司法专科院校1所，市属普通专科院校4所，民办本科院校7所、民办独立学院4所、民办专科院校6所。有国家级重点学科81个，省级重点学科242个；国家级重点实验室37个，省部（委）级重点实验室753个；享受国家级政府特殊津贴928人，享受省级政府特殊津贴2206人，享受市级政府特殊津贴31人；硕士学位授权点293个，博士学位授权点105个，博士后流动站85个。全市高校有专任教师31450人。其中，教员759人，助教3359人，讲师10522人，副教授10417人，教授5963人；有中国科学院院士18人，中国工程院院士8人；国家级突出贡献的专家学者31人，省级突出贡献的专家学者559人，市级突出贡献的专家学者96人。2020年，全市在校学生554350人。其中，专科生130404人，本科生357253人，硕士生56590人，博士生

12943人。全年全市普通高校招收学生156928人，毕业136839人。

【高校教学改革】 吉林大学制定《吉林大学加快构建思想政治工作体系实施方案》，确立77项重点任务和265项工作举措，遴选培育154门“课程思政”示范课程，组织编写涉及12个学科的“课程思政”指导教材。在国内高校首家开通“961946”短号码学生事务服务热线，在“学生办事大厅”“网上办事大厅”基础上，完善学生教育管理服务体系。

长春中医药大学深化教育教学改革，重视提高人才培养质量。抓牢立德树人根本任务，制定青年马克思主义者培养工程建设规范标准，“杏林青马工程”实现提质增效。实施“课程思政升级版2.0教学改革项目”，课程思政实现全覆盖。出台《关于进一步加强辅导员队伍建设的意见》《班主任工作暂行办法》。博硕医疗服务团在第五届中国青年志愿服务大赛项目中获全国“金奖”。深化本科教育改革，持续实施高水平本科教育“一工程七计划”，实施“守创卓越中医人才培养”“中药学专业拔尖人才培养”“杏林阳光体育计划”“主体性教育改革”和“书院式中医经典和文化传承”等系列教学改革项目，学校获评吉林省本科高校教学改革示范高校，入选吉林省高校基础学科拔尖人才培养基地。加强专业建设，新增中医骨伤专业，针灸推拿学增列国家一流专业建设点，公共事业管理、康复治疗学增列省级一流专业建设点，完成临床医学专业认证工作。5门课程获评首批国家级一流课程，入选课程总数位列省属高校前列。新增主编“十四五”规划教材13部，主编核心示范教材2部，出版数字课程3部。探索推进新时代教育评价改革，编制《深化新时代教育评价改革总体方案》工作方案和台账。编制《学科建设促进计划（2020—2022年）》，5个一级学科参加国家第五轮学科评估，完成学校重点学科建设项目考核及增补工作。完成中西医结合、药学两个新增博士学位点申报工作，临床医学专业学位点通过专项评估。研究生招生规模创历史新高，2020年招收博士研究生111人，新增博士招生名额30个，在校生总数246名；招收硕士研究生832人，新增硕士招生名额261个，在校生总数1927名，博士、硕士研究生招生规模比2019年分别增长37.04%和45.71%。突出核心课程建设，与中国中医药出版社签约出版研究生创新教材15部。巩固继续教育与留学生教育成果，修订《继续教育人才培养方案》《函授站评估指标体系及标准》，2020年新增省外函授站3个，成人高等学历教育在校学生12614人。2020年招收来华学生19人，新增生源国3个，毕业12人。升级创新创业教育，启动实施“杏林双创人才培养工程”，开设双创工程实验班，获批国家级大创计划项目35项，在“互联网+”“挑战杯”大赛中获国家级奖项6项、省级奖项49项，学校获评全国创新创业实践联盟“优秀组织单位”。

吉林建筑大学加强一流课程建设，深化教育教学改革。《（建筑设计）专项训练一》课程获评国家级社会实践类一流课程，《测量学》《流体力学》《传统城乡生态智慧与实践》等3门课程获评为省级一流课程。《无机化学》《平面构成》《web前端技术基础》《流体力学》等4门课程参评省级精品在线开放课程；立项建设111门校级一流课程。学校教师代表吉林省理科组青年教师参加第五届全国高校青年教师教学竞赛决赛，获三等奖。获批教育部第二批新工科教学改革项目课题1项、省级教改课题立项10项、教改课题通过结项验收8项、通过中期检查课题9项；学校获批吉林省教育科学规划课题25项；获批吉林省高等教育学会高教科研课题11项，中国建设教育协会思政专项课题11项，确立校级来华留学生高等教育教学专项课题15项，确定2020年度校级教研课题预计60余项。计算机科学获批省级基础学科拔尖学生培养基地；1人获评吉林省教学名师、1人获评吉林省教学新秀。学校获批吉林省人才培养改革示范校。2020年全校参与竞赛学生人数2142人，参赛项目60余项，参与指导教师215人，获奖学生475人。国家级获奖40项，省级获奖96项，省级特等奖2项，省级一等奖25项，省级二等奖31项，省级三等奖34项，竞赛获奖总数136项。培育优质双创项目，确定立项179项。其中，国家级45项，省级104项。全年开设9门双创示范课，1门双创必修课，7门线下选修课，12门网络选修课，实现学生创新创业教育课程全覆盖。

长春医学高等专科学校深化专业内涵建设，推进重点和特色专业群建设。现代化都市圈基层公共卫生人才培养专业群、抗氧技术服务专业群、全周期生命护理专业群和药品产业专业群4个专业群被认定为吉林省特色高水平高职专业群。学校成功申报化妆品技术专业，2021年开始招生。深化现代学徒制试点，形成卫生职教特色。推进省级现代学徒制试点专业（中医养生保健、护理、药品生产技术和药品经营与管理）和第三批市级现代学徒制试点专业（医学美容技术、针灸推拿、眼视光技术、助产）的建设工作。开展中高职贯通培养项目，搭建卫生人才培养立交桥。2020年，经吉林省教育厅批准，分别与长春市第二中等专业学校开展护理、康复治疗技术、眼视光技术专业，与舒兰市职业高级中学开展康复治疗技术专业，与双辽市职业中专开展老年保健与管理专业中高职贯通培养项目。申报第三批“1+X”证书制度试点，建立健全管理制度。截至2020年年末，学校有1+X证书制度试点项目老年照护、母婴护理、失智老年人照护、运动营养咨询与指导、幼儿照护5项。2020年，学校1+X职业技能等级证书培训考试357人，通过335人，通过率94%。

【高校教学成果】 吉林大学打通本科和研究生教育教学督导链条，成立吉林大学教育教学督导委员会，加强对教学培养各环节的督导反馈和结果使用。数学、物理、化学基地入选首批基础学科拔尖学生培养计划2.0基地名单。“中国现当代文学I”等51门课程被认定为国家级一流本科课程。全年“大学生创新创业训练计划”1550项，哲学社会科学获各类立项682项。其中，国家社科基金重大项目3项，教育部哲学社会科学重大课题攻关项目1项。发挥智库作用，4个研究机构新入选2020CTTI来源智库，入选总数16个，位列全国高校第3名；6份研究报告得到党和国家领导人肯定性批示。吉林大学主办的《人口学刊》和《情报科学》入选“2020中国最具国际影响力学术期刊”。

长春工程学院持续深化专业建设。推动“新工科”建设，建立专业认证（评估）工作的常态化机制，获批“智能建造”本科专业1个，组织申报“应急技术与管理”“智能车辆工程”2个本科专业，新增2个省级一流本科专业，申报并获批10个第二学士学位专业和10个辅修学士学位专业。专业认证（评估）成果丰硕，机械设计制造及其自动化专业通过专业认证（评估），地质工程专业接受教育部工程教育专业认证专家组进校现场考查，工程管理（工程造价）、水利水电工程专业准备专业认证（评估）中期检查，农业水利工程、电子信息工程、建筑环境与能源工程3个专业认证申请被受理。以“互联网+”大学生创新创业大赛为载体，构建理论实践一体化的“课赛合一”双创教学改革新模式。在第六届中国“互联网+”大学生双创大赛中获国赛银奖1项，省赛金银铜奖分别为9项、22项、16项，省赛中获奖牌总数第一，组织学科竞赛项目70余项，获省级以上学科竞赛奖励470余项，在校本科生依托“大创项目”发表论文76篇，申请专利40项。2020年，长春工程学院被省教育厅评为第六届吉林省“互联网+”大学生创新创业大赛优秀组织单位。

长春大学旅游学院根据“特色发展年”工作部署，加强质量和特色建设。2020年，风景园林专业被评选为省级一流本科专业；《饭店管理概论》《中外园林史》和《旅行社经营管理》3门课程被认定为省级一流本科课程；获选吉林省首批在线教学典型案例1个；省级教学新秀1人；获批教育部校企合作产教融合项目8项。学校注重教师和学生能力养成，以“国赛、省赛、行业赛”为依托，推动创新人才培养和质量提升。2020年，教师参加各级各类教学竞赛9项，获奖27项（全国性2项，省级25项）；学生获省级及以上各类竞赛奖项544项（全国性224项、省级320项），获奖人数900余人；大学生创新创业训练计划项目立项80项（国家级15项、省级65项），参与学生309人。

【科研工作】　吉林大学全年自然科学到校科研经费首次突破15亿元，其中横向科研经费再次超过3亿元。国防科研经费首次突破1亿元，3项军委科技委重点项目获千万元以上支持，实现国防科技千万元级国家级重点项目零突破。自然科学基金获批326项，资助经费超2亿元。哲学社会科学方面，获立科研项目582项，到账经费9014.5万元。重大项目立项数创学校“十三五”以来新高。

东北师范大学加大项目培育投入力度，研究重大问题，产出重大成果，各项核心指标稳定增长。自然科学方面，承担国家及地方各类科研项目经费连续3年保持增长。作为第一署名单位发表SCIE论文篇数比2019年增长16%。社会科学方面，获立国家级重大项目7项，全国教育科学规划项目立项数量排名全国第一，国家级年度项目获立总数排名全国第三。获批教育部首批语言文字推广基地，教育部首批省部共建教师教育协同创新中心启动。

吉林农业大学科学研究实现新跨越。获准资助科研项目487项（自然科学类421项，人文社科类66项）。科研到位总经费1.71亿元（含科研平台中央基建投资经费1045万元）。国家自然科学基金立项数比2019年实现翻倍增长。吉林省科技发展计划立项创历史新高，实现科技部重点领域创新团队零突破，获批省级科研平台2个。以吉林农业大学为第一署名发表SCI论文509篇，发表SSCI论文2篇，EI论文39篇；在涉农领域发表高水平论文179篇，为动物与植物学科和农业科学学科2个学科进入ESI前1%作出贡献，对学校学科建设起到支撑作用。4位专家在植物病理、昆虫与动物遗传育种领域权威杂志发表特邀综述性论文，相关领域研究达到国际先进水平。获授权专利32项，软件著作权23项，审定（登记）植物新品种13个。“吉农大667”再获全国优质稻金奖，12项科技成果获吉林省科学技术奖，一等奖获奖数量居省属高校首位。获省科学技术学会青年科技奖特别奖1人。获中国食品科学技术学会科技创新奖一等奖1项。教授冯江牵头提出的“冠状病毒跨种传播的生态学机制是什么”入选中国科协年度十大重大科学问题，有助于重大科技专项布局和动物生态学学科发展。2人入选吉林省科协“吉林省青年人才托举工程”项目。院士李玉获年度全国最美科技工作者称号和第二届全国创新争先奖，被选为中国老科学技术工作者协会副理事长，获学会“突出贡献奖”。牵头成立吉林省智慧农业学会，举办各类学术活动100余场。学校获评吉林省科协学会学术工作先进集体和长春市科协系统工作最佳集体。《菌物研究》复合影响因子达2.176，由准核心期刊B+类跃至核心期刊A类。

吉林工程技术师范学院2020年全校申报各级各类项目1014项，立项389项。其中，国家级项目5项，省科技厅项目17项，省社科基金项目26项。年度科技统计报表经费数7311万元，其中，科研项目经费3783万元，纵向科研项目经费突破1000万。国家社科基金项目实现新突破，省社科基金项目立项总数位居省属高校第4位。全年教师发表论文677篇，其中高质量论文165篇，SCI收录论文首次突破百篇。出版学术专著48部。获授权专利234项，其中发明专利30项，获吉林省科学技术进步奖6项，科技进步奖和发明专利数量均比2019年增加1倍。新增吉林省协同创新中心和吉林省校企联合技术创新实验室2个省级科研平台。学术交流和社会服务持续深入，开展“工师大讲堂”系列学术活动60场，签订横向科研项目100余项，被采纳咨询报告13份，首次启动校企合作专项立项工作。

长春光华学院全年申报科研课题330余项，其中省级以上科研立项123项（教育部项目1项，省科技厅项目1项，省发改委项目1项，发改委重大社科基金项目1项，省教科规划专项重大课题1项），获科研经费120余万元。发表论文361篇，核心级以上59篇，获知识产权125项。产学研项目及横向课题实现新的突破，到账经费160余万元。获省高教学会成果奖29项，长春市社科成果奖2项。大型原创话剧《失落的天堂》完成巡演。以“校政企”合作为抓手，为长白山排演话剧《记住老黑河》，同名电影完成拍摄。与长春新区人民法院合作拍摄电影短片《苍夏》获第八届亚洲微电影艺术节最佳作品奖。“吉林省社会科学院满族文化艺术研究基地”在长春光华学院落户。物联网数据平台等多个项目与企业签订技术支持协议。4项咨政报告获省委书记、省长、副省长批示，2项被省商务厅采纳，2项被松原市委宣传部采纳。

吉林建筑科技学院全年获各级各类科学研究项目立项49项。其中，教育厅科技与社科项目14项（产业化项目1项）、吉林省社科基金项目1项、省发改委项目1项、省科协项目1项、吉林省团省委研究项目5项、横向课题项目27项；获国家级大学生创新创业计划项目立项15项、吉林省大学生创新创业计划立项80项。培养校级科研立项49项（包括重大专项3项、中青年18项、平台5项、青年23项）。学校牵头主持编制《电加热供暖技术标准》省级地方标准1项。全年各级各类科学研究项目结项56项。其中，市社科基金项目结项3项，组织完成校级科研项目结项20项，大学生创新创业项目结项29项，省部级项目结项4项。科技部“近零能耗建筑技术体系及关键技术开发”、省科技厅重点攻关项目“严寒地区超低能耗建筑与示范工程”结项验收。住建部项目“旧小区环境景观夜景照明智能控制模式下的设计实践与应用研究”通过专家组答辩验收。学校超低能耗建筑被国家建筑节能协会评为近零能耗建筑和国家近零能耗运行标识。学校申报专利343项，获国家知识产权局授权发明专利4项，实用新型157项，外观设计5项，专著59项，发明专利数量实现零突破，稳居吉林省民办高校知识产权拥有量第一位。学校《电能清洁供暖应用研究与实践》获吉林省科技进步三等奖，这是建校以来首次获得最高级别的省级科技奖励。全年学校获各类科研经费254.5万元，其中横向课题经费181万元；获支持3个教学科研项目建设的民办教育扶持资金160万元。学校《一种智能电供暖装置》等3项实用新型专利实现技术成果转让。

东北师范大学人文学院2020年公开发表学术论文86篇。其中，全国中文核心期刊及以上期刊发表论文22篇。公开出版学术著作15部。其中，专著2部，教材、工具书12部，编著、译著及其他著作1部。申报各级各类课题66项，获批52项，获资助经费133.05万元。获批专利38项。其中，实用新型专利27项、软件著作登记9项、外观设计专利2项。2人获吉林省第十六届高等教育科研成果奖论文类二等奖；4人获吉林省第十六届高等教育科研成果奖论文类三等奖；2人获吉林省第十六届高等教育科研成果奖研究报告类三等奖；1人获吉林省传媒学会2020学术年会论文优秀成果奖论文类一等奖；1人获吉林省民族学会2020年年会优秀论文奖论文类优秀奖；2人获吉林省政治经济学学会2020年度优秀经济论文奖论文类一等奖；1人获十七届“当代杯”全国幼儿教职业技能大赛论文类一等奖；1人获吉林省政治经济学学会2020年度优秀经济论文奖论文类二等奖；1人获全国高等教育美育教研与教学成果展评研究报告类优秀奖；1人获东北师范大学第十七届哲学社会科学研究优秀著作奖论文类优秀奖。获批教育部科研平台中华优秀传统文化（东北秧歌）传承基地，并获批吉林省健康福祉产业重大需求协同创新中心。

长春金融高等专科学校2020年科研立项109项。其中，校外立项84项，校级课题立项25项，获外来科研经费53万元，立项级别和数量取得新高。2020年，完成各级科研项目100项，教师获校外科研成果奖31项。教师公开发表论文258篇。其中，在《工业技术经济》《税务与经济》等核心期刊上发表论文14篇；在省级期刊上发表论文244篇。8个省级科研平台和3个校级科研平台发表学术论文128篇，增长20.75%；立项课题63项，增长43.18%；出版学术专著和教材7部；组织调研13次、专业培训57次，开展专题展览3次，获各类奖励5项，撰写并被采纳的咨询报告33项。完成中国金融教育发展基金会与VISA联合组织的“大兴安岭南麓集中连片特困区普惠金融追踪调查”重大调研项目。组织100余名师生，对吉林省、黑龙江省和内蒙古兴安盟19个国家和省级贫困县的农村居民金融能力现状进行追踪调查，回收有效问卷1970份，追踪到2017年的调查对象1028人，形成《大兴安岭南麓集中连片特困区农村金融能力追踪调查报告》。2020年，向政府部门、金融机构、企业等有关部门提交《“一带一路”建设中华侨华人与传播中国形象的研究报告——发挥海外华侨讲好中国故事、传播中国文化的优势》等49个咨询资政报告，发挥高校社会服务功能。

【人才队伍建设】 东北师范大学推进人才引育各项工作，人才队伍建设取得成效。新冠肺炎疫情期间，率先启动“云招聘”引才模式，对接海内外优秀青年人才，健全博士后管理工作制度，做大做活优质师资“蓄水池”。高端人才队伍持续扩大，国家级人才项目入选人数创历史新高，全年12人次入选包括国家杰出青年科学基金在内的国家级人才项目，“十三五”期间国家级人才体量增长185%。省级人才队伍规模持续扩大。

长春理工大学创新实践人才培育成，学生在学科竞赛中获国家级奖345项、省级奖776项。在第六届中国国际“互联网+”大学生创新创业大赛中获金奖1项、铜奖4项，是学校在该项赛事中获得的第一个金奖，也是近3年吉林省高校在该项赛事中获得的唯一金奖；在“挑战杯”中国大学生创业计划竞赛中获金奖1项、铜奖4项，学校首次获评“全国优秀组织单位”；参加全国大学生机械创新设计大赛获一等奖2项、二等奖3项，获奖数量和质量居吉林省高校首位，列全国第14位。学生首次在全国光学工程学科优秀博士学位论文评选中获奖，学校被授予“优秀组织单位”称号。200个大学生创新创业训练计划项目通过结题验收。其中，国家级项目48个、省级项目90个。

吉林财经大学提升人才培养质量，修订人才培养方案，制定《深入推进“四个融入、五育并举”人才培养模式创新的实施意见》《全面加强和改进新时代学校劳动教育、体育、美育实施意见》3个系列文件。创新研究生培养体制机制，完成教育部专业学位点评估工作；获批6个省研究生工作站，8篇硕士论文被评为省优论文，28项研究生课程思政示范项目获校级立项；获批省级经济学科拔尖学生培养基地；启动实施《应用研究型大学建设评价方案》；博士学位授权单位A类高校立项建设工作稳中有进，在省内按需申报答辩中排名上升到第2位，形成服务国家东北振兴“五大安全”战略的学科优势特色。成立“吉林省金融科技重点实验室”和“吉林省吉财绩效管理研究中心”，金融科技重点实验室申报省科技厅重点实验室成功。

吉林省教育学院强化专业引领，教研服务提质升级。全年开展基于现代互联网络的教学观察、教学视导、教学诊断、主题研讨、集体备课、资源推送等多样态主题教研活动119场（次）。完成国、省培项目111个，培训16152人次，确立学院首批40所教师培训基地校。全年完成各级各类校长培训项目13个，举办培训班86个，培训校长5194人次。承担教育部校长培训示范项目——中国移动中西部中小学校长培训项目，培训新疆喀什地区中小学校长及管理者53人。开展面向乾安、辉南、安图、临江4个地区的300名乡村中小学校长“送教到校”活动、乡村新任校长任职培训项目以及“双名进校”一对一帮扶项目。全年承担中小学幼儿园委托培训1349人次，组织吉林省11名专家和名师深入宁夏泾源县“送教下乡示范引领”，培训101人次。开展长春经济技术开发区2020年面向社会公开招聘合同制教师岗前培训，培训学员238人次。承担深圳市龙华区“2020年龙华区科研管理骨干能力提升研修班”项目，培训60人次。实施“国培计划（2020）”——宁夏泾源县教师培训项目、2020年吉林省专业技术人才知识更新工程第三批高级研修项目，在原有湖南、贵州、新疆生产建设兵团等地区校（园）长委托培训基础上，新增吉林蛟河地区校长培训，并与新疆喀什地区教师发展中心签订5年战略合作协议，全年委托培训170人次。以“吉林省职业院校教师素质提高计划执行办公室”为职能依托，协助省教育厅教师工作处完成全省职业院校教师国培和省培项目工作。在全省职教国省培项目规划中获批25个项目、1198人。为全省14个贫困区县、579所学校30381名中小学教师提供培训服务。制定《吉林省提升工程2.0整校推进指南》《吉林省校本应用考核指南》。建立“1＋N”帮扶工作机制，构建“双师互动研修”模式，为乡村教师信息技术实践应用能力提供精准指导。能力提升工程2.0项目被评定为国家示范性项目，《吉林省能力提升工程2.0“融合式研修“的组织与实施》入选2019年度《中国互联网学习白皮书》，被教育部教育管理信息中心评为编写先进集体。

长春汽车工业高等专科学校启动高端引智工程，实施“筑巢引凤”计划、“英才”教师培训计划、“强师计划”，出台《学校人才引进与管理实施办法》，面向社会公开招聘高级人才4名，引进“奥迪专家”佟德利，加大高层次人才引进和培养力度，为学校发展提供坚实人才保障。规范日常教学管理，出台《教学例会制度实施管理办法》《教考评分离实施方案》《金师评选方案》等20余部文件。全国职业院校教师教学能力比赛取得学校历史性突破，获省级一等奖4个，二等奖2个；推选出2个团队代表吉林省进入国家级比赛。开展“说课程”“说专业”“说人才培养方案”等教学活动，向国家各部门申报优秀典型案例50余项。

【高校国际交流与合作】 吉林大学拓展全球合作网络，与40个国家和地区的303所高校和科研机构建立合作关系，其中2020年新增2所世界前100名伙伴高校。与国（境）外高校合作开展双学位项目增至69项，比2019年增加9项。依托中俄医科大学联盟平台，共同推进中俄科技创新年各项合作计划。与俄罗斯巴什基尔国立医科大学共同举办抗击新冠肺炎疫情专家视频交流会，就病人筛查、核酸检测、肺部CT检查、抗病毒药物及激素使用、中西医结合治疗等进行交流研讨。

长春工业大学推动学校融入“一带一路”倡议，与21个国家和地区74所高校建立校际友好关系，与26所学校开展经常性交流合作。设立“一带一路”国际学生奖学金，选拔5名学生获国家留学基金委“俄乌白创新型人才国际合作培养项目”“中俄政府奖学金项目”资助，加入“中德中外合作办学高校联盟”“国家建设高水平大学公派研究生项目”和“孔子学院汉语教师志愿者”项目实现突破，与国家留学基金委合作签署短期交流合作项目协议。春晖计划获资助项目数量和经费逐年攀升，留学生数量和生源国别稳步增长，学历生比例提高至36%，本科硕士层次齐全，部分专业开设全英语授课班，HSK考试通过率87.5%。拓宽学校中外合作办学国别和专业，与美英意韩4所大学签署合作谅解备忘录和合作协议。

吉林动画学院创新“开放式国际化办学”。2020年，把握国家高等教育国际化形势，调整国际合作方向，开展创新“云讲堂”。首次利用国际高校资源，引进美国旧金山艺术大学、美国纽约电影学院、英国伯恩茅斯艺术大学、意大利米兰新美术学院、加拿大温哥华电影学院等院校的影视、设计等专业领域线上讲座17场，为相关专业师生提供学习交流平台。开展创新“云洽谈”。与加拿大温哥华电影学院、英国德蒙福特大学等5所院校通过视频会议探讨具体合作项目。利用网络资源，共享优质资源，将国际知名的线上展赛按照线上讲座、作品展映、商业洽谈等三方面进行整理，整理出25项动画、影视设计类赛事论坛和15个展会。动画艺术学院完成8K级超高清中国水墨动画短片《万点恶墨》，学校根据作品形式、特点，报名参加103项国际赛事，入围国际赛事24项，其中国际A类赛事3项，并在2020年“法国波尔多俄罗斯电影之夜电影节”获最佳剪辑奖，向国际专业赛事展示学校特色办学成果和特色专业教学科研水平。与9个国家的16所高校（法国7所，意大利2所，美国、白俄罗斯、哥伦比亚、新加坡、越南、日本、韩国各1所）签订校际合作协议，同时完成与英国德比大学等5所高校协议续签工作。梳理美国萨凡纳艺术与设计学院、日本京都精华大学等16所院校的22门专业课程进行对标，实现学科建设国际化。邀请意大利巡回电影节组委会共同主办2020中国·吉林国际大学生影视交流展，意大利影片《费德里科·费里尼与另一个自我（FELLINI&LALTEREGO）》中国首映式在吉林动画学院举办。

吉林城市职业技术学院坚持推动国际交流合作，国际办学取得新进展。秉承合作办学理念，与国内和世界各国高校合作交流，与加拿大贵族学校、英国商务与计算机学院、韩国东美集团、泰国中华总商会、德国云德圣世国际文化教育集团、巴拿马大学、阿曼旅游部、阿联酋辽宁商会的领导洽谈交流合作事宜，推动学校国际合作工作。

【学生工作】　2020年，东北师范大学围绕立德树人根本任务，将疫情危机转化为思政教育契机，以理想信念教育为核心，以学风建设为重点，以科学管理为基础，以队伍建设为保障，坚持贯彻一线规则，提升学生管理工作质量。

长春理工大学光电信息学院强化大学生思想政治教育工作。新冠肺炎疫情期间，283名学生自愿参加当地志愿服务，共同抗击疫情。对有心理困扰的学生及时开展心理疏导，全年心理咨询30余人次，心理危机干预2人，帮助学生缓解压力、解决困扰，避免重大恶性事件发生。疫情期间开通心理咨询热线电话、线上QQ心理疏导通道、QQ邮箱，为师生提供心理疏导服务，通过学生处公众号推文开展防疫心理疏导宣传。与校友所在单位签定校企合作协议、建立校企合作基地；组织校友返校参加考研等交流讲座6次；颁发校友奖学金22.5万元；12月5日，在校图书馆报告厅举行“校友导师计划启动仪式暨第一期思行讲坛”。配合团省委和团市委完成“学伴+”“挑战杯”“大学生骨干培训班”和“召开学生代表大会”等系列活动。举办“校园十佳歌手大赛”“第十五届光电杯辩论赛”“博雅杯网络辩论赛”和“朗读者读书分享会”等184项活动。

长春科技学院推进学生思想政治教育工作。召开学生工作例会20余次，审议决策学生思想政治教育工作相关议题15余项。以继续完善学校入选吉林省“三全育人”综合改革试点高校为切入点，开展“不忘初心、牢记使命”等主题教育，举办“国防教育报告会”等系列讲座6场。多位教师参与各项思政类研究，被评为2019年度“长春市思想政治工作优秀研究单位”。推进实施“一早一晚”制度，开展学生早操、晨读和晚自习活动；指导各院心理二级辅导站和学生心理委员业务，做好全校学生心理普查工作。加强《大学生心理健康教育》必修课教学工作，在学生中普及心理健康知识教育。创新模式育英才，预备役教育与管理实现常态化。被评为“国防教育特色校”“军民共建先进单位”。承担吉林外国语大学军训任务，是学校预备役制教育实践的新突破。

长春医学高等专科学校在学生工作方面实行网络思政。发布致全校学生的倡议书、致全校辅导员的一封信；组建青年宣传突击队，在学校官方微信平台上发布微文150余篇，撰写原创网文12篇；征集防疫创意宣传作品200余个；“寻找医专最美逆行者”网络点击量10417人次，网络承诺接力参与者2395人次；防疫新闻被推荐到省市媒体刊发8次；宣传文章在职业院校微信公众号综合影响力排行榜位列全国前100名。疫情期间，开通心理热线，全面排查重点地区及患病学生群体589人，建立学生帮扶台账；发布微信平台宣传文章60余篇，开展线上活动2次、心理专题讲座3场、心理普查覆盖全体学生；组织心理委员119人通过MOOC认证培训；发放《大学生心理健康指导自助手册》1000余份，帮助学生提高心理自助能力。疫情期间，向家庭经济特殊困难学生发放临时困难补助、疫情网络学习补助、优秀毕业生困难补助等70余人2.53万元。对全国未摘帽52个贫困县进行摸排，筛查出26名贫困生，资助9.73万元。全年完成贫困生认定3415人次，发放助学金617.49万元。完成全年校优秀奖学金评选1789人次，评定金额56万元；完成2020年国家奖学金评定9人7.2万元。在吉林省“互联网+”创新创业大赛中，学生获金牌1枚、铜牌3枚；在吉林省中华职教社创新创业大赛中，获二等奖2项，三等奖1项。在吉林省“吉人梦想杯”大学生职业规划大赛，获高职高专组一等奖1项，优秀奖1项。

吉林省经济管理干部学院践行“以学生为本”管理理念，制定《学风建设实施方案》，建立健全学风建设长效机制。开展“学习筑梦班”“纪念一二·九运动85周年文艺会演”等系列校园文化活动，促进学生德智体美劳全面发展。秉承“公平、公正、公开”原则，弘扬社会主义核心价值观，保障品学兼优、家庭困难的学生实现求学梦。全年有6名学生获国家奖学金、159名学生获国家励志奖学金、2136名学生获国家助学金，评选出各类优秀学生304人，完成1405名学生贫困认定工作，76名学生应征入伍。

【精神文明建设】　吉林大学党委首次将年度院级党组织书记抓基层党建述职评议结果存入干部个人档案。印发《吉林大学2020—2023年处级领导班子和干部队伍建设规划》。启动2020年学校处级领导班子和领导干部换届调整工作。召开吉林大学妇女第五次代表大会，开展4批次校内巡察“回头看”、专项巡察和常规巡察工作。组建选派7个批次

543名白衣战士支援武汉抗疫一线；分批选派551人支援满洲里、乌鲁木齐、舒兰等地疫情防控工作；校3个附属医院被确定为省新冠病例定点诊疗医院，第一附属医院全面承担吉林省传染病医院改建工作，用于省内重症治疗。学校有3个集体和14人次获国家级抗疫表彰。

长春理工大学2020年加强党建和思想政治工作，获批1个省级标杆院系、2个省级样板支部，学校省级样板支部数量位居省属高校第一。《学习习近平总书记关于全面依法治国的重要论述》入选中组部学习贯彻习近平新时代中国特色社会主义思想全国好课程，是吉林省唯一入选高校。吉林省唯一的高校网络思想政治工作中心落户该校并揭牌运行。拍摄专题片《我们的老校长——王大珩》，传承和弘扬老校长、院士王大珩的科学精神。中央人民广播电台播报该校党委对习近平总书记重要讲话的反响，学校首次登上中央级媒体头条。制定《纪检监察工作手册》，被省纪委监委选为高校工作手册样板。精准扶贫成效显著，93村实现全村脱贫，学校扶贫工作和驻村干部在省委组织部成效考核中均被评定为“好”等次。

吉林艺术学院组织评选学校精神文明创建工作先进集体、个人和师德建设先进个人，有27个先进集体、5名师德建设先进个人、36名先进教工、75名优秀学生、36名优秀通讯员获得表彰。成立“吉林艺术学院新时代文明实践中心”，推动大学生开展新时代精神文明实践活动，完成“高校文明杯”评比检查考核工作。

【平安校园建设】 2020年，东北师范大学坚持疫情防控与安全管控“一体两翼”，两手抓、两不误，确保校园和谐和稳定。加强校门管控，按照教育部要求封闭管理，对进校人员实行备案管理，最大限度将疫情隔离在校门之外。安装速通门禁系统，利用信息化手段方便师生进出校园。强化监督检查力度，完善各类消防设施，丰富安全教育形式，开展扫黑除恶“校园行”等多项活动，有效防范侵害师生安全、校园贷等突出问题，净化校园周边环境。

吉林农业大学出台《安全专项整治三年行动实施方案》，推进平安校园建设和扫黑除恶专项斗争。开展各类安全培训演练30余场次，参与人数7000余人次。加强实验室安全常态化管理和应急设施建设，制定实验室安全管理制度11项，处理实验室有毒、有害废弃物5.49吨。完成学校工作秘密梳理和国产化涉密计算机替代，保密工作在上级检查中获得好评。落实节假日值班制度和校领导接待制度，依法依规协调接访20余人次，处理中央巡视组等部门督办信访事件10余件。全年无各类重大安全事故，重大刑事、治安案件，无大的人身伤害、财产损失事件和有重大影响的群体性事件。

长春工业大学推进“美丽校园”建设。协调省市区有关部门，加快北湖校区材料楼和计算机楼建设开复工审批。7月，2栋教学楼竣工并投入使用，材料学院和计算机学院整体搬迁至北湖校区，师生教学、科研和生活条件得到改善。依托设计学科专业和人才优势，推动北湖校区绿化景观设计。投入1030万元用于校园美化绿化。南湖校区被市绿化委员会授予“最美庭院”称号。推进“数字工大”建设，成立网络安全和信息化领导小组，制定《信息化管理办法》《网络与信息安全管理办法》，出台《二级网站建设管理服务规范》，推进站群、智慧教室及教师主页系统建设。运用信息技术手段推动线上教学、网上办公、线上会议，助力疫情防控，OA办公系统实现办文办会全流程网上办理。推进“平安校园”建设，严守校门楼门“第一道防线”，抓实春季学期期末和秋季学期开学两个重要节点，完成12个批次、22656人次返校开学任务。强化消防隐患排查整治，开展交通安全和校车安全专项整治，做好校园及周边治安管理，保障学校及师生人身财产安全。

吉林建筑大学提升服务保障水平，加强智慧校园、和谐校园、平安校园建设。2020年，争取财政专项资金近8300万元，完成学生公寓寝室部分防寒门更换工程、学校高压外网增容改造工程、土木教学馆、实验楼、图书馆等部分楼宇供电系统改造等工程，改善校园环境面貌，新增绿化面积2000余平方米。学校获2019年度吉林省征兵工作先进单位和长春市征兵工作先进单位称号。发挥“学习筑梦”行动在大学生思想教育中统领作用，推进“青年大学习”行动，拓展“青年马克思主义者培养工程”，引领青年学生践行社会主义核心价值观。在疫情防控常态化形式下，结合重要节庆开展线上线下校园文化活动。2020年，参与疫情防控的学生志愿者421人，足迹遍布全国25个省份，工作时长5204天。完成各民主党派基层组织换届工作，选举产生新一届各民主党派基层组织领导班子。开展“送温暖”活动，为12位重症和家庭困难教师争取市总工会发放生活救助补助金。完善教职工慰问补助方案，对职工婚丧病育困五类情况予以补助，慰问补助78人次。帮助包保贫困村销售苹果梨近3.5万千克，投入资金近15万元。全年接待返校校友6批次、158人。严格执行疫情期间校园封闭管理制度，实现全年零火灾，无重大安全、保卫事件。贯彻落实扫黑除恶专项斗争工作精神，开展“扫黑除恶校园行”主题活动，巩固专项整治成果，营造“阳光安全”教育教学环境。

【疫情防控】 新冠肺炎疫情发生以后，长春市教育局按照市委市政府总体部署，坚持一手抓疫情防控，一手抓开学准备，做到疫情防控和教育教学两不误，全市教育系统疫情防控领导小组和网上指挥部根据高校《疫情防控工作指南》，组织高校完成疫情防控工作。

全市有在长高校43所，专任教师31450人，学生554350人。全部实行封闭管理，严控人员及车辆进入校园，校园一切场馆停止开放，在建工程全部停工，工地值守人员单独防控，培训、招聘、补考等人员聚集活动全部停止。严格执行入校登记流程，严把卫生防疫关，加强环境卫生整治和公共区域消杀力度，通过“两微一端”等媒体，对全体学生开展健康教育、生命教育，爱国主义教育，让学生及时了解疫情动态，提升依法防控水平。

【脱贫攻坚】　吉林大学自2013年接受吉林省通榆县定点扶贫工作以来，投入3000余万元，帮助通榆县引入资金3800余万元；直接购买和帮助销售通榆县特色农产品2亿余元；下派挂职副县长2人，挂职副镇长1人，驻村第一书记4人，科技特派员4人，驻村干部2人，挂职县医院副院长3人，驻县医院医生53人；19个处级单位“点对点”帮扶贫困村；资助贫困大学生90人，慰问、帮扶贫困户265户，扶贫义诊4000余人，捐赠价值100余万元药品、价值400余万元医疗器械；举办各类培训班40期，培训扶贫相关人员1万余人次；实施扶贫科技转化项目11项，编制贫困村产业扶贫规划90个，捐赠图书2万余册。8年中，帮助县里90个贫困村28650户54407人脱贫，贫困发生率由20%下降到0.075%，助力通榆县实现贫困摘帽。连续2年在国务院扶贫办组织的中央单位定点扶贫工作考核中获最高评价等级。学校扶贫办先后2次获吉林省表彰，1人获全国脱贫攻坚创新奖，1人被评为全国脱贫攻坚先进个人，2人获吉林省脱贫攻坚创新奖，2人获吉林省脱贫攻坚特殊贡献奖。2人获评吉林省脱贫攻坚先进个人。

长春大学帮扶南阳村脱贫摘帽，重点巩固和壮大4个产业项目，发展庭院经济。依法调整更换糖化饲料厂承包经营人，带动南阳村20名贫困劳动力就近打工，当地贫困户“订单式”种植高粱50公顷，有效支持村民增收。帮扶生远生态森林猪养殖设施设备配套齐全，建成1000平方米圈舍1栋，300平方米母猪圈1栋，管理用房1处，化粪池1处。项目建设运营为贫困户提供就近打工收入近40万元。因遭受非洲猪瘟疫情损失严重，学校争取20万元无息贷款，用于支持该项目养猪、养鸡和鸵鸟，帮助该项目恢复和发展生产。帮助加存黄牛养殖合作社建成600平方米育肥圈舍，协调建成进场的水泥道路，帮助解决高压电入户和建设用地审批等问题。合作社黄牛存栏增加到150余头。建设软枣猕猴桃种植项目，有45户试种7公顷。学校投入6.92万元，为南阳村232户村民发放4326只鸡雏，用以发展农户庭院经济，年底每户增收300元。2020年，学校投入49.2万元，专项用于购买南阳村农产品，助力消费扶贫。动员全校师生和社会各界到学校扶贫直营店消费，销售额200余万元。学校有14个基层党组织开展代理家长活动，认领21名南阳村学生，持续给予经济资助和教育帮扶。学校团委坚持开展到南阳村送衣物、送学习资料、送技术培训和送慰问活动。学校“团风”志愿者团队定期组织师生走进福洞镇南阳小学开展义务支教活动，通过现代技术手段进行远程教育。学校派出7名医生，携带心电仪、B超机、血糖仪等先进设备，为全体村民做血压、血糖、心电等检测，对行动不便的村民送诊上门，为有需要的村民免费发放药品20余种，价值2万余元。学校坚持做好扶贫送温暖工作，为村民发放价值7.9万元大米、豆油和其他慰问品。

长春师范大学从加强制度建设、规范组织生活、发挥党员作用、培养后备力量等方面抓好五撮村基层组织建设工作。加大政策宣传，深入实施产业项目。旱田改水田“水稻种植、发展循环经济项目”在受到台风影响情况下，产出近35万千克稻子。庭院经济小冰麦项目运行良好，学校出资2.4万余元，购买小冰麦种子免费发放，全村种植率98%，面积近15公顷。学校扶贫产品“富稷春”牌小冰麦面粉、大米正式进驻吉林省驻村第一书记协会直播间，实现电商平台和协会电商平台整合，销售额近8万元。学校26个党总支（分党委）成员与贫困户结成一对一帮扶，为贫困户解决生产生活中难题。党员教师捐款1.86万元为贫困户购买鸡雏、鹅雏。捐款5万余元为贫困户送去慰问品，实行学校连心卡制度。购买扶贫产品总额近40万元，用于教职工年终福利发放。全年入户走访800余次，学校出资18万余元完成村内围墙的修缮和新建，学校文学院和三十号乡中学、小学签约结成教育帮扶共建，为三十号乡中学捐建图书室1个，首批赠送图书500余册。学校邀请“省科协科技助力乡村振兴专家服务团”到长岭县三十号乡为包括五撮村在内的全乡4个自然村30余名养殖、种植大户进行“科技扶贫、助农惠农”讲座。开展科技扶贫项目——生态菌肥宣传和技术讲座，五撮村14户参与到生态菌肥制作项目中。

吉林警察学院5年投入帮扶资金200余万元。强化驻村工作队建设，前后选派6名驻村干部，受到地方党委政府领导和贫困群众认可。扶持发展村办产业项目，建设100千瓦光伏发电项目，年收益7万元以上，全部用于贫困户分红。帮助改善基础设施水平，2020年筹资3万元修建东大河漫水桥，方便村民过河务农。在每年元旦、春节、中秋节、国庆节等重要节日，给贫困户发放慰问品、慰问金，给全村百姓发放对联、福字等，投入资金近20万元。2019年至2020年，投资12万元，帮助贫困户维修住房；为贫困户购买鸡雏、鸭雏、鹅雏、蜜蜂、贝母等，帮助贫困户利用自家庭院增收。

吉林交通职业技术学院依托长安镇富岩村黄牛养殖扩建项目，为全体贫困户分红76000元；分析全村贫困人口特点，研究精准靶向脱贫措施，打造生态鸡养殖，供给全村包括贫困户在内的75户饲养，实现利润20余万元。驻村工作队动员全校师生进行爱心回购和帮销活动，帮助50余户村民回购和帮销榛蘑、木耳、笨鸡、鸡蛋、杂粮等农副产品，消费扶贫7.99万元，开办2场农民夜校，开展种养殖技术和致富技能培训，搞好政策和村规民约宣讲；依托机械工程学院专业优势，面向贫困村开展挖掘机技能培训；持续做好健康扶贫工程，利用学校卫生所医疗设备和力量，2次到贫困村开展精准扶贫送医下乡便民义诊、免费送药活动，义诊80余人次，药品价值7500余元。协调资金197万元，修建机耕路3.618千米，户均3.94万元。发挥学校专业优势，实施工程机械设备租赁和教育扶贫工程。为村集体增加收入4万元。对扩招的贫困地区农民工学生实施入学后减免学费、住宿费等12.35万元。投入14.71万元，开展春节走访慰问、精准扶贫送医下乡便民义诊、中秋国庆“双节”走访慰问、爱心回购、消费扶贫和等系列活动，巩固脱贫成果。

【“万人助万企”】 长春汽车工业高等专科学校助企工作队发挥学校特色优势，搭建人才培养平台，召开专场招聘会3场，为企业提供人力资源保障；利用学校专家人才优势、一汽集团资源优势、技能人才培训专业优势，为吉林省宇光线缆有限公司制定车间设备升级项目方案；与长春嘉技智造科技装备有限公司签署共建合心学院，帮助“致友”公司设计企业财产保险投保方案，为吉林省香辰有机农业有限责任公司拓展销售战略。构建校企协同创新平台，组成研发团队，联合进行技术攻关。向企业开放学校实验实训基地，为企业技术研发提供资源保障。利用学校外部专家，为企业技术升级提供咨询服务及人才保障。为企业传递惠企政策，借助“百万扩招”等机会帮助企业提升整体学历，面向企业员工开展现代学徒制培养，落实惠企政策。

吉林科技职业技术学院推出贯穿人才培养体系系列行动，宣传高校毕业生留长创业就业政策，引导和鼓励毕业生留长为企业发展服务。全年发布长春企业招聘信息199条，招聘岗位1400余个。建立属地二道区企业沟通机制，沟通二道区政府工信局、招商局等部门排查出存在“招工难、用工难”问题企业，帮助企业提振发展信心。

（陈正东　崔海波　冯智昕）

【吉林大学】 吉林大学始建于1946年，初名东北行政学院，1950年更名为东北人民大学，1952年全国高等学校院系调整后，成为中华人民共和国成立后中国共产党亲手创办的第一所综合性大学，于1958年改为现名。2000年，原吉林大学、吉林工业大学、白求恩医科大学、长春科技大学、长春邮电学院合并组建新吉林大学。2004年，原中国人民解放军军需大学转隶并入。2017年，入选国家一流大学建设高校。

该校学科门类齐全，涵盖12大学科门类，下设52个学院；有本科专业141个，一级学科博士学位授权点和硕士学位授权点分别为49个、63个，交叉学科博士学位授权点2个，博士后科研流动站44个；一级学科国家重点学科4个，二级学科国家重点学科15个。有18个学科（领域）ESI排名进入全球前1%，其中2个学科排名进入全球前1‰。学校有专任教师6439人，其中教授2320人。在籍学生72830人。其中，博士研究生8496人，硕士生20774人，本科生41522人，专科生285人，留学生1605人。有国家重点实验室5个，国家工程实验室1个，国家地方联合工程实验室6个，国家工程技术研究中心1个，教育部人文社会科学重点研究基地6个，教育部重点实验室12个（其中2个为筹建），教育部工程研究中心5个，其他行业部委重点实验室19个。

教学改革及成果。打通本科和研究生教育教学督导链条，成立吉林大学教育教学督导委员会，加强对教学培养各环节的督导反馈和结果使用。数学、物理、化学基地入选首批基础学科拔尖学生培养计划2.0基地名单。“中国现当代文学I”等51门课程被认定为国家级一流本科课程。全年实施“大学生创新创业训练计划”1550项，覆盖6500余位学生。在第12届VI-Grade杯世界虚拟大学生方程式竞赛中，“吉速方程式车队”“吉速电动方程式车队”夺冠，是中国在该项赛事中获得的首个冠军，也是自该项赛事举办以来首次有车队包揽燃油和电动组别双料冠军。分类推进研究生培养模式改革，探索制定多元化毕业标准。持续推进研究生导师队伍建设，探索跨学科招生与培养管理改革，打通研究生招生培养的学科壁垒，培养复合型人才。制定或修订研究生学位授予质量管理、学位论文抽检、学术不端处理等制度文件，强化研究生过程管理，提升培养质量。首次面向社会公开招聘10名研究生专职辅导员，强化研究生思政工作质量和教育管理服务水平。

科研经费及使用。全年自然科学到账经费15.53亿元。自然科学基金获资助直接经费2.27亿元，比2019年增长11%。全年新增千万级项目7项。获批全国首批“国家应用数学中心”。国家重大科技基础设施“综合极端条件实验装置”，部分设备进场安装调试。学校2项成果通过国家科技奖初评；推荐教育部科学技术奖一等奖2项，全部通过会评。全年获授权专利2893件，比2019年增长43%，其中授权发明专利1276件，比2019年增长30%。学校“超快光电子学”团队解决硬脆透明材料激光制备的

8月10日，吉林国家应用数学中心启动仪式在吉林大学教学楼举行

（吉林大学　提供）

5月22日，长春市人民政府与吉林大学战略合作框架协议签约仪式在吉林大学鼎新图书馆多功能厅举行　（吉林大学　提供）

加工窗口区缺失二十年难题；“国家应用数学中心”团队致力于解决航空轮胎研制关键问题，有望改变中国航空轮胎只能依赖进口的局面；教授崔银秋团队应用最新古基因组学技术，获取中国北方55个古代个体全基因组数据，为探讨中华文明的起源、形成和发展提供重要证据。哲学社会科学到账经费首次突破1亿元，获各类立项682项。其中，国家社科基金重大项目3项、教育部哲学社会科学重大课题攻关项目1项。山西运城夏县田野考古实践教学基地正式启用，在师村遗址发现距今6000年的石雕蚕蛹，为“中国考古学之父”李济1926年在夏县西阴村发掘的考古成果提供例证，在时间上早大约500年。发挥智库作用，4个研究机构新入选2020CTTI来源智库，入选总数16个，位列全国高校第3名；6份研究报告得到党和国家领导人肯定性批示。考古学院沈刚的《秦简所见地方行政制度研究》入选《国家哲学社会科学成果文库》。学校人权研究中心获批入选第三批国家人权教育与培训基地。学校主办的《人口学刊》《情报科学》入选“2020中国最具国际影响力学术期刊”。

招生就业。2020年，新生录取分数超一本线50分以上的占94.48%，比2019年提高1.20%；超80分以上的占76.49%，比2019年提高4.93%；超100分以上的占55.68%，比2019年提高5.55%。与2019年相比，理工类录取位次在22个省份有提升，文史类在17个省份有提升。2020届毕业生16944人。其中，本科毕业生10313人，硕士毕业生5801人，博士毕业生830人。毕业生就业率90.37%，其中本科、硕士、博士毕业生就业率依次为91.93%、88.48%、88.75%。本科毕业生国内升学率38.14%，出国（境）率4.85%。

国际交流。拓展全球合作网络，与40个国家和地区的303所高校和科研机构建立合作关系，其中2020年新增2所世界前100名伙伴高校。与国（境）外高校合作开展双学位项目增至69项，比2019年增加9项。依托中俄医科大学联盟平台，共同推进中俄科技创新年各项合作计划。与俄罗斯巴什基尔国立医科大学共同举办抗击新冠肺炎疫情专家视频交流会，就病人筛查、核酸检测、肺部CT检查、抗病毒药物及激素使用、中西医结合治疗等进行交流研讨。

疫情防控。2020年初，吉林大学聚焦疫情防控“阻击战”，保障近12万师生生命安全和身体健康。落实教育部“停课不停教、不停学”要求，线上授课87712课次，课程开出率91.6%。开展新冠肺炎疫情科技攻关，设立专项课题12项，取得“一次性使用咽拭子采集防护面罩”等14项技术成果。组织各附属医院医护人员投入抗疫一线，自正月初二第一批医护人员支援武汉开始，学校先后选派7个批次543名医护人员奔赴武汉抗疫一线，后续又分批选派551名医护人员支援满洲里、乌鲁木齐、吉林舒兰等地疫情防控工作，239名医务人员完成院内新冠肺炎确诊患者救治工作。学校有4个集体和18人次获国家级抗疫表彰，1个基层党组织获评全国先进基层党组织、2人获评全国优秀共产党

证　书

谨以我台发现的国际编号为二一八九一四号的小行星誉名为“唐敖庆星”，刊佈于世，永载史册。

中国科学院紫金山天文台
二〇二〇年一月

CERTIFICATE

We solemnly announce that the asteroid discovered by this Observatory and numbered 218914 internationally, be named in honour of Tangauchin .It is hereby made known to the world and which will go down in history forever.

Purple Mountain Observatory
Chinese Academy of Sciences

11月18日，“唐敖庆星”命名仪式在国家自然科学基金委员会举行，国际小行星委员会批准将编号为218914号的小行星正式命名为“唐敖庆星”　（吉林大学　提供）

员。学校3家附属医院被确定为省新冠病例定点诊疗医院，第一医院承担吉林省传染病医院改建工作，用于省内重症治疗。2020年，各附属医院发热门诊收治患者43147人次，留观患者233人，收治新冠肺炎重症患者10人。

“唐敖庆星”命名。1月9日，由中国科学院紫金山天文台于2007年5月19日发现、国际编号为218914号的小行星获国际小行星命名委员会批准，被命名为“唐敖庆星”，以表彰中国科学院院士、自然科学基金委第一任主任、原吉林大学校长唐敖庆在教育和科研领域作出的杰出贡献。11月18日，“唐敖庆星”命名仪式在北京举行。

（吉林大学）

【东北师范大学】 东北师范大学是中国共产党在东北地区创建的第一所综合性大学，建校于1946年。学校是国家“211工程”重点建设大学，“985工程”优势学科创新平台建设高校，国家“双一流”建设高校。

该校拥有包括第三世界科学院院士、历届国务院学位委员会学科评议组成员和“国家杰青”“长江学者”等高层次人才称号在内的专任教师队伍1671人。全日制在校学生26997人。学校设有22个学院（部），82个本科专业，23个博士一级学科学位授权点，38个硕士一级学科学位授权点，教育博士专业学位类别授权点和22个硕士专业学位类别授权点，以及22个博士后科研流动站。马克思主义理论、世界史、数学、化学、统计学、材料科学与工程6个学科入选世界一流学科建设行列。学科点覆盖除军事学和医学以外的11个学科门类。东北师大附中、附小等附属学校在大学服务基础教育中发挥引领辐射作用。2020年，学校统筹疫情防控与学校事业发展，全校未出现确诊病例或无症状感染者。

教育教学改革。2020年，学校坚持以“创造的教育”理念引领教育教学改革，探索卓越教师、应用型人才和学科拔尖创新人才的多元化培养模式。卓越教师培养，打造“U-G-S”2.0模式，探索实施“教育博士U-G-S协同培养计划”，建设具有前瞻性的教师教育研训中心。应用型人才培养，建立U-G-E通榆县实验区，推动应用型人才培养对接国家脱贫攻坚战略需求。拔尖创新人才培养，构建科教融合的长效协同育人机制，打造“本硕博贯通”的高水平人才培养体系。以在线教学为契机推动教学改革，面对疫情防控挑战，坚持停课不停教，线上完成2462门课程教学任务，保障毕业就业等各项工作。引进包括新加坡国立大学、加州大学洛杉矶分校等海外名校在线课程。学校将在线教学看作一场教育领域的“学习革命”，以此为契机推动教学改革，培养学生批判反思的思维习惯，提升自主学习和发现问题能力。打造在线教学典型案例96篇，浏览9万余人次。初步构建高水平本科人才培养体系，18门课程入选首批国家级一流课程，34个专业入选国家级一流本科专业建设点，获批率位居全国高校前列。推荐9部教材参评国家优秀教材。新增4个专业、14个专业通过师范类专业认证，通过数量居部属师范大学首位。历史学入选基础学科拔尖学生培养计划2.0基地，“一流人才培养基地”实现零突破。

研究生培养。严格自命题过程管理，确保自命题试卷零事故。首次完成万人次规模网络远程复试考核；博士研究生招生规模首次突破600人。“体验—提升—实践—反思”的全日制教育硕士培养新模式推广到教育硕士9大学科领域；探索实施PI制“三位一体”博士培养模式，让研究生培养回归“研究”本质。成立教育博士工作委员会，与深圳市教育局等签订教育博士“订单式培养项目协议”。首批引入学位中心智能论文送审服务平台，建立学术不端行为的查处防控机制。2020年，新增1个一级学科博士学位授权点；3篇教育专业学位案例入选国家案例中心案例库，累计入选22篇，数量居全国前列。

教育评价改革。成立工作专班，确立“以一流为目标，以学科为基础，以绩效为杠杆，以改革为动力”改革原则，对现行评价体系进行改革。对照上级文件废止22项文件，扭转“重数量、轻质量”“重投入、轻产出”“重科研、轻育人”等不科学评价导向。构建新的评价体系，聚焦重点难点，把握关键环节，构建包括人才培养、科学研究、队伍建设、学科声誉4大方面25个一级指标、100项二级指标的评价体系。建立适时调整机制，使评价体系起到宏观指导作用，避免学术功利导向。

科研工作。社会科学研究全年获立国家社科基金和教育部重大项目8项，

3月25日，“固态电池协同创新平台”启动暨项目研究推进会在东北师范大学召开

（东北师范大学 提供）

10月26日，东北师范大学与长春市人民政府签署战略合作框架协议
（东北师范大学　提供）

国家社科基金等国家级项目63项。获高等学校科学研究优秀成果奖14项，其中一等奖2项，位居全国前列。入选全国哲学社会科学成果文库1部，是学校哲学学科首部入选成果。由东北师大教师主编的《习近平总书记教育重要论述讲义》正式出版发行。学校获批教育部首批语言文字推广基地。自然科学研究在基金委财政缩减、限项严格情况下，国家杰出青年科学基金1项，获批区域创新发展联合基金1项，国际（地区）合作与交流项目2项，与国际一流科研机构的实质性科研合作继续深化。新增国家级平台1个，省部级平台3个。牵头共建的吉林应用数学中心成为全国首批应用数学中心，吉林松嫩草地生态系统野外科学观测研究站入选国家野外科学观测研究站序列。

人才队伍建设。疫情期间，开展非常态下师资引进，率先启动“云招聘”引才模式，对接海内外优秀青年人才，全年补充专任教师及师资博士后68人。完善人才储备机制，健全博士后管理工作制度，做大做活优质师资“蓄水池”。在5年一度的全国博士后流动站综合评估中，参评的20个流动站全部通过评估，其中马克思主义理论、环境科学与工程2个流动站获评全国优秀。国家级人才项目入选人数创历史新高，全年12人次（领军人才7人、青年学者5人次）入选包括国家杰出青年科学基金在内的国家级人才项目。“十三五”期间国家级人才体量增长185%。省级人才队伍规模持续扩大，全年114人入选首批吉林省人才“18条”各层次称号，10人获吉林省有突出贡献专家、吉林省杰出创新创业人才等称号。

国际交流与合作。2020年，引领国际及境外师生合力抗疫，第一时间处理国际师生离校、返校、隔离、就医、归国事项以及滞留边境机场等突发事件；帮助境外逾期学生解决住宿、签证延期、机票购买等问题，开展心理疏导。同时，开辟国际合作交流新思路，组织线上教学，并与包括新加坡国立大学、加州大学洛杉矶分校在内的QS排名前200高校开展多门线上课程，覆盖17个学院。举办2020年国际产学研用合作会议（长春）分论坛等一系列学术会议。

学生工作。2020年，学生全年获立“国创”“科研”项目311项，结项成果获批专利13项，获国家级奖项11项；获“挑战杯”国赛、省赛各类奖项12项。连续6年举办“全国高校毕业生教育人才招聘会”，连续19年举办“东北高师联合供需洽谈会”，中央电视台《新闻联播》栏目第15年报道学校就业工作。连续12年学生学费实现100%缴清、还贷率保持95%以上，学生资助诚信教育工作总结入选教育部全国学生资助管理中心诚信教育主题活动材料汇编，是全国选取的15所高校典型之一。

获得荣誉。教授高夯获评2020年度“全国教书育人楷模”；教授韩东育、王占仁获全国高等学校科学研究优秀成果奖（人文社会科学）一等奖；学生肖新宜获评全国“抗疫青年志愿服务先进个人”；学生那日苏在国务院新闻办公室牵头举办的大学生“讲好中国故事”创新传播大赛中获特等奖（全国5人）；学生团队（传媒科学学院2017级学生团队）制作的微电影作品《胡同里的国旗》在教育部思政司主办的“我心中的思政课”第四届全国高校大学生微电影大赛中获一等奖；学生团队（方宁、王姝文、王旋、郭树龙、张迁）获第四届全国高校大学生讲思政课公开课一等奖；国际学生林默（美国）、夏旋（俄罗斯）、巴瓦（加纳）获2020年度“中国政府优秀来华留学生”称号。

（刘德增）

表23　2020年驻长春高校情况统计表

序号	学校名称	现职校级领导数					在校学生数					招生数					毕业生数					专任教师数					
		均龄	男	女	党员	其他	计	专科	本科	硕士	博士	计	专科	本科	硕士	博士	计	专科	本科	硕士	博士	计	教员	助教	讲师	副教授	教授
1	吉林大学	54.72	10	1	11	0	71549	284	41583	20898	8784	19925	0	10127	7772	2026	19259	518	10312	7013	1416	6209	0	71	1357	2461	2320
2	东北师范大学	52.7	9	1	10	0	32041	0	14559	14776	2706	8654	0	3744	4309	601	7865	0	3659	3871	335	1671	7	9	499	645	511
3	长春理工大学	53.6	7	3	10	0	21609	0	16503	4493	613	6201	0	4250	1804	147	5091	0	3815	1212	64	1277	0	36	485	512	244
4	吉林农业大学	53.7	9	0	9	0	19652	0	15954	3267	431	5799	0	4146	1529	124	4742	0	3706	972	64	1257	0	69	491	463	234
5	长春工业大学	55	8	1	8	1	23035	3970	16061	2878	126	6603	1049	4341	1164	49	6173	1075	4300	785	13	1234	0	56	556	397	225
6	长春中医药大学	56.63	8	0	7	1	12973	1289	9510	1928	246	3747	449	2354	831	113	3199	550	2106	512	31	781	0	53	264	279	185
7	吉林财经大学	54.86	6	1	7	0	13910	0	11615	2295	0	4079	0	3224	855	0	3473	0	2749	724	0	627	0	28	278	232	89
8	吉林建筑大学	57.8	6	2	8	0	16351	0	14941	1410	0	4448	0	3840	608	0	3726	0	3382	344	0	876	0	54	381	313	128
9	吉林外国语大学	55	6	2	6	2	11839	0	10883	956	0	3533	0	3040	493	0	2408	0	2243	165	0	709	5	110	197	230	167
10	长春大学	53.25	6	2	8	0	17430	1157	15643	630	0	5131	457	4331	343	0	4036	308	3663	65	0	861	0	63	398	291	109
11	长春师范大学	55.75	8	1	8	1	22770	3071	18535	1127	37	6687	1208	4970	500	9	6420	1396	4802	220	2	1114	0	55	519	399	141
12	长春工程学院	56.6	6	2	8	0	14479	1925	14479	315	0	4428	690	3756	148	0	4239	645	3521	73	0	985	0	83	412	355	135
13	吉林工程技术师范学院	55.6	6	1	7	0	13117	1971	11146	0	0	3906	807	3099	0	0	3488	569	2919	0	0	789	0	85	335	265	104
14	吉林艺术学院	55.2	5	0	5	0	8686	0	7641	1045	0	2366	0	1961	405	0	2157	0	1863	294	0	1168	0	130	198	164	76
15	吉林体育学院	55.375	7	1	8	0	8938	1900	6466	572	0	2825	893	1680	252	0	2202	526	1563	113	0	266	0	48	136	54	28
16	吉林工商学院	55.5	6	2	8		15163	3533	11630	—	—	4439	1281	3158	—	—	4204	1008	3196	—	—	672	—	50	294	227	101
17	吉林警察学院	55.67	6	0	6	0	7020	1204	5816	0	0	1928	495	1433	0	0	1831	317	1514	0	0	290	0	23	148	82	37
18	吉林动画学院	52.5	5	3	5	3	12137	0	12137	0	0	3129	0	3129	0	0	2949	0	2950	0	0	604	50	196	204	108	46
19	长春建筑学院	50.3	7	4	10	0	14450	0	14450	0	0	3801	0	3801	0	0	3316	0	3316	0	0	804	21	126	286	277	94
20	长春科技学院	49.5	6	2	6	0	14998	3746	11252	0	0	4402	1365	3037	—	—	4402	1365	3037	0	0	741	9	133	206	262	131
21	长春光华学院	52	6	1	7	0	11962	518	11444	0	0	3105	219	2886	0	0	2870	55	2815	0	0	636	23	93	233	211	76
22	长春财经学院	55	9	1	10	0	11594	0	11594	0	0	3123	0	3123	0	0	2758	0	2758	0	0	554	9	84	221	164	76
23	吉林建筑科技学院	57	7	1	8	0	11461	82	11979	0	0	2986	85	2901	0	0	2406	0	2406	0	0	639	0	121	198	209	111
24	东北师范大学人文学院	53	5	2	7	0	11851	0	11851	0	0	3015	0	3015	0	0	2804	0	2804	0	0	515	10	123	177	147	58
25	长春理工大学光电信息学院	52	7	1	7	0	10496	0	10496	0	0	2604	0	2604	0	0	2401	0	2401	0	0	461	0	67	142	168	84
26	长春工业大学人文信息学院	56	7	3	10	0	10150	—	10150	0	0	2572	0	2572	0	0	2462	0	2462	0	0	508	0	86	171	197	54
27	长春大学旅游学院	55	5	3	7	1	9176	241	8935	0	0	2515	108	2407	0	0	2178	30	2148	0	0	418	0	96	163	120	39
28	吉林省教育学院	57.28	6	1	7	0	0	0	0	0	0	0	0	0	0	0	0	0	0	0	0	253	0	28	85	98	42
29	长春金融高等专科学校	52.66	4	2	6	0	8662	8662	0	0	0	2585	2585	0	0	0	2262	2262	0	0	0	259	1	66	91	69	32
30	吉林交通职业技术学院	51	6	1	7	0	10102	10102	0	0	0	3374	3374	0	0	0	2586	2586	0	0	0	344	11	19	142	135	37

续表

序号	学校名称	现职校级领导数					在校学生数					招生数					毕业生数					专任教师数					
		均龄	男	女	党员	其他	计	专科	本科	硕士	博士	计	专科	本科	硕士	博士	计	专科	本科	硕士	博士	计	教员	助教	讲师	副教授	教授
31	吉林司法警官职业学院	52.71	6	1	7	0	5122	5122	0	0	0	1976	1976	0	0	0	1316	1316	0	0	0	172	4	31	73	43	0
32	长春医学高等专科学校	52	5	2	6	1	8485	8485	0	0	0	3105	3105	0	0	0	2069	2069	0	0	0	313	0	75	107	92	39
33	长春汽车工业高等专科学校	54.67	6	0	6	0	10907	10907	0	0	0	0	0	0	0	0	2922	2922	0	0	0	462	0	149	177	105	31
34	长春职业技术学院	52.67	4	2	6	0	11391	11391	0	0	0	3617	3617	0	0	0	3604	3604	0	0	0	709	1	86	286	288	48
35	吉林省经济管理干部学院	57.6	5	0	5	0	4918	4918	0	0	0	1761	1761	0	0	0	867	867	0	0	0	319	0	72	115	103	29
36	长春师范高等专科学校	52	3	1	4	0	4582	4582	0	0	0	2471	2471	0	0	0	1202	1202	0	0	0		0	43	88	59	1
37	吉林水利电力职业学院	53.7	6	0	6	0	6481	6481	0	0	0	3009	3009	0	0	0	145	145	0	0	0	118	32	32	29	16	9
38	长春信息技术职业学院	51.8	5	1	5	1	8583	8583	0	0	0	3452	3452	0	0	0	2093	2093	0	0	0	347	46	141	79	67	14
39	长春东方职业学院	54.8	3	3	4	0	7034	7034	0	0	0	1984	1984	0	0	0	1646	1646	0	0	0	453	320	62	23	12	36
40	吉林科技职业技术学院	0	0	0	0	0	10458	10458	0	0	0	2643	2643	0	0	0	2978	2978	0	0	0	566	0	281	190	69	26
41	吉林俄语专修学院	42	2	1	0	0	282	282	0	0	0	75	75	0	0	0	83	83	0	0	0	22	0	2	19	1	0
42	吉林城市职业技术学院	50	5	2	4	3	5555	5555	0	0	0	0	0	0	0	0	0	0	0	0	0	311	210	82	14	3	2
43	长春健康职业学院	51.8	3	2	5	0	2951	2951	0	0	0	925	925	0	0	0	7	7	0	0	0	136	0	42	55	25	14
合 计		2255.945	252	60	289	14	554350	130404	357253	56590	12943	156928	40083	92929	21013	3069	136839	32142	86410	16363	1925	31450	759	3359	10522	10417	5963

表24 2020年驻长春高校教学及科研队伍情况统计表

序号	学校名称	享受政府特殊津贴			突出贡献的专家学者			硕士学位授权点	硕士生指导教师	博士学位授权点	博士生指导教师	博士后流动站	院士数		重点学科		重点实验室	
		国家级	省级	市级	国家级	省级	市级						科学院	工程院	国家级	省级	国家级	省部委级
1	吉林大学	553	1529	0	15	74	24	96	3739	57	1669	44	8	3	47	58	19	343
2	东北师范大学	142	524	0	2	138	0	37	819	23	554	22	0	0	5	34	1	110
3	长春理工大学	38	36	7	3	36	12	20	760	8	287	7	6	2	1	16	1	25
4	吉林农业大学	47	0	3	6	50	15	20	1094	9	158	9	0	2	1	16	1	19
5	长春工业大学	38	0	4	3	37	2	39	624	5	119	1	4	1	10	19	3	42
6	长春中医药大学	41	50	3	0	49	7	6	535	2	134	2	0	0	0	23	2	77
7	吉林财经大学	3	0	2	0	12	3	10	323	0	4	0	0	0	0	8	0	3
8	吉林建筑大学	9	11	0	0	23	3	17	421	0	21	0	0	0	0	6	9	33
9	吉林外国语大学	6	8	1	0	7	1	7	164	0	23	0	0	0	0	2	0	0
10	长春大学	4	11	0	0	11	2	16	455	0	12	0	0	0	0	8	0	6
11	长春师范大学	12	0	3	0	23	8	12	353	1	10	0	0	0	0	8	1	26
12	长春工程学院	3	0	1	0	15	6	1	109	0	0	0	0	0	0	6	0	21
13	吉林工程技术师范学院	4	0	0	0	10	3	0	55	0	0	0	0	0	0	6	0	22

续表

序号	学校名称	享受政府特殊津贴			突出贡献的专家学者			硕士学位授权点	硕士生指导教师	博士学位授权点	博士生指导教师	博士后流动站	院士数		重点学科		重点实验室	
		国家级	省级	市级	国家级	省级	市级						科学院	工程院	国家级	省级	国家级	省部委级
14	吉林艺术学院	4	9	0	0	9	4	8	257	0	0	0	0	0	0	0	0	0
15	吉林体育学院	2	3	0	0	3	1	4	53	0	0	0	0	0	0	1	0	6
16	吉林工商学院	2	6	1	—	5	—	—	34	—	—	—	—	—	—	1	—	6
17	吉林警察学院	0	1	0	0	5	0	0	21	0	0	0	0	0	0	2	0	3
18	吉林动画学院	4	0	0	0	5	0	0	14	0	0	0	0	0	0	1	0	3
19	长春建筑学院	0	1	0	0	1	0	0	18	0	0	0	0	0	0	1	0	2
20	长春科技学院	3	3	0	0	7	0	0	9	0	1	0	0	0	0	1	0	2
21	长春光华学院	0	1	0	0	1	0	0	36	0	4	0	0	0	0	0	0	1
22	长春财经学院	5	1	3	0	3	0	0	70	0	15	0	0	0	0	1	0	1
23	吉林建筑科技学院	1	3	0	0	3	0	0	8	0	0	0	0	0	0	1	0	0
24	东北师范大学人文学院	0	0	0	0	1	0	0	0	0	0	0	0	0	0	1	0	0
25	长春理工大学光电信息学院	0	1	0	0	1	0	0	0	0	0	0	0	0	0	0	0	0
26	长春工业大学人文信息学院	0	0	0	0	2	0	0	7	0	0	0	0	0	0	0	0	0
27	长春大学旅游学院	0	0	0	0	0	0	0	2	0	0	0	0	0	0	0	0	0
28	吉林省教育学院	1	0	0	0	7	0	0	0	0	2	0	0	0	0	0	0	0
29	长春金融高等专科学校	2	0	0	0	5	0	0	0	0	0	0	0	0	0	0	0	0
30	吉林交通职业技术学院	0	3	0	0	3	0	0	0	0	0	0	0	0	0	0	0	2
31	吉林司法警官职业学院	0	0	0	0	0	0	0	0	0	0	0	0	0	0	0	0	0
32	长春医学高等专科学校	0	0	0	0	0	0	0	0	0	0	0	0	0	0	0	0	0
33	长春汽车工业高等专科学校	2	0	1	0	2	0	0	0	0	0	0	0	0	5	5	0	0
34	长春职业技术学院	2	4	2	2	4	2	0	0	0	0	0	0	0	12	15	0	0
35	吉林省经济管理干部学院	0	0	0	0	5	0	0	0	0	0	0	0	0	0	0	0	0
36	长春师范高等专科学校	0	0	0	0	0	3	0	0	0	0	0	0	0	0	1	0	0
37	吉林水利电力职业学院	0	0	0	0	1	0	0	0	0	0	0	0	0	0	1	0	0
38	长春信息技术职业学院	0	0	0	0	0	0	0	0	0	0	0	0	0	0	0	0	0
39	长春东方职业学院	0	0	0	0	0	0	0	0	0	0	0	0	0	0	0	0	0
40	吉林科技职业技术学院	0	0	0	0	0	0	0	0	0	0	0	0	0	0	0	0	0
41	吉林俄语专修学院	0	0	0	0	0	0	0	0	0	0	0	0	0	0	0	0	0
42	吉林城市职业技术学院	0	0	0	0	0	0	0	0	0	0	0	0	0	0	0	0	0
43	长春健康职业学院	0	1	0	0	1	0	0	0	0	0	0	0	0	0	0	0	0
合计		928	2206	31	31	559	96	293	9980	105	3013	85	18	8	81	242	37	753

科学技术

KEXUE JISHU

科技管理

【概况】 在《2020自然指数》排名中，长春市位列全球科研城市第38位，比2019年提升4位。国家农业高新技术产业示范区升建工作取得实质性进展，国家自主创新示范区建设取得重要成果。半导体激光技术创新中心、中白科技合作园区等重大创新平台基地建设进展顺利。国内首台12英寸晶圆探针台在长研制成功，高铁变轨等关键核心技术取得突破，长光卫星海上“一箭九星”创造中国航天发射新纪录。承担省级科技发展计划项目1773项，占全省84%。推荐省科学技术奖191项，占全省69%。省级新型研发机构数量占全省91%。全市高新技术企业总数首次突破2000户。关键核心技术攻关和科技成果转化方面均取得丰硕成果，科技创新“双十工程”工作成果得到省委书记景俊海肯定，长春市在全省技术转移体系建设第三方评估中排名第一。科技金融服务成效显著，吉林奥来德光电材料股份有限公司成为全省首家科创板上市公司。众多科技创新龙头企业到长春市投资并建立研发机构，凸显长春国家区域创新中心地位。

全年登记科技成果259项。技术合同成交额451.6亿元。市科技管理部门投入科技经费18.55亿元。全市新认定高新技术企业884户。全年专利授权量17373件，比2019年增长46.0%，其中发明专利授权量3472件，增长33.5%。

在世界知识产权组织《2020年全球创新指数》报告中，进入全球创新集群100强；在英国《自然》杂志增刊2020自然指数—科研城市排名中，位列全球科研城市第38位；在国家科技部国外人才研究中心2019年“魅力中国—外籍人才眼中最具吸引力的中国城市”活动中评为“最具潜力城市”，在东北地区居首位。

【科技企业融资难题破解】 发挥科技金融中心职能，全年组织投融资项目线上推介对接会30场，新增备案入库科技企业120户，深入科技企业服务近200次，提供科技金融法律服务80余件，为企业办理投融资业务292笔，资金总额超过21亿元。推荐疫情防控重点保障企业10户，组织疫情防控重点企业参加全市重大项目融资对接会，为疫情防控期间稳定银企对接提供有力保障。启动2020年科技企业贷款贴息后补助计划，为138户企业贴息补助3300余万元，贴息贷款总额16.6亿元；全年受理科转贷业务12笔，贷款金额3580万元，其中落实疫情期间“再贷款再贴现，支持复工复产”政策办理贷款11笔3280万元。开设“吉交所综合服务柜台”，受理省内企业新四板挂牌以及可转债发行业务，全年辅导企业20家，完成新四板上市企业4家，为企业发行可转债融资1600万元。吉林奥来德光电材料股份有限公司在科创板上市，成为全省首家科创板上市公司，实现吉林省科技企业科创板上市历史上“零突破”。

【科技人才队伍建设】 根据《长春市高层次人才队伍建设五年计划（2019—2023）》，结合实际拟定《青年科技人才创新创业专项计划》，重点扶持青年科技人才（团队）在原始创新、科技前沿、关键核心技术攻关等领域开展科学研究，培育适应长春市发展需求的高素质科技人才队伍。组织长春市优秀科技人才（团队）申报省科技人才专项，9个项目进入复审答辩。

【外国专家（人才）服务管理】 印发《关于做好在长外国专家防控新型冠状病毒疫情服务工作的通知》，加强排查，掌握在长外国专家健康状况。采取承诺制，线上办理外国人到中国工作许可等业务417人次，办理结果快递直达，为全市200余家用人单位顺利复工复产提供人才保障。申请科技部外国高端人才引进项目5项，获支持资金126万元。开展“长春友谊奖”评选，新评出获奖外国专家10人，表彰决定由市政府印发。在科技部“魅力中国——外籍人才眼中最具吸引力的中国城市”评选中，长春市被评为“最具潜力城市”，综合排名居东北地区首位。

【科技成果转化】 推进长吉图国家科技成果转移转化示范区核心区建设。

9月3日，吉林奥来德光电材料股份有限公司在科创板上市　　（市科技局　提供）

引进和培育国家技术转移东北中心、中科院应化所技术转移中心、吉林大学长春技术转移中心等重大技术转移平台，打造全国重要科技成果集聚区和东北亚技术转移枢纽，构建区域性公益化+专业化服务体系，强化科技成果转化全链条服务和技术要素的市场化配置，推动科技优势向经济优势转变，长春市在全省技术转移体系建设第三方评估中排名第一。

完善转化工作体系，构建产学研联盟。与中科院长春分院、省教育厅科技产业中心、吉林大学交流对接，协调建立常态化沟通机制，构建科技成果转移转化工作体系。坚持市场导向、共建共享原则，以企业、大学、科研院所为基本主体，建立产学研联盟，推进科技资源与产业资源融合、科技优势向经济优势转化，已建成数字经济、固态电池等领域产学研联盟。

加快成果转化机构平台建设。认定国家级技术转移示范机构10个，省级55个，建立省级科技成果转化中试中心20个，省级产业技术创新联盟25家。推进“政产学研用金介”协同创新云平台系统升级改造，争取纳入长春“城市大脑”应用场景项目。

落实激励政策。下放科技成果转化自主权和收益分配权，提高人员奖励比例，依法明确“三个不低于70%”奖励标准。

简化服务流程。实现“无纸化”登记，在线审核，技术合同认定登记网上办理率、标准化率和提前办结率均为100%。

推荐金桥奖评选。初审并推荐2个参评项目分获第十届技术市场协会金桥奖的二等奖和优秀奖，金桥奖是全国技术市场领域最高奖项。

【新冠疫情应急攻关】　第一时间组建专家组，开通立项绿色通道，投入经费1020万元，紧急启动4个应急攻关项目。

【“百城百园”行动】　按照《科技部办公厅财政部办公厅关于开展“百城百园”行动的通知》要求，开展以“智慧农业助力东北振兴”为主题的“百城创建”行动，重点推进农业大数据中心建设和农业信息进乡进农户工程，构建农业发展大数据系统，加强农业大数据应用与开发。数联网·智慧乡村综合服务平台先进经验做法得到中央电视台综合频道、新闻频道和农业频道跟踪报道。

【科技精准扶贫】　投入资金320万元，组织实施第二批科技扶贫示范点建设项目，优化项目执行周期，强化长效推动和示范带动作用。开展贫困地区科技致富带头人培训，培训培养农村科技致富带头人超过310人次，实现由输血式扶贫向造血式扶贫转变。组建覆盖全市的科技特派员产业扶贫队伍，与示范点项目对接，强化脱贫攻坚的科技支撑，带动贫困农民近5000人，实现人均增收4000元以上。

【“万人助万企”行动】　疫情初期，开展“服务企业周”活动，深入包保企业一线，帮助企业破解难题，助力企业复工复产。年中，开展“万人助万企”纾困企业专项行动，指导企业做好安全防护保障，维护生产经营稳定运行。年底，开展“万人助万企”亲商助企专项服务行动，向包保企业宣传优化营商环境相关法律法规，引导企业用好各级政府公益助企服务资源。全年征集企业需求和难点问题12件，接收转交问题6件，解决率100%。

【建议提案办理】　全年承办建议提案16件。其中，市人大代表建议7件，市政协提案9件，全部办复完毕，办结率和满意率均为100%，被评为2020年度长春市政府系统建议提案办理工作先进单位。

【文化科技融合】　会同市委宣传部、市委网信办、市财政局、市文广旅局，五部门联合印发《关于推进长春市文化和科技融合发展的实施办法》。组织阿里云、新浪微博、网易游戏等国内动漫游戏头部企业负责人，围绕开发具有东北特色的文化、游戏、动漫等系列产品开展洽谈合作。

【存在主要问题】　全社会科技研发投入不足。全市R&D经费内部支出下降，平均增长率一度呈现负增长态势。全市财政预算科技支出基数小、比重低，2020年全市财政预算科技支出仅占一般公共预算支出1.24%，排东北4市第三位，比财政支出不到900亿元的杭州市低2倍多。企业研发强度水平低、研发投入偏重传统产业、科学研究和原始创新活动弱化、科技创新人才不足。

高校院所科技成果就地转化率低。2019年，全市技术合同成交额近465亿元，其中驻长高校院所技术交易额仅4.48亿元。高校院所普遍存在科技成果转化体制机制不健全，现行考核体系对接产业、市场端动力不足，缺少内部科技成果转移转化服务机构等问题，有效科技供给不足，市场需求导向不鲜明，科技成果市场成熟度不高。长春市创新型企业总体规模，对科技成果的承接转化能力有限，客观上限制科技成果本地转化。

“卡脖子”技术难题长期存在。基础研究支撑力度不够、关键共性技术供给不足、产学研协同创新落实不到位、专业化高端科技创新人才制约等问题较为突出。

外国专家结构不合理。在长春市工作的外国专家仅1500余人，远低于东北4市平均水平。其中，从事教育行业人员占60%，工业制造业占26%，战略性新兴产业人才不足。A类人才仅占总量24%，中高层次专家比重偏低，与“高精尖缺”目标存在一定差距。来源分散，来自发达国家的外国专家仅占总人数34%。

（曲　莉）

科技创新

【国家级示范区创建】　市科技局落实市委“举全市之力升建国家农高区”要求，协调各级各部门，以公主岭国家农业科技园区为基础，升建国家农业高新技术产业示范区。组建省市县相结合的升建工作领导小组，成立工作专班和专家咨询委员会。长春市在科技部第二批国家农高区工作推进会议上明确成为拟建示范区。长春市人民政府出台《支持长春农业高新技术产业示范区建设政策措施》，相关请示文件由省政府正式上报科技部和国务院，国土空间规划、环境影响评价等相关工作稳步推进。

依托长春、长春净月两个国家级高新区，创建国家自主创新示范区。创建工作正式纳入吉林省和科技部新一轮部省会商议定重点工作，总体建设方案上报国家相关部委并得到反馈意见。国家自主创新示范区建设规划纲要及配套政策的调研编制工作有序推进。突出自创区先行先试，围绕打造“管委会+公司+园区”运行模式，推进高新区深化体制机制改革。

【中白科技合作园区建设】　该园区是中国、白俄罗斯政府间“一带一路”倡议合作项目，被科技部、中国—白俄罗斯政府间合作委员会科技合作分委会确立为唯一战略基地，是省内唯一获得国家发改委2020年产业转型升级示范区和重点园区中央预算内投资项目资金支持的科技园区，获得支持资金3507万元。园区投入建设资金9000余万元，于2020年10月底正式试运营，成为东北地区开展国际科技合作重要窗口。与白俄罗斯国立技术大学联合成立的中白精准医疗器械研发中心完成公司注册，与吉林联科特种石墨材料有限公司联合成立的“碳碳复合材料研究中心”签署入园协议，引入清华启迪控股集团共同开展对俄及独联体国家科技合作。

【国家半导体激光技术创新中心建设】　由省、市、区三级政府投资7亿元，长春光机所以无形资产入股7亿元，共同国家半导体激光技术创新中心，建设方案上报科技部，被列为省部会商重要议题。创新中心2万平方米项目建设用地和2亿元首批建设资金落实到位，注册成立吉光半导体科技有限公司作为项目运营主体，采取“边设计、边施工、边补办手续”方式推进建设。至2020年底，创新中心厂房主体完成封顶，产线建设项目安评报告通过终审，开展设备、人员公开招标、招聘。

【新型研发机构建设】　会同全市各县（市）区、开发区科技管理部门，组织推荐40家科技创新主体申报省级新型研发机构，占全省申报总量60%以上，吉林高分遥感应用研究院有限公司、长春长光智欧科技有限公司、吉林省博大伟业药物研究有限公司等10家单位通过吉林省首批新型研发机构认定，占全省认定总数91%。印发《长春市新型研发机构管理暂行办法》，市级新型研发机构15家完成备案。

【科技企业孵化基地建设】　把科技企业孵化器（众创空间）作为促进科技成果转化、培育科技企业和企业家精神的重要载体，推进科技企业孵化器和众创空间建设和发展。全市建立国家级科技企业孵化器14家，比“十二五”末期增长27%，省级孵化器44家、市级18家，国家级众创空间18家、省级34家、市级30家。总孵化面积近300万平方米，在孵企业总数近6500户，初步满足科技企业孵化需求。

【科技研发平台体系建设】　协调吉林大学综合极端条件实验装置建设，到位资金近1.65亿元，完成资金拨付1.09亿元。协调推进中科院长春光机所大口径空间光学载荷综合环模试验中心建设，环模装置罐体主体安装、基建大楼主体验收和相关基础设施建设基本完成，国家发改委拨付经费2000万元。协调中科院东北地理所申请建设“湿地与生态”国家重点实验室纳入科技部“十四五”规划指南，推进总投资4300万元的大豆人工智能育种平台建设。长春应化所申请建设仿生橡胶及弹性体复合材料研发平台，通过中科院第一轮论证。长春理工大学向科技部提交建设空间光电领域省部共建国家重点实验室申请通过省部共商会议审议。与“十二五”时期相比，全市省级重点实验室增长44%，省级国际合作基地增长35%。

【核心技术攻关】　科技项目储备库征集、筛选影响产业结构升级和经济社会发展的重大科技项目，入库重点项目144项。开展重大课题调研，掌握产业技术需求，增强核心技术攻关的方向性、针对性。

科技创新“双十工程”。围绕汽车、装备制造、光电信息、新材料、医药等重点领域，开展关键核心技术攻关和成果转化“双十工程”（10个重大科技攻关项目、10个重大科技成果转化项目），破解制约企业和产业发展的“卡脖子”技术问题，促进重大科技成果规模化生产，推动产业转型升级。2020年，新启动“双十工程”项目24项，“宽温区高功率动力电池开发”“高密度LED高清晰显示关键技术研制”和“面向汽车零部件工业机器人开发”等一批重点项目启动实施。组织验收“双十工程”项目173项，验收合格率89.5%，其中军民融合项目8项，销售收入3.46亿元，实现利税5888万元。“双十工程”建设经验成果得到省委书记景俊海单独批示。

对接国家和省重大科技专项。组织驻长高校院所和重点企业，对接国家“科技创新2030——重大项目”和省重大科技专项，承担国家级重大科技专项占全省60%以上。2020年，承担省科技发展计划项目近1800项，占立项总数84%，获资金支持5.47亿元，获省科学技术奖191项，占全省69%。吉林大学、中科院长春光机所申报国家科技部科技援外项目获批。推荐2021年度省科技发展计划项目（工业领域）产业关键核心技术攻关和企业关键技术研发项目16项，申请科技经费887.9万元。

【企业创新主体培育】 协调全市15个作战单位出台配套政策、强化绩效考核、加强服务指导、普及政策宣传、营造良好环境，市科技局被省科技厅评为吉林省高新技术企业认定工作优秀单位。2020年，新认定省级科技小巨人企业230户，占全省76%以上。通过评价入库科技型中小企业512家，占全省65%。新认定高新技术企业884户，有效高企总数2013户，占全省81%，比2015年翻三番，“十三五”期间增速在全国15个副省级城市中名列第一，营收总额2000亿元，市科技型“小巨人”企业1364户，提前一年超额完成市委十三次党代会“双千户”发展目标。金赛药业、长光卫星、迪瑞医疗、希达电子等科技企业成为国内同行业的排头兵和推动经济转型升级实现高质量发展的生力军。全年拨付资金6700余万元，落实后补助奖励政策，惠及911户科技企业。

1月15日，由长光卫星技术有限公司自主研发的新型高性能光学遥感卫星“红旗一号-H9”在太原卫星发射中心用长征二号丁运载火箭发射升空

（长春日报社　提供）

【农业科技创新高地打造】 以国家农高区升建和省级农高区申报为主要抓手，统筹带动净月、双阳、榆树、德惠、农安等区域，联合吉林农大、省农科院、中粮集团、恒昌集团等高校院所和农业产业化龙头企业共同打造现代农业科技创新高地，促进农科教、产学研深度融合，加快推动传统农业向现代农业转变。长春双阳农业科技园区获批成为吉林省第二批农业科技园区。

（曲　莉）

科学普及

【应急科普】 在新冠疫情防控期间，依托“科普中国”等国家级权威资源，宣传上级防疫工作部署，发布权威疫情信息，推送防疫指南。运用《科普新视界》《科普地铁》《科普之声》和《科普广场》4大媒体栏目，加强电视、广播、报纸及地铁站科普宣传，在不同时间节点适时发布“钟南山疫情防护指南”“如何正确佩戴口罩”“如何做好居家防护、个人防护”和“疫情期间返岗后的防护建议”等疫情防护知识，录播电视节目9期、科普宣传短片24部、报刊发布权威文章24篇、制作并播出广播节目24期。印制疫情防护科普宣传挂图2.2万册4.4万张，通过基层科协组织和全市科技工作者发放到乡镇、街道、村和社区。依托基层科普E站、微信、微博转发防疫科普视频，利用科普画廊、科普宣传栏、宣传展板、电子显示屏等载体宣传疫情防护知识。制作疫情防控宣传条幅1000余条，为市民发放宣传手册5万余册、应急科普宣传单3000余张。在“长春科技工作者之家网”建立网上应急科普展馆。

【科普融媒体活动】 发挥“一视、一报、一站、一听、一网、一刊”科普融媒体平台优势，将《科普新视界》《科普之声》《科普广场》《科普地铁》和《今·科学》杂志、“长春科技工作者之家”“科普中国”App等宣传阵地，全面整合资源、内容、渠道等，打造资源通融、内容兼容、宣传互融的科普融媒体宣传平台。全年录播《冰雪经济》《疫情当下》和《保护野生动物，就是保护我们自己》等电视节目12期；在报纸上刊登《科普广场》专栏文章52篇；录制播出广播节目52期；制作科普视频26期，在长春地铁各站、车的1092台电视上循环播放，时长30余万小时；刊发《今·科学》杂志6期；利用50台科普信息化平台，每日推送紧贴民生热点的优质科普信息，宣传党的路线、方针、政策、法规；与腾讯广告授权服务商开展推广合作，在“五一”“六一”、国庆、中秋等节日期间，利用微信定向推送节日文化、防护知识、出行指南等信息20余万次，发布科普知识400余条，受众超过20余万人。

【全国科普日暨长春科普周活动】 以“决胜全面小康，助力乡村振兴，践行科技为民”为主题，围绕重点人群，特别是农民，组织县区科协举办科普讲座、科技咨询培训、科普大集、科普大篷车、科普场馆开放、科技展览、“科普中国”品牌推广等科普活动。

【科普大集活动】 7月11日至21日，在第十八届中国长春国际农业·食品博览（交易）会期间，与省科协合作开展科普大集活动。聘请多名种植、养殖专家为农民免费提供农业技术咨询、问题指导。组织科普志愿者，为农民发放科普宣传手册，推广“科普中国App”平台，宣传科学种养殖知识、传播实用科学技术、解答实际生产疑难。

（王乃卉）

8月14日，长春市科协在第十八届农博会上开展科普大集活动

（市科协 提供）

学术交流

【抗击新冠疫情进程中吉林省医药产业创新发展高端论坛】 5月7日，“抗击新冠疫情进程中吉林省医药产业创新发展高端论坛”在北科建长春北湖科技园展示中心报告厅举行。该论坛由长春市科学技术协会、长春新区科技局、吉林大学管理学院、长春博士联合会主办，润方（长春）生物科技有限公司、长春北湖科技园发展有限责任公司联合承办。中国工程院院士夏咸柱，省委省政府决策咨询委员、吉林大学管理学院院长李北伟，长春新区副主任周衍广，省政协调研室主任李丹，长春科协学会部部长王立伍，吉林省软科学研究所所长龙多以及来自长春新区的30余位生物医药、医疗器械行业的企业家代表出席论坛。围绕新冠肺炎疫情下吉林省医药产业面临的机遇与挑战、新冠相关产品的技术研发与应用、振兴壮大吉林省医药产业创新发展的对策等主题进行研讨。

【2020光电技术与仪器装备创新发展高峰论坛】 10月17日，2020年吉林省大众创业万众创新活动周系列活动——“光电技术与仪器装备创新发展高峰论坛暨浙大知名校友长春行”在长春举行。中国科学院院士杨秀荣等嘉宾与行业有关专家、企业家代表以及浙江大学70余名校友通过主题演讲、高端论坛等形式，围绕吉浙两省特色优势产业，深入探讨光电技术与装备制造、医疗、互联网、智慧交通、航空航天、5G应用等领域多学科交叉应用、创新，推动产业转型升级，加速科技成果转移转化。

【长春市AR、VR技术与高等教育人才培养论坛】 12月17日，AR、VR技术与高等教育人才培养论坛在长春举行。论坛由长春市科学技术协会主办，邀请吉林省内部分高校相关专业教师、VR/AR领域专家和企业代表60余人参加，并进行线上同步直播。围绕虚拟现实技术及人才培养体系建设等内容进行阐述及讨论，推动长春AR、VR技术应用发展及人才培养体系建设。

【2020·长春科技全域传播论坛】 12月26日，由长春市科学技术协会主办、长春市科技传媒学会承办、长春博士联合会协办的“2020·长春科技全域传播论坛”在长春举办。对融媒新时代媒体系统性变革及科技手段的广泛应用进行交流，促进长春乃至吉林省传媒行业转型升级和全域融合发展。

【专题研讨活动】 举办“长春建筑信息化实用技术暨数字建筑应用研讨会”，加强智慧建筑、数字建筑间交流与合作，推动智慧建筑、数字建筑在建筑业内的应用与推广。联合省科学技术工作者服务中心举办研讨会，组织相关行业的科技工作者代表围绕加强高水平大学和科研机构建设、实施设施农业智慧物联网建设等方面内容展开讨论，为长春市经济社会高质量发展建言献策。举办“贯彻十九届五中全会精神，全面促进地方经济发展”高端论坛，围绕十九届五中全会精神，就全方位助力长春市经济高质量发展提出意见建议。与市博士联合会、九台区科学技术协会组织相关专家及企业代表就农作物秸秆综合回收利用问题进行深入调研，形成《发展循环经济模式，破解秸秆综合利用瓶颈》专报，上报吉林省委省政府，长春市委市政府，为突破发展瓶颈、探索秸秆综合回收利用新模式提供智力支持。

（王乃卉）

科技队伍建设

【基层科协组织建设】 制定《长春市科学技术协会直属学会管理办法》《长春市科学技术协会学术交流活动内部管理办法》，加强对所属学会监督和业务指导，对学术交流活动实现规范管理。审批成立长春天文协会、融德惠通企业科协联盟及长春经开新兴产业园区科学技术协会。

【专家工作站建设】 批复建立长春安华数码科技发展有限公司、吉林省浩昌装饰工程有限公司、吉林省永晟燃气安装开发有限公司等12家专家工作站。在净月高新技术产业开发区建立专家工作站，改变以往一企一站建站模式，由开发区牵头为全区企业共同建立专家工作站。

【青少年科技活动专家库建设】 联合市教育局、中科院长春分院组建长春市青少年科技活动专家库，按活动项目组建8个分会，140余名专家、一线科技工作者和长期负责科技教育的干部入库。推荐40人进入吉林省青少年活动专家库专家，为青少年科技教育储备相应人才。

【科技辅导员队伍】 在全市范围内，分区开展长春市青少年科技辅导员综合技能培训班，培训历时1个月，行程2300千米，培训教师1200余人，提高长春市科技辅导员专业水平，为长春市中小学建设科技辅导员队伍。

（王乃卉）

科技助力企业

【科技成果展洽会】 11月20日，长春市科学技术协会与市科技局、朝阳区政府联合主办2020·中国长春第二届科技成果展洽会，中科院长春分院、吉林大学等在长院所、高校及100余家企业参加展洽会。其间，成立吉林省暨长春市科技工作者“创新服务中心”，集中展示1500余项新兴产业相关科技成果，发布企业技术路线，重点对接汽车产业、轨道交通装备产业技术需求，部分院校与企业达成合作意向。

【助力企业项目对接】 邀请省科学技术工作者服务中心、市政数局相关领导走进吉林省智慧社区管理服务有限公司调研，助力智慧社区项目对接。邀请企业负责人和相关领域专家与中日联谊医院开展人脐带间充质干细胞疗法项目落地长春新区项目研讨。

【“万人助万企”行动】 召开“万人助万企”部署推进会，对包保干部进行集中培训，明确年度工作目标和要求。协助企业做好疫情防控，及时发布新冠肺炎防控工作通知，开展企业复工复产情况调查，推送新开工模式操作手册，提供员工轨迹追溯服务。协调市应急局帮助2家企业购买消毒液，帮助1家企业解决疫情期间增值税缓交问题。通过平台搭建助推企业发展，帮助2家企业申办建设“职工书屋”，为长春安华数码科技发展有限公司等3家企业建立专家工作站，并协调邀请国内移动应用领域等方面专家进站服务。

（王乃卉）

科技扶贫

【科技助力精准扶贫】 组建“精准扶贫”科技专家团队，按照“因村施策、供求同向，精准对接需求”工作方针，带领农业科技工作者走进乡村，重点开展种植业、养殖业、农产品加工以及电子商务方面培训。在市委宣传部举办的“日行一善·德润长春”项目大赛中，400余个参赛项目经过两轮筛选，市科协“精准扶贫”科技专家团志愿服务项目被评为22个示范项目之一。

11月20日，2020·中国长春第二届科技成果展洽会在长春举办

（市科协　提供）

【驻村扶贫】 围绕巩固提升“两不愁、三保障”（稳定实现农村贫困人口不愁吃、不愁穿，保障其义务教育、基本医疗和住房安全）工作目标，采取因户因人综合施策，确保收官之年派驻力量、帮扶投入、驻村时间、管理力度不减。依托黄牛养殖、“家禽孵化厂”“种鹅养殖场”等项目资源，为贫困户提供就业岗位，实现增收。加强民生建设，协同镇党委抓好政策落实和民生实事。出资2万元补贴2户贫困户危房重建，出资3万元改造张大村自来水，投入3.6万元建设科普宣传栏。

（王乃卉）

12月4日，长春市科协开展科技进校园活动　（市科协　提供）

博士专家服务基层

【概况】 全年举办专场服务活动63场。其中，服务农村16场，服务社区29场，服务企业8场，服务基层医院10场。

【博士专家服务乡村】 邀请吉林农业大学、吉林省农业机械研究院、天津市园艺工程研究以及农技协专家，到九台区、双阳区、德惠市及农安县等地进行农技指导，为农民讲解水稻育苗及水稻机械覆膜栽培、园林果树苗木种植、设施蔬菜栽培等内容。

【博士专家服务社区】 带领博士专家到鸿城街道、曙光街道、龙嘉街道等基层街道社区，为居民送去疫情防控、健康养生保健、心脑血管病防治、风湿骨病诊疗及垃圾分类等方面的知识讲座，开展社区居民义诊服务。

【博士专家服务企业】 组织吉林大学、吉林农业大学、中国科学院长春分院、吉林省标准研究院及长春市标准研究院的专家到吉林华油信息技术有限公司、中日联谊医院科学研究中心、吉林睿德生物科技有限公司等企业，帮助企业评估项目战略方案，完善项目商业化设计，指导建立行业产业标准。

（王乃卉）

青少年科技教育

【科技专家进校园活动】 疫情期间，市科协联合市教育局、中科院长春分院，邀请应化所、光机所、地理所、卫星观测站等单位专家组成科普讲师团，为中小学生制播《看火箭如何上天》《五光十色的稀土发光材料》《一花一世界》《夜空中最亮的“星”》等科普网课。疫情平稳后，联合长春市传染病医院，在长春新区英才学校等中小学校开展战疫科普宣传活动，宣传讲解疫情防控知识。

【青少年科技赛事活动】 组织参加2020年吉林省青少年科技创新大赛，近百名选手获省级赛事一等奖，10余项参赛作品进入国家级赛事。组织参加吉林省科技艺术大赛，选送优秀作品1165个。组织参加吉林省创意编程和人工智能比赛，获“吉林省创意编程和人工智能比赛最佳基层组织单位”。组织参加“科学影像节”活动，20余所中小学38组作品参赛。

（王乃卉）

文 化

WENHU

综 述

【概况】 2020年，全市有文化（文物）事业机构280家。其中，艺术表演团体9家，艺术表演场馆5家，公共图书馆13家，艺术馆、文化馆13家，文化站193家，文化艺术科研、科技机构1家，文物保护研究机构1家，文物保护管理机构5家，其他文化事业10家，博物馆23家，文化市场管理机构7家。公共图书馆总藏量631万册，其中少儿图书馆藏量101万册。全市有各类文化经营场所1083家。其中，互联网上网服务营业场所485家，文化娱乐场所313家，演出场所22家，艺术品经营店263家。市区（含开发区）文化经营场所783家。其中，互联网上网服务营业场所330家，文化娱乐场所180家，演出场所10家，古玩（美术品）经营店263家。全市有广播电视台7座，节目23套，中波发射台和转播台4座，转播台18座，广播电视人口覆盖率100%。

2020年，长春市在第八届中国旅游产业发展年会上被评为“2020年度中国冬游名城”。长春市文化广播电视和旅游局被市政府评为2020年度市政府建议提案办理工作先进单位，被市政协评为十三届三次会议以来提案先进承办单位。长春市群众艺术馆、长春市文庙博物馆被中央精神文明建设指导委员会评为“全国文明单位”。长春市图书馆“义务小馆员”志愿服务项目在2019年度全国宣传推选学雷锋志愿服务“四个100”先进典型活动中被推选为最佳志愿服务项目。长春市文庙博物馆被吉林省妇女儿童活动中心评为“探秘家乡非遗研学实践教育基地”，被中共长春市委宣传部、长春市教育局评为2020年“长春百姓学习之星”“长春终身学习活动品牌”评选工作先进单位。长春博物馆被命名为吉林省青少年爱国主义教育基地、长春市青少年爱国主义教育基地、长春市爱国主义教育基地。长春博物馆“‘云’游博物馆，打造‘互联网+’时代文博宣传新形式”获2020年度长春市宣传思想工作“创新奖”。长春市朝鲜族群众艺术馆在吉林省“群星奖”选拔赛中获优秀组织奖，被评为吉林省第八批少数民族文艺创作传承基地。长春市少年儿童图书馆获2019年度长春市青少年社会公益突出贡献奖，长春市民读书节优秀组织单位，5省区第十七次学术研讨会优秀组织奖，在“书香战役”全国百家图书馆馆员慰问武汉同仁书信大赛中获“活动纪念奖”，在“2020年全国少年儿童阅读年”系列活动中获“最美+少年儿童摄影作品征集”活动星级组织单位奖。

【新冠肺炎疫情防控】 疫情防控期间，启动24小时值班值守、领导在岗带班制度，全系统实行“零报告”制度，关停文旅单位2000余家，取消境内外旅游团组1700余个，涉及2.2万人，退返金额近亿元。结合国家文旅部、省文旅厅对景区、旅行社、文化娱乐企业疫情防控工作的具体要求，加大对全市各文旅企事业单位的执法巡查力度，确保市场行业稳定。

【文旅行业复苏】 推出文旅企业扶持计划、治理体系提升计划、产品供给增量计划、高质量发展保障计划、文旅产业蓄能计划、营销推广提质计划等文旅产业疫后发展6项行动计划。落实省文旅厅扶持文旅企业发展13条政策措施，组织开展补贴申报等工作，为滑雪场、冰雪景区、乡村旅游经营单位、温泉景区、文旅综合体、旅行社等企业争取补贴资金1000余万元。完成旅行社质保金暂退工作，为130家组团社退返近5352万元，保障旅行社复工资金需求。做好A级旅游景区、旅行社、星级饭店及经营性文化娱乐、广播电视制作单位等经营困难且恢复有望的文广旅企业稳岗返还和文广旅企业“以工代训”等政策落实工作，争取社保返还金2700万元、“以工代训”扶持资金570万元。制定帮扶举措，重点围绕景区打造、文旅项目宣传营销推广等方面提供服务和指导，引导全市文旅行业止损、减负、复苏。国庆，中秋假日接待游客608.81万人次，恢复到2019年同期91.82%，实现旅游收入46.76亿元，恢复到2019年同期88.16%。

【文艺作品创作生产】 长春市艺术研究所、长春演艺集团创作演出文艺作品33部。其中，舞台作品15部，包括话剧《年轻的星空》《守护》《以革命之名》《子夜枪声》等，儿童剧《长白精灵》《大山里的红灯笼》《疯狂的蚂蚁》等，《杂技专场》《杂技舞台剧—冰雪家园》《评剧戏曲联唱》、复排折子戏1部；创作电影剧本《梦想森林》《老渔的故事》、杂技魔术剧剧本《战疫》、手绘海报《逆行者，归来，朝着家的方向》等；疫情期间，创作防疫题材作品14部，包括诗朗诵《春啊！献给疫情中伟大的民族》《中国将向世界证明》《90后抗疫出征》等。长春艺术研究所创作的海报《逆行者，归来，朝着家的方向》被“中国艺术头条”新媒体登载；电影剧本《梦想森林》拍摄完成，影片已通过国家电影局和吉林省电影局审核；由长春市艺术研究所创作人员编剧、导演、主演的《老渔的故事》在长春拍摄完成并通过北京市广电局审核。由市委宣传部、市文广旅局和市文联主办、长春市艺术研究所等单位共同承办“长春好故事”文艺作品选拔活动收到作品186篇，评选出获奖文艺作品56篇。其中，一等奖11篇，二等奖18篇，三等奖27篇。

【公共文旅服务】 完成省人大《公共文化服务保障法》落实情况检查并获得好评。推进文图两馆总分馆制建设，完成26个总分馆建设项目。开展线上抗击疫情文化活动，推出《便民服务手册》。举办“我来陪您过大年”“市民读书节”“电影节群众文化活动”等7大主题50类415项4088场群众文化活动。完成艺术普及培训50万人次。组织全市10余家文艺院团和文艺演出公司开展“送演出下基层”，全年为基层送演出227场，全面覆盖长春市146个贫困村；组织双阳、农安、榆树等地区开展“戏曲进校园”活动，组织当地戏曲院团在中小学校演出90场，满足当地师生欣赏、学习戏曲艺术的需求。逐步恢复长影周末音乐会等驻场演出活动，举办新年音乐会、爵士音乐节等文化品牌活动67场。其中，音乐会21场、话剧12场、杂技15场、评剧2场、爵士音乐会7场、冰雪节期间会展中心8号馆演出10场。完善长春地区广电有线、无线、卫星等传输覆盖体系，完成“村村通”升级“户户通”2300户，为群众免费提供62套电视、47套广播节目。对双阳、德惠进行广播节目无线覆盖工程建设，项目总投资86万元。广电光缆网络覆盖长春市城区及周边11个乡镇、67个行政村。网络覆盖家庭客户总量182万户。5G（第五代通信技术）网络建设稳步推进，广电公共服务标准化、均等化水平得到提升。

【文化宣传推广】 开展与杭州和天津2个对口城市交流活动，承接“对口合作　共创辉煌”杭州市文化交流团文化走亲演出，组织长春演艺集团杂技团前往通辽参加“第三届通辽市农牧民文艺会演暨首届安代舞大赛”开幕式文艺演出。

【文旅产业发展】 出台《长春市大力发展冰雪经济的实施意见》，制定《长春市旅游发展“十四五”规划》，拟制《长春市激发文化和旅游消费潜力工作方案（草案）》，完成《长春市新时代文化产业创新发展规划（2019—2035）》。重大项目专班工作，包保在建项目进展顺利，续建项目复工率93%；慢山里营地度假区二期建设纳入包保增量项目；马鞍山、神鹿峰等2个重大项目一期工程提前竣工，正式对外开放。建设长春市文化旅游重点资源和重点项目推介公众平台。加强文化旅游园区基地动态管理，推进长春市国家级示范园区创建工作，完成国家考评组实地考评工作。引导文旅企业争取上级产业发展扶持项目和资金，开展融资助企工作，举办全市文广旅企业融资对接会，组织金融机构与重点文旅企业实地对接，10家企业、12个项目，获得意向融资金额12.65亿元。主办第十六届中国（长春）动漫艺术博览会，对接重大项目4个。强化“长春礼物”品牌建设，开展“长春礼物”系列及组合产品包装设计，组织旅游商品企业参加国家旅游商品大赛，鸿运福袜获银奖。雪博会期间，开展“融合创新　合作共赢”长春市重点文旅项目云招商推介直播活动，207.2万人次观看。推进国家文化和旅游消费示范城市、国家级文化产业示范园区、国家级夜间文旅集聚区、国家文化产业和旅游产业融合发展示范区“一市三区”建设。长春市获评第一批国家文化和旅游消费示范城市。推进长春市国家级示范园区创建，吉林省东北亚文化创意科技园被评为“国家级文化产业示范园区”。

【文旅行政审批】 完善长春市一体化政务服务平台信息，优化行政许可服务事项，简化审批事项流程，压缩办结时限，精简审批环节，提升审批服务效能。全年办理旅行社业务96件，分社和服务网点业务149件，导游业务5581件，领队备案业务179件，出境团队审核业务102件，质保金业务195件；办理广播电视审批及换证业务41件，电视剧（乙种）1件，文化类民办非企业前置审核7件，协同文物保护处完成9件文物审批及备案业务。严格执行工程项目并联审批相关要求，完成“并联审批”平台332项工程建设方案的联合审查。

【脱贫攻坚】 推动行业扶贫，建立网上商城销售，促进贫困地区休闲农业和乡村旅游提质升级。扶持贫困村群体性文化活动，提供扶持资金9万余元，全年走访慰问175人次。包保帮扶对象九台区马鞍山村被中央精神文明建设指导委员会评为“第六届全国文明村镇”，被文化和旅游部与国家发展改革委员会评为“第二批全国乡村旅游重点村”，被农业农村部评为“2020年中国美丽休闲乡村”，被中共吉林省委、吉林省人民政府评为“2019年度吉林省优秀村集体经济组织”，被吉林省文化和旅游厅、吉林省发展改革委评为“吉林省第一批省级乡村旅游重点村”，被中共长春市委宣传部评为“长春现代化都市圈十大最美乡村”。

（王　冠　王靖然）

群众文化

【概况】　长春市有文化馆13家。其中，国家级11家（国家一级8家、国家二级2家、国家三级1家），其他2家。有乡镇街道文化站180家。其中，国家级69家（国家一级16家，国家二级17家，国家三级36家），其他111家；村（社区）文化活动室2309处。

（市文广旅局宣传处）

表25　2020年长春市文化馆一览表

序号	等级	企业名称	地址
1	国家一级	长春市群众艺术馆	南关区谊民路966号
2	国家一级	长春市朝鲜族群众艺术馆	南关区亚泰大街3909号
3	国家一级	宽城区文化馆	宽城区九台北路699号
4	国家一级	长春市绿园区文化馆	绿园区皓月大路1170号
5	国家一级	长春市双阳区文化馆	双阳区鹿城大街2322号
6	国家一级	农安县文化馆	农安县宝塔街与兴隆路交汇处
7	国家一级	榆树市文化馆	榆树市三盛路及新民大街交汇
8	国家一级	德惠市文化馆	德惠市惠新路与德福街交汇处
9	国家二级	长春市朝阳区文化馆	朝阳区西朝阳路382号
10	国家二级	九台区文化馆	九台区新华大街2836号
11	国家三级	长春市二道区文化馆	临河三条吉盛小区
12	无	长春市南关区文化馆	临河街南四环金色世界湾29栋
13	无	公主岭文化馆	公主岭市西公主大街文体中心

（市文广旅局产业处）

表26　2020年长春市国家级乡镇街道文化站一览表

序号	级别	名称	所属地区	占地面积（平方米）
1	国家一级	五棵树文化站	榆树市	550
2	国家一级	开安镇文化站	农安县	848
3	国家一级	乐山镇文化站	朝阳区	300
4	国家一级	朝阳区红旗街道文化站	朝阳区	755
5	国家一级	朝阳区南湖街道文化站	朝阳区	360
6	国家一级	西新镇文化站	绿园区	1500
7	国家一级	全安街道文化站	南关区	500
8	国家一级	长通街道文化站	南关区	150
9	国家一级	富裕街道文化站	南关区	660
10	国家一级	桃源街道文化站	南关区	425
11	国家一级	民康街道文化站	南关区	5300
12	国家一级	新春街道文化站	南关区	2300
13	国家一级	曙光街道文化站	南关区	400

续表1

序号	级别	名称	所属地区	占地面积（平方米）
14	国家一级	自强街道文化站	南关区	1650
15	国家一级	幸福乡文化站	南关区	1100
16	国家一级	欣园街道文化站	宽城区	680
17	国家二级	兰家镇文化站	宽城区	1000
18	国家二级	群英街道文化站	宽城区	500
19	国家二级	兴业街道文化站	宽城区	2000
20	国家二级	站前街道文化站	宽城区	100
21	国家二级	永吉街道文化站	南关区	900
22	国家二级	南岭街道文化站	南关区	500
23	国家二级	鸿城街道文化站	南关区	10000
24	国家二级	明珠街道文化站	南关区	1163
25	国家二级	合心镇文化站	绿园区	1000
26	国家二级	朝阳区重庆街道文化站	朝阳区	800
27	国家二级	朝阳区湖西街道文化站	朝阳区	1500
28	国家二级	双营乡文化站	双阳区	2000
29	国家二级	鹿乡镇文化站	双阳区	700
30	国家二级	于家镇文化站	榆树市	2400
31	国家二级	合隆镇文化站	农安县	6000
32	国家二级	九郊街道办事处文化站	九台区	1100
33	国家二级	波泥河街道办事处文化站	九台区	320
34	国家三级	大坡镇文化站	榆树市	1200
35	国家三级	恩育乡文化站	榆树市	1500
36	国家三级	刘家镇文化站	榆树市	350
37	国家三级	红星乡文化站	榆树市	3000
38	国家三级	城发乡文化站	榆树市	1000
39	国家三级	黑林镇文化站	榆树市	5000
40	国家三级	新庄镇文化站	榆树市	3000
41	国家三级	烧锅镇文化站	农安县	560
42	国家三级	万金塔乡文化站	农安县	700
43	国家三级	农安镇文化站	农安县	800
44	国家三级	青山口乡文化站	农安县	600
45	国家三级	前岗乡文化站	农安县	300
46	国家三级	苇子沟街道办事处文化站	九台区	300
47	国家三级	其塔木镇文化站	九台区	300
48	国家三级	城子街镇文化站	九台区	300
49	国家三级	龙嘉镇文化站站	九台区	800
50	国家三级	齐家镇文化站	双阳区	500
51	国家三级	平湖街道文化站	双阳区	1200

续表2

序号	级别	名称	所属地区	占地面积（平方米）
52	国家三级	山河街道文体站	双阳区	3000
53	国家三级	朝阳区永春镇文化站	朝阳区	454
54	国家三级	朝阳区富锋街道文化站	朝阳区	1500
55	国家三级	朝阳区桂林街道文化站	朝阳区	300
56	国家三级	朝阳区前进街道文化站	朝阳区	1050
57	国家三级	朝阳区清和街道文化站	朝阳区	1047
58	国家三级	朝阳区永昌街道文化站	朝阳区	520
59	国家三级	城西镇文化站	绿园区	2500
60	国家三级	春城街道文化站	绿园区	800
61	国家三级	青年街道文化站	绿园区	500
62	国家三级	林园街道文化站	绿园区	1500
63	国家三级	正阳街道文化站	绿园区	850
64	国家三级	同心街道文化站	绿园区	900
65	国家三级	八里堡街道文化站	二道区	550
66	国家三级	荣光街道文化站	二道区	1000
67	国家三级	长青街道文化站	二道区	80
68	国家三级	东盛街道综合文化站	二道区	180
69	国家三级	英俊镇文化站	二道区	600

（市文广旅局产业处）

2020年，长春市群众艺术馆开展“两节”系列文化活动、“最美人间四月天”春季文旅活动、2020长春消夏文化夜市、第十五届中国长春电影节“致敬摇篮”系列群众文化活动、春芽文艺演出、青少年艺术系列大赛、公益培训等群众文化活动。全年开展公益演出1000余场，其中重点演出155场；线下公益培训4万人次，线上课程点击率3万人次；疫情期间开展线上活动，上传作品近百个，点击量突破百万人次。2020年，获中央精神文明建设指导委员会授予的“全国文明单位”；获长春市总工会授予的“先进职工之家”“工人先锋号”；在2020年吉林省“群星奖”选拔赛中获评优秀组织单位；被吉林省社会科学联合会命名为科普基地；被吉林省教育厅认定为第三批吉林省研究生工作站。

【分馆建设】 按照《长春地区文化馆总分馆建设规划（2019—2023）（征求意见稿）》要求，长春市群众艺术馆在长春市内没有文化馆建制的区域陆续建立分馆。2020年，经过4个月的前期筹备，长春市群众艺术馆汽开区分馆成立，11月16日进入试运行。

【“两节”系列文化活动】 “群星绽放”2020新年音乐会在长春市群众艺术馆剧场举行，包括马头琴专场、交响乐专场、古琴专场演出。

1月10日至15日，长春市群众艺术馆文艺小分队到长春市双阳区奢岭街道新兴村、长春市鑫夕阳温泉康复养老院、净月区中信社区、农安县凤英老兵大院举办4场送文化进基层慰问演出活动。

【“最美人间四月天”——长春市春季系列文旅活动】 4月，“最美人间四月天”——长春市春季系列文旅活动在长春世界雕塑园春天广场启动。期间，在长春最具代表性的景点、公园等地举办演出近20场。

【青少年艺术系列大赛】 4月1日，2020年长春市第三十届青少年艺术系列大赛启动，以“童心向未来”为主题，历时3个月，设有舞蹈、声乐、器乐、书画5个门类、6个专业，通过线上比赛方式，收到参赛作品786部。评选出421部作品入围决赛，最终评选出一等奖49名、二等奖62名、三等奖98名、优秀奖161名。获奖作品在长春市群众艺术馆网站、微信公众号展播。

【群众诗歌、散文、微小说大赛】 5月，“奔跑吧，新时代”第九届长春群众诗歌、散文、微小说有奖征集活动启动，收到参赛作品525件。评选出一等奖13名、二等奖26名、三等奖50名、组织奖10个单位。

【“春芽”活动】 9月，长春市第三十三届“春芽”少儿文艺作品展演

7月15日，2020消夏文化夜市文艺演出在长春博物馆门前举行
（市群众艺术馆　提供）

活动以“我们的节日”为主题，首次在长春市群众艺术馆网站和微信平台上展播。晚会时长70分钟，参演人员近300人，以“最美逆行者”和“中俄友好互动”两大特别板块为主贯穿整台晚会。

【2020消夏文化夜市活动】　6月15日，2020消夏文化夜市活动启动，历时35天，设立15个区域，组织主舞台文艺演出33场，老电影放映38场，群众文艺展演350余场次，参演人员1万余人次，消夏文化夜市参与人数40余万人次。

【2020长春市“金秋文旅欢乐季”公主岭专场演出】　9月11日至13日，2020长春市“金秋文旅欢乐季”公主岭专场演出在公主岭市文体中心体育场举行。活动以“融合结合聚合”为主题，演出为期3天，包括长春市优秀群众文艺作品展演、长影乐团广场音乐会、公主岭市优秀群众文艺作品展演3场演出，是公主岭由长春代管后两座城市首次同台演绎的惠民专场演出。

【第十五届中国长春电影节系列群众文化活动】　电影节期间，长春市群众艺术馆开展“致敬摇篮”系列群众文化活动，包括电影主题广场音乐会、电影歌曲大家唱、电影文化公园秀、杂技和评剧专场演出四大主题、620场群众文化活动。8月29日至9月4日，第十五届中国长春电影节“致敬摇篮”系列群众文化活动——“电影主题广场音乐会”在文化广场举行。包括交响乐专场、民乐专场和管乐专场音乐会，演出5场，参演人员300余人，演出曲目74首。

【农民歌手大赛】　9月，第七届农民歌手大赛启动。大赛在各县（市）区举办12场初赛、6场复赛，近400人参加选拔赛，按照流行唱法、民美唱法分组进行评比，评选出一等奖4个、二等奖6个、三等奖6个，优秀奖7个。

【“红色故事”群星宣讲团宣讲活动】　9月28日，长春市群众艺术馆关工委“红色故事”群星宣讲团分别在长春市一零三中学和回族小学举行红色故事进校园活动，弘扬和传承爱国主义精神，培育践行社会主义核心价值观，引导学生学习红色文化、弘扬红色精神、厚植红色基因。

【金秋合唱云音乐会】　9月29日，金秋合唱云音乐会在长春市群众艺术馆录制。吉林省内14支优秀合唱团参加录制，包括长春市微笑少儿合唱团、吉林大学中日联谊医院（白求恩第三医院）仁心合唱团、东北师范大学教师合唱团、通化师范学院山莺合唱团、吉林艺术学院艺术教育学生合唱团、长春市雪绒花女声合唱团等。演唱形式包括混声合唱、男声合唱、女声合唱、童声合唱等。演唱曲目包括《天使的身影》《我的祖国》《我爱你，中国》《游击队歌》《太行山上》《美丽的草原我的家》等。参演人员近800人，合唱团员

9月13日，2020长春市“金秋文旅欢乐季”公主岭专场演出在公主岭市文体中心体育场举行
（市群众艺术馆　提供）

包括大学教授、医生、退休职工、学生等，其中，年龄最小的只有6岁，最大的75岁。

【文学艺术沙龙】 红色故事。1月17日，举行以“我们身边的红色故事”为主题的第五期《听·说》文艺沙龙。通过宣讲红色故事传承红色基因、筑牢政治信仰，演出得到社会各界好评，被“学习强国”网站转载。

中秋诗会。9月30日，举行以“春城月·中华情”为主题的第六期《听·说》，分为四个部分，序《童声邀约》、第一篇章《邀月——咏诗怀古》、第二篇章《霁月——乡归何处》和第三篇章《望月——家国万里》。

【公益培训】 2020年，长春市群众艺术馆面向市民群众、基层文艺骨干、驻馆艺术团、校园、机关企事业单位开展培训。以中心馆、净月分馆为阵地，常年免费举办开放公益培训班，包括音乐、舞蹈、美术、戏剧、体育、曲艺等6大艺术门类16项专业。开设培训班级66个，培训学员1200余人。录制线上课程6个专业，60节课，在长春市群众艺术馆微官网等平台推送。汽开区分馆试运行期间，开设9个专业16个班级，服务300余人。长春市群众艺术馆有2个合唱团、5个舞蹈团、1个模特团、2个乐队、1个非遗项目等11个驻馆艺术团，全年培训1万人次。长春市群众艺术馆为各艺术团定期开展公益性辅导与培训，组织艺术团参与各类演出、赛事活动。

【展览活动】 2020年，举办千家万福系列活动“年俗有味文化飘香”——年俗文化图片展、长春冰雪新气象摄影展、手拉手战疫情线上作品展、《英雄礼赞》涂刚抗疫主题书画作品展、第三十届青少年书画大赛《春城少年有“画”说》《“沃土·情深”2020长春市第七届农民书画大赛获奖作品展》和墨韵秋实馆藏作品展等展览活动。

【非物质文化遗产】 长春市非遗中心组织推荐的闫丽等3名非遗项目传人参加长春市总工会第五届“长春工匠”评选，获“长春工匠”称号。

6月8日至20日，长春市群众艺术馆与各县（市）区文化馆、巴蜀映巷非物质文化遗产传承交流中心，共同开展线上、线下结合的“文化和自然遗产日”系列活动。活动以“非遗传承文脉长春”为主题，线上活动包括制作“长春市非遗宣传片”、中医养生讲座、八极拳展示传习、古琴教学传习等；线下活动包括在巴蜀映巷商街举办启动仪式，以“展览+培训+现场表演”方式，开展10个主题非遗展馆、12项手工艺体验课程培训、20家民间手工艺人进行互动体验活动。

2020年，长春市群众艺术馆制定《长春市市级非物质文化遗产代表性传承人认定与管理办法（暂定）》《长春市市级非物质文化遗产传承基地、传习所评定及管理暂行办法》；开展长春市第二批市级非物质文化遗产代表性传承人、市级第一批传承基地传习所的申报和评定工作，经专家评审、面向社会公示，评出36名市级传承人、34个传承基地、传习所；完成第四批省级非物质文化遗产传承基地、传习所推荐工作，长春市有14个项目被命名为省级传承基地、传习所。

【艺术团扶持】 按照《长春市群众文艺团体扶持管理办法》相关规定，长春市群众艺术团自2018年至2020年已完成3年扶持工作，每年扶持资金80万元。2020年，结合长春市实际情况，扶持表现突出的文艺团体41个。其中，对18个农村（贫困村）艺术团进行设备、设施扶持，每村扶持秧歌服装50套、锣鼓妖1套；对23个艺术团进行资金扶持，扶持资金作为艺术团演出活动经费及设备、服装购置费。

【馆办刊物】 2020年，《长春文化》更名为《艺点文化》，其内部栏目和版块调整为十二个版块，分别为《刊首语》《工作研究》《叙·人物》《忆·往昔》《说·故事》《探·非遗》《话·群文》《心·发现》《品·生活》《阅·习作》《看·天下》《微·小说》。《艺点文化》全年出刊6期，《长春群文简讯》出刊15期。

【长春市朝鲜族群众艺术馆】 公益培训。2020年，受疫情影响，长春市朝鲜族群众艺术馆创新工作举措，将线上线下培训相结合，并招募一批文化志愿者教师，壮大师资队伍，丰富公益培训专业门类。新增设街舞（成人、少儿）、瑜伽、男舞、合唱、小主持人等5项培训内容，培训课程扩大到21项，全年培训6.3万人次。长春市朝鲜族群众艺术馆举办线上公益课，发布31篇培训视频，内容涵盖舞蹈、声乐、器乐等，总惠民3.8万人次。7月13日至18日晚，举办2020年长春消夏艺术节——“舞动民族情共筑文明城”培训周活动，首次将培训教室移动至室外，培训1520人次。8月10日至18日，举办“童心筑梦新时代蓓蕾绽放促团结”2020年暑假短期少儿培训活动，并举办汇报展演。根据长春市少年儿童艺术文化需求，结合长春市疫情常态化工作机制，开设5项培训课程，包括小主持人、现代舞、绘画、视唱练耳、声乐等，培训960人次。长春市朝鲜族群众艺术馆开设线下复课课程，开展市民公益培训，内容包括朝鲜族舞蹈、成人街舞、瑜伽、朝鲜族歌曲、汉语歌曲、合唱班（男、女），年内培训1075课时，2.1万人次。10月，长春市朝鲜族群众艺术馆每周末到长春市朝鲜族中学、长春市宽城区朝鲜族小学的未成年人文化传承基地进行培训，培训课程包括声乐、舞蹈、伽倻琴，培训1850人次。12月15日，长春市朝鲜族群众艺术馆举办2020年公益培训成果汇报展演。从各培训项目中挑选出近300位学员表演朝鲜族男舞、藏族舞、傣族舞、朝鲜族扇子舞、手鼓舞、象帽、乐器合奏、模特、合唱等21个才艺表演项目。将少数民族文化相融合，以艺术的形式集中展现朝鲜族、蒙古族、傣族、藏族等少数民族文化风情，是10月12日至12月15日历时两个月市民公益培训成果的一次集中展示。

1月15日，长春市朝鲜族群众艺术馆举办“同心筑梦 幸福长春”长春市朝鲜族各界群众迎新春专场文艺演出　　（长春市朝鲜族群众艺术馆　提供）

业务骨干培训。10月29日至30日，长春市朝鲜族群众艺术馆举办2020年首届吉林省散居地区朝鲜族文化馆业务骨干农乐长短培训。长春市朝鲜族群众艺术馆是延边州非物质文化遗产项目“农乐长短”长春传承基地，邀请延吉市非物质文化遗产保护中心国家一级演员、延边朝鲜族自治州农乐长短传承人陈京洙，为来自吉林市朝鲜族群众艺术馆、四平市朝鲜族艺术馆、通化市朝鲜族群众艺术馆、梅河口市民族文化馆、辉南县少数民族文化馆以及长春市朝鲜族群众艺术馆在内的53名业务骨干进行集中培训，并在10月30日进行“中国朝鲜族农乐长短”特训班培训展演活动。2020年，长春市朝鲜族群众艺术馆将业务骨干培训扩大到黑龙江省。9月，长春市朝鲜族群众艺术馆派2名打击乐老师到齐齐哈尔市朝鲜族文化馆进行为期一周的打击乐培训。

文化惠民下基层。在元旦前夕，长春市朝鲜族群众艺术馆携馆办舞蹈团到九台新立进行“我们的中国梦”长春市朝鲜族群众艺术馆文化惠民演出。1月6日，“幸福花开春满南关”文化惠民专场文艺演出在长春市朝鲜族群众艺术馆剧场举行，南关区各社区书记、消防救援大队官兵、环卫工人等350名代表观看演出。1月15日，“同心筑梦幸福长春”长春市朝鲜族各界群众迎新春文艺演出在长春市朝鲜族群众艺术馆剧场上演，惠及观众500余人次，省民委、长春市文广旅局、长春市政协民宗委等相公共文化关单位领导和吉林省14家朝鲜族企事业单位社会团体代表观看演出。10月15日，由吉林省文化和旅游厅主办，吉林省文化馆承办，长春市朝鲜族群众艺术馆执行承办的“传承民俗文化展示民族风采”民族专场文艺演出在长春举行，通过四物打击乐、手鼓舞、伽倻琴弹唱、独唱、二重唱、器乐合奏等表现形式，展示长春市朝鲜族群众艺术馆职工歌颂祖国、赞美家乡，团结向上的精神面貌。演出通过国家公共文化云直播平台进行全程直播，直播浏览量21万人次。

特色节庆活动。2月6日至4月30日，举办“抗击疫情人人都是宣传员”2020年长春市朝鲜族线上少儿手抄报大赛，收到参赛作品138幅，线上点击量2724次。2月11日至3月30日，征集“众志成城抗疫情，齐心协力攻险关”主题美术摄影作品展，收集疫情主题美术作品78幅，线上点击量1496次。3月8日，开展“同心战疫巾帼力量”2020年长春市朝鲜族“三八”妇女节线上活动，通过线上朝鲜族才艺展示、制作朝鲜族传统美食、民族传统礼仪等环节，传承并弘扬朝鲜族传统文化底蕴及特色，活动点击量818人次。6月，举办2020年长春消夏艺术节——“粽情六月逐梦前行”长春市朝鲜族传统文化嘉年华线上系列活动，包括民族风情专场文艺演出、手机摄影大赛、长春市朝鲜族歌曲比赛、趣味有奖知识竞猜等活动，有20位歌唱爱好者登上2020长春消夏文化夜市舞台。长春市朝鲜族群众艺术馆创作编排的民族风情专场演出作为端午节系

6月16日，2020年长春市朝鲜族文化嘉年华活动在雕塑公园录制
（长春市朝鲜族群众艺术馆　提供）

7月13日，长春市朝鲜族群众艺术馆在户外举办“舞动民族情 共筑文明城”培训周活动（长春市朝鲜族群众艺术馆　提供）

列活动压轴大戏，以文旅融合为出发点与民族文化相融合，以长春市标志性景点为背景，录制1台具有民族特色的文艺演出视频在互联网平台进行展播，节目形式包括民族舞蹈、声乐、打击乐表演、器乐演奏等。在长春市朝鲜族传统文化嘉年华系列活动中，长春市朝鲜族群众艺术馆收集摄影参赛作品101幅，歌唱视频作品68个，有70余人参加线上答题有奖竞猜，民族风情专场演出在线阅读量超过12100人次。9月27日，举办“情满中秋礼赞国庆”为主题的小合唱展演活动，吸引全市13支队伍、100余人参赛，300人观看演出。10月1日至8日，举办“中秋国庆双团圆情暖公益全家福”长春市朝鲜族群众艺术馆免费开放之公益拍摄全家福照片活动，提供朝鲜族服装拍摄全家福，惠及36个家庭、146人次。

2020年，长春市朝鲜族群众艺术馆获吉林省群星奖优秀组织奖，被评为吉林省第八批少数民族文艺创作传承基地。

（李欲伟　赵香淑）

10月29日，长春市朝鲜族群众艺术馆举办2020年首届吉林省散居地区朝鲜族文化馆业务骨干“农乐长短”培训（长春市朝鲜族群众艺术馆　提供）

文艺事业

【思想建设】　长春市文学艺术界联合会（简称“长春市文联”）以“加强党建引领，形成思想政治学习和业务学习的长效机制”为理念，开展“文联大讲堂”活动，促进学习型机关建设，打造政治立场坚定、理论功底扎实、业务能力精湛的文艺工作者队伍。5月22日，召开纪念毛泽东《在延安文艺座谈会上的讲话》发表78周年座谈会；7月23日，召开2020年上半年工作总结暨廉政教育大会；9月10日，召开全市文联工作会议；10月16日，召开全市文联系统“强化政治意识、筑牢纪律防线”检视对照座谈会；11月24日，召开长春市县（市）区文联工作座谈会。通过会议传达党中央及省、市委会议精神和重大部署；以各阶段工作部署会为抓手，做到“先政治学习、增强认识，再研讨工作、提高质量”。长春市文联获“吉林省基层文联标兵单位”。

【“抗疫”主题创作】　2020年初，长春市文联发出《勇担使命共克时艰　在疫情阻击战中汇聚长春文艺力量》倡议书，以所属6个文艺家协会为辐射中心，举办“文以载道鼓斗志，众志成城战疫情——主题书画摄影网络精品展”及戏剧、歌曲等创作和展播，带领全市文艺家用文艺作品表达与武汉、与湖北、与全国人民共抗疫情的决心。长春作家协会征集200余首诗歌作品，长春书法家协会征集400余幅书法作品，长春美术家协会征集近200件美术作品，长春摄影家协会征集近200幅摄影作品。长春戏剧家协会创作的评剧MV《沧海横流方显出英雄本色》和长春音乐家协会创作的歌曲《战疫》等作品被《人民日报》《吉林日报》、“学习强国”平台等国家和省、市主流媒体转播并报道。榆树市文联、农安县文联、德惠市文联、九台区文联、双阳区文联、朝阳区文联创作各类“抗疫”文艺作品6000余幅（件）。二道区书协、南关区书协、宽城区书协等基层文艺家协会组织会员参与“抗疫”主题创作。

【文艺创作】 年初，征集“魅力长春”系列摄影作品，在《长春宣传》“‘全面小康·魅力之都’建设长春现代化都市圈”栏目连载。春节期间，通过长春美术馆线上“微展厅”，举办长春市首届中国书协会员中国美协会员“迎春书法美术作品展”。5月，启动“长春好故事”文艺作品选拔活动，为建党一百周年献礼。“五四”青年节期间，举办“青春圆国梦·翰墨绘小康”第二届长春青年书法篆刻优秀作品（网络）展。长春音乐家协会于7月至8月分别开展“唱响长春、词由我心”和“长春有个公主岭”原创歌词征集活动。8月至9月，启动“不负重托抓机遇、决胜小康助振兴”长春市县（市）区主题书法篆刻作品展和“决战决胜脱贫攻坚、全面建成小康社会——长春市第三届中青年小幅美术作品展”。国庆节期间，组织市书法家协会15位书法家，分别以经典现代诗“诗眼”“诗题”“诗歌”为内容进行传统与现代文化融合的书法创作，为长春市南溪湿地现代诗公园增光添彩。11月1日，长春市第十二届摄影艺术展在市图书馆开幕。12月中旬，历时3个月的“长春市‘情系小康’短诗征文大赛”评选结果揭晓，30余首诗歌入选。编辑出版《春风文艺》《意林》等文学期刊和丛书，出版《“决战决胜脱贫攻坚、全面建成小康社会”长春市第三届中青年波幅美术作品集》《“不负重托抓机遇、决胜小康助振兴”——长春市县（市）区主题书法篆刻作品集》等。

2020年，长春作家协会有3部作品获国家级奖项：王怀宇长篇小说《风吹稻浪》被列入2020年中国作家协会重点作品扶持项目，张紫华《扭扭镇的一天》获第二届“接力杯金波幼儿文学奖”铜奖，袁淑娟小说《牛小草的牛》获第五届“读友杯”全国短篇小说大赛铜奖。

长春书法家协会有16人次入选国家级重要展览：李博、刘连杰、马驰野、李昊入选《第十三届全国书法作品展》，宋旭安入选《第十三届中日友好自作诗书法交流展》，李政辉入选《中国书协培训中心教学成果展》，刘涤入选《中国书法大厦杯书法大赛》《纪念甲骨文发现120周年全国甲骨文书法国际大展》，刘涤、费洪超、李天泉入选第五届全国正体书法展览，赵作龙入选中国临沂书法展览，张殿平入选全国第二届大家书法艺术展，张殿平、宋旭安入选第四届“文质兼美”优秀基层书法家作品展，马驰野、蒋雨洁入选全国第五届青年书法篆刻作品展。

长春美术家协会有17人次入选国家级重要展览：段军强、桑蕾、周颖超、李广德、阮风平（曲胤达）、邵浩然、王建国、季世成、曲鸽入选第十三届全国美展，闫垒垒入选第二十三届全国版画作品展、全国版画插图艺术展，许庆禄、张强入选全国中国画作品展，李广德入选全国美术作品展，周颖超入选全国山水画双年展，李廷先入选第三届中国画作品展。

长春摄影家协会有7人次入选国家级重要展览：吴婷入选中国女摄影家协会作品展和全国脱贫攻坚摄影作品展；关锋入选第二十二届全国摄影艺术展，并获人像摄影类银奖，入选第九届中国科谱摄影大赛；李磊入选第二十届平遥国际摄影大展；赵宏宇入选第二十二届全国摄影艺术展览并获铜奖，入选第三届中国浙江国际摄影大展。

【主题文艺活动】 创新形式、内容和载体应对疫情防控工作，做到“线上”和“线下”有机结合，发挥传统媒体和新媒体作用，开展文艺活动，疫情期间停馆不停展，依托长春市文联、长春美术馆、长春摄影家协会微信公众号等新媒体平台，采取“微展厅”形式，让市民在家欣赏优秀文艺作品。4月，举办“海天遗墨——周昔非先生艺术作品微展”。7月21日，开展“致敬军旅岁月、传承红色精神”文艺作品征集活动和“寻访老兵足迹、讲好英雄故事、传承红色基因”主题创作宣传活动，迎接庆祝抗战胜利75周年、抗美援朝70周年，为7位老兵赠送书法作品，表达敬意。10月31日，长春音乐家协会举办“全面小康·魅力之都”长春市十佳歌手大赛，500

1月15日，长春市书法家协会志愿服务分队走进中车长客开展送春联活动

（市文联　提供）

余位选手参加初赛，评选出专业十佳歌手和流行十佳歌手。配合市直机关工委组织2期手机摄影培训。

【文艺志愿服务】 出台《长春市文联机关和协会干部下基层服务实施办法》《文艺志愿服务工作管理办法（草案）》和《长春市文艺志愿者管理办法》，推动文艺志愿服务制度化、常态化、普及化。

2020年，响应中国书法家协会《关于2020年元旦—春节期间广泛开展书法家送万福进万家志愿服务活动的通知》以及省、市有关部门《关于开展“我们的中国梦——文化进万家”志愿服务活动的通知》号召，长春书法家协会组成2020年“书法家送万福进万家志愿服务活动”长春书法家协会志愿服务分队，自2019年12月6日至2020年1月20日，开展16场志愿服务活动，到全市各社区、农村、企业、高校、机关，为群众书写春联、福字等书法作品1万余幅，书法作品100余幅。“八一”建军节到驻长某部队开展“翰墨飘香庆八一·艺术文化筑国防”送文艺进军营活动。重阳节组织书画家们到兰家镇农村社会福利中心，用书画作品为老人们献上祝福。

响应省文联文艺进机关、进企业、进社区、进校园、进军营、进文明实践中心“六进”系列活动工作号召，长春市文联在全市范围内开展文艺志愿服务进社区、进农村、进军队、进机关、进企业、进学校的“送文艺进基层”活动。

年初，组织文联机关党员干部和各协会秘书长“下社区、上一线、进企业”，主动参加疫情防控工作。在“万人助万企”工作中，组建助企工作队，深入包保企业，帮助企业解决问题，12户企业全部复工复产。

8月26日，带领艺术家到长春天然气集团有限公司，慰问工作在民生公益事业前线的优秀党员、劳模代表。9月2日，组织文艺家到双阳区作家协会，为文学爱好者作文学创作辅导并赠送文艺作品。国庆前夕，会同市卫健委到长春市传染病医院开展“弘扬抗疫精神·致敬白衣天使”文艺进基层活动，现场创作并赠送书画和音乐作品，向抗疫一线医护人员致敬。12月4日，会同市国资委，组织文艺家到长春热力集团开展座谈交流和书画笔会，为热力职工送去关怀。

与鹏程社区开展党建结对共建活动，通过举办公益讲座、培训等，满足社区居民文化需求。6月17日，在南关区鸿城街道鹏程社区举办纪念建党99周年党员志愿服务活动，为社区干部和摄影爱好者现场授课，开展手机摄影讲座。6月24日，市戏剧家协会为鹏程艺术团和社区朗诵爱好者进行专业诗歌朗诵辅导。7月1日，与鹏程社区共同开展“波澜壮阔99载·砥砺奋进新时代——迎‘七一’诗歌朗诵会”。市文联组织艺术家用书画和摄影作品装点社区书画长廊，提升社区文化艺术氛围，实现基层党建和文联业务工作互相促进。

推动“深入生活、扎根人民”“到人民中去”主题实践活动规范化、制度化、常态化，创新实施“理事包保”制度，开展“文艺家进社区”活动。与湖东社区、天宝社区、平阳社区、明珠社区对接。2021年，市文联在11个县（市、区）同时进行试点，每个县（市、区）选出2个社区，根据社区需要，按照各文艺家协会理事会成员住址，就近派驻社区，为社区爱好者提供业务指导和创作引领。

【文艺交流】 长春市文联拓展线上文化交流，邀请相关省市举办文艺作品联展。2020年，长春书法家协会与武汉、西安、成都3个城市书法家协会共同策划推出5期“同心战疫·我们在一起——武汉、西安、成都、长春四城市书法网络展”；长春摄影家协会与哈尔滨、沈阳、杭州等8个城市摄影家协会共同策划推出4期“同心战疫·我们在一起——哈尔滨、南宁、长春、杭州、沈阳、贵阳、南昌、南京八城市抗疫专题摄影网络联展”。

在长春与韩国蔚山两市缔结友好城市26年之际，为扩大中韩（长春）国际合作影响力，搭建中韩国际合作示范区合作和文化交流平台，长春市文联于9月举办第25届中韩（长春·蔚山）书法美术交流展，展览在韩国蔚山市举行。

【文艺队伍建设】 2020年，长春市文联文化体制改革工作基本完成。推进《意林》杂志社有限公司企业剥离工作。按照中国文联和省文联对志愿服务工作相关要求，规范长春市文联志愿服务工作，2021年1月1日开始，对文艺志愿者在中国文联志愿者网站进行重新登记。2020年6月10日至11日，完成长春作家协会、长春戏剧家协会、长春摄影家协会以及长春音乐家协会换届工作。出台《长春市文学艺术界联合会社会团体操作规程（试行）》，强化党的统一领导，构建完善大宣传格局制度体系。加强对各协会主席团的管理和引领，在艺术创作、方向引领、活动组织、业务培训等方面加大力度。在文艺队伍整体素质培养上，将“德艺双馨”作为标准，倡导讲正气、树正风、走正道，坚持以“爱国、为民、崇德、尚艺”价值观立“德”，保证队伍守法自律，风清气正；以专业培训交流来立“艺”，开展座谈、学习等活动，全市文艺工作者业务水平得到普遍提升。

（范红君）

文化产业

【项目建设】 4月12日，长春国际影都项目启动建设，其规划总面积1051平方千米，核心区包括净月高新区，以及莲花山生态旅游度假区主要区域，拓展区包括双阳区奢岭街道，主导产业为影视文旅产业、生命健康产业、数字产业。

现代服务业专班项目相关工作。市委宣传部与“招商·鑫茂智慧谷”“莱茵国际温泉康养园”2个增量项目属地对接，了解包保项目的最新推进情况和存在的问题。对负责包保的长春市第八十七中学南阳校区新建项目进行实地踏查，定期沟通项目进展，协调解决项目建设存在的困难，完成包保项目的信息报送、企业和银行融资需求对接平台的推送工作。

现代诗公园项目建设。修订现代诗公园室外诗歌景观材质及设计方案，完善诗歌展馆内部布局和装饰风格，打造城市心灵地标，展示长春市人文情怀和诗歌特色，12月中旬，现代诗公园项目建设完成。

【资金扶持】　审查整理获得2019年度省级文化发展专项资金扶持的吉林省松花石特色文创产业园建设贷款贴息项目、吉林省工艺美术文化创意产业中心建设贷款贴息项目、巴蜀映巷特色文化产业园获得第四批省级文化产业重点园区奖励项目单位绩效指标完成情况的佐证材料，在规定时限内上报省委宣传部。

根据《2021年度吉林省省级文化发展专项资金申报指南》《吉林省省级文化发展专项资金管理办法实施细则（试行）》，开展长春市2021年度省级文化发展专项资金文化产业类项目申报工作，会同市财政局对在中国吉林网上申报的12个文化产业项目进行初审，其中，吉林省工艺美术集团有限公司申报的“长白山火山岩陶瓷艺术暨玄武烧”研发推广贷款贴息项目、吉林省栖乐荟商业运营管理有限公司申报的高新CBD·栖乐荟贷款贴息项目和吉林省卡戳文创艺品科技有限公司申报的游园伴侣·卡戳App贷款贴息项目3个项目符合申报条件。市委宣传部与市财政局联合发文将上述项目上报省委宣传部和省财政厅。

【文化交流】　第十六届中国（深圳）国际文化产业博览交易会首次以云上“文博会”形式举办。搭建文化产业对外交流与合作平台，鼓励文化产品和文化服务“走出去”，完成各项筹备工作任务。11月16日至20日，深圳云上“文博会”展会期间，长春市组织8家省级文化产业园区和11家优秀文化企业参展，同时推介长春市招商引资重点文化产业项目、长春市重点文艺院团情况及主要作品、文化扶贫相关项目开展情况，促进长春文化产业发展。

现代诗公园落成开园系列活动。12月27日，中国作协党组成员、副主席吉狄马加与吉林省委常委、宣传部部长石玉钢共同为“现代诗公园”揭牌，国内知名诗人李少君、梁平、宗仁发、张洪波、任白、陈巨飞、笨水、巴客、阿未、葛筱强、金秀枝、李荣茂、尘轩作为诗人代表出席落成活动，省、市相关部门领导作为嘉宾出席活动。现代诗公园驻园诗人宗仁发现场公布2020年入驻新诗名单，吉狄马加的《而我们》、梁平的《我是我自己的反方向》等10首新诗诗作手稿被置于诗歌将来馆2020年展格内展示。诵读、采风活动同时展开。中央、省、市相关媒体及部分网络媒体对开园活动进行报道。

【品牌评选】　9月22日，开展“魅力品牌·长春十大文化产业品牌”评选活动，20家入围品牌名单于11月5日在《长春日报》以及掌上长春等新媒体上公布，并发动社会公众在掌上长春和长春+App网络平台上进行投票。截至12月末，公众投票工作结束，专家评审工作有序推进。

（张文强）

电影产业

【献礼作品】　2020年，长春电影制片厂（简称“长影”）完成3部向全面建成小康社会重点献礼作品拍摄。影片《青春作伴好还乡》《奔腾吧，兄弟》于8月6日在查干湖开机。省委宣传部副部长李壮，松原市、前郭县有关领导与影片主创人员出席开机仪式。影片遵循“主旋律、正能量、大情怀、精制作”原则，用心用情讲述脱贫攻坚的中国故事与吉林篇章，讴歌党、讴歌祖国、讴歌人民，讴歌新时代。2部影片均由长影主导，全部在省内取景，于10月杀青，进入后期制作。6月22日，长影主投主控大型现实公安缉毒题材电视剧《雷霆令》在海南三亚开机，12月23日杀青，进入后期制作。

【影视作品】　年内，长影影片《春潮》《抗日名将卫立煌》《下一站：幸福》《恐婚：逃跑计划》取得公映许可证，电视剧《谷鼓齐鸣》取得播出许可证。此外，长影译制完成75部影片。

【出品影片】　2020年，长影联合出品影片《我和我的家乡》票房超过28亿元，创造长影参投影片票房新纪录。9月10日，长影联合出品影片《春潮》获第15届长春电影节“评委会大奖”“最佳导演奖”。11月7日，该片获第33届金鸡奖最佳故事片提名奖、最佳导演提名奖。

【影视创作】　9月2日，长影集团聘任演员崔志佳为长影青年导演。11月4日，长影集团年轻编剧创作的剧本《让爱回家》获第15届夏衍杯优秀“成长电影剧本”奖。

【产业经营】　长影集团应对新冠肺炎疫情影响和冲击，全力保运营、保生存、保资金链安全，实现总收入5亿元。长影世纪城克服疫情、天气等不利影响，全年接待游客29.6万人，夜场人数比2019年增加78%。长影海南“环球100”奇幻乐园组织策划拳王争霸赛、电音节等主题活动，刺激市场复苏，创造端午、五一、十一黄金周单日入园人数纪录。12月26日，长影乐团到长三角、珠三角地区和银川、沈阳等10个城市开展为期8天巡回演出，宣传长影新形象，展示长影新风貌。

【获得荣誉】　12月17日，长春电影制片厂入选第四批国家工业遗产名单；11月16日，长影集团获“全国文化企业30强”提名奖；10月31日，长影影片《黄大年》获国防军事电影盛典优秀影片奖；11月20日，长影集团被评为全国内部审计工作先进集体。9月2日，长影旧址博物馆授牌成为长春市

9月5日，第十五届中国长春电影节正式启动　　（当代长春编辑部　提供）

共党史教育基地。

【长影老艺术家去世】　8月31日，新中国第一代电影美术师、中国电影金鸡奖终身成就奖获得者、长影老艺术家刘学尧在长春去世，享年99岁。8月4日，长影著名导演、影片《刘三姐》副导演、影片《沙家浜》联合导演姜树森在长春去世，享年90岁。

【2020“长影之夜”活动】　9月6日，由第15届长春电影节组委会主办、长影集团承办的2020“长影之夜”活动在长影露天广场举行。活动秉承电影节“新时代新摇篮新力量”主题，弘扬长影红色基因，通过“摇篮”“星辰”“芳华”三个篇章讲述长影发展故事。活动现场发布长影新片《新冰山上的来客》《731》《青春作伴好还乡》《奔腾吧，兄弟》《下一站，幸福》和电视剧《雷霆令》《谷鼓齐鸣》等作品。活动全程现场直播，上传“学习强国”平台，成为电影节一个亮点。省委常委、宣传部部长石玉钢批示：“长影为此次电影节成功作出了贡献，同时也展示了因风而起、重铸辉煌的信心和形象。”

【第15届长春电影节“电影与建构人类文明新形态”主题论坛活动】　9月6日，长影集团举办第15届长春电影节“电影与建构人类文明新形态”主题论坛活动，省委常委、宣传部部长石玉钢出席论坛并致辞，来自清华大学、北京大学、武汉大学、华东师范大学等高校的专家学者和省内学者、编剧、作家参加论坛。长影集团与戴锦华、毛尖、夏莹、罗岗等专家学者共议电影话题，分析中国影视行业发展现状，探究电影剧本创作路径，完善电影文化工业体系，提炼电影美学新理念，探讨中国电影未来。

（赵　伟　陈星任）

文化遗产保护

【概况】　长春市有博物馆28家（含省直）。其中，国家级博物馆4家（国家一级3家，国家二级1家），其他24家。省直属4家（吉林省博物院（东北抗日联军纪念馆）、吉林省典籍博物馆、吉林省东北二人转博物馆），市直属2家（长春博物馆、长春市文庙博物馆）；备案中2家，乡村博物馆13家。

长春市有不可移动文物1785处，其中，核定公布为文物保护单位429处（全国重点文物保护单位16处、省级文物保护单位70处、市级文物保护单位160处、县级文物保护单位183处），尚未核定公布为文物保护单位的不可移动文物1356处。

长春市有非遗保护项目40家。其中，国家级3家，省级37家。

（市文广旅局宣传处）

表27　2020年长春市博物馆一览表

序号	等级	企业名称	地址	备注
1	国家一级	吉林省博物院	净月区永顺路1666号	省直
2	国家一级	吉林省自然博物馆	净月区净月大街2556号	—
3	国家一级	伪满皇宫博物院	宽城区光复北路5号	—
4	国家二级	东北师范大学东北民族民俗博物馆	经开区卫星路98号世纪广场南	—
5	无	吉林省典籍博物馆	南关区人民大街10055号	省直
6	无	吉林省东北二人转博物馆	经开区浦东路22号	省直
7	无	长春博物馆	南关区华弘街111号	市直
8	无	长春市文庙博物馆	南关区东天街239号	市直

续表

序号	等级	企业名称	地址	备注
9	无	长春市方志馆（长春道台衙门博物馆）	南关区亚泰大街669号	—
10	无	东北沦陷史陈列馆	宽城区光复北路5号	—
11	无	吉林大学博物馆	南关区前进大街2699号、西民主大街938号	—
12	无	吉林省中医药博物馆	净月区博硕路1035号	—
13	无	长春大学萨满文化博物馆	朝阳区卫星路6543号	—
14	无	东北亚金融博物馆	南关区人民大街7666号	—
15	无	职业教育博物馆	宽城区凯旋路3050号（迁址中）	—
16	无	长春市双阳区博物馆	双阳区东双阳大街	—
17	无	德惠市博物馆	德惠市爱民街43号	—
18	无	榆树市博物馆（吉林农业博物馆）	榆树市三盛路文体活动中心	—
19	无	榆树市小乡博物馆	榆树市土桥镇皮信村	—
20	无	农安县博物馆	农安县农安镇宝塔街与兴隆路交汇处	—
21	无	公主岭市博物馆	公主岭市文体中心	—
22	无	吉林国际动漫博物馆	高新区硅谷大街2888号	—
23	无	吉林省民间工艺美术馆	净月区福祉大路66号	—
24	无	吉林省酒文化博物馆	南关区亚泰大街9699号	—
25	无	长春仁德北方古代文明博物馆	净月开发区博硕路499号（迁址中）	—
26	无	吉林省宝凤艺术博物馆	双阳区甲一路延伸处	—
27	无	关云德满族民俗博物馆	九台区其塔木镇刘家村七社	—
28	无	东北抗日联军纪念馆	净月区永顺路1666号	省直
29	备案中	长影旧址博物馆	朝阳区红旗街1118号	—
30	备案中	雕塑博物馆	南关区人民大街9518号	—
31	乡村	老少沟村博物馆	德惠市老少沟村	—
32	乡村	红石村博物馆	九台区胡家回族乡红石村	—
33	乡村	徐家窑博物馆	榆树市大坡镇大坡村	—
34	乡村	回族文化博物馆	双阳区双营子回族乡大营子村	—
35	乡村	南城子古城博物馆	双阳区太平镇长山村	—
36	乡村	延和乡博物馆	榆树市延和朝鲜族乡	—
37	乡村	辽金时代农业博物馆	农安县前岗乡新开村	—
38	乡村	西王家村博物馆	农安县小城子乡西王家村	—
39	乡村	草编博物馆	长春市净月镇逯家湾村逯瓦房屯	—
40	乡村	奢岭农耕文化博物馆	奢岭街道	—
41	乡村	于凤至故居博物馆	公主岭市南崴子街道大泉眼村	—
42	乡村	鞠家店村博物馆	公主岭市毛城子镇鞠家店村	—
43	乡村	永发乡民俗博物馆	公主岭市永发乡新发村	—

表28　2020年长春地区不可移动文物基本信息一览表

名称	数量（处）	备注
不可移动文物	1785	含公主岭110处，其中有3处与长春原有名录重合
全国重点文物保护单位	16	含公主岭5处，其中有2处与长春原有名录重合
省级文物保护单位	70	含公主岭15处，其中有1处与长春原有名录重合
市级文物保护单位	160	含公主岭24处
县级文物保护单位	183	含公主岭16处
尚未核定为文物保护单位不可移动文物数	1356	含公主岭50处

表29　2020年长春市国家、省、市级文物保护单位一览表

序号	等级	文物保护单位名称	地址
1	国保	五家子遗址	长春市双阳区山河街道办事处五家子村
2	国保	揽头窝堡遗址	长春市德惠市边岗乡丹城子村
3	国保	唐代老边岗土墙	长春市德惠市、农安县、公主岭
4	国保	农安五台山遗址	农安县永安乡艾干土村
5	国保	农安辽塔	长春市农安县黄龙路与宝塔街交汇
6	国保	吉长道尹公署旧址	长春市南关区亚泰大街669号
7	国保	（1）伪满洲国皇宫旧址	长春市宽城区光复北路5号
7	国保	（2）侵华日军关东军司令部旧址	长春市宽城区新发路577号
7	国保	（3）侵华日军关东宪兵队司令部旧址	长春市宽城区新发路329号
7	国保	（4）伪满洲国国务院旧址	长春市朝阳区新民大街126号
7	国保	（5）伪满洲国军事部旧址	长春市朝阳区新民大街71号
7	国保	（6）伪满洲国司法部旧址	长春市朝阳区新民大街828号
7	国保	（7）伪满洲国民生部旧址	长春市朝阳区人民大街3623号
7	国保	（8）伪满洲国综合法衙旧址	长春市朝阳区自由大路108号
7	国保	（9）伪满洲国经济部旧址	长春市朝阳区新民大街829号
7	国保	（10）伪满洲国交通部旧址	长春市朝阳区新民大街1163号
7	国保	（11）伪满洲国外交部旧址	长春市朝阳区建设街1122号
8	国保	伪满洲国中央银行旧址	长春市朝阳区人民大街2219号
9	国保	长春电影制片厂早期建筑	长春市朝阳区红旗街1118号
10	国保	长春第一汽车制造厂早期建筑	长春市东风大街2259号
11	国保	侵华日军第100部队遗址	长春市绿园区西环城路8211号
12	国保	伪满建国忠灵庙旧址	长春市朝阳区南湖街道长飞社区
13	国保	中东铁路建筑群（合并到第六批已有的项目）	长春市宽城区、德惠市、公主岭
14	国保	秦家屯遗址	公主岭市秦家屯镇
15	国保	大青山遗址	公主岭市双龙
16	国保	五家子城址	公主岭市八屋
17	省保	“榆树人”产地	榆树市秀水镇周家村周家油坊屯

续表1

序号	等级	文物保护单位名称	地址
18	省保	大坡古城	榆树市大坡镇大坡村大坡屯
19	省保	田家坨子遗址	农安县小城乡李林通村田家坨子屯西南
20	省保	双城子古城	德惠市朝阳乡双城子村
21	省保	大青咀遗址	德惠市大青咀乡大青咀村
22	省保	元宝沟遗址	农安县巴吉垒乡元宝沟村
23	省保	农安古城址	农安县农安镇内
24	省保	丹城子古城址	德惠市边岗乡丹城子村
25	省保	墩台遗址	榆树市新庄镇墩台村
26	省保	松江山城	九台市莽卡乡松江村
27	省保	和气古城址	九台市卡伦镇和气村
28	省保	顺山古城址	农安县新阳乡顺山村
29	省保	山泉城址	榆树市恩育乡新胜村
30	省保	狼烟台遗址	榆树市刘家镇合心村
31	省保	庆阳遗址	九台市苇子沟镇庆阳村
32	省保	双城子古城	德惠边岗乡丹城子村
33	省保	侯家沟遗址	九台市东湖镇团山村
34	省保	后口子遗址	德惠市松花江镇松花江林场
35	省保	小河子遗址	双阳区太平镇小河子村
36	省保	上河湾山城群	九台市其塔木镇北山村、城子街镇大沟村、上河湾镇于家店村、石羊村、红朵沟村、双合村、西沟村、玉峰村
37	省保	东岗子遗址	榆树市秀水镇刘芳村
38	省保	花园古城	农安县小城子乡花园村
39	省保	梨树园子古城	德惠市大房身镇梨树园子村
40	省保	南城子古城	双阳区太平镇长山村
41	省保	卧虎古城	德惠市边岗乡卧虎村
42	省保	大岭遗址	农安县伏龙泉乡大岭村
43	省保	朱家桥子遗址	榆树市大坡镇城南村
44	省保	小城子城址	农安县小城子乡小城子村
45	省保	鲍家城址	德惠市松花江镇鲍家村
46	省保	曹家屯遗址	榆树市保寿镇曹家村
47	省保	库金堆城址	农安县开安镇库金堆村
48	省保	朝阳围子	德惠市大青咀镇朝阳沟村
49	省保	柳条新边遗址	四平市铁东区、梨树县、公主岭市、伊通满族自治县、长春市、九台市、德惠市、舒兰市
50	省保	贡江碑	德惠市朝阳乡朱家坨子村
51	省保	苏军烈士纪念塔	长春市人民广场
52	省保	长春市清真寺	长春市长通路北侧清真寺胡同
53	省保	长春文庙	长春市亚泰大街与东天街交汇

续表2

序号	等级	文物保护单位名称	地址
54	省保	伪满首都警察厅旧址	长春市朝阳区人民大街2627号
55	省保	蜂蜜清真寺	九台市胡家乡蜂蜜村
56	省保	天兴福第一制粉厂旧址	长春市东八条5号
57	省保	福顺厚面粉厂旧址	长春市长白路3号
58	省保	伪满洲国国民勤劳部旧址	长春市人民大街3758号
59	省保	伪满国务总理大臣张景惠官邸	长春市西民主大街429号
60	省保	东本愿寺旧址	长春市北安路735号
61	省保	溥仪地下避难所旧址	长春市东民主大街
62	省保	长春解放纪念碑	长春市南湖公园
63	省保	长春地质宫	长春市西民主大街6号
64	省保	神武殿旧址	长春市立信街6号
65	省保	吉林柴油机厂老家属区	长春市东盛大街
66	省保	吉林大学理化楼	长春市解放大路2519号
67	省保	长春市体育馆	长春市人民大街2999号
68	省保	吉林省图书馆旧址	长春市新民大街1162号
69	省保	南湖宾馆建筑群	长春市南湖大路3798号
70	省保	中国科学院长春应用化学研究所主楼	长春市朝阳区人民大街5625号
71	省保	吉林农业大学主楼	长春市南关区新城大街2888号
72	省保	中东铁路支线附属建筑群	长春市宽城区、德惠市、四平市。德惠附属建筑群、沙俄兵营、宽城子沙俄火车站俱乐部、中东铁路南满支线四平站机车司机公寓。
73	省保	黑山头遗址	公主岭市朝阳坡镇黑山头村
74	省保	二里界遗址	公主岭市十屋镇二里界村
75	省保	黄花城址	公主岭市双城堡乡黄花村
76	省保	冷家屯遗址	公主岭市怀德镇四道岗村
77	省保	双城堡城址	公主岭市双城堡镇偏脸城村
78	省保	毛城子古城址	公主岭市毛城子镇毛城子村
79	省保	前城子古城址	公主岭市玻璃城子镇广宁村
80	省保	十屋古城址	公主岭市十屋镇十屋村
81	省保	猴石遗址	公主岭市二十家子镇猴石村
82	省保	甘家沟遗址	公主岭市果树农场
83	省保	胜利城址	公主岭市杨大城子镇胜利村
84	省保	兴城城址	公主岭市双城堡镇兴城村
85	省保	大院遗址	公主岭市二十家子镇南山村
86	省保	红旗村墓群	公主岭环岭街道红旗村
87	市保	红石砬子新石器时代遗址	南关区幸福乡红咀子村东南
88	市保	温道沟古城	农安县伏龙泉乡温道沟村夏家屯
89	市保	舍岭北山新石器时代遗址	九台市莽卡乡舍岭村后舍岭屯北山
90	市保	岳王城	农安县黄鱼圈乡八里营子村

续表3

序号	等级	文物保护单位名称	地址
91	市保	八家子古城	九台市其塔木乡八家子村小学西侧
92	市保	万宝南山遗址	长春市双阳区山河街道万宝村南山
93	市保	福利遗址	榆树市刘家乡福利村福利屯
94	市保	榆树城子古城	榆树市五龙乡前榆树城子屯
95	市保	亮子沟遗址	德惠市松花江乡宝泉山村亮子沟屯
96	市保	王公坨子遗址	农安县黄鱼圈乡连三坑村王公坨子屯
97	市保	黑鱼泡遗址	农安县黄鱼圈乡连三坑村黑鱼泡子屯
98	市保	南楼遗址	农安县靠山镇新城村南楼屯
99	市保	二泡子古城	农安县青山口乡青山口村二泡子屯
100	市保	广元店古城	农安县靠山镇新城村广元店屯
101	市保	赵家沟古城	九台市上河湾镇赵家沟屯
102	市保	东照地遗址	长春市大南乡西湖村新化屯
103	市保	河东屯遗址	长春市三道镇丰产村河东屯
104	市保	砖厂遗址	长春市永春乡砖厂
105	市保	马家岭遗址	人民大街长春市雕塑公园东侧
106	市保	柴户张遗址	长春市人民大街市政府东侧一带
107	市保	肖家堡子遗址	亚泰大街两侧长春明珠东面
108	市保	哈拉海古城	榆树市先锋乡城子村后城子屯
109	市保	益州古城	农安县小城子乡小城子村刘家油房屯
110	市保	威州古城	农安县三宝乡宝城村小城子屯
111	市保	东硷草遗址	南关区农林乡建国村东硷草屯
112	市保	大桥屯遗址	榆树市刘家乡马芳村大桥屯
113	市保	西三道沟南遗址	榆树市刘家乡福利村西三沟屯
114	市保	万金塔古城	农安县万金塔乡乡政府附近
115	市保	陈家坟遗址	双阳区太平乡田家村李家街屯
116	市保	东营城子古城	双阳区新安镇向阳村向阳坡子屯
117	市保	十八盘遗址	榆树市五棵树镇龚家村十八盘屯
118	市保	城子古城	榆树市双井乡城子屯
119	市保	南台子古城址	农安县青山口乡南台子村南台子屯
120	市保	磨盘山遗址	长春市新立城水库东岸林场
121	市保	岭东地遗址	长春市南关区幸福乡红咀子村
122	市保	南李家屯遗址	双阳区太平乡天家村
123	市保	七家子遗址	德惠市菜园子镇姚家村
124	市保	黄土坂子遗址	九台市上河湾镇双合村
125	市保	孟家沟遗址	九台市上河湾镇西沟村
126	市保	二道梁子遗址	双阳区二道梁子煤矿砖厂
127	市保	郑家窝堡遗址	德惠市边岗乡丹城子村
128	市保	房身沟遗址	德惠市菜园子镇姚家村

续表4

序号	等级	文物保护单位名称	地址
129	市保	前四家子遗址	德惠市菜园子镇四合村
130	市保	干沟上屯遗址	九台市上河湾镇干沟村
131	市保	前太平遗址	榆树市青山乡岳家村
132	市保	姚家城子古城	双阳区舍岭乡双榆林村
133	市保	完颜娄室墓地	长春市三道镇丰产村
134	市保	月明楼古墓群	九台市庆阳乡庆阳村月明楼屯
135	市保	净月潭古墓	长春市净月潭国家森林公园内石羊石虎山
136	市保	南排木古墓群	榆树市大榆乡大榆村南排木屯
137	市保	王家坨子古墓群	德惠市菜园子乡新立村王家坨子屯
138	市保	姜家屯古墓群	榆树市育民乡连山村姜家屯
139	市保	二道嘴子古墓群	九台市庆阳乡双兴村二道嘴子屯
140	市保	将军岭墓群	双阳区太平乡将军岭村石羊屯
141	市保	劝农古墓群	双阳区劝农乡政府西北
142	市保	磨盘山古墓葬	双阳区太平乡将军岭
143	市保	龙家亮子墓葬	榆树市怀家镇义山村
144	市保	后贲家岗墓葬	榆树市大坡镇南场村
145	市保	伪满洲国文教部旧址	长春市自由大路696号
146	市保	伪满洲国新京神社旧址	长春市人民大街619号
147	市保	伪满洲国中央放送局旧址	长春市人民大街2599号
148	市保	康德会馆旧址	长春市人民大街75号
149	市保	歼灭国民党88师战役纪念地	德惠市郭家乡郭家屯、姜家屯等
150	市保	沙俄侵略军炮台遗址	农安县青山口乡青山口村
151	市保	万宝山事件遗址	德惠市万宝乡、三胜乡
152	市保	李家围子	九台市围子沟乡头道嘴子村
153	市保	大和旅馆中共地下党活动旧址	长春市人民大街80号
154	市保	般若寺	长春市长春大街137号
155	市保	沙俄领事馆旧址	长春市长通路12-16号
156	市保	伪满兴农部旧址	长春市自由大路506号
157	市保	日本关东军空军司令部旧址	长春市西安大路248号
158	市保	伪满协和会中央本部旧址	长春市人民大街2836号
159	市保	伪满中央银行俱乐部旧址	长春市新华路458号
160	市保	伪满大陆科学院旧址	长春市人民大街5625号
161	市保	横滨正金银行旧址	长春市胜利大街5772号
162	市保	海上会馆旧址	长春市人民大街1810号
163	市保	宝山洋行旧址	长春市新发路1号
164	市保	长春厅遗址	长春市新立城镇卫星村新立城屯
165	市保	北山灵岩阁旧址	长春市双阳区双阳镇北山
166	市保	伪满秋林洋行旧址	长春市长江路42号

续表5

序号	等级	文物保护单位名称	地址
167	市保	伪满道德会旧址	长春市东三马路49号
168	市保	秀水娘娘庙旧址	榆树市秀水镇中心校
169	市保	二道沟邮局中共地下党活动旧址	长春市一心街12号
170	市保	裕昌源旧址	长春市东八条2号
171	市保	伪满中央通邮便局旧址	长春市人民大街18号
172	市保	天主教堂	长春市东四道街106号
173	市保	西广场水塔	长春市西广场南侧
174	市保	日伪时期南岭净水厂旧址	长春市亚泰大街7398号
175	市保	伪满国务院总务厅弘报处旧址	长春市人民大街41号
176	市保	伪满千早医院旧址	长春市西安大路3559号
177	市保	地藏寺	长春市长春大街2555号
178	市保	伪满国都饭店旧址	长春市重庆路87号
179	市保	丰乐剧场旧址	长春市重庆路991号
180	市保	鼎丰真	长春市大马路40-1号
181	市保	伪满炭矿株式会社旧址	长春市解放大路117号
182	市保	大马路伪满中央银行旧址	长春市大马路1465号
183	市保	大营子清真寺	长春市双阳区双营子回族自治乡大营子村
184	市保	亚乔辛制粉厂旧址	长春市机车厂院内
185	市保	满铁图书馆旧址	长春市人民大街650号
186	市保	泰发和百货店旧址	长春市大马路697号
187	市保	日本毛织会社旧址	长春市人民大街1699号
188	市保	大兴公司旧址	长春市人民大街1486号
189	市保	满铁综合事务所旧址	长春市人民大街81号
190	市保	国防会馆旧址	长春市人民大街1199号
191	市保	东洋拓殖株式会社旧址	长春市人民大街2080号
192	市保	纪念公会堂旧址	长春市长江路581号
193	市保	伪满洲国地政管理局旧址	长春市长春大街797号
194	市保	伪满新京博物馆旧址	长春市长春大街496号
195	市保	国泰电影院旧址	长春市东五马路48号
196	市保	永春街邮局旧址	长春市永春路71号
197	市保	伪满洲国开拓总局旧址	长春市自由大路509号
198	市保	伪满新京顺天警察署旧址	长春市解放大路2568号
199	市保	伪满铁路俱乐部旧址	长春市汉口大街562号
200	市保	伪满新京银行旧址	长春市黄河路556号
201	市保	日本关东军西大营旧址	长春市芙蓉路225号
202	市保	八岛小学校旧址	长春市东二条街923号
203	市保	郭宗熙旧宅	长春市天津路3号
204	市保	东北人民解放军第一前线指挥所旧址	二道区劝农乡同心村李家屯12号

续表6

序号	等级	文物保护单位名称	地址
205	市保	前央清真寺	九台市沐石河镇齐家村
206	市保	养正书院遗址	长春市长春大街1151号
207	市保	省立第二师范学校中共地下党活动遗址	长春市解放大路1777号
208	市保	日军南岭地下司令所遗址	长春市幸福街副26号
209	市保	大房身烈士墓	长春市大房身机场西南
210	市保	西公园旧址	长春市人民大街955号
211	市保	净月潭水源地旧址	长春市净月潭旅游区内
212	市保	伪满新京动植物园旧址	长春市自由大路2121号
213	市保	方华烈士纪念碑	长春市胜利公园内
214	市保	长春革命烈士纪念馆	长春市三道镇九龙源社会公墓
215	市保	秀水烈士陵园	榆树市秀水镇秀水村
216	市保	东门外烈士陵园	榆树市培英街
217	市保	成多禄墓	九台市其塔木镇成家村
218	市保	其塔木烈士陵园	九台市其塔木镇
219	市保	长春市早期有轨电车线路	长春市红旗街至和平大路
220	市保	“鸽子楼”旧址	长春市建设街79号
221	市保	吉林省宾馆	长春市人民大街2598号
222	市保	工人文化宫	长春市人民大街2302号
223	市保	龙王庙遗址	公主岭市
224	市保	瓮圈遗址	公主岭市
225	市保	朝阳观遗址	公主岭市
226	市保	西范家窝堡遗址	公主岭市
227	市保	姚家烧锅遗址	公主岭市
228	市保	西北岗子遗址	公主岭市
229	市保	东深地遗址	公主岭市
230	市保	林家粉房遗址	公主岭市
231	市保	项家屯遗址	公主岭市
232	市保	沿河遗址	公主岭市
233	市保	贾家沟遗址	公主岭市
234	市保	老房身遗址	公主岭市
235	市保	大凤凰岭遗址	公主岭市
236	市保	双桥遗址	公主岭市
237	市保	西房身沟遗址	公主岭市
238	市保	道下地遗址	公主岭市
239	市保	邵家油坊遗址	公主岭市
240	市保	永和遗址	公主岭市
241	市保	六家窝堡遗址	公主岭市
242	市保	八垧地遗址	公主岭市

续表7

序号	等级	文物保护单位名称	地址
243	市保	张家洼子遗址	公主岭市
244	市保	兴城村西遗址	公主岭市
245	市保	架子山墓葬	公主岭市
246	市保	陈大幌遗址	公主岭市

表30　2020年长春市非遗保护项目单位一览表

序号	等级	项目名称	项目所属地区	项目保护单位
1	国家级	黄龙戏	农安县	农安县黄龙戏传承保护中心
2	国家级	东北大鼓	榆树市	榆树市文化馆
3	国家级	中医传统制剂方法（平氏浸膏制作技艺）	长春市九台区	九台区正泰中医药文化科技发展有限公司
4	省级	赵家古筝艺术	长春市南关区	长春市南关区赵峰古筝艺术中心
5	省级	古琴艺术	长春市朝阳区	长春市朝阳区文化馆
6	省级	花棒秧歌	长春市双阳区	长春市双阳区文化馆（长春市双阳区戏剧创作室）
7	省级	九台满族石氏家族萨满传说	长春师范大学	九台满族石氏家族萨满传说
8	省级	榆树二人转	榆树市	榆树市文化馆
9	省级	关氏满族剪纸	长春市九台区	长春市九台区文化馆
10	省级	钟氏泥塑	长春市南关区	长春市诺睿德创新产业投资管理有限公司
11	省级	冯氏绢人	长春市南关区	吉林省工艺美术集团有限公司
12	省级	董氏草编	长春市二道区	长春市第五十七中学校
13	省级	韩氏草编	长春市南关区	吉林省琴航工艺品制造有限公司
14	省级	榆树李氏草编	榆树市	榆树市青岳精品编织有限公司
15	省级	贾氏编织	长春市朝阳区	长春泽海文化传媒有限公司
16	省级	葫芦彩雕	长春市南关区	长春市诺睿德创新产业投资管理有限公司
17	省级	郭氏木艺画	长春市朝阳区	长春市中老年艺术家协会
18	省级	彭氏微刻	长春市宽城区	长春市宽城区文化馆
19	省级	杨麻子大饼制作技艺	长春市朝阳区	吉林省杨麻子大饼餐饮管理有限责任公司
20	省级	鼎丰真糕点制作技艺	长春市南关区	长春市鼎丰真食品有限责任公司
21	省级	福义德道口烧鸡制作技艺	长春市南关区	长春市福义德道口烧鸡食品有限公司
22	省级	德惠大曲传统酿造技艺	德惠市	德惠市九葆酿酒实业有限责任公司
23	省级	积德泉烧锅传统酿造技艺	长春市宽城区	长春市酿酒总厂
24	省级	乌拉神鼓制作技艺	长春市九台区	长春市九台区文化馆
25	省级	榆树钱酒传统酿造技艺	榆树市	吉林省榆树钱酒业有限公司
26	省级	瓜王沟甜瓜栽培技艺	长春市南关区	长春市南关区明珠街道黑咀子村民委员会
27	省级	传统手工布鞋制作技艺	长春市绿园区	长春市紫玉木兰工艺有限公司
28	省级	满族服饰制作技艺	长春市	东北师范大学
29	省级	徐家窑古建筑材料烧雕技艺	榆树市	吉林省天杰古建筑工程有限公司
30	省级	长春孟氏整骨	长春市南关区	长春孟氏整骨孟晓东骨伤门诊部

续表

序号	等级	项目名称	项目所属地区	项目保护单位
31	省级	魏氏外科祖传秘方	长春市九台区	长春市九台区文化馆
32	省级	赵氏鹿茸炮制技艺	长春市双阳区	长春市双阳区文化馆（长春市双阳区戏剧创作室）
33	省级	九台满族石氏家族祭祖习俗	长春市	长春师范大学
34	省级	满族关氏家族祭祖习俗	长春市	长春师范大学
35	省级	满族杨氏家族祭祖习俗	长春市	长春师范大学
36	省级	满族赵氏家族祭祖习俗	长春市	长春师范大学
37	省级	满语文	长春市	长春师范大学
38	省级	东发合商贸习俗	长春市二道区	长春市东发合商贸有限公司
39	省级	高粱秆儿哨	公主岭市	公主岭市文化馆
40	省级	老怀德满族剪纸	公主岭市	公主岭市文化馆

（市文广旅局产业处）

【文物保护利用】 编制《长春市关于加强文物保护利用改革的实施方案》，经市政府第54次常务会议讨论通过、市委全面深化改革委员会第9次会议审议并原则通过，于2020年11月以市政府办公厅名义正式印发。编制《国家历史文化名城文物保护附加专项评估》《国家历史文化名城文物保护自评总结》，得到国家文物局好评。完成《2021年国保保护项目计划》《2021—2023年省保保护项目计划》编制工作，推进伪满皇宫勤民楼、伪满洲国综合法衙旧址、长春市清真寺等保护修缮。开展文物资源核查，规范文物行政执法工作，打击文物各类违法违规行为，强化县（市）区、开发区文物安全监管职能，对文物犯罪和破坏文物行为保持高压态势。

【博物馆行业管理】 推进乡村博物馆建设工作，双阳民俗文化博物馆、东北抗日联军第一路军展览馆、解放长春第一前线指挥所陈列馆等项目列入省乡村博物馆建设名单。引进“清冶铜华光耀长安”西安博物院馆藏铜镜展等项目。长春市文庙博物馆与通辽霍林郭勒市博物馆签订战略合作协议，长春博物馆与西安博物院、通辽市博物馆、天津自然博物馆分别签订战略合作协议和交流展览合作协议。国庆中秋双节期间，长春博物馆“丝路画意—戈沙丝绸之路版画作品展”在天津自然博物馆交流展出，同时推出以戈沙丝绸之路版画作品为模板进行拓印的体验活动，接待观众约5.8万人次。9月21日，由长春市文化广播电视和旅游局（长春市文物局）、长春净月高新技术产业开发区管委会主办，伪满皇宫博物院、智慧博物馆联合实验室承办的“赋能・重构”——2020智慧博物馆创新论坛在长春举办，同时举行中国首家智慧博物馆联合实验室揭牌仪式。来自全国115家文博单位和科研院所240余位专家代表参加论坛研讨。

【非物质文化遗产传承保护】 制定《长春市市级非物质文化遗产代表性传承人认定与管理办法（暂定）》和《长春市市级非物质文化遗产传承基地、传习所评定及管理暂行办法》，开展第二批市级非物质文化遗产代表性传承人、第一批市级传承基地传习所的申报和评定工作，评选市级传承人36名，传承基地、传习所34个，挖掘市级非遗项目10个。完成第四批省级非物质文化遗产传承基地、传习所推荐工作。

（王　冠　王靖然）

4月9日，组织召开《长春市关于加强文物保护利用改革的实施方案》座谈会

（市文广旅局　提供）

9月20日，“赋能·重构”——2020智慧博物馆创新论坛开幕仪式在长春举行

（市文广旅局　提供）

广播电视管理

【安全管理】　修改《长春市广播电视安全播出应急预案》，加强应急突发事件事故联动机制管理，强化安全播出保障体系建设。全年接收省级预警信息263条，接收长春市各播出单位“零报告”346次，向省安全播出指挥部“零报告”49次，无迟报、缓报、瞒报、漏报。组织全市9家安全播出责任单位开展“学条例、保安全”等活动，宣传新实施的《吉林省广播电视设施安全保护条例》。对长春市6个调频广播、5个中波广播、5个电视频道和县（市）区自办节目，开展广播电视信号监测动态监管。

【传媒管理】　全年接收九台区等6家融媒体中心，长春广播电视台等长春市安全播出责任单位安全生产隐患台账报表34份。秋冬会战专项行动中，排查事故隐患46项，排查一般事故隐患85项，均已整改销号，无漏报、错报。

【评奖活动】　组织各播出机构参加省局科技创新奖申报、技术能手竞赛、省广电协会评奖、少儿精品栏目申报。9月，开展“庆祝中国共产党成立一百周年广播电视和网络视听主题作品创作”活动。

（王冠　王靖然）

长春日报

【习近平考察吉林重要讲话和重要指示精神宣传】　7月，中共中央总书记习近平考察吉林省长春市，《长春日报》除及时转发新华社等中央媒体关于习近平考察吉林消息通稿和其他相关报道外，跟进后续报道，推出“习近平总书记在长春”系列专版。组织骨干记者组成回访团队，沿着习近平2015年以来在长春考察的脚步进行特别专题采访，推出专版和系列报道。推出“学习贯彻习近平总书记考察吉林重要讲话和重要指示精神”“牢记嘱托长春先行学习贯彻习近平总书记在吉林考察”“牢记嘱托再出发，砥砺奋进新时代”专栏，报道全市上下、各行各业落实习近平讲话精神情况，并刊发系列评论员文章、系列理论专版，解读习近平考察吉林重要讲话重要指示精神的重大意义、精神实质和根本要求。7月25日至12月29日，《长春日报》刊发稿件518件，推出相关专版40块，反映在加快长春现代化都市圈建设、基层治理、城市规划建设、国企改革发展等方面新进展、新成效。《长春日报》新媒体在掌上长春微信公众号、长春政事儿公众号、长春+App、长春新闻网等新媒体平台和《长春日报》《长春晚报》微信公众平台从不同角度对习近平考察吉林进行报道，长春新闻网、长春+App和长春政事儿公众号推出“牢记嘱托长春先行”等系列专题报道。

9月21日，中国首家智慧博物馆联合实验室揭牌仪式在长春举行

（市文广旅局　提供）

【突发事件舆论引导】 启动应急机制，全体采编人员第一时间投入新冠肺炎疫情防控阻击战。推出战时采编工作新机制，打破部门壁垒、优化采编流程、定期网上会商，采编发衔接互动。开设“万众一心、党旗飘飘、复工复产、战疫英雄谱、战疫长春星、全城亮屏迎接天使回家”等专题专栏，通过报纸、手机、屏幕，以文字、图片、视频、音频、小程序等形式报道党委政府工作部署，传递疫情权威信息，传播科学防控知识，讲述“长春抗疫故事”。整个战“疫”报道期间，《长春日报》刊发相关报道4243件（其中长春市相关报道2876件）。11月末，《长春日报》报道团队发布极寒冻雨天气预警信息，采访气象专家，报道水电气热各部门抢险维修进展情况，记录园林、环卫、交警奋力清理道路和受损树木情况，提示受损车辆报险，记录特殊时期途经长春并滞留高速公路司机乘客和养老院老人等特殊人群受到关照和温暖情况。

【脱贫攻坚相关报道】 在重要版面开设“坚决打赢脱贫攻坚战”“扶贫故事”“决战决胜·脱贫攻坚”等专栏，挖掘脱贫故事，宣传脱贫致富先进典型，配以相关新闻专题、理论专版和公益广告，上半年刊发相关文图报道及理论文章等223件，《长春日报》各新媒体平台均同步进行相关报道。国庆节前，启动大型集中采访报道，采编部门负责人带队，组成由文字记者、摄影记者、编辑、掌上融媒各1人参加的22个报道小组，深入脱贫攻坚最基层，进行驻地蹲点式采访，集中展现长春市脱贫攻坚成果。截至12月28日，推出相关专版18个，相关图文报道118件。

【市委市政府中心工作宣传报导】 把以“全面小康·魅力之都”主题的新闻策划报道贯穿全年，展现长春现代化都市圈建设成果。在一版开设“全面小康·魅力之都”专栏，不定期推出“全面小康·魅力之都”专版，从文明长春、冰雪长春、电影长春、宜居长春、乡村振兴、绿化美化等方面，重点宣传长春市在全面建成小康社会进程中，经济建设、政治建设、文化建设、社会建设、生态建设、城市建设等方面成果。年初至12月28日，刊发“全面小康·魅力之都”专版58块，相关文图报道稿件459件。推出“解放思想再深入·全面振兴新突破”主题活动专项工作、“四大板块”、中韩国际经济合作、“审批不见面、办事不求人、最多跑一次”等系列专题宣传。在2020中德汽车大会、第二届全球（长春）制造业服务外包峰会、2020长春（国际）无人机产业博览会3项重大活动中，报社策划先行、团队作战，从活动内容到盛况展现，从观众反响到参会企业收获，进行全景式报道。

【深化改革】 2020年，长春日报社进行内部体制机制改革。其间，市委改革办就报社体制机制改革问题进行专题调研，并形成书面报告。5月7日，市委深改委第八次会议审议长春日报社深化体制机制改革情况汇报。至7月初，完成报社改革工作，实现事企分开。组建采访中心、编辑中心、融媒中心等10个工作单元，统筹相关领域工作；撤销7个内设机构，组建长报发行、长报印刷、长春长晚、长报文化、长春掌上融媒等5家公司，承担原有相关经营职能，实现经营业务从报社剥离。改革涉及员工313人，理顺204名“公司编”人员身份关系，历史遗留问题得到基本解决。报社内设机构从37个减至31个，本级在岗职工从757人减至553人，经营费用节约1266万元。

【融合发展】 新媒体矩阵形成规模。在原有“掌上长春”微信公众号、“长春政事儿”微信公众号、“长春+”客户端、长春新闻网、长春晚报微信公众号等平台基础上，增加“掌上长春”微博、抖音号、微视号，打造“掌上长春”全系列拳头产品。清博大数据库中的微信传播指数WCI统计显示，“掌上长春”微信公众号在吉林省稳居前两名。同时入驻央视频、人民号、头条号、百家号、企鹅号、大鱼号、网易号等全国知名媒体平台，实现新媒体平台PGC全网发布，形成多平台、多渠道、立体式推广矩阵，实现对外宣传全覆盖。报纸采编和新媒体采编重新整合，互通互融，采访采集一体化，内容生产一体化，刊发推介一体化，全平台发布。利用媒体融合优势，策划执行系列主题活动，举办迎接抗疫英雄回家的全城“云合唱”活动，与市文明办联合主办倡议使用公筷公勺、助推“文明十条”落地活动，与市商务局联合策划“惠满春城”消费季、阿里直播月活动，与市委老干部局共同策划和制作“我和我的祖国”纪念抗日战争胜利75周年长春抗日老干部纪录片，承办无人机产业博览会，承办由长春市委宣传部主办的2020长春魅力单位选评活动、长春市第七届“名记者、名编辑、名主持人”评选活动、长春市十大文化产业品牌评选活动、“魅力长春人·长春好故事”讲述活动。

（李　非　杨如星）

长春出版社

【概况】 2020年，长春出版社出版图书967种。其中，新书352种，再版重印615种，实现图书发行码洋2.46亿元。

2020年，长春出版社出版的图书《北京文化的歌者：老舍传》《探索中亚的史诗：张骞传》《先生向北》《毛泽东诗词鉴赏》入选2020年全国农家书屋重点出版物推荐目录，《速滑少年（第一季）》《侯外庐著作与思想研究》《中国现代市场利率通论》获吉林省委宣传部评选的“第四届吉林省新闻出版奖：新闻出版精品奖”，《长春市生活垃圾分类知识读本》入选吉林省科技厅评选的“2020年吉林省优秀科普作品”，《数学绘本大升级》入选吉林省科技厅评选的“2020年吉林省优秀科普提名作品”。

3月，长春出版社获吉林省委宣传部评选的“第四届吉林省新闻出版奖：新闻出版优秀集体奖”；12月，长春出版社获中宣部评选的“全国新闻出版广播影视系统先进集体”公示。

【重点图书出版】　社会科学图书出版方面，2020年出版的重点项目有《金恩晖图书馆学研究文集》《中国史学史》《吉林市历史文化研究》《吉林省社科院图书馆藏古籍善本图录》《启予国学丛书（5种）》《马克思生态思想视域下的当代中国生态文明建设探索研究》等，集中体现长春出版社注重增加历史文化类选题的策划特点。

配合长春市开展生活垃圾分类处理工作，长春出版社与长春市教育局、长春市城市管理局共同完善和修订《长春市生活垃圾分类知识读本（中学生版）》《长春市生活垃圾分类知识读本（小学生版）》《长春市生活垃圾分类知识读本（幼儿园版）》系列图书，修订版发放到学生、幼儿、市民手中。

《长春市"不忘初心、牢记使命"主题教育大事记》《戏剧春秋艺苑》《长春大事记 2019》《长春财政年鉴（2018年）》《社区工作者职业化专业化培训教学大纲》如期出版，服务长春市文化建设。

【教材出版经营】　全年新版及改版《随堂同步练习语文》《幼儿主题活动资源包》《语文读本》《健康教育》《信息技术》等教材教辅超过300种。出版《高中生涯发展指导》教材，根据《中共中央国务院关于全面加强新时代大中小学劳动教育的意见》编写的《劳动实践指导》教材正式出版发行。开发《字源慧》《旗标中考模拟卷》《旗标吉林好卷》等一批较有影响的市场图书新项目。

【《电影北上》出版】　2020年是长影成立70周年，长篇纪实文学《电影北上》以从南方到北方的地域变迁为视角，以细腻的文学叙述为笔法，呈现1935年至1955年20年间中国电影的重大转折，叙述中国电影中心从上海转移到长春的历程，作为在中国共产党领导下建立的第一个电影基地，长影的红色基因来自哪里，以及在中华人民共和国成立前后，长影作为"新中国电影的摇篮"将电影的"种子"播撒到全国的过程。

【《吉林省社会科学院图书馆藏古籍善本图录》出版】　该书收录吉林省社会科学院图书馆所藏近400部古籍善本，目录条目近400条。该书在编排上主要以四部法为体例，收录范围为吉林省社会科学院图书馆馆藏善本古籍及东北特色文献。著录书名、卷数、著者、版本、册数、板框尺寸、行款等。书影图录包括书的图版（四色）和简要释文，所选图版以首卷卷端为主，兼收序跋、名人题记等，简要释文包括书名、卷数、版本等。《吉林省社会科学院图书馆藏古籍善本图录》是古籍整理领域又一部重要目录性工具书，也是吉林省古籍整理的优秀成果。

【《金恩晖图书馆学文集》出版】　金恩晖是我国改革开放初期图书馆学事业繁荣发展的主要推动者之一，曾任吉林省图书馆馆长、《图书馆学研究》主编。他在图书馆学理论、图书馆事业、文献检索、文献整理、工具书编纂以及地方史志等领域有系统研究，并有重要研究成果问世。该书收录金恩晖在图书馆学领域的重要文章140余篇，有理论研究文章，图书馆工作实践经验总结，以及文献、目录、评论等文章。

【重点出版项目获国家级荣誉】　《侯外庐著作与思想研究》获第七届中华优秀出版物奖图书奖，并于2020年3月获吉林省新闻出版奖。该项目是由张岂之主编，西北大学、北京师范大学等校20余位专家学者参加编辑的大型出版项目，总计1200万字，分为33卷。该项目于2014年被列入"十二五"国家重点图书出版规划和国家出版基金资助项目，第一次对侯外庐留下的丰厚思想文化遗产进行全面性发掘、整理和研究，是中国史学界开拓性工作，填补一项史学研究空白，厘清侯外庐思想发展脉络，吸收海内外学者研究侯外庐思想的代表性成果。

【事业单位改革】　按照《中共中央办公厅国务院办公厅印发〈关于从事生产经营活动事业单位改革的指导意见〉的通知》要求，长春出版社于2020年8月完成转企改制，由事业单位转为国有企业，企业名称为长春出版传媒集团有限责任公司。

（吕依航）

图书事业

【概况】　长春市有图书馆13家。其中，国家级11家（国家一级8家、国家二级2家、国家三级1家），其他2家。

2020年，长春市图书馆经费总投入4765.7万元，其中文献购置费1200万元。全年订购中外文图书6.4万种，7.5万册。订购中外文报刊4291种。采购数据库45种，试用数据库10种。接受捐赠图书979册。2020年，长春市图书馆总藏量397万册（件）。其中，普通文献335.5万册，电子图书61.5万册；数字资源本地存储总量120TB（万亿字节）。全年外借各类普通文献52.9万册次，电子图书下载155万册次，网站访问量979万余次，远程数字资源访问量2741万人次，移动端访问量1155万人次。全年编辑制作市文广旅局国际交流活动信息专刊《H文旅》1期，编辑《立法信息快讯》20期，面向人大、市政府等单位提供课题咨询26项。全国网上联合参考咨询解答课题2万余条。全年接待读者19.3万人次。新办理读者证1.3万余张。媒体报道1400余次。自媒体发文4839篇，总阅读量998万人次，长图微信公众号积累粉丝10.6万人。全年编印阅读推广刊物《品读》6期，编印《长图视窗》4期。全年举办各类型读者活动546场次，参与人数28万人次。完善城市阅读书网实体网点建设，新建标准化示范性分馆3家、阅书房2个。全年为各分馆配送图书3.4万册，联动分馆开展线上线下活动96项。汽车流动图书馆全年借还2万余册、服务9000人次。

表31 2020年长春市图书馆一览表

序号	等级	企业名称	地址
1	国家一级	长春市图书馆	吉林省长春市同志街1956号
2	国家一级	长春市少年儿童图书馆	长春市南关区东三马路703号
3	国家一级	朝阳区图书馆	朝阳区育民路与云顶街交汇
4	国家一级	绿园区图书馆	长春市绿园区皓月大路1170号
5	国家一级	榆树市图书馆	榆树市向阳路301号
6	国家一级	农安县图书馆	农安县宝塔街与兴隆路交汇处
7	国家一级	双阳区图书馆	双阳区学院大街359号
8	国家一级	宽城区图书馆	宽城区东一条街649号
9	国家二级	德惠市图书馆	德惠市德福街与惠民路交汇处
10	国家二级	九台区图书馆	九台区新华大街2806号
10	国家三级	二道区图书馆	岭东路与东盛大街交汇
12	无	南关区图书馆	临河街南四环金色世界湾29栋
13	无	公主岭市图书馆	公主岭市西公主大街文体中心

（市文广旅局产业处）

【“戏剧春秋艺苑菁华——长春戏剧、戏曲、曲艺、杂技艺术名人展”】 12月23日，“戏剧春秋艺苑菁华——长春戏剧、戏曲、曲艺、杂技艺术名人展”在长春市图书馆八角轩举办，聚焦长春市戏剧戏曲领域119位艺术家，对其人生轨迹和艺术成果进行系统梳理，同时将项目成果结集成书编印出版，完善具有地方特色的长春记忆资源体系。

【《伪满洲国联合协议会记录档案》出版项目整理】 年内，向民国文献保护中心申报《伪满洲国联合协议会记录档案》通过国家图书馆“2019年革命文献与民国时期文献整理项目专家评审会”评审，获准立项。完成73种图书目录、1.6万余页扫描文件整理工作。

【“书香长春都市风尚”2020长春市民读书节】 读书节由开幕式、吾阅吾城、吾讲吾城、吾行吾城、吾爱吾城5个板块组成，从6月30日至10月11日，历时104天，在全市范围内开展130场阅读推广活动，其中以4场“仲夏夜”换书大集、成立长春市民换书中心、5场“城市热读”夜论坛、“书醒书包——阅读养成接力赛”等活动为亮点，展现“立体阅读”魅力。

【疫情期间线上阅读服务】 在节日和重要时间节点，举办“闹春图”元宵节线上系列活动、“阅‘战’三月爱传‘疫’消”“让阅读滋养心灵”世界读书日、“图书馆服务宣传周”“执手书香让童心出发”六一国际儿童节阅读推广系列活动等线上活动365场。利用自媒体矩阵、钉钉云课堂及网络直播、短视频平台等进行活动推广和数字资源推介，全年网站访问量979万余次，移动端访问量1155万人次，微信公众号阅读量205万次。

【抗“疫”资料征集活动】 发挥公共图书馆收集、整理、保存和传承地方文献的职能作用，开展“长春记‘疫’大爱无疆——长春市图书馆向社会各界征集抗‘疫’资料”活动，面向社会征集各类抗击疫情文献资料2400余件。于2020年4月举办《长春记“疫”大爱无疆——长春市图书馆抗“疫”资料征集成果展》，《长春晚报》设专题《城市记“疫”》系列报道征集活动，于9月再次发布《长春记

6月30日，“2020长春市民读书节”活动——“城市热读·夜论坛”首场活动在长春市图书馆举办，听不一样的90后讲述抗疫故事 （市图书馆 提供）

"疫"大爱无疆——长春市图书馆抗"疫"资料征集成果回顾展》。

【"魅力长春醉美通辽——双城美景图片展"】 11月18日，"魅力长春醉美通辽——双城美景图片展"在长春市图书馆举办。通过百余组展板、200余幅图片，展示长春和通辽两地旅游资源及文化特色，加强两地文旅交流、战略合作。

【首届长春冰雪阅读季活动】 以"都市冰雪阅美启航"为主题，采取全市各级公共图书馆联动、媒体全程助力形式，在全市范围策划举办"长春记忆""冰雪嘉年华""辛丑迎新""分众阅读"4大版块、140项线上线下阅读推广活动，展现"冰雪文化与阅读融合"魅力，助力长春冰雪节，引领市民共赴冰雪阅读嘉年华，支持长春现代化都市圈建设。

【城市阅读书网实体网点建设】 新建湖光社区分馆（桂林街道）等3家标准化示范分馆，在建分馆6个。新建万科向日葵小镇阅书房和蒙奇·行知空间阅书房2个。2020年，在全市建成示范分馆34家，阅书房8家。全年为各分馆配送图书3.4万册，联动基层分馆开展线上线下活动96项。调整流动图书馆部分服务网点，全年开展服务193天，新办读者证457张，借还文献2万余册，服务9000人次。

【"义务小馆员"志愿服务获最佳志愿服务项目】 长春市图书馆"义务小馆员"志愿服务项目在2019年度全国宣传推选学雷锋志愿服务"四个100"（100个最美志愿者、100个最佳志愿服务组织、100个最佳志愿服务项目、100个最美志愿服务社区）先进典型活动中，被推选为最佳志愿服务项目。

【媒体宣传】 以阅读推广活动和惠民举措为新闻点，组织宣传报道，全年各类媒体报道1400余次。全年长春市图书馆自媒体发文4839篇，总阅读量998万人次，比2019年提升55%，长图微信公众号积累粉丝10.6万人。长春市图书馆微信公众号和微博获评吉林省文旅行业公众号影响力排行榜文化类第一名。长图微信公众号山东图书馆主办的《全国公共图书馆微信微博监测月报》副省级城市公共图书馆微信影响力排名第六，2020年最好排名为2月，在全国公共图书馆中排名第五，在省会城市和副省级馆中排名第二；微博稳居副省级城市公共图书馆微博影响力排行前十，2020年最好排名为第六名（8月）。

（赵星月）

文化市场管理

【概况】 长春市有文化市场经营单位1560家。其中，互联网上网服务营业场所702家，娱乐场所324家，演出市场场所179家（营业性演出场所49家、文艺表演团体33家、演出经济机构97家），艺术品经营机构263家，经营性互联网文化单位92家。

（市文广旅局宣传处）

表32　2020年长春市文化市场经营单位一览表

类别		数量（家）
互联网上网服务营业场所		702
娱乐场所	歌厅	172
	舞厅	12
	电子游艺厅	140
演出市场	演出场所经营单位	49
	文艺表演团体	33
	演出经纪机构	97
艺术品经营机构		263
经营性互联网文化单位		92
合计		1560

（市文广旅局产业处）

【旅游市场管理】 依托全国旅游监管服务平台管理系统12301服务平台专版系统以及12345市长公开电话系统，全年接到旅游者投诉652件。发挥人民调解机制解决旅游纠纷，通过微信视频方式，组建由人民调解员、旅游者、旅行社和执法人员组成的调解工作群进行视频调解，为旅游者挽回经济损失280.5万余元。开展集中执法检查和专项整治行动。开展假日旅游市场执法检查，"端午节""国庆中秋"假日期间出动执法人员24人次，检查发往长白山、延吉、集安等旅游景区旅游团队16个，导游员16名。9月至11月，开展旅游市场违法违规经营行为专项整治行动，检查主城区旅行社65家、外地旅行社分社10家、旅行社服务网点13家；各外县（市、区）检查旅行社、分社、服务网点124家次。通过开展专项整治行动，遏制个别旅行社销售旅游套餐产品及预付卡行为。

【文旅行业专项治理】 推进"扫黑除恶"专项斗争，实施文化旅游行业专项整治、艺术品经营场所专项整治等行业乱象集中整治行动10个，整治文化旅游市场不合理低价游、出入境旅游、黑导、无证经营等问题，对文化娱乐场所、演出市场、重点旅游景区、星级宾馆、旅行社等单位开展专项检查。全年出动检查人员3858人次，检查经营单位5276家次，下达责令整改通知书191份；查处扰乱旅游市场经营秩序案件3起，艺术品经营案件4起，罚款人民币12万元；检查非法安装使用卫星地面接收设施场所7524家次，拆除6763套。

【文旅行业安全管理】 强化运行安全，制发各类方案、通知39份，建立文化和旅游行业领域常态化治理机制，修订《长春市旅游突发公共事件应急预案》并以市政府办公厅名义印发，修编《长春市文广旅行业安全生产和消防安全约谈实施办法（试行）》《长春市广播电视安全播出应急预案》等制度。加强文化和旅游市场执法监管，强化广播电视安全播出管理，整肃和规范市场主体经营行为，在元旦、春节、"两会"、清明、"五一"、"十一"等重要时段和敏感时期，检查各类文旅经营单位7200余家（次），排查隐患344处。全市文化广播电视旅游领域安全无事故。

（王　冠　王靖然）

卫生健康

WEISHENG JIANKANG

综　述

【概况】　截至2020年年末，全市拥有医疗卫生机构7964家。其中，综合医院124家，专科医院72家；社会办医院169家；三级医院25个，城市社区卫生服务中心（站）107个、乡镇卫生院120个、村卫生室2009个。千人口卫生人员10.11人，千人口医生3.35人，千人口护士3.33人，千人口床位7.48张。全市医疗卫生机构总诊疗量3893.3万人次，其中门诊3399.4万人次，互联网诊疗71.8万人次。卫生从业人员102925人，其中专业技术人员80530人（执业医师28143人，注册护士37625人，药师3177人，检验人员2230人）。床位6.49万张。

【医药卫生体制改革】　调整长春市医改领导小组，组建市属公立医院管理委员会。推进现代医院管理制度试点工作，印发《长春市公立医院薪酬制度改革试点实施方案》，在争取市中医院确定为省级试点基础上，将市中心医院、市儿童医院、市妇产医院等3家医院纳入市级试点范围。制定推广福建省和三明市深化医改经验施工图和实施方案。取消医用耗材加成，调整医疗服务价格2807项。执行国家第三批药品集采结果，55个品种平均降价幅度53%，最高降幅超过95%。《长春市公立医院综合改革探索》作为地方全面深化改革典型案例被纳入《中国改革年鉴（2019）》。完善医联体工作机制，覆盖79%社区卫生服务中心和95%乡镇卫生院。确定农安县为长春市医共体建设试点单位，推动县域医共体建设。完善综合监管制度，成立医疗卫生行业综合监管领导小组，建立成员单位权责清单，推进国家督察反馈问题整改，加大违法行为查处力度。

【健康扶贫】　实行结对包保，对问题挂牌督战、压茬跟进、限期整改，各项工作得到落实，完成国家督导组专项督查。基本医疗保障全部达标，县乡村都有达标医疗机构，有合格医生。组织县乡村三级医疗机构对5.4万名贫困人口全部建立健康档案，家庭医生服务做到应签尽签，在乡贫困患者全部获得“一人一策”诊疗服务。30种大病2089名贫困患者落实“应治尽治”。13062人次贫困患者在定点医疗机构享受“先诊疗后付费”政策。

【医疗服务】　市政府投入资金11.9亿元，异地新建市疾控中心和急救中心，改扩建市传染病医院。各地升级改造疾控中心和实验室。21家发热门诊用房和装备设施陆续得到改善。提升核酸检测能力，建设4个城市检测基地，47家医疗卫生机构可独立开展新冠病毒核酸检测。加强医疗人才队伍建设，15家单位开展21次职称聘任，聘任1262人。完成7557名医师考试，5844名护士考试，3400名医师定期考核。通过“强医计划”从吉林大学等3所高校引进45名应届毕业生。面向社会公开招聘152名事业单位工作人员。农村订单定向医学生签约64名，全科医生注册1644人，完成每万名人口拥有2名全科医生目标。

【医疗质量】　发挥26个医疗护理质控中心作用，开展业务培训，规范诊疗行为。对19家公立医院开展医疗质量监管评价，提出具体整改措施。针对抗菌药物、抗肿瘤药物、重点监测药品开展专项点评。在医疗卫生机构中开展“乱收费、收红包、索回扣”三项整治行动。推进智慧医疗服务，改善医疗服务体验。全市二级公立医院全部实现居民电子健康卡“一卡通”使用，三级以上公立医院全部实现分时段预约诊疗，8家市级公立医院建立远程会诊平台，44家医疗机构实现检验结果互认。加大医疗机构运行安全风险管控，聘请专业第三方机构进行安全检查，安全生产工作获得省卫健委通报表扬。市委市政府制定《关于促进中药传承创新高质量发展的实施意见》，发挥中医药优势，建设10家国家、省级老中医工作室，中医药在新冠肺炎预防、诊治、康复中发挥积极作用。

【重大疾病防治】　2020年，法定传染病报告发病率91.50/10万，比2019年下降41.72%。加强鼠疫防控，举办鼠疫应急培训和演练，完成鼠疫风险评估、疫情监测及疫源检索工作。加强结核病防治，全市报告发病率27.48/10万，比2019年下降24.50%。推进艾滋病、性病各项防控措施，扩大检测覆盖面，强化艾滋病重点人群宣传教育，艾滋病抗病毒治疗覆盖率93.93%。规范疫苗采购、运输和预防接种管理，全市接种单位全部实现疫苗接种全程可追溯。承接癌症早诊早治项目，完成心脑血管疾病早期筛查和干预工作。规范死因监测工作，与公安、民政建立数据共享机制。加强精神障碍患者规范化管理，推进国家社会心理服务体系建设试点工作，全市52%村屯（社区）建成心理咨询室。推进全市地方病防治专项攻坚行动，实现监测评价全覆盖。做好职业病防治工作，监督检查2000余户，完成31家矿山危害治理。对49家尘毒危害严重企业进行重新辨识，规范164家存在粉尘危害企业。将2067家存在职业病危害因素企业纳入全方位监管。对职业性尘肺病患者进行回顾性调查，为患者建档立卡。完成尘肺病防治攻坚行动各项任务，通过吉林省卫健委验收。

【重点人群健康服务】 加强重点人群健康管理，组织3000名医护人员参加高危孕产妇救治技能大练兵活动，长春市代表队获全省团体一等奖。科普片《生育全程》获全国首届出生缺陷防治科普作品征集大赛视频类二等奖。应对人口老龄化，制定《关于建立完善老年健康服务体系的实施方案》。启动“银龄学校”，开展失能贫困老年人照护服务工作。举办长春市医疗护理员培训班，推动医养结合。加强婴幼儿照护服务，通过试点，初步建立家庭服务、托育服务和社区服务互为补充，“医保结合、保教结合”托育服务长春模式，在全省现场会上作经验介绍。打造“护蕾计划”趣味课堂，与有关部门对接，举办“百校万生开学健康第一课”，向全市万名学生传递健康知识。

（姜德强）

新冠疫情防控

【概况】 截至2020年末，长春市连续319天无本地新增病例。全市卡口智能识别系统、电子围栏等在省内第一时间推广，“扫码乘公交”等做法获国务院指导组称赞，创新建立“三长”（网格长、楼栋长、单元长）联动机制，“入门登记卡”等亮点举措被新闻联播推广介绍，1家单位、2人被授予全国抗击新冠肺炎疫情先进集体、先进个人称号。

【统筹组织】 成立双组长领导小组，设立13个工作组、3个工作专班、8个督导组，开启24小时指挥部集中调度模式。“防、控、治、管”各条战线、所有领域快速出击、全面作战，形成党政齐抓共管、部门协调联动、社区紧密配合的防控局面。城市各卡点全面筛查测温700余万人，发现发热病人906人。疫情趋于平稳后，成立35个企业指导组，下发复工复产防控文件47份，印制防控指南10万册，流程图22套，向集中留观人员、一线防疫人员和复工企业职工等重点人群发放中药汤剂10万袋，代茶饮90万袋，双黄连口服液13.3万盒，派出4万余人次现场指导17709家单位，保障“汽博会”“电影节”等43个大型活动疫情防控需要。开展线上疫情防控培训，利用“互联网+医疗”恢复正常医疗服务，逐步推进复学复课，加快推进生产生活秩序全面恢复。

【防控资源保障】 市级领导到一线包保督导，各地、各部门服从大局，担负起疫情防控职责。提前储备3批定点医院、21家发热门诊，机场常备转诊120车辆5台、转运保障车辆18台。因时因势动态调整隔离场所，最多时设置留验站19个、指定隔离宾馆95家。组成40余名专家救治团队，成立市级医疗专家组、疫情防控专家组、对口支持专家组，多领域防控。成立流调队伍86支578人，专业消杀小组77个434人，采样小组76支712人，各街道（乡镇）成立疫情防控工作组278个2350人，社区（村屯）成立疫情防控小分队4126个17166人，机场日常储备400余人。建立医疗物资保供机制，制定储备方案和保供预案，建立全市应急储备库，做好疫情防控保障工作，抓好生产线、生活线、生态线，各医疗卫生机构防控物资储备量基本满足30天满负荷运转需要。

【疫情防控】 领导小组召开26次工作会议。建立“一个平台四张网”（全市疫情防控信息调度指挥大数据平台、外防输入信息网、兜底摸排信息网、涉疫重点人员信息网、市民群众投诉举报信息网），利用“大数据+网格化”快速确定轨迹，形成完整链条，精准锁定目标。全市调查处置49例病例、4名无症状感染者，未漏掉一条可疑线索。2月25日至12月29日，保障国际航班71班，安全转运入境旅客17160人。组织省、市级医疗救治专家组会诊156次，参与专家600余人次。截至2020年末，50天内实现45例本土病例在院清零、零死亡、医务人员零感染“三零”目标。2月5日至12月底，监测药店购买“一退两抗”药品（退热、抗病毒、抗菌素类药品）人员27.5万人次。截至2020年末，全市愿检尽检261360人次，检测近149万人次。

【常态化防控】 完善专业诊疗体系，加强发热门诊配置，全市25家医院设发热门诊，配备留观床位268张、医护人员1155人，建立医疗梯队87个。设立定点医院10家，备用医院8家，视医疗救治需要分批启动备用医院。定点医院和后备医院总床位不少于2500张，每个定点医院至少配备3支救治梯队，医护人员10785人。完善公共卫生体系，投入资金11.9亿元，高标准、高质量推进“一院两中心”（长春市传染病医院、市疾控中心、急救中心）、4个城市检测基地、全市发热门诊规范化建设等，改造11个县区级疾控中心。投入3.5亿元用于基层医疗卫生机构改扩建和购置医疗设备。加强实验室检测能

2月24日，欧亚卖场复工。图为人员有序入场　　（市卫健委　提供）

力建设，截至2020年末，长春市具备独立开展新冠病毒核酸检测能力医疗机构34家，日最大检测能力1.3万份，第三方检测机构12家，日最大量检测能力6.3万份，单日最大检测能力7.6万份。全市经培训取得PCR上岗证人员410人。建设统一领导、资源融合、分级负责、属地管理的应急响应体系，下发各类应急方案手册，明确常态化防控要求，动态设置隔离场所27个。其中，留验站14家，隔离宾馆13家，可用房间2063间。开展技术培训246期11548人次，实战演练16次1206人次，确保依法、科学、规范开展应急处置工作。管理密切接触者3262人、密接的密接3617人、重点地区到（返）长人员369546人、入境人员21595人，107人支援武汉，万名医务工作者、2万余个基层党组织、8万余名志愿者、13万余名党员干部、近16万余名“三长”（卫生院院长、学校校长、农技站站长）连续奋战在疫情防控一线，760万长春人民用实际行动诠释“长春精神”。精准的疫情防控，为长春市经济社会发展提供有力保障，前三季度GDP增长3.1%，在东北4市保持首位，规模以上工业增加值增长10.2%，固定资产投资增长9.1%，在15个副省级城市中分列第2位、第3位。

（姜德强）

医药卫生体制改革

【概况】　《长春市公立医院综合改革探索》作为地方全面深化改革典型案例，被《中国改革年鉴（2019）》收录。在全省开展的2020年公立医院综合改革绩效评价奖励工作中，长春市位居全省前三名。年内，印发《关于调整长春市深化医药卫生体制改革领导小组组成人员的通知》，成立由市长任组长、分管副市长任副组长的市医改领导小组。指导各县（市）区、开发区健全属地医改领导小组组织体系建设，全市17个县（市）区、开发区全部完成医改领导小组调整工作。推广福建省三明市深化医改工作经验，制定《长春市推广福建省三明市医改经验深化医改工作任务施工图》和《长春市推广福建省三明市医改经验深化医改工作实施方案》，推进深化医改工作。

【疾病预防控制体系完善】　落实完善短缺药品保供稳价工作机制，制定《短缺药品会商联动机制规则》《长春市短缺药品保供稳价重点工作任务清单》和《落实促进中医药传承创新高质量发展的实施意见》，印发《关于调整长春市市属公立医院管理委员会组成人员的通知》，组建市属公立医院管理委员会，市政府分管领导任主任，推进5家国家现代医院管理制度试点工作。长春市中医院转变管理模式，由粗犷式管理向精细化管理转变，建立全面预算管理制度，优化医院收入结构；长春市儿童医院依托北京儿童医院集团、东北儿童医院发展联盟，牵头建立省级儿科医联体，提升儿科整体医疗水平；农安县人民医院优化便民惠民措施，推广“5G+3D打印”技术，在吉大二院专家指导下实施膝关节置换远程会诊手术。吉大一院引入上海复旦大学医院绩效评价体系，建立“标准点值”和“点单价”。

【控费管理机制建立】　印发《关于做好2020年控制全市公立医院医疗费用增长幅度工作的通知》，合理确定差异化控费指标，对部分具有特殊服务性质的专科医院以及改扩建医院单独制定控费指标，全市公立医院医疗费用比2019年平均下降27.1%。

【医疗服务价格调整】　取消医用耗材加成，联合印发《关于全市公立医疗机构取消医用耗材加成同步调整医疗服务项目价格的通知》，调整医疗服务价格2807项。优化医疗服务价格，印发《关于制定新增和修订部分医疗服务价格项目的通知》，新增和修订医疗服务项目20项。

【药品集中带量采购】　依托深圳市确定的药品集团采购组织，组织全市公立医疗机构开展药品跨区域联盟采购试点工作，推动降低药价。

【薪酬制度改革】　印发《长春市公立医院薪酬制度改革试点实施方案》。长春市中医院工资总量比2019年上涨11%；职工绩效比2019年上涨4.17%。

【基本药物制度落实】　指导县级医院和基层医疗卫生机构开展药品网上采购工作，提高乡村药品配送管理水平。对基本药物制度补助情况、村卫生室补助情况进行核查，开展项目绩效自评。基药补助资金到位率100%。

（姜德强）

疾病预防控制

【结核病防治】 2020年，全市报告结核病发病率比2019年下降29%。肺结核患者病原学阳性率66.6%；新涂阳耐药筛查率90%，高危病人耐药筛查率96.09%，耐药病人纳入治疗率84.31%。与教育局联合印发《关于进一步加强学校结核病防控工作的通知》，开展“3·24”世界结核病防治日宣传活动，网络平台覆盖面以社区（乡镇）为单位实现全覆盖。

【艾滋病防治】 全市建立艾滋病病毒初筛实验室40个、检测点34个、艾滋病病毒确认实验室1个，形成市、县、乡三级监测检测网络。术前患者、孕产妇人群等均开展艾滋病病毒抗体免费筛查。加强与教育部门沟通合作，每半年互通一次校园疫情信息。加强对艾滋病感染者抗病毒治疗，长春市抗病毒治疗覆盖率92.11%。开展艾滋病宣传教育，重点人群艾滋病防治知识知晓率100%。

【免疫规划疫苗接种】 贯彻落实《疫苗管理法》，规范疫苗采购、运输和预防接种管理，确保疫苗接种安全。配合省疾控对长春市所有接种单位进行编码维护，完成长春市升级改造省级免疫规划信息系统，及时与国家疫苗追溯协同服务平台对接。全市14个县（市）、区和270家接种单位全部实现疫苗接种全程可追溯，并按标准向协同平台提供相关信息。开展国家免疫规划疫苗常规免疫工作，提供安全、有效的疫苗接种、补种、强化免疫和应急接种服务。全市接种率报告覆盖率100%，免疫规划疫苗报告接种率在95%以上。在规范化门诊核心基础上逐步推进数字化预防接种门诊创建工作，实行电脑全程监控管理接种过程，实现儿童预防接种信息化系统和数字化管理系统无缝对接。全市建设完成17家示范门诊，171家规范门诊建设通过考核，超额完成省卫健委规定要求。

【慢性非传染病疾病防治】 联合10部门下发《长春市落实癌症防治实施方案任务台账》，完成心血管病高危人群早期筛查与综合干预项目、脑卒中高危人群筛查和干预项目，承担国家、省肺癌、肝癌、城市早癌等各类高发癌症早诊早治项目。开展以高血压、糖尿病为重点的慢性病社区管理工作，全市管理高血压规范管理率73.9%，糖尿病规范管理率70.8%。加强死因监测工作，与公安局、民政局建立死亡数据共享机制。按期完成基层呼吸系统疾病早筛项目第一、二阶段培训，推进第三阶段工作。开展长春市全民健康生活方式日系列活动，宣传健康生活方式相关知识。

【地方病防治】 举办地方病防治专项攻坚行动培训班，召开全市地方病防治攻坚行动部际会议，交流全市攻坚行动推动情况。完成全市碘缺乏病、大骨节病、克山病监测工作，“十三五”终期自评继续保持“消除”状态，农安县饮水性氟中毒达到控制标准。净月、双阳、九台、榆树、德惠和农安现症病人均完成诊断、建档和首次随访工作。

【健康危险因素监测】 印发《关于印发长春市城乡饮用水水质监测项目实施方案的通知》《关于印发长春市城乡饮用水水质监测工作方案（2020年版）的通知》。完成城乡饮用水水质监测790件、城市二次供水水质监测782件、农村集中式供水工程出厂水水质监测1539件，完成农村饮水安全巩固提升工程水质检测307件。配合水利部门做好分散供水贫困户水质检测，监测结果按季度通过官网公示。开展空气污染对人群健康影响、公共场所健康危害因素监测工作，对$PM_{2.5}$（细颗粒物）监测和人群调查，对全市宾馆、游泳场（馆）、沐浴场所、美容院、候车室等50家公共场所单位开展健康危害因素监测和从业人员健康状况调查。加强学校卫生监测，印发《2020年长春市学生常见病和健康影响因素监测与干预工作技术方案》和长春市《2020年儿童青少年近视防控工作要点》任务台账，细化防控措施。完成监测调查工作，开通微信公众号“学生微健康”，发布健康科普知识，并开通上线健康自测功能（近视、身体质量指数），与公众开展健康互动。

（姜德强）

医疗卫生服务

【医疗质量监管】 发挥26个医疗护理质控中心作用，开展业务培训，规范诊疗行为。对19家公立医院开展医疗质量监管评价，提出具体整改措施。针对抗菌药物、抗肿瘤药物、重点监测药品开展专项点评。在医疗卫生机构中开展“乱收费、收红包、索回扣”三项整治行动。推进智慧医疗服务，改善医疗服务体验。全市二级公立医院全部实现居民电子健康卡“一卡通”使用，三级以上公立医院全部实现分时段预约诊疗，8家市级公立医院建立远程会诊平台，44家医疗机构实现检验结果互认。加大医疗机构运行安全风险管控，聘请专业第三方机构进行安全检查，安全生产工作获省卫健委通报表扬。

【服务设施建设】 市政府投入资金11.9亿元，异地新建市疾控中心和急救中心，改扩建市传染病医院。各地升级改造疾控中心和实验室。21家发热门诊用房和装备设施得到改善。提升核酸检测能力，建设4个城市检测基地，47家医疗卫生机构可独立开展新冠病毒核酸检测。

【中医药服务】 加强全市中药饮片质量控制及对中药饮片煎药质量流程标准化、制度化、规范化管理，提高和完善中药饮片煎药质量标准，建立对中药饮片煎药质量控制体系，在市中药煎药人员培训基地举办长春市第四期中药煎药人员培训班。双阳区中医院、农安县中医院各投入20万元建设省级中医煎药室。截至2020年年末，长春市有4家医院建设完成省级标准化煎药室。制定《2020年长春市中药质量提升宣传周实施方案》，组织专家义诊团队，开展进社区、进养老院、进学校作中医养生讲座等义诊宣传活动。中医科普讲座10余场次，参加居民3500余人次，义诊1500余人，发放宣传资料5800余份。开展名老中医工作室建设，建设省级名老中医药专家传承工作室5家，全国基层名老中医药专家传承工作室3家，省级基层名老中医药专家传承工作室2家。开展中医药传统知识收集整理项目，对分布在基层、民间的传统中医药知识进行抢救性调查、挖掘和整理，并在数据库中进行登记。经过持有人申报、专家实地核查，长春市申报传统中医药知识项目30项，占全省60%以上。

【医疗人才队伍建设】 15家单位开展21次职称聘任，聘任1262人。完成7557名医师考试，5844名护士考试，3400名医师定期考核。通过“强医计划”从吉大等3所高校引进45名应届毕业生。面向社会公开招聘152名事业单位人员。农村订单定向医学生签约64名，全科医生注册1644人，完成每万名人口拥有2名全科医生目标。

（姜德强）

卫生健康服务

【基层医疗服务】 开展“优质服务基层行”活动，组织基层“优质服务基层行”培训。在所有基层医疗机构开展“自评自建”活动，41家达到基本标准，7家达到推荐标准。推荐朝阳区前进社区卫生服务中心和南湖一社区卫生服务中心申报社区医院。采取线上理论基础培训和线下实践技能培训相结合方式，开展基层卫生人才能力提升培训项目，培训乡镇卫生院和社区卫生服务中心骨干全科医生13名、骨干人员50名、乡村医生21名。在30家基层单位开通“智医助理”智能辅助诊断系统，应用“智医助理”系统开展辅助诊断16081人次，完成电子病历16810份，电话机器人系统服务15.6万人次，有效通话率75%以上。开展乡村医生定向招录工作，86名合格考生参加招录考试，37人被录取。

【公共卫生服务】 制定《长春市2020年度基本公共卫生服务项目实施方案》，明确年度重点工作任务和指标，指导各地完善项目组织管理、严格落实资金管理、规范开展项目执行。开展培训，通过专家逐项解读和剖析，提高各项目管理人员规范服务能力。与市财政局联合开展2019年度基本公卫服务项目绩效考核，对全市60个专业公共卫生指导机构和45个社区卫生服务中心（站）、乡镇卫生院（村卫生室）开展绩效考核，按照绩效考核排名分为好、中、差三个档次。

【家庭医生签约服务】 制定《关于做好2020年度建档立卡贫困人口家庭医生签约服务有关工作的通知》，按照贫困人口家庭医生签约服务“应签尽签”，贫困人口健康档案“应建尽建”原则，全市贫困人口家庭医生签约服务和贫困人口健康档案建档率均为100%。召开2020年家庭医生签约重点工作推进部署会，以提高签约服务质量和居民感受度为原则，推进家庭医生签约服务工作。制定《关于落实长春市家庭医生签约服务费医保支付有关工作的通知》《关于落实长春市一般诊疗费医保支付有关工作的通知》，落实家庭医生签约服务费医保支付政策，为推进家庭医生签约服务提供支持。

【医共体建设试点】 农安县、双阳区作为长春市医共体建设试点单位，完善工作方案，明确工作目标和思路，逐步推动“县（区）乡一体、乡村一体”医疗卫生资源整合，促进基层卫生健康服务能力和县域服务绩效提升。

（姜德强）

健康教育科普

【健康科普宣传】 率先在全国提出“谁诊疗谁科普”理念，倡导医护人员成为健康知识普及主力军。通过统筹布局、技能比武、精品传播等方式，使居民得到专业健康指导。该理念在健康中国行动推进委员会办公室、新华网联合推出的“健康中国行动——各地行”品牌传播活动中推广宣传。开展新时代健康科普作品征集活动，面向长春市各级各类卫生医疗机构征集健康科普作品276个。其中，《生育全程》在全国卫生健康影像大会获金奖，《预防新冠肺炎切勿乱囤抗菌药物》在中宣部主办的2020年新时代健康科普作品征集大赛获音频类优秀奖，《健康专线宣传手册》等12个作品分别获省级一、二、三等及优秀奖，长春市卫健委获优秀组织奖。加强部门联动，多维度打造“护蕾计划”趣味课堂，举办“百校万生开学健康第一课”，借助“智慧校园指挥中心”网络系统，向全市844个学校、万名学生传递“新冠肺炎的校园防控”和“科学爱牙护齿”知识。制作“护蕾计划”援鄂医护真人语音海报6幅，发起“听眼健康知识，我为医生回封信”活动，全市千余名学生通过扫码收听。围绕“疫情防控个人防护”“中小学生心理健康”等主题，开发制作健康科普视频“健康云课堂”8期。

【老年健康宣传】 以“老年健康宣传周（月）”为契机，实施“银龄健康素养阵地传播计划”，开通“银龄健康学校”网校平台，在10家健康教育养老实践基地设立分校，受众110万人次。开展“银龄学校”分校环境建设，制作老年健康核心知识海报和“健康宣教大使”真人海报30幅，分校完成“银龄健康长廊”和“健康教育宣传栏”设置，开展老年人健康教育。与宣传部门合作，发布“自己是健康第一责任人”

倡议书，提出“健康我行动、健康我做主、健康我负责、健康我受益”理念，制作海报进行传播。

【健康促进行动】 推进农安、绿园健康促进县区建设。绿园区、农安县均建立健全工作网络和专业网络。农安县启动心理健康服务体系建设，建立健康促进县大数据平台。2020年，国家健康素养监测点是榆树市和二道区，10月15日，完成入户调查问卷工作，开展质量控制及数据复核，为创建文明城、健康城市等活动提供指标数据。制定《长春市健康知识普及行动实施方案》，在长春市卫健系统选拔出230名市级健康科普专家组建长春市健康科普专家库，择优推荐31名市级专家入选省级科普专家库。完成中小学生健康素养水平项目终末调查工作，实现国家卫健委制定的《全民健康素养促进行动规划（2014—2020）》中提出2020年东部地区居民健康素养水平达到24%的目标。编制《新型冠状病毒感染的肺炎宣传手册（居家篇）》等疫情防控健康科普资料130余万份，下发至全市15个县（市、区）社区、学校、企业、养老机构等。年内，推出手绘疫情科普漫画，新华社报道点击量超过124万次；编著《新冠肺炎疫情心理辅导手册（大众版）》电子书，浏览量10万余次；打造卫健系统官方微信矩阵，传播健康知识，长春市中心医院等直属医疗卫生机构在微信公众号等平台发布科普信息近3900条。与广电部门合作，开办健康科普栏目。《金牌医生》邀请100余名市级健康科普专家围绕健康科普主题做客直播间分享知识、进行健康指导；《慧养生会健康》每天1条科普音频，连续播放300余条，每天与听众分享健康科普知识。与吉林资讯广播FM100.1《大可调解》栏目合作，打造心理卫生宣教品牌栏目，《老有所依》关爱老年人心理健康；《新爸新妈》《母爱之光》等栏目在线解答家长疑问，关注儿童健康成长。

（姜德强）

妇幼健康管理

【高危孕产妇救治技能大练兵】 开展“基层广泛参与、集中优势力量、全面指导进步”岗位大练兵活动，全市46家助产机构、15家妇幼保健计生机构、200余家乡镇卫生院（社区卫生服务中心）近3000名产科医生、助产士、新生儿（儿）科医生、重症医学、麻醉医生参与练兵活动。长春市代表队在吉林省高危孕产妇救治演练技能竞赛中获团体一等奖、急救演练卓越奖，2人获全省第一名，1人获全省第二名。长春市制作的《生育全程》视频获全国首届出生缺陷防治科普作品二等奖。

【妇幼卫生管理】 组织专家对新开设的托幼机构进行托幼机构卫生评价市级复核，61家托幼机构通过验收。强化出生医学证明管理，开展县（市）、区级出生医学证明调研评估自查及市级调研评估抽查工作，对检查中发现的问题进行整改落实。对全市范围内从事助产、计划生育技术服务人员进行重新梳理，严格准入条件，开展考试考核，提高从业人员技术能力和服务水平。

【妇幼健康筛查】 完成农村妇女宫颈癌筛查2.35万人，完成乳腺癌筛查2500人，开展贫困妇女“两癌”（宫颈癌、乳腺癌）筛查5695人。为53名建档立卡贫困孕产妇分娩提供补助，免费为其分娩的新生儿进行新生儿筛查和听力筛查，补助15万元。继续做好长春市乙肝病毒母婴阻断项目，为乙肝病毒感染孕产妇分娩的1595名新生儿接种乙肝球蛋白，吉林省肝胆病医院母婴阻断门诊建档838人，免费服药阻断227人，免费发放阻断药物655盒，免费检测7月龄婴儿940人，成功阻断938人。对乙肝大三阳孕妇进行随访，对孕妇孕中期、产后进行管理和指导，跟踪了解孩子出生后五年以内免疫情况，探索将该项目向科研成果转化。

（姜德强）

职业卫生管理

【尘肺病防治攻坚行动】 长春市卫生健康委员会（简称卫健委）牵头10部门制定并下发《长春市尘肺病防治攻坚行动方案》，成立尘肺病攻坚行动领导小组，与各地签订目标责任书，分解相关指标、落实责任，加大调度和督导力度；召开职业病防治工作联席会议，推进长春市尘肺病防治工作。开展尘肺病救治救助行动，对

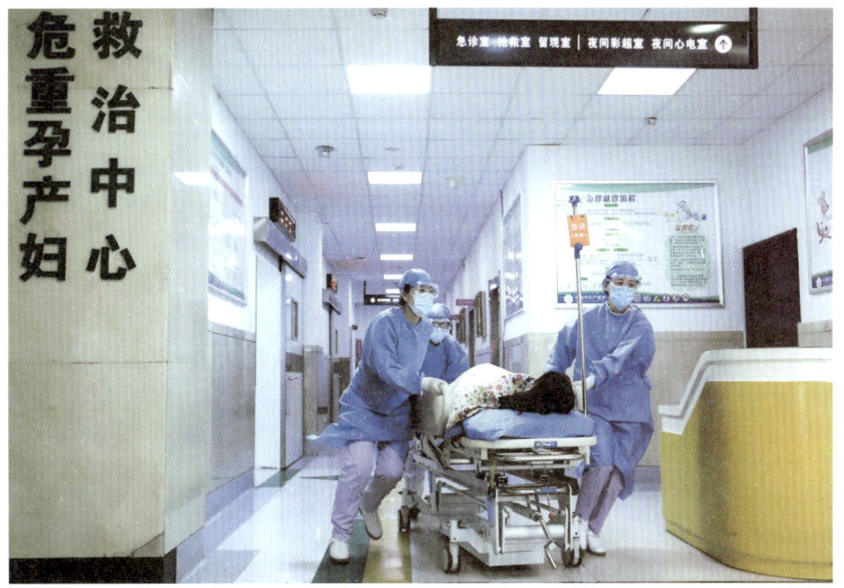

3月11日，长春市在全市卫生系统开展急救演练　（市卫健委　提供）

尘肺病进行回顾性调查，采取搜寻历史档案、发布公告、深入企业调查、商请外市协查、大数据比对等各种措施，对中华人民共和国成立以来全市职业性尘肺病患者组织回顾调查，完成职业性尘肺病患者随访3357例。其中，存活1103例，死亡1005例，失访1247例。在九台区营城社区建立尘肺病康复站试点，为提高尘肺病患者救治能力、落实尘肺病患者救助政策打下基础。做好尘肺病患者分类救治台账，将尘肺病患者纳入健康扶贫、老龄人口救助、民政救助及工伤保险保障等前期准备工作。

【行业专项治理】 制定《长春市在矿山、冶金、化工等行业领域开展尘毒危害专项治理工作方案》。完成全市31家非煤矿山和煤矿危害情况调查，重新辨识49家尘毒危害严重企业。甄别116户新登记企业，健全基础信息台账，在全市摸清三个行业底数；全市重点治理行业企业危害申报率、作业场所危害检测率、接害职工体检率、新（改扩）建项目职业病防护设施履行率均在95%以上；开展“百千万工程”创建活动，对全市164户存在粉尘等危害企业防治工作进行梳理和规范；开展全市水泥生产企业治理“回头看”活动，全市接尘工龄不足5年劳动者新发尘肺病报告数为零。

【职业病防治项目】 开展医疗卫生机构医用辐射防护监测、职业性放射性疾病监测、非医疗机构放射性危害因素监测、重点职业病监测、工作场所职业病危害因素监测5个项目，完成270家放射治疗、核医学、介入放射学和X射线影像诊断4类设备数量及诊疗频次调查；完成40名放射学工作眼晶状体监测，56人过量照回访；完成48户企业非医疗机构放射工作单位概况调查表收集、上报和录入以及9家非医疗机构放射工作单位41台射线装置工作场所辐射水平检测；分两批次对254名接尘劳动者开展免费职业健康检查，采集其职业健康指标信息，评估职业风险。审核哨点医院个案37596例；通过诊断鉴定机构和职业健康检查机构上报尘肺病20例，职业病6例，疑似职业病17例；完成388户企业作业场所职业病危害因素的检测并将数据上报至职业病危害因素监测系统。

（姜德强）

计划生育管理

【概况】 截至2020年年末，长春市总人口853.4万人（含公主岭101.4万人），出生人口5.1万人（含公主岭0.5万人），人口出生率6‰，人口自然增长率-4.5‰。政策生育率99.51%。孕产妇死亡率14.57/10万，婴儿死亡率3.04‰，均低于全省指标。出生人口性别比106.2∶100，连续3年维持在正常（103—107∶100）范围之内。全市办理生育服务证28390个。其中，一孩生育服务14916个，二孩生育服务证7143个，再生育服务证318个，独生子女父母光荣证6013个。

【计划生育家庭奖扶】 落实特殊家庭关怀关爱工作，推动计生特殊家庭就医、家庭医生签约和2对1包保服务3个全覆盖，建立计划生育特殊家庭信息档案18329份。在长春市第二医院建立特殊家庭就医绿色通道，对计划生育特殊家庭实行定点医疗救助，并享受90%报销比例。特殊家庭家庭医生应签尽签率100%。2020年，全市农村奖励扶助120677人，每人每年应奖励960元。2020年，全市计划生育家庭特别扶助18329人（死亡家庭人数9967人、伤残家庭人数8362人），特殊家庭死亡家庭扶助金提高至6720元/年，伤残家庭扶助金提高至5160元/年。全市并发症纳入特别扶助人数38人。其中，一级4人、二级5人、三级29人；一级并发症每人每年应扶助4800元、二级并发症每人每年应扶助3600元、三级并发症每人每年应扶助2400元。落实城镇独生子女父母奖励费发放，全市发放8597人，市、县两级发放奖励资金1791.4万元，发放情况纳入城镇奖励数据库。

【婴幼儿照护服务】 制定《长春市人民政府办公厅关于推进3岁以下婴幼儿照护服务发展的实施意见》。开展托育机构摸底调查，全市0—3岁婴幼儿16.39万人，176家机构中设置3岁以下婴幼儿托位8499人，每千名婴幼儿拥有托位52个。其中，公办18家，占全市托育机构10.2%；民办158家，占全市托育机构89.8%。全市55家托育机构进行备案。初步建立家庭服务、托育服务和社区服务互为补充“医保结合，保教结合”托育服务长春模式。长春市5家托育机构被省卫生健康委确定为省级托育机构试点单位。在全省婴幼儿照护服务试点创建现场推进会上，现场观摩长春市二道区金色8里城幼儿园、赫行早教婴浸馆和城市之光托育机构。

（姜德强）

爱国卫生

【概况】 市委市政府印发《关于深入开展新时代爱国卫生运动的实施意见》，重点从常态化疫情防控、城乡人居环境提升、文明健康卫生习惯养成等方面部署新时代爱国卫生工作。印发《关于建立全市爱国卫生“周末卫生日”制度的通知》，组织街道、社区及机关单位每周五下午开展常态化卫生清扫活动。推出长春市爱国卫生“云展馆”，是全国首个以“互联网+云端”新模式宣传爱国卫生运动的展馆。

【创卫成果巩固】 长春市、榆树市、德惠市、公主岭市通过省级卫生城市复审，被重新命名为省级卫生城市。在2017—2019年周期申报开展国家卫生乡镇创建的农安县烧锅镇、万顺乡，公主岭市南崴子街道、响水镇、龙山满族乡、大岭镇等6个乡镇（街道）被正式命名为国家卫生乡镇，实现到2020年辖区国家卫生乡镇数量达到5%目标。开展居民小区环境卫生专项检查、市委督查室牵头的爱国卫生专项督查、爱国卫生半年综合检查、省级卫生城市复审迎检专项检查、“十一”“双节”期间环境卫生检查、秋季灭鼠投药专项检查等各类检查10余次，通报整改各类问题874个。长春市通过省级卫生城市复审。

【无烟机构建设】 在全市各级党政机关开展无烟党政机关创建活动，组织机关单位对照标准开展创建和自评工作，收到无烟党政机关创建自评表436份，达标率89.6%。组织全市无烟卫生健康机构448家单位开展控烟自查自评，达标率93.8%。首批通过验收得到命名的无烟党政机关和无烟医疗单位216家。

【城乡环境整治】 印发《关于开展“环境清洁周”病媒防制消杀活动的通知》，在全市开展清洁周病媒防制消杀工作。印发《关于建立全市爱国卫生“周末卫生日”制度的通知》，全市机关、企事业单位、重点场所、社区等全面开展环境卫生治理行动，在每周五下午开展周末大清扫活动，建立常态化“周末卫生日”环境卫生大清扫制度。推进市场环境综合整治，印发《关于开展冬春季爱国卫生运动加强市场环境卫生整治工作的通知》，在各城区、开发区开展冬春季爱国卫生运动，专项检查市场环境卫生整治工作情况，通报具体问题50余个。组织县（市）、区建立市场环境卫生整治摸底排查台账，排查156个市场，发现问题及时督促市场主办方进行整改。

【春季爱国卫生月】 印发《长春市2020年春季爱国卫生月活动实施方案》，以“防疫有我，爱卫同行”为主题，爱卫月期间开展摒弃陋习宣传周、环境整治清洁周、快乐生活健康运动周、病媒防制消杀周等活动。相关委员部门部署爱卫月环境整治工作，市城市管理委员会在全市范围内开展春季市容环境综合整治活动，重点抓好各类占道物、堆放物清理，占道经营和非法小广告治理，集中开展道路路面、护栏及挡墙清扫清洗，生活垃圾和装修垃圾清运，死角死面清理等环卫作业。开展“环境卫生整治周”“健康科普宣传月”“冬季集中灭鼠”等活动。冬季参与环境卫生集中整治人员353334人次，出动相关作业车辆41986台次，清理各类垃圾41094吨。市环卫部门出动1.5万余人，作业车辆8.8万台次（包括清雪），清运垃圾29.61万吨。市市场监督管理局组织市场主办方开展全市165个集中交易市场食品销售区域环境卫生大清扫。开展冬季集中灭鼠，投放鼠药1640箱，粘鼠板3500个，增设更换毒饵站8832个。开展健康科普宣传，各类媒体刊发健康科普宣传信息1087篇，各类视频播放设备宣传屏2437块，健康科普宣传信息阅读量158万人次，针对机关、学校、企业、社区开展健康科普讲座223次。

【爱国卫生宣传】 制作“加强爱国卫生运动、共同抗击新冠肺炎”宣传海报、《防疫有我爱卫同行》宣传手册、印制“环境整治、共同战疫”宣传海报。在微信公众号发布“致长春市民的一封信”，制作爱卫宣传短视频在微信平台及各委员单位宣传平台开展宣传。利用微信公众号发布爱国卫生新闻报道706篇，公众号推文290余篇，总阅读数量41万余次。“长春市爱卫办”快手粉丝量7.7万人，总播放量239.2万次。通过多种宣传形式及时传播疫情防控和健康科普知识，教育引导人们养成勤洗手、多通风、不食用野生动物、使用公筷公勺等文明卫生习惯和健康生活方式，提升市民防控意识和自我防护能力。向社会发布《长春市民健康公约》，提升市民健康素养，将防控新冠肺炎疫情成果转化为市民健康理念和生活方式。联合长春市教育局推出“长春控烟小达人”短视频大赛和征文大赛活动，有910位选手参加短视频大赛，作文征集1136篇。最终评选出短视频作品特等奖10个，优秀奖90个；征文获奖作品39篇。策划推出“长春爱卫小卫士”少儿绘画大赛，征集“防疫有我，爱卫同行”主题少儿绘画作品1000余幅。分幼儿、少儿、少年三个组别评选出一等奖作品9幅、二等奖作品15幅、三等奖作品35幅及优秀作品86幅，获奖小选手成为“长春市爱国卫生小小义务监督员”。评选活动线上群众参与浏览量14.9万人次。参与全国爱卫办推出的“来场爱国卫生运动吧”快手平台爱卫短视频大赛，制作推送爱卫短视频30余个，线上浏览量2.4万次。举办“清洁家园·美丽长春”爱国卫生运动成果图片展，征集摄影作品千余幅，最终评选出百余幅代表性作品，以城乡、规划、环境、生活、食品、四害、卫生、宣传、抗疫等模块呈现长春市开展爱卫运动成果，图片在劳动公园和宽城政府中心公园巡展。

（姜德强）

健康扶贫

【扶贫政策落实】 2020年，长春市政府召开4次健康扶贫专题会议，研究解决落实推进工作过程中遇到的难题和重大问题。对扶贫任务较重的县区开展健康扶贫专项调研，察实情、解民困，帮助解决制约健康扶贫工作开展的乡村医疗机构业务用房、设备更新、人员聘用、环境改善等问题。印发《2020年长春市健康扶贫“三联动”行动巩固提升阶段工作方案》《关于巩固健康扶贫成效保障稳定脱贫的实施方案》《长春市2020年基本医疗有保障工作要点》等系列文件。组织系统内开展消费扶贫。针对疫情期间农产品滞销的情况，按照市脱贫攻坚领导小组和市发改委的部署，鼓励引导系统职工自发购买农产品1.32万千克，总价值12.91万元。

【健康扶贫督查指导】 长春市卫健委每位班子成员包保2个县区，及时解决工作疑难问题。卫健委机关23个包保组定期核查有扶贫任务的县区落实脱贫攻坚政策、推进脱贫攻坚工作、扶贫资金管理使用情况等，对发现的重点、难点问题以通报和发放督办单的形式压实责任、压茬跟进、限期整改。疫情期间，县乡村三级签约服务团队采取电话随访、入户排查等方式指导贫困群众科学用药，对新发病群体及时发现、及时诊治，并记录“一人一策”，为贫困群众提供全方位、全周期医疗服务。

【贫困人口医疗救治】 组建市级巡回医疗队25个，到村屯巡回诊治15367人次；县乡村2000余名医务人员组成家庭医生团队666个，随访所有贫困人口10次，随访55万余人次；大病救治1792人，重病兜底123人，慢病管理25602人，救治管理率100%；贫困妇女“两癌”（宫颈癌、乳腺癌）筛查16713人。

【基层标准化建设】 以“合理布局、优化资源”为原则，投资2279万元对23家业务用房面积不足乡镇卫生院进行规范化建设，投资4484.7万元为117家乡镇卫生院配置1353台件短缺诊疗设备；投资9000余万元，对全市1476个村卫生室面积达标、四室分开、药品合格、功能完备情况进行规范化建设。截至2020年末，全市乡村镇医疗机构业务用房和设备配置标准化率100%。完善“县乡一体、乡村一体”机制，加快远程会诊平台建设，远程医疗覆盖10个县区定点医院并向乡镇卫生院延伸，贫困患者大病、重病在县域内就诊率95%以上。强化巡回医疗工作，加强三级公立医院对口支援县级医院工作，组建市级巡回医疗队25个，派出医务人员约3400余人次，到村屯巡回诊治15367人次。实施基层卫生专业技术人员“县聘乡用”“乡聘村用”专项招聘计划，定向招录村医43人充实驻村医生队伍，保证所有行政村配备合格医生。通过集中培训与分散自学、专题培训与以会代训、课堂教学与现场教学相结合方式开展乡村医生培训。落实县域内定点医院住院“先诊疗、后付费”制度。统一设立健康扶贫绿色通道，贫困患者就诊、检查、住院优先。家庭医生签约服务实现全覆盖，将全市53150名贫困人口全部纳入家庭医生签约服务进行管理，按照应签尽签原则，确保签约一人、履约一人、做实一人，通过组建666支县乡村三级签约服务团队和各级巡回医疗队工作结合，确保患病贫困人口定期有县乡村各级医生的随访，做到有专人管理、有治疗方案、有正规购药渠道、有报销优惠、有病情评估、有转诊通道、有随访记录“七有”管理服务措施。截至2020年末，签约服务覆盖率100%，签约履约入户随访50余万人次。实施贫困人口“一人一策”，为贫困患者明确诊疗方案，并根据病情及时调整方案，通过精准治疗有效控制贫困患者病情发展。将农村贫困人口大病专项救治病种扩大到30种，做到“应治尽治”。全市在册管理大病患者2615人，救治2584人；开展贫困慢病患者“回头看”并实施分类管理。对所有贫困慢病患者做到“应签尽签”，实现家庭医生签约服务全覆盖，慢病管理不落一人，慢病管理率100%。

【健康扶贫宣传】 在《长春日报》头版刊发健康扶贫专题报道，在“长春e健康”开设健康扶贫专栏，开展健康科普和扶贫政策宣传，加大群众对健康扶贫支持力度。编制《健康扶贫手册》，印制“一人一策”宣传画和“健康扶贫爱洒人间”基本医疗有保障宣传海报，依托全市各基层医疗机构和精准扶贫驻村工作队，将手册发送到贫困户手中，并作解释说明，确保贫困户明白健康扶贫政策。

【健康促进】 强化疾病防控，实施贫困人口妇幼健康免费干预项目，推进“两癌”“两病”（先天性代谢性疾病、内分泌疾病）筛查及预防出生缺陷产前筛查；针对长春市本地疾病谱，开展地方病专科能力建设；开展爱国卫生运动，加强健康促进工作，提高贫困群众健康水平。

【综合保障机制】 制定《长春市卫生健康委员会关于巩固脱贫成效保障稳定脱贫的实施方案》，通过完善综合保障机制，建立监测、预警机制，建立精准帮扶机制，建立完善长效机制等4个方面13项保障措施，巩固全市健康扶贫工作成果，防止因病致贫返贫。

（姜德强）

老龄健康

【概况】 重新调整老龄委组成人员，印发成员单位职责、工作规则，组织成员单位完成“十三五”规划评估总结工作。编制长春市第三部《人口老龄化研究》蓝皮书，是首部研究区域老年健康服务体系的专题报告。开展春节慰问活动及“敬老月”活动，走访慰问医养结合机构、养老机构、老年协会等高龄和困难老年人代表；开展国情教育、“老年健康跑”活动。在“敬老文明号”公交车上进行健康政策宣传。开展“智慧助老”进社区活动，录制的《东北老汉的脱贫路》短视频获“健康中国”微视频大赛三等奖。开展典型选树工作，长春市选送的7家单位和14名模范人物获“全国敬老文明号”和“全国敬老爱老助老模范人物”称号。

【医养结合】 总结宣传长春医养结合模式，长春市卫健委和红旗第一社区卫生服务中心医养结合经验被国家卫健委确定为全国医养结合典型经验；报送多个项目入选首批国家森林康养基地，第四批国家智慧健康养老服务推广目录、示范街道和示范基地。长春市卫健委牵头11个部门印发《落实〈关于深入推进医养结合发展的若干意见〉任务分工清单的通知》，明确工作职责，压实工作任务，优化医养结合政策环境。截至2020年年末，长春市有医养结合机构43家。

【老年健康服务】 推进国家老年人心理关爱项目，申报两批国家级试点，涉及18个行政社区（村），筛查8682人；开展工作人员能力建设培训4次，145人受训；集中干预活动8次，受益老人近300人；入户巡访近150人。构建全生命周期健康服务体系，联合市发改委等8

部门印发《关于建立完善老年健康服务体系的实施方案》，构建综合连续、覆盖城乡的老年健康服务体系。长春市有49家二级以上综合医院、30家二级以上中医院设置老年病、康复或未病科；设有安宁疗护定点机构23家；二级以上综合医院挂号、收费等窗口全部设置“老年人优先”标识，开通“绿色通道”。开展“老年健康宣传周”活动，召开“宣传周”动员部署会，录制老年健康管理专题节目，制作《争做幸福老人先做健康体检》宣传片和广告片，在《长春综合频道》每天播放4次，集中播放20天。推动长春市老年人基本公卫项目，召开老年人健康管理工作重点城区调度会，并按月调度。推进医养结合与失能评估指导工作，全年完成市级线下100余人、线上近200人培训工作。开展建档立卡失能贫困老年人照护服务工作，指导各县（市）、区从4685名大数据研判高风险老年人中核查失能老人1409人。结合健康扶贫，开展失能贫困老年人照护指导工作。开展安宁疗护工作，组织市级安宁疗护培训班，对安宁疗护定点机构、医养结合机构、设置临终关怀科的医疗机构80名医务人员进行现场辅导。启动实施长春市医疗护理员（养老）“种子计划”，完成第一批国家级骨干培训43人15课时，省级师资培训14人40课时和市级骨干47人24课时培训工作，申请继续教育学分10学分，并指导各医养结合机构开展内部培训。截至2020年末，有1000余名护理员通过赋能培训。

（姜德强）

1月29日，长春市某大型超市疫情期间日用品供货充足价格平稳

（市卫健委　提供）

卫生监督

【疫情防控卫生监督】 在全市开展各级各类医疗卫生机构和公共场所疫情防控落实卫生监督检查，全市卫生监督机构排查长春市各类医疗机构与公共场所12585家，出动卫生监督员47743人次，监督检查各类场所29490家次，下达监督意见书近9000份。指导公共场所复工复产15997户次，出动卫生监督员31994人次。对44家留观站和集中隔离场所疫情防控措施落实情况进行监督检查，建立疫情防控日报告工作。

【卫生健康信用体系建设】 全年公示行政处罚信息34件，完成信用中国（吉林长春）745条双公示数据修复工作，为符合修复条件的5户企业进行信用修复。

【卫生监督执法体系建设】 推进“互联网+监管”建设，认领目录清单43件，关联637条权责清单，新建整理抽查事项清单50条。开展行政执法专项整治行动，完成行政处罚清单编制工作，在长春市卫健委网站公示。落实“双随机一公开”（在监管过程中随机抽取检查对象，随机选派执法检查人员，抽查情况及查处结果及时向社会公开）工作任务，建立有效抽查事项53条，新建检查对象名录库9个，涉及公共场所监督等多个综合监督专业类别642家单位；新建跨部门双随机检查人员名录库3个，部门内双随机检查人员名录库5个。对公共场所、医疗机构督、饮水卫生等5个专业实施双随机监督。其中，公共场所监督专业55件，医疗机构监督专业17件，放射卫生监督专业19件，生活饮用水监督专业4件，中医与计划生育监督专业9件；抽取104家单位，双随机完成率100%。

【卫生健康专项检查】 印发《2020年长春市餐饮具集中消毒服务单位专项监督检查工作方案》，开展餐饮具集中消毒服务单位专项检查。开展学校传染病防控专项监督检查，逐一检查全市复学中小学校传染病防控情况，针对检查中发现的问题下达卫生监督意见书，提出整改意见，责令限期整改。开展非法医疗美容专项整治行动，检查医疗美容机构142家，生活美容机构511家，发现问题单位27家。开展学校及托幼机构卫生专项检查，检查各级各类中小学校525家，托幼机构703家，发现问题335条，整改335条，处罚学校5家，通报7家。开展消毒产品卫生监督专项检查，对全市各药店、医疗机构消毒产品销售企业、使用单位49户消毒产品生产企业进行专项检查。

（姜德强）

体　　育

TIYU

综　述

【概况】　2020年，长春市委、市政府发布《关于加快建设体育强市的实施意见》《长春市足球改革发展的实施意见》，加快发展体育事业。长春市被国家体育总局评为“国家体育消费试点城市”，被中国登山协会评为“2020年攀冰世界杯优秀组织奖”，被中国垒球协会评为“全国垒球推广先进单位”；长春市体育运动学校被中央精神文明建设指导委员再次评为“全国文明校园”，被国家体育总局授予“2020年全国体校U系列线上锦标赛优秀组织奖”。承办第七届全国大众冰雪季启动仪式，推动冰雪经济，受到国家体育总局冬季运动管理中心肯定和好评。

【体育交流】　9月中旬，长春市自由式滑雪雪上技巧队25人到哈尔滨市阿城区玉泉滑雪场进行训练交流。11月13日，长春市政府体育代表团在南昌市水上运动中心举行签约仪式，签订《长春市与南昌市体育友好城市战略交流框架协议》，两市缔结体育友好城市，结成深度战略合作伙伴关系，增进体育运动技术交流与合作。

【新冠肺炎疫情防控】　在新冠疫情防控工作中，为支援湖北医护人员捐赠“英派斯第一健身”年卡，免收租赁市级公共体育场馆的商户1至3个月租金，室外体育场地全部开放，为百姓提供健身场所。市体育局负责农安县疫情防控督导，出动车辆30台次，人员80人次，重点督导农安县外地返乡人员大排查，采取居家隔离、小区封闭管理等方式进行防控。在疫情防控期间，与卫健委联系，采取各种防范措施开展赛事活动，调整工作安排，发布重要防疫通知，杜绝疫情发生。

（吴　昊　柏淑芬）

群众体育

【概况】　采用“互联网+全民健身”方式，开展主题为“抗击疫情、科学健身、悦动春城”的线上线下全民健身系列活动。分为“云舞春城”“云跑春城”“云动春城”三大板块，包括长春市社区健身大赛、全民健身线上跑、首届荧光夜跑节、寻迹伊通河徒步活动、全民健身“一分钟”趣味挑战赛、“一平米”科学健身指导线上公开课、“大众足球季”“大众篮球季”“大众网球季”免费公益活动，涵盖广场舞、太极拳、武术、长跑、徒步、足球、篮球、网球等项目，市民通过关注“奥运动”微信公众平台报名参与，举办各类群众体育赛事活动1000余项，参与人数百万人（次）。

【全民健身系列活动】　6月17日，市体育局联合长春广播电视台举行2020年长春市线上线下全民健身系列活动启动仪式，通过“线上线下”深度融合、具有互动感的全民健身系列活动，传播科学健身方法，引领健康生活，设立“云舞春城”“云跑春城”“云动春城”三大主题活动。开展长春市首届荧光夜跑节、寻迹伊通河健步走、长春市社区健身大赛等活动，并邀请杜震宇、周洋、李坚柔等体育明星录制“一平米”科学健身指导课，在城市速递、市体育局官网、奥运动平台播放。活动开展期间，《中国体育报》、国家体育总局网站、新华社、中新社、新华网、吉林电视台、长春广播电视台等20余家媒体发布信息、稿件近100条（篇）。长春做法被选到新华社《习近平时间》栏目。

【群众健身设施建设】　巩固10分钟健身圈，为城区、乡村配备健身器材221套，为伊通河体育公园更新器材。配合教育部门做好学校体育场馆面向社会开放工作。

【国民体质监测】　开展国民体质监测服务，科学指导群众健身。根据《全国第五次国民体质监测工作方案》要求，制定《2020年长春市国民体质监测工作方案》，发挥各城区国民体质监测站作用，利用全市国民体质监测服务平台，组建监测队伍，对长春市不同年龄、不同职业、不同性别的3周岁至6周岁幼

8月8日，2020年吉林省暨长春市“全民健身日”“健康吉林·爽动盛夏”全民健身系列活动启动仪式在长春市文化广场举行　　（市体育局　提供）

儿、21周岁至60周岁和61周岁至80周岁成年人进行体质监测工作，完成2240例检测任务。

【“健康吉林爽动盛夏”2020年吉林省暨长春市全民健身日系列活动启动】

8月8日，“健康吉林·爽动盛夏”2020年吉林省暨长春市全民健身日活动在长春市文化广场启动，近千名健身爱好者参与活动。活动采取全省联动的方式，主会场设在长春市文化广场，各市（州）、县（市、区）、长白山管委会设分会场，由吉林省体育局、长春市人民政府主办，长春市体育局、长春市朝阳区人民政府承办。联通公司为全省各市州同屏互动提供技术支撑，创新应用“5G+VR”全景实时全程直播，实现全省线上线下联动和“云观众”参与。长春主会场活动采用“线上线下”相结合方式，依托“云舞春城”“云跑春城”“云动春城”三大主题活动，包括启动仪式、健身活动展示与体验、科学健身指导、体质监测、志愿服务、公共体育场馆免费开放、居家健身器材展示、体育产业展览等8个板块。在健身活动展示与体验板块，有击剑、棒垒球、帆船帆板、浆板、航模等17项新兴项目展示，增加包括花样跳绳、俯卧撑、脚背颠球、篮球八字环绕等一分钟挑战赛。在科学健身指导板块，组织体育专家开展科学健身指导和现场咨询服务，播放《科学健身指导线上公开课》，设立宣传展板，现场发放健身指导小册子和宣传单，采取多种形式宣传普及科学健身知识和科学健身方法。在体质监测板块，现场设置体质监测车和专业工作人员为群众免费体质监测，出具监测报告及运动处方。在体育明星志愿服务板块，一系列奥运冠军、体育明星、优秀运动员、教练员、优秀社会体育指导员等组成志愿服务队，开展义务健身指导，提供全民健身志愿服务。在居家健身器材板块，针对疫情期间居家运动的健身新选择，现场设置居家健身器材展示展销，为市民挑选适合的家用健身器材提供帮助。在体育彩票抽奖板块，设置即开型体育彩票销售区、体验区，参加“全民健身日”活动的群众均可获得一张体育彩票抽奖券，拉动体彩销售，展示体彩公益形象，促进全民健身事业发展。同时，长春市体育馆、长春体育中心五环体育馆、体育场，长春市全民健身活动中心等公共体育场馆免费向公众开放。开幕式上，吉林省体育局为长春市体育局、长春市朝阳区人民政府颁发“吉林省全民健身日活动最佳组织奖”。

【2020年“熊猫杯”中国慢投垒球企业联赛】　9月19日、20日，由中华全国体育总会、中国垒球协会主办，由长春市体育局、长春市棒垒球协会、东北师范大学体育学院承办，2020年“熊猫杯”中国慢投垒球企业联赛长春分站赛在东北师范大学体育学院足球场举行。参赛选手年龄从18周岁到50周岁，分站赛第一名代表长春参加华北区分区赛，有大学队伍和俱乐部队伍120余人参加比赛。

8月8日，在体育明星全民健身志愿服务活动中，短道速滑冠军袁野作义务指导　　（市体育局　提供）

【2020年长春市软式棒垒球秋季联赛】 10月24日至25日，由长春市体育局、长春市教育局主办、长春市棒垒球协会承办的2020年长春市软式棒垒球秋季联赛在东北师范大学体育学院足球场开赛。有19支队伍参加，设7个组别，以小组双循环形式进行36场比赛。长春市有100余所软式棒垒球实验学校，秋季联赛是长春市青少年体育传统赛事，旨在推广普及长春市棒垒球项目，提高长春市棒垒球项目水平，培养棒垒球项目后备人才。

【农民趣味运动会】 8月14日，长春第十九届农博会开幕，农民趣味运动会作为亮点板块同步开场。来自长春市15个县（市）、区代表团、600名农民运动员和30名农民才艺绝活表演者参赛。赛会以“绿色农博、健康长春”和“农民节日、市民节日”为主题，树立“生活奔小康、身体要健康”健身理念，体现长春农博会新形势、新内容和新特点，展示新农村建设成就和农民朋友“科学抗疫、喜迎丰收”良好精神风貌，展现新时代农民精神风貌和贴近农村生产生活劳动场景。赛会创新设置“抱冬瓜赛跑、喜获丰收、抗旱提水、抢粮进仓、回娘家、速度插秧、手推轮胎跑、赶猪跑、老鼠偷米、背媳妇赛跑”等10项单项赛和“集体奔小康、拔河”等2项集体赛，赛会历时一天半，九台区、榆树市、长春新区分获团体总分前三名。

（吴　昊　柏淑芬）

竞技体育

【概况】 年内，长春市体育局《深化体教融合推进体校改革开创体校新时代发展的崭新局面》做法在国家体育总局召开的全国青少年体育干部培训交流大会上作经验交流。新冠疫情期间，各训练单位以培养输送高质量人才为目标，以备战吉林省第十九届运动会、参加中华人民共和国第十四冬季运动会为重点，提高训练水平，增强竞技体育综合实力，开展线上训练，保持体能；在做好疫情防控基础上，各队伍及早恢复正常训练，参加省年度比赛，并开展夏令营等活动。长春市及长春市输送的运动员参加年度国际和全国比赛35项次，获世界系列比赛冠军2个，全国冠军8个。2月2日，在雪车世界杯瑞士圣莫里茨站比赛中，长春市运动员吴青泽在四人雪车项目中取得第7名，是中国该项目世界杯比赛首次进入前十名，创历史最好成绩；孙龙在意大利博尔米奥举行的国际滑联短道速滑世界青年锦标赛中，夺得短道速滑男子1000米比赛冠军。范可欣、曲春雨、韩天宇、任子威等在荷兰多德雷赫特举办的2019—2020赛季短道速滑世界杯第六站混合赛中，获短道速滑男子2000米接力冠军。孙欢在奥地利加里森举行的2019/2020赛季国际雪联单板滑雪大回转积分赛中，获男子比赛冠军。3月1日，在越野滑雪世界杯芬兰拉赫蒂站比赛中，长春市运动员马清华、李磊获女子4×5千米接力比赛第8名，是越野滑雪国家队女队在世界杯赛场上该项目最好成绩。有24名长春籍运动员在国家队备战2022年北京冬奥会。

【运动员注册】 在市体育运动学校二楼会议室召开长春市参加十九届省运会备战暨青少年运动员注册工作会议，短道速滑、速度滑冰、自由式滑雪空中技巧、单板滑雪平回转、射箭5个奥运会项目实力达到国际先进水平。

【长春亚泰足球队获甲级联赛冠军】 2020中国足球协会甲级联赛分两阶段比赛。9月，在江苏常州市为第一阶段比赛，长春亚泰足球队以6胜3平1负成绩晋级2020年中国足球协会甲级联赛第二阶段冲超组。10月24日，第二阶段冲超组比赛在成都举行。11月8日，长春亚泰足球队以五轮4胜1平成绩，获2020年中国足球协会甲级联赛冠军，并进入2021年中国足球协会超级联赛。

【参加国际级赛事】 2020年，长春市有10名运动员参加2项11次国际滑联举办的世界杯、世界青年锦标赛短道速滑、速度滑冰比赛。1月31日至2月2日，在意大利举行的2020年短道速滑世界青年锦标赛中，孙龙获男子1000米第1名，500米获第3名；2月9日，在德国德累斯顿举行的2019—2020赛季短道速滑世界杯第五站比赛中，武大靖、韩天宇、任子威、安凯获男子5000米接力第4名，范可欣、曲春雨、韩天宇、任子威等获混合2000米接力第7名，韩天宇获男子1500米（2）第8名；2月15日至16日，在荷兰多德雷赫特举行的2019

11月8日，长春亚泰足球队获得2020年中国足球协会甲级联赛冠军，并进入2021年中国足球协会超级联赛。图为队员们庆贺胜利　（市体育局　提供）

—2020赛季短道速滑世界杯第六站比赛中，范可欣、曲春雨、韩天宇、任子威等获男子混合2000米接力第1名；武大靖、韩天宇、任子威、安凯获男子5000米接力第3名，韩天宇获男子1000米（1）第6名；2月15日，在美国盐湖城举行的2019—2020赛季速度滑冰世界锦标赛中，李丹、周洋获女子团体追逐第7名；在2019—2020赛季短道速滑世界杯总排名赛中，孙龙、贾海东获男子2000米混合接力第2名，孙龙获男子5000米接力第3名。

【参加国家级赛事】　2020年，长春市有24名运动员参加6项44次国家体育总局举办的全国锦标赛、冠军赛、资格赛、通讯赛以及U系列赛的短道速滑、速度滑冰、自由式滑雪空中技巧、田径、柔道、足球等项目比赛，获前八名奖牌44枚。其中，金牌8枚，银牌9枚，铜牌10枚。1月2日至5日，在哈尔滨举办的2019—2020全国速度滑冰青少年锦标赛中，费景隆获男子乙组1000米第1名、乙组短距离团体追逐第1名、男子乙组500米第3名、男子乙组1500米第3名。1月17日至20日，在张家口举行的2019—2020年度全国自由式滑雪空中技巧锦标赛暨全国第十四届冬季运动会资格赛中，李天马获青年男子自选个人第2名，李世琦获男子滑行第2名、自选个人第3名，时艺丹获青年女子规定个人第2名、混合团体第3名、自选个人第3名。1月19日，在扎兰屯举行的2019—2020年度全国自由式滑雪雪上技巧冠军赛中，李楠获女子个人第1名，张婷婷获女子个人第3名，王皓冉获男子个人第3名，吴光久获男子个人第5名，王欣获女子个人第6名，田地获男子个人第6名，岳航宇获男子个人第8名。9月6日，在长春举行的2020年“菲普莱杯”全国U16—U18田径（吉林赛区）通讯赛中，刘梓双获男子1500米第1名，刘梓阳获男子1500米第2名，冯岩获800米第3名，杨雨桥获铅球第3名，薛良奇获100米第4名，韩庆获800米第4名，李清泉获400米第5名，董珈伟获800米第5名，薛良奇获200米第8名。12月1日至5日，在江西于都举办的“达衣岩”杯2020年全国青少年柔道锦标赛少年组—63公斤级中，隋雨霏获女子第7名。12月8日，在江西赣州举办的2020年全国“体校杯”足球比赛女子U14组比赛中，长春市体育运动学校女子足球队获14岁组第3名。12月27日至29日，在天津举行的2020—2021全国短道速滑锦标赛中，张天翼获男子1500米第1名、5000米接力第1名、1000米第2名、2000米接力第2名、3000米第3名、全能第5名；韩天宇获男子1500米第2名、5000米接力第4名、全能第6名、2000米混合接力第8名；娄展硕获男子1500米第7名；宋一霏分别获女子2000米混合接力和3000米接力第7名。

【参加省级赛事】　2020年，长春市运动员参加吉林省举办的青少年锦标赛22项569次，获前三名奖牌569枚。其中，金牌208枚，银牌190枚，铜牌171枚。包括短道速滑、速度滑冰、冬季两项、空中技巧、雪上技巧等冰雪项目和射击、射箭、篮球、乒乓球、排球、柔道、散打、举重、摔跤、跆拳道、体操、田径、网球、武术套路、游泳、羽毛球、足球等夏季项目。长春市男子篮球队在2020年吉林省青少年篮球锦标赛中，分别获甲乙丙组金牌各1枚、铜牌各1枚；男子甲乙组银牌1枚；女子篮球队获甲组银牌1枚。

【反兴奋剂工作】　根据国家体育总局和吉林省体育局有关反兴奋剂工作要求，制定《长春市贯彻落实反兴奋剂工作方案》，成立反兴奋剂工作领导小组，召开长春市直属训练单位反兴奋剂工作会议，与各训练单位签订《反兴奋剂责任书》，组织全市近2000名运动员、教练员及工作人员参加集中学习、教育、宣誓活动。

（吴　昊　柏淑芬）

体育赛事

【概况】　2020年初，举办第十九届中国长春净月潭瓦萨国际滑雪节大赛系列赛、国际登联“攀冰世界杯”赛、“欢乐冰雪健康中国”2020全国首届滑雪定向赛、中国冰雪短道汽车拉力锦标赛、2020F1电竞中国冠军赛华北赛区决赛、第七届全国大众冰雪季启动仪式等冰雪体育赛事。受疫情影响，国家体育总局和长春市政府要求，长春国际马拉松等一些国际、国内高水平体育赛事取消。9月，长春市推进各级各类赛事复赛，相继承办全国马术场地障碍赛、全国体校U系列线上体能锦标赛、中国篮球公开赛；省青少年公路自行车、射箭、柔道、摔跤、武术、冬季两项、自由式滑雪空中技巧、冰球比赛；举办市青少年射击、射箭、摔跤、举重、柔道、跆拳道、短道速滑、速度滑冰、单板滑雪等各级各类比赛100余场次。特别是足球、篮球等长春市传统项目赛事成绩显著，在特定情况下，参赛人数虽然有所下降，但部分比赛吸引一定数量国内外体育爱好者参赛。长春亚泰足球队以4胜1平积13分五场不败成绩晋级中国足球协会超级联赛，时隔两个赛季重返中国足球协会超级联赛；长春大众置业女子足球队取得第五名成绩；2020—2021年度中国男子篮球职业联赛采取赛会制，东北虎篮球俱乐部打比赛26场，取得16场胜利，联盟排名第六位。

【第十九届中国长春净月潭瓦萨国际滑雪节系列赛】　12月29日，第十九届中国长春净月潭瓦萨国际滑雪节在长春市净月潭国家风景名胜区启幕，世界罗佩特滑雪联合会巡回赛中国站50千米比赛、中国长春净月潭瓦萨国际滑雪节大众越野滑雪全程50千米比赛、中国长春净月潭瓦萨国际滑雪节大众越野滑雪半程25千米比赛、中国长春净月潭瓦萨国际滑雪节大众越野滑雪迷你2.5千米比赛和全国首届长距离25千米滑雪比赛5项专业赛事同时开赛，来自黑龙江、吉林、山西、贵州、青海、宁夏、内蒙古、西藏等550余名国家越野滑雪队、滑雪运动员及在华外籍滑雪爱好者参加比赛。采取线下线上同时段比赛方式进行，邀请世界罗佩特国际滑雪联合会、

12月29日，第十九届中国长春净月潭瓦萨国际滑雪节在长春市净月潭国家风景名胜区开幕
（市体育局　提供）

瑞典瓦萨、美国瓦萨等成员通过网络视频方式参与。瑞典、法国、意大利等22个国家104名选手线上报名参加，滑雪成绩实时上传到大赛平台，参与赛事成绩国际排名，获得赛事奖牌。运动员和滑雪爱好者从总占地面积30万平方米的世界级主题雪雕园——“净月雪世界”瓦萨门出发，穿越净月潭冰面、森林及公路，实现由点及面的转变，由原来固定区域变为6千米迎宾环潭路开放式、沉浸式体验区。

【2019—2020赛季国际登联“攀冰世界杯”赛】 1月3日至5日，由国际登山联合会、国家体育总局登山运动管理中心、中国登山协会、吉林省体育局主办，长春市体育局、长春莲花山生态旅游度假区管理委员会承办的2019—2020赛季国际登联“攀冰世界杯”赛在吉林省长春莲花山生态旅游度假区主题驿站举行。“攀冰世界杯”赛连续第4年选择中国，东北地区首次举办“攀冰世界杯”赛事。比赛分设男女速度赛和难度赛4个项目，来自16个国家和地区近80名攀冰运动员参赛。中国奥委会名誉主席、原国家体育总局局长刘鹏，国际登山联合会副主席佐利扎尔嘎勒·班奇拉格，中国登山协会副主席王勇峰，中国登山协会高山探险部主任次落，吉林省体育局局长张瑞林，长春市人民政府副秘书长卢福建，长春市体育局局长刘海玉，长春莲花山生态旅游度假区党工委书记、管委会主任邵大明等出席开幕式。有15名中国运动员参加全部4个项目比赛。其中，男子选手9人，女子选手6人。张丁峰获男子速度赛第八名；17岁运动员韩灿灿获女子速度赛第六名，刷新攀冰世界杯中国女子选手速度赛最好成绩。

【“欢乐冰雪健康中国”2020全国首届滑雪定向赛】 1月6日，由国家体育总局航空无线电模型运动管理中心、中国无线电和定向运动协会、吉林省体育局联合主办，长春市体育局、长春净月高新技术产业开发区管委会共同承办，长春市冬季运动管理中心、长春市净月潭国家级风景名胜区共同协办的“欢乐冰雪健康中国”2020年全国首届滑雪定向挑战赛在长春市净月潭国家风景名胜区举行，700人参赛。是中国首次举办的全国性滑雪定向比赛，也是将越野滑雪与定向运动相结合的新赛事。国家体育总局航管中心党委书记任洪国、吉林省体育局副局长宋海友、长春市体育局巡视员赵晓路、长春净月高新区管委会副主任赵心锐、2022年北京冬奥会组委会运动员委员会委员刘显英等出席首届全国定向越野赛。挑战赛分短距离滑雪定向赛和百米滑雪定向赛2个小项，来自全国的460余名运动员参赛。首日进行短距离滑雪定向赛，关若彤、袁冬梅和方文丽获女子公开组前三名；谢航龙、王书航和高永平获男子公开组前三名；何慧珊、韩悦和姜琪获女子精英组前三名；沙仲慧、屈洪男和耿凯悦获男子精英组前三名。

1月3日，2019—2020赛季国际登联“攀冰世界杯”赛在吉林省长春莲花山生态旅游度假区主题驿站开幕
（市体育局　提供）

1月6日，"欢乐冰雪 健康中国"2020年全国首届滑雪定向挑战赛在长春市净月潭国家风景名胜区举行　　　　（市体育局　提供）

冰雪体育运动

【吉林省大众高山大回转滑雪挑战赛】 1月8日至9日，吉林省大众高山大回转滑雪挑战赛在长春庙香山滑雪场开赛。活动由吉林省体育局主办，长春市体育局承办，长春市庙香山滑雪场执行。比赛竞赛项目分为男、女组单板大回转竞速赛和男、女组双板大回转竞速赛。以各市（州）为单位参赛，各市州派1支队伍，选手为大众滑雪爱好者，参赛选手年龄25周岁至55周岁，近200名滑雪爱好者参与比赛。

【"滑向2022——全国大众速度滑冰马拉松"系列赛（长春站）】 1月12日，"滑向2022——全国大众速度滑冰马拉松"系列赛（长春站）在长春市南溪湿地公园举行。有300余名运动员报名参赛，设置成人组和青少年组比赛。成人组中男子组为5千米比赛，女子组为3千米比赛。青少年组包括300米和600米比赛。参赛人员为非在册运动员的业余爱好者。

【"欢乐冰雪·健康中国"2020年长春市冰雪趣味运动会】 1月17日，"欢

【中国冰雪短道汽车拉力锦标赛】 1月17日至18日，2020年中国冰雪短道汽车拉力锦标赛在长春市南湖公园举办。该赛事由中国汽车摩托车运动联合会、长春市人民政府、长春市体育局主办，长春市冬季运动管理中心、长春市南湖公园承办，中汽摩联赛事运营有限公司进行赛事运营，吉林省众人信腾体育竞赛有限公司，长春德丰汽车运动发展有限公司协办，旨在推动长春市汽车产业发展，弘扬汽车文化，打造长春冰雪汽车特色赛事。来自全国20余个省、市、自治区及港澳台近150余名赛车手及100余名裁判员、工作人员、新闻记者参加赛事。

【2020F1电竞中国冠军赛华北赛区决赛】 12月18日，由中韩（长春）国际合作示范区主办、北京鼎集赛事文化发展有限公司承办的2020F1电竞中国冠军赛发展联盟赛华北赛区决赛开幕式在吉林省"雪立方摩尔运动中心"举行。比赛用三条赛道分别是上汽国际赛车场、澳大利亚阿尔伯特公园赛道和西班牙加泰罗尼亚赛道。来自EAD2车队的李骥鸿、朱瓅人获冠军，来自Gazzi车队的迈嘉奇、杨啸寒获亚军，来自GA车队的胡骏旸、杨云获季军，其中冠亚军两支车队获得在上海举行的发展联盟全国总决赛资格。

【2020吉林银行"黄龙杯"全国马术场地障碍冠军赛】 9月25日，2020吉林银行"黄龙杯"全国马术场地障碍冠军赛暨长春农安第六届马文化旅游节在长春市农安县剑鹏马城开幕，活动为期三天。该活动是2020长春消夏艺术节重点活动之一，来自全国各地的百余名骑手参赛。

（吴　昊　柏淑芬）

1月17日，一汽红旗·2020年中国冰雪短道汽车拉力锦标赛在长春市南湖公园举办　　　　（市体育局 提供）

乐冰雪·健康中国”2020年长春市冰雪趣味运动会在北城冰雪乐园举行。活动由长春市体育局、长春市体育总会、长春市宽城区文化和旅游局（体育局）、长春市社会体育指导员协会主办，长春市宽城区体育总会、长春合志文化传播有限公司、北城冰雪乐园承办。冰雪趣味运动会包括启动仪式、系列赛事、健身项目展示三大板块，是2020年长春市全民上冰雪宽城区分会场活动。涵盖雪地徒步、雪合战挑战赛、冰陀螺大赛、冰爬犁比赛、冰球赛、雪地足球争霸赛、雪地风筝、雪地球、速度滑冰、冰雪保龄球、雪地气排球、高台速降等15个项目。近1500人参加运动会，参与者从10岁至70岁，以社区为参赛单位，覆盖社会体育指导员、少数民族、老年人、残疾人、妇女、机关干部和企事业单位职工、青少年等群体。

【2020年长春市全民上冰雪系列活动】

1月18日，长春市全民上冰雪系列活动启动仪式在全市5个会场同步启动，5000余名市民参与其中。活动由长春市体育局主办，宽城区人民政府、宽城区文化和旅游局（体育局）、朝阳区文化和旅游局（体育局）、南关区文化和旅游局、九台区文广旅游局（体育局）、长春市体育总会、长春市社会体育指导员协会、长春合志文化传播有限公司承办。宽城区政府中心公园、长春市南湖公园、长春市南溪湿地公园、九台区波泥河镇碧水庄园、长春市各城区开发区（街道社区）、长春市徒步登山运动协会、吉林省迪赛文体育事业发展有限公司、长春市朝阳区湖心岛轮滑滑冰俱乐部等协办。活动主会场在宽城区政府中心公园广场，举行2020年长春市冰雪徒步大会，来自长春市城区、开发区各街道社区以及徒步登山运动协会的2000余名徒步爱好者参加活动。4个分会场举行各区全民上冰雪启动仪式，开启长春市全民上冰雪大联欢。朝阳区分会场组织“长春市大众冰球邀请赛”，长春市业余冰球爱好者在南湖公园冰面上展开对抗；南关区分会场在南溪湿地公园承办“吉林省大众越野滑雪比赛”，来自全省各市州的200名滑雪爱好者参赛；宽城区分会场在北城冰雪乐园举办“冰雪趣味运动会”，持续到农历正月十五，包括冰陀螺、冰爬犁、冰雪保龄球等15项冰雪项目；九台区分会场在波泥河镇碧水庄园进行“长春市大众冰上龙舟挑战赛”，27支街道社区代表队近500名选手报名参赛。冰上龙舟是中国冬运会首次设置的群众项目，群众参与性强、观赏性高，带有中国传统文化特色，选手们充分感受冰上龙舟项目魅力和乐趣。全民上冰雪系列活动拉开长春市全民健身运动会活动序幕，各项赛事和体验活动均面向社区报名，吸引众多健身爱好者参与。

【长春市青少年“未来之星”冬季阳光体育大会】　12月26日，由长春市体育局、长春市教育局、长春市文化广播电视和旅游局主办，长春市足球运动管理中心、长春新区教育局、吉林大学体育学院、东北师范大学附属中学净月实验学校、长春天达体育产业有限公司承办，2020—2021年长春市青少年“未来之星”冬季阳光体育大会在长春国际会展中心雪博会现场启动，40所学校600余名青少年参与长春市第三届中小学生雪地球比赛、打雪仗精英赛和青少年雪地足球比赛、定向越野比赛4项内容。

【第七届全国大众冰雪季启动仪式】

9月3日，长春市体育局接到第七届全国大众冰雪季启动仪式承办任务。12月29日，以“激扬中国梦，冰雪酝新篇”为主题的第七届全国大众冰雪季启动仪式在吉林省长春市净月潭国家森林公园主会场举行。该活动是在北京冬奥会备战工作进入“冲刺”之年，对新时代中国冰雪运动发展的一次集中展示。第七届全国大众冰雪季启动仪式由国家体育总局、北京2022年冬奥会和冬残奥会组委会、吉林省人民政府主办，国家体育总局冬季运动管理中心、吉林省体育局、长春市人民政府承办，在北京市石景山区、河北省承德御道口、海南省三亚市、湖北省神农架林区设置4个分会场，利用5G视频连线等现代技术，将线上与线下相结合的方式与主会场同步呈现。吉林省人民政府副省长阿东主持，国家体育总局局长苟仲文，中共吉林省委副书记、吉林省人民政府代省长韩俊分别致辞，国际奥委会副主席、北京2022年冬奥会协调委员会主席小萨马兰奇以视频形式表示祝贺，中共长春市委副书记、长春市人民政府市长张志军致欢迎辞。吉林省委书记景俊海、省委常委、长春市委书记王凯与国家、省领

12月29日，“激扬中国梦 冰雪酝新篇”冰球挑战赛第七届全国大众冰雪季启动仪式在长春净月潭举行

（市体育局　提供）

导嘉宾共同推杆启动第七届全国大众冰雪季活动。在长春莲花山冰雪新天地举办“中国冰雪网站App”上线启动仪式及宣传推介活动。冰雪季启动仪式包括中国冰雪运动成果展示、东北冰雪民俗文化体验、冰雪运动赛事和群众冰雪活动展示等6个板块，同时举行第19届中国长春净月潭瓦萨国际越野滑雪节系列赛、全国大众越野滑雪赛、全国大众冰雪汽车邀请赛、全国大众打雪仗精英赛、全国大众冰上龙舟赛、“滑行中国”城市系列赛（长春站）、青少年滑雪体验活动、吉林省雪地足球锦标赛、全国青少年雪地球锦标赛、全国青少年雪地棒垒球赛、冰球挑战赛、全国大众雪地卡丁车挑战赛等赛事活动。设立冰帆、花样滑冰、冰陀螺（冰猴）、冰爬犁、堆雪人、雪地热气球、冰雪动力翼、雪地风筝滑雪等大众冰雪活动项目，展示吉林省冰雪活动特色。得到国家体育总局领导及省市领导好评，给冰雪爱好者带来全新体验。

（吴　昊　柏淑芬）

体育产业

【国家体育消费试点城市】　2020年，长春市申报国家体育消费试点城市，成立由主管市长任组长、15个政府部门为成员的工作领导小组，建立长春市国家体育消费试点城市工作机制，获得国家体育总局命名。

【体育消费券发放】　2020年，首次发放体育消费券，促进体育产业发展。发放分两期进行，金额1050万元，直接推动体育消费近3000万元，受到市民欢迎。

【体彩销售】　面对新冠疫情对长春市体彩市场带来的不利影响，长春市在全国城市中首批开始恢复体彩销售，加大宣传力度，赞助系列体育活动和赛事。通过系列举措，把疫情对体彩销售的影响降到最低，在全国销售比2019年下降18%、全省下降6%、彩票停售49天情况下，实现销售逆势增长，全年销售体育彩票13.95亿元，比2019年增长1.08%，占全省总销售额38.66%，长春市体彩总销量在东北城市中排名第一位，与同城福彩相比，继续保持市场占有率绝对领先优势。

【体育市场监管】　开展“互联网+监管”工作。对照国家体育总局及吉林省体育局目录清单，逐一编制检查实施项，形成监管事项目录清单8项。对照目录清单所列行政检查项，逐一编制检查实施项，形成监管事项检查实施清单6项，分别建立健全执法检查人员名录库和检查对象名录库。在7月23日长春市市场监督管理局“两率”（实施清单完成率、监管事项覆盖率）完成情况通报中，长春市体育局实施清单完成率100%、监管事项覆盖率100%。制定年度随机抽查事项清单，明确检查依据、检查主体、检查内容、检查对象、检查方式等，通过长春市司法局审核。根据监管工作实际情况，按要求编制年度抽查计划，确定检查时间、抽查比例和频次。完成全部6项实施清单的“双随机、一公开”抽查，检查结果录入并通过监管平台公示。

【政务服务事项优化】　加快审核和现场复核，优化市体育局行政许可和服务事项，压缩审批环节，清理权力清单，将“临时占用公共体育场（馆）设施审批”由其他事项动态调整为行政许可审批事项。取消其他事项类别“全民健身设施拆迁或者改变用途批准”，调整为内部管理事项；新增其他类别事项“体育传统项目学校审定命名”，推行行政审批服务信用承诺制度。

【现代服务业重大项目专班】　长春市体育局包保5个项目，工作有序推进。对接吉林省金融大厦综合体“冬季不停工”项目，实地踏查了解情况进行落实。

【长春体育夜色嘉年华】　6月21日至30日，在长春体育中心举行长春体育夜色嘉年华暨国际奥林匹克日庆祝活动，以“生命因运动精彩体育助经济腾飞”为主题，以科学健身、抗击疫情、体育搭台、经贸唱戏、刺激消费、拉动内需为宗旨。分全民健身展演、体育用品展销、体育文化展示3个版块，设10个展区100个展位，展销区域1万平方米，40户体育用品企业、7家体育俱乐部参展，体育消费成交额超过50万元。短道速滑奥运冠军周洋、前中国足球先生杜震宇等体育明星到场助阵宣传推广体育文化，中、省、市直10余家新闻媒体对体育嘉年华活动进行宣传报道，刊发新闻稿件30余篇（条），浏览量超过210万人次。活动带动体育消费，促进吉林省长春市经济复苏，达到“人人动起来、企业火起来、市场活起来、商圈旺起来、产业兴起来、经济飞起来”良好预期效果，得到长春市政府领导肯定。

（吴　昊　柏淑芬）

社会生活

SHEHUI SHENGHUO

城镇居民收支

【概况】 2020年，长春市城镇常住居民人均可支配收入40001元，比2019年增长5.7%；人均消费支出29080元，下降7.7%。

【城镇居民收入稳步增长】 长春市城镇常住居民人均可支配收入40001元，比2019年增长5.7%。其中，工资性收入26910元，增长6.5%，占城镇居民人均可支配收入比重67.3%，拉动可支配收入增长4.3个百分点，是可支配收入增长的主要支撑；经营净收入1792元，下降0.5%，占城镇居民人均可支配收入比重4.5%，拉动可支配收入下降0.03个百分点；财产净收入2589元，下降6.6%，占城镇居民人均可支配收入比重6.5%，拉动可支配收入下降0.5个百分点；转移净收入8710元，增长8.8%，占城镇居民人均可支配收入比重21.8%，拉动可支配收入增长1.9个百分点。

【城镇居民生活消费支出】 受疫情影响，2020年长春市城镇常住居民人均消费支出29080元，比2019年下降7.7%。生活消费8项支出呈现2升6降。其中，食品烟酒支出6831元，增长7.2%；居住支出6805元，增长4.7%。其他6项支出受疫情影响出现不同程度下降。交通通信支出3329元，下降29.7%，降幅最大；教育文化娱乐支出3301元，下降26.7%；其他用品和服务支出1045元，下降16.9%；医疗保健支出2936元，下降6.5%；生活用品及服务支出1714元，下降5.8%；衣着支出2311元，下降4.4%。长春市城镇常住居民衣食住行四大类生存性消费占消费支出比重呈现4降1升。其中，人均食品烟酒消费支出比重25.2%，比2019年提升3.5个百分点；衣着消费支出比重7.9%，提升0.2个百分点；居住消费支出比重24.5%，提升2.9个百分点；交通通信支出比重11.4%，下降3.6个百分点。人均教育文化娱乐支出比重11.4%，下降2.9个百分点；医疗保健支出比重10.1%，提升0.1个百分点；生活用品及服务支出比重5.9%，提升0.1个百分点；其他用品及服务支出比重3.6%，下降0.4个百分点。

（王　蕾）

民族工作

【概况】 2020年，长春市（含公主岭市）有民族51个，常住少数民族户籍人口34.3万人，少数民族流动人口8.2万人。有满族、朝鲜族、回族、蒙古族、锡伯族5个世居少数民族。有民族乡（镇）6个，民族村47个，少数民族特需商品生产企业5户，市级朝鲜族群众艺术馆1所，民族中小学13所，民族医

9月，长春市民委组织开展民族团结进步宣传月活动。图为活动现场（金　迪　提供）

院1所，市级少数民族社团6个。

【民族团结创建活动】 健全长春市民族工作领导小组机制。配合市政协开展“关于铸牢中华民族共同体意识”专题调研。开展民族团结进步宣传月工作，设立宣传栏、宣传板，组织政策法规咨询、答疑，协调长春电视台等新闻单位对各地宣传活动进行报道，利用新媒体开展“团结互助、携手共进”创建活动，全市开展各类主题活动15项。在吉林省第七次民族团结进步表彰大会上，长春市7个集体和13名个人受到表彰，市长张志军作交流发言。韩涛和阿德尔·买买提当选2020年度“吉林好人·最美民族团结之星”。长春市朝鲜族中学和老韩头清真食品有限公司被授予全省第五批民族团结进步示范单位。皓月集团和老韩头清真食品有限公司，开展民族团结进步创建工作。

【少数民族乡村振兴】 保护与发展少数民族特色村镇，带动民族民俗特色旅游，助推民族乡村经济社会发展。榆树市延和朝鲜族乡、双阳区太平镇将军村等被命名为第二批吉林省少数民族特色村镇。为少数民族特需商品生产企业争取国家民品企业贷款贴息7945万余元，5年总数约2.6亿元。

【民族文化】 2020年，长春市朝鲜族群众艺术馆被命名为第八批全省少数民族文化艺术创作基地。长春市锡伯族文化促进会开展西迁节线上纪念活动。通过网络，联合长春市朝鲜族群众艺术馆举办“同心战疫舞动健康”线上文化公开课，将“欢乐五一云展示”线上培训视频征集活动——舞蹈篇推荐到市少数民族社团中，满足少数民族群众文化需求。

【脱贫攻坚】 长春市4个少数民族乡（不含公主岭市）有建档立卡贫困人口612户1209人。其中，莽卡满族乡264户515人、胡家回族乡198户403人、双营子回族乡132户250人、延和朝鲜族乡18户41人。43个少数民族村有2个建档立卡贫困村，是莽卡乡三道村和胡家乡红石村。2个少数民族贫困村出列，贫困人口脱贫，脱贫攻坚取得成效。

（金　迪）

精神文明建设

【全国文明城市创建】 2020年，长春市全国文明城市“四连冠”。16家单位、4所学校、9个村镇、3户家庭获全国文明单位、全国文明校园、全国文明村镇、全国文明家庭称号。4月27日，市委书记王凯主持召开市精神文明建设指导委员会2020年第一次全体会议，部署全市精神文明建设重点工作。7月16日，市深化全国文明城市创建工作会议召开。制定《长春市深化全国文明城市创建工作目标责任分解表》，把37大类，3379个创建点位量化分解。11月10日，中央文明办公布第六届全国文明城市入选城市名单和复查确认保留称号的前五届全国文明城市名单，长春市入选名单。

【文明行为促进条例】 4月2日，召开《长春市文明行为促进条例》新闻发布会，《长春市文明行为促进条例》于5月1日起实施，是长春市第一部促进文明行为综合性的地方法规。《条例》为长春市文明城市的创建提供法制保障。3月1日，为配合《长春市文明行为促进条例》的宣传，市委宣传部、市文明办发布《长春市文明行为提示单》（简称“文明十条”），组织省属、市属媒体对“文明十条”进行集中宣传报道。4月25日，《人民日报》和中央电视总台《焦点访谈》栏目报道长春市“文明十条”推进市民文明素质提升的做法。

【公民思想道德建设】 开展对国家、省和市级道德模范和长春好人的走访慰问活动。慰问全国道德模范及提名奖代表4人；市级以上道德模范代表5人；市级以上好人代表40人。开展“长春好人·最美抗疫人”评选活动，对疫情发生以来全市医务人员、社区工作者、公安干警、新闻工作者、志愿者等的优秀组织和个人进行表彰，评选“长春好人·最美抗疫人”100名、“长春好人·最美抗疫标兵”30名、“长春好人·最美抗疫模范”10名、“长春好人·最美抗疫团体”。5月25日，“长春好人·最美抗疫人”云发布活动在长春广播电视台综合频道和网络上播出，搜狐网、新浪网、腾讯视频、今日头条、华人头条、凤凰网、吉和网等网站转载，全媒体浏览和收看量超过50万次。6月9日，市文明办开展“致敬最美抗疫人”免费参观博物馆活动。获得“长春好人·最美抗疫人”称号的个人、团体和长春地区的社区工作者，免费参观伪满皇宫博物院。有1.3万余人享受该次免费参观活动。评选“长春好人”90人、“长春好人标兵”30人，入选“吉林好人”32人。10月24日，由中央文明办、中国文联主办，中国曲艺家协会和长春市委、市政府承办，市委宣传部、市文明办协办的第七届全国道德模范故事汇基层巡演吉林长春专场在东北风大剧场举行。道德模范、长春好人、吉林好人、中国好人、志愿者及市民群众代表等350余人在现场观看演出。

【新时代文明实践】 2020年，长春市建立新时代文明实践中心15个，新时代文明实践所266个，新时代文明实践站2996个，新时代文明实践点698个。5月27日，九台区被中央宣传部、中央文明办确定为“全国十大新时代文明实践中心建设重点联系县（市、区）”。

【志愿服务事业建设】 助推志愿服务事业，注册志愿者60余万人，志愿服务组织4000余家。3月4日，市文明办、市志愿服务联合会联合社会各界爱心企业和爱心人士向武汉市志愿服务联合会捐赠口罩、防护服、手套等抗疫物资400余万元。有6万余名志愿者，1700余个志愿服务组织参与一线防疫工作。开展“日行一善德润长春”志愿服务项目大赛，收到来自45支志愿服务组织的400余项申报项目。12月5日，市委常委、宣传部部长赵明在全省志愿服务优秀项目展示暨“日行一善德润长春”项目推广现场会上，就“日行一善德润长春”全民志愿主题实践活动做经验交流。

【未成年人思想道德建设】 组织学生参加以“文明宅急送·诵·颂”为主题的“文明战疫”“科学战疫”和“乐观战疫”线上创建活动。各中小学通过绘制手抄报、绘画、写信、制作支持视频等形式参加活动。收到宣传手抄报1300余份，书画作品430余幅，拍摄小视频650余份。4月，开展“新时代好少年”评选活动，产生163名“新时代好少年”。80名学生获“新时代吉林好少年”。10月27日，中央文明办、教育部、共青团中央、全国妇联、中国关工委5部门联合发布2020年度“新时代好少年”先进事迹。长春东师中信实验学校学生王淇萱获全国“新时代好少年”称号，是吉林省首名获该称号学生。2020年度专项彩票公益金支持乡村学校少年宫项目中，长春市有15所乡村学校少年宫获得620万元扶持资金。受国家、省彩票公益金扶持的少年宫139个。

（孙　悦）

医疗保障

【概况】 2020年，长春市基本医疗保险参保824.87万人，基金当期收入142.32亿元，支出94.76亿元，统筹基金结余155.93亿元。其中，城镇职工参保191.73万人，统筹基金结余123.02亿元；城乡居民参保633.14万人，统筹基金结余32.91亿元。市本级（不含双阳、九台）定点医疗机构579家、定点零售药店2440家、工伤保险定点医疗机构30家、生育定点医疗机构26家、定点医疗照护保险机构105家。

【疫情防控】 建立医保基金预付、患者医疗费用综合保障“双确保”机制。向定点医疗机构预付医保基金1410万元，保障“先救治、后结算”。将国家诊疗方案中的药品和诊疗项目临时纳入医保，减免确诊和疑似患者医疗费用，个人不垫付、不承担。结算患者244人，医疗费用约195.41万元，医保统筹支出约131.32万元。完成支援湖北医疗队员800人异地就医备案工作。优化经办服务，推出“三个办”。常规事项“不见面办”，对85%的经办、咨询业务采取线上办理，推出医保个人App线上办理，全国首创将AI人工智能应用到医保政务呼叫服务系统。紧急事项“及时办”，开通远程经办“绿色通道”，紧急事项日清日结，开通异地就医“绿色通道”，参保人先治疗后备案，异地就医报销时限延期至5月底。特殊事项“便民办”，放宽门诊处方要求，放开慢性病审批权限，办理慢病治疗定点医院由4家放开到104家。制定稳固重大疫情医疗救治医保支付政策，建立特殊群体、特定疾病医药费豁免制度，健全重大疫情医疗救治费用保障长效机制，助推重大疫情防控救治体系建设。

【脱贫攻坚】 长春市1890个村级卫生室医保结算系统连接开通，能看病、能报销。全市63663名贫困人口纳入基本医保、大病保险和医疗救助范围，参保率100%。构建梯次保障机制，增加减负功能。贫困人口医保待遇政策倾斜，增强基本医疗保险、大病保险、大病救助三重保障梯次减负功能。贫困人口住院和门诊慢特病费用报销约80%。市、县、区级医疗救助定点机构的基本医疗保险、大病保险、医疗救助“一单制”结算。设立扶贫专线，开通医保扶贫线上专题直播，进行答疑解惑。以范围、内容、宣传3个“全覆盖”为原则，对全市医保系统工作人员开展“拉网式”医保扶贫业务培训300余场次，培训3548人，村医培训率100%。通过制作扶贫政策宣传海报、折页，编制“一口清”，线上线下等全方位、多形式的宣传，普及医保政策。

【医保体系建设】 2020年1月1日起，原城镇居民医保与原新农合制度整合，建立“覆盖范围、筹资政策、保障待遇、医保目录、定点管理、经办流程”的“六统一”城乡居民基本医疗保险制度。降低城镇职工、城乡居民门诊特殊疾病血液透析自付额度，增加大病低自付血液透析常规治疗项目，每年减负3300元以上，医保支出增加2000万元。职工基本医疗保险门诊特殊疾病病种增至43种；将门诊慢性病统筹基金补助比例由60%提高到70%，提高多种门诊慢性病患者月最高支付限额；将公务员住院自付补助标准提高到70%；在国家医保药品目录限定范围内，将门诊统筹用药支付目录由589种调整至1834种、7.1万余品规，统筹内甲类药品报销比例50%。国家集采的三批111种药品在长春市落地，平均降幅54%，采购金额1.06亿元。第一、二批集采药品年度采购任务数量、金额提前翻倍完成。开展“3+6”跨省联盟采购高值医用耗材人工晶体的报量和采购工作，人工晶体降幅50%以上，采购金额803.8万元。启动国家高值医用耗材冠脉支架联合带量采购工作，最高降幅93%。探索实行低值耗材集中采购。推进药品跨区域联盟采购工作。新增24项医疗服务项目价格。2020年上半年，完成466家零售药店、76家医疗机构，35家照护机构准入评估工作。失能人员医疗照护保险覆盖范围扩大至中心城区、开发区城乡居民。逐步构建就近就医购药网络布局。城乡居民基本医疗保险人均财政补助标准增加30元，每人每年550元，参保率95%，应参尽参。

【基金监管】 实施欺诈骗保行为举报奖励和要情报告制度。制定《长春市医疗保障局基金监管线索查办工作制度》《长春市医疗保障基金监管操作规范（试行）》等制度规定。通过开展专项治理行动，与8个部门联合开展“双随机、一公开”、推动建立行刑衔接工作机制等，强化打击欺诈骗保力度。对定点服务机构检查全覆盖，拒付医保基金约3000余万元。建设监管队伍能力和智能监控体系。通过督导检查，业务培训，实战锻炼等方式促进监管队伍人员素质和业务水平提升。构建移动监管App、照护保险监管联动平台、线索督办系统“三位一体”智能监管体系，提高现场检查效率。引入第三方力量，建立长春市医疗保障基金监管专家库，按需抽调专家，探索购买信息服务、会计师事务所等第三方力量参与基金监管工作。4月，集中开展打击欺诈骗保“宣传月”活动，通过局网站、轨道交通、定点机构服务场所、省图电子屏幕等媒介，开展宣传，发动群众参与医保监督，曝光典型案例，公开有奖举报电话。

【医疗保障改革】　确定101家DRG付费试点医院。有57家完成接口改造、数据收集清洗等前期准备工作。作为医保电子凭证先行先试城市，通过改造系统、争取设备、广泛宣传等举措，建成平稳有序的用码环境。全市定点医药机构扫码就医购药全覆盖，医保电子凭证使用、支付数330万笔，激活率、支付次数排全省第一。组织市统筹区内2067家定点医疗机构、3000家定点零售药店开展14项医保编码标准信息维护工作，编报信息200余万条。推行“综合柜员制”窗口服务模式，5大类85项高频服务事项“一窗受理、一次办结”。拓展远程办理渠道，80%以上经办业务“零跑动”、网上办。大厅接待办事群众110余万人次，窗口受理业务50余万笔；线上接待办事群众680余万人次，受理业务160余万笔。异地就医“零跑动”。省内异地就医急诊直接结算。与全国各省、市、自治区异地就医联网结算，开通19个省份、101个统筹地区线上备案服务，异地安置退休、长期驻外工作、异地长期居住及转外就医4类参保人异地就医直接结算。全市跨省异地就医直接结算定点医疗机构870家。

【“六稳”“六保”】　对企业职工医保单位缴费部分实行减半征收。2月至6月，长春市本级基本医疗保险减征31199户，减征金额8.76亿元，工伤保险减征31085户，减免金额1.32亿元。为市属公立医院预拨医保基金1.2亿元，减轻定点医疗机构压力负担。调整市属公立医疗机构医保总额预付资金拨付方式、医保定额付费额度等，弥补总额预付资金不足问题。开通门诊统筹、建立舒缓疗护病房、恢复公立医疗机构中医特色门诊待遇，助力医疗机构用好现行医保政策优势。四季度，调整总额预付为市属公立医院增加资金周转量3000万，通过扩大服务范围、增加诊疗项目等创收1000余万元。

（温斯琪）

社会保险

【概况】　2020年，长春市社保局推进全民参保计划，通过加强政策宣传、创新经办服务模式、利用大数据比对等措施，吸引、引导、督促单位和个人参加社会保险。全市养老保险参保470.4万人。其中，城镇职工基本养老保险参保239万人，机关事业单位养老保险参保25.4万人，城乡居民养老保险参保206万人。城镇职工基本养老保险基金征缴119.5亿元，失业保险基金征缴4.4亿元。

【民生保障】　2020年，按时足额发放养老金和失业保险金270.4亿元，保障全市69.7万名企业退休人员、7万名机关事业单位退休人员、87.4万名城乡居民养老保险享受待遇人员和2.1万名失业人员的基本生活。全年为近5万户参保单位减免养老保险费和失业保险费59亿元，为符合条件的1.1万户单位发放稳岗返还资金18亿元。

【数字社保建设】　2020年，长春市社会保险公共服务平台、长春社会保险微信小程序上线，参保登记、参保缴费、退休申请、关系转移申请、失业金申领、稳岗返还、社会保险费减免等基本业务线上办理。疫情防控期间，开展“不见面”服务，倡导参保单位“网上办”、参保个人“掌上办”。推进社保业务“社区办”，服务“最后一千米”，在市内52个社区开展社保业务经办试点，个人申报类业务就近办理。全年通过公平服务平台“网上办”业务量135万笔，通过微信小程序“掌上办”业务量16万笔。

【疫情防控】　成立疫情防控工作领导小组，制定防控工作实施方案和应急处置预案，明确职责和工作要求。对内实施请假报备、居家隔离、核算检测等措施；对外实施服务大厅入口登记测温，扫码测温登记62.4万人次。党员干部下沉16个社区增援基层防疫19天；在进社区、进企业开展“传递社保正能量”“助力企业复工复产”活动中，28个党支部走访社区和企业100余次；党

12月1日，社保个人申报业务社区办培训讲课　（张佳鑫　提供）

10月，长春市举办2020第二届中国（长春）国际康养高峰论坛·康复设备展览会暨中国康复医学会医养结合年会　　（李祥珍　提供）

员、群众参与“大爱同心、抗疫有我”爱心捐款活动，为抗疫捐款89191元。

【脱贫攻坚】　2020年，长春市社保局为4.72万名建档立卡贫困人口代缴城乡居民养老保险费，为9.6万名农村低保对象、农村特困人口及重残人员办理参保手续，四类扶贫对象参加基本养老保险全覆盖。

（张佳鑫）

民政工作

【社会救助】　制定《长春市民政局2020年脱贫攻坚工作专班挂牌督战实施方案》，成立脱贫攻坚工作专班挂牌督战组，推进脱贫攻坚兜底保障工作。实施脱贫攻坚三年行动计划，推进“四个一批”专项行动，将符合条件的贫困人口纳入保障范围，全市27609名建档立卡贫困人口纳入农村低保或特困。为城区3.5万户城乡低保对象中的分类施保家庭和9008名特困人员按每户（人）500元标准发放生活补贴。临时救助范围扩大到非长春户籍流动人口，临时救助3.7万人次、发放资金2800万元。向城乡低保对象和城乡特困人员发放物价补贴7750万元。投入930万元为17.4万名城乡低保对象、特困人员、孤残弃儿童、失能失智老人等困难群众按每人50元标准发放特惠型消费券。制定《全市社会救助领域“放管服”改革试点实施方案》，压缩审批层级时限，为困难群众提供社会救助服务。开展农村低保专项治理，清退不符合条件农村低保362户、656人。开展“幸福长春圆梦助学”活动，资助中、高考学生700余人次。

【养老服务】　落实《国务院办公厅关于推进养老服务发展的意见》，建立由市民政局牵头，32个部门参与的长春市养老服务工作联席会议制度。开展“津—长2020年度养老服务及对口支援合作网上培训”，培训民政系统工作人员和养老机构院长及护理员5298人。制定《长春市困难老年人家庭适老化改造试点实施方案》，指导5个城区为420余户困难老年人家庭实施适老化改造。印发《长春市康复辅助器具租赁服务实施细则（试行）》，争取省民政厅专项扶持资金250万元为老年人、残疾人提供租赁服务。推动长期照护险定点机构评审，全市定点养老机构88家。为1.3万名高龄老人发放高龄津贴。推进居家和社区养老服务改革试点项目。开展民政系统冬春安全治理、“四不两直”暗查暗访和“回头看”等行动，检查养老机构736家次，排查隐患2094项，整改隐患2010项，约谈民政服务机构1家，取缔养老机构3家。

【社会事务】　印发《关于进一步推进殡葬改革促进殡葬事业发展的实施意见》，推动殡葬改革和殡葬事业发展。承接龙峰殡葬服务中心殡仪功能。推进长春市第二殡仪馆建设，10月21日，市政府第61次常务会同意启动建设并选址绿园区西新镇新凯河西侧地块。暂停市民群众清明节期间到骨灰存放场所现场祭扫，推出线上缴费、代理祭扫、网络追思等便民举措。开展殡葬领域突出问题专项整治“回头看”行动，形成整改清单。推进无人认领遗体处置，处置具备火化条件遗体104具。疫情防控期间，指导全市各城区、开发区纳入孤儿和事实无人抚养儿童保障范围450人，保障特殊儿童群体权益。婚姻登记机关实行电话和网络预约登记，办理婚姻登记11万余对，登记合格率100%。开展“寒冬送温暖”专项救助行动，救助流浪乞讨人员2200余人次。为困难残疾人和重度残疾人发放两项补贴7000余万元。推进政区标志设置和地名普查成果转化工作，新命名街路89条。

【基层政权和社区治理】　制定《关于加强城市社区工作者队伍职业化专业化建设的指导意见》，部署规范选人用人、健全薪酬体系、加强管理考核等社区工作者职业化建设工作任务。制定《关于推动社区减负的指导意见》，实施工作准入、规范管理、减负合力等工作举措。启动十佳优秀社区工作法、社区协商案例、议事协商会议、村规民约、居民公约、践行“枫桥经验”示范村（社区）等6项“十佳”评选活动，选树基层治理典型，打造具有长春特色的社区治理品牌。

【社会组织管理】　开展行业协会商会脱钩收尾“回头看”工作，行业协会商会“五脱钩、五分离”改革任务完成。动员社会组织助力疫情防控，印发《关于社会力量参与疫情防控的表彰通报》，对132家爱心单位和30余名爱心人士予以表彰。开展清理整顿社会组织专项行动，对近500家超过3年不年检的社会组织进行集中清理整顿，20年积累的“僵尸”组织清零。印发《2020年长春市社会组织等级评估工作方案》，招标第三方对30余家社会组织开展等级评估。制定《2020年清理规范行业协会商会收费行动计划》，更新2020年行业协会商会收费清单。制定《长春市本级社会团体筹备成立大会工作指引（试行）》《长春市本级社会团体换届工作指引（试行）》，为社会团体提供依法、依章程开展活动的遵循。

【疫情防控】 履行全市疫情防控工作领导小组社区管控服务组组长单位职责，制定物业管理小区、老旧散小区疫情防控指导方案，对全市4364个小区实施封闭式管理。动员300余户企业及社会各界力量参与疫情防控，募集8900余万元防疫物资，支援卫健、教育、基层社区疫情防控。老人、儿童、特困人员等民政服务对象零感染。

【最低生活保障】 提高城乡最低生活保障标准和特困人员基本生活标准，城乡低保标准提高14.5%和22%，城乡特困标准提高36%和56%，提标幅度为低保和特困人员基本生活保障制度建立以来最高，提标后低保和特困标准在15个副省级城市中分别排第十二名位和第九名。长春市社会救助满意度在“中国十大美好生活城市”评选中位列全国第一。

【“三长”联动机制】 在全国创新提出并实施“三长”（网格长、楼栋长、单元长）联动机制，全市配齐“三长”160177人，在疫情防控和基层治理中发挥作用。习近平总书记对“三长”联动工作给予肯定，民政部以全国社区建设部际联席会议简报形式向全国印发长春市经验供各地学习借鉴，《新华社内参》刊发介绍长春市“三长”联动工作文章，省委、省政府主要领导对该项工作给予肯定性批示。

10月30日，长春“金秋招聘月”活动启幕 （程红兵 提供）

【区划调整】 2020年6月5日，国务院批复同意调整公主岭市代管关系，由长春市代管。6月25日，9个专项工作组牵头组织66个单位与公主岭市交接工作，长春——公主岭同城化协同发展进入全面实施阶段。

【基础设施保障】 投资2.44亿元建设的涵盖800张床位集颐养、照护、康复、医疗、娱教等为一体的第二社会福利院主体完工。第二殡葬服务中心项目启动。

（李祥珍）

人力资源和社会保障

【创业就业】 2020年，长春市城镇新增就业12.2万人，农村劳动力转移就业109.5万人次，零就业家庭动态为零，城镇登记失业率4%以内。成立4个工作专班，建立24小时重点企业用工调度保障机制，组建169名人社服务专员队伍，为365户重点企业解决用工需求9200人次。通过线上“春风行动”“公益网络招聘月”“百日千万”等活动，帮助10076户企业线上发布岗位信息18.6万个，达成就业意向12507人。开通24小时服务热线，畅通农民工“点对点、一站式”复工服务通道。建设农民工大数据综合服务平台，为农民工等群体提供精准服务。开展就业扶贫，开发就业扶贫专岗1592个，创建就业扶贫星火站60家，安置贫困劳动力129人，贫困劳动力转移就业8290人，未脱贫劳动力清零。开发应届高校毕业生公益性岗位4000个，公开招聘329名城镇公益性岗位人员。开展“互联网+创业”服务活动，评审创业培训机构33家，开展网创培训7557人。开展疫情期间创业担保贷款线上审核工作，发放贷款11.12亿元。举办第三届长春国际创客节暨直播创业系列交流大会，开展“直播+城市”创新发展高端峰会等9项活动，线上线下参与观众331万余人次。全市新增经营性人力资源服务机构99家，中国长春人力资源服务产业园入驻企业46户，营业额5.3亿元。

【民生保障】 实施社会保险“减免缓返补”政策，为12.1万户参保单位减免返社会保险费86.76亿元，其中，返还失业保险费18亿元，免减缓降工伤保险费3.2亿元。全市养老保险参保470.4万人，发放养老金268.4亿元、失业保险金2亿元，社会保险应保尽保。将失业保险金标准上调至最低工资标准90%，

长春市促进高校毕业生来留长创业就业服务工程系列活动（程红兵　提供）

由每月1513元上调到1602元。对领取失业保险金期满仍未就业且距离法定退休年龄不足1年的人员，继续发放失业保险金直至法定退休年龄。完善企业职工退休管理服务工作，每月定期为一汽集团开展退休审批上门服务。开通社保卡办理绿色通道，多网点设置制卡机，方便群众就医。疫情期间，简化工伤认定程序，延长工伤申请时限。构建工伤认定“1+2”政策制度框架，规范工伤认定程序，全年认定工伤3240件。在全省率先组建工伤预防专家库，提升工伤预防科学化、专业化、规范化水平。采取视频、预约、现场和绿色通道“3+1模式”，工伤鉴定1857人、病退鉴定883人。

【人力资源开发】　完成10万名大学生留长目标。实施《长春市促进应届高校毕业生来（留）长创业就业若干措施》和配套细则，推动党政机关、事业单位、国有企业带头留人。各城区、开发区和企业加大编制岗位供给，建立人才储备“蓄水池”。开展“采兰计划暨强师强医计划”系列专场招聘，开展“才聚长春”云聘行动和“百日冲刺”计划，留长数量比2019年增长1.1万人。实施“人才新政”20条。市本级为9066名人才兑现2019年度高端人才奖励、人才住房保障支持和引才激励项目奖补资金8024万元，增长111%。将相关人才政策享受范围拓展到驻长国家级科研院所和“双一流”高校，加大高层次人才吸引力度。争取城市智能体建设试点，在2020年人才项目申报审核中，新成长技师、高级技师奖励项目、高校毕业生一次性安家费政策“快办”“秒兑”。加强人才公共服务。长春人才市场在全国第一家恢复线下招聘服务，实行全年免费招聘，上线“长春人才市场抖音号”，开展招聘现场“直播带岗”活动，8万人通过人才市场就业。优化人才服务管理。出台疫情防控举措，采用远程视频答辩形式开展职称评审，对疫情防控一线人员出台发放临时性工作补助等措施，开展异地健康疗养活动。推进公立医院薪酬制度改革，扩大试点医院范围。为入选省拔尖创新人才名单的市直事业单位人员调整工资待遇。推进保障义务教育教师工资待遇工作机制，全市义务教育教师平均工资收入水平不低于当地公务员平均工资收入水平。

【构建和谐劳动关系】　简化劳动用工信息备案流程，“只跑一次”“零跑动”。宣传《保障农民工工资支付条例》，“e网”监管平台对全市928个项目进行建档监管，录入工人13万人，代发工资26.73亿元。推进仲裁调解工作，编写《妥善处理疫情防控期间劳动争议实务参考》，劳动关系处理统一指导、统一标准、统一口径。创新市场监管环境。以新型信用监管方式衔接双随机监管，在全市人社领域推行劳动保障监察首检告知、首违警示、首罚警戒和承诺备案4项制度，率先实行清单式管理，承诺备案企业148户，首检告知全覆盖。推进政务环境建设。出台法治政府建设3项制度，清理和修订规范性文件17个，完

11月26日，举办2020第三届长春国际创客节暨直播创业系列交流大会（程红兵　提供）

11月23日，举办长春市佛教道教伊斯兰教政策法规培训班（金 迪 提供）

成法制审核108件、合法性审查3件。开展“人社服务快办行动”，推出11项线上“不见面”服务，建立“网上办”“掌上办”“社区办”等措施，升级人社系统助企便民服务。

【技能人才培养】 以职业技能提升行动为依托，建设技能人才队伍。拓宽职业技能培训补贴范围。全年补贴性职业技能培训25.4万人次，发放职业技能提升补贴2.75亿元。开展“以工代训”工作，培训87363人。率先在全国开展“公共卫生辅助服务员防疫专业”线上培训。经验在全省推广，被人社部确定为援助湖北省线上培训定点城市，帮助湖北省完成5个班次8.06万余人次线上培训。开创高校毕业生免费“项目制”培训模式。根据产业需要，制定326个补贴性职业培训工种标准，将毕业年度大学生及毕业2年内未就业大学生纳入免费培训范围。加大技能人才激励。完成新增技师、高级技师558人次的技能人才补贴申报工作，兑付奖励资金131.5万元。评选大师工作室10个、师徒工作间9个、长春技能大奖10个、长春技术能手10个。参加第一届全国技能大赛，13个赛项获全国名次，5个项目进入国家集训队，增材制造赛项选手为吉林省代表队获得1枚银牌和大赛“最佳选手奖”，是全市、全省参加全国大赛以来的最好成绩。

（程红兵）

宗教工作

【概况】 2020年，长春市市（含公主岭市）有天主教、基督教、佛教、伊斯兰教、道教5种宗教。有市级宗教团体6个，县（市）、区宗教团体10个；有宗教活动场所550处，宗教教职人员889人。

【宗教团体规范化建设】 推动长春市天主教两会和佛教协会时隔12年和19年完成换届，基督教两会如期完成换届。推动《宗教团体管理办法》的实施，修订天主教、佛教、基督教团体5个章程，经代表会议审议通过。宗教团体履行责任，发出《长春市天主教坚持宗教中国化方向积极与社会主义社会相适应倡议书》《长春市佛教协会“关于惜福惜物、厉行节约，积极履行社会责任”的倡议书》和《长春市基督教常态化“新冠肺炎”疫情防控倡议书》。

【多元化宣传】 落实“谁执法谁普法”的责任机制，市本级举办“政策法规培训班”和“宗教团体培训班”，指导属地宗教部门开展政策法规培训活动，全年举办各级各类专题培训班6场。在爱国爱教讲座、讲经说法交流会、新“卧尔兹”巡回演讲等活动基础上，市基督教两会举行“践行社会主义核心价值观”主题活动，围绕“落实践行、讲好故事”，撰写论文200余篇，挖掘故事142个，编辑形成《选辑》。开展全民国家安全教育日宣传活动，制作宣传条幅500余条。举办纪念中国基督教三自爱国运动发起70周年研讨会。开展爱国主义教育实地践学活动，组织宗教界参观空军航空大学国防教育基地和西五马路基督教堂宗教界爱国主义教育基地。

【新冠肺炎疫情防控】 疫情发生后，向宗教界发出“减少活动规模、减少活动时间、减少活动人数”的要求，启动长春市宗教局突发公共事件应急预案。按照省宗教局工作要求，制定工作通知，对“双暂停一延迟”进行部署。实施每日疫情防控工作情况“日报告”和宗教界疫情感染情况“零报告”。部署常态化疫情防控工作和有序恢复开放工作，明确开放程序和标准。压实属地责任、街道（乡镇）管理责任，明确宗教活动场所主体责任，健全联防联控运行机制。发挥团体作用，指导宗教团体协助场所开展疫情防控工作。通过明察、暗访、“双随机”等方式，对疫情防控工作进行督促检查。引导宗教界助力疫情防控大局，捐助资金和医用物资600余万元。

（金 迪）

县（市）区概览

XIAN SHI QU GAILAN

农安县

【概况】　农安县位于吉林省中部，松辽平原腹地，面积5400平方千米。下辖22个乡镇，377个行政村；4个街道，14个社区。农安县是全国产粮大县之一，全省人口超过百万的3个县之一。境内有大中型水库4座，波罗湖是国家级湿地自然保护区。油母页岩、陶土、天然气、二氧化碳等矿产资源储量丰富。2020年，全口径财政收入21.2亿元，比2019年增长25.3%；地方级财政收入12.4亿元，比2019年增长51.2%；固定资产投资70.5亿元，比2019年增长39.1%；规模以上工业总产值完成110亿元。

【新冠肺炎疫情防控】　实施县乡村组四级包保工作机制，抽调280名机关干部、1000余名乡镇党员干部到社区、村屯包保，遵循“外防输入、内防反弹”各项措施，建立实施“四查”工作机制，在全省实现“七个率先”：率先做好防疫物资储备、率先采取中医药提前介入、率先启动城乡封闭管理模式、率先建成县级PCR实验室、率先购置负压救护车、率先研发使用农安健康信息码、率先建立县域心理健康服务中心。县财政投入资金近7000万元，社会各界捐献物资3340万元。落实企业复工复产政策，帮助解决物资采购、材料运输、用工销售等各类问题，保障企业稳定生产和持续供应，各类企业在4月末全面复工复产。

【脱贫攻坚】　落实“两不愁三保障”要求，投入扶贫资金3.76亿元，实现整村集中供水工程67个，改造贫困户住房308户，惠及贫困患者12541人次，纳入低保、五保、临时救助贫困人口10243名。建设扶贫项目22个，开发扶贫岗位438个，建设扶贫车间1个、扶贫“星火站”6个，发放扶贫小额贷款3524万元；发挥融媒体优势，举办“吉人吉品——农安十二时辰”全媒体公益大直播活动，网络媒体观看70万人次，订单13000份。建立健全包保帮扶、防返贫监测预警、考核监督等制度体系，开展“脱贫攻坚大排查大整改大落实”“脱贫攻坚巩固提升月”活动，剩余45户105名贫困人口全部高标准脱贫。中央专项巡视“回头看”及国家成效考核反馈问题全部整改完成，代表全省通过国家扶贫专项督查。

【环境整治】　四轮环保督察交办信访案件整改完成率99%。整治河湖“四乱”问题105个，河湖内违法违规开垦、种植全部清理；在长春市辖县（市）、区中率先完成43项劣五类水体水质提升工程，县城污水处理厂和新增排污设施实现达标排放；完成农村黑臭水体排查和饮用水水源调查评估、保护区划定、风险排查。整治“散乱污”企业，加大机动车尾气治理和秸秆禁烧力度，淘汰20吨以下燃煤锅炉，年空气质量优良天数比87.8%。建设土壤环境管理信息系统数据平台。

【风险防控】　地方级财政收入增幅位列全省第一，完成预算比例位列全省第一。获批专项债券项目11个、资金14.73亿元；使用抗疫特别国债资金项目7个、2.33亿元；实现土地出让金收入21.9亿元。压减财政一般性支出和“三公”经费各5%，化解存量债务，发放两年绩效奖金1.4亿元，兑现教师职称工资2.7亿元。

【工业企业项目】　成立“新安合作区”，推进现代装备制造、食品园区两大孵化基地完善基础设施。项目单体投资最大规模2次刷新记录，投资105亿元的太平中华和投资155亿元的恒大文旅项目落地开工，利用外资折合人民币3.1亿元，位列全市县域第一。推进中欧食品药品物流产业园、一汽整车试验场、柳桥肉鹅等85个重点项目，全年总供地量455公顷，比2019年增长49%，其中，工业供地量170公顷，比2019年增长67%，位列全省县域第一。“政税银企”平台为中小企业协调贷款近2亿元，减税降费8000万元；奥来德光电在上交所上市，填补吉林省企业科创板上市空白。

【农业现代化】　聚焦水系连通，投资3.1亿元。太平河综合治理工程为沿岸5

个乡镇、25个村、17333.33公顷耕地、近10万人口提供稳定水源；推进河湖连通、伊通河、新凯河重点段治理等工程；建设小苇子沟、中排路涵闸等水系工程。落实农作物播种面积426000公顷，打造高标准示范基地33个，推进高标准农田建设10666.67公顷、保护性耕作152000公顷，成为2020年吉林省盐碱地治理试点县。应对台风3次侵袭，克服夏旱秋汛，粮食产量39.9亿千克。推动畜禽稳产增效，牧原无非洲猪瘟小区通过国家验收。推进“三产融合”，实施“产业园区+龙头企业”模式，双珠（猪）现代农业产业园项目建设完成，获全省优势特色农产品发展项目、果蔬省级现代农业产业园项目，华正、牧原、山泉湖、辽金时代获评市级现代农业产业园，新增市级以上农业产业化联合体6家，市级以上龙头企业有54户。注册“安农赞”商标，建设现代农业服务中心。发展新型经营主体130家，土地流转率超过60%，主要农作物综合机械化水平96%，位居全省第一。

【现代服务业】 编制《农安县全域旅游发展规划纲要》，规划57处旅游景点和可开发旅游资源，被评为首批“省级全域旅游示范区”创建单位。推进“农安文旅世纪”工程建设，依托20余处古城遗址和文化遗迹，开工建设、提升改造景点17处，新历史博物馆主体竣工，完成黄龙府牌楼主体建设。举办2020年“黄龙杯”中国马术场地障碍冠军赛暨第六届马文化旅游节，扩大马文化旅游品牌影响力，获评“新时代·中国最具文旅投资价值县”“2021美丽中国首选旅游目的地”。催生发展“夜经济”“网红经济”“总部经济”等新业态，市场主体突破8万户。

【城乡建设】 投资10亿元，启动建设第三净水厂、第二污水处理厂和垃圾焚烧发电厂；投资1.3亿元，新建改造宝安路、新阳街北段等城市道路15条；投资近1亿元，改造老旧小区52个；投资2000余万元，新建龙府广场、县医院等立体停车场3处。开发房地产项目39个，建筑面积267万平方米。应对雨雪冰冻灾害，及时除雪排险救灾，保障城市正常运转和群众正常生活。投资4.4亿元，改造农村“老旧路”525千米、危桥23座。建设村级粪污收集中心131个，完成农村改厕21834个，垃圾治理第三方服务实现全覆盖；打造“AAA标准示范村”30个、“绿化美化示范村屯”80个。

【提升公共服务质量】 投资1.4亿元，强化学校基础设施建设，被教育部确定为“基于教学改革、融合信息技术的新型教与学模式”实验区；解放学校、京师实验学校开工，吉大附中项目落地。推进健康促进县创建，研发健康农安智慧管理系统，县域医疗服务共同体实现全覆盖，开展“送医走基层”培训活动。开展无户籍儿童DNA亲子鉴定，帮助38名困境儿童解决户籍问题。发放稳岗返还金、公益性岗位补助资金1350.7万元，新增城镇就业4500余人，转移农村劳动力21.1万人，建设省级高质量就业示范村14个；为农民工追讨工资1829万元。化解征拆、无籍房、退役军人等信访积案158件，解决国督信访案件2件，信访案件存量、实现“双下降”。

（崔　岩）

表33　2020年农安县国民经济和社会发展主要指标完成情况统计表

指标名称	单位	总量	比2019年±%
地区生产总值	亿元	292.3	1.9
第一产业增加值	亿元	138.1	0.4
第二产业增加值	亿元	35.3	4.6
第三产业增加值	亿元	118.9	2.3
规模以上工业总产值	亿元	110	-18.7
地方级财政收入	亿元	12.4	51.2
建筑业总产值	亿元	18.4	65.8
社会固定资产投资	亿元	64.3	27
社会消费品零售总额	亿元	32	-7.8

榆树市

【概况】 榆树市位于吉林省中北部，地处松辽平原腹地，在世界黄金玉米带上，是长春、吉林、哈尔滨三市构成的三角区中心。面积4712.49平方千米。全市耕地面积390970公顷。域内有松花江、卡岔河、拉林河三大水系，无崇山峻岭。辖9个乡、15个镇、4个街道，388个村、12个城市社区。有省级经济开发区、工业集中区各1个（长春五棵树经济开发区、吉林省榆树环城工业集中区）。全市总户数433456户，总人口1223511人，其中农业人口1009254人。有满族、朝鲜族、回族、蒙古族、黎族、苗族、土家族、彝族、壮族、达斡尔族、锡伯族、布依族、瑶族、侗族、傈僳族、佤族、藏族、傣族、鄂温克族、哈尼族、羌族、哈萨克族、仡佬族、白族、景颇族、拉祜族、怒族、维吾尔族28个少数民族。少数民族人口21275

10月23日，吉林省首条通航短途运输榆树至松原航线首航仪式在榆树机场举行
（刘艳成　提供）

人，占总人口1.73%。全年地区生产总值226.1亿元，比2019年增长2%；固定资产投资45亿元，比2019年增长15%；规模以上工业总产值62亿元，比2019年增长6.3%；全口径财政收入、地方级财政收入分别12.19亿元、6.67亿元，比2019年增长6.1%和5%。

【榆树市名片】　榆树市被誉为“天下第一粮仓”，2020年，粮食产量29.655亿千克，保持全国县（市）第一位。榆树玉米被认定为“中国好粮油”，榆树大米被评为国家地理标志产品和中国农产品区域公用品牌。榆树通用机场正式通航，成为全省首条通航短途运输航线。榆树市获吉林省双拥模范城（县）称号；被评为“2020年度中国全面小康百佳示范县市”，获评“2020年中国最具幸福感百佳县市”。

【农业】　拉林河重点段（榆树）治理工程，建成高标准农田9800公顷，实施保护性耕作133333.33公顷，测土配方施肥8万公顷。种植园艺作物23800公顷，棚膜蔬菜4733.33公顷，棚膜蔬菜产值30亿元。新建扩建规模养猪场52个，榆树市被确定为全省首批“秸秆变肉”工程试点县。种粮大户、家庭农场、粮食生产专业合作社15320家，流转耕地面积15.7万公顷，流转率43.4%。落实“藏粮于地、藏粮于技”战略，与省农科院签定战略合作协议，实施五棵树镇广隆村旱田、八号镇北沟村菜田、延和乡全域水田三个典型示范点建设，集成推广保护性耕作、水肥一体化、免耕播种、绿色防控等技术。

【工业】　落实援企稳岗等相关政策，开展“两服务、四走进”“银企对接”“万人助万企”活动，解决企业用工、融资等需求312个。推进“个转企”“小升规”，个转企登记81户，吉粮天裕等5户工业企业、心声活等4户商贸企业入规升级。

【项目建设】　出台招商引资重大项目建设、推进实体经济发展“两大优惠政策”，举办“云签约”、吉林省异地商会联合会、吉林省民营企业联合会榆树行等大型项目签约活动，医药产业园、吉林海川瓦楞纸加工等16个项目成功签约，总投资186.38亿元。全市工业用地出让量比2019年增长5倍。获批国家专项债券项目5个、抗疫特别国债项目7个，到位资金9.18亿元。开展“三抓”“三早”“专班抓项目”活动，全市开复工5000万元以上项目39个，榆乡豆制品、凯购城综合体一期、乡镇生活垃圾转运站等项目顺利竣工。

【第三产业】　快递企业发展到14家，物流企业发展到138家，从业人员近2万人。发展特色旅游，推进延和朝鲜族特色小镇民俗文旅项目，榆树钱酒文化庄园景区升级为国家AAAA级工业景区。

【园区建设】　长春榆树五棵树经济开发区地区生产总值67.8亿元，工业总产值55亿元，固定资产投资5.1亿元，一般预算全口径财政收入5200万元。大地环保科技（榆树）有限公司总投资3.3亿元，处理各种废酸废碱有毒有害高浓度COD废水危险废物项目，固定资产投资1.1亿元。吉林省枫林食品加工有限公司投资8000万元生猪屠宰项目投产。榆树海川再生环保科技有限责任公司项目总投资1.5亿元瓦楞纸项目，完成生产车间、库房主体工程、浆塔预制设备等工程。大连汇能投资控股集团有限公司总投资3.2亿元秸秆发电厂项目，办公楼主体工程完工，锅炉基础和主厂房基础浇筑完成，烟囱完成80米并封顶，机力通风塔冷却水池、化学水处理室和除尘器基础和除氧间4米层楼板等工程施工完成。吉林众友科技有限公司投资2亿元生产变性淀粉项目，完成围墙、变电站工程，3号和8号仓库全部完成，综合楼3层浇筑完成。榆树市晓来酒业有限公司总投资4000万元年产1万吨白酒项目，完成挂牌出让和环境影响评价、施工图设计、场地平整和围墙建设。完工总投资669万元的西环排水管线工程。6月10日，五棵树河环境综合整治工程开工，投资4000万元完成半管涵、广场、生态框护坡、挡土墙等工程。吉林省榆树环城工业集中区招商引资任务完成6300万元，一般预算全口径财政收入2700万元。引进豆制品加工项目，总投资6300万元，年可生产各类豆制品2万吨。

【城乡建设】　投资1.2亿元，完成工农大街、中心街、向阳路等6条街路的维修升级改造。成立夜间保洁队伍，主街主路背街小巷卫生管理同一标准、同步推进，全天候保持城市清洁。筹集资金

2.39亿元改造农村老旧路397.8千米，弓棚经八号、红星、育民到大岭等乡镇连接线提升为柏油路。半拉山松花江特大桥开工建设，榆树通用机场通航，成为全省首条通航短途运输航线。启动“六必拆”，拆除破旧危险房屋4852处。出台“长效十条”，建立“红黑榜”，实现收费全覆盖、保洁常态化、管理制度化。完成绿化造林2687公顷，栽植各类苗木280余万株，绿化村屯1876个，是近5年绿化总量30倍。

【社会事业】 投资1.3亿元新建10所学校校舍3.2万平方米。推进市医院门诊楼、住院部、医辅用房改造扩建项目，达标运营351个村级卫生室。文体中心维修更新，档案馆投入使用，融媒体指挥中心建成运营。企业开办时间由3天减至30分钟，连续两年在长春地区城市信用监测中排名第一。开展大排查、大接访活动，解决信访积案62件。推进安全生产专项整治，全年无重特大安全生产事故。

【人民生活】 新增城镇就业3328人，农村劳动力转移就业21.1万人。按时足额发放养老保险金、低保金、五保金、抚恤金、残疾人补贴，各项政策应落尽落、各项补贴应发尽发。采取缴办分离、补办分离、容缺办理等办法，解决“无籍房”83个小区35315户。总投资2.25亿元的引松入榆工程正式通水，总投资6.19亿元的农村饮水安全巩固提升工程全面竣工。

（刘艳成）

表34　2020年榆树市国民经济和社会发展主要指标完成情况统计表

指标名称	单位	总量	比2019年±%
国内生产总值	万元	2694494	2.3
第一产业增加值	万元	1289008	0.6
第二产业增加值	万元	282018	20.9
第三产业增加值	万元	1123468	-0.5
规上工业总产值	万元	608399	2.2
农业总产值	万元	2460862	43.7
全口径财政收入	万元	121947	6.1
本级财政收入	万元	66653	5
固定资产投资额	亿元	404005	3.7
社会商品零售额	万元	588063	-7.9
城市居民人均可支配收入	元	27129	2.9
农民人均纯收入	元	16688	7.5
普通中学数	所	53	2
普通小学数	所	242	0
人口出生率	‰	2.33	-8.3
计划生育率	%	99.06	-0.1
城乡居民储蓄存款余额	万元	3182739	18

德惠市

【概况】 德惠市地处松辽平原腹地，位于吉林省中北部，长春市东北部，辖16个乡镇、4个街道办事处，总人口88万人，域内汉族人口居多，另有满族、回族、朝鲜族、蒙古族、彝族、藏族、苗族、壮族、维吾尔族、布依族、达斡尔族、土家族、鄂伦春族、锡伯族、侗族、畲族、纳西族、普米族、鄂温克族等19个少数民族。地区生产总值249.3亿元，固定资产投资35.8亿元，一般预算全口径财政收入16.4亿元，地方级财政收入9亿元，其中，第一产业增加值89.3亿元，占地区生产总值35.8%；第二产业增加值34.6亿元，占比13.9%；第三产业增加值125.4亿元，占比50.3%。城镇居民人均可支配收入28877元，农村居民人均可支配收入16700元，社会消费品零售总额56.6亿元，粮食总产量205万吨，规模以上工业总产值96.9亿元。

【农业】 投资5.7亿元实施五大围堤除险加固、饮马河防洪工程（一期）等水利工程11个。农业产业化龙头企业发展到70户，其中，国家级10户，省级24户。“三品一标”认证农产品129个，中国驰名商标2个，吉林省著名商标18个。入选吉林省乡村振兴新动能培育试验区，一二三产业融合发展示范区。获评“中国优质小町米之乡”“国家全程农机化示范县（市）”。推进饮马河、伊通河重点段治理工程，启动松沐灌区节水改造（二期）工程。完成高标准农田建设8000公顷，新增各类农机2165台（套），综合农机化水平92.5%。克服3场台风叠加影响，粮食总产量205万吨。全市生猪135万头，肉鸡出栏

8000万羽，规模蛋鸡存栏500万只，获“德惠粮鸡——长春市特色农产品优势区”称号，肉鸡产业园升级为省级产业园。农民专业合作社和家庭农场分别新增50个和1000户。新增农业产业化龙头企业国家级和省级各1户、市级3户，培育农业产业化联合体13个，新认证绿色农产品5个，全年农产品加工业销售收入341亿元。岔路口镇获批国家农业产业强镇。

【工业】 新增规模以上企业5户，规模以上工业总产值96.9亿元，其中食品加工业实现产值67.8亿元，占全市规模以上工业总产值70%左右。开展“专班抓项目”“万人助万企”活动，开展“三抓、三早”行动，通过外出招商，成功签约项目8个，投资总额23.9亿元，其中装配式建筑材料生产项目7亿元、朱城子生物热电联产项目4.7亿元、华电德惠60兆瓦分散式风电项目4.2亿元和年产10万吨EPS阻燃聚苯板项目3亿元。全年开复工500万元以上项目82个，其中5000万元以上项目54个。新增省市科技型“小巨人”企业5户，“高新”技术企业3户。

【第三产业】 第三产业增加值125.4亿元，比2019年下降2.1%，占GDP比重为50.3%，其中，批发零售业11.8亿元，交通运输仓储和邮政业25.4亿元，住宿餐饮业3.3亿元，金融业10.5亿元，房地产业15.4亿元，农林牧渔服务业2.5亿元，其他服务业56.3亿元。市场主体总量67205户，其中第三产业市场主体53444户，贡献注册资金264.9亿元。线上线下融合发展，通过“主播带货”“第一书记直播”等活动，线上消费208.3万元。房地产开发面积75万平方米，完成投资11.7亿元，新建商品房销售3949套，销售额16.6亿元，其中住宅14.9亿元。各项存款余额396.7亿元，比2019年增长18.5%；各项贷款余额133.7亿元，比2019年下降4.5%。建成农村电子商务示范店14个，“电商村”2个、“电商推广村”8个。全年接待游客109.1万人次，旅游综合收益3.1亿元。

【城乡建设】 改造老旧散小区巷路29个，完成拆迁65万平方米，建设棚改安置房564套，房地产新开工75万平方米。解决市区主要出城口脏乱差问题，整治昌盛街商户占道经营，取缔市区校园周边占道经营。投入6700万元推行农村生活垃圾社会化服务模式，农村生活垃圾基本实现日产日清，完成5000户农厕改造。推进畜禽粪污资源化利用整县推进项目，新建有机肥厂4个，畜禽粪污资源化利用率94.5%。投资2.23亿元改造38条农村“老旧路”。投资6000万元完成村屯绿化436个，打造“美丽乡村”建设引领村15个，绿化农村公路178.8千米，新建、改造农防林420公顷。完成燃煤小锅炉淘汰改造任务，开展扬尘和挥发性有机物污染专项治理，推行秸秆全量还田和保护性耕作，提升秸秆“五化”利用水平，全年空气优良率保持在83%以上。建设“三厂三站十六池”系列城镇污水治理项目，投入3.4亿元，全部建成并投入使用。落实河长制和河湖警长制，“一江四河”及域内主要边支沟清淤见底，清退开荒地1200公顷，饮马河河道内在册耕地种植低秆作物实现全覆盖，消除刘珍屯国考断面劣五类水体。

【社会事业】 实施建设幸福德惠行动年度计划，推进10方面、57项具体民生任务，完成10件民生实事年度建设任务。惠新路公铁立交桥项目，铁路两侧桥体主体工程建设完成。“雪亮工程”和行政服务大数据云平台项目完成业务用房工程和“雪亮工程”点位布局，前端3632个监控点位安装完成。龙凤学校小学部建成并投入使用，将4所城镇小区配套幼儿园改建成普惠性民办幼儿园，新增认定普惠性民办幼儿园8所。第六小学被评为“全国文明校园”。推进区域医疗联合体（以下简称“医联体”）建设，德惠市人民医院与吉大一院，德惠市中医院与省肿瘤医院、长春市中医院建立省市级医联体，建立县乡村三级医联体（二级医院与乡镇卫生院）和乡村医联体（乡镇卫生院与所辖村卫生室），建立医联体304个，其中，省市医联体4个，县乡医联体24个，乡村医联体276个。市人民医院卒中中心、胸痛中心急诊救治能力提升，静脉溶栓人次逐年增长，好转率75%以上，死亡率低于0.05%。投资1.69亿元的市医院医疗综合楼建设项目建成，增加床位1200张。有公办养老院11家，床位1164张，入住607人；民营养老院10家，床位1580张，入住568人。新建健身活动中心1个，多功能运动场3个，健身广场37个，室内健身室5个，为85个行政村和4个乡镇及4个社区配备健身器材。在吉林省第十八届运动会上，获37枚金牌、31枚银牌、21枚铜牌，金牌总数、奖牌总数均居全省县（市）、区首位。成功申报吉林印记——古今老少沟历史博物馆，有7处德惠境内中东铁路附属建筑申报国家级重点保护单位工作，35处沙俄时期建筑晋升为第七批吉林省级文物保护单位，唐代老边岗土墙遗迹、揽头窝堡遗址晋升国家级重点文物保护单位。

【居民生活】 开展“春风行动”“就业援助月”、送岗下乡、就业扶贫日等活动，搭建人企对接平台，为56户省内外企业发布用工信息，涉及岗位近1万个，发放各类宣传资料5万余份，城镇新增就业3563人，农村劳动力转移就业19万人次，实现劳务收入19.8亿元。落实全民参保计划，城镇企业职工基本养老保险参保8.6万人，失业保险3.1万人，城乡居民社会养老保险参保36.3万人；医保方面城乡居民参保68.2万人，其中，建档立卡贫困人口7624人，城镇职工参保5.4万人。养老保险、失业保险按时足额发放。通过省级卫生城复审。深化脱贫攻坚，实施“一人一策”，推动全市98户230名未脱贫人口全部实现脱贫。落实“两不愁三保障”政策，贫困家庭控辍保学率、住房安全保障率、基本医疗保障覆盖率、饮水安全达标率100%。强化产业就业带动，投入专项扶贫资金2242.1万元，实施扶贫产业项目14个，设置就业岗位262个，扶贫产品销售总额125.8万元。建立贫困人口居民健康档案7109人，常住人口建档率100%，慢病管理2939人，100%纳入慢病管理范围，家庭医生签约服务7157人，100%配备家庭医生，患病3062人，全部建立一人一策，并按照246频次，由市乡村三级家庭医生开展随访服务，巡诊3万余人次。

（刘　彬）

表35　2020年德惠市国民经济和社会发展主要指标完成情况统计表

指标名称	单位	总量	比2019年±%
地区生产总值	亿元	249.3	-2
第一产业增加值	亿元	89.3	-3.2
第二产业增加值	亿元	34.6	1
工业增加值	亿元	25.2	-1.4
第三产业增加值	亿元	125.4	-2.1
三产比重	%	89.3∶34.6∶125.4	—
规模以上工业企业户数	户	63	-53.68
规模以上工业总产值	亿元	97.83	-4.14
固定资产投资额	亿元	35.84	7.95
社会消费品零售总额	亿元	56.58	-6.9
公共预算全口径财政收入	亿元	16.42	3.9
地方级财政收入	亿元	9.06	11.3

公主岭市

【概况】　公主岭市地处吉林省中西部，东和东北分别与长春市、农安县为邻，南和东南与伊通满族自治县毗连，西与双辽市接壤，西南隔东辽河与梨树县相望，北与长岭县交界。市境南北长111千米，东西宽104千米，面积4140.6平方千米。公主岭市地处松辽平原的分水岭，境内有辽河和松花江两大水系，西部为辽河水系，东部为松花江水系。吉林省首批扩权强县改革试点市，享有地级经济社会管理权限。6月，划归长春市代管。是国家首批确定的重点商品粮基地、国家现代农业示范区、全国粮食调出大县和生猪调出大县，是国家唯一命名的“中国玉米之乡”“中国油豆角之乡”“中国钠基膨润土之乡”，是中国汽车零部件制造基地。公主岭市辖河南、河北、东三、岭东、铁北、岭西、苇子沟、刘房子、南崴子、环岭10个街道，范家屯、怀德、杨大城子、响水、黑林子、大岭、双城堡、桑树台、秦家屯、二十家子（满族）、陶家屯、玻璃城子、朝阳坡、大榆树、八屋、十屋、毛城子、双龙18个镇，龙山（满族）和永发两个乡。2020年，全市户籍总户数375818户，总人口1013854人。第七次全国人口普查数据显示，截至2020年11月1日零时，全市常住人口862313人。其中，男性人口435479人；女性人口426834人。男女性别比为102.03∶1。全市城市人口262653人，镇人口122062人，乡村人口477598人。全市常住人口中，0岁至14岁人口116616人，占总人口13.52%；15岁至59岁人口538960人，占总人口62.50%。60岁及以上人口129316，占总人口23.98%，其中65岁及以上人口129316，占总人口15.00%。全市有蒙古族、回族、维吾尔族、苗族、彝族、壮族、朝鲜族、满族、瑶族、白族、土家族、畲族、达斡尔族、锡伯族、鄂温克族、鄂伦春族、基诺族、藏族、布依族、侗族、哈尼族、黎族、傈僳族、土族、普米族、赫哲族、珞巴族、保安族、俄罗斯族等29个少数民族。2020年，全市地区生产总值比2019年下降2.6%。其中，第一产业增加值下降9.9%；第二产业增加值增长0.3%；第三产业增加值下降0.7%。一、二、三产业增加值占地区生产总值比重27.2∶21.5∶51.3，对经济增长的贡献率分别为-89.2%、3.1%和-13.9%。人均地区生产总值30816元，比2019年下降2.0%。

【农业】　2020年，农林牧渔业总产值比2019年下降9.5%。农业产值、林业产值、牧业产值、渔业产值、农林牧渔服务业产值占农林牧渔业总产值45.8%、0.6%、49.9%、0.3%和3.4%。农林牧渔业增加值下降9.5%。农业增加值、林业增加值、牧业增加值、渔业增加值、农林牧渔服务业增加值占农林牧渔业增加值45.9%、0.7%、50.0%、0.3%和3.1%。农作物总播种面积313891公顷，减少652公顷。粮食作物播种面积307388公顷，增加9018公顷。粮食作物中，玉米播种面积289275公顷，增加2092公顷；水稻面积11333公顷，增加546公顷；高粱播种面积243公顷；大豆播种面积3040公顷；鲜薯播种面积3497公顷，其中，马铃薯面积3484公顷，甘薯面积13公顷。全市粮食作物总产量2503623吨，比2019年减少96994吨。其中，玉米产量2366589吨，减少102991吨；稻谷产量101772吨，增加12406吨；高粱产量1979吨；鲜薯产量129540吨，其中，马铃薯产量129297吨，甘薯产量243吨；蔬菜及食用菌面积9574公顷，增加206公顷，产量41.8万吨，增长1.7%。油料作物播种面积416公顷，增加180公顷，产量1246吨，增长84.8%。瓜类种植面积1639公顷，增加6公顷，产量7.6万吨，增长8.7%。全年猪、牛、羊、禽分别出栏1091300头、81623头、115557只和3395820羽；年末分别存栏735701头、121125头、123282只和3380470羽。能繁母猪86227头。猪肉产量88059吨，牛肉产量12441吨，羊肉产量1381吨，禽肉产量6709吨。禽蛋产量36809吨。牛奶产量2008吨。

【“四上”企业】 2020年，新增“四上”企业49户。其中，新增规模以上工业企业20户，限额以上批发零售和住宿餐饮企业2户，规模以上服务业企业5户，资质建筑业企业6户，房地产开发经营企业16户。全年退库企业29户，其中，规模以上工业企业6户，限额以上批发零售和住宿餐饮企业13户，规模以上服务业企业7户，房地产开发经营企业3户。截至年末，全市“四上”企业326户。其中，规模以上工业企业170户，限额以上批发零售和住宿餐饮企业31户，资质建筑业企业43户，房地产开发经营企业51户，规模以上服务业企业31户。

【工业和建筑业】 全口径工业增加值比2019年增长7.4%。规模以上工业增加值增长7.5%，总产值增长6.0%，营业收入增长16.0%。利润总额增长33.1%。全市资质建筑业企业总产值下降5.0%，全口径建筑业增加值下降6.9%。

【固定资产投资】 全社会固定资产投资额（不含农户）比2019年下降54.3%。5000万元以上项目投资额下降75.5%，5000万元以下项目投资额下降73.0%，房地产项目投资额下降10.8%。第一产业投资额下降69.9%，第二产业投资额下降44.1%，第三产业投资额增长55.9%。统计联网直报在库项目183个。其中，5000万元以上项目78个，5000万元以下项目52个，房地产项目53个。

【第三产业】 2020年，社会消费品零售额比2019年下降7.3%。限额以上企业和大个体社会消费品零售额下降7.4%；限额以下企业和个体工商户社会消费品零售额下降10.8%。城镇销售额下降6.5%，乡村销售额下降23.5%。

【交通运输】 2020年，交通运输、仓储和邮政业增加值298526万元，比2019年下降0.5%。国道96.087千米、省道177.848千米、县道407.839千米、乡道822.728千米、村道1796.24千米，公路总里程3300.742千米。全年旅客发送量427万人，公路货物发送量2991万吨；旅客周转量25944万人千米，公路货物周转量1013866万吨千米。出租车1749辆，载客汽车396辆。其中，客运汽车87辆，城市公交237辆，城乡公交83辆。载货汽车20864辆。

【财政金融】 2020年，一般预算全口径财政收入293991万元，比2019年增长13.2%。上划中央级收入完成102152万元，增长15.1%；地方级收入152017万元，增长10.6%。税收收入263713万元，增长16.6%；非税收入30278万元，下降9.3%。一般预算财政支出935008万元，增长9.8%。其中，一般公共服务支出53572万元，下降0.3%；公共安全支出27233万元，下降9.8%；教育支出119873万元，增长11.4%；社会保障和就业支出190252万元，增长3.3%；卫生健康支出99516万元，增长19.3%；节能环保支出39261万元，增长4.9%；城乡社区事务支出85926万元，增长44.0%；农林水事务支出221492万元，增长5.6%；交通运输支出15548万元，增长76.2%。2020年，金融机构人民币各项存款余额5581337万元，增长15.3%。其中，个人存款余额4654313万元，增长23.6%。金融机构人民币各项贷款余额3157290万元，增长7.5%。

【社会事业】 2020年，各类学校303所。其中，高中9所，初中42所，小学226所，职业高中2所，学前教育23所，特殊教育1所，进修学校1所。在校学生120038人。招生26948人，毕业31871人。教职工10715人，其中专任教师8006人。学校占地面积5456545平方米，校舍面积1189095平方米。公共图书馆、文化馆、博物馆各1家，文化站20个，农村文化广场404个，农民文化大院404个，农家书屋404个。广播电视台1座，公共广播节目2套，广播综合人口覆盖率为100%；电视节目1套，电视综合人口覆盖率100%。各类卫生机构705个。其中，医院26个，基层医疗卫生机构673个，专业公共卫生机构6个。各类卫生机构床位6748张，每万人拥有床位62张。各类卫生机构在岗职工9374人，卫生技术人员6622人。其中，执业（助理）医师2776，注册护士2836人，药师（士）246人，技师（士）230人，其他534人。医院医疗收入173780.6万元。其中，公立医院53389.5万元，私立医院120391.1万元。

【人民生活】 2020年，城镇非私营单位从业人员平均工资62297元，比2019年增长3.8%。农村常住居民人均可支配收入16650元，增长7.6%；城镇常住居民人均可支配收入30593元，增长2.0%。城镇新增就业5336人，城镇登记失业率3.38%。农村劳动力转移就业21万人次。其中，省外就业6.9万人次，省内就业3.46万人次，就近就地转移就业10.56万人次，境外就业800人次。劳务经济收入55.84亿元。参加城镇基本养老保险在岗职工73810人，离退休82686人。参加失业保险40450人。城乡居民基本养老保险（原新型农村社会养老保险）参保444715人。城镇职工基本医疗保险参保6.97万人，城乡居民基本医疗保险参保728558人，参加工伤保险42987人，参加生育保险42797人。在乡人口新型农村合作医疗参合618022人，参合率100%，医疗基金支出（包括城乡居民大病保险）68604万元，受益132665人次。4927户10513名建档立卡贫困人口实现脱贫。未脱贫373户857名贫困人口人均收入8862元，达到脱贫标准。完成168户危房改造，贫困群众住房安全问题得到解决。完成177个村安全饮水工程，贫困人口安全饮水全覆盖。3556名贫困人口纳入低保，9452名贫困人口纳入社保，实现应保尽保。

【社会保障】 城乡最低生活保障对象12464户、22967人。其中，城市最低生活保障对象3327户、4917人，农村最低生活保障对象9137户、18050人。发放最低生活保障资金11911.44万元。其中，发放城市最低生活保障资金4400.86万元，发放农村最低生活保障资金7510.58万元。全市养老机构36家，有养老床位5584张。其中，公办养老机构20家，有养老床位3581张；民办养老机构16家，有养老床位2003张。

（张建光）

表36 2020年公主岭市国民经济和社会发展主要指标完成情况统计表

指标名称	单位	总量	比2019年±%
国内生产总值	亿元	—	-2.6
第二产业增加值	亿元	—	0.3
第三产业增加值	亿元	—	-0.7
全口径财政收入	亿元	29.4	13.2
本级财政收入	亿元	15.2	10.6
固定资产投资	亿元	63.8	-54.3
工业固定资产投资	亿元	10.33	—
社会消费品零售总额	亿元	71.07	-7.3
实际引进内资	亿元	97	-25.65
实际使用外资额	万美元	4003.72	-13.02
个体工商户	户	72200	8
民营企业	户	8897	23.7
普通中学	所	51	—
小学	所	226	—
教育支出	万元	119873	11.4
科学技术支出	万元	3576	508.2
卫生健康支出	万元	99516	19.3
人口出生率	‰	—	2.6
计划生育率	%	—	98.95

九台区

【概况】 九台区位于吉林省中部，北纬43°50′30″～44°31′30″，东经125°24′50″～126°29′50″，属长白山与松辽平原过渡地带。东及东北与吉林市舒兰市和榆树市为界；南及东南同吉林市永吉县接壤；西与长春市为邻；西南同长春市双阳区毗连；北及西北均与德惠市交界。全区最高点为八台岭，海拔580.1米。地形最低点是苇子沟街道新开村马家营子屯，海拔160.5米。域内有大黑山脉、八台岭、碧水庄园等“一脉五峰十景”；有松花江、饮马河、沐石河、雾开河等4条主要江河，随地势走向，均由南向北，流入德惠市境内，由此四大流域，形成广阔的冲积平原。九台区是长吉都市绿肺和天然生态氧吧，森林覆盖率36%；是省级湿地自然保护区，境内石头口门水库是长春市主要水源地。地表结构大体呈现“三山一水六分田”的状况。九台区具有陆空齐备的立体化交通体系，是东北交通走廊的枢纽重地。域内形成“四横三纵一空”立体化交通格局。长吉高速、长吉城铁、长图铁路、长吉北线公路横贯东西，九万、九双、菜口公路纵穿南北，长春龙嘉国际机场坐落境内。面积3375平方千米，辖2个镇、2个民族乡、14个街道，人口71.9万人。

2020年，地区生产总值236.5亿元，比2019年下降2.6%；服务业增加值120.6亿元，下降3.1%；全社会固定资产投资79.8亿元，增长14.6%；规模以上工业总产值114.3亿元，下降7.0%；社会消费品零售总额59.6亿元，下降7.8%；全口径财政收入24.24亿元，下降15.7%；地方本级财政收入9.71亿元，下降15.5%；总用电量119686万千瓦时，下降1.9%，其中工业用电量54233.6万千瓦时，下降16.9%。

【农业】 2020年，全区粮食作物播种面积18.1万公顷，综合机械化水平

93%，粮食总产量17.9亿千克。建设核心示范区2万公顷，示范片区11个（其中水稻示范片区4个，示范面积8000公顷）；建设玉米减肥增效示范区15个，每公顷节本增效1300元。测试土样2058个，科学施肥指导意见宣传卡到户率98%以上，测土配方施肥信息系统有效数据67113组。落实补贴玉米高效缓控释配方肥2116.72吨。推广水产标准化健康养殖技术40公顷，稻田综合种养技术示范推广1333公顷。龙头企业54个（国家级1个、省级以上14个、市级39个），争取农业产业化项目资金893万元。“二品一标”农产品认证58个。拨付农业发展专项资金、农业社会化服务项目资金424.7万元，扶持合作社46家。农民专业合作社3145家、新增30家，家庭农场1836家、新增113家。新评定区级示范社306家、市级示范社150家、省级示范社73家，新评定区级家庭农场156家、市级家庭农场49家、省级家庭农场25家。土地流转面积12.3万公顷，比2019年增加1.2万公顷。现代农业重大项目专班项目13个，总投资46.11亿元。推进农村集体产权制度改革，确认农村集体经济组织成员身份154180户、596462人，自愿放弃集体经济组员身份8960户、41331人。成立经济联合社283个，经济联合总社1个。推进集体资产清收，收回各类资源性资产土地面积122.07公顷、75.44万元。园艺特产业种植总面积14503公顷，产值65.3亿元，比2019年增长3%。蔬菜总产量5亿千克，产值14亿元。建成规模园区4个16.5公顷。创新“农超对接”平台，组织欧亚集团等6家大型商超与龙嘉、东湖、兴隆10家主体对接。全区生猪80.8万头、肉牛9.7万头、奶牛0.94万头、羊2.99万只、蛋鸡232.7万只、肉鸡1867.1万羽。推进总投资5000万元的畜禽粪污资源化利用整县推进项目，争取中央财政奖补资金2708万元。禽粪污综合利用率90%，400家规模养殖场设施配套率96%，147家大型规模养殖场粪污处理设施装备配套率100%。承保母猪36977头、育肥猪40.98万头，生猪保险费用1906万元，保险赔付金额170万元。养殖环节生猪无害化处理6.5万头。“重大疫病”免疫率100%，其他动物免疫率95%以上。推进“粮改饲”，完成收储面积2153公顷、制作青贮饲料1.28亿千克。完成全省首个智慧乡村数字平台建设，设立170个智能监测站，通过“数联网”运作，实现对农业价值、场景、解析“一张网”智能监管全覆盖。购置性诱捕器1698个、安装高空测报灯及虫情测报灯3台；防治水稻二化螟4000公顷；实施赤眼蜂防治玉米螟15.1万公顷，玉米面积全覆盖，成为全省唯一连续两年安排本级资金实施赤眼蜂防治玉米螟全覆盖的县（市）区。2020年，九台区被评为全省土肥工作先进单位；被确定为中央耕地保护与质量提升（化肥减量）项目申报单位；获2020年中国青贮饲料质量评鉴大赛组织奖；获评2020全国县域数字农业农村发展先进县；吉林省星海种植专业合作社联合社等4家农民专业合作社获评长春市优秀新型农业经营主体；马鞍山村获评2020年度中国美丽乡村；土们岭山野菜包子水饺项目获农业农村部颁发的第四届全国农村创新创业项目大赛三等奖；九台苗木花卉获长春市特色农产品优势区称号。

【第三产业】 2020年，成立九台区电商协会。区长带货直播活动2次，成交额98万元。九台区首个智慧乡村数字平台建设完成。以“5G+人工智能+大数据”高科技运营，实行“星联网”“空联网”“气联网”“视联网”和“地联网”五位一体全域立体化“数联网”运行体系，九台农业首次实现“一张网”式智能监管。2020年，九台区接待游客360万人次，比2019年增长72%，综合收入实现13亿元，增长57%。争取补助资金166万元。马鞍山村被列入国家级乡村旅游名录，大贝村被列入省级乡村旅游名录。通过景区景点打造增强乡村旅游吸引力，推进马鞍山乡村旅游度假区（A区）项目建设，完善配套基础设施，在乡村振兴现场会召开之前完成区域内导视系统和1座生态旅游厕所建设；在南林子村建成徐鼐霖主题文化公园，完成樱花大道两侧标识建设；助推马鞍山田园综合体项目建设，沆遇山居民宿于7月正式对外营业。6月，在马鞍山举办第四届山野菜美食节。9月，在庙香山举办“放歌九台乡村乡音”山地音乐节暨庙香山水幕电影节。12月初，在庙香山举办“2020—2021长春九台冰雪文化旅游节暨全民上冰雪启幕仪式”。8月18日，邀请人民网、中国吉林网、《长春日报》、《长春晚报》、长春电视台《优游行》栏目、长春广播电台《美丽行》栏目、新浪吉林、凤凰网、今日吉林、喜马拉雅等10家媒体记者，开展文旅采风活动，各家媒体以文字、图片、短视频等不同形式对九台宣传推广。推动乡村旅游营销，设计3条乡村旅游线路，并与长春文化国旅、菜鸟游旅游公司、蓝盾旅行社达成意向，在线路中选取不同景点进行差异化搭配，引进客源。长春文化国旅自疫情稳定复工复产后，每周组织游客到马鞍山游玩、餐饮、住宿；菜鸟游旅游公司选取清水村苗博园、三下江南战役纪念馆、红光村稻文化农业公园组合搭配了一日游线路，同时设计洞泉酒业参观线路，每日输送100名游客；蓝盾旅行社组织高端团建游，开启马鞍山两日游。

【招商引资】 全区招商引资项目159个，其中，在谈项目70个，签约项目29个，新建项目39个，续建项目21个。招商引资内资完成126亿元，比2019年增长15%。新冠肺炎疫情发生之后，九台区坚持“四不断”（项目谋划不断、沟通联系不断、压力传导不断、主动服务不断）工作模式，利用云端线上和叩门招商相结合方式，定期向各单位传达四大园区信息平台的招商情况，依托“五大板块”，发挥九台区“一园四区”平台集聚效应，统一由长春九台经济开发区对接洽谈有意向投资企业，对于全区重大项目配备专班秘书进行一对一包保。

【项目建设】 2020年，九台区5000万元以上105个项目全部开复工，纳入统计100个项目，报待审5个项目。冬季不停工项目7个，总投资3.1亿元，其中，农业项目2个，工业项目3个，基础设施项目1个和现代服务业项目1个。通过项目服务秘书实地走访，经各专班项目调度，反馈问题13个，解决13个问题，办结率100%。在反馈的13个问题中，按专班分，基础设施专班反馈问题7个、现代农业及农产品专班反馈问题3个、先进制造业专班反馈问题1个、现代服务业专班反馈问题1个、战略性新兴产业反馈问题1个。按问题类型分，涉及土地类问题8个、资金类问题3个、其他类问题2个。全区3个项目获地方政府专项债券支持，总投资20.5亿元，获地方政府专项债券7.5亿元。其中，中古（长春）生物技术国际合作区建设项目，总投资16.5亿元，获专项债券资金5亿元，进行道路和排水管线施工，完成投资1.97亿元，拨付到项目单位资金1.98亿元；长春市九台区中医院异地新建项目，总投资2.5亿元，获专项债券资金1.5亿元，进行两栋建筑主体施工，完成投资0.3亿元，拨付到项目单位资金1.5亿元；九台区污水处理厂扩容项目，获1亿元，进行主体施工，完成投资0.9亿元。

【开发区】 2020年，长春九台经济开发区与九台工业集中区整合，吸纳龙嘉街道农副产品加工园区，组成新长春九台经济开发区，谋划建设中古生物医药产业园、现代装备制造产业园、东北亚精优食品产业园、循环经济产业园“一区四园”。地区生产总值90亿元，比2019年增长4.5%；工业总产值184亿元，增长5%；规模以上工业总产值82亿元；工业增加值实现51亿元，增长4.8%；固定资产投资28.97亿元，增长22.2%，三次产业比重调整为7：60：33；税收5.16亿元，占九台区22.3%。实施5000万元以上项目41个，投资28.28亿元，增长15%。其中，新建项目16个，投资15.85亿元；续建项目25个，投资12.43亿元。晟睿实业、莱沃医疗、上海复星等14个“三早”项目开工，投资16.74亿元，复星复地项目完成预售金额3亿元。谈签项目12户，总投资127.8亿元。其中，工业类项目26.8亿元，服务类项目101亿元。较有代表性的项目有国投智能装备制造产业园项目，总投资6.6亿元；力旺未来城综合体项目，总投资100亿元；大华10万千瓦背压式机组热电联产项目，总投资10亿元；大连天山药业药品生产项目，总投资2.5亿元。储备洽谈150个优质项目，有实质投资意向企业70余个，主要为装备制造、医药医疗器械生产、现代服务业三大产业。盘活嫁接项目8个，所有“僵尸”企业清零。招商洽谈商户700余户，签约原四季青市场商户100户，主要是闲置设备区、机加区、半成材区、五金区。启动基础设施建设9项，包括机场大路、中古医药产业园基础设施一期、福利院建设项目、南北区给水管线连接工程、南北区污水管线、长吉北线至机场路北侧辅路道路连接工程等，总投资7.3亿元。打击违法违建，拆除违建大棚温室88栋面积约13.4万平方米、违建房屋13栋面积约2660平方米、违规种植树苗总面积约50万平方米，为国家挽回经济损失约1.57亿元。推动企业落实隐患排查治理制度，排查复查企业1231户次，消除隐患879处。免费为50人以上企业办理企业食堂经营许可证190个。

【城乡建设】 九溪新区道路建设项目，建设10条道路及其附属工程，开工7条路，投资约2.8亿元。小南河生态综合整治项目，投资4亿元，河道清淤25千米，清淤土方30万立方米，地形整理60万平方米，景观绿化15万平方米，完成河道内垃圾清理、石渣回填和淤泥的固化处理。南出口综合治理建设项目，改造道路1866米，翻建桥梁1座，配套建设排水、绿化、照明，并在长吉北线两侧分别建设3处公园，边台生态文化公园、湿地公园、边台远瞻园，总投资6700万元。实施规划四道街建设项目，总投资1.67亿元，完成投资1.2亿元，通车2.3千米。完成文体中心周边3条配套道路建设项目，总长2274米，工程造价4600万元。对城镇低收入住房困难家庭租赁住房补贴做到“应保尽保”，全年发放住房补贴1830户，发放金额328万元，收取廉租住房租金40万元。编制《九台区公园城市建设规划》，按照规划开展城乡公园建设。2020年，城区新建公园10个，投资1.5亿元。各乡（镇）按照《公园城市建设规划》建设8个公园，投资2050万元。在长通路东南侧打造6万平方米城市花海。实施盛兴家园建设项目，一期建设23栋，投资1.88亿元，回迁安置用房总户数932户。小区内配套基础设施投资4202.6万元。完成新庭雅居建设项目，投资6.5亿元，回迁安置用房总户数2382户。完成小区内外配套基础设施，投资8331万元。实施益民小区老旧小区改造，小区有14栋住宅，建筑面积4.4万平方米，居民758户，投资约1700万元。棚改地块拆迁2289户，重点项目地块拆迁460户，其中强制拆除88户，涉及房屋139处，净空地块10个。2020年，九台区有建档立卡贫困户和其他三类贫困户危房改造指标398户，其中建档立卡贫困户95户。全年维修破损路面9703平方米，维修路边石3506米、人行步道火烧板180余平方米、人行步道方砖5100平方米，维修井570座，安装春节亮化网灯20000余张，串灯7000余串，及时维修维护路灯，保证亮灯率98%以上，疏通排水管线7920余米，清掏城区井5872座，维修井272座。全年归集房屋维修资金7419户3259万元，维修资金返还40户11.47万元，更正业主信息810条；归集房屋维修资金8.1万户2.22亿元。拨付使用11栋楼54.6万平方米房屋17个项目的维修资金54.8万元，受益业主629户。完成道路配套工程7416米，新建小区9710米，新建公园2203米，新建单位、企业等1362米。智慧水务建设全面升级，完成水费营收和生产调度系统。维修受理服务2538件次，楼房分户改造169户，更换九郊农饮区域物联网智能水表700块，二次网改造2045米，一次网改造280米。接管天成庄园等4个小区1055户。全年检查和维修污水管线200余次，处理污水量879.5万吨，COD出水平均浓度21.3 毫克/升.COD减排总量3148.02吨。氨氮出水平均浓度1毫克/升，氨氮减排总量300.27吨。处理污泥16506.39吨。

组织12次燃气安全生产专项检查，召开燃气安全会议6次。推进“阀、管、灶”改造，完成改造12000户。推进液化气专项整治工作，查处非法充装行为1起，没收超期钢瓶50个、转充设备1套。加强对供热企业的监管，完成一次网维检修及新建7280米，二次网改造454米，更换管线17012米，更换阀门2164台。完成纸质档案数字化整理38万卷。完成各项产权登记确认9371件；查询档案26734卷。完成省市组织的集中训练16次，训练210余人次。批建建设工程项目7项，批建面积6.8万平方米；收缴易地建设费项目9项，建筑面积17万平方米，收缴423万元，审批收费完成100%。全年监督工程77项，403个单体，建筑面积253万平方米。竣工验收47项，206个单体，面积125万平方米。下发质量问题整改通知单53份，安全限期整改通知单44份、停工整改11份；迎接省、市区检查13次。达标合格率100%，安全生产“事故零指标”。

【环境综合治理】 组织联合执法行动87次，清理占道经营商贩3700余人次，店外经营536家，清除小牌子、拦路虎、条幅等广告宣传品350处，收缴占用停车位反光锥等占道物1300余个。治理占道烧烤127处，拆除楼顶字28处。承接189个弃管小区常态化保洁工作。强化垃圾收处，每日出动清运车辆130余台，日清运生活垃圾500余吨。设置55处废弃口罩收集箱，集中消杀处理。智慧城管平台试运行，成立平台运行管理队伍，完成18个委办局和3个街道办事处及13个企业单位的数据对接，处置案件1340件。新建改建高标准水冲厕所7座，采购5座装配式和4座移动水冲厕所。完成上河湾镇和4台部队20蒸吨以下燃煤锅炉淘汰工作，全部实现集中供热或改电锅炉取暖。完成9台工业窑炉治理任务，完成率100%；全年完成35户企业生产、供暖锅炉监督性监测63台次，出具有效监测数据220个，出具监测报告39份。完成17家挥发性有机物企业专项治理任务，完成率100%。开展河道污染隐患排查，制定域内“一江六河”水系分布图，标注污染状况及河流监测点位，全年出具有效监测数据1196个。完成25个排污口整治任务。9月，九台区解除建设项目区域限批。以区域所在行政村和耕地土壤超标点位为中心，排查方圆5千米范围内涉镉等重金属重点污染源，排查涉镉等重金属重点行业污染源企业4户；对辖区内8户重点监管企业下发自行监测通知，并指导开展土壤污染隐患排查和自行监测，7家完成土壤隐患排查，1家停产。召开全区乡村振兴暨农村人居环境整治拉练检查现场会。实施乡村“绿起来”项目，推进“四边两村一大道”建设，全区栽植各类树木62万棵、“四边”绿化950千米、绿化面积280万平方米，投资5810万元的樱花大道项目建设完成。推进“村容村貌提升、生活垃圾治理、厕所改造、污水治理、畜禽粪污治理”等“五大工程”建设。配备清运车804台，村级保洁员2539人。创建美丽庭院2000个、干净人家3000户，创建长春市级以上美丽乡村25个。

【科技创新与科普志愿活动】 2020年，认定长春市科技型“小巨人”企业20户，获批国家高新技术企业24户。培育省级科技型“小巨人”企业21户，对城子街烧锅村天麻项目进行跟踪服务。全区被认定2020年第一批国家高新技术企业19户。开展“科技之冬”科技志愿服务活动，设立科技咨询台，发放科普资料1000余份。开展产业扶贫专家组科技下乡服务活动，与吉林省农科院协作，聘请省级农业专家组到贫困村开展专家组与村双向对接科技帮扶活动。3月25日，专家组到其塔木冯家村，为农民送去种子、农药及农业书籍，对杂粮产业进行培训指导。6月，组织科技扶贫专家组对科技致富带头人进行培训。开展主题为“科技战疫创新强国”科技活动周、全国科普日暨吉林省第十八届科普周等科普宣传活动，9个成员单位到龙嘉街道红光村、沐石河街道齐家村等，开展《健康教育》讲座、农业知识讲座、义诊，发放科普宣传册5000余册；杀虫剂、灭蟑药、灭鼠药100余件；摆放各类科普知识展板30余块。

【教育发展】 全年竣工项目4个，分别是九台区东湖中心学校卫生厕所新建项目、九台区第二中学改造项目、桃山中心学校教学楼项目、第八中学综合楼项目。落实国家、省市各学生资助项目15项，惠及家庭经济困难学生12519人次，落实资助金1452.11万元，涉及建档立卡贫困家庭学生12项，帮扶建档立卡贫困家庭学生2001人次，资助金268.87万元。落实教师长效补充机制，招聘新教师307人，其中，“强师计划”14人、“特岗教师”120人、“硕师计划”30人、“三支一扶”教师23人、省免费师范生20人、事业编招聘100人。开展师德师风宣传教育活动，以“立德树人共筑师魂”为主题开展系列活动，表彰奖励80名优秀班主任、80名优秀教育工作者和100名优秀教师，查处有偿补课等违规行为。实施《九台区第三期学前三年行动计划》，全区学前三年毛入园率90%、幼儿园幼儿在园率80%、公办幼儿园占比53%，实现国家、省、市要求的“985”目标。全区4所小区配套幼儿园建设及治理工作完成。开展全区教师“教学能手”“教学新秀”评选及课堂教学展示汇报活动，评选出教学能手、教学新秀300人。全区小学在籍学生30654人，失学辍学率0%；初中在籍学生18127人，失学辍学127人，失学辍学率0.7%。招收新生10452人。其中，小学招收学生4276人，初中招收学生6176人。实行“三残”儿童入学零拒绝政策，开展残疾儿童少年康复训练。对全区未入学的适龄残疾儿童采取普特结合及送教上门的方式进行合理安置。全区有适龄残疾儿童少年在校就读学生418人。其中，在普通学校接受教育266人，在特殊教育学校接受教育152人，送教上门149人，普通学校随班就读194人，特殊教育学校就读75人。落实残疾儿童少年“一校一案”“一人一案”，全部纳入学籍管理。职教中心实训基地投入使用，全年实施项目培训565人。

依法整顿违规办学、无证办学的培训机构，依照《长春市实施吉林省校外培训机构设置标准细则》建立黑白名单。全年审批合格培训机构9所，办理法人变更3所、终止1所、地址迁移1所。全区申报立项各级课题809项。其中，省级课题436项、市级课题373项；结题115项。在第十届吉林省中小学教师论文大赛中，有71名教师获省级奖项，一等奖14人；在吉林省信息技术与学科深度融合优质课大赛中，有804人获省级优秀奖以上奖项，一等奖88人；在第十四届吉林省中小学教育信息化大赛中，有15名教师获省级奖项，一等奖5人。

【文化建设】 围绕“欢乐家园幸福九台”文化品牌主题，开展系列文化活动。全年举办文化活动20余场。4月5日至30日，围绕“抗击新冠疫情”主题举办线上“九台区抗役文艺作品展演”活动；4月25日至5月15日，举办“五月欢歌2020年九台区群众艺术团体网络线上作品展演”活动；7月17日晚8时，协办“氿遇印象”——亚汶消夏节文艺晚会活动；8月9日至11日晚，协办“美丽乡村”群众文艺展演活动，4场活动均在土们岭街道氿遇山居度假区举行。组织专人对域内历史文化资源进行系统挖掘和整理，《九台历史文化地图》初步完成，《九台文物志续编》资料搜集、整理工作完成。加强文化市场管理，对网吧、娱乐经营场所违规经营突出问题进行整治，开展专项整治行动4次，协调公安、工商等部门联合行动2次。在涉黑涉恶线索排查中、出动车辆1000余台次，出动执法人员2000余次，检查文化经营单位900余家次，歌厅340余家次、网吧320余家次、书店100余家次。文化市场综合执法大队与各文化娱乐场所签订《安全四防责任书》70余份，发放安全生产宣传条幅100余条，集中开展安全生产大检查专项行动3次，出动车辆100余次、执法人员400余人次，排查安全隐患300余处，发现问题并整改30余处。开展安全生产培训2次，到会文化市场经营业户200余人次。

【卫生健康】 启动医联体建设，2家二级以上公立医院与基层单位形成对口支援，每周为受援单位派专家医生出诊，兼顾专题讲座、手术示教、指导查房、技术培训。实施贫困人口“一人一策”，针对性提供治疗方案，确保患病人口享受定期随访、健康查体、健康指导等服务。为符合条件的32种慢病患者办理慢病手册，办理3188人，享受对应疾病开药80%报销待遇。设立大病兜底补偿政策，将贫困人口住院医疗费用实际报销比例提高到90%，慢病门诊医疗费用实际报销比例提高到80%。实施光明扶贫工程，免费救治贫困白内障患者进行8人。在卫生院、村卫生室健康教育宣传栏中普及健康教育知识，为贫困群体开展健康教育讲座1248次，免费发放健康教育处方2243份。为贫困妇女免费进行“两癌”检查2830人，做到贫困村适龄妇女检查全覆盖。针对地方病、结核病等重大传染病，加强基层防病工作管理，保障农村生活饮水全覆盖。按照九台区新冠肺炎疫情防控领导小组各项防控部署，对二级医院、社区卫生服务中心、民营医疗机构发热门诊、预检分诊、消毒隔离、医疗废物处置等进行监督检查。查处各类医疗机构324家，疫情防控期间巡回检查各类医疗机构预检分诊、发热门诊、隔离宾馆等894家次。对所有开学的高中、初中学校生活饮用水和学校传染病防控工作进行监督检查，检查小学34家、中学29家、高中6家，下达卫生监督意见书69份。开展对设有放射诊疗科室的所有医疗机构进行放射卫生监督检查，52家放射诊疗单位全部进行作业场所职业病危害项目申报并取得《放射诊疗许可证》。国家双随机检查中，抽取监督对象31家。其中，公共场所9家，生活饮用水3家，放射卫生9家，学校卫生2家，医疗卫生3家，消毒产品1家，餐饮具消毒1家，传染病防治3家。省级双随机检查中，抽取监督对象103家，其中，公共场所21家，医疗机构82家。落实计划生育奖励扶助政策，将农村部分计划生育家庭奖励对象2650人、特别家庭扶助对象241人录入国家网和生物认证网。落实城镇独生子女父母奖励制度，确认城镇独生子女父母奖励对象793人，其中，退休独生子女父母奖励对象410人，城镇无单位独生子女父母奖励对象383人，录入易申管理系统。

【脱贫攻坚】 设立2个扶贫专馆、9个扶贫专区和60个扶贫专柜，集中展销九台区扶贫产品。开展扶贫产品认定活动，组织企业上报扶贫产品认定材料，4户企业9种产品通过国家扶贫产品认定，进入社会扶贫网和扶贫832平台进行销售，拓宽扶贫产品的销售渠道。开展扶贫产品促销行动，组织各机关事业单位职工、市场主体、社会力量等优先购买九台区扶贫产品（包括第一书记代言直播和扶贫日专题活动等），购买扶贫产品200.92万元。组织预算单位帮助销售其他贫困村农副产品155.6万元。新建4个产业扶贫项目，投资2560万元，收益153.6万元。疫情防控期间，开发公益岗位促进就业，开发3个月扶贫特岗272个、临时性公益岗位167个，每人每月工资1000元；安置147名“无力脱贫、无法外出、无业可扶”的公益专岗人员就业，每人每月工资300元；打造扶贫车间，就地就近吸纳贫困劳动力6人就业。为全区建档立卡贫困户发放防护口罩7.1万个，发放消毒液200余瓶。民政部门简化受理办理流程，为全区贫困户175户315人及时办理低保。九台区复工龙头企业1户，吸纳贫困劳动力1人，复工扶贫车间1个，吸纳贫困劳动力6人。

【疫情防控】 九台区组建指挥体系、责任体系、防控体系、救治体系“四大体系”，成立疫情防控工作领导小组，下设13个专项工作组，召开37次疫情防控领导小组会议、68次专题会议。利用“三长联动”机制，加强排查管控工作，落实早发现、早报告、早隔离、早治疗“四早”措施。通过数据推送排查、发动基层自排查及有奖举报排查等方式，全年排查管理重点地区来（返）九台人员17524余人、闭环转运491人、核酸检测22477份。全年大数据推送59864条信息，其中，“在九”17524条，均进行管控。统计发热人员2173人，其中，九台区2060人（药店发热人员148人），外转93人，全部与乡镇或其他地区移交对接管理。成立新冠肺炎医疗救治领导组织和救治专家组，组建12个医疗救治梯队。全年收治确诊病例2例，均治愈出院。召开远程平台和现场培训会议16次，培训县、乡、村卫生技术人员6000余人次。组织对辖区医疗机构开展新冠肺炎疫情防控指导工作20余次，检查医疗机构380余次。疾控中心、区医院、中医院新建PCR实验室并交付使用。组织4次疫情防控应急演练。

（于　永）

朝阳区

【概况】　朝阳区位于长春市区中南部，是长春市科技、文化、经济、教育、商贸中心区。下设重庆、永昌、清和、桂林、前进、南湖、红旗、湖西、富锋9个街道，53个社区，永春、乐山2个镇，24个行政村和长春朝阳经济开发区。面积237平方千米，辖区户籍人口约60万人。

【疫情防控】　疫情防控中，朝阳区率先提出建立发热门诊闭环管控机制，堵塞感染者隐瞒病情的漏洞，被省、市卫健部门发文推广；319户规模以上企业如期复工，57家商贸市场（超市）正常营业，粮油蔬菜供应充足；第三十中学和朝阳实验小学成为省市疫情防控工作样板学校。

【经济发展】　地区生产总值增速2.7%。开展“万人助万企”行动，制定《加快都市经济核心区建设推进经济发展若干意见》等助企政策，扶持资金1亿元，帮助157户企业解决发展难题80余个。全区市场主体9.7万户，比2019年增长21.1%，净增长1.7万户。长春欧亚卖场、新星宇建设集团被评为“吉林省优秀民营企业”；长春建设集团、卓展时代百货等9户企业被评为长春市百强企业。

【商贸业】　朝阳区投资1.4亿元，打造桂林胡同步行街和红旗街商业精品街；开展“春焕生机·惠购朝阳”促销行动，发放惠民消费券1040万元；开展10场特色直播活动，推进线上线下深度融合。全年社会消费品零售总额564.29亿元，约占全市城区总和一半。

【工业】　协调解决双诚汽车等56户企业的历史遗留问题。在一汽解放、红旗轿车产销双增长的情况下，华翔、佛吉亚等一批企业产值保持30%以上增速，致远新能源增速110%，占据全国液化天然气供气模块市场36%。全区被评为省级绿色供应链管理企业2户、市级“专精特新”中小企业12户。全年规模以上工业产值629.8亿元，比2019年增长7.4%。

【信息产业】　启动环南湖科技创新政策先导区技术转移中心，召开第二届长春市科技成果展洽会；打造先导区政策兑现平台，发放科技补贴资金2442万元；新增国家高新技术企业98户、科技型“小巨人”企业17户。联合长春理工大学，打造光电信息产业基地，激光光束质量分析、求是光谱芯片等一批科研成果转化落地。截至第三季度末，科技信息产业增加值63.3亿元，占GDP比重12%。

【重大项目】　新建标准厂房超过7万平方米。实施水、电、气、热攻坚工程，建设10千伏电力线路9千米、各类管线25千米。推进“专班抓项目”行动，组建重大项目推进办公室，创新“三联”工作机制，开展项目“百日攻坚”会战，解决宝能挡光、高力人防等问题，中法智能产业园、伊申特等一批超10亿元项目落位建设，57个5000万以上重大项目全部实现开复工。推进16个获批的地方债项目，按进度支付8.25亿元资金。全年固定资产投资107.1亿元，比2019年增长59.8%。

【招商引资】　开展“大对接”“大招商”工作，协同全区21个招商小分队，举办人大、政协、省侨联3场投资环境说明会，到外招商20余次。新洽谈对接欧亚达集团东北四省总部、阿里巴巴智慧总部等项目130个，签约中信银行、中铁建等项目23个。全年实际利用内资98亿元；实际利用外资2393万美元。

【城乡建设】　推进棚户区改造，吴中尚玲珑、柏翠阅湖一期、吉塔三期主体全部封顶；保利城一期、双瑞、典约棚改项目开工建设。开展既有住宅加装电梯试点工作，加装外挂电梯5部。修缮维护道路144条，新建道路4条，圣海北侧规划路等3条城市“断头路”基本贯通。实施市容环境专项整治行动，治理“毁绿种菜”737处，规范早晚市场9处，拆除违法建筑3万平方米。打造“三街一圈”户外牌匾广告示范街路，清理不规范牌匾384块。下沉物业管理权限，完善区、街、社区三级物业管理体制。环卫机械化清扫率95%。投资4.5亿元，实施农村人居环境整治，改造农村老旧路47.4千米；完成689户水厕改造任务；试点建设垃圾热汽化处理站2处；完成15个村屯村容村貌整治提升，村屯绿化率40%。严守耕地红线，划定优先保护类耕地13333.33公顷。

【生态环境】　投入1000万元，综合治理秸秆露天焚烧。建设城镇生活污水处理配套管网88千米，镇区污水集中处理率100%；整治农村18处黑臭水体。完成52户“散乱污”企业综合整治。

【脱贫攻坚】　40户农村危房改造、7家村级卫生室标准化建设和惠及3.2万村民的农村安全饮水工程全部完工。完成低保和特困人员提标工作，每月增发救助金66.3万元。加大扶贫协作力度，落实镇赉县土地整理资金5000万元；投入180万元，帮扶榆树市实施危倒房改造和“防贫保”工作。

【社会民生】 开发城镇就业岗位1.3万个，新增就业1万人，零就业家庭动态保持为零。城乡居民基本养老保险、医疗保险实现应保尽保全覆盖。解决房地产领域“办证难”问题，完成30个历史遗留项目的未登记房屋确权工作，办理不动产登记1.6万户。新建退役军人服务站90个。在全市率先完成残疾人小康进程主要指标，在朝阳区召开全市残疾人扶贫就业现场会。投入2193万元，提升8所学校基础设施。完成小区配套幼儿园、无证幼儿园、无证培训机构三大专项治理。创建省、市级“放心消费”示范店各3家。建设新冠病毒核酸检测PCR实验室。图书馆、文化馆分馆实现社区全覆盖，举办各类公益活动400余场。防范化解重大金融风险，处理关闭小额贷款公司17户，化解销号金融积案22件。

（范云皎）

表37 2020年朝阳区国民经济和社会发展主要指标完成情况统计表

指标名称	单位	实际完成	比2019年±%
地区生产总值	亿元	727.5	2.7
第一产业增加值	亿元	1.0	-2.5
第二产业增加值	亿元	197.2	7.4
第三产业增加值	亿元	529.3	0.8
全口径财政收入	亿元	64.8	-10.3
本级财政收入	亿元	13.6	3.6
全区规模以上工业	亿元	629.8	7.4
总产值	亿元	629.8	7.4
固定资产投资	亿元	107.7	59.8
社会消费品零售额	亿元	564.29	-6.8
民营经济主营业务收入	亿元	1887.5	3
战略新兴产业产值	亿元	15.08	52.9
纳入GDP核算重点服务业收入	亿元	53.33	11.82%

南关区

【概况】 南关区是长春市中心城区，位于长春市市区中南部。辖区东起伊通河，与二道区隔河相望；西至人民大街，与朝阳区接壤；南起新立城镇、永春乡边界，与长春净月国家高新技术产业开发区、长春高新技术产业开发区为邻；北至新发路、上海路、光复路，与宽城区相接。南关区下辖自强、民康、新春、长通、全安、永吉、南岭、鸿城、明珠、富裕、曙光、桃源等12个街道及幸福乡，7个行政村（八一村、红嘴子村、黑嘴子村、光明村、东风村、富裕村、东安村），59个社区，1个省级开发区（长春市南部都市经济开发区）。人口48.8万人，面积80平方千米，是长春市面积最小城区，其中南部都市经济开发区面积32.95平方千米，是长春市规划建设的城市新中心，也是东北亚区域性金融服务中心的核心区。

【国民经济】 2020年，全区地区生产总值430亿元，增速由负转正；固定资产投资125.5亿元；社会消费品零售总额138亿元；地方财政收入11.5亿元；引进内资53.4亿元，利用外资1500万美元。

【新冠肺炎疫情防控】 南关区启动一级响应。严格落实“外防输入、内防反弹”防控策略，开展溯源排查，采用二维码信息核查，推出疫情排查隔离数据信息系统，封闭248个老旧散小区，加大监测、排查、救治力度，减少人群聚集，遏制疫情蔓延，管控域外输入，做到安全转运，实现一线和密接人员核酸检测全覆盖，成功应对哈尔滨、舒兰、大连等地输入反弹风险。2月11日起，全区再无新增本土病例。建成2所PCR实验室，启动建设区卫生服务中心，开展农贸市场、进口产品等重点领域排查消杀，由战时应急转入常态化疫情防控阶段。

【重大项目建设运营】 钜城华億广场正式运营，远大购物广场封顶招商，推进华润中心等超大型重点项目。全年开复工亿元以上项目52个，南溪虹著、金地江山风华等27个超10亿元以上项目开工建设；长春国际金融中心、万科新都会等超亿元项目投产达效；实现固定资产投资132.8亿元，比2019年增长51.1%。

【南部新城建设】 2020年，南部新城绕城高速以南区域纳入城市总体规划编制，分区规划编制启动招标。解决制约高压线落地的23个节点问题，助推工程合闸通电。主干路网、核心管线、重点设施投入使用，实现域内水、电、气、热管网全线贯通，基础设施历史欠账全部清零。推行全程帮办服务模式，太平洋保险、吉林银行等品牌企业进驻，形成利税超亿元楼宇3处、千万级楼宇7处。新城落位项目总数、投资总额分别占全区76%和77.5%。

【助企行动】 落实省市助企政策，定制7大类26条帮扶措施，发放贷款101亿元，为企业减免税费3.2亿元，减免租金2137万元，结算企业采购账款3亿元。包装地方债券项目7个、到位资金1.2亿元。启动首届消费节，投放4期1100万元消费券，拉动消费2亿元以上。召开政银企对接会，达成意向融资金额15亿元。开展“万人助万企”活动，选派512名助企干部。开展新经济直播月促销，培育线上经济、网红带货等新业态。打造重庆路、TOUCH12街等7大主题商业街区。

【服务业发展】 2020年，全区规模以上服务业企业91户，其中，重点行业服务业企业69户。南关区各类市场主体突破8.7万户。其中，企业3.3万户，个体工商户4.4万户。在1.3万户纳税企业中，三产企业11100户。其中，传统贸易业企业4445户，纳税4.7亿元；现代服务业企业6733户，纳税35亿元。从服务业整体结构来看，纳税市场主体13356户，国有企业和机构685户，占市场主体总量5.1%，税收占比36%；民营市场主体12671户，占市场主体总量94.9%，税收占比64%。

【优化营商环境】 开展招商活动70多场，在谈项目42个，意向投资781.5亿元。推动亿联银行全国总部、中融金融大厦、中铁吉林总部基地等优质项目签约，总投资87亿元；结合“万人助万企”活动，为企业提供用工、金融、疫情防控物资保障、政策宣讲等服务，帮助企业争取项目资金、对接优质资源、理清发展思路，激发企业发展潜能；打造“零跑式”政务服务。

8月24日，南关区人民政府与中科院长春分院签订科技创新合作协议

（程金国　刘　旭　提供）

【科技创新】 与中科院长春分院签署战略合作协议，设立“南关科创中心”。全年增加高新技术企业49户、科技型“小巨人”企业17户。“双创”基地7个，在孵企业200余户，发放创业担保贷款3900万元。

【金融发展】 发展科技金融、文化金融、消费金融，确保大型金融机构稳定在150家以上，金保企业在1800户以上。在全市首倡政府、担保公司、银行机构三方风险共担机制，为区内受疫情影响、抵押能力不足、信用等级较低的中小微企业和个体工商户提供低息贷款。通过为金融机构发放新增贷款奖励、实施中小微企业贷款贴息、搭建银企互动交流发展平台等方式，促进金融机构和驻区企业合作。

【城市建设与管理】 完成22个省市重点工程征收任务，打通千伏高压线、南湖中街延长等关键节点障碍，启动建设轨道交通三期工程，加快建设人民大街出口改迁等市政工程。新建各类管线管网119千米。开展市容环境卫生综合整治，组织1000余名机关干部集中清理居民小区、卫生死角，改善提升人居环境。创新居民自治模式，全区248个老旧散小区全面实现基础物业服务、自治委员会双覆盖。在320个小区推行生活垃圾分类处理，拆除违章建筑3.6万平方米、违规牌匾1671处、查处“毁绿种菜”692处。启动光明公园建设，新植补植街路54条、城市绿地9宗，新增绿化面积25万平方米。

【生态环境治理】 以治水为重点，完成省委环保督察“回头看”验收。落实“河长制”责任，开展河湖“清四乱”行动，完成东安沟、光明沟等黑臭水体治理，靠边王沟等3条支流水系河道改造，域内15条水体全部消除黑臭，伊通河国考断面首次实现劣五类水体清零。

【民生实事】 全年发放各类救助资金6649万元。开发就业岗位13953个，新增就业1.2万人，零就业家庭保持动态为零。建立健全精准扶困机制，投放382万元，临时救助困难群众856户次，精准救助452户次；推进德惠、大安结对帮扶工作，发挥中心城区优势，在产业扶贫、资源共享等方面进行全面对接帮扶。幸福中心小学、华泽学校交付使用，新增学位2640个，新建4所学校。推动38所配套幼儿园实现普惠性办园，学前教育达到国家标准。解决义务教育阶段教师待遇问题。确权231万平方米未登记房屋，安置棚户区群众508户。开展双拥共建，打造全市首条“双拥商业示范街”。在全省首创“零次跑”津贴发放模式，2037名老人受益。为困难群众和重度残疾人发放补贴6500余万元。构建公共文化服务体系，“文图”新馆投入使用，形成“10分钟”健身活动圈。克服疫情影响，组织迎新春惠民演出、第九届歌手大赛、戏曲票友大赛等10余项200余场次惠民文化活动。

（程金国）

表38 2020年南关区国民经济和社会发展主要指标完成情况统计表

指标名称	单位	实际完成	比2019年±%
地区生产总值	亿元	445.2	0.8
第一产业增加值	亿元	0	—
第二产业增加值	亿元	44.8	5.1
第三产业增加值	亿	400.5	0.3
全口径财政收入	亿元	60.15	-1.2
区本级收入	亿元	11.63	3.6
固定资产投资额	亿元	125.5	22.1
社会商品零售额	亿元	140.7	-7.6
新增外商投资企业	个	1	9.2
新增实际使用外资	万美元	1435	12
个体私营企业	个	87224	18.2
民营经济增加值	亿元	239	21.9
普通中学数	个	10	11.11
普通小学数	个	21	—
各类医院	个	38	40.7
绿化覆盖率	%	40.94	0.43
人口出生率	‰	9.47	3.61
政策生育率	%	100	—

宽城区

【概况】 宽城区位于长春市区北部，区域东部与二道区、九台区搭界，西部、北部与农安县相连，东北部与德惠市接壤，南部与朝阳区、南关区为邻，西北部与绿园区相望。辖10个街道、1个镇、59个城市社区、20个行政村和长春宽城经济开发区、长春装备制造产业开发区。实际管辖面积166.95平方千米，户籍人口38.8万人。2020年，宽城区地区生产总值306.2亿元，全口径财政收入37.53亿元，全社会固定资产投资92.5亿元，实际利用内资123.2亿元，实际使用外资1430万美元。

【疫情防控】 成立疫情防控领导机构，召开会议23次，区级和街道、镇领导落实层层包保责任制，发挥“三长”（网格长、楼栋长、单元长）1.7万人作用，排查29.5万户、81.8万人，隔离6.58万人。加大长春火车站常态化、全链条、闭环式管理力度，自2020年春节始，连续值守筛查334天，6万人次参与，排查606万人，体温检测流程得到国务院督导组认可。坚持“外防输入，内防反弹”，及时发现并妥善处置全国首例物表筛查进口冷链食品外包装阳性事件。在疫情基本控制，推动企业复工复产中，采取自制通行证、互认通行证，租用专车到外地“点对点”接回等办法，确保工人按时返厂，企业如期开工。开展“约惠宽城”等活动，区政府发放500万元消费券，带动消费6000余万元。

【重点项目建设】 全年开复工重点项目55个，投资均在5000万元以上。泰盟智能化工厂项目的一期工程竣工投产，中铁建盾构机项目建成投产达效，生产的首台盾构机用于长春地铁建设；阿里云东北生态运营总部和黑水路数字经济直播基地等项目建成运营，合作供应商50家，涉及品牌103个，包括产品1215种；“匠心宽城子”品牌成功上线，加速传统商贸转型升级。推进“中车长客”检修运维基地项目建设，“熙旺中心”“宝辉食品城”等大型商贸综合体项目开工建设。“中车”产业链延伸，开展招商活动，新签约并落位项目

42个。智能制造产业园二期工程当年建设、当年竣工，投入使用，落位企业12家，厂房使用率85%。新增高新技术企业25户、科技型“小巨人”企业28户，“华芯智能识别”项目落位。

【乡村振兴】 培育国家和省级、市级农业产业化龙头企业17户，建设“荣发”等一批农业生态园区，年接待采摘观光游客12万人次。按照“两不愁、三保障”要求，落地帮扶措施，巩固建档立卡贫困户12户、27人脱贫成果，无返贫户、无新增贫困户。全区20个行政村均完成改革任务。成立专班组织开展整治工作，争取国家一般债券1.58亿元。以“净起来、绿起来、亮起来”为目标，将兰家镇东道村、合隆站村作为示范点，在镇域内实现道路硬化、路灯亮化、农民饮水安全“三个全覆盖”。农村人居环境整治，建设道路504条、92千米，清理道路沟渠262千米。拆除废弃建筑物220处，拆除清运残垣断壁589米，新建围墙22千米，彩绘及粉刷墙体19.34万平方米。绿化60.2万平方米。安装太阳能路灯2277盏。建设休闲文化广场10处。9月11日，第二十届全国“村长”论谈在宽城区欣园街道五星村举办，来自全国各地的“三农”专家学者、“村官”代表及农业龙头企业代表500余人到会，围绕“加快农业转型升级，推进乡村全面振兴”主题展开交流研讨。宽城区政府与中国村社发展促进会签订战略合作协议，就产业发展、乡村振兴、干部培训等方面开展合作。长春装备制造产业开发区与北京“鑫社海工贸”、北京宏福集团，宽城经济开发区与上海“九星控股”、浙江“航民”，就轨道交通零配件生产，科技企业孵化产业园、家装建材综合市场、智慧温室农业等建设项目达成合作意向。

【城市建设与管理】 新建市政道路23条，维护市政道路276条。新建、改造绿化面积49.2万平方米，植树1.96万株，全区绿化覆盖率43.28%。推进棚户区改造，首山路地块等15个改造项目收尾。开展“清仓见底”“伤痕治理”等市容环境专项整治行动，清除62个弃管居民小区垃圾、投入530万元修复破损环卫设施，清理规范牌匾广告5.6万处。推进生活垃圾分类，设置再生资源点位56个，建设回收分拣中心1处，公共机构实施垃圾分类参与率100%。落实河（湖）长责任制，各级河（湖）长巡河超过1万次，伊通河堤防加固3400余米。开源明沟清淤疏浚工程完工，启动兰家河城市防洪工程一期建设。

【保障和改善民生】 实施“幸福宽城”行动计划，办好10方面60项民生实事，区政府投入资金5.6亿元用于民生项目，开发就业岗位1.05万个，城镇新增就业9164人。盛华学校、蓝田学校建成投入使用。筹集资金近1亿元，实施区域公共卫生服务提升工程，建成并投入使用核酸检测实验室2处，日检测量1500余份。开展群众性文体活动163场次，宽城区两部声乐、器乐作品在吉林省“群星奖”选拔赛中获二等奖；5幅剪纸作品入选吉林战“疫”网上展馆。在2020年吉林省青年锦标赛中，宽城区代表队获团体总分冠军。为11个居民小区铺设闭路电视管网。向弱势群体发放各类救助资金8734万元，覆盖7700余人；为就业年龄段残疾人9000余人购买意外伤害保险。改造建设社区用房18处，均为1千米以上，服务居民场所优质化质量由52.3%上升至83.1%。营造便民利企政务服务环境，优化入网办理事项752项，压缩办理时限在50%以上，为企业解决难题720余个。《长春市宽城年鉴（2019卷）》在吉林省地方志系统编纂出版物质量评估中，被评为年鉴类优秀等次，在第七届全国地方志优秀成果（年鉴类）评选中，被评为一等奖。

【“平安宽城”建设】 坚持线上、线下结合，开展“防控疫情，法治先行”“美好宽城，民法共读”等主题普法宣传活动16场，受益干部群众40余万人次。全年开展矛盾纠纷排查284次，预防纠纷89件，调解案件1171件。在吉林省建设首家乡村法治教育馆和首家干部学法公园，被命名为长春市法治宣传教育示范基地；在长春市成立第一家小区人民调解委员会。强化信访积案办结，中央巡视组移交信访案件235件，办结222件，办结率95%；全区191件信访积案化结120件，化解率63%。整改各类安全生产隐患7352处，全年无重大安全生产事故发生。查处各类案（事）件6078件。加强食品、药品安全监管，取缔非法医疗机构5家。宽城区成为吉林省政法系统开展政法督查等三项工作试点的唯一城区，全区行政复议案件、诉讼案件比2019年下降50%和37.8%。应对“巴威”台风、暴雪冻雨等重大汛情雪情，为困难家庭2100余户送去取暖小家电、棉衣棉被等御寒用品5996件。宽城区连续3年被人民网评为“民心汇聚”先进单位，成为中宣部“百城千县万村调研行”长春市唯一入选县（市）、区。宽城区团山街道长山花园社区党建引领，推进基层治理，为民服务经验得到习近平总书记充分肯定。兴业街道被评为“全国文明单位”，柳影街道被确定为全国“扫黄打非”进基层示范点。团山街道长山花园社区、兴业街道新村社区被命名为“吉林省民主法治示范村（社区）”。

（张士学）

【长春宽城经济开发区】 长春宽城经济开发区（简称宽城开发区）为省级开发区，由宽城区直管。面积77.2平方千米，划分为南部商贸服务板块和北部新区板块。2020年，宽城开发区本级社会固定资产投资19.2亿元，规模以上工业产值33.35亿元，财贸业销售额72.5亿元，规模以上服务业营业收入1.9亿元，全口径财政收入3.08亿元，引进内资23.59亿元。宽城开发区有各类建设项目59个，开（复工）项目20个，固定资产投资19.4亿元。其中，丰树宽城现代物流园项目竣工，“达恩冷链物流”“杞参调味品”加工、“北城·御园”“优和食品”加工等项目在建。通过招商引资，全年签约、落位项目26个，投资331.24亿元。3户企业升级改造生产设备，9户企业申报省、市科技型“小巨人”企业，1户企业被认定为长春市“专精特新”企业。助力616户企业复工复产，为60户企业支援防疫口罩1万个、消毒液2吨。帮助解决企业反映的问题20余个；开展“惠企政策进企业”活动，38户企业获上级部门奖励资金989万元。协助118户企业办理工商注册、税务登记、工程规划许可等相关手续。结束北凯旋路改造工程，安装路灯380盏，清通排雨水管线16270米，甲五路相关区段道路建设收尾。铺设完成甲四路相关路段自来水管网，丙七路、丙二十路自来水管网的铺设加紧施工。域内燃气管线提压改造工程结束，铺设管线4000米。加强长江路步行街管理，维修银座小区、双龙大厦小区民用电梯58部。引进长春顺雅商贸有限公司进驻步行街主街部分区域租赁经营。

（佟　莉）

【长春装备制造产业开发区】　长春装备制造产业开发区（简称装备产业开发区）为市级开发区，由宽城区直管，总面积26.9平方千米，划分为装备制造功能区、现代商住区、都市农业区等3个功能区。2020年，装备产业开发区全口径财政收入2.44亿元，规模以上工业产值30.6亿元，固定资产投资16.1亿元。招商引资18.8亿元，新引进投资5000万元以上项目4个。全年开复工项目19个，其中，泰盟智能化工厂项目投资5亿元，一期竣工并投入使用；智能制造产业园投资3亿元，一期建成厂房20栋，12户企业落位；“华运轨道”项目投资2000万元，制造出长春首台盾构机，用于长春地铁6号线建设。在疫情防控时期，帮助企业破解防疫物资、员工运输、用工需求等难题，确保29户企业复工复产，复工复产率100%。协助企业解决相关问题20余个，为企业融资1.45亿元。域内甲六路、丙二十六路等6条道路筑成，物华路拓宽工程结束。引进10千伏供电线路1条，推进吉祥66千伏变电站建设，铺设完成凯旋北路给水管线1.6千米。

（吴　晗）

表39　2020年宽城区国民经济和社会发展主要指标完成情况统计表

指标名称	单位	实际完成	比2019年±%
地区生产总值	亿元	306.2	1.2
第一产业增加值	亿元	1.1	17.6
第二产业增加值	亿元	93.1	4.9
第三产业增加值	亿元	212	-0.5
全口径财政收入	亿元	37.53	-11.66
本级财政收入	亿元	8.28	4.94
地方财政支出	亿元	35.41	47.57
全社会固定资产投资	亿元	92.5	59.8
利用内资	亿元	123.2	44.6
实际使用外资	万美元	1430	19.7
绿化覆盖率	%	43.28	—
教育事业费支出	亿元	7.1	0.9
医疗卫生支出	亿元	2.4	12.6
科学技术支出	亿元	0.16	157
人口出生率	‰	5.75	—
人口自然增长率	‰	3.76	—

二道区

【概况】　二道区位于长春市区东部，东与吉林市永吉县万昌镇相连，南与长春经济开发区、净月开发区接壤，西靠伊通河东岸，北与宽城区、长春高新技术开发区北区、长春经济开发区北区、九台区东湖镇相邻。全区面积452平方千米，其中二道区直接管辖区域102平方千米，辖省级开发区——长春国际物流经济开发区，7街、1镇，47个城市社区、8个行政村，人口41万人。区内临河街、东盛（远达）大街、东环城路、洋浦大街、东部快速路贯穿南北，自由大路、吉林大路、机场快速路和东荣大路横跨东西，构成“四纵四横”的城区道路交通格局；地铁2号线、轻轨4号线穿区而过；哈大、长吉高速等交通干线与二道区紧密相连。长春龙嘉国际机场紧邻辖区东部，二道区是机场进入长春市区的必经之地。2020年，地区生产总值213.3亿元，全社会固定资产投资79.1亿元，规模以上重点服务业营业收入6.66亿元，规模以上工业产值65亿元，社会消费品零售总额123.8亿元，地方级财政收入6.4亿元。引进内资120亿元、利用外资1430万美元。

【重大项目建设】 开复工新材料产业园等5000万元以上项目52个。产业项目38个，开工项目37个，入库项目23个。是2019年的2倍、2.5倍和1.5倍。转化公路港等14个项目被纳入省、市新基建"761"工程，融合创新产业园等21个项目被列入专项债券支持储备库。争取中央预算内资金、抗疫国债等资金13.76亿元。其中3个项目获批债券资金6.5亿元，项目数量和资金额度位于城区首位。开展"三抓、三早"行动，洽谈月星长春环球港等项目120余个，签约轨道车体智能制造、迈丰生物药业等37个项目。东新网红大厦、鹏霖建材二期等33个项目落位，中铁十六局、中天设计集团等20余家央企和总部落户二道区，15万平方米标准化厂房建设基本完工。

【优化营商环境】 制定促进经济发展措施32条。深化万人助万企"专班抓项目"，成立2个项目服务局，为项目、企业提供全程跟踪服务，处理各类难题180余个，为企业解决融资13亿元；解决用工岗位539个；创建监督管理"五大平台"，受理办结涉软投诉案件12起；组建政策落实专班，为企业减免各类税费2.32亿元、缓缴税款2.87亿元、兑现扶持资金6000万元、返还稳岗补贴7564万元。落实改革任务40项。完成街道乡镇机构调整，理顺开发区和英俊镇职能关系，深化"一门、一网、一次"改革，"一枚印章管审批"模式全省领先。"最多跑一次"比例和群众满意度100%。综合信用指数城区第一。加快建设长春国家区域创新中心经开片区，产业用地由4.83平方千米调整至8.11平方千米。

【城市建设】 吉林大路"迎宾路"升级改造，推进地铁2号线东延等10项重点工程建设，英凯大街等开发区主干路网建成通车。新增绿化面积4万平方米、彩化面积1.3万平方米，消除区域内140块裸露地面。开展"征收攻坚年"行动，征收居民8936户、工企51户，释放土地244万平方米，滨河东区危旧改造工程，单月实现居民签约率99.34%。做好棚户区改造、新增垃圾分类试点小区20个，100%消除劣五类水体。启动27个棚改项目，113个老旧散小区实现物业长效化管理，办理无籍房产权1.4万户。投入1.3亿元，完成英俊镇4村10屯美丽乡村建设工程和长吉南线整治提升、农村户厕改造任务。胡家村被评为长春市十大最美村庄。

【社会民生】 完成就业创业、社会保障、教育均衡等10方面75件民生实事。市民政网采纳信息421篇。为4245低保户，5634人，发放各类救助金7367万元。加强养老服务，二道区被评为全省唯一的全国智慧养老示范基地。东站、荣光和长青街道被评为全国智慧养老示范街道。长青卫生服务中心和英俊福利服务中心正式落成，残疾人创业孵化基地通过省级评定。

【社会治理】 完成全省城市社区标准化试点工作。解决军安、东逸美郡、英俊塌陷区等民生信访难题；办理居民产权1.4万户，是2019年的1.8倍。英俊幸福里回迁房项目一期建设实现一年内从市里拿回土地使用权、完成手续办理并竣工达到居住条件。实施农村人居环境整治，实现"三年任务、两年完成"。亚泰社区被评为全国文明单位，胡家村被评为全国文明村镇。

【疫情防控】 发挥"三长"联动机制作用，压实"五级书记抓防控"责任，拨付专项经费3667万元，获批抗疫特别国债9042万元，完成流调4687人，排查各类重点人员130855人。安全闭环转运7205人次，隔离管理6765人，居家医学观察27176人，健康随访50万余次。建立全市第一家PCR实验室，抽调骨干检测人员，运用核酸检测"金标准"保证防控效果。完成人员、风险环境、物表、冷链等样本核酸检测42万余例。

（马 凌）

表40 2020年二道区国民经济和社会发展主要指标完成情况统计表

指标名称	单位	实际完成	比2019年±%
国内生产总值	亿元	213.3	1.2
第二产业增加值	亿元	48.1	6.2
第三产业增加值	亿元	165	-0.2
全口径财政收入	亿元	32.4	—
本级财政收入	亿元	7.4	15
固定资产投资	亿元	79.1	47
社会消费品零售总额	亿元	123.8	-7.9
实际引进内资	亿元	120.7	—

续表

指标名称	单位	实际完成	比2019年±%
实际使用外资额	万美元	1430	10
个体工商户	户	55398	10.46
民营企业	户	20929	13.64
普通中学	所	10	—
小学	所	16	—
教育经费总额	万元	76012	1.52
科技三项经费	万元	3879	—
卫生事业费	万元	17937	36.6
人口出生率	‰	5.88	-2.44
计划生育率	%	100	—
建成区绿化覆盖率	%	41.22	0.02

绿园区

【概况】　绿园区位于长春市区西部，东连朝阳、宽城两区，南接长春汽车经济技术开发区，西邻公主岭市，北依农安县。下辖春城、正阳、青年路、同心、林园、铁西、普阳7个街道办事处，62个城市社区；城西、西新、合心3个镇，24个行政村；长春绿园经济开发区（加挂长春轨道交通装备产业开发区牌子）、长春绿园西新工业集中区、长春皓月产业园区、长春西部新城开发区4个开发区。全区总面积216平方千米，常住人口71.5万人。

【国民经济】　地区生产总值285.6亿元，比2019年增长2.6%；规模以上工业总产值567.5亿元，增长6.1%；全口径财政收入49.8亿元，减少3.0%；本级财政收入10.31亿元，增长8.5%；利用内资112.1亿元，增长967%；实际直接利用外资907万美元，增长9.9%；城镇居民人均可支配收入40001元，增长5.7%；农村居民人均可支配收入16636元，增长7.6%。

【新冠肺炎疫情防控】　排查境外、重点地区来长返长人员3.8万人，隔离管理3000余人，核酸采样4.4万人次。为企业减免缓缴税款2.37亿元、申报贷款1.43亿元，购买复工复产风险保障金4000余万元，在全市率先实现规模以上企业全部复工复产。

【经济发展】　中车长春轨道客车股份有限公司获批全省唯一“国家先进制造业和现代服务业两业融合发展试点”，时速400千米跨国互联互通高速动车组下线，海外销售收入20亿元。研奥电气股份有限公司在创业板上市，实现绿园区A股上市企业“零突破”。绿园区政府投入近200万元开展促消费活动，开放22个“夜经济”和“地摊经济”点位。投资50亿元的青怡坊国际旅游文创产业园、投资43亿元的大众置业星耀活力城、投资12亿元的凯利汽车欢乐广场等项目初具规模。

【重点项目建设】　谋划包装项目68个，开展招商对接200余次，签约优质项目52个，引进内资112.1亿元，比2019年增长967%。与天津市河北区、浙江省杭州市萧山区签订年度对口合作框架协议，组织企业参加进博会、农博会，签订订单8420万美元。投资274亿元的46个重点项目全部开工，万华汽车等21个项目主体完工，其中华旗汽车等11个项目投产运营。争取债券项目9个、4.96亿元，储备债券项目65个、166.5亿元。绿园经济开发区启动合心轨道交通文化特色小镇建设，引进青岛威奥轨道股份有限公司等21家企业；解决中车长春轨道客车股份有限公司污水处理厂、小环线、停车场手续办理难题。西新工业集中区与长春汽车经济技术开发区合作建设新能源汽车产业园，新引进汽车配套企业15家，汽车配套产业总产值实现53亿元，比2019年增长16.7%。皓月产业园区完成新一轮总体规划编制，启动肉牛创新中心项目征收，神冠胶原蛋白肠衣、启明医疗心脏瓣膜项目签订投资框架协议。西部新城开发区启动高压线迁改工程，长春妇产医院西部院区落位。

【深化改革】　深化“放管服”改革，“最多跑一次”事项占比99.5%，新增市场主体1.4万户，比2019年增长10%。深化经济体制改革，成立区经济工作领导小组，出台7条“高含金量”政策；设立区项目中心，为企业发展提供服务，实现长春瑞坤汽车塑料技术有限公司塑料项目“拿地即开工”。深化科技创新，组织申报省级科技项目13项，新增高新技术、科技型“小巨人”企业86户，争取省市科技扶持资金1026万元，转化13项科技成果。完成农村土地承包

8月18日，长春国际汽车城新能源汽车产业园项目启动仪式　（周婷婷　提供）

经营权确权和集体产权制度改革。

【城市管理】 新建维护道路99条，新凯河街排水工程完工。天香公园、同心湖湿地公园开工建设，落实“拆围透绿”，亮化楼体、广场29处，“海绵城市”建设面积占建成区20%。改造棚户区70万平方米，完成1.23万套未确权房屋初始登记。开展“三高一出口”和重点区域环境治理，拆除违法建筑1280处，整治广告牌匾7782处、“僵尸车”280辆、非法小广告53万处，推进7个垃圾分类示范片区建设，全市有害垃圾分类、冬季清雪标准化模式现场会在绿园区召开，城市管理月考评3次排名全市第一。落实“河（湖）长制”，14个入河排污口完成整治，“散乱污”企业治理实现动态清零。秸秆禁烧实现“零火点”。

【乡村振兴】 农业产业化龙头企业发展到10户，绿色有机认证品种25个。2年投入3.2亿元，改造庭院围墙3.1万米，新增绿地42万平方米。取缔13处非正规垃圾堆放点，拆除536座露天垃圾池，设立33座转运站，实现垃圾上门收集、不落地转运。农村饮水安全实现全覆盖，完成49.5千米老旧村路改造、44.7千米燃气管线铺设工程。打造贯通“2镇、4村、10屯、12处景观节点”的旅游观光环线。绿园区农村人居环境整治工作3次代表长春市迎接吉林省检查；“于家村改造记”在央视农业农村频道、人民网专题报道。

【惠及民生】 开发城镇就业岗位17367个，新增就业12802人，绿园区获评吉林省就业援助先进单位。投入260万元为6000余名困难群众缴纳就医、照料护理等商业保险。完成6个国家级社区居家养老服务试点项目。向1263名残疾人提供精准康复服务。完成926名退役士兵缴费能力认定和社保接续工作。新增6个千米社区。87中学南阳校区主体完工，东北师范大学绿园实验学校奠基，与吉林大学、长春市十一高中、长春教育学院达成合作办学意向。完成城镇小区配套幼儿园和无证幼儿园阶段性治理任务。创新开展教育系统领军人才评选。投入7800万元保障义务教育教师待遇。完成2个PCR实验室和疫苗可追溯系统建设。有效应对3次台风侵袭和罕见雨雪冰冻极端天气。排查整治各类安全隐患1093项。26个重点信访案件全部办结。其中，化解金钰蓉城地产项目等11个案件；解决朝鲜屯等6个棚改项目631户居民超期回迁问题。《建设幸福绿园行动计划》确定的60件民生实事全部落实。

（景年国）

表41　2020年绿园区国民经济和社会发展主要指标完成情况统计表

指标名称	单位	实际完成	比2019年±%
地区生产总值	亿元	285.6	2.6
第三产业增加值	亿元	127.0	-2.8
农业总产值	亿元	6.7114	13.5
规模以上工业总产值	亿元	567.5	6.1
全口径财政收入	亿元	49.8	-3.0
本级财政收入	亿元	10.31	8.5
社会消费品零售总额	亿元	99.1	-6.9
利用内资额	亿元	112.1	967
实际直接利用外资额	万美元	907	9.9
城镇居民人均可支配收入	元	40001	5.7

续表

指标名称	单位	实际完成	比2019年±%
农村居民人均可支配收入	元	16636	7.6
区属学校数	所	35	0
区属医院数	所	22	29
教育经费总额	亿元	7.16	-0.4
卫生事业费	亿元	2.26	-13
绿化覆盖率	%	37.69	1.01
人口出生率	‰	4.93	-1.61
政策生育率	%	99.96	-0.04

双阳区

【概况】　长春市双阳区位于东经125°26′30″～126°00′45″，北纬43°16′06″～43°44′20″。地处吉林省中部，长春市东南部。东濒饮马河与永吉县相望，东南、南与磐石市毗邻，西南、西与伊通县接壤，西北与长春市净月开发区为邻，北、东北与长春市二道区相连，辖区面积1677.04平方千米。双阳区南北狭长，最长直线距离60千米，东西最宽直线距离39千米。其中，陆地面积1672.91平方千米，占99%；水域4.51平方千米，占1%。人口密度每平方千米233人。双阳区人民政府驻地在双阳区西双阳大街599号，距长春市中心37千米。全区下辖4个街道、3个镇、1个乡，17个城市社区，134个行政村，总人口39万人。面积167703.99公顷。其中，耕地109668.83公顷，占总面积65.39%；园地85.88公顷，占0.05%；林地28405.59公顷，占16.94%；草地1104.68公顷，占0.66%；城镇村及工矿用地16092.22公顷，占9.59%；交通运输用地5073.61公顷，占3.03%；水域及水利设施用地6876.03公顷，占4.1%；其他用地397.15公顷，占0.24%。双阳矿产资源已发现30余种。非金属矿产资源主要有石灰石、石英石、膨润土、磷矿石、硅灰石、大理石、花岗岩、矿泉水等。金属矿产资源有金矿石、铁矿石、铅矿石、锑矿石等。能源资源有煤、原油和天然气等。煤资源储量12968.09万吨，水泥用灰岩94672.15万吨。2020年生产总值实现152亿元、增长3.5%，全口径财政收入、本级财政收入分别完成15.5亿元和6.3亿元，增长10.1%和22.1%。实施“万人助万企”行动，帮助企业落实贷款3.9亿元。工业用电量7亿千瓦时、增长11.1%，新增规模以上工业企业3户，规模以上工业总产值完成76亿元、增长4.8%。

【新冠肺炎疫情防控】　坚持“外防输入、内防失控”总体策略，建立“1+3+X”“三长联动”“十户联保”联防联控网络，对重点人群、重点场所、重点环节，实行无缝隙、全流程、闭环式管理，排查、转运重点地区来（返）双人员10647人，双阳区未出现疑似和确诊病例。投资4250万元，新建核酸检测实验室2处，建设区医院独立传染病疗区，调运储备医疗防疫、生产生活等各类物资。

【农业】　建设高标准农田4133.33公顷，林果种植面积2666.67公顷，棚膜经济、绿色水稻面积保持稳定。鹿业、奢岭果蔬两个省级园区提质增效，尚家山野菜、齐家循环农业、全域绿色稻米产业园晋升市级园区。梅花鹿博物馆对外开放，东大梅花鹿繁育基地建成投产，鹿业全产业链产值突破60亿元。牧原养殖项目一期竣工，齐家香菇产业基地建成棚室87栋，奢爱草莓种苗繁育基地投入生产。举办全省休闲农业春季采摘节、全市农民丰收节等节庆活动，农业嘉年华项目36个。克服春旱与台风影响，生产粮食8亿千克。双阳区奢岭街道被评为国家级农业产业强镇，双阳区被确定为全国“互联网+”农产品出村进城工程试点，双阳区被认定为全国率先基本实现主要农作物生产全程机械化示范县（区）。

【服务业】　成立旅游度假区管委会，加速推进全域旅游，万龙湖、鹿鸣谷、马文化产业园串点成线。双阳湖退出备用水源地，动画学院异地建校项目签约落位。欧亚商超开工建设，国信康养综合体主体封闭，中日联奢岭医院即将投入使用。举办“年货购物节”“线上购物节”暨“消费扶贫节”“双阳区直播带货节”以及“二手车购车节”等活动。区电商务协会推出“双阳买菜吧”和“双阳大卖场”小程序本土电商购物平台，主要吸纳限额以上商贸企业、大型商场、各乡镇街特色农畜产品入驻，日平均销售额1万余元。在10个贫困村完成“电商村”“电商推广村”的建设，组织电商村及电商推广村约220余人参加《吉林省农产品直播电商实战大讲堂》培训。全社会消费品零售总额完成27亿元。

【工业经济】　全区规模工业完成产值76亿元，比2019年增长4.8%，工业固定资产投资8亿元，增长33.3%。开展“服务企业周”等助企活动，以“送政策、解难题、渡难关、促发展”为主题，举办“银企对接，助企脱困”融资、减税降费、科技服务、司法维权等系列助企活动。开通运行“政企通”平台，接收并解决企业问题621件，办结率100%。

【招商引资】 谋划“十个围绕”、新基建“761”等项目157个，争取债券项目38个，资金22亿元。出台全员招商、中介人奖励等政策，组建招商小分队，开展招商引资活动。中力海物流产业园、恒锐泰达电子等招商项目落位开工，到位资金20亿元、增长37.7%。签约凤凰谷文化产业园等16个项目，合同引资270亿元。开发区实现优化整合，实施道路、供水等基础设施工程8项，形成奢岭“三横三纵”路网格局。建立完善项目服务中心、专班抓项目等工作机制，全年征供地520公顷，帮助企业争取资金8769万元。中德创新中心园区完成部分设备安装，同创营养流食项目主体封闭，铸诚工业园扩建、吉通汽车轻量化产业孵化基地等项目开工建设，全年开复工项目100个，其中亿元以上项目60个，固定资产投资完成57亿元、增长30%。

【生态环境治理】 投资6.7亿元，实施饮马河流域水污染防治重点工程26项。新安、山河等街区雨污分流工程开工建设，三污扩容提标、太平污水处理站等工程投入使用，启动双阳河百里生态长廊建设。实施断面监测和清单化管理，严格落实河（湖）长制，开展排污口专项整治，国考断面水质稳定达到四类标准。强化餐饮油烟、建筑工地等领域污染治理，秸秆综合利用率73.6%，全年空气优良天数312天。原生活垃圾填埋场整体封场。规模养殖场设施配套率99.4%，畜禽粪污综合利用率85%。开展造林绿化专项行动，推进非煤矿山综合整治，植树造林、矿山复绿2120公顷。

【城乡建设】 投资4.5亿元，实施城建重点工程14项，乙二路、站前路网开工建设，鹿鸣大街西段、铁东路北段竣工通车。成立重大项目征收专班，推进司法征收，全年征收房屋25万平方米，建设回迁房28万平方米，迁居2400余户居民。延长高速启动征拆，长双快速路全线开工，经济圈环线完成路基和桥梁工程。开展以南出口为重点的市容环境综合整治行动，拆除违章建筑4.5万平方米，处理超限超载等交通违法行为4.7万起。投资超7亿元推进农村人居环境整治。新建改造农村公路291千米，卢柳路、双朝路竣工通车，土柳路开工建设。双营万平广场、奢岭草莓长廊、太平精品街区、鹿乡特色小镇亮点纷呈，10个引领村、30个示范村蝶变提升，乡村振兴成果在省市现场会上精彩展示。双阳区被住建部列为“2020年农村生活垃圾分类和资源化利用示范县”。

【改善民生】 落实73项民生实事。聚焦“两不愁三保障”，精准落实教育、医疗等帮扶政策，改造危房95户，解决安全饮水156户，贫困人口全部脱贫。落实产业扶贫项目8个，强化动态监测、预警、帮扶，健全防返贫长效机制。开发就业岗位7364个，城镇新增就业6581人，安置及推荐退役军人就业76人，转移农村劳动力10.2万人次。改造老旧小区17个，办理“无籍房”产权1229户。完成城乡居民医保整合，城乡低保标准分别提高到470元/月、4140元/年，为残疾人提供精准康复服务4300余人次，保障孤儿等弱势群体生活。开展安全生产大检查、大整治，依法解决各类信访问题，推进扫黑除恶专项斗争，整治重点行业领域乱象，破获电信诈骗、黄金盗窃等重大案件。办理人大议案、建议和政协提案112件，办复率、满意率100%。畅通区长接待日、公开电话等诉求渠道，办理群众投诉2.7万件。落实减税降费政策，推进“放管服”改革，1366项审批事项实现“零跑动”或“最多跑一次”。完成第七次全国人口普查入户登记，双阳区被评为全国计划生育优质服务先进区。

【教育】 实施义务教育阶段教师绩效改革，高考一本上线率12.1%。完成第150中学续建项目，投入资金998.46万元；学前教育项目11个，投入资金722万元；职教、高中及中央直达资金项目4个，投入资金298万元；第152中学综合楼和鹿乡中心幼儿园项目完成前期准备工作，投入683万元。引进教师15人。其中，“强师计划”12人，公开招聘3人。完成教师职称评聘工作，评定高级教师217人、一级教师104人。调整、交流、补充领导干部31人。开展“严禁中小学校和在职中小学教师违规组织或参与有偿补课”专项行动，改善育人环境。资助家庭经济困难学生12072人次，资助资金968.56万元。落实“控辍保学”工作机制，建档立卡贫困家庭学生全部在校就读。双阳区线上教学做法在吉林电视台播出，《五育融合分类施策，上好学科“小课”与人生“大课”》一文在《长春教育》《东亚经贸新闻》《今日头条》上发表，太平镇瓦房小学被教育部评为全国“温馨校园”典型。

【文化体育服务】 完成23个农村文化小广场建设，更新8个乡镇街道文化站设备，配备电脑、电视等物资。为村（社区）配备点歌机、电脑等文化娱乐设施；结合“1+3+X”基层治理模式，打造20个“1+3+X”基层文化服务中心并配备阅览桌椅、乒乓球台等文体设施。投资1100余万元，对区体育场进行二期改造工程，免费对全区群众开放；新建双阳区文体活动中心五人制笼式灯光足球场。在吉林省2020年田径锦标赛上，双阳区业余体校运动员取得1金、2银、3铜的成绩。举办农民文化艺术节、全民健身系列活动等大型文体活动15场，各乡镇（街道）开展中小型文体活动100余场次，参与群众10万余人次。在疫情期间，双阳区文化馆、图书馆为阳城百姓送上10余场系列线上文化活动，吸引1万余名读者关注和参与。结合疫情防控重点工作，双阳区评剧团排演评剧《沧海横流方显英雄本色》等原创作品。完成传统花棒秧歌非遗传承人市级申报，并探索花棒秧歌、新派评剧进校园模式。

（张　野）

表42　2020年双阳区国民经济和社会发展主要指标完成情况统计表

指标名称	单位	实际完成	比2019年±%
地区生产总值	亿元	155.8	2
第一产业增加值	亿元	24.1	–3.7
第二产业增加值	亿元	27	8.2
第三产业增加值	亿元	104.7	1.5
全口径财政收入	亿元	16.1	14.4
区本级财政收入	亿元	6.8	31
粮食总产量	万吨	60.9	–0.8
工业	亿元	16.7	8.3
建筑业	亿元	10.3	8.1
批发和零售业	亿元	12.4	4.3
住宿和餐饮业	亿元	1.2	–16.9
房地产业	亿元	16.4	–0.7
城镇常住居民人均可支配收入	元	30027	3.1
农村常住居民人均可支配收入	元	16442	7.6
普通中学	所	25	—
普通小学	所	110	—
各类医院	所	19	—
教育经费总额	万元	90762	2.3
医疗卫生经费	万元	37668	7.2
社会保障和就业	万元	54674	11.3
农林水事务	万元	110197	60.5
节能环保	万元	33190	0.3
人口自然增长率	‰	–5.5	—

附　　录

FULU

工作报告

在市委十三届十次全会第一次全体会议上的报告

（2020年12月10日）

王　凯

同志们：

现在，我受市委常委会委托，向全会作工作报告。

市委十三届八次全会以来，面对严峻复杂的外部形势和突如其来的新冠肺炎疫情影响，市委常委会坚持以习近平新时代中国特色社会主义思想为指引，在党中央和省委的正确领导下，团结带领全市广大干部群众，坚持稳中求进工作总基调，认真贯彻新发展理念，危中寻机、难中求成，决战收官年、开启新征程。首先，我报告一下市委常委会抓的几件大事。

一是深入学习贯彻习近平总书记视察吉林重要讲话重要指示精神。今年7月22日至24日，习近平总书记亲临长春视察吉林，亲自为我们掌舵领航、把脉定向，寄予我们“体现新担当、实现新突破、展现新作为”的殷切期望。四个多月来，全市广大干部群众始终沉浸在幸福喜悦之中，始终感恩于总书记的亲切关怀，始终谨记总书记的谆谆教诲，始终把学习贯彻习近平总书记视察吉林重要讲话重要指示精神作为头等大事和首要政治任务。市委常委会组织召开市委常委扩大会议迅速传达、市委理论中心组学习会深入学习、市管主要领导干部读书班系统研讨。召开市委十三届九次全会，通过《关于认真贯彻习近平总书记视察吉林重要讲话重要指示精神，加快现代化都市圈建设，体现新担当实现新突破展现新作为的决定》《关于深化产业融合、推动城乡融合，争当农业农村现代化排头兵的意见》，进行全面部署落实。及时出台分工方案，把习近平总书记的重要指示要求细化为8方面93项具体举措，逐项落实责任，加强跟踪督导检查，持续推动学习贯彻落细落实落到位。

二是全力以赴抗击新冠肺炎疫情。市委常委会认真贯彻落实习近平总书记关于疫情防控的重要指示精神，坚持把人民生命安全和身体健康放在第一位，第一时间成立市疫情防控领导小组，果断启动重大突发公共卫生事件一级响应，先后召开26次市疫情防控领导小组会议，压实“五级书记抓防控”责任，有力有序有效开展疫情防控。市委常委及市级领导分赴一线包保、指导、督导疫情防控，2.1万个基层党组织和13万余名党员干部下基层入社区，党旗始终在疫情防控第一线高高飘扬。建立“三长”联动机制，健全联防联控网络，50天实现“三零”目标。沉着应对哈尔滨、舒兰等地疫情输入风险，对入境人员和进口冷链食品，实行全流程闭环管控。启动实施4个核酸检测基地和市传染病医院、市疾病控制中心、市急救中心等重大医疗卫生设施建设，深入开展新时代爱国卫生运动，常态化疫情防控取得重大战果。在这场艰苦卓绝的抗疫斗争中，我市涌现出一大批先进典型，有2人被授予全国抗击新冠肺炎疫情先进个人、1家单位被授予先进集体称号，全市上下展现出伟大抗疫精神，汇聚起众志成城、共克时艰的磅礴力量。

三是全面发起脱贫攻坚总攻行动。市委召开11次常委会会议、5次脱贫攻坚领导小组会议，进行研究部署，全力攻克“两不愁三保障”最后堡垒。完成823户贫困户危房改造、877个村集中供水工程、1890个村卫生室标准化建设，贫困人口医保参保率达100%，27609名贫困人口纳入低保和特困人员救助供养范围。积极落实兜底保障、临时救助等措施，确保贫困户不因疫情灾情返贫致贫。严格执行“四个不摘”要求，全力构建返贫监测预警和动态帮扶机制。积极开展与白城市的扶贫协作，认真抓好中央巡视“回头看”、国家和省成效考核反馈问题整改，在2019年省成效考核中我市进入“好”的行列。目前，全市154个贫困村全部出列，30327户62810名建档立卡贫困人口达到脱贫标准，历时5年的脱贫攻坚战胜利在望。

四是成功推动落地一批重大平台载体。准确把握国家宏观政策导向，积极谋划推动一批重大事项重大载体重大平台。在中央和省委大力支持下，中韩（长春）国际合作示范区获国务院批复、正式揭牌。公主岭市代管关系变更获批，长春成为全国省会城市中面积第三、人口超过850万的特大城市。国家临空经济示范区、国家生产服务型物流枢纽、国家服务贸易创新发展试点等一批重大示范试点集中落位，为长春未来振兴发展拓展了空间、赢得了主动。

五是奋力抗击台风和雨雪冰冻灾害。我市历史上首次在半个月内连续遭遇三次台风袭击，市委常委会坚决贯彻落实习近平总书记关于防汛救灾工作重要指示精神，始终坚持人民至上、生命至上，全力做好应对工作。饮马河德惠市达家沟段国堤溃堤后，紧急调度武警、消防、森防等多支救援队伍连夜驰援，安全转移群众2800余人，连续奋战三天三夜，成功堵住决口，群众生产生活全面恢复。入冬后我市又遭遇历史罕见的雨雪冰冻极端天气，市委常委会高度重视、快速反应，第一时间作出安排部署，1.5万余名环卫工人连夜上岗，72支电力抢修队伍奔赴一线，公安交警全员上岗执勤，林园部门24小时不间断清理残树断枝，各条战线始终奋战在城市运行保障和防灾减灾第一线，迅速恢复了城市的正常运行，用责任担当守护了千家万户的平安幸福。

这一年极为特殊、极其艰难、极不平凡。市委常委会在集中抓好以上五件大事的同时，还主要做了以下几方面工作。

一、全力推动经济高质量发展

市委常委会认为，面对疫情冲击和宏观形势的深刻变化，必须保持定力、顶住压力、精准发力，千方百计恢复经济增长、促进高质量发展。前三季度GDP增长3.1%，增速位居东北四市首位，1-10月，规上工业增加值增长10.8%、固定资产投资增长9%，在15个副省级城市中均居第2位。

加快推动复工复产。认真落实“六保”“六稳”要求，深入推进“万人助万企”“服务企业周”“金融服务月”等系列活动，出台惠企“22条”帮助中小企业渡过难关，“一企一策”支持一汽、长客等50户重点企业。开展“政银企”融资对接，达成贷款合同281亿元，惠及2143户企业，保障供应链、要素链、资金链稳定，我市是全国复工复产最快的城市之一。加大实体经济降成本力度，新增减税降费55.1亿元、减降水电蒸汽费用4.64亿元、减免社保医保费69亿元、延偿贷款204亿元、减免房屋租金3.65亿元。新登记企业5.32万户、增长37.1%，市场主体突破100万户、增长14.3%。改造升级桂林路、红旗街商业街区，举办长春·阿里首届新经济直播月等线上线下促销活动，发放消费券2亿元，拉动消费50亿元以上，有力促进了消费回补升级。

积极扩大有效投资。全力对上争取，申请获批国家专项债券、中央预算内投资、抗疫特别国债、特殊转移支付项目209个、资金225亿元。扎实开展“三抓、三早”行动，以项目为核心，抓招商、促开工、保进度，全市开复工5000万元以上项目1320个，开复工率达100%。一汽红旗新能源汽车工厂、玲珑轮胎、富赛汽车电子、中法智能产业园、颐高数字经济产业园、光电信息产业园等重点项目开工建设。地铁5、6、7号线、抚长高速公路出口改移、长春至双阳公路等重点工程扎实推进，东部快速路南延长线、惠工路机场大道高架主体、吉林大路快速路、“两横三纵”快速路完善工程陆续完工。华润中心、恒大水世界等服务业项目加快推进。200万平方米工业标准厂房建设任务基本完成。新入库5000万元以上项目是去年同期的1.5倍，工业用地出让面积是去年同期的3.5倍。

全力推动产业升级。提升先进制造业整体优势，加速推进“六个回归”，汽车产业逆势增长，1-10月产销分别增长7.7%、5.2%，高于全国12.3和9.9个百分点，红旗品牌年产量超过20万辆，我国自主研发的时速400千米可变轨跨国互联互通高速动车组在长客下线。生物医药、光电信息、新能源汽车等战略性新兴产业不断壮大，一汽奥迪PPE项目高位推进，华为“机器视觉·北方生产基地”、因特睿公司总部及神州数码产业园、韩国TMS光学材料制造等一批项目相继签约落位。金融保险、物流配送、商务会展等生产性服务业加快发展，数字经济、影视文创等新业态快速成长，冰雪文旅品牌初步形成，“城市智能体”投入运营。

加快创新驱动发展。支持吉大、师大等在长高校和光机所、应化所等科研院所产学研融合发展，构建大企大所大校协同创新联盟。大力推动关键技术攻关，国内首台12英寸晶圆探针台在光机所研制成功，国家半导体激光技术创新中心开工建设，长光卫星“一箭九星”海上成功发射，在轨运行卫星达到25颗。积极培育创新主体，奥来德公司成功登陆科创板，实现科创板上市企业“零突破”，预计全年新增上市公司3-5家。全市高新技术企业发展到1766户，科技型“小巨人”企业1364户，提前一年实现“双千户”目标。成功举办2020年全国“双创”活动周分会场活动。我市被英国《自然》杂志列为2020全球科研城市第38位，比2018年提升4位。

争当农业农村现代化排头兵。深入实施乡村振兴战略，在要素配置、资金投入、公共服务上优先保障，全年农林水支出近140亿元。抓好黑土地保护利用，推广保护性耕作技术面积719万亩，农作物机械化水平达到91%。粮食生产抗灾夺丰收，预计全年总产量保持120亿千克左右。新建绿色有机示范园区20个，新认证绿色、有机和地理标志农产品100个，新增农业产业化省级龙头企业22户。组建长春城开农业投资集团，支持皓月做大做强，实施肉牛产业发展计划。有序推进农村集体产权制度等各项改革，推广“三块地”改革试点经验，培育农民合作社村级核心社400个。持续推进农村人居环境集中整治，打造绿化美化示范村112个，村屯绿化覆盖率达到30%以上，创建省级引领村23个、示范村235个，美丽乡村建设由点及面、连片成景。成功举办第二十届全国“村长”论坛和全省实施乡村振兴战略现场推进会。

二、全力加快长春现代化都市圈建设

市委常委会认为，随着我国经济发展的空间结构发生深刻变化，都市圈正在成为承载发展要素的主要空间形式。我们必须适应新形势，谋划区域协调发展新思路，坚持把建设长春现代化都市圈作为落实区域协调发展战略的重要一环和激发经济结构性潜能的重要形式，系统部署推动。

建设高质量发展“四大板块”。制定出台了《长春高质量发展“四大板块”总体方案》，发布各板块战略规划，“四大板块”建设高位起步、亮点纷呈、风生水起。国际汽车城全年滚动实施5000万元以上项目165个，经济总量超千亿，首家智能网联示范区启动建设，华达汽车、中自环保等30余家配套企业实现回归。国家区域创新中心新区片区围绕生物医药、IT、航空航天等主导产业谋划项目232个、总投资6099亿元，经开、二道、莲花山联动招商成效明显，板块经济总量突破1500亿元。国际影都核心区“六大基地”建设全面启动，制定发布影视产业政策白皮书，影视产业园一期20个摄影棚开工建设。中韩（长春）国际合作示范区成功举办云签约仪式、中韩数字经济论坛，在北京和首尔举行系列高层对接和招商活动，医药园、装备制造园、食品园等10个重点园区快速推进。“四大板块”经济总量占全市比重达到60%，拉动经济增长10.3个百分点。

打造农业农村现代化“两大基地”。坚持农业农村现代化一体设计、一体推进，以九台、双阳、长春新区、净月（莲花山）、中韩（长春）国际合作示范区等区域为主体，建设国家城乡融合发展试验区，打造城乡融合示范基地，制定出台了实施方案，50余个试验点率先开展任务承接。以公主岭、榆树、农安、德惠等区域为主体，创建国家农业高新技术产业示范区，打造产业融合示范基地，创建工作快速推进，即将迎来国家实地考察论证。

推进高质量交通强市建设。围绕建设半小时城市生活圈、1小时都市圈通勤圈、2小时城市群通达圈，以打造区域性现代综合交通运输枢纽为重点，统筹推进航空、铁路、公路等交通基础设施建设。龙嘉机场三期总体规划获国家批复。启动长春-辽源-通化高铁项目前期工作，争取纳入国家“十四五”规划。加快推进都市圈一小时高速环线建设，“东半环”80千米一期工程全面开工，都市圈通道支撑能力不断增强。

三、全力深化改革扩大开放

市委常委会认为，发展环境越是严峻复杂，越要依靠改革开放应对变局、拓展新局，积极融入国内循环、对接国际循环，重塑振兴发展新优势。

持续深入优化营商环境。召开全市优化营商环境暨服务企业大会，出台《优化营商环境工作提升方案》。扎实推进以“零见面、零干预、零等待”为重点的政务服务改革，市本级99%的政务服务事项实现网上办理，企业开办时间由3天压缩至1小时，50个行业类型经营许可实现“N证联办”。率先取消一般工程强制性施工图审查，新建工业项目实现“拿地即开工”。我市智能审批系统被国务院办公厅列为“放管服”改革典型在全国推广。

全面深化重点领域改革。市委深改委召开4次会议，审议通过29份改革文件和方案。统筹抓好国资国企、财税金融、农村土地、社会治理等92项年度改革任务。在高新区率先推动“管委会+公司+园区”改革试点，稳妥推进轨道交通、润德集团等国企混合所有制改革。全面完成23.4万国有企业退休人员社会化管理服务，扎实推进39户驻长中省直企业“三供一业”分离移交，厂办大集体改革进展顺利。

全力推动对外开放合作。积极融入“一带一路”建设，长春至首尔跨境货运包机航线顺利开通，长满欧、长春-汉堡班列运行平稳，兴隆综保区园区业务额在东北综保区中居于首位，中白科技园投入试运行。长春至天津海铁联运班列实现常态化运行，净月吉浙数字经济产业园启动建设。成功举办第十七届中国（长春）国际汽车博览会、第十九届长春国际农业·食品博览（交易）会、2020中德汽车大会、第15届中国长春电影节、2020长春（国际）无人机产业博览会、第二届全球（长春）制造业服务外包峰会等重要展会，长春获评2020年中国最具竞争力会展城市。前三季度外贸进出口总额同比增长3.5%，高于全省5.5个百分点。

四、全力保障和改善民生

市委常委会认为，民心是最大的政治，振兴发展的根本目的是让人民过上好日子。必须坚决落实以人民为中心的发展思想，坚持人民至上，积极造福人民，不断增强人民群众获得感、幸福感、安全感。

扎实做好兜底性民生。全力抓好保供稳价工作，确保粮油、肉菜和口罩、消毒液等供应充足、价格稳定。落实社会救助和保障标准与物价上涨挂钩联动机制，发放价格临时补贴6564万元，惠及146万人次。城区和农村的低保、特困人员基本生活标准分别提高14.5%、22%和36%、56%。出台《援企稳岗若干措施》，搭建全国首家农民工大数据综合服务平台，在全国率先恢复线下招聘服务，累计发放创业担保贷款7.3亿元、失业保险稳岗返还资金17.5亿元。预计全年城镇新增就业12万人，农村转移劳动力109万人次，城镇登记失业率控制在4%以内，零就业家庭保持动态为零。

统筹推进社会事业发展。对217所薄弱学校实行帮扶提质，完成城镇小区配套幼儿园治理工作，新增公益普惠幼儿学位5万个，师德师风建设专项行动扎实开展，教师工资待遇进一步改善。持续深化公立医院综合改革，有序推进城乡居民医保基金市级统收统支，实现省内异地就医急诊直接结算和跨省联网结算。加快发展养老服务事业，扎实开展第七次全国人口普查。

坚决打好污染防治攻坚战。持续推进“五大保卫战”，深化大气“五控”治理成果，截至11月底，全市环境空气质量优良天数275天，优良率达82%。全面落实河（湖）长制，饮马河流域和新凯河水系综合治理成效明显，全市9个国考断面实现劣五类水质全面清零。加大生态保护修复力度，持续推进国土绿化行动，完成造林绿化6269公顷，修复湿地626公顷。中央和省三轮生态环境保护督察反馈问题173项，完成整改142项，交办信访案件办结率达99%以上。

深入推进城市乱象集中整治。扎实开展市容环境“四清”行动。实行包容审慎监管，鼓励支持便民市场发展。发布《交通发展白皮书》，实施首批19项交通治堵措施。完成棚户区改造5911户，解决无籍房15.4万户。实施拆围透绿工程，拆除围墙4万余延长米，新增公园绿地227公顷、街路绿地287公顷。获评“中国十大美好生活城市”。

五、全力推进社会治理体系治理能力现代化

市委常委会认为，加快民主法治建设是实现全面振兴全方位振兴的必然要求，必须深入贯彻习近平法治思想，坚持党的领导、人民当家作主、依法治国有机统一，不断完善社会治理体系，提升社会治理能力。

着力推进民主政治建设。支持人大及其常委会依法履行立法、监督、决定重大事项和人事任免职责，制定修订《长春市学前教育条例》《关于做好传染病疫情防控工作的决定》等一批地方法规文件。召开市委政协工作会议暨庆祝长春市政协成立70周年大会，支持政协围绕中心工作开展协商议政，畅通党外知识分子、非公有制经济人士、新社会阶层人士意见诉求表达渠道，凝聚广泛共识。坚持大统战工作格局，鼓励支持各民主党派、工商联、无党派人士参与疫情防控、脱贫攻坚等重点工作。扎实做好民族、宗教、群团工作，深入推进军民融合发展，实现全国双拥模范城“九连冠”。

着力加强法治长春建设。坚持法治政府、法治社会统筹推进、一体建设，持续深化司法体制综合配套改革，深入推进法治建设“十件实事”，全面规范行政执法，坚持依法防控疫情，加强普法宣传教育，完成“七五”普法规划任务。

着力维护社会和谐稳定。深入开展扫黑除恶专项斗争，侦办涉黑涉恶案件134起，提起公诉85起485人，完成“六清”攻坚战目标任务。认真抓好市域社会治理现代化试点城市建设，加强社会矛盾纠纷排查化解，积极化解信访积案，推进反邪教工作。深入开展安全生产专项整治，全力抓好交通运输、危险化学品、建筑施工、食品药品等重点领域安全工作，截至11月底，全市安全生产事故起数、遇难人数比2019年分别下降14.4%和13.9%。

六、全力做好宣传思想文化工作

市委常委会认为，做好新时代宣传思想文化工作，必须坚守主阵地、弘扬主旋律、传播正能量，自觉肩负举旗帜、聚民心、育新人、兴文化、展形象的使命任务，不断凝聚全社会团结奋斗的强大合力。

坚持把学习贯彻习近平新时代中国特色社会主义思想作为理论武装的根本任务，发挥“关键少数”示范带动作用，抓好各级党委（党组）理论中心组学习。利用“学习强国”等线上线下平台，推动学习宣传走实走深。800余名基层宣讲员深入3737个新时代文明实践中心（所、站），开展集中宣讲4000余场次。扎实推进解放思想“大培训、大对接、大招商”活动，促进党的创新理论向实践成果转化。

认真开展党的十九届五中全会精神学习宣传贯彻，组织召开市委常委扩大会议、市委理论中心组学习会，传达学习全会精神，印发《关于做好党的十九届五中全会精神学习宣传的通知》及宣传工作方案，系统部署落实工作。组建市委宣讲团，市委常委带头宣讲，成立一线宣讲小分队，深入基层开展“百人千场”宣讲活动，推动全会精神进企业、进农村、进机关、进校园、进社区、进网站。

成立市委宣传思想工作暨意识形态工作领导小组，进一步加强党对意识形态工作的全面领导。出台《关于党委（党组）意识形态工作责任制的落实办法》，深入开展针对商业网站、网络平台、自媒体等“五个专项治理”，有效净化网络生态，意识形态阵地管理持续加强。

大力弘扬社会主义核心价值观，实施红色基因传承工程，认真学习贯彻中国人民抗日战争暨世界反法西斯战争胜利75周年座谈会和中国人民志愿军抗美援朝出国作战70周年

大会精神，持续深化爱国主义教育。组织中省直媒体深入全市抗疫一线，广泛挖掘宣传基层抗疫典型人物和暖心故事，评选表彰最美抗疫人、最美抗疫标兵、最美抗疫模范等“长春好人”220名，“长春好人标兵”30名。出台《文明行为促进条例》，夺取全国文明城市“四连冠”。

七、全力推动全面从严治党

市委常委会认为，完成好新时代赋予我们的使命任务，必须坚持和加强党的领导，严格落实全面从严治党主体责任，深入贯彻落实新时代党的组织路线，不断提升党员干部适应新形势、破解新难题、引领新发展的能力水平。

全面加强党的政治建设。认真落实《中共中央关于加强党的政治建设的意见》，持续巩固深化“不忘初心、牢记使命”主题教育成果，全面彻底肃清孙政才和苏荣、王珉流毒，深查《平安经》和所谓“明学”影响，教育引导党员干部增强政治敏锐性和政治鉴别力。积极配合中央第八巡视组对吉林开展常规巡视，认真抓好中央巡视组移交的4批471件信访件办理。主动接受省委第八轮巡视，系统梳理2013年以来中央、省委8次巡视反馈的642个问题，全力抓好剩余31个问题整改。

全面加强干部队伍建设。坚持新时期好干部标准，打破隐性台阶，启用在全市中心工作和急难险重任务中涌现出来的优秀干部特别是年轻干部。强化干部交流，启动实施“双派双促”、专业干部“通渠蓄能”计划，开展市、县（市）区两级干部双向挂职锻炼，多方面培养锻炼干部。认真落实容错免责等制度机制，深入开展“五关爱、四必谈”活动，研究设计“四项重点工作”及时奖励方案，激励干部担当作为，全市干事创业的氛围更加浓厚。

全面强化基层基础。制定抓党建促决战决胜脱贫攻坚21项举措，实施村集体经济提档升级行动，扎实做好村“两委”换届准备。出台城市基层党建升级工程“1+9”系列文件，开展非公党建“两个覆盖”集中攻坚行动，深入推进“双向承诺”和星级评定，全市“党建电子地图”正式上线，智慧党建加快推进。扎实开展机关党支部标准化规范化建设，全面加强社区党建工作。长春社区干部学院二期工程主体完工，完成线上线下培训1.55万人。

全面落实“人才强市”战略。深入实施高层次人才队伍建设五年计划，依托重点产业、重大项目打造产业人才高地，出台促进应届高校毕业生来（留）长创业就业措施，实施“大学生岗位开发计划”，集聚高端产业人才5500人，引进留住大学毕业生8.8万人，我市连续5年实现人才净流入。

全面强化正风肃纪反腐。突出政治监督，确保中央和省委重大决策部署落地见效。扎实开展第九轮巡察，对脱贫攻坚、营商环境、污染防治3个方面开展联动巡察，共发现问题840个。持续加大“四风”问题查处力度，1–11月，全市共查处违反中央八项规定精神问题163个、处理175人。一体推进不敢腐、不能腐、不想腐，严肃查处“关键少数”和重点领域腐败案件，巩固和发展反腐败斗争压倒性胜利。1–11月，全市纪检监察机关共立案2021件，其中市管干部19件、县处级干部93件，处分1744人，涉嫌犯罪移送检察机关70人。深化以案促改，召开警示教育大会，加强常态化警示教育，巩固风清气正的政治生态。

一年来，市委常委会始终高度重视自身建设，带头深入学习贯彻党的创新理论，不断增强“四个意识”、坚定“四个自信”、做到“两个维护”。始终注重在大局大势中思考和推动工作，打好“收官战”，谋划“十四五”。成立“十四五”规划建议工作领导小组，组建文件起草工作专班，在市委常委会领导下开展工作，扎实做好建议起草工作。市委常委带头开展专题调研，举行座谈会、专题议政会开门问策，征集意见建议万余条，完成规划建议和规划纲要框架，为描绘新时代振兴发展蓝图提供遵循。带头落实新形势下党内政治生活《若干准则》，认真组织召开市委常委班子省委第八轮巡视反馈意见整改专题民主生活会，严肃认真抓好问题整改。全面落实中央八项规定及其实施细则精神，模范遵守廉洁自律各项规定。

以上是市委常委会的主要工作。各位市委委员在各自岗位上心怀大局、锐意进取、攻坚克难，对市委常委会的工作给予了大力支持。在此，我代表市委常委会，向同志们表示衷心感谢！请同志们对常委会工作提出宝贵意见，帮助我们把工作做得更好。

政府工作报告

——2021年1月12日在长春市第十五届人民代表大会第六次会议上

市长　张志军

各位代表：

现在，我代表市政府，向大会报告工作，请予审议，并请市政协委员提出意见。

一、2020年和“十三五”时期工作回顾

2020年是极不平凡的一年。全市上下以习近平总书记重要讲话重要指示精神为统领，在市委坚强领导下，经历了一场前所未有的抗疫大战和发展大考，疫情防控取得重大胜利，经济社会发展取得重要成果。

新冠肺炎疫情爆发以后，我们坚持人民至上、生命至上，迅速打响疫情防控的人民战争、总体战、阻击战，仅用50天实现本土病例在院清零。及时建立健全常态化防控机制，全力应对多起疫情输入风险，最大限度保护人民生命安全和维持正常生活秩序。统筹抓好疫情防控和经济社会发展，扎实做好“六稳”工作，全面落实“六保”任务，推动经济运行加快复苏、逆势而进，预计地区生产总值增长3.5%，增速稳居东北四市首位。长春疫情防控和经济发展都走在全国前列。

回顾过去的一年，我们主要做了以下工作：

（一）着力稳定经济增长。深入推进“万人助万企”，密集出台和落实减税降费、援企稳岗等200余项政策措施。工业企业在全国率先复工复产，规模以上工业产值增长8.5%以上，增速在副省级城市位居前列。支持一汽排产、产能、配套、结算、人才、创新“六个回归”，整车产销量分别增长3.6%和4.5%，红旗汽车产量再翻一番，突破20万辆。发放2.5亿元消费券撬动居民消费，改造升级桂林路、红旗街商业街区，举办消夏节等文旅促销活动，高水平打造莲花山冰雪新天地、净月雪世界。农业农村工作取得新进展，一二三产业融合发展迈出新步伐，粮食产量达到233亿斤。

（二）全力推动高质量发展。以建设长春现代化都市圈为牵引，启动实施国际汽车城、国际影都、国家区域创新中心、中韩（长春）国际合作示范区高质量发展“四大板块”，着力打造国家城乡融合发展试验区、国家农业高新技术产业示范区“两大基地”。通过“专班抓项目”扩大有效投资，一汽红旗新能源整车等302个超10亿元项目开工建设，丰田发动机等418个超亿元项目投产达效，华为机器视觉等一批项目签约落位，固定资产投资增长8.5%左右，居东北四市首位。新建工业标准厂房207万平方米，工业用地出让量达上年4.3倍。持续做优做强实体经济特别是制造业，高技术产业、装备制造业增速快于一般工业，产业数字化智能化绿色化转型明显加快。

（三）大力实施科技创新。国内首台12英寸晶圆探针台研制成功，高铁变轨等关键核心技术取得突破，长光卫星“一箭九星”海上成功发射。强化大企大所大校协同创新联盟，积极打造环吉大双创生态圈，长光圆辰、长光辰芯等企业批量入驻光电信息产业园。新增高新技术企业691户、科技型“小巨人”企业222户。金融服务科技取得突破，奥来德科创板上市，吉大正元、研奥股份深交所公开发行。中白科技园试运行。5G网络实现主城区全覆盖。专利申请量增长10.4%。成功承办全国双创周活动。10万名高校毕业生留长创业就业，比上年增加1.1万人。

（四）扎实推进改革开放。“放管服”改革不断深化，新建工业项目实现“拿地即开工”，企业开办时间由3天压缩至1小时。新登记企业数量增长31%。国资国企、农业农村、开发区体制机制等重点领域改革深入推进。23.4万国企退休人员实现社会化管理。成功举办汽博会、农博会、电影节、无人机博览会、中德汽车大会等大型活动。公主岭划归长春代管，临空经济示范区、生产服务型国家物流枢纽、服务贸易创新发展试点等重大平台载体相继获批。中欧班列承运标箱增长27.9%。实际利用内外资分别增长28%和12%。

（五）加强城市建设管理。扎实推进高质量交通强市建设，龙嘉机场总体规划获国家批复，地铁5、6、7号线和长双公路、抚长高速人民大街出口改移等重大工程相继开工。编制交通发展白皮书，出台错峰上下班等治堵措施，打通13条“断头路”“卡脖路”，调整优化25条公交线路。开工建设第六净水厂。新建改造水气热管线520千米，新增供热能力300万平方米。新建12座公园，新植街路90条、大块绿地62宗。南湖公园、自由大路等公园、街路“拆围透绿”。坚决打好污染防治攻坚战，空气质量优级天数、优良水体比例明显增加。“城市智能体”建设实现突破。全面实施城市乱象集中整治，精细化管理水平稳步提升。

（六）切实保障改善民生。幸福长春行动计划全面落实。城镇新增就业12万人，城镇登记失业率控制在4%以内。企业退休人员养老金提升5%，城乡低保标准分别提高14.5%和22%，城乡特困人员基本生活标准分别提高36%和56%，301个小区配套幼儿园完成治理。义务教育阶段教师工资待遇问题妥善解决。城乡居民医保完成整合。改造老旧小区64个、棚户区5911

户，筹集租赁住房1.5万套，确权未登记房屋1377万平方米。社区干部学院二期工程主体完工。强化食品药品监管。加强信访和市长公开电话工作。非法集资案件化解实现突破。深入开展扫黑除恶专项斗争，命案和有影响案件全部告破。有效应对罕见的连续三次台风侵袭和雨雪冰冻灾害。全市生产安全事故总量、死亡人数分别下降19.7%和18.8%。

（七）依法履行政府职能。全力配合中央和省委巡视，及时进行问题整改。依法接受市人大及其常委会监督，自觉接受市政协民主监督，主动接受社会和舆论监督，广泛听取各民主党派、工商联、无党派人士、各人民团体意见建议。办理市人大议案2件、代表建议239件，市政协建议案1件、提案339件。坚决落实全面从严治党责任，大力推进政府系统党风廉政建设。认真落实中央八项规定精神，持续纠正“四风”，着力整治形式主义、官僚主义。严格依法行政。加强审计监督。圆满完成“七五”普法规划。开展第七次全国人口普查。

过去一年，长春蝉联“全国文明城市”，进入“全国十大美好生活城市”行列，荣膺全国双拥模范城“九连冠”，被评为中国宜居宜业城市。民族团结、宗教和谐良好局面进一步巩固。国家安全、供销、气象、公积金、档案、人防、地方志、红十字等领域都取得了新进展。

2020年是“十三五”收官之年。过去五年，我们坚持稳中求进工作总基调，实施一系列利当前、惠长远的重大举措，推动长春振兴发展不断跃上新台阶，决胜全面建成小康社会取得决定性成就。

这五年，是经济实力全面跃升的五年。地区生产总值从4773.8亿元增加到6500亿元。服务业成为经济增长主动力。高新技术企业户数增长7.2倍。市场主体突破100万户。新兴产业持续壮大，传统产业加快升级，发展动能不断增强。

这五年，是改革开放持续深化的五年。改革全面发力、多点突破、纵深推进，重要领域和关键环节改革取得突破性进展。“放管服”推动营商环境全面优化，市场活力明显增强。长春新区等重大开放平台载体建设成效显著，进出口总额突破1000亿元。

这五年，是三大攻坚战决战决胜的五年。现行标准下农村贫困人口全部脱贫、贫困村全部出列，历史性消除绝对贫困。生态环境质量持续改善，年均空气质量优良天数增加70天，国考断面劣五类水质全面清零。一批重大风险隐患“精准拆弹”，金融风险处置取得重要阶段性成果。

这五年，是城乡面貌显著变化的五年。轨道交通运营里程突破100千米，水、电、气、热供应能力稳步提升。三环以内主城区面貌焕然一新，农村人居环境日新月异。“四大板块”“两大基地”发展格局初步形成，长春现代化都市圈空间框架全面拉开。

这五年，是民生改善不断提升的五年。城乡居民收入增长快于经济增速。城乡养老、医疗保险实现全覆盖。困难群众基本生活保障水平每年都有新提高。教育、文化、卫生、体育事业不断进步，人民群众获得感、幸福感、安全感全面提升。

五年来长春经济社会发展取得的成绩，是习近平新时代中国特色社会主义思想科学指引和党中央、国务院亲切关怀的结果，是省委、省政府和市委正确领导的结果，是市人大、市政协监督支持的结果，是全市广大干部群众团结奋斗的结果。在此，我代表市政府，向全市人民、人大代表、政协委员，向各民主党派、工商联、人民团体，向驻长中省直单位、人民解放军和武警官兵，向所有关心、支持长春发展的各界人士和国际友人，致以崇高的敬意和衷心的感谢！

在肯定成绩的同时，我们也清醒看到面临的困难和问题。受全球疫情冲击和外部环境变化影响，产业链供应链风险增加，企业特别是民营企业、中小微企业困难凸显；产业结构不够合理，战略性新兴产业、现代服务业和民营经济规模较小，新产业、新业态发展不快；民生改善与人民群众期盼仍有差距，生态环境、城市交通、教育医疗、社会治理、安全生产等领域仍存在短板弱项；政府工作作风仍需转变，形式主义、官僚主义依然存在，干部担当作为意识需进一步强化，创新攻坚能力需进一步提升。我们将直面矛盾、正视问题，采取有效措施，切实加以解决。

二、“十四五”时期主要目标任务和重大举措

根据《中共长春市委关于制定长春市国民经济和社会发展第十四个五年规划和2035年远景目标的建议》，市政府编制了《长春市国民经济和社会发展第十四个五年规划和2035年远景目标纲要（草案）》，提交大会审查。

《纲要（草案）》紧紧围绕习近平总书记“体现新担当、实现新突破、展现新作为”的重要指示精神，结合“加快建设现代化都市圈，把长春建设成为常住人口超1000万、经济总量迈向万亿的特大型城市”目标任务，突出立足新发展阶段、贯彻新发展理念、融入新发展格局，提出了一系列支撑发展的重大政策、重大工程和重大项目。主要体现为以下六个方面：

——全力推动经济发展，高质量发展“四大板块”对全市经济贡献率达到80%以上，农业农村现代化“两大基地”初具规模，多点支撑、多业并举、多元发展的产业发展格局基本形成，在质量效益明显提升的基础上地区生产总值保持中高速增长，长春在国家发展大局中的战略地位进一步提升。

——强化创新引领作用，启动一批重大科技项目，突破一批“卡脖子”关键技术，建设一批国家级科技创新平台，研发投入占GDP比重达到全国平均水平，高新技术企业达到3000家以上，科技进步贡献率明显提升，国家区域创新中心作用更加凸显，在全国产业链、供应链、价值链、创新链布局中加速迈向中高端。

——统筹协调城乡发展，脱贫攻坚成果巩固拓展，乡村振兴战略全面推进，以人为核心的新型城镇化稳步实施。城市更新行动加快布局，水、电、气、热、通讯、交通等公共设施服务能力整体提升，地下管网、老旧小区、历史文化街区改造基本完成，城市更健康、更安全、更宜居、更有韧

性，成为人民群众高品质生活空间。

——加快改善生态环境，国土空间开发保护格局得到优化，生产生活方式绿色转型成效明显，能源资源配置更加合理，单位GDP综合能耗和二氧化碳排放持续下降，海绵城市建设面积比例、城区绿化覆盖率、全市森林覆盖率稳步提升，循环经济、低碳经济等绿色发展模式基本形成，天蓝、地绿、水净、城美、空气清新成为常态。

——持续增进民生福祉，实现更加充分更高质量就业，城乡居民收入达到全国平均水平，基本公共服务均等化水平明显提高，全民受教育程度不断提升，多层次社会保障体系更加健全，城乡困难群众得到精准帮扶，人民群众获得感、幸福感、安全感不断增强。

——全面提升治理效能，法治长春建设进入新阶段，社会公平正义进一步彰显，政府作用更好发挥，行政效率和公信力显著提升，市域社会治理水平明显提高，防范化解重大风险体制机制不断健全，自然灾害防御水平和突发公共事件应急能力显著增强，发展安全保障更加有力。

做好“十四五”时期经济社会发展工作，必须坚持党的全面领导，坚决贯彻以习近平同志为核心的党中央决策部署，不断增强全面振兴全方位振兴的能力和水平，为实现长春高质量发展提供根本保证。必须坚持以人民为中心，坚持共同富裕方向，激发全体人民积极性、主动性、创造性，促进社会公平，增进民生福祉，不断实现人民对美好生活的向往。必须坚持新发展理念，切实转变发展方式，推动质量变革、效率变革、动力变革，实现更高质量、更有效率、更加公平、更可持续、更为安全的发展。必须坚持深化改革开放，深度融入以国内大循环为主体、国内国际双循环相互促进的新发展格局，着力破除体制机制障碍，加快补齐开放短板，持续增强发展动力和活力。必须坚持系统观念，统筹对内对外开放，办好发展安全两件大事，着力固根基、扬优势、补短板、强弱项，实现发展质量、结构、规模、速度、效益、安全相统一。

各位代表，今天，我们站在第二个百年奋斗目标的新起点上，新的蓝图已经绘就，新的号角已经吹响，新的征程已经起航。“征途漫漫，惟有奋斗”。展望今后五年，我们将风雨同舟、不懈奋进，携手并肩、砥砺前行。我们坚信，经过大家的共同努力，发展目标一定会如期实现，人民生活一定会更加美好，振兴事业一定会更加辉煌！

三、2021年重点工作

2021年是“十四五”开局之年，是开启全面建设社会主义现代化国家新征程的第一年，也是在新起点上加快长春全面振兴全方位振兴的关键一年。我们将更加紧密地团结在以习近平同志为核心的党中央周围，坚定信心、保持定力，锐意进取、改革创新，不断开创振兴发展新局面。

2021年政府工作的总体思路是：高举习近平新时代中国特色社会主义思想伟大旗帜，全面贯彻党的十九大和十九届二中、三中、四中、五中全会精神，以习近平总书记对吉林工作重要讲话重要指示精神为统领，坚持稳中求进工作总基调，立足新发展阶段，贯彻新发展理念，融入新发展格局，以推动高质量发展为主题，以深化供给侧结构性改革为主线，以改革创新为根本动力，以满足人民日益增长的美好生活需要为根本目的，坚持系统观念，坚持扩大内需战略，强化科技创新支撑，全面深化改革开放，巩固拓展疫情防控和经济社会发展成果，更好统筹发展和安全，落实省委“三个五”战略、中东西“三大板块”部署、“一主、六双”产业空间布局，扎实做好“六稳”工作，全面落实“六保”任务，加快推进长春现代化都市圈建设，着力构建现代产业体系，做大“四大板块”，建设“两大基地”，确保“十四五”开好局，以优异成绩庆祝建党100周年。

全市经济发展主要预期目标是：地区生产总值增长7%左右，规模以上工业产值增长9%左右，固定资产投资增长10%左右，地方级财政收入增长5.5%左右，社会消费品零售总额增长6%以上，粮食产量稳定在240亿斤，城镇新增就业10万人，城镇登记失业率控制在4%以内，城乡居民收入与经济增长基本同步。

（一）突出创新核心地位。深入实施创新驱动战略，围绕产业链部署创新链，围绕创新链布局产业链，加快形成创新引领高质量发展的良好态势。一是攻关关键核心技术。全力支持大企大所大校申建应用化学、半导体激光技术等国家级科研平台，巩固发展国家区域创新中心地位。推行“揭榜挂帅”等创新机制，集中攻关汽车关键零部件、智能动车组、工业机器人、农业种源、原研药等“卡脖子”技术，用2~3年时间形成一批原创性成果。二是推动科技成果转化。加快建设国家科技成果转化示范区、中国（长春）知识产权保护中心，推动长春国家自主创新示范区早日获批。支持长春新区培育创新驱动发展引领区，鼓励各开发区、县（市）区建设孵化器、双创基地和科技园区。组建智能制造、生物医药等产学研创新联盟，搭建产学研一体化创新平台。实施重点产业链“搭桥”行动，争取50项以上科技成果就地转化。三是营造创新良好环境。支持大企业开展产业集成创新试点，延链带动中小企业创新发展。对优秀成果进行“后补助”，引导企业加大科研投入，全市研发投入增长8%左右。实施创新型企业培育工程，突出扶持科技“小巨人”和“独角兽”企业，新认定国家高新技术企业600户以上。制定更有吸引力的引才留才政策，让人才有舞台、有待遇、有荣誉、有作为。大学毕业生留长10万人以上。

（二）推动产业转型升级。坚持把提升全产业链水平作为主攻方向，加快建设现代产业体系，努力形成多点支撑、多业并举、多元发展的新格局。一是做大做优制造业“强主链”。全力支持一汽创新发展，红旗汽车产量再翻一番，推动汽车芯片、新能源电池、奥迪新能源PPE、丝尔科红旗跑车等重大项目开工建设，吸引30家以上零部件配套企业回归长春，努力建设世界一流国际汽车城。全力推进长客运维基地建设和车辆公司搬迁，支持皓月、华正、九三大豆等龙头企业扩大规模，装备制造业、农产品加工业产值均达到500亿元以上。二是发展现代服务业“延短链”。启动建设生产服务型国家物流枢纽，全面深化服务贸易创新发展试点，突出发展科技服务、工业设计等重点领域，生产性服务业占比超过50%。积极推进华润中心、南部新城“四塔”、东北亚国际会展博览中心等20个高端服务业项目，国际影都影视拍摄等六大基地全面开工，长春国际金融中心投入使用。服务业增加值增长6%左右。三是壮大战略性新兴产业“谋新链”。谋划布局光芯片、机器视觉、冰雪装备、3D增材打印、医疗美容、心脏瓣膜等产业链，推动汽车电子、智能制造、智能网联、光电信息、新材料等新兴产业不断壮大。启动建设无人机产业园。推动 “吉林一号”星座组网。四是促进数字经济与实体经济深度融合。围绕“车、光、影、农”“技、网、云、智”，深化与华为、浪潮等领军企业战略合作。筹建东北大数据交易中心，申报国家一体化大数据中心节点城市和人工智能创新发展试验区。实施工业互联网项目30个。5G基站达到1万个以上。净月数字经济产业园130万平方米核心区投入使用。

（三）挖掘释放增长潜力。坚持扩大内需的战略基点，合理引导消费、投资持续健康增长，主动融入双循环新发展格局。一是发挥政策的促进作用。认真落实党中央国务院支持东北地区高质量发展系列政策，按照省委“三个五”战略、中东西“三大板块”部署、“一主、六双”产业空间布局，主动对接重大战略、重大改革、重大平台、重大工程，把长春发展深度融入国家和省发展大局。全力谋划推动长春-辽源-通化高铁、国家战略资源储备东北基地等重大项目。专项债券争取份额力争高于去年水平。二是发挥投资的关键作用。围绕做大“四大板块”、建设“两大基地”，强化“专班抓项目”机制，落实5000万元以上项目1200个、亿元以上项目1000个。突出新型基础设施、新型城镇化，谋划推进100个标志性重大工程。去年已建成的工业标准厂房完成80%以上的项目摆放，今年再新建200万平方米，为工业增长持续排兵布阵。三是发挥消费的基础作用。扩大汽车、家电、房地产等大宗消费，发展健康、养老、托幼、家政等生活性消费，激活县域、乡村消费，建设区域消费中心城市。改造提升重庆路、长江路商业街。支持欧亚等重点企业搭建电商平台，打造一批电商直播产业园。提升冰雪旅游品牌，大力发展避暑休闲、生态康养、红色旅游、乡村旅游。

（四）全面推进乡村振兴。落实优先发展方针，以更有力的举措、汇聚更强大的力量，加快实现农业农村现代化。一是发展优质特色绿色农业。突出抓好粮食生产，粮食播种面积稳定在2350万亩以上。实施黑土地保护工程，新建高标准农田100万亩，推广保护性耕作1000万亩，新增绿色有机面积75万亩。创建公主岭国家现代种业产业园，建设国家级玉米良种培育研发基地，着力解决种子问题。落实“菜篮子”市长负责制，新建棚室4000亩，推广稻渔综合种养11万亩，全面恢复生猪生产，启动300万头肉牛养殖工程，提高城市肉蛋菜自给保障能力。二是推进农业农村重点领域改革。抓好九台国家级宅基地改革试点，创建榆树乡村振兴新动能培育试验区。健全防止返贫动态监测和帮扶机制，落实过渡期“四个不摘”要求，切实巩固脱贫攻坚成果。集中支持一批出列贫困村，推动扶贫产业可持续发展，促进脱贫攻坚与乡村振兴有效衔接。积极培育各类新型农业经营主体，提高龙头企业、农民合作社、家庭农场等组织带动能力和综合效益。三是稳步实施乡村建设行动。编制乡村空间布局和村庄建设规划，加强农村基础设施建设。农村自来水普及率达到95%。改造农村公路1000千米。植树造林3000公顷。持续推进农村人居环境集中整治，乡镇污水集中处理设施实现全覆盖，创建省级美丽乡村20个，完成改厕8万户以上。加强农村思想道德建设，普及科学知识，推动形成文明乡风。

（五）深入实施改革开放。要以更大气魄、更大力度推进创造性、引领性改革，实行高水平对外开放，为高质量发展开辟道路、拓展空间。一是优化营商环境。深化“放管服”，更多事项“一网通办”，“双随机、一公开”监管实现全覆盖。推广工业项目审批“拿地即开工”试点。强化“万人助万企”，大力支持龙头企业，重点帮扶困难企业，集中培育“专精特新”企业。完善落实减税降费政策，强化普惠金融服务，持续激发市场活力。市场主体数量增加10%以上。二是深化重点领域改革。深入实施国企改革三年行动。扎实推进文化、教育、医疗、养老、安全生产、食品安全、公共交通等领域改革。建设民营经济发展改革示范城市，民营经济主营业务收入增长8%以上。依法规范发展平台经济，维护公平竞争，消除地方性保护。三是加强开放平台建设。全面启动建设临空经济示范区，完善兴隆综合保税区功能，积极申建自贸区长春片区。承办好世界中医药峰会、全球制造业服务外包峰会等重大对外交流活动。增加国际航线及班次。提高机电、高新技术产品出口份额，推动进出口总额稳定增长。四是加大招商引资力度。加强与欧洲、东北亚、东南亚国际合作，对接京津冀、长江经济带、粤港澳大湾区建设等国家战略，深化与天津、杭州对口合作，推进长吉、长平一体化。以世界500强、主导产业国内行业50强、上市公司为重点开展“大招商”，实际到位资金增长30%以上。

（六）着力提升城市品质。高水平规划、高质量建设、高标准管理，努力打造宜居宜业宜游城市。一是实施城市更新行动。编制完成国土空间总体规划，完善城市空间结构。高水平改造提升人民大街，修复长拖、长客、新民胡同等历史文化街区，塑造城市特色风貌。改造188个老旧小区，基本完成伊通河沿线棚户区改造。新建改造地下管网200千米。推进海绵城市建设，增强城市防洪排涝能力。二是提升城市畅通水平。加快实施新城大街快速路、都市圈一小时环线等重大工程，长伊公路建成通车。打通22条“断头路”“卡脖路”，释放一批小区、单位圈占道路，建设5座立体停车场。开工建设地铁9号线，加快推进5、6、7号线，

2号线西延、3号线东延工程通车运营。调整优化公交线路，更新公交车辆，努力打造市民满意的公共交通。三是改善生态环境质量。三环以内主要街路“拆围透绿”。新建改造100宗城区大块绿地。全面修复雨雪冰冻灾害受损绿植。综合治理伊通河、饮马河、东辽河、拉林河等水系。强化秸秆全量化处置，提高清洁能源供暖比例。普及生活垃圾分类处理，新建一批建筑垃圾处理厂，新北环保电厂投入使用。支持中韩（长春）国际合作示范区发展氢能产业。建设米沙子循环经济园区。四是持续优化城市管理。建设完善“城市智能体”，推行城市治理“一网统管”，稳步提升科学化、精细化、智能化水平。突出建筑工地、违法建筑、牌匾广告等领域专项整治，巩固城市乱象整治成果。规范提升64处户外便民市场。加强风险防控能力建设，稳步提升城市安全韧性。

（七）全力保障改善民生。始终把人民安居乐业、安危冷暖放在心上，实施幸福长春行动计划，更好满足人民对美好生活的新期待。一是全力稳定就业促进增收。千方百计拓宽就业渠道，扎实做好高校毕业生、退役军人、农民工等重点群体就业工作，加强对城镇各类就业困难人员的就业帮扶。综合采取稳定就业、创业带动、提高社保水平、调整最低工资等方式，促进城乡居民稳定增收。二是大力发展各项社会事业。新建6所义务教育学校，打造10所特色高中示范校，以优质校带动薄弱校。巩固小区配套幼儿园治理成果。新传染病院、疾控中心、急救中心投入使用。深入开展爱国卫生运动。增加公共文化服务供给。启动建设新少年宫。办好长春国际马拉松赛、城市街路汽车拉力赛、无人汽车冰雪挑战赛。三是提高社会保障水平。提高城乡低保、特困人员、重度残疾人救助标准。推行失能人员居家照护保险制度。深化未登记房屋确权整治，扩大“交房即办证”试点范围。全面落实长租房政策。支持有条件住宅加装电梯。四是加强社会治理创新。推广新时代“枫桥经验”，积极推进基层社会治理现代化。创建国家安全发展示范城市，坚决遏制重特大事故。强化食品药品安全监管，确保人民群众饮食用药安全。创新信访工作方式，发挥局长接待日、市长公开电话作用，依法及时有效解决群众合理诉求。加强社会治安防控体系建设，严厉打击各类违法犯罪活动，常态化开展扫黑除恶专项斗争。全面加强依法治市，完善公共法律服务体系。全力支持军队和国防建设，启动新一轮双拥创建，推进军民融合深度发展。做好铸牢中华民族共同体意识工作。加强宗教事务依法管理。五是慎终如始做好常态化疫情防控。坚持“外防输入、内防反弹”，加强“人”“物”同防，严格风险等级管理，科学组织疫苗接种，提升快速响应和检测救治能力，严防出现聚集性疫情，严防散发病例传播扩散，持续巩固来之不易的防控成果。

（八）加强政府自身建设。面对艰巨繁重任务，各级政府要旗帜鲜明讲政治，增强“四个意识”、坚定“四个自信”、做到“两个维护”，自觉在思想上政治上行动上同以习近平同志为核心的党中央保持高度一致。一要依法全面履职。严格遵守宪法法律，坚持依法行政，建设法治政府。依法接受市人大及其常委会监督，自觉接受市政协民主监督，主动接受社会和舆论监督。二要转变工作作风。严格落实中央八项规定精神，大力纠治“四风”，力戒形式主义、官僚主义。全面落实“三个区分开来”要求，为担当者担当，让履职者尽责。三要练就过硬本领。加强思想淬炼、政治历练、实践锻炼、专业训练，切实提高政治能力、调查研究能力、科学决策能力、改革攻坚能力、应急处突能力、群众工作能力、抓落实能力。四要狠抓工作落实。建立完善重点工作总施工图机制，清单化、图表化、手册化、模板化、机制化推进工作，崇尚实干，注重实效，创造实绩。五要严格廉洁自律。落实全面从严治党要求，深入开展党风廉政建设和反腐败斗争。政府工作人员要持廉守正、秉公用权，踏踏实实做人、干干净净做事，努力创造经得起历史、实践和人民检验的政绩。

各位代表，新征程任重道远，新使命催人奋进。让我们更加紧密地团结在以习近平同志为核心的党中央周围，高举习近平新时代中国特色社会主义思想伟大旗帜，在省委、省政府和市委的坚强领导下，解放思想、团结一心，真抓实干、攻坚克难，加快推动长春全面振兴全方位振兴，以优异成绩庆祝建党100周年，为全面建设社会主义现代化国家、实现中华民族伟大复兴的中国梦不懈奋斗。

统计资料

2020年长春市国民经济和社会发展统计公报

长春市统计局

2020年，是“十三五”规划收官之年。面对极为复杂的国内外形势和前所未有的困难挑战，特别是突如其来的新冠肺炎疫情的巨大冲击，全市上下高举习近平新时代中国特色社会主义思想伟大旗帜，全面贯彻党的十九大和十九届二中、三中、四中、五中全会精神，以习近平总书记视察吉林重要讲话指示精神为统领，深入贯彻落实党中央、国务院各项决策部署，按照市委、市政府的工作要求，全面落实省委“三个五”战略，中东西“三大板块”部署，“一主六双”产业空间布局，坚持稳中求进工作总基调，贯彻新发展理念，统筹推进疫情防控和经济社会发展，扎实做好“六稳”工作，全面落实“六保”任务，全市经济运行逐季改善，各项社会事业全面发展，人民生活福祉持续提高，全面建成小康社会和脱贫攻坚取得决定性胜利。

一、综合

初步核算，全市实现地区生产总值6638.03亿元，按可比价格计算，比2019年增长3.6%。其中，第一产业增加值533.82亿元，下降2.4%；第二产业增加值2758.12亿元，增长8.0%；第三产业增加值3346.09亿元，增长0.3%。三次产业结构为8.0∶41.6∶50.4。人均地区生产总值77634元（按户籍年平均人口数计算），增长3.6%，折合11256美元。

地区生产总值（亿元、现价）

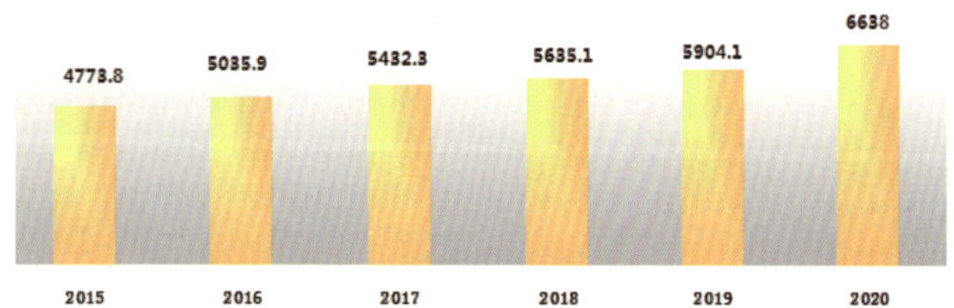

全市一般预算全口径财政收入1129.5亿元，增长0.3%。全市地方财政收入440.4亿元，增长1.5%，其中，税收收入351.3亿元，增长2.1%。地方财政支出1084.1亿元，增长10.5%，其中，社会保障和就业支出153.9亿元，增长6.9%；教育支出152.3亿元，增长4.8%；卫生健康支出92.8亿元，增长16.1%；交通运输支出32.7亿元，下降9.2%；农林水支出131.6亿元，增长20.6%；住房保障支出49.1亿元，增长37.3%。

全市居民消费价格总水平上涨1.9%，涨幅比2019年收窄1.0个百分点。从各类商品及服务价格变动情况看，食品烟酒价格上涨 7.0%，衣着价格下降2.2%，居住价格下降0.6%，生活用品及服务价格上涨 1.2%，交通和通信价格下降3.1%，教育文化和娱乐价格上涨2.8%，医疗保健价格下降0.6%，其他用品和服务价格上涨4.9%。

居民消费价格指数

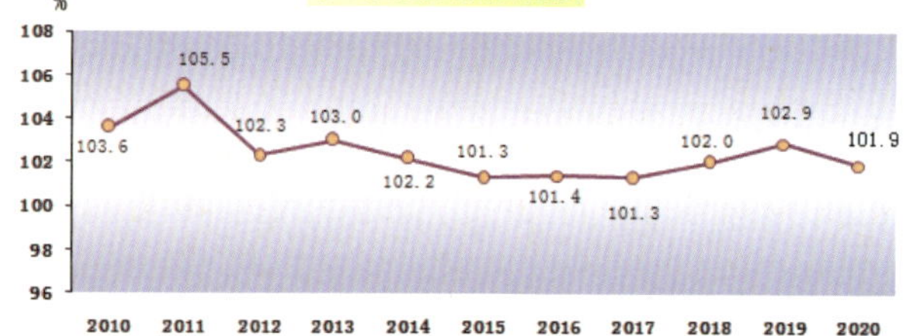

二、农业

全市完成农林牧渔业增加值548.5亿元，比2019年下降2.3%。其中，种植业增加值194.1亿元，增长2.5%；林业增加值3.4亿元，增长5.8%；牧业增加值332.6亿元，下降2.8%；渔业增加值3.8亿元，增长0.3%；农林牧渔服务业增加值14.7亿元，增长2%。

农作物总播种面积163.3万公顷，与2019年持平。粮食总产量1163.9万吨，下降3.3%。其中，玉米产量990.2万吨，下降3.6%；水稻产量151.9万吨，增长2.0%。猪出栏471.6万头，增长2.6%；牛出栏87.6万头，下降9.6%；羊出栏48.1万只，下降2%；家禽出栏3亿只，增长0.5%。肉类产量106.3万吨，下降1.2%；禽蛋产量42.2万吨，下降8.2%；牛奶产量7.7万吨，增长29.8%。

主要农副产品产量

指标	单位	2020年	比2019年±%
粮食总产量	万吨	1163.9	-3.3
蔬菜总产量	万吨	164.0	15.1
肉类总产量	万吨	106.3	-1.2
禽蛋总产量	万吨	42.2	-8.2
牛奶总产量	万吨	7.7	29.8
出栏生猪	万头	471.6	2.6
出栏家禽	亿只	3.0	0.5

全市农业机械总动力1040万千瓦，比2019年增长29%；全市蔬菜耕地面积8.45万公顷，下降0.6%；蔬菜总产值130亿元，增长6.5%。全市有效使用绿色食品标识产品297个，有机食品217个，绿色有机环境监测面积35.29万公顷，绿色有机农业总产值416亿元。

农业支持保护补贴共5.4亿元，玉米、大豆生产者补贴2.9亿元，农机购置补贴6.4亿元。获省农村人居环境整治村级补助资金10435万元，改造农户卫生厕所45122户，获评吉林省美丽乡村31个。

新建续建农产品加工业产加销一体化项目21个，完成投资16.3亿元。省级以上和市级龙头企业数量分别发展到162户和173户。

三、工业　建筑业

全市规模以上工业增加值增长10.4%。规模以上工业总产值增长9.9%。分轻重工业看，轻工业总产值增长3.4%；重工业总产值增长10.5%。分经济类型看，国有企业总产值增长41.1%；集体企业总产值增长4.2%；股份合作企业总产值增长18.9%；股份制企业总产值增长8.3%；外商及港澳台商投资企业总产值增长8.3%；其他经济类型企业总产值下降30.6%。

七大重点行业中，汽车制造业总产值增长13.2%；农副食品加工业总产值下降1.0%；生物与医药工业总产值增长24.2%；光电子信息工业总产值增长1.9%；建材工业总产值增长10.4%；能源工业总产值下降0.6%；装备制造业总产值增长3.4%。产值前30户重点工业企业占规模以上工业的比重75.3%。

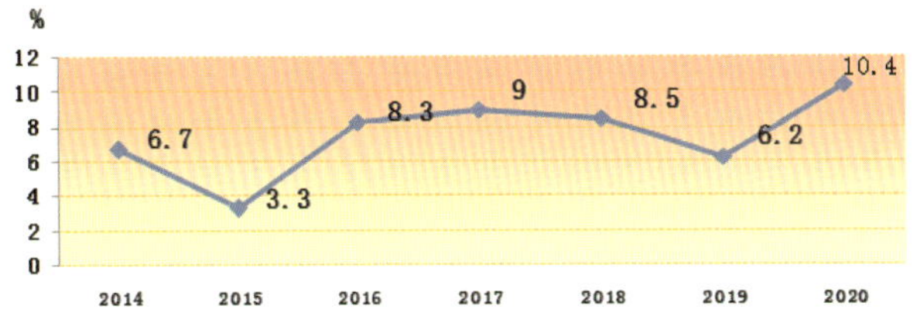

2020年主要工业产品产量

产品	单位	产量	比2019年±%
饮料	万吨	266.7	26.8
精制食用植物油	万吨	31.9	19.8
饮料酒	万千升	1.5	-83.2
白酒（折65度，商品量）	万千升	0.2	-66.4
啤酒	万千升	1.3	-84.5
软饮料	万吨	85.8	-44.9
服装	万件	320.6	-44.6
人造板	万立方米	10.4	11.6
纸制品	万吨	7.5	-26.4
多色印刷品	万对开色令	204.6	-7.4
化学药品原药	吨	3634.0	0.07
中成药	吨	12736.5	4.3
橡胶轮胎外胎	万条	252.7	4.7
塑料制品	万吨	15.2	9.8
水泥	万吨	662.9	27.9
钢材	万吨	9.6	-1.1
发动机	万千瓦	9526.3	27.3
汽车	万辆	265.4	5.6
基本型乘用车（轿车）	万辆	144.0	-7.1
运动型多用途乘用车	万辆	94.2	26.3
客车	辆	962.0	231.7
载货汽车	万辆	22.3	23.7
改装汽车	辆	29.0	16.0
动车组	辆	640.0	2.9
铁路客车	辆	380.0	6.2
城市轨道车辆	辆	3157.0	34.1
变压器	万千伏安	836.8	7.1

全市实现营业收入比2019年增长7.4%；利税总额增长2.3%；盈亏相抵后利润总额下降2.4%。

全市资质以上建筑业完成总产值1287.8亿元，增长7.9%。

四、固定资产投资

全市固定资产投资增长8.8%。其中，房地产开发投资增长12.4%。固定资产交付使用率为24.3%，比2019年下降7.8个百分点。房屋面积竣工率为7.6%，下降4.6个百分点。

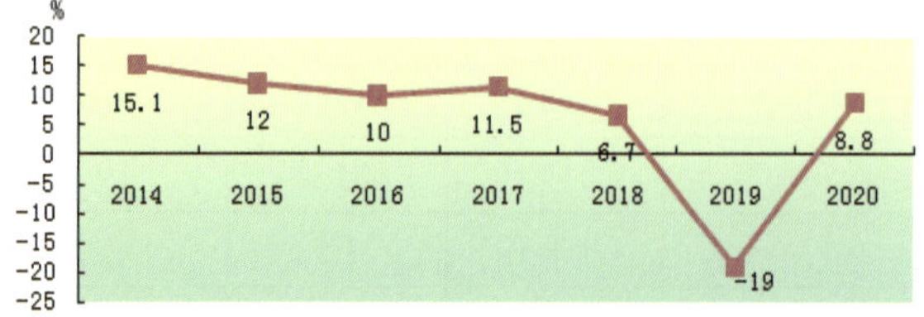

从各产业完成投资情况看，第一产业投资增长26.7%；第二产业投资增长4.0%；第三产业投资增长9.8%。从投资主体看，国有经济投资增长11.6%；非国有经济投资增长6.7%，占固定资产投资比重56.3%。民间投资增长10.2%。全市工业投资增长3.9%。

全市商品房施工面积7979.8万平方米，比2019年增长1.3%。商品房竣工面积602.6万平方米，下降34.8%。商品房销售面积1126.8万平方米，下降19.0%。商品房销售额1001.6亿元，下降16.5%。

全市二手房交易7.1万套，交易面积640.7万平方米，比2019年下降17.5%。其中，住宅交易6.9万套，交易面积570.9万平方米，下降19.4%。

五、国内贸易

全市社会消费品零售总额比上年下降6.5%。分行业看，批发零售贸易业零售额下降5.5%。其中，限额以上批发零售贸易业零售额下降6.3%；限额以下批发零售贸易业零售额下降6.5%；住宿和餐饮业零售额下降13.4%。其中，限额以上住宿餐饮业零售额下降21.1%；限额以下住宿餐饮业零售额下降12.9%。

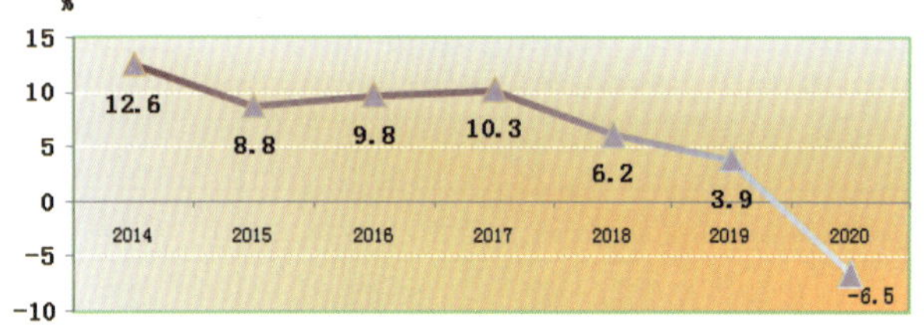

限额以上批发和零售企业汽车类零售额下降3.4%；粮油、食品类零售额下降0.9%；服装鞋帽针纺织品类零售额下降18.2%；金银珠宝类零售额下降33.7%；家用电器和音像器材类零售额增长14.3%；石油及制品零售额下降21.6%。

六、对外经济旅游会展

全市实现进出口总额1027.6亿元，比2019年增长3.0%。其中，进口892.2亿元，增长5.2%；出口135.4亿元，下降9.3%。按出口贸易方式分，一般贸易方式出口88.3亿元，下降6.0%；加工贸易方式出口43.5亿元，增长32.2%。

全年新批外资项目（企业）46个，直接利用外资3.8亿美元。

全年到长旅游人数7238.25万人次，比2019年下降29.54%。其中，接待入境游客14.77万人次，下降64.54%；接待国内旅游者7223.48万人次，下降29.4%。全年旅游总收入1381.52亿元，增长37.4%。旅游外汇收入6865.01万美元，下降69.99%。

全市举办规模以上会展活动66项，展览面积239万平方米，展会实现交易额近180亿元。

七、交通邮电业

全年铁路客运量2031.5万人，下降52.9%，货运量810.5万吨，增长37.3%。

全年公路货物周转量506.9亿吨千米，增长28.3%；旅客周转量为22.9亿人千米，下降40.9%。公路总里程2.8万千米，其中，等级公路2.7万千米，占公路总里程的96.6%；高速公路605.5千米，占公路总里程的2.2%。

全年民航货邮吞吐量8.4万吨，下降5.9%；旅客吞吐量936.1万人，下降32.8%。年末全市民用汽车保有量210.5万辆，增长14.9%。其中，私人汽车保有量187.7万辆，增长14.2%。民用轿车保有量127.5万辆，增长6.1%。其中，私人轿车保有量119.2万辆，增长5.9%。全年完成邮政业务总量53.8亿元，增长26.5%。邮政寄递服务1.1亿件，下降1.6%。其中，邮政函件业务626.8万件，下降12.5%；包裹业务量9.3万件，下降24.6%。快递业务量2.4亿件，增长46.5%，快递服务企业业务收入36.2亿元，增长30.0%。特快专递19万件，下降44%，集邮534万件，下降41.6%，邮政储蓄平均余额4276.1亿元，增长7.2%。

全年完成电信业务总量887.9亿元，增长4.2%。移动电话期末到达户数1427万户，下降1.3 %；互联网接入用户531万户，下降2.7%。

八、金融证券保险

年末全市拥有银行信社类金融机构34家，保险公司28家，证券公司40家，证券分支机构1家，证券营业部20家，上市企业26户。

年末金融机构本外币各项存款余额14230.6亿元，比年初增长12.2%。住户存款余额6943.3亿元，比年初增长16.8%。金融机构本外币各项贷款余额14535.4亿元，比年初增长11%。

金融机构本外币存贷款

单位：亿元

指　标	2020年	比年初±%
各项存款余额	14230.6	12.2
其中，1. 住户存款	6943.3	16.8
2. 非金融企业存款	4572.4	12.3
3. 财政性存款	347.8	45.4
4. 机关团体存款	2052.4	-4.0
各项贷款余额	14535.4	11.0

续表

其中，住户短期贷款	720.4	13.2
中长期贷款	3935.1	8.9

年末股民账户数337.2万户，比2019年增长9.1%。有价证券成交总额19411.0亿元，增长35.3%。其中，股票交易成交额11075.5亿元，增长50.7%；国债成交额7532.2亿元，增长19.2%；基金成交额373.8亿元，下降14.9%。

全市保费收入310.3亿元，比2019年增长6.2%。其中，财产险保费收入101.0亿元，增长1.7%；人身险保费收入209.3亿元，增长8.5%。全年赔付总金额101.9亿元，增长4.8%。其中，财产险赔付金额53.7亿元，下降0.8%；人身险赔付金额48.2亿元，增长11.8%。

九、城建

全市完成道路新建和扩建长度286.8千米，全市道路总面积5184.4万平方米，道路长度5939.9千米。

全市公共水厂日综合生产能力为123万立方米/日，城区使用自来水人数414.8万人。全市天然气供气总量8.26万立方米；液化石油气供气总量达到3.8万吨；城区使用天然气、石油液化气户数达到212万户。城区集中供热面积29797万平方米。全市公园绿地面积5913.6公顷，建成区绿化覆盖面积22864.8公顷，建成区绿化覆盖率达到41.5%。

十、科技质量技术监督教育

全年专利授权量17373件，比2019年增长46.0%。其中，发明专利授权量3472件，增长33.5%。

全年登记的科技成果259项。技术合同成交额451.6亿元。市科技管理部门投入科技经费18.55亿元。全市新认定高新技术企业884户。

全市有法定产品质量检验机构6家，依法设置的计量检定机构9家。全年实施市级产品质量监督抽查1316批次，强制检定计量器具26万台/件。

全市各类教育学校1611所（不含幼儿园，以下同）。其中，普通高校41所，成人高校8所，中等职业学校94所，普通高中73所，初中学校323所，小学1061所，特殊教育学校10所，工读学校1所。

全市各级各类学校当年招生44.1万人。其中，普通本专科生13.6万人，成人本专科生5.7万人，研究生2.4万人，中等职业1.7万人，普通高中5.4万人，初中阶段7.5万人，小学7.8万人，特殊教育0.014万人，工读14人。

全市各级各类学校在校学生154.4万人。其中，普通本专科生48.3万人，成人本专科生9.6万人，研究生7.02万人，中等职业教育4.6万人，普通高中15.0万人，初中23.1万人，小学46.5万人，特殊教育0.14万人，工读35人。

全市各级各类学校在校教职工13.4万人。其中，普通高校4.4万人，成人高校0.14万人，中等职业0.5万人，普通高中1.7万人，普通初中3.3万人，小学3.4万人，特殊教育人0.047万人，工读41人。

全市各级各类学校的专任教师10.3万人。其中，普通高校2.9万人，成人高校0.089万人，中等职业学校0.4万人，普通高中1.1万人，初中2.3万人，小学3.6万人，特殊教育0.047万人，工读31人。

全市举办学前教育机构1216个。其中，独立设置幼儿园893所，附设幼儿班机构323个。当年入园儿童2.7万人，在园儿童12.2万人，全市幼儿园教职工2.1万人，其中，专任教师1.1万人。民办普惠性幼儿园129所，在园幼儿1.8万人。

全市非学历职业技术培训学校（机构）612个，当年注册学生6.3万人，结业生1.95万人，教职工0.3万人，其中专任教师0.23万人。

十一、文化卫生体育

全市有文化（文物）事业机构280家，其中，艺术表演团体9家，艺术表演场馆5家，公共图书馆13家，艺术馆、文化馆13家，文化站193家，文化艺术科研、科技机构1家，文物保护研究机构1家，文物保护管理机构5家，其他文化事业10家，博物馆23家，文化市场管理机构7家。公共图书馆总藏量631万册，其中，少儿图书馆藏量101万册。

全市有各类文化经营场所1083家，其中，互联网上网服务营业场所485家，文化娱乐场所313家，演出场所22家，艺术品经营店263家。市区（含开发区）文化经营场所783家，其中，互联网上网服务营业场所330家，文化娱乐场所180家，演出场所10家，古玩（美术品）经营店263家。

全市有广播电视台7座，节目23套，中波发射台和转播台4座，转播台18座，广播电视人口覆盖率100%。

全市有卫生医疗机构7966个，比2019年增长62%。其中，医院、卫生院377所，增长22.4%。拥有医疗床位6.5万张，增长15.2%。卫生技术人员为8.1万人，增长37.4%。每千人拥有执业医师和执业助理医师3.74人。市辖区建成社区卫生服务中心96家，城区人口覆盖率100%。

全年承办瓦萨国际越野滑雪赛等国际国内大型体育赛事50余项次。开展全民健身活动，完善健身场地设施，改善健身条件，开展各级各类健身活动512余项次，近百万人次参与活动。

全年销售体育彩票13.95亿元，占全省销售比例38.66%。

十二、环境保护安全生产

全市能源消费1910.89万吨标准煤，比2019年增长1.98%。全社会用电量263.2亿千瓦时，增长3.6%。全市万元地区生产总值能耗下降1.52%。万元规模以上工业增加值综合能源消耗下降9.3%。

全年长春市区域环境噪声昼间等效声级平均值55.2分贝，昼间道路交通噪声平均等效声级为69.9分贝。

全年城区空气环境质量优良级天数305天，占总天数的83.3%，其中，优质天数144天，占优良天数47.2%；良级天数

161天，占优良天数52.8%；空气首要污染物细颗粒物$PM_{2.5}$年日均值每立方米42微克，比2019年上升4微克；二氧化硫年日均值每立方米10微克，下降1微克；二氧化氮年日均值每立方米32微克，下降2微克，环境空气质量综合指数4.12，同比减少0.07。

城市饮用水源水质达标率100%。

根据生产安全事故统计信息直报系统事故直报系统报送情况统计，全市发生各类生产安全事故697起、死亡229人；全市亿元GDP死亡率0.0345；工矿企业就业人员10万人死亡率1.011；煤矿百万吨死亡率0.8。

十三、人口人民生活社会保障

年末全市户籍总人口为853.4万人。其中，市区人口446.8万人，四县（市）人口406.6万人。全市人口出生率为6.01‰，死亡率10.53‰，自然增长率-4.50‰。

全市城镇常住居民人均可支配收入40001元，比2019年增长5.7%。农村常住居民人均可支配收入16636元，增长7.6%。

年末全市城镇企业职工基本养老保险参保人数235.2万人，比2019年增长4.5%。其中，在职职工165.5万人，增长5.5%；城镇失业保险参保人数106.4万人，增长1.0%。全年征缴城镇企业职工养老保险基金119.5亿元；征缴失业保险基金4.4亿元。全年为69.7万名离退休人员发放养老金226.6亿元，增长2%；为2万名失业人员发放失业金2亿元。基本医疗保险参保人数834.95万人，参保率达95%以上，其中职工医疗保险192.5万人，城乡居民医疗保险642.5万人。工伤和生育保险参保人数分别达157.1万人和123.2万人。

全市开发就业岗位18.4万个，实现城镇新增就业12.2万人，城镇失业人员再就业2.3万人，就业困难人员实现就业1.2万人。年末全市公益性岗位在岗人数15423人。援助189户零就业家庭实现就业。实现农村劳动力转移就业109.5万人。年末城镇登记失业率3.33%。

全市改造棚户区住宅5911套，回迁安置居民1448户。

年末全市城市居民65640人享受最低生活保障；农村居民109566人享受最低生活保障。累计全年发放城乡低保资金8.21亿元。

全市有各类养老服务机构466家，总床位数46190张。其中，国家办养老机构91家，社会力量投资兴办的养老机构375家。农村社会福利服务中心85所。全年销售社会福利彩票8.66亿元。募集善款3455万元，总支出慈善募捐款4157万元，受助群众5.3万人次。

注：

1. 本公报各项统计数据为初步统计数。
2. 本公报长春市地区生产总值、各产业增加值绝对数按现价计算，增长速度按可比价格计算。
3. 资料来源：本公报中财政数据来自市财政局；价格指数、城乡居民收入数据来自国家统计局长春调查队；农业机械总动力、农产品加工企业产值等数据来自市农业农村局；二手房交易、改造棚户区住宅数据来自市住房保障和房屋管理局；货物进出口总额等数据来自长春海关；实际利用外资和会展业数据来自市商务局；铁路客运量数据来自中国铁路沈阳局集团有限公司；公路货物周转量、旅客周转量数据来自市地方道路运输管理局；民航运输数据来自吉林省民航机场集团公司；民用汽车保有量数据来自省公安厅；邮政业务总量、移动电话期末户数、互联网接入用户数据来自中国邮政集团公司长春市分公司、中国电信股份有限公司吉林分公司、中国移动通信集团吉林有限公司长春分公司、中国联合网络通信集团有限公司长春分公司；货币金融类数据来自中国人民银行长春中心支行；上市公司数据来自证监会吉林监管局；保险业数据来自保监会吉林监管局；道路新建和扩建、道路面积和长度、水厂日综合生产能力、使用自来水人数、天然气、供热面积等数据来自市城乡建设委员会；公园绿地面积、绿化覆盖率等数据来自市林业和园林局；科技成果、技术合同等数据来自市科学技术局；专利申请量、质量检验机构等数据来自市市场监督管理局；教育数据来自市教育局；文化事业机构、艺术表演团体、博物馆、公共图书馆、文化馆、经营场所、广播电台和旅游数据来自市文化广播电视和旅游局；卫生数据来自市卫生健康委员会；体育数据来自市体育局；环境保护数据来自市生态环境局；安全生产数据来自市应急管理局；人口数据来市公安局；企业职工养老保险参保人等数据来自市社会保险局；医疗保险数据来自市医疗保障局；城镇新增就业、登记失业率等数据来自市就业服务局；城乡低保、养老服务机构等数据来自市民政局；其他数据均来自市统计局。

网络媒体看长春

媒体名称	报道标题	发布时间
人民网	长春社区“网格化”密织防线 全面打响防疫“保卫战”	2月5日
	吉林长春：城市复苏 活力恢复	3月20日
	长春“四大板块”打造产业集群 推动全面振兴全方位振兴	3月20日
	“解封”首日看长春	3月21日
	长春市绿园区：“三长”联动创新基层治理显成效	4月27日
	长春莲花山：打造“绿色生态”名片 为美好生活提供更足够的休闲空间	5月26日
	长春市税务局减税降费经验被“点赞”	7月6日
	品牌重塑再入佳境 政企联动打造长春汽车文化IP	7月28日
	稳中求进，推动长春振兴发展——访吉林省委常委，长春市委书记王凯	8月31日
	“幸福东北”网络主题宣传活动在吉林长春启动	9月17日
	“致富鹿”让百姓鼓起口袋富脑袋	9月21日
	坚持人民至上，统筹抓好各项工作，提高建设管理服务特大型城市的能力	10月15日
	长春国家区域创新中心核心区发展战略规划发布	10月16日
	携“都市冰雪”揽各方旅客 2020-2021长春冰雪季新闻发布会在京举行	12月8日
	1月至11月，长春现代化都市圈新签约项目490个	12月23日
	2020年长春市“十佳网络奋斗者”颁奖典礼在长举行	12月23日
	长春莲花山度假区招商推介会暨冰雪产业高峰论坛举办	12月26日
	且以诗意共远方——文旅融合的长春探索	12月26日
澎湃新闻	长春国际汽车城旭阳中法智能产业园项目隆重启动	6月30日
	张志军调研我市人工智能产业发展工作 推动长春数字化智能化建设实现新突破	8月5日
	长春国际影都向世界展开怀抱	9月8日
	千架无人机“飞炫”长春夜空	10月15日
	2020长春（国际）无人机产业博览会：让长春无人机产业“热起来” “飞起来”	10月19日
	打造互联互通发展新格局——长春现代化都市圈交通网建设亮点扫描	10月22日
	王凯在榆树市调研时强调：做好秋收工作，全面冲刺四季度，推动现代农业发展不断实现突破	10月28日
凤凰网	王凯在长春新区调研：放宽视野，迈开步子，当好长春开放发展的“领头雁”	4月19日
	吉林长春：重点建设项目开工复工	5月6日
	372亿！长春国家区域创新中心51个项目签约	5月25日
	第七届中国·公主岭玉米产业博览会综述	8月28日
	农安获评中国“最具投资营商价值县”	9月1日

续表1

媒体名称	报道标题	发布时间
凤凰网	公主岭市1.4万志愿者助农抢收	10月13日
	第五届长春市网友节“乘风破浪”荧光夜跑活动正式启动	10月17日
	榆树市荣获“2020年度中国全面小康百佳示范县市”称号	12月31日
国际在线	长春打造东北振兴增长极	1月17日
	长春首届大型网络招聘会28日举行	2月26日
	长春新区204个开复工项目领衔逆势突围	4月29日
	长春国际汽车城和润汽车工业园开工仪式隆重举行	6月16日
	长春市市长张志军：营造安全稳定环境 决胜全面建成小康社会	7月11日
	张志军慰问驻长部队和优抚对象 共促长春全面振兴全方位振兴	8月1日
	中国一汽与长春携手 万亿级产业集群跑出“长春速度”	8月18日
	公主岭：城乡结合部走出的“网红村”	9月7日
	长春国际影都集中签约项目逾百个	9月8日
	长春国际影都影视产业园：建一流摄影棚群 打造电影全产业链基地	10月26日
	长春市：75.09万户新增市场主体迸发新活力	11月4日
	长春天桥书店无人看管 一个月未丢一本书	11月11日
	长春市开启城市公共交通运输“保暖模式”	11月17日
	长春：“无声”雪雕队 作品“话”心声	12月24日
	推动制造业升级 助力长春打造先进制造业集群	12月28日
中国新闻网	“电影城”长春寻振兴经济新引擎 谋求打造国际影都	1月3日
	建设现代化都市圈 长春打造东北振兴增长极	1月15日
	“工业50强”撑起长春发展之脊	1月22日
	大数据+信息化，助力长春智慧战“疫”	2月14日
	长春：借力数据云端战“疫”	2月19日
	王凯调研指导企业疫情防控及复工复产工作	2月21日
	“汽车城”复工记：调整产能奋起直追	2月29日
	长春将建国家区域创新中心 计划2025年产值突破12000亿	3月19日
	从整车生产到后市场服务 长春打造升级版“汽车城”走向国际	3月19日
	长春汽开区：加快建设长春国际汽车城	4月2日
	长春国际影都：屹立净月 走向世界	4月28日
	恒大地产进驻中韩（长春）国际合作示范区	5月12日
	北药交易中心落户中韩（长春）国际合作示范区	6月30日
	漫步长春网红打卡地 为“名人街区”点赞	7月9日
	15亿元“大块头”项目落位长春新区	7月13日
	吉林国家应用数学中心长春揭牌	8月12日

续表2

媒体名称	报道标题	发布时间
中国新闻网	“冰城”里的坚守——长春交警强雨雪天气“逆行”侧记	11月19日
	34.32亿元撬动长春新区产业转型升级	12月4日
	长春市位列2020年度中国冬游名城top1	12月28日
	长春获评“首批国家文化和旅游消费示范城市”称号	12月30日
中国日报	长春净月高新区口罩生产线9天建成投产	2月20日
	长春“小花”手绘漫画墙成“网红地”	3月16日
	长春市推出新规划，建设国际汽车城、国家区域创新中心、国际影都、中韩（长春）国际合作示范区	3月19日
	春暖花开，吉林长春重返“烟火味”	3月23日
	当净月遇上长春国际影都 看山水之城如何擦亮影视星光	4月2日
	长春推出12条促进应届高校毕业生来（留）长创业就业措施	6月1日
	长春国际汽车城：最强招聘聚一流英才	7月17日
	长春·阿里首届新经济直播月20日启动	8月22日
	“长创长新 共赴未来”，长春中关村创业周末2020活动即将举办	12月11日
新华网	长春：科技“小巨人”企业增加32%	1月10日
	吉林长春：公交实名制让疫情防控可追溯	2月12日
	长春：社区党员志愿者 百姓家门口的防疫服务先锋	2月13日
	蔬菜瓜果供应齐全 白菜还是“白菜价”——走访长春多家超市见闻	2月21日
	用疫情“防控线”守卫企业“生命线”——长春复工企业防控一线见闻	2月21日
	长春市向社会发放1亿元消费券	4月25日
	花车巡游开启长春消夏艺术节	6月19日
	中韩（长春）国际合作示范区揭牌	6月29日
	长春市发布《长春市城市交通发展白皮书》	8月6日
	第十五届中国长春电影节将融入“生态、融合、创新”发展理念	8月7日
	用卫星帮农民种地——长春农博会指智慧农业见闻	8月20日
	吉林长春：政府性融资担保促商场减租稳就业	8月31日
	第十五届长春电影节“金鹿奖”入围名单揭晓	9月4日
	长春电影节：“光明影院”为视障群众“讲”电影	9月11日
	中韩（长春）国际合作示范区医疗器械产业园进入主体结构施工	11月11日
	与众不同才是王道！夜幕下的“冰雪梦境”	12月24日
	冬天出诊的“树医生”：为古树名木“接骨”	12月26日
	红旗品牌汽车年度产销突破20万辆 创历史新高	12月26日
	数字赋能再增效 一汽-大众年产整车突破207万辆	12月30日
	长春举行招商推介会吸引500强企业目光	12月28日
	第七届全国大众冰雪季在长春启动	12月30日

续表3

媒体名称	报道标题	发布时间
中国吉林网	长春将建长春国际影都 计划2025年产值超2000亿	3月19日
	长春国际汽车城新能源汽车产业园项目开工	8月20日
	长春：雪场推出夜滑项目	12月3日
央视网	吉林长春：郁金香绽放迎客	5月11日
	加持多项"黑科技"减重近10吨"冰城"2号线一期首列车长春下线	6月30日
	"红旗杯"首届全国机械行业班组长管理技能大赛在长春举行	7月31日
	长春房产开发建设全过程监管，签订买卖合同后交房不得超两年	8月21日
	新时代、新摇篮、新力量 第十五届中国长春电影节启动	9月6日
	【第十五届中国长春电影节】从摇篮到孵化器，"电影城"再度"长春"	9月8日
	长春发布影视产业新政 吸引人才就业创业	9月10日
	"幸福东北"网络主题宣传活动在吉林长春启动	9月17日
	吉林长春："松科三井"开钻 深入中白垩地层取心	9月25日
央视网	2020长春（国际）无人机产业博览会开幕 新型产品亮点多	10月18日
	第六届中国制造业上市公司价值500强论坛在长春召开	12月28日
光明网	长春：夜经济复苏	6月2日
	长春全民健身按下"双线启动键"	6月18日
	中国首家智慧博物馆联合实验室在长春揭牌	9月21日
	长春：创新社区治理打造"15分钟便民服务圈"	11月11日
	中国首条磁浮旅游专线首列车在长春下线	12月26日
央广网	2020第十七届中国（长春）国际汽车博览会今天开幕	7月10日
	长春市多措并举促"保就业""聚人才"双赢	7月14日
	第十七届长春汽博会闭幕 累计交易额103亿元	7月20日
	当下，长春市的新经济之路	9月11日
	吉林长春马鞍山村：泥土村变远近闻名旅游村	12月10日
	长春亮"家底"促进长台两地经贸合作精准对接	12月15日
	历时百天 200余项冰雪活动 第二十四届长春冰雪节精彩绽放	12月22日
	第五届中国长春国际冰雪雕塑作品邀请展揭幕	12月23日
	2020冰雪经济高质量发展论坛在长春举行 我国首个冰雪经济智库研究报告出炉	12月28日
今日头条	"万人助万企"集中服务专项行动助力企业健康发展	4月15日
	长春12个环保专项行动守护蓝天碧水	6月28日
	"让长春的冬天更温暖"——长春市开展向环卫工人送温暖活动	12月6日

领导干部名录

中共长春市委员会

书　　记　王　凯
副 书 记　刘　忻（4月免）　张志军（6月免）　徐　晗
常　　委　赵　明　王　路（12月免）　王长久　刘德生
孙继光（9月任）　高玉龙（3月任）　马延峰
李忠斌　华　义（11月免）　邵　利
宋葛龙（6月任）　曹　力（11月任）
秘 书 长　高玉龙（3月任、6月免）　王长久（9月任）
副秘书长　鲍文明　于迅来（兼）　李树国（兼，6月任）

办公厅
主　　任　于迅来
副 主 任　王文洲　王小明　徐　宁
纪检监察组组长　张英杰

组织部
部　　长　邵　利
副 部 长　姜保忠　孟宪新　雷　萦　宫立武　时万忠
驻市委组织部纪检组组长　韩　军（9月免）
张所俊（9月任）

宣传部
市委常委、宣传部长　赵　明
常务副部长　姜元生
副 部 长　宋学兵　姚　丽（9月免）
刘　玢（12月任）
市纪委驻宣传部纪检组长　杨树峰

统战部
部　　长　刘德生
常务副部长　薛文革（2月任）
副 部 长　任宏雷（兼，2月任）　许　红
李晓彤（4月任）

政法委员会
书　　记　马延锋
常务副书记　刘际阳（11月免）　姜晓东（12月任）
副 书 记　姜晓东（12月免）　张新甦
姚　健（12月任）
政治部主任　姚　建（12月免）　张亚亮（12月任）
纪检监察组组长　赵英军

市委、市政府政策研究室
主　　任　李卫国
副 主 任　杨松望　周　毅（5月免）　张　智
李　立（8月任）
产业发展研究院院长　吕　凝（6月免）

市委网信办（市互联网信息办）
主　　任　刘　颖
副 主 任　陈　刚　吴　镐

长春市网络安全应急指挥保障中心
主　　任　刘险峰

机构编制委员会办公室
主　　任　孟凡友
副 主 任　杨敬东　孙　杨　孙忠东

中共长春市直属机关工作委员会
书　　记　王长久
常务副书记　张佐斌
副 书 记　宋大勇
纪检监察工委书记　苗　芃（11月免）　姜兰兰（12月任）

市委、市政府信访局
局　　长　李树国
副 局 长　李伟强（12月免）　赵　军　张羽扬
赵万刚（12月任）
党组书记　李树国

市委老干部局
局　　长　宫立武
副 局 长　魏立斌（9月免）　王伟东（6月任）

长春市直属机关老干部管理服务中心（长春市企业离休干部管理服务中心）
主　　任　孙盛锋
长春老年大学
教 务 长　李亚波
市委保密委员会办公室（长春市国家保密局）
专职副主任　刘　徽
主　　任　李新功
市委党校（行政学院）
常务副校（院）长　（12月免）　丁　佳　（12月任）
副校（院）长　田长海（3月免）　高巨云　李佰军
吕　莉　姜振刚（8月任）
郝　峰（9月任）
市党史研究室
主　　任　周承铭
副 主 任　魏跃军
市档案馆
馆　　长　张鸣雨
副 馆 长　赵　欣（8月任）　刁艳梅　韩　东
刘卓然（12月任）
长春日报社
社　　长　孙成军（9月免）　姜元生（兼，9月任）
总 编 辑　丁　宁
副 社 长　温祝明　王大宏
副总编辑　钱德元　李　波
长春出版社
社　　长　郑晓辉
副 社 长　庄宝仁　李春芳
长春社科联
主　　席　尚洪波
副 主 席　李恩泽　段宝民
党组书记　尚洪波

中国共产主义青年团长春市委员会
书　　记　丁　佳（12月免）　靳　明（12月任）
副 书 记　杨金玉　徐志成（8月任）

长春市人民代表大会常务委员会

主　　任　钱万成
副 主 任　王明德　甘　琳　祝永安　史长友（10月免）
秘 书 长　李成员
副秘书长　赵　蕾　谭景坤（6月任）　孙雁力（10月免）
办公厅
主　　任　武　凌（2月任）
副 主 任　吴志刚　孙　宏（8月任）
赵笠村（8月免）
机关党组
书　　记　李成员
机关党委
书　　记　李成员（兼）
副 书 记　周国俊
研究室
主　　任　刘　畅（8月任）　李　欣（6月免）
副 主 任　贾冬梅（4月任）
法制委员会（法制工作委员会）
主任委员　乔大勇
副主任委员　兰德旭
法工委主任　乔大勇
副 主 任　兰德旭
财政经济委员会（预算工作委员会）
主任委员　刘　君
副主任委员　吴　刚
预工委主任　刘　君
副 主 任　陈丹琦（4月任）　栾晓虹（4月免）
监察和司法委员会
主任委员　隋光伟
副主任委员　张吉氚
农村与农业委员会
主任委员　鞠国彬
副主任委员　关立辉（4月免）
城乡建设环境保护委员会
主任委员　王晓东
副主任委员　胡　伟
教育科学文化卫生委员会
主任委员　宫国英
副主任委员　孙成军（9月任）　刘　畅（9月免）
民族侨务外事委员会
主任委员　栾晓虹（6月任）　李学军（4月免）
副主任委员　孙振海（8月任）　陈丹琦（4月免）
人事代表选举委员会
主任委员　崔洪泉
副主任委员　张疆东（10月任）
社会建设委员会
主任委员　明　翔

长春市人民政府

市　　长　刘　忻（4月免）　张志军（5月任代市长）
副 市 长　王　路　贾丽娜　贾晓东　周　贺　吕　锋
王海英　宋葛龙（6月任）

秘 书 长　赵　显

副秘书长　卢福建（4月免）　陈桂林　逄吉春
刘任远（12月任）　王希田（12月任）
郑广慧　周继峰　赵首沣　孙立彬（4月任）
李　燃（12月任）

办公厅

主　　任　张海治

副 主 任　周俊峰　王　飞　高清燕　卢春野
孙立彬（4月免）

党组书记　赵　显

党组副书记　张海治

纪检监察组组长　刘大革

市政府参事室

主　　任　张海治

地方志编委会

主　　任

副 主 任　战国立　丁丽君　李　锐（8月任）

党组书记　战国立

发展和改革委员会

主　　任　王　吉

副 主 任　李国恒　邹　娜（9月免）　王　雷　付　军
刘百军　常忠诚（9月任）
曲官东（9月任）

教育局

局　　长　黄宪昱

副 局 长　杜　影　单联成　董　妍　吕德辉（6月任）

党组书记　黄宪昱

纪检组长　侯俊杰

市政府教育督导室专职督学　李大伟

科学技术局（外国专家局）

局　　长　梁国超

副 局 长　张加才

党组书记　梁国超

外国专家局局长　杨喜春（至8月）　张永超（8月任）

工业和信息化局（中小企业发展局）

局　　长　李维彬

副 局 长　魏长平（7月免，退休）　杨连仲
鲁晓光　（7月免）　勾兴涛　任广翔
姜　宇（9月任）　胡春志（8月挂职）

党组书记　李维彬

中小企业局局长　杨连仲

长春市手工业合作联社主任　马　利（9月任）

长春市手工业合作联社副主任　谢华庚

民族事务委员会（宗教事务局）

主任（局长）　韩忠宝

副主任（副局长）　吴　忠　李　梅

党组书记　韩忠宝

公安局

局　　长　吕　锋

副 局 长　姜宏亮（10月免）　张兴桥（11月任）
张玉龙（6月免）　刘省伦（9月免）
杜　煜　鞠好斌　马　达（8月任）
张力游（12月任）

政治部主任　王俊飞

党委书记　吕　锋

纪检监察组组长　赵旭明

民政局

局　　长　张兴桥（11月免）　周玉国（12月任）

副 局 长　周玉国（12月免）　李　刚　冉　明

党组书记　张兴桥（11月免）　周玉国（12月任）

司法局

局　　长　梁向东

副 局 长　王承伟　孙志彤　王云飞（6月任）
孙贵志（3月免）　李小华（6月免）

政治部警务部主任　鲍龙乡

财政局

局　　长　王慧力

副 局 长　刘显军　姜兴春　刘向国（6月免）
张嵛翔（3月免）　丁雅新（4月任）
王宏来（6月任）

党组书记　王慧力

纪检监察组组长　李向阳（4月免）　王　立（4月任）

人力资源和社会保障局

局　　长　孟宪新

副 局 长　曲玉业　魏　东　张咏刚

党组书记　孟宪新

规划和自然资源局

局　　长　杨少清

副 局 长　林　巍（3月免）　王丽光　陈定贵（11月免）
卢　威

自然资源督察　焦　琳

规划编研中心主任　栾立欣

土地储备中心主任　田　冰

驻规自局纪检组组长　石　伟

生态环境局

局　　长　李　健（3月任）

副 局 长　赵占春　杜德横　王占龙
孟令顺（11月任）

党组书记　李　健（3月任）

生态环境保护综合行政执法支队支队长　张金权（10月任）

城乡建设委员会

主　　任　李　健（3月免）　林　巍（3月任）

副 主 任　任晓强　李长城　董　军　李铁生

党组书记　李　健（3月免）　林　巍（3月任）

市政设施维护管理中心主任　尹中峰
市政府投资建设项目管理中心主任　马　俊
房屋征收经办中心主任　杜大海
驻建委纪检组组长

住房保障和房屋管理局
局　　长　李晓曼
副 局 长　高雪峰　赵洪利　崔　巍
党组书记　李晓曼

城市管理局（城市管理行政执法局）
局　　长　王世忠
副 局 长　任建军　周建波　张鑫彧
党组书记　王世忠

交通局
局　　长　张意海
副 局 长　高仲明　陈亦鸣　周洪亮
党组书记　张意海
交通运输综合行政执法支队支队长　李一鸣

水务局
局　　长　吕　鑫
副 局 长　王喜成　于洪波（12月任）
白松巍（9月任）　田志坤（12月免）
邴海英（3月免）
党组书记　吕　鑫
伊通河管理委员会主任　王成田（3月任）
石头口门水库管理中心主任　刘　江
新立城水库管理中心主任　于洪波（12月免）

农业农村局
局　　长　谭景坤（6月免）　李　欣（6月任）
副 局 长　孙晓晖　史凌冬　孔令波　孔　翔
党组书记　谭景坤（6月免）　李　欣（6月任）
驻农业农村局纪检组组长　王铁华
农业综合行政执法支队支队长　刘振库（9月任）

畜牧业管理局
局　　长　宋荫卓
副 局 长　富志坚（12月免）　迟义昌（5月免）
王殿奇
党组书记　宋荫卓

商务局（口岸办公室）
局　　长　曲春丽
副 局 长　侯　伟(12月任)　李　军　蔡德军(6月任)
口岸办主任
党组书记　曲春丽

市人民政府合作交流办
主　　任　任宏禹（2月免）　孙　宁（2月任）
副 主 任　姜　波　王　涛（12月任）
党组书记　任宏禹（2月免）　孙　宁（2月任）

文化广播电视和旅游局（文物局）
局　　长　曲　笑
副 局 长　陈大伟（3月免）　袁继业　秦　岩（3月免）
张占铎　王　立（4月免）　杨青宇　郑国君
党组书记　曲　笑
文物局局长　郑国君

卫生健康委员会（中医药管理局）
主　　任　马　平（12月免）　高玉堂（12月任）
副 主 任　温贵君(9月免）　陈亚斌　高玉堂(12月免）
姜洪波（8月任）
党组书记　马　平（12月免）　高玉堂（12月任）
纪检监察组组长　高　飞（7月任）

退役军人事务局
局　　长　王　伟（4月任）
副 局 长　孙晓伟　曲春蕾

应急管理局（煤矿安全生产监督管理局）
局　　长　易贵平（12月免）　孙立彬（12月任）
副 局 长　刘胜军　郭义波　孙海文　由明言
党组书记　易贵平（12月免）　孙立彬（12月任）
纪检监察组组长　王桂范（9月免）

地震局
局　　长　陈　锋
副 局 长　孙迎伟

审计局
局　　长　李志刚
副 局 长　赵力彦（3月免）　李贵军　孙忠林　于明军
总审计师　常志德
党组书记　李志刚

外事办公室（港澳事务办公室）
主　　任　齐国华（4月免）　薛春志（4月任）
副 主 任　段华旭　欧　硕
党组书记　齐国华（4月免）　薛春志（4月任）

市场监督管理局（知识产权局）
局　　长　宋　驰
副 局 长　孔令起（3月免）　姜　辉（3月免）
孙合民　潘　锋　于　艇　郭云峰（8月任）
党组书记　宋　驰
纪检监察组组长　鞠洐东

国有资产监督管理委员会
主　　任　黄永超（6月免）　蒋旭桐（6月任）
副 主 任　欧阳丽宇　辛淑兰　党晓群
党委书记　黄永超（6月免）　蒋旭桐（6月任）

体育局
局　　长　刘海玉（4月免）　张政明（4月任）
副 局 长　温良杰（4月任）　李晓杰（4月任）
李志坚（4月免）
党组书记　张政明

医疗保障局

局　　长　张宝山（6月免）　周继峰（9月任）
副 局 长　刘　佳　徐庆丰
党组书记　张宝山（6月免）　周继峰（8月任）

社会医疗保险管理局

局　　长　林鹏飞
副 局 长　刘振龙　王大立（11月免）　刘福友
　　　　　肖伟民　吴长春
党组书记　林鹏飞
党组副书记　刘振龙

机关事务管理局

局　　长　许晓东
副 局 长　王德中　杨皎洁　李　辉
党组书记　许晓东

粮食和物资储备局

局　　长　王首先
副 局 长　李北牧　王丽娜
党组书记　王首先

人防办公室

主　　任　黄德军
副 主 任　张文华（11月免）　袁家春（3月免）
　　　　　杨润涛（4月任）
党组书记　黄德军

金融工作办

主　　任　李晓玲
副 主 任　刘向国（6月任）　崔洪祥（6月免）
　　　　　李　刚　王东亮
党组书记　李晓玲

政务服务和数字化建设管理局（营商环境建设局）

局　　长　刘任远（12月免）　许　军（12月任）
副 局 长　杜　勇　梁占武　丁慧东
　　　　　姜兰兰（12月免）　刘晓茹（12月任）
党组书记　刘任远（12月免）　许　军（12月任）

扶贫开发办公室（民生工作办公室）

主　　任　王万成
副 主 任　杨　萍　李文成
党组书记　王万成

林业和园林局

局　　长　刘　宏
副 局 长　张艳秋　林崇学（3月免）
　　　　　杨士平（3月免）　孙欣雨（7月免，退休）
　　　　　王向阳　黄宇松
党组书记　刘　宏

市人民政府驻北京办事处

主　　任　卢天恒
副 主 任　田　耕　李　燃（12月免）
　　　　　温俊杰（12月任）
党组书记　卢天恒

供销合作社联合社

主　　任　刘金岩
监事会主任　鞠　峻
副 主 任　肖建伟　孙中亮
党组书记　刘金岩

中国国际贸易促进委员会长春市委员会

会　　长　徐怀武
副 会 长　王金玉（8月免）　温淞文　刘奕麟

长春广播电视台

台　　长　张万兴
副 台 长　李灿明　刘　玢（12月免）
　　　　　谢　群（9月任）　梁　慧（9月任）
党组书记　张万兴

统计局

局　　长　王希田
副 局 长　谭　英　李雪峰　宋福来（8月任）
党组书记　王希田
纪检组长　李文发

税务局

局　　长　范扎根（11月免）　吕　徽（11月任）
副 局 长　张立中（11月免）　李晓黎　张生伟
　　　　　郭柏仁　翟志坚　蒋　倩（11月任）
党组书记　范扎根（11月免）　吕　徽（11月任）
党组副书记　张立中（11月免）
纪检组组长　秦　萍
总会计师　李贵才
总审计师　韩　旭

邮政管理局

局　　长　辛大伟

气象局

局　　长　叶　青
副 局 长　杨志东　白　晶
纪检组长　武　良

国家安全局

局　　长　曲庆江

长春新区

主　　任　张宝琦（3月免）　华景斌（9月任）
副 主 任　华景斌（3月任）　周衍广　韩明月　解　兵
　　　　　宋　刚（12月任）
党工委书记　李忠斌
党工委副书记　张宝琦（3月免）　华景斌（3月任）
　　　　　唐继东
党工委委员　周衍广　韩明月
纪工委书记　薛风雷
北湖开发区党委书记、主任　于柏生
空港开发区党委书记、主任　张少军

高新技术产业开发区管理委员会

主　　任　华景斌（9月免）　薛春龙（9月任）

副 主 任　韩守庆（8月免）　薛春龙（9月免）
　　　　　周衍广（12月任）　石　威　夏明君
　　　　　韩明月（12月任）　谭　丹（9月任）
　　　　　宋　刚（12月任）

党工委书记　华景斌（9月免）　薛春龙（9月任）

党工委委员　韩守庆（8月免）　薛春龙（9月免）
　　　　　　周衍广（12月任）　石　威　夏明君
　　　　　　韩明月（12月任）　谭　丹（9月任）
　　　　　　宋　刚（12月任）

中韩（长春）国际合作示范区管理委员会

主　　任

副 主 任　李　蕊（7月任）　王柏松（7月任）
　　　　　张忠诚（8月任）　褚双龙（12月任）

党工委书记　高玉龙（6月任）

党工委副书记　李子臣（7月任）

纪工委书记　麻守军（12月任）

经济技术开发区管理委员会

主　　任　何泉秀

副 主 任　王大鹏　丁万钧（月免）　王　彪
　　　　　宋开春（4月免）　张运广　陈艳鹏

党工委书记　何泉秀

党工委副书记　宋开春（4月任）

纪工委书记　张巧珑

党工委委员　王大鹏　张巧珑　王　彪
　　　　　　宋开春（4月免）　张运广　陈艳鹏

长春兴隆综合保税区管委会

主　　任　何泉秀

副 主 任　邹　娜（8月任）　曹　臣　于海军

党工委书记　邹　娜（8月任）

党工委委员　曹　臣　于海军

汽车产业开发区管理委员会

主　　任　程　宇

副 主 任　蒋旭桐（6月免）　丁文涛（7月免，退休）
　　　　　郑柏迎（9月任）　陈定贵（11月任）
　　　　　孙弘颜（11月免）　杨铁夫（12月免）
　　　　　赵德双（12月任）

党工委书记　王海英

党工委副书记　程　宇　张世杰

纪工委书记　温小斌

净月高新技术产业开发区管理委员会

主　　任　曲国辉

副 主 任　赵心锐（6月免）　张金超　朱光明
　　　　　张德祥（月免）　李晓辉　吕　东（9月任）

党工委书记　王　路

党工委副书记　曲国辉　孙洪健

纪工委书记　吴海涛

莲花山生态旅游度假区管理委员会

主　　任　邵大明（9月免）　朱光明（9月任）

副 主 任　冯国刚　刘国涛

纪工委书记　庞敬波

中国人民政治协商会议长春市委员会

主　　席　綦远方

副 主 席　孙丰月　张红星　侯治富　李维斗
　　　　　孙英利　张宝琦　郝肖峰

秘 书 长　蔡延斌

副秘书长　黄　强　高丽筠

办公厅

主　　任　邴晓君

副 主 任　马　达（12月免）　赵笠村（8月免）
　　　　　马振江（6月免）　严宝锋（6月任）

机关党委

书　　记　蔡延斌（兼）

副 书 记　陈　然

研究室

主　　任　张鸿飞

提案委员会

主　　任　郑秀梅

副 主 任（按姓氏笔画排序）
　　　　　王凌皓　边　铁　刘明隽（驻会）　李卫国
　　　　　李洪军　吴恺夫　宋学兵　陈敏雄　周俊峰

经济委员会

主　　任　吕冬雷

副 主 任（按姓氏笔画排序）
　　　　　代桂霞　刘　柏　孙洪波　杜　娟
　　　　　李国栋　戴清春（驻会）

人口资源环境委员会

主　　任　许文才

副 主 任（按姓氏笔画排序）
　　　　　方　飞　白　莉　叶蓬欣（驻会,9月免）
　　　　　李　娜　张朝君　仵彦智（驻会，9月任）

教科卫体委员会

主　　任　杨启新（12月免）　马　达（12月任）

副 主 任（按姓氏笔画排序）
　　　　　王明锐（驻会）　朱　东　刘林林　李忠军
　　　　　汪鹏辉　张瑞林　金海峰　郭敬萍

社会和法制委员会

主　　任　杨盛林

副 主 任（按姓氏笔画排序）
马　海（驻会）　朱　琪　刘任远　孙　捷
孙学致　周玉国　姜宏亮　梁向东

民族和宗教委员会
主　　任　刘玉铧
副 主 任（按姓氏笔画排序）
王洪亮　许　红　谷万一　韩　涛

港澳台侨和外事委员会
主　　任　张东威
副 主 任（按姓氏笔画排序）
邓婉玲　佘清云　张亚萍　张越杰　胡　明

文化文史和学习委员会
主　　任　崔永泉（11月免）　杨启新（12月任）
副 主 任（按姓氏笔画排序）
李公君　张　颖（驻会）　张少军　张庭赫
郑晓辉　赵继敏

农业和农村委员会
主　　任　常　新
副 主 任（按姓氏笔画排序）
毛彦军　张利彪　张海悦
马振江（驻会，6月任，12月免）

中国共产党长春市纪律检查委员会、长春市监察委员会

书　　记（主任）　王长久
副 书 记（副主任）　胡书君　王冬梅　郑玉辉
常　　委　吕　晴　裴庆镇　薛风雷（4月免）
李忆农（2月任）　孙晓峰
市监委委员　李忆农　李　彬　卢　健（2月任）
秘书长
办公厅（老干部处）主任
组织部部长　刘　伟
宣传部部长　孙　爽
研究室主任　余　鹏
法规室主任　卢长林
党风政风监督室主任　麻守军
信访室主任
案件监督管理室主任　张玉民
第一监督检查室主任
第二监督检查室主任
第三监督检查室主任　单淑娟
第四监督检查室主任　康　康
第五监督检查室主任
第六监督检查室主任　李　勇
第七监督检查室主任　李　勇
第八审查调查室主任
第九审查调查室主任　荣文龙
第十审查调查室主任
第十一审查调查室主任　杨树河
第十二审查调查室主任　李春艳
第十三审查调查室主任　王子祺
第十四审查调查室主任　张　超（4月任）
案件审理室主任　王自力
纪检监察干部监督室主任　孟令伟（6月任）
信息技术管理室主任

市委巡察工作办公室
主　　任　付印红（12月免）　徐伟民（12月任）
副 主 任　张　强　高继先

市委第一巡察组
组　　长　王大军
副 组 长　杨方志

市委第二巡察组
组　　长　吕　晴（6月任）
副 组 长　李冬梅

市委第三巡察组
组　　长　裴庆镇（12月任）
副 组 长　郭晓光

市委第四巡察组
组　　长　苏　荆（6月任）
副 组 长　贺　勇

民主党派

中国国民党革命委员会长春市委员
主任委员　杜　剑
副主任委员　王庆军（驻会）

中国民主同盟长春市委员会
主任委员　孙丰月
副主任委员　穆金辉（驻会）　李德山　欧阳继红
图力古尔　冯银江　董　龙（6月免）
孙晓春
秘 书 长　李娟娟

中国民主建国会长春市委员会
主任委员　贾晓东
副主任委员　肖辉山（专职）　胡　伟（兼）
孙忠林（兼）　陈桂芬（兼）
布　和（兼）　任喜荣（兼）
秘 书 长　关连康（4月任）

中国民主促进长春市委员会
主任委员　禹　平
副主任委员　王　寅（驻会）　景喜猷　王启万　林　冲

花秋玲　张晶莹
秘 书 长　黄金和

中国农工民主党长春市委员会
主任委员　刘林林
副主任委员　张继良（驻会）　张金权　阴春霞
王洪亮　李光哲　张文凤
秘 书 长　赵丽娟（10月任）

九三学社长春市委员会
主任委员　张红星
副主任委员　李（铭（驻会）　冷向阳　高玉秋
绫　颜　刘冰冰(4月任）　田元生(4月任）
秘 书 长　顾红艳

市工商业联合会
主　　席　李吉宝（兼）
副 主 席　任宏雷（2月任）　高　岩　任世熙　赵　伟
党组书记　任宏雷（2月任）

人民团体

市总工会
党组书记　甘　琳
党组成员　朱　琪　崔维国　李忠武（8月任）　苑德艳
主　　席　甘　琳
常务副主席　朱　琪
副 主 席　崔维国　李忠武
经审会主任　苑德艳
副主席（兼职）　孙晓伟　李凯军　谢元立　陆志东

中国共产主义青年团长春市委员会
书　　记　丁　佳（12月免）　靳　明（12月任）
副 书 记　杨金玉（11月任）　徐志成（8月任）

市妇女联合会
主　　席　王继荣
副 主 席　李　立　王立春
党组书记　王继荣

市科学技术协会
主　　席　孙彦鹏
副 主 席　蔡卓研　刘成斌（至8月）

市文学艺术界联合会
主　　席　孙德伟（4月任）
副 主 席　孙德伟（4月免）　何世华（9月任）
党组书记　孙德伟（4月任）

市残疾人联合会
理 事 长　尹晓民
副理事长　张英君　李艳琴
党组书记　尹晓民

市红十字会
副 会 长　张胜利

市社会科学界联合会
主　　席　尚洪波
副 主 席　李恩泽　段宝民
党组书记　尚洪波

吉林长春社区干部学院
院　　长　邵　利
副 院 长　周勉征　刘占辉　常茳

市归国华侨联合会
主　　席　张越杰　（兼）
副 主 席　臧建平（专职驻会）
于洪升（兼）　陈　密（兼）
马晓燕（兼）　朱丽伟（兼）
冷雪洁（兼）　王　滨（兼）
王　昆（兼）　程　彧（兼）
秘 书 长　刘嘉云（3月任）

市台湾同胞联合会
会　　长　孔令智
副 会 长　李松清（驻会，6月任）　徐正考　路景权
胡　明　吴晓东　李思维　郭敬萍
陈明强　张　伟　张玉军　刘晓娟
修　远
秘 书 长　徐　昕

法　治

中级人民法院
院　　长　程凤义
副 院 长　肖德馗　李相范　尹彦久　王国睿（9月任）
郭桂玲　侯海霞
党组书记　程凤义
党组副书记　肖德馗
纪检监察组组长　岂振铃（3月免）　荣文龙（6月任）
政治部主任　王国睿（9月免）　陈传伟（9月任）
执行局局长　李立娟
审判委员专职委员　徐相国（6月任）　刘春梅（8月任）
沙明昕　李　芳（2月免）
于溟辉（8月免）

人民检察院
检 察 长　盛美军
副检察长　陈长清　高树林　刘志民　焦成千
张颖彧（12月任）
党组书记　盛美军
党组副书记　陈长清
纪检监察组组长　刘彦伟（3月离世）　王子祺（6月任）

政治部主任　刘景泽
检察委员会专职委员　刘巾挥（3月任）　王　睿
许　梅（4月任）

双重领导局级单位

烟草局
局长、经理　车大光
副 经 理　陈　红　曲景民
副 局 长　徐钟声
党组书记　车大光
纪检组长　梁长红
国家电网长春供电公司
总 经 理　李国辉
副总经理　沈延武　王书春　刘洪涛　王珏昕　杨　君
党委书记　沈延武
党委副书记　李国辉
纪检委书记　王艳春
工会主席　王艳春
总会计师　王德春
中国邮政集团公司长春分公司
总 经 理　刘满堂
副总经理　李宏伟　李远飞　李警德
党委书记　刘满堂
中国联合网络通信有限公司长春市分公司
总 经 理　孙剑飞（12月免）　崔秀臣（12月任）
副总经理　孙永德　郭　超（12月任）　金哲岩
魏　克　高子平（12月免）　董建新（12月任）
赵　军
党委书记　孙剑飞（12月免）　崔秀臣（12月任）
中国移动通信集团吉林有限公司长春分公司
总 经 理　战佩良
副总经理　王春亭　姚天秋　王秀成　王　晨
党委书记　战佩良

区县（市）

【朝阳区】
中共朝阳区委
书　　记　徐连东
副 书 记　武　凌（2月免）　林　松（2月任）
薛春生（8月任）
区委常委　谭景凤　焦　琊　王本飚　石作选
李晓彤（4月免）　王　健（9月任）
张嵛翔（3月任）　刘　通（9月任）
马　里（11月免）　张蒙疆（11月任）
区人大常委会
主　　任　丛中梅
副 主 任　韩希光　宋春生　石新民
蔡晓民　范云波（12月任）
区人民政府
区　　长　武　凌（1月免）　林　松（1月任）
副 区 长　林　松（6月免）　张嵛翔（3月任）
谭景凤　张　笃　刘洪伟
谭大为（8月免）　曲宝泽
丁岩峰（9月任）
区政协
主　　席　庞国忠
副 主 席　张文彬　于鸿哲　高业铭
区纪律检查委员会
书　　记　薛春生（8月免）　王　健（9月任）
区监察委员会
书　　记　薛春生（8月免）　王　健（9月任）
区法院
院　　长　刘春梅（8月免）　于溟辉（8月任）
区检察院
检 察 长　郭立庆
【南关区】
中共南关区委
书　　记　谢志敏
副 书 记　杨大勇　方述华（2月免）
刘　铭（6月任）
常　　委　陈德智　陈云峰　周　鹤　鲁晓光（6月任）
王晓雨（3月任）　朱　峻　曲跃文
王景祥
区人大常委会
主　　任　鲁　月
副 主 任　李玉林（5月免）　赵洪田　张学玉　武良义
区人民政府
区　　长　杨大勇
副 区 长　鲁晓光（6月任）　周　鹤（7月任）
董志宇　张　晶　王维学　梁文成
区政协
主　　席　公　平
副 主 席　孙　义　刘润滨　王　辉
区纪律检查委员会
书　　记　朱　峻
南部都市经济开发区管委会
主　　任　赵明瑞
副 主 任　安利全　朱国春　娄全海（4月任）　李　鑫
区法院
院　　长　孙青山

区检察院

检 察 长　张颖彧（12月免）　杨玉武（12月任）

【宽城区】

中共宽城区委

书　　记　李炜姝（3月任）

副 书 记　赵心锐（6月任）　苏　荆（6月免）
刘　宏（6月任）

常　　委　靳　明（12月免）　赵庆利（8月免）
王　华　郭中凡（9月任）　崔东亮
李　里（10月任）　朱德美（9月任）
崔　博　李铜强

区人大常委会

主　　任　殷淑琴

副 主 任　田　武　张　捷（11月免）　韩明仁
黄淑梅　孙长奇（12月任）

区人民政府

区　　长　李炜姝（6月免）　赵心锐（6月任）

副 区 长　刘　宏（6月免）　靳　明（12月免）
郭中凡　孙晓冬　朱德美（9月免）
赵力群（4月任）　齐瑞臣（12月任）
张国臣（3月免）

区政协

主　　席　徐忠有

副 主 席　战晓光　方　明　白　彬

区纪律检查委员会

书　　记　崔　博

区监察委员会

主　　任　崔　博

区人民法院

院　　长　王博杰

区人民检察院

检 察 长　卢　炬（12月免）　周显光（12月任）

长春宽城经济开发区

主　　任　马　利（8月免）　赵庆利（8月任）

副 主 任　赵海英　杜　志　尹方明

【二道区】

中共二道区委

书　　记　吴相道

副 书 记　陈铁志　许　迪

常　　委　刘　嫱　刘绍峰　秦锡春　魏东岩　张玉和
林继东　卢　健（3月免）
朱　艳　杨旭辉（4月任）

区人大常委会

主　　任　孙慧颖

副 主 任　李永利　陈国彦　辛　华　蔡　鸿
王铁华

区人民政府

区　　长　陈铁志

副 区 长　刘绍峰　林继东　姚　珺（12月免）
于万坤　郭志刚　王喜东（4月任）
张万财

区政协

主　　席　孙爱华

副 主 席　王怀忠　曹正礼　布　和

区纪律检查委员会

书　　记　卢　健（4月免）　杨旭辉（4月任）

区监察委员会

主　　任　卢　健（4月免）　杨旭辉（4月任）

区法院

院　　长　齐兆云

区检察院

检 察 长　孙　涛

【绿园区】

中共绿园区委

书　　记　张洪彬

副 书 记　薛文革（2月免）　方述华（2月任）
徐伟民（12月免）

常　　委　高丽丽　杨宝昌　孙冠夫　杨万来　王　涛
曲喜军（12月免）　陈　录　梁晓方（9月任）

区人大常委会

主　　任　王丽秀

副 主 任　付彩霞　杜玉凤　侯　伟（12月免）
杨自山　王景耀（12月任）

区人民政府

区　　长　薛文革（2月免）
方述华（2月任代区长，6月任）

副 区 长　王　涛　杨万来　曲　杰（9月免）
王景耀（12月免）　于保全（9月任）
佟胜富　孙志远（6月任）

区政协

主　　席　陈志勇

副 主 席　刘永久　郭　丽（不驻会）　吕长春

区纪律检查委员会

书　　记　孙冠夫

区监察委员会

主　　任　孙冠夫

区法院

院　　长　田　良

区检察院

检 察 长　邢立明

【双阳区】

中共双阳区委

书　　记　唐铁生

副 书 记　马国成　史延文（12 月免）
常　　委　王天行　王醒时　韩玉明　李铁刚
滕广涛　范云波（12 月免）　赵师骐
王学刚　徐　健（12 月任）

区人大常委会
主　　任　谷延年（12 月免）　张立新（12 月任）
副 主 任　许占有　索若达　谭大东　李洪波
董双营（12 月任）

区人民政府
区　　长　马国成
常务副区长　李铁刚
副 区 长　贾秀丽　朱君宝　赵师骐　于保全（9 月免）
汤大鹏　李兴涛（9 月任）

区政协
主　　席　张立新（12 月免）　史延文（12 月任）
副 主 席　史春林　满星宇

区纪律检查委员会
书　　记　王天行

区监察委员会
主　　任　王天行

区法院
院　　长　贾晓红（9 月免）　绳继萍（9 月任）

区检察院
检 察 长　兰　舰（4 月免）
许永光（4 月任党组书记，5 月任代检察长）

【农安县】

中共农安县委
书　　记　张知众
副 书 记　孙　宁（2 月免）　李林峰（6 月任）
刘　影（女）　陶晓亮（10 月免）
常　　委　张凯楠　蔡景海　王开远　焦明元　冯示宇
徐志成（8 月免）　单大维（9 月任）
林凤生　李作新（9 月任）

县人大常委会
主　　任　蔡　光（12 月免）　刘生贵（12 月任）
副 主 任　张淑梅　宗喜洪　陈有德　徐志刚

县人民政府
县　　长　孙　宁（2 月免）　李林峰（6 月任）
副 县 长　林凤生　玄立民　李兴涛（9 月免）
胡海升（9 月任）　李作新（9 月任）
周德库（9 月任）

县政协
主　　席　于德斌（12 月免）　冷德杰（12 月任）
副 主 席　冷德杰（12 月免）　贾树飞　张昌峰

县纪律检查委员会
书　　记　王开远

县监察委员会
主　　任　王开远

县法院
院　　长　苏洪涛

县检察院
检 察 长　张国生

【榆树市】

中共榆树市委
书　　记　高　山
副 书 记　林小明　高洪洲
常　　委　郑学华　吴喜庆（9 月任）　闫　伟（7 月免）
鲁　宁　高旭萌　张鸿翼　赵　俭

市人大常委会
主　　任　孙中兴
副 主 任　王伟成　王百陆　李长寿　庄桂良

市人民政府
市　　长　林小明
副 市 长　鲁　宁　吴喜庆（9 月免）　闫　伟（7 月任）
俞　申（7 月免）　牟兆彬　杨冬侃
马光辉　于志坚（9 月任）
党组书记　林小明
党组副书记　鲁　宁
党组成员　吴喜庆（9 月免）　俞　申（8 月免）
牟兆彬　杨冬侃　马光辉
闫　伟（8 月任）　于志坚（10 月任）

市政协委员会
主　　席　金　海
副 主 席　王是非　张　媛　徐　阁

市纪律检查委员会
书　　记　高旭萌

市监察委员会
主　　任　高旭萌

市法院
院　　长　房国华

市检察院
检 察 长　周显光（12 月免）　毕科明（12 月任）

【德惠市】

中共德惠市委
书　　记　左　毅
副 书 记　赵文波　夏　冰
常　　委　白松巍（9 月免）　王　莹（9 月免）
丁日伟　刘海涛（12 月任）
孔宪权（11 月免）　杨旭辉（11 月免）
尚祖军　王　中　吕建军
肖永革（4 月任）　冯保利（11 月任）

市人大常委会
主　　任　王克瑜

副 主 任　宋云官　韩国明　张国东　李建国
张振波（12 月任）

市政府

市　　长　赵文波

副 市 长　白松巍（11 月免）　丁日伟　刘海涛
褚双龙　国英波　王兴刚

市政协

主　　席　于树军

副 主 席　张孝友　李贵军（12 月任）

市纪律检查委员会

书　　记　杨旭辉（4 月免）　肖永革（4 月任）

市监察委员会

主　　任　杨旭辉（4 月免）　肖永革（4 月任）

市法院

院　　长　孙召银

市检察院

检 察 长　许永光（4 月免）　谷　舞（4 月任）

【九台区】

中共九台区委

书　　记　闫　旭（8 月任）

副 书 记　宋长者

常　　委　吴　威　李国辉　祁桂东　王　萍　赵国俊
唐　明　佟庆辉（9 月任）

区人大常委会

主　　任　王树民

副 主 任　杨宝玉（9 月任）　李元君
肖志华（11 月免）　徐建侠
李　金（12 月任）　尹庆敏（12 月任）

区人民政府

区　　长　宋长者

副 区 长　李国辉　吴　威　杨丽敏　薛井龙
李永胜（4 月任）

区政协

主　　席　于海山（12 月任）

副 主 席　逯占元　李德军　王宝石

市纪律检查委员会

书　　记　佟庆辉（9 月任）

市监察委员会

主　　任　佟庆辉（9 月任）

区法院

院　　长　张纹阁

区检察院

检 察 长　吕　芃

【公主岭市】

中共公主岭市委

书　　记　李洪亮（8 月任）

副 书 记　张　明　王　威（12 月任）

常　　委　王　刚（8 月任）　任振环　李云香
李　权　梅树波（1 月任）
李冠辉（12 月任）　王恩城（12 月任）
赵军伟（12 月任）

市人大常委会

主　　任　赵立宝

副 主 任　靳晓波　于云海　吴　涛

市人民政府

市　　长　张　明

副 市 长　王　刚（8 月任）　冯　翘　金玉庆（1 月任）
赵　明（8 月任）

市政协

主　　席　陈占营（12 月任）

副 主 席　张德顺　王玉萍

市纪律检查委员会

书　　记　王恩城（12 月任）

市监察委员会

主　　任　王恩城（12 月任）

市法院

院　　长　庄　军

市检察院

检 察 长　张国良（12 月任）

主题索引

说　明

1. 本索引采用主题抽取法，按主题词汉语拼音顺序排列，首字相同按第二字音序排列，依此类推。

2. 索引主题词后的阿拉伯数字表示内容所在的页码，数字后的英文字母（a、b、c）表示正文中的栏别（从左至右）；通栏主题词的数字后设有英文字母。

3. 索引中以阿拉伯数字开头的主题词按数字顺序排在最前面；正文中多次出现的同一主题内容，在索引中按页码顺序依次列出。

4. 为便于检索，索引主题词中的双引号、书名号均删去。

C

D

E

F

K

L

M

N

P

Q

R

S

T

W

X

Z